面向"十二五"应用型高校国际经贸系列规划教材

涉外会计实务

宋春丽　主　编
王文治　副主编

南开大学出版社
天　津

图书在版编目(CIP)数据

涉外会计实务 / 宋春丽主编. —天津:南开大学出
版社,2013.4
面向"十二五"应用型高校国际经贸系列规划教材
ISBN 978-7-310-04125-1

Ⅰ.①涉…　Ⅱ.①宋…　Ⅲ.①外贸企业会计一高等
学校一教材　Ⅳ.①F740.45

中国版本图书馆 CIP 数据核字(2013)第 046493 号

版权所有　侵权必究

南开大学出版社出版发行

出版人:孙克强

地址:天津市南开区卫津路 94 号　　邮政编码:300071

营销部电话:(022)23508339　23500755

营销部传真:(022)23508542　　邮购部电话:(022)23502200

*

唐山天意印刷有限责任公司印刷

全国各地新华书店经销

*

2013 年 4 月第 1 版　　2013 年 4 月第 1 次印刷

230×170 毫米　16 开本　35.375 印张　4 插页　650 千字

定价:56.00 元

如遇图书印装质量问题,请与本社营销部联系调换,电话:(022)23507125

面向"十二五"应用型高校国际经贸系列规划教材

编委会名单

顾　　问：张仁德　纪益员

主任委员：杨灿英

副主任委员：王文治　王乃合

编委会委员：（以姓氏笔画为序）

于志达　王昭凤　刘　琳　孙　蕊　宋春丽　李　菁

张世荣　崔　彤　韩德昌　扈　涛　臧文平

面向"十二五"应用型高校国际经贸系列规划教材

总　序

　　高校教学质量保障体系建设中的教材建设很重要，对于应用型高校来说尤其重要。这是因为：第一，教学需要教材，教材建设需要与时俱进。加强立体化教材建设，教师编写适应网络共享、满足学生自主学习需要、开放式立体化的教材，是适应先进教学理念的需要。第二，改变应用型高校教材建设相对滞后的局面。现行研究型高校本科教材不能适应应用型高校的教学需要，与应用型高校以社会需求为导向、培养高素质应用型人才的教育定位之间存在较大差距。主要表现为：教学内容应试性较强，选择性较弱，与实际需求不相适应，与科学创新不相适应。

　　鉴于此，我们在编写本套规划教材时特别注意了这些问题，并与实务部门及有关教育主管部门沟通、交流意见，力争建立起与应用型高校国际经贸专业外向应用型人才目标管理培养相适应的教材模式和品牌教材。在这个基础上，进一步实施应用型高校的质量管理工程和"本科教学工程"。而着力点是学以致知、学以致用，即以知识和技能的传授、创新、应用为重点，以教学过程管理为主要的工作方法，注意实施形成性评估、养成性教育，而非一次性的终结式评估和终结式教育。这样做的终极目标是突出应用型高校办学最美质量特色，不断提升人才培养质量这条高教生命线的认知水平，更好地满足经济社会发展对应用型、复合型、创新型人才的需要。

　　本套教材规划出版多部书，"十二五"期间将出版 10 部，它们是：《涉外企业管理》（第五版）、《国际贸易实务操作流程与实训设计》、《创业教育指导教程》、《实用国际经贸地理》、《涉外会计实务》、《国际商务沟通》、《现代商务日语初级教程》（非日语专业教材）、《西方经济学学习指导书》、《企业文化教程》等。此前已出版《中国商务法律》。

　　本套教材涉及面广，受水平和时间所限，内容上难免存在缺点和错误，恳切期望广大读者批评指正。最后以宋·陆游两句诗作结尾："纸上得来终觉浅，绝知此事要躬行。"大意是说，书本上得到的知识终究很肤浅，真正弄懂还要在读书之后亲历实践。

编委会

2012 年 7 月于南开大学滨海学院

前　言

随着中国对外贸易的不断扩大，大量企业获得了进出口权，涉外企业数量大幅度增加，从而对涉外会计人才需求量骤增。同时，现在涉外的经济管理专业为了突出涉外性、培养复合型人才，也相应地开设涉外的基础会计课程，但却没有配套的、能够将基础会计与涉外会计相结合的教材；而限于课时，这些专业又不可能开设多门会计课程。为此，为缓解涉外会计人才缺口较大的困境，解决经管专业开设涉外的会计课程教材缺乏的问题，结合全国外贸会计专业证书考试的需要，特编写此教材。

本书有如下特色：

1. 适用面广。

（1）针对非会计类专业、不具备任何财税知识的学生及想学习涉外会计的工作人员，本教材增加了学习涉外会计所必须的基础会计知识部分。此部分内容主要强调实用性，主要介绍的是基础会计学中与涉外会计相关的会计科目、账户、复式记账、会计凭证等核算方法，使学习者能够在学习本课程之后具备一些基础会计知识，以便于涉外会计知识的继续学习。

（2）对于想学习涉外会计的会计专业学生及会计从业人员，本教材比较详细地阐述了涉外会计实务处理中所涉及的经贸基础知识及不同结算方式下会计处理，便于涉外会计知识的学习和理解。

（3）对于自学者，本教材按照实务流程来讲解涉外会计实务操作，并配以具有解析的案例，易学易懂。

因此，在教学过程中，我们建议应根据不同的对象有所取舍，一般读者，可以按需选读。

2. 注重与全国外贸会计专业证书考试的结合，本教材的编写体现了证书考试对知识、技能的要求。

3. 本书的编写基于理论够用为度、注重实践应用的原则，使其内容体系上具有一定的新意。

4. 根据我国当前的外贸业务情况，本教材详细地讲述了一般贸易方式及加工贸易方式下的外贸业务会计，对于其他贸易方式，由于涉及的企业数量较少而没有介绍。

需要说明的情况：

1. 没有特别说明，本书例题中均不考虑增值税。

2. 没有特别说明，本书例题中均按照集中结转法核算汇兑差额。

通过本书的学习，可以使学习者基本掌握涉外会计工作的操作流程及外经贸基础知识，只要把基本道理理解清楚了，就能在具体工作岗位上因地制宜、因事制宜。

在本书的编写思路及编写体系方面，得到了杨灿英教授和崔彤教授的指导；同时，在本书的编写过程中参阅了一些学者的著作，并得到了南开大学出版社的大力支持，在此一并致谢。

由于编写时间仓促，水平所限，书中不妥之处，竭诚欢迎各界人士批评指正。

宋春丽

2012 年 10 月于南开大学滨海学院

目　　录

第1章 涉外会计概论

通过本章学习，掌握涉外会计的含义、特点、会计要素、会计等式的含义及内容；熟悉涉外会计的核算内容和会计核算的记账基础；了解会计核算的基本前提。

1.1 涉外会计的核算内容及特点

1.1.1 涉外会计的含义

涉外会计是以货币为计量单位，对企业涉及外币的经济业务，按照会计法规、会计准则和国际惯例，采取复币式核算与监督的一种会计。

涉外会计只是企业财务会计的一部分，涉外会计的实施融于企业财务会计中，同步操作；其与企业财务会计的不同之处是采取复币式核算，期末编制的会计报告仍纳入企业统一财务会计报告。这就是说，涉外会计不是在财务会计之外再另设一套凭证、账簿、报表单独核算，而是企业财务会计中涉及外币交易核算的有关内容，如企业发生的进出口业务、加工贸易、补偿贸易、国际工程承包、对外劳务合作以及出口货物退（免）税、涉外业务融资和外汇风险规避等核算内容。

1.1.2 涉外会计的核算内容

1. 会计的核算内容

由于不同性质的会计主体本身的生产经营活动的特点不同，其资金运动过程和表现形式也不尽相同，核算和监督的内容也就有所不同。因此，会计的核算内容因会计主体性质而异。下面以工业企业为例，说明会计的核算内容。

工业企业的基本经营活动是生产产品，其再生产过程是以生产资料为中心的供应、生产和销售过程的统一。供应过程中采购材料支付货款和采购费用，计算材料采购成本；生产过程中一方面制造出产品，另一方面要发生和计算各种耗费，计算产品的生产成本；销售过程中一方面销售产品取得销售货款，另一方面要支付包装、运输、广告等销售费用。此外，还要计算和分配企业的纯收入等。故工业企业的会计核算内容可以概括为工业企业再生产过程中的资金运动。工业企业的资金运动按其运动程序可以分为资金筹集、资金周转、资金分配三个基本环节；按其资金运动的形态则表现分为货币资金形态、储备资金形态、生产资金形态、成品资金形态，最后又回到货币资金形态。因此工业企业会计核算和监督的内容，就是工业企业供、产、销过程中能够用货币计量的经济活动，也就是工业企业供、产、销过程中的资金运动。会计核算的内容是企业在再生产过程中的资金运动。

2. 涉外会计的核算内容

涉外会计的核算内容也是资金运动，只不过核算的是涉外经济业务发生过程中的资金运动，核算过程也基本一样，关键是复币记账。如生产企业出口的核算过程只不过将国内销售改为国外销售，在销售过程中涉及复币记账、出口退税等环节，且计算方式也与国内销售的结算方式不同。

1.1.3　涉外会计的特点

1. 涉外会计的原始凭证多且复杂。
2. 采取复币式核算，涉外会计既算记账本位币账，又算外汇账。
3. 由于汇率波动，涉外会计既计算营业损益，又计算汇兑损益。
4. 为了及时提供信息，涉外会计既计算期间损益，又计算批次损益。
5. 会计核算会因为结算方式的变化而变化。

1.2　会计核算的基本前提和记账基础

1.2.1　会计核算的基本前提

会计核算的基本前提是对会计核算所处的时间、空间环境所作的合理设定。会计核算的基本前提，是为了保证会计工作的正常进行和会计信息的质量，对会计核算的范围、内容、基本程序和方法所作的假定，并在此基础上建立会计原则。国内外会计界多数人公认的会计核算的基本前提有以下四个。

1. 会计主体（会计实体、会计个体）

会计主体是指会计信息所反映的特定单位，也称为会计实体、会计个体。会计所要反映的总是特定的对象，只有明确规定会计核算的对象，将会计所要反映的对象与其他经济实体区别开来，才能保证会计核算工作的正常开展，实现会计的目标。

会计主体作为会计工作的基本前提之一，为日常的会计处理提供了空间依据。第一，明确会计主体，才能划定会计所要处理的经济业务事项的范围和立场。

如把A公司作为会计主体的话，只有那些影响A公司经济利益的经济业务事项才能加以确认和计量。与A公司经济业务无关的原材料资产增加、应付负债的增加等要素的变化，A公司都不予以反映。

第二，明确会计主体，将会计主体的经济活动与会计主体所有者的经济活动区分开来。无论是会计主体的经济活动，还是会计主体所有者的经济活动，都最终影响所有者的经济利益，但是，为了真实反映会计主体的财务状况、经营成果和现金流量，必须将会计主体的经济活动与会计主题所有者的经济活动区别开来。

会计主体不同于法律主体。一般来说，法律主体往往是一个会计主体，例如，一个企业作为一个法律主体，应当建立会计核算体系，独立反映其财务状况、经营成果和现金流量。但是，会计主体不一定是法律主体，比如在企业集团里，一个母公司拥有若干个子公司，在企业集团母公司的统一领导下开展经营活动。为了全面反映这个企业集团的财务状况、经营成果和现金流量，就有必要将这个企业集团的财务状况、经营成果和现金流量予以综合反映。有时，为了内部管理需要，也对企业内部的部门单独加以核算，并编制出内部会计报表，企业内部划出的核算单位也可以视为一个会计主体，但它不是一个法律主体。

2. 持续经营

持续经营是指会计主体的生产经营活动将无限期地延续下去，在可以预见的将来，企业不会面临清算、解散、倒闭而不复存在。

企业是否持续经营对会计政策的选择，正确确定和计量财产计价、收益影响很大。例如，采用历史成本计价，是设定企业在正常的情况下运用它所拥有的各种经济资源和依照原来的偿还条件偿付其所负担的各种债务，否则，就不能继续采用历史成本计价。又如，在持续经营的前提下，企业取得机器设备时，能够确定这项资产在未来的生产加工活动中可以给企业带来经济利益，因此可以按支付的所有价款（如10万元）作为固定资产的账面成本，其磨损的价值，

3

在 5 年内按一定折旧方法计提折旧，并将其磨损的价值计入成本费用。如果企业面临清算，这项固定资产，只能按当时的公允价值进行抵偿债务了。

由于持续经营是根据企业发展的一般情况所作的设定，企业在生产经营过程中缩减经营规模乃至停业的可能性总是存在的。为此，往往要求定期对企业持续经营这一前提作出分析和判断。一旦判定企业不符合持续经营前提，就应当改变会计核算的方法。

3. 会计分期

会计分期这一前提是从第二个基本前提引申出来的，可以说是持续经营的客观要求。会计分期是指将一个企业持续经营的生产经营活动划分为连续、相等的期间，又称为会计期间。

会计分期的目的是，将持续经营的生产活动划分为连续、相等的期间，据以结算盈亏，按期编报财务报告，从而及时地向各方面提供有关企业财务状况、经营成果和现金流量信息。

根据持续经营前提，一个企业将要按当前的规模和状况继续经营下去。要最终确定企业的经营成果，只能等到一个企业在若干年后歇业的时候核算一次盈亏。但是，经营活动和财务经营决策要求及时得到有关信息，不能等到歇业时一次性地核算盈亏。为此，就要将持续不断的经营活动划分为一个个相等的期间，分期核算和反映。会计分期对会计原则和会计政策的选择有着重要影响。由于会计分期，产生了当期与其他期间的差别，从而出现权责发生制和收付实现制的区别，进而出现了应收、应付、递延、预提、待摊这样的会计方法。

会计期间一般可以按照日历时间划分，会计准则明确规定，采取公历年度，自每年 1 月 1 日始至 12 月 31 日止。此外，国际上会计期间可以按实际的经济活动周期来划分，其周期或长或短于公历年度。

会计期间划分的长短会影响损益的确定，一般来说，会计期间划分得越短，反映经济活动的会计信息质量就越不可靠，当然，会计期间的划分也不可能太长，太长了会影响会计信息使用者及时使用会计信息的需要的满足程度，因此必须恰当地划分会计期间。

4. 货币计量

货币计量是指采用货币作为计量单位，记录和反映企业的生产经营活动。

企业资产、负债和所有者权益，尤其是资产可以采取不同的计量属性，如数量计量（个、张、根等）、人工计量（工时等）、货币计量。而会计是对企业财务状况和经营成果全面系统的反映，为此，需要货币这样一个统一的量度。企业经济活动中凡是能够用货币这一尺度计量的，就可以进行会计反映，凡是不能用这一尺度计量的，则不必进行会计反映。当然，统一采用货币尺度，也有不利之处，许多影响企业财务状况和经营成果的一些因素，并不是都能用货币计量的，比如，企业经营战略，在消费者当中的信誉度，企业的地理位置，企业的技术开发能力等。为了弥补货币量度的局限性，要求企业采用一些非货币指标作为会计报表的补充。

在我国，要求采用人民币作为记账本位币，是对货币计量这一会计前提的具体化。考虑到一些企业的经营活动更多地涉及外币，因此规定业务收支以人民币以外的货币为主的单位，可以选定其中一种货币为记账本位币。当然，提供给境内的财务会计报告使用者的应当折算为人民币。

1.2.2　会计核算的记账基础

问题：A 企业 12 月 20 日销售商品 25 万元，货款在第 2 年的 1 月 10 日收到，请问应确认为 12 月收入？还是 1 月收入？哪种更能准确反映企业当月的经营成果？如果 11 月 5 日预收了货款，12 月 20 日才发货呢，那什么时候确认收入？

1. 权责发生制原则

这是指收入和费用是否计入某会计期间，不是以是否在该期间内收到或付出现金为标志，而是依据收入是否归属该期间的成果，费用是否由该期负担来确定。具体来说，凡在当期取得的收入或者应当负担的费用，不论款项是否已经收付，都应当作为当期的收入或费用；凡不属于当期的收入或费用，即使款项已经在当期收到或应当期支付，都不能作为当期的收入或费用。因此，权责发生制原则，也称为应收应付原则。如在此原则下，上述销售行为是在 12 月发生，收入应由 12 份取得的，即使没有收到，也是属于 12 月份的收入。而 11 月或 1 月即使收到款项，由于没有发生销售行为，也不能作为当月收入确认。

2. 收付实现制

与权责发生制相对应的是收付实现制。收付实现制也称现收现付制，是以实际收到或付出款项作为确认收入或费用的依据。如在此原则下，上述问题只要是在 1 月 10 日收到货款，不论这款项，是不是由本月业务实际发生的，都作为 1 月份收入。

权责发生制与收付实现制都是会计核算的记账基础，是由于会计分期前提，产生了本期与非本期的区别，因此在确认收入或费用时，就产生了上述两种不同的记账基础，而采用不同的记账基础会影响各期的损益。建立在权责发生制基础之上的会计处理可以正确地将收入与费用相配合，正确计算损益。因此，企业即营利组织一般采用责权发生制为记账基础，而预算单位等常采用收付实现制。

1.3 会计要素与会计等式

1.3.1 会计要素

1. 会计要素的含义

会计要素是对会计对象（资金运动）的基本分类，是会计对象的具体化。划分会计要素的实质是对会计内容进行基本分类。

会计要素是反映会计主体财务状况和经营成果的基本单位。

2. 我国《企业会计准则》中的会计要素

根据我国《企业会计准则》的规定，会计的基本要素有资产、负债、所有者权益、收入、费用和利润六大要素。

（1）资产

资产是指企业过去的交易或事项形成的、由企业拥有或控制的、预期会给企业带来经济利益的资源。

一个企业从事生产经营活动，必须具备一定的物质资源，或者说物质条件。在市场经济条件下，这些必须的物质条件表现为货币资金、厂房场地、机器设备、原料、材料等，统称为资产，它们是企业从事生产经营活动的物质基础。除以上的货币资金以及具有物质形态的资产以外，资产还包括那些不具备物质形态，但有助于生产经营活动的专利、商标等无形资产，也包括对其他单位的投资。

资产有如下特点：

第一，资产是过去的交易或事项形成的。这就是说，作为企业资产，必须是现实的而不是预期的资产，它是企业过去已经发生的交易或事项所产生的结果，包括购置、生产、建造等行为或其他交易或事项。预期在未来发生的交易或事项不形成资产，如计划购入的机器设备等。

第二，资产是由企业拥有或控制的。企业拥有资产，就能够从资源中获得经济利益；有些资产虽然不为企业所拥有，但在某些条件下，对一些由特殊方式形成的资源，企业虽然不享有所有权，但能够被企业所控制，而且同样能够从资产中获取经济利益，也可以作为企业资产（如融资性租入固定资产）。

第三，资产能够给企业带来经济利益。如货币资金可以用于购买所需要的商品或用于利润分配，厂房机器、原材料等可以用于生产经营过程。制造商品或提供劳务，出售后回收货款，货款即为企业所获得的经济利益。

对资产可以作多种分类，常见的是按流动性分类。按流动性进行分类，可以分为流动资产和非流动资产。流动资产是指那些在一年内变现的资产，如应收账款、存货等。有些企业经营活动比较特殊，其经营周期可能长于一年，比如：造船、大型机械制造，从购料到销售商品直到收回货款，周期比较长，往往超过一年，在这种情况下，就不能把一年内变现作为划分流动资产的标志，而是将经营周期作为划分流动资产的标志。长期投资、固定资产、无形资产的变现周期往往在一年以上，所以称为非流动资产。按流动性对资产进行分类，有助于掌握企业资产的变现能力，从而进一步分析企业的偿债能力和支付能力。一般来说，流动资产所占比重越大，说明企业资产的变现能力越强。流动资产中，货币资金、短期投资比重越大，则支付能力越强。

（2）负债

负债是指过去的交易、事项形成的现时义务，履行该义务预期将会导致经济利益流出企业。如果把资产理解为企业的权利，那么负债就可以理解为企业所承担的义务。

负债具有如下特点：

第一，负债是由于过去的交易或事项形成的偿还义务。潜在的义务，或预期在将来要发生的交易、事项可能产生债务不能确认为负债。

第二，负债是现时义务。负债是企业目前实实在在的偿还义务，要由企业在未来某个时日加以偿还。

第三，为了偿还债务，与该义务有关的经济利益很可能流出企业，一般来说，企业履行偿还义务时，关系到企业会有经济利益的流出，如支付现金、提供劳务、转让其他财产等。同时，未来流出的经济利益的金额能够可靠计量。

按偿还期限的长短，一般将负债分为流动负债和非流动负债。预期在一年或一个经营周期内到期清偿的债务属于流动负债。除以上情形以外的债务，即为非流动负债，一般包括长期借款、应付债券、长期应付款等。

（3）所有者权益

所有者权益是指企业资产扣除负债后，由所有者享有的剩余权益。所有者权益是所有者在企业资产中享有的经济利益，其金额为资产减去负债后的余额，又称为净资产。

企业资产形成的资金来源，包括债权人借入和所有者直接投入两个方面。债权人借入的资金，形成企业的负债；所有者投入的资金，形成所有者权益。

所有者相对于负债而言，具有以下特点：

第一，所有者不像负债那样需要偿还，除非发生减值、清算，企业不需要偿还所有者。

第二，企业清算时，负债往往优先清偿，而所有者只有在清偿所有的负债之后才返还给所有者。

第三，所有者权益能够分享利润，而负债则不能参与利润分配。

所有者权益在性质上体现为所有者对企业资产的剩余收益，在数量上体现为资产减去负债后的余额。

所有者权益包括实收资本、资本公积、盈余公积和未分配利润四个项目，其中，前两项属于投资者的初始投入资本，后两项属于企业留存收益。

（4）收入

收入是企业在日常活动中形成的、会导致所有者权益增加的、与所有者投入资本无关的经济利益的总流入。

根据收入的定义，确认收入的条件是：

第一，由日常活动形成。日常活动应理解为企业为完成其经营目标所从事的经常性活动以及与之相关的活动。如工业企业销售产品，流通企业销售商品，服务企业提供劳务、出租、出售原材料、对外投资（收取利息、现金股利）等日常活动。

第二，经济利益总流入。经济利益是指现金或最终能转让为现金的非现金资产。收入只有在经济利益很可能流入，从而导致资产增加或者负债减少，经济利益的流入额要可靠计量时才能予以确认。经济利益总流入是指本企业经济利益的流入，包括销售商品收入、劳务收入、使用费收入、租金收入、股利收入等主营业务和其他业务收入，不包括为第三方或客户代收的款项。

（5）费用

费用是指企业在日常活动中发生的、会导致所有者权益减少的、与所有者分配利润无关的经济利益的总流出。费用与收入相配比，即为企业经营活动中取得的盈利。根据费用的定义，确认费用的条件是：

第一，在日常活动中发生。企业在销售商品、提供劳务等日常活动中所发生的费用，可划分为两类：一类是企业为生产产品、提供劳务等发生的费用，应计入产品成本、劳务成本，包括直接材料、直接人工和制造费用；另一类是不应计入成本而直接计入当期损益的相关费用，包括管理费用、财务费用、销售费用、资产减值损失。计入产品成本、劳务成本等费用，应当在确认产品销售收入、劳务收入等时将已销售产品、已提供劳务的成本计入当期损益。

第二，经济利益流出。费用与收入相反，收入是资金流入企业形成的，会增加企业所有者权益；而费用则是企业资金的付出，会减少企业的所有者权益，其实质就是一种资产流出，最终导致减少企业资源。费用只有在经济利益很可能流出从而导致企业资产减少或负债增加，而且经济利益的流出额能够可靠计量时才能予以确认。

（6）利润

利润是企业在一定会计期间的经营成果。利润包括收入减去费用后的净额、直接计入当期利润的利得和损失等。直接计入当期利润的利得和损失是指应当计入当期损益，会导致所有者权益发生增减变化的、与所有者投入资本或所有者分配利润无关的利得和损失。

利润为营业利润和营业外收支净额等两个项目的总额减去所得税费用之后的余额。营业利润是企业在销售商品、提供劳务等日常活动中产生的利润；营业外收支是与企业的日常经营活动没有直接关系的各项收入和支出，其中，营业外收入项目主要有捐赠收入、固定资产盘盈、处置固定资产净收益、罚款收入等，营业外支出项目主要有固定资产盘亏、处置固定资产净损失等。其有关公式表示如下：

营业利润=营业收入-营业成本-营业税金及附加-销售费用-管理费用-财务费用-资产减值损失+公允价值变动净收益+投资净收益

营业收入=主营业务收入+其他业务收入

营业成本=主营业务成本+其他业务成本

投资净收益=投资收益-投资损失

公允价值变动净收益=公允价值变动收益-公允价值变动损失

利润总额=营业利润+营业外收支净额

净利润=利润总额-所得税费用

以上各要素，资产、负债及所有者权益能够反映企业在某一个时点的财务状况，如能明确在 2011 年 12 月 31 日这一天，企业有 120 万元的资产，50 万元的负债，所有者的剩余权益 70 万元，因此这三个要素属于静态要素，在资产负债表中予以列示；收入、费用及利润能够反映企业在某一个期间的经营成果，如在 2006 年企业实现了 100 万元的收入，扣除 60 万元的成本费用，因此在 2006 年这一年内，企业实现了 40 万元的利润，因此这三个要素属于动态要素，在利润表中列示。

1.3.2 会计等式

1. 资产、负债及所有者权益间的关系

由上文可知，资金运动在静态情况下，资产、负债及所有者权益三个要素之间存在平衡关系。资产主要包括两部分：

（1）向外部借的债，即负债；

（2）投资人的投入及其增值部分，即所有者权益。

9

由此我们可以认为债权人和投资者将其拥有的资本供给企业使用,对企业运用这些资本所获得的各项资产就相应享有一种权益,即"相应的权益"。由此可见,资产与权益是相互依存的,有一定数额的资产,必然有相应数额的权益;反之亦然。由此可以推出:

资产=权益

资产=负债+所有者权益 （等式1）

该等式反映了资产的归属关系,是会计对象的公式化,其经济内容和数学上的等量关系,是资金平衡的理论依据,也是设置账户、复式记账和编制资产负债表的理论依据。因此,会计上又称为基本会计等式。

2. 收入、费用与利润间的关系

资金运动在动态情况下,其循环周转过程中发生的收入、费用和利润,也存在着平衡关系。其平衡公式如下:

收入-费用=利润 （等式2）

若利润为正,则企业盈利;若利润为负,则企业亏损。

3. 综合等式

企业在经营过程中,或盈利,或亏损。在某一时点,收入-费用=利润,利润为正,这个利润就表明经济利益流入大于经济利益流出,即企业资产增多,同时,利润也是所有者权益的组成内容。由此可见:

新的所有者权益=旧的所有者权益+利润=旧的所有者权益+收入-费用

新资产=负债+新的所有者权益

新资产=负债+旧所有者权益+收入-费用 （等式3）

4. 会计等式的恒等性

由上面分析可以看出,第1个会计等式是反映资金运动的整体情况,也就是企业经营中的某一天,一般是开始日或结算日情况。而第2个等式反映的是企业资金运动状况,资产加以运用取得收入后,资产便转化为费用,收入减去费用后即为利润,该利润作为资产用到下一轮经营,于是便产生等式3,当利润分配后,等式3便消失,又回到等式1。所以不管六大要素如何相互转变,最终均要回到"资产=负债+所有者权益"。下面举例说明该等式的恒等性。

5. 经济业务对基本等式的影响

以滨海公司为例,该公司开业后发生下列经济业务:

（1）购入原材料一批,价款5 000元,暂欠供货单位。

这笔经济业务使属于资产要素的原材料项目增加5 000元,同时使属于负债要素的应付账款项目增加5 000元,会计等式两边同时增加,两方总额依然相等。

（2）收到投资者追加投资款 100 000 元，已划入公司银行账户。

这笔经济业务使属于资产要素的银行存款项目增加 100 000 元，同时使属于所有者权益要素的实收资本项目增加 100 000 元，会计等式两边同时增加，两方总额依然相等。

（3）用银行存款 50 000 元归还前欠短期借款。

这笔经济业务使属于资产要素的银行存款项目减少 50 000 元，同时使属于负债要素的短期借款项目减少 50 000 元，会计等式两边同时减少，两方总额依然相等。

（4）根据有关规定，投资者抽回资本金 10 000 元。

这笔经济业务使属于资产要素的银行存款项目减少 10 000 元，同时使属于所有者权益的实收资本项目减少 10 000 元，会计等式两边同时减少，两方总额依然相等。

（5）购入包装物一批，价值 1 000 元，以银行存款支付。

这笔经济业务使属于资产要素的包装物项目增加 1 000 元，同时使属于资产要素的银行存款项目减少 1 000 元，会计等式左方的资产要素内部一个项目增加，一个项目等额减少，而会计等式的右方没有发生变动，两方总额依然相等。

（6）从银行取得短期借款 5 000 元，直接偿还前欠货款。

这笔经济业务使属于负债要素的短期借款项目增加 5 000 元，同时使属于负债要素的应付账款项目减少 5 000 元，会计等式右方的负债要素内部两个项目之间有增有减，而会计等式的左方没有发生变动，两方总额依然相等。

（7）按照法定程序，将盈余公积 20 000 元转增资本金。

这笔经济业务使属于所有者权益要素的实收资本项目增加 20 000 元，使属于所有者权益要素的盈余公积项目减少 20 000 元，会计等式右方的所有者权益要素内部两个项目有增有减，而会计等式的左方没有发生变动，两方总额依然相等。

（8）进行利润分配，应付投资者股利 40 000 元。

这笔经济业务使属于负债要素的应付股利项目增加 40 000 元，使属于所有者权益要素的未分配利润项目减少 40 000 元，会计等式右方的负债要素和所有者权益要素之间有增有减，而会计等式的左方没有发生变动，两方总额依然相等。

（9）根据规定将确实无法支付的应付账款 100 000 元，转作资本公积金。

这笔经济业务使属于所有者权益要素的资本公积项目增加 100 000 元，使属于负债要素的应付账款项目减少 100 000 元，会计等式右方的负债要素和所有者权益要素之间有增有减，而会计等式左方没有发生变动，两方总额依然相等。

将上述 9 种情况归纳如下表：

	资产=	负债+	所有者权益
（1）	+5 000	+5 000	
（2）	+100 000		+100 000
（3）	−50 000	−50 000	
（4）	−10 000		−10 000
（5）	+1 000　　−1 000		
（6）		+5 000　　−5 000	
（7）			+20 000　　−20 000
（8）		−40 000	+40 000
（9）		+100 000	−100 000

上述九种情况，又可以归纳为以下四种类型：

第一种类型：会计等式左右两方同时等额增加，等式保持平衡，如第（1）、（2）两笔业务。

第二种类型：会计等式左右两方同时等额减少，等式保持平衡，如第（3）、（4）两笔业务。

第三种类型：会计等式左方的资产内部一个项目增加，另一个项目减少，增减的金额相等，资产总额不变，会计等式左右两方仍保持平衡，如第（5）笔业务。

第四种类型：会计等式的权益一方包括负债和所有者权益各自或它们之间的一个项目增加，另一个项目减少，增减的金额相等，权益总额不变，会计等式左右两方仍保持平衡，如第（6）、（7）、（8）、（9）四笔业务。

将这四种类型的经济业务又可以简化为两组：

第一组：等式左右两方同增或同减，等式总额改变。

第二组：等式左方或右方内部有增有减，等式总额不变。

【本章小结】

本章主要讲述了涉外会计的含义、特点、核算内容；会计核算的基本前提、记账基础，会计要素和会计等式。

我国会计核算的基本前提包括会计主体、持续经营、会计分期和货币计量四项。会计的记账基础有权责发生制和收付实现制。企业应当以权责发生制为基础进行会计确认、计量和报告。

会计要素是会计对象的具体化，可以划分为资产、负债、所有者权益、收入、费用和利润六大要素。会计等式是指会计要素之间数量关系的表达形式，亦称会计恒等式。

第2章 会计科目、账户与借贷记账法

【学习目标】

通过本章学习，掌握会计科目的概念、分类及常用的会计科目，账户的概念和基本结构，复式记账的基本原理和借贷记账法的记账符号、账户结构、记账规则；熟悉会计分录的编制及试算平衡原理；了解会计科目设置应遵循的原则，资产、负债、所有者权益、收入、费用和利润的账户结构。

2.1 会计科目

2.1.1 会计科目的概念

企业在经营过程中发生的各种各样的经济业务，会引起各项会计要素发生增减变化。由于企业的经营业务错综复杂，即使涉及同一种会计要素，也往往具有不同性质和内容。例如，固定资产和现金虽然都属于资产，但它们的经济内容以及在经济活动中的周转方式和所引起的作用各不相同。又如应付账款和长期借款，虽然都是负债，但它们的形成原因和偿付期限也是各不相同的。再如所有者投入的实收资本和企业的利润，虽然都是所有者权益，但它们的形成原因与用途不大一样。为了实现会计的基本职能，要从数量上反映各项会计要素的增减变化，不但需要取得各项会计要素增减变化及其结果的总括数字，而且还要取得一系列更加具体的分类和数量指标。

这种对会计要素对象的具体内容进行分类核算的项目称为会计科目，也是账户的名称。会计科目和账户是有着密切联系的两个概念。

2.1.2 会计科目的设置原则

会计科目作为向投资者、债权人、企业经营管理者等提供会计信息的重要手段，在其设置过程中应努力做到科学、合理、适用，应遵循下列原则：

1. 合法性原则

合法性原则，是指所设置的会计科目应当符合国家统一的会计制度的规定。中国现行的统一会计制度中均对企业设置的会计科目作出规定，以保证不同企业对外提供的会计信息的可比性。企业应当参照会计制度中的统一规定的会计科目，根据自身的实际情况设置会计科目，但其设置的会计科目不得违反现行会计制度的规定。对于国家统一会计制度规定的会计科目，企业可以根据自身的生产经营特点，在不影响统一会计核算要求以及对外提供统一的财务报表的前提下，自行增设、减少或合并某些会计科目。

2. 相关性原则

相关性原则，是指所设置的会计科目应当为提供有关各方所需要的会计信息服务，满足对外报告与对内管理的要求。根据企业会计准则的规定，企业财务报告提供的信息必须满足对内对外各方面的需要，而设置会计科目必须服务于会计信息的提供，必须与财务报告的编制相协调，相关联。

3. 实用性原则

实用性原则，是指所设置的会计科目应符合单位自身特点，满足单位实际需要。企业的组织形式、所处行业、经营内容及业务种类等不同，在会计科目的设置上亦应有所区别。在合法性的基础上，企业应根据自身特点，设置符合企业需要的会计科目。

2.1.3 会计科目的内容

目前，根据财政部颁布《企业会计准则——应用指南》统一制定了企业实际工作中需要使用的会计科目，如表 2-1。

2.1.4 会计科目的级次

各个会计科目并不是彼此孤立的，而是相互联系、相互补充，组成一个完整的会计科目体系。通过这些会计科目，可以全面、系统、分类地反映和监督会计要素的增减变动情况及其结果，为经营管理提供所需要的一系列核算指标。在生产经营过程中，由于经济管理的要求不同，所需要的核算指标的详细程度也就不同。根据经济管理的要求，既需要设置提供总括核算指标的总账科目，又需要设置提供详细核算资料的二级明细科目和三级明细科目。

1. 总账科目

总账科目即一级科目，也称总分类会计科目，是对会计要素的具体内容进行总括分类的会计科目，是进行总分类核算的依据。为了满足会计信息使用者对信息质量的要求，总账科目是由财政部《企业会计准则——应用指南》统一规定的。

表 2-1　会计科目名称表

序号	编号	会计科目名称	序号	编号	会计科目名称	序号	编号	会计科目名称
		一、资产类	34	1604	在建工程	65	3202	被套期项目
1	1001	库存现金	35	1605	工程物资			四、所有者权益类
2	1002	银行存款	36	1606	固定资产清理	66	4001	实收资本
3	1015	其他货币资金	37	1701	无形资产	67	4002	资本公积
4	1101	交易性金融资产	38	1702	累计摊销	68	4101	盈余公积
5	1121	应收票据	39	1703	无形资产减值准备	69	4103	本年利润
6	1122	应收账款	40	1711	商誉	70	4104	利润分配
7	1123	预付账款	41	1801	长期待摊费用	71	4201	库存股
8	1131	应收股利	42	1811	递延所得税资产			五、成本类
9	1132	应收利息	43	1901	待处理财产损溢	72	5001	生产成本
10	1231	其他应收款			二、负债类	73	5101	制造费用
11	1241	坏账准备	44	2001	短期借款	74	5103	待摊进货费用
12	1321	代理业务资产	45	2101	交易性金融负债	75	5201	劳务成本
13	1401	材料采购	46	2201	应付票据	76	5301	研发支出
15	1403	原材料	47	2202	应付账款			六、损益类
16	1404	材料成本差异	48	2205	预收账款	77	6001	主营业务收入
17	1406	库存商品	49	2211	应付职工薪酬	78	6051	其他业务收入
18	1407	发出商品	50	2221	应交税费	79	6101	公允价值变动损益
19	1410	商品进销差价	51	2231	应付利息	80	6111	投资损益
20	1411	委托加工物资	52	2232	应付股利	81	6301	营业外收入
21	1412	包装物及低值易耗品	53	2241	其他应付款	82	6401	主营业务成本
22	1461	存货跌价准备	54	2314	代理业务负债	83	6402	其他业务支出
23	1501	持有至到期投资	55	2401	递延收益	84	6403	营业税金及附加
24	1502	持有至到期投资减值准备	56	2501	长期借款	85	6601	销售费用
25	1503	可供出售金融资产	57	2502	应付债券	86	6602	管理费用
26	1511	长期股权投资	58	2701	长期应付款	87	6603	财务费用
27	1512	长期股权投资减值准备	59	2702	未确认融资费用	88	6604	勘探费用
28	1521	投资性房地产	60	2711	专项应付款	89	6701	资产减值损失
29	1531	长期应收款	61	2801	预计负债	90	6711	营业外支出
30	1541	未实现融资收益	62	2901	递延所得税负债	91	6801	所得税费用
31	1601	固定资产			三、共同类	92	6901	以前年度损益调整
32	1602	累计折旧	63	3101	衍生工具			
33	1603	固定资产减值准备	64	3201	套期工具			

注：1. 共同类项目的特点是既可能是资产也可能是负债。在某些条件下是一项权益，形成经济利益的流入，就是资产；在某些条件下是一项义务，将导致经济利益流出企业，这时就是负债。

2. 损益类项目的特点是其项目是形成利润的要素。例如，反映收益类科目，如主营业务收入；反映费用类科目，如主营业务成本。

16

2. 明细科目

明细科目也称为明细分类会计科目、细目，是在总账科目的基础上，对总账科目所反映的经济内容进行进一步详细的分类的会计科目，以提供更详细、更具体会计信息的科目。如在"原材料"科目下，按材料类别开设"原料及主要材料"，"辅助材料"、"燃料"等二级科目。明细科目的设置，除了要符合财政部统一规定外，一般根据经营管理需要，由企业自行设置。对于明细科目较多的科目，可以在总账科目和明细科目设置二级或多级科目。如在"原料及主要材料"下，再根据材料规格、型号等开设三级明细科目。

实际工作中，并不是所有的总账科目都需要开设二级和三级明细科目，根据会计信息使用者所需不同信息的详细程度，有些只需设一级总账科目，有些只需要设一级总账科目和二级明细科目，不需要设置三级科目等。会计科目的级别如表 2-2。

表 2-2 "原材料"总账和明细账会计科目

总账科目	明细科目	
（一级科目）	二级科目（子目）	三级科目（细目）
原材料	原料及主要材料	圆钢、角钢
	辅助材料	润滑剂、石炭酸
	燃　　料	汽油、原煤

2.2　会计账户

2.2.1　会计账户的含义

会计科目只是对会计对象的具体内容（会计要素）进行分类的项目账户。为了能够分门别类地对各项经济业务的发生所引起会计要素的增减变动情况及其结果进行全面、连续、系统、准确的反映和监督，为经营管理提供需要的会计信息，必须设置一种方法或手段，能核算指标的具体数字资料。所以设置会计科目以后，还要根据规定的会计科目开设一系列反映不同经济内容的账户。

所谓会计账户，是指具有一定格式，用来分类、连续地记录经济业务，反映会计要素增减变动及其结果的一种核算工具。

每个账户都有一个科学而简明的名称，账户的名称就是会计科目。会计账户是根据会计科目设置的。设置账户是会计核算的一种专门方法，运用账户，把各项经济业务的发生情况及由此引起的资产、负债、所有者权益、收入、费用和利润各要素的变化，系统地、分门别类地进行核算，以便提供所需要的各项指标。

会计账户是对会计要素的内容所作的科学再分类。

会计科目与账户是两个既有区别，又有联系的不同概念。它们的共同点是：会计科目是设置会计账户的依据，是会计账户的名称，会计账户是会计科目的具体运用，会计科目所反映的经济内容，就是会计账户所要登记的内容。它们之间的区别在于：会计科目只是对会计要素具体内容的分类，本身没有结构；会计账户则有相应的结构，是一种核算方法，能具体反映资金运用状况。因此，会计账户比会计科目，分户更为明细，内容更为丰富。

2.2.2 账户的基本结构

账户是用来分类记录经济业务的，因而必须具有一定的结构。账户的基本结构是由会计要素数量变化情况决定的。经济业务的发生所引起的各项会计要素的变动，从数量上看不外乎是增加和减少两种情况。因此，账户结构也相应地分为左右两个基本部分，一方登记增加额，另一方登记减少额。其基本结构如表 2-3 所示。

表 2-3　账户基本结构

左方	账户名称（会计科目）	右方

上述格式是账户的简化格式，通常称为"T"型账户，应用于理论教学。

在会计实务中，账户要依附于簿籍开设，亦即账簿。这样，每一个账户只表现为账簿中的某张或某些账页，它们一般应包括下列内容：

1. 账户的名称（即会计科目）；
2. 年、月、日（登记日期）；
3. 凭证种类、编号（登账的依据）；
4. 摘要（概括说明经济业务的内容）；
5. 增加或减少的金额及余额；
6. 页码（账簿必须连续编号）。

账户的一般格式如表 2-4 所示。

表 2-4　账户一般结构

账户名称（会计科目）

年		凭证		摘要	借方	贷方	借或贷	余额
月	日	字	号					

上述账户借贷两方的金额栏，其中一方记录增加额，另一方记录减少额，增减金额相抵后的差额，称为账户余额。根据记录的时间不同，又可以分为期初余额和期末余额。通过账户记录的金额可以提供期初余额、本期增加额、本期减少额和期末余额 4 个核算指标。

本期增加额，也称本期增加发生额，是指一定时期（如月份、季度或年度）内账户所登记的增加金额的合计数。

本期减少额，也称本期减少发生额，是指一定时期（如月份、季度或年度）内账户所登记的减少金额的合计数。

期初余额和本期增加发生额之和与本期减少发生额相抵后的差额就是期末余额。本期的期末余额转入下期，就是下期的期初余额。

这 4 项金额的关系可以用下列等式表示：

期末余额=期初余额+本期增加发生额-本期减少发生额

至于在账户的左右两方中，哪一方记增加，哪一方记减少，则取决于所采用的记账方法和账户所记录经济业务的内容，即账户的性质。

2.2.3　总分类账和明细分类账

设置会计账户是会计核算的一种专门方法。会计账户的开设应与会计科目的设置相适应，会计科目按提供核算资料的详细程度分为总账科目、二级明细科目和三级明细科目，会计账户也相应地分为总分类账（一级账户）和明细分类账（二级、三级账户）。通过总分类账户对经济业务进行的核算称为总分类核算，通过明细分类账户对经济业务进行的核算称为明细分类核算。总分类账户统驭明细分类账户，明细分类账户则对总分类账户起着进一步补充说明的作用。用表 2-5 表示总分类账与明细分类账户。

表 2-5 "原材料"总分类账户和明细分类账户

总账分类账户	明细分类账户	
（一级账户）	二级明细分类账户	三级明细分类账户
原材料	原料及主要材料	圆钢、角钢
	辅助材料	润滑剂、石炭酸
	燃料	汽油、原煤

2.3 复式记账与借贷记账

2.3.1 复式记账

1. 记账方法

所谓记账方法，就是账簿登记经济业务的方法，即根据一定的记账原则、记账符号、记账规则，采用一定的计量单位，利用文字和数字把经济业务记到账簿中去的一种专门方法。记账方法按记录方式不同，可分为单式记账法和复式记账法。

下面分别介绍两种记账方法。

（1）单式记账法

单式记账法是对所发生的经济业务只作单方面的登记，即只进行单方核算。一般只对现金的收与付和往来账户中的应收与应付作登记，而不登记实物的增加和减少。

（2）复式记账法

复式记账法是在单式记账的基础上发展而来的。所谓复式记账法，就是对于任何一项经济业务所引起的会计要素及其项目的增减变动，都要以相等的金额在两个或两个以上的账户中相互联系地进行登记的方法。

下面举例说明单式记账法与复式记账法。

【例 2-1】某单位购买原材料一批，价值 900 元（假设不考虑增值税）。

款项支付分三种情况：

第一种情况：款项用现金支付；

第二种情况：款项尚未支付；

第三种情况：用现金支付 500 元，其余 400 元暂欠。

①在单式记账法下的处理：

首先，我们看第一种情况。对于购入 900 元材料，款项用现金支付这笔业务，采用单式记账法，只在账户登记现金减少 900 元，而不登记材料增加 900 元。

其次，再看第二种情况。购入 900 元材料，款项尚未支付这项经济业务，如果采用单式记账法则只登记款项尚未支付，即往来账户中的应付账款（负债）增加 900 元，而不登记材料增加。

再看第三种情况。购入材料，900 元，用现金支付 500 元，其余 400 元暂欠，在单式记账法下，只登记现金减少 500 元及往来款项中的应付账款增加 400元，而不登记材料增加 900 元。

②在复式记账法下的处理：

首先，我们看第一种情况。对于购入 900 元材料，款项用现金支付这笔业务，采用复式记账法，不仅在账户中登记现金减少 900 元，同时还要在相应的账户中登记材料增加 900 元，即说明现金的减少是由于材料的增加而引起的，或者说是由于材料的增加而导致现金的减少。

其次，再看第二种情况。购入 900 元材料，款项尚未支付这项经济业务，不仅要登记应付款项增加 900 元，同时还要登记材料增加 900 元，即说明应付款项增加是由材料购入（增加）引起的，或者说由于购入了材料，才引起应付款项的增加，它完整地反映了这项经济业务的来龙去脉。

再看第三种情况。购入材料 900 元，用现金支付 500 元，其余 400 元暂欠。这项业务，在复式记账法下，既要登记现金减少 500 元，应付账款增加 400 元，同时还要登记材料增加 900 元，说明现金减少 500 元和应付账款（负债）增加400 元是由于购买材料 900 元引起的。

可见，与单式记账法相比，复式记账法能反映整个经济业务的来龙去脉。而单式记账法则不能反映这种因果关系。

2. 复式记账原理

复式记账原理是建立在会计等式的基础上的。前面我们学习了会计要素与会计等式，即任何一项经济业务的发生都会引起会计要素及其项目的增减变动，而这种变动，是不会破坏会计等式的平衡关系的。同时也举例说明了任何一项经济业务的发生所引起的会计要素及其项目的增减变动都不会破坏会计恒等式。这样，我们就可以为会计要素的各项目设置相应的账户。当经济业务发生时，就可以在发生变动的相应账户中同时作出登记。

如前面例题中所示，购入材料 900 元，用现金支付这项经济业务，从会计要素来看，一项资产（材料）增加，同时另一项资产（现金）减少，会计等式仍保持平衡。这样我们就可以在资产要素下设"原材料"和"库存现金"这两个账户；当这样的经济业务发生时，就可以同时在"原材料"和"库存现金"两个账户作双重登记，即"原材料"账户登记增加 900 元，"库存现金"账户登记减少 900 元，反映这项经济业务所引起的会计要素及其项目的增减变动。

若款项尚未支付，从会计要素来看，一项资产（材料）增加 900 元，一项负债（应付账款）增加 900 元，我们就可以在资产要素下设"原材料"账户，在负债要素下设"应付账款"账户，当这项经济业务发生时，就可以同时在"原材料"和"应付账款"两个账户作双重登记，即"原材料"账户登记增加 900 元，"应付账款"账户登记增加 900 元。

若用现金支付 500 元，其余 400 元暂欠，从会计要素看，一项资产（材料）增加 900 元，另一项资产（现金）减少 500 元，一项负债（应付账款）增加 400 元，我们可以在"原材料"账户登记增加 900 元，在"库存现金"账户登记减少 500 元，在"应付账款"账户登记增加 400 元。以上业务的变动，均未破坏会计恒等式，且完整地反映了各项经济业务的来龙去脉。

可见，复式记账原理是建立在会计恒等式的基础之上的，它是以会计等式为依据设计的一种记账方法。它以记账内容之间所表现出的数量上的平衡关系作为记账基础，而这个基础则是会计基础等式，即资产=权益，或资产=负债+所有者权益，它从会计等式的平衡关系开始，经过经济业务的千变万化，最终仍以会计等式的平衡而结束。

3. 复式记账的科学性

以上介绍的复式记账法，与单式记账法相比较，它有突出的优点。

首先，采用复式记账法，对于任何一项经济业务所引起的会计要素及其项目的增减变动，都要同时在两个或两个以上的账户中作双重登记。它不仅可以反映一项经济业务的来龙去脉，而且可以通过账户记录，全面、系统地反映经济活动的全过程及其结果。

其次，由于复式记账对每一项经济业务都以相等的金额在两个或两个以上的账户中作分类登记，因此可以利用账户记录作试算平衡，以检验账户记录的正确性。

2.3.2　借贷记账法

借贷记账法是以"借"、"贷"二字作为记账符号，记录会计要素增减变动情况的一种复式记账法。

1. 理论基础

借贷记账法的对象是会计要素的增减变动过程及其结果。这个过程及结果可用公式表示：资产=负债+所有者权益。这一恒等式揭示了三个方面的内容：

第一，会计主体各要素之间的数字平衡关系。有一定数量的资产，就必然有相应数量的权益（负债和所有者权益）与之相对应，任何经济业务所引起的要素增减变动，都不会影响这个等式的平衡。如果把等式的"左"、"右"两方，用"借"、"贷"两方来表示的话，就是说每一次记账的借方和贷方是平衡的；一定时期账户的借方、贷方的金额是平衡的；所有账户的借方、贷方余额的合计数是平衡的。

第二，各会计要素增减变化的相互联系。从上一章可以看出，任何经济业务（四类经济业务）都会引起两个或两个以上相关会计项目发生金额变动，因此当经济业务发生后，在一个账户中记录的同时必然要有另一个或两个以上账户的记录与之对应。

第三，等式有关因素之间是对立统一的。资产在等式的左边，当想移到等式右边时，就要以"-"表示，负债和所有者权益也具有同样情况。也就是说，当我们用左边（借方）表示资产类项目增加时，就要用右边（贷方）来记录资产类项目减少。与之相反，当我们用右方（贷方）记录负债和所有者权益增加额时，我们就需要通过左方（借方）来记录负债和所有者权益的减少额。

这三个方面的内容贯穿了借贷记账法的始终。会计等式对记账方法的要求决定了借贷记账法的账户结构、记账规则、试算平衡的基本理论，因此说会计恒等式是借贷记账法的理论基础。

2. 记账符号和账户结构

（1）记账符号

"借"和"贷"是借贷记账法的标志。这是一对记账符号。这对记账符号，要同借贷记账法的账户结构统一起来应用，才能真正反映出它们分别代表的会计对象要素增减变动的内容。

（2）账户结构

在借贷记账法中，账户的基本结构是：左方为借方，右方为贷方。其格式如下：

借方	账户名称（会计科目）	贷方

但哪一方登记增加，哪一方登记减少，则可以从会计要素的静态恒等式：资产=负债+所有者权益，及动态平衡方程：资产+费用=负债+所有者权益+收入来分析。

①资产类账户

由于借贷记账法"借"在左方，"贷"在右方，因此可确定会计要素平衡等式的左边借方记录资产增加，反之其减少就一律登记在贷方。其账户结构如下：

借方	账户名称（会计科目）	贷方
期初余额		
本期增加额		本期减少额
本期增加发生额合计		本期减少发生额合计
期末余额		

该账户的发生额和余额之间的关系表示为：

资产类账户期末余额=借方期初余额+本期借方发生额合计-本期贷方减少额合计

②负债及所有者权益类账户

由于负债及所有者权益，与资产分别处于等式的两边，为了保持会计恒等式的平衡，等式右边贷方记录负债、所有者权益和收入的增加，反之其减少一律登记在借方。其账户结构如下：

借方	账户名称（会计科目）	贷方
		期初余额
本期减少额		本期增加额
本期减少发生额合计		本期增加发生额合计
		期末余额

该账户的发生额和余额之间的关系表示为：

负债及所有者权益类账户期末余额=贷方期初余额+本期贷方发生额合计-本期借方减少额合计

③费用成本类账户

企业在生产经营过程中要有各种耗费，有成本费用发生，在费用成本抵消收入以前，可以将其看作一种资产。如"生产成本"归集了生产过程中某产品所发生的所有耗费，但在尚未完工结转入库，其反映企业在产品这项资产的金额。同时费用成本与资产同处于等式的左方，因此其结构与资产类账户的结构基本相同，只是由于借方记录的费用成本的增加额一般都要通过贷方转出，所以账户通常没有期末余额。如果因某种情况有余额，也表现为借方余额。其账户结构如下：

借方	账户名称（会计科目）	贷方
本期增加额	本期减少（或转出）额	
本期增加发生额合计	本期减少发生额合计	

④收入类账户

收入类账户的结构则与负债及所有者权益的结构一样，收入的增加额记入账户的贷方，收入转出（减少额）则应记入账户的借方，由于贷方记录的收入增加额一般要通过借方转出，所以该类账户通常也没有期末余额。其账户结构如下：

借方	账户名称（会计科目）	贷方
本期减少（或转出）额	本期增加额	
本期减少发生额合计	本期增加发生额合计	

⑤利润账户

利润账户是用来反应企业利润或亏损的账户。按其经济内容，属于所有者权益类，包括"本年利润"和"利润分配"两个账户。

企业的利润与收入和费用直接相关，若本年度的收入大于费用，则为盈利；所以"本年利润"账户的记录方法与收入费用类账户相关，收入会使利润增加，费用会使利润减少。因此，"本年利润"账户的贷方登记利润增加金额，即登记由收入类账户转来的收入合计数；"本年利润"的借方登记利润的减少金额，即登记由费用类账户转来的本期费用合计数；"本年利润"账户的贷方大于借方，即收入大于费用，为本年利润，相反，借方大于贷方为本年亏损。年度终了，企业的利润或亏损要进行分配或弥补，因此要将本年利润或亏损转入"利润分配"账户，结转后，本年利润账户没有期末余额。

"利润分配"账户的记录方法是：贷方登记由"本年利润"转入的本年实现的净利润数额；借方登记由"本年利润"转入的本年发生的净亏损及本年度利润分配的数额；期末，若贷方大于借方，则为未分配利润，相反为未弥补的亏损。

需要说明的是，"本年利润"账户在年度内可能有贷方余额（利润），也可能有借方余额（亏损），但年终，须将本年利润或亏损转入"利润分配"账户，结转后，"本年利润"账户应无余额。"利润分配"账户的期末余额，一般为贷方，它表示历年累计结存的未分配利润，也有可能是借方余额，表示历年累计未弥补完的亏损。

"本年利润"账户及"利润分配"账户结构如下：

借方	本年利润	贷方
本期成本费用转入额	本期收入转入额	
本期发生额	本期发生额	
期末余额（年度内亏损）	期末余额（年度内利润）	

借方	利润分配	贷方
本年亏损转入额	期初余额	
已分配的本年利润额	本年利润转入额	
本期发生额	本期发生额	
期末余额（未弥补亏损）	期末余额（未分配利润）	

以上介绍了借贷记账法下账户的基本结构，综上所述可以看出，"借"、"贷"二字作为记账符号所表示的经济含义是不一样的。可以将账户借方和贷方所记录的经济业务内容归纳如下：

借	账户名称（会计科目）	贷
资产增加	资产减少	
负债及所有者权益减少	负债及所有者权益增加	
费用成本增加	费用成本转出	
收入类转出	收入类增加	

3. 记账规则

记账规则是进行会计记录和检查账簿登记是否正确的依据和规律。不同的记账方法，具有不同的记账规则。借贷记账法的记账规则可以用一句化概括："有借必有贷，借贷必相等"。这一记账规则要求对每项经济业务都要以相等的金额，相反的方向，登记在两个或两个以上的账户中去。

4. 借贷记账法的运用

（1）运用方法

我们在实际运用借贷记账法的记账规则登记经济业务时，一般要按如下步骤进行：

①一项经济业务发生后，首先要确定涉及哪两个或两个以上的账户；

②所确定的账户性质如何，即属于上述哪类会计要素；

③根据不同性质的账户，确定其记账方向，增加记哪方，减少记哪方；

④记入各方的金额各是多少；

⑤如有期初余额，先登记期初余额，期末再结出期末余额，本期期末余额即为下期期初余额。

（2）运用举例

【例 2-2】滨海公司 2010 年 12 月 31 日资产、负债及所有者权益各账户的期末余额如下表（金额单位：元）：

资产类账户	金　额	负债及所有者权益类账户	金　额
库存现金	1 000	短期借款	150 000
银行存款	49 000	应付账款	100 000
应收账款	160 000	长期借款	90 000
原材料	220 000	应付股利	40 000
固定资产	230 000	实收资本	180 000
		资本公积	80 000
		利润分配	20 000
总计	660 000	总计	660 000

从上表中，我们可以看到资产 660 000=负债 380 000+所有者权益 280 000。

滨海公司 2011 年 1 月份，发生以下业务：

①滨海公司 2011 年 1 月投资者继续投入货币资金 200 000 元，手续已办妥，款项已转入本公司的存款户头。

分析：该项业务的发生说明，滨海公司在拥有 280 000 元资本金的前提下，继续扩大规模，投入货币资金 200 000 元。这样对于滨海公司来讲，一方面使公司"银行存款"增加，另一方面公司"实收资本"的规模也扩大。

经进一步分析，"银行存款"属于资产类账户，"实收资本"属于所有者权益类账户。根据借贷记账法下的账户，资产的增加，通过账户的借方反映，所有者权益的增加，通过账户的贷方反映。最后确定，借记"银行存款"200 000 元，贷记"实收资本"200 000 元。

该业务属于等式两边资产与所有者权益等额增加业务。

以上记录如下所示：

②滨海公司向新乐公司购买所需原材料，但由于资金周转紧张，料款 70 000 元尚未支付。

分析：该项业务的发生说明，由于购料款未付，一方面使公司"原材料"

增加，另一方面使公司欠款"应付账款"增加。经分析，"原材料"属于资产类账户，"应付账款"属于负债类账户。根据借贷记账法下的账户结构，资产的增加，通过账户的借方反映，负债的增加，通过账户的贷方反映。最后确定，借记"原材料"70 000 元，贷记"应付账款"70 000 元。

该业务属于等式两边资产与负债等额增加业务。

以上记录如下所示：

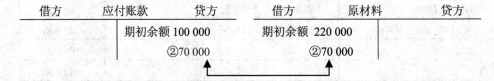

③滨海公司通过银行转账支付给银行于本月到期的银行借款 80 000 元。

分析：该项业务说明，由于归还以前的银行贷款，一方面使公司属于资产项目的"银行存款"减少 80 000 元，另一方面使属于负债项目的"短期借款"减少 80 000 元。"银行存款"属于资产类账户，"短期借款"属于负债类账户。根据借贷记账法下的账户结构，资产的减少，通过账户的贷方反映，负债的减少，通过账户的借方反映。最后确定，借记"短期借款"80 000 元，贷记"银行存款"80 000 元。

该业务属于等式两边的资产与负债同时等额减少业务。

以上记录如下所示：

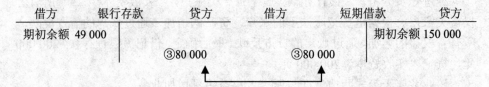

④上级主管部门按法定程序将一台价值 100 000 元的设备调出，以抽回国家对滨海公司的投资。

分析：该项业务的发生说明，由于国家调出设备，抽回投资，一方面使公司属于资产项目的"固定资产"减少 100 000 元，另一方面使属于所有者权益项目的"实收资本"减少 100 000 元。"固定资产"属于公司的资产账户，"实收资本"属于所有者权益账户。根据借贷记账法下的账户结构，资产的减少，通过账户的贷方反映，所有者权益的减少，通过账户的借方反映。最后确定，借记"实收资本"100 000 元，贷记"固定资产"100 000 元。

该业务属于等式两边的资产与所有者权益同时等额减少。

以上记录如下所示：

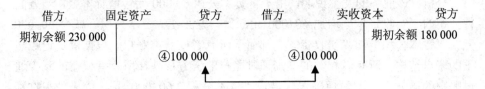

借方	固定资产	贷方		借方	实收资本	贷方
期初余额 230 000						期初余额 180 000
		④100 000			④100 000	

⑤滨海公司开出转账支票 40 000 元，购买 1 台电子仪器。

分析：该项业务的发生说明，由于购买仪器设备款已付，一方面使公司新的电子仪器"固定资产"增加 40 000 元，另一方面使"银行存款"减少 40 000元。"固定资产"和"银行存款"都属于公司的资产账户。根据借贷记账法下的账户结构，资产的增加通过账户的借方反映，资产的减少通过账户的贷方反映。最后确定，借记"固定资产"40 000 元，贷记"银行存款"40 000 元。

该业务属于等式左边的资产内一增一减业务。

以上记录如下所示：

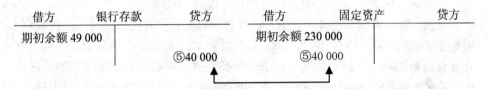

借方	银行存款	贷方		借方	固定资产	贷方
期初余额 49 000				期初余额 230 000		
		⑤40 000			⑤40 000	

⑥滨海中公司开出一张面值为 50 000 元的商业汇票，以抵偿原欠新乐公司的料款。

分析：该项经济业务说明，由于商业汇票抵偿原欠料款，一方面使公司的"应付票据"增加了 50 000 元的金额，另一方面属于企业的债务"应付账款"减少 50 000 元。"应付票据"和"应付账款"都属于公司的负债账户。根据借贷记账法下的账户结构，负债的增加通过账户的贷方反映，负债的减少通过账户的借方反映。最后确定，借记"应付账款"50 000 元，贷记"应付票据"50 000 元。

该业务属于等式右边的负债内一增一减业务。

以上记录如下所示：

借方	应付票据	贷方		借方	应付账款	贷方
	期初余额 0					期初余额 100 000
		⑥50 000			⑥50 000	

⑦滨海公司按法定程序将资本公积 60 000 元转增资本金。

分析：该业务的发生说明，由于将资本公积 60 000 元转增资本金，一方面使公司的"实收资本"增加 60 000 元，另一方面使"资本公积"减少 60 000元。"资本公积"和"实收资本"都属于所有者权益类账户。根据借贷记账法下的账户结构，所有者权益的增加通过账户的贷方反映，所有者权益的减少通过账户的借方反映。最后确定，借记"资本公积"60 000 元，贷记"实收资本"60 000 元。

该业务属于等式右边的所有者权益内一增一减业务。

以上记录如下所示：

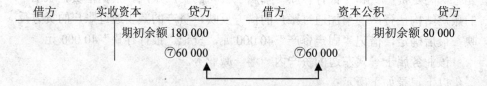

⑧滨海公司进行利润分配，应付投资者股利 20 000 元。

分析：该业务的发生说明，由于进行利润分配，一方面使公司"应付股利"增加 20 000 元，另一方面使"利润分配"减少 20 000 元。"利润分配"属于所有者权益类账户，"应付股利"属于负债类账户。根据借贷记账法下的账户结构，所有者权益的减少通过账户的借方反映，负债的增加通过账户的贷方反映。最后确定，借记"利润分配"20 000 元，贷记"应付股利"20 000 元。

该业务属于等式右边的所有者权益减与债权人权益等额增的业务。

以上记录如下所示：

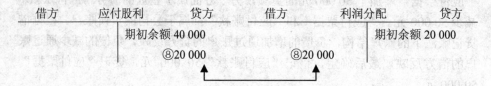

⑨经与银行协商将长期借款 90 000 元转作投入资本。

分析：该业务的发生说明，一方面使属于所有者权益类项目的"实收资本"增加 90 000 元，另一方面使属于负债类项目"长期借款"减少 90 000 元。"实收资本"属于所有者权益类账户，"长期借款"属于负债类账户。根据借贷记账法下的账户结构，所有者权益的增加通过账户的贷方反映，负债的减少通过账户的借方反映。最后确定，借记"长期借款"90 000 元，贷记"实收资本"90 000 元。

该业务属于等式右边的所有者权益增与债权人权益等额减的业务。

以上记录如下所示：

借方	实收资本	贷方		借方	长期借款	贷方
		期初余额 180 000				
		⑨90 000		⑨90 000		

以上举例，已经概括了企业的所有业务类型，而无论哪种类型的经济业务，都是以相等的金额同时记入有关账户的借方和另一账户的贷方。这样就可以归纳出借贷记账法的记账规则为 "有借必有贷，借贷必相等"。

借贷记账法的账户结构要求对发生的任何经济事项，都要按借贷相反的方向进行记录，如果在一个账户中记借方，必然在另一账户中记贷方，即有借必有贷。

复式记账要求对发生的任何经济事项，都要等额地在相关账户中进行登记，如果采用"借"和"贷"作为记账符号时，借贷的金额一定是相等的。因此，借贷记账法的记账规则是有一定的理论依据的。

5. 借贷记账法下的会计分录

（1）账户的对应关系和对应账户

从以上举例可以看出，在借贷记账法下，根据"有借必有贷，借贷必相等"的记账规则登记每项经济业务时，在有关账户之间存在着应借、应贷的相互关系，账户之间的这种相互关系称为账户的对应关系。存在对应关系的账户称为对应账户。例如，用现金 500 元购买原材料，就要在"原材料"账户的借方和"现金"账户的贷方进行记录。这样"原材料"与"现金"账户就发生了对应关系，两个账户也就成了对应账户。

需要说明的是，账户的对应关系是相对于某项具体的经济业务而言的，而不是某个账户与某个账户一定存在固定的对应关系。

（2）会计分录

在借贷记账法下，会计分录是指标明某项经济业务应借、应贷方向，科目名称和金额的记录。会计分录有简单会计分录与复合会计分录两种。只涉及两个账户的会计分录就是简单会计分录。以上列举的九笔会计分录都是简单会计分录。将以上的例子核算事项用会计分录表示为：

①借：银行存款　　　200 000

　　贷：实收资本　　　　200 000

②借：原材料　　　70 000

  贷：应付账款   70 000

③借：短期借款 80 000

  贷：银行存款   80 000

④借：实收资本 100 000

  贷：固定资产   100 000

⑤借：固定资产 40 000

  贷：银行存款   40 000

⑥借：应付账款 50 000

  贷：应付票据   50 000

⑦借：资本公积 60 000

  贷：实收资本   60 000

⑧借：利润分配 20 000

  贷：应付股利   20 000

⑨借：长期借款 90 000

  贷：实收资本   90 000

  凡涉及两个以上账户的会计分录就是复合分录。在实际工作中，不允许将多项经济业务合并编制为复合会计分录，但若是一项经济业务时可编制复合会计分录。对复合分录举例如下：

  【例 2-3】滨海公司购买原材料一批，价值 98 000 元，其中银行存款支付 48 000 元，其余款项尚未支付。

  分析：该项业务涉及资产类账户的"原材料"账户、"银行存款"账户和负债类账户的"应付账款"账户，编制复合会计分录如下：

  借：原材料   98 000

   贷：银行存款   48 000

    应付账款   50 000

  （3）过账

  各项经济业务编制会计分录以后，即应记入有关账户，这个记账步骤通常称为"过账"。过账以后，一般要在月末进行结账，即结算出各账户的本期发生额合计和期末余额，现将滨海公司 2011 年 1 月发生的经济业务的会计分录记入下列各账户：

借方	库存现金	贷方		借方	应收账款	贷方
期初余额 1 000				期初余额 160 000		
期末余额 1 000				期末余额 160 000		

借方	实收资本	贷方
	期初余额 180 000	
④100 000	①200 000	
	⑦60 000	
	⑨90 000	
	期末余额 430 000	

借方	银行存款	贷方
期初余额 49 000		
①200 000	③80 000	
	⑤40 000	
期末余额 129 000		

借方	应付账款	贷方
	期初余额 100 000	
⑥50 000	②70 000	
	期末余额 120 000	

借方	原材料	贷方
期初余额 220 000		
②70 000		
期末余额 290 000		

借方	固定资产	贷方
期初余额 230 000		
⑤40 000	④100 000	
期末余额 170 000		

借方	短期借款	贷方
	期初余额 150 000	
③80 000		
	期末余额 70 000	

借方	应付票据	贷方
	期初余额 0	
	⑥50 000	
	期末余额 50 000	

借方	资本公积	贷方
	期初余额 80 000	
⑦60 000		
	期末余额 20 000	

借方	应付股利	贷方
	期初余额 40 000	
	⑧20 000	
	期末余额 60 000	

借方	利润分配	贷方
	期初余额 20 000	
⑧20 000		
	期末余额 0	

借方	长期借款	贷方
期初余额 90 000		
⑨90 000		
期末余额 0		

6. 试算平衡

　　企业对日常发生的经济业务都要记入有关账户，内容庞杂，次数繁多，记账稍有疏忽，便有可能发生差错。因此，对全部账户的记录必须定期进行试算，借以验证账户记录是否正确。

所谓试算平衡是指根据会计恒等式"资产=负债+所有者权益"以及借贷记账法的记账规则，通过汇总、检查和验算确定所有账户记录是否正确的过程。它包括发生额试算平衡和余额试算平衡。

（1）发生额试算平衡

发生额平衡包括两方面的内容：一是每笔会计分录的发生额平衡，即每笔会计分录的借方发生额必须等于贷方发生额，这是由借贷记账法的记账规则决定的；二是本期发生额的平衡，即本期所有账户的借方发生额合计必须等于所有账户的贷方发生额合计。因为本期所有账户的借方发生额合计，相当于把复式记账的借方发生额相加；所有账户的贷方发生额合计，相当于把复式记账的贷方发生额相加，二者必然相等。这种平衡关系用公式表示为：

$$\left\{\begin{array}{l}\text{第一笔会计分录的借方发生额}\\ \vdots \\ \text{第 n 笔会计分录的借方发生额}\\ \Sigma\text{所有业务借方发生额}\end{array}\right. = \left\{\begin{array}{l}\text{第一笔会计分录的贷方发生额}\\ \vdots \\ \text{第 n 笔会计分录的贷方发生额}\\ \Sigma\text{所有业务贷方发生额}\end{array}\right.$$

本期全部账户借方发生额合计＝本期全部账户贷方发生额合计

发生额试算平衡是根据上面两种发生额平衡关系，来检验本期发生额记录是否正确的方法。在实际工作中，本项工作是通过编制发生额试算平衡表进行的，如下表：

发生额试算平衡表（单位：元）

账户名称	本期发生额	
	借方	贷方
库存现金		
银行存款	200 000	120 000
应收账款		
原材料	70 000	
固定资产	40 000	100 000
短期借款	80 000	
应付票据		50 000
应付账款	50 000	70 000
长期借款	90 000	
应付股利		20 000
实收资本	100 000	350 000
资本公积	60 000	
利润分配	20 000	
合计	710 000	710 000

（2）余额试算平衡

余额平衡是指所有账户的借方余额之和与所有账户的贷方余额之和相等。余额试算平衡就是根据此恒等关系来检验本期记录是否正确的方法。这是由"资产＝负债+所有者权益"的恒等关系决定的。在某一时点上，有借方余额的账户应是资产类账户，有贷方余额的账户应是权益类账户，分别合计其金额，是具有相等关系的资产与权益总额。根据余额的时间不同，可分为期初余额平衡和期末余额平衡。本期的期末余额平衡，结转到下一期，就成为下一期的期初余额平衡。这种关系也可用下列公式表示：

资产＝负债+所有者权益

本期期末资产借方余额＝本期期末负债贷方余额+本期期末所有者权益贷方余额

本期期末全部账户的借方余额合计＝本期期末全部账户的贷方余额合计

在实际工作中，本项工作是通过编制余额试算平衡表进行的，如下表：

余额试算平衡表（单位：元）

账户名称	期末余额	
	借方	贷方
库存现金	1 000	
银行存款	129 000	
应收账款	160 000	
原材料	290 000	
固定资产	170 000	
短期借款		70 000
应付票据		50 000
应付账款		120 000
长期借款		0
应付股利		60 000
实收资本		430 000
资本公积		20 000
利润分配		0
合计	750 000	750 000

在实际工作中也可将发生额及余额试算平衡表合并编表，如下表：

账户名称	期初余额		本期发生额		期末余额	
	借方	贷方	借方	贷方	借方	贷方
库存现金	1 000				1 000	
银行存款	49 000		200 000	120 000	129 000	
应收账款	160 000				160 000	
原 材 料	220 000		70 000		290 000	
固定资产	230 000		40 000	100 000	170 000	
短期借款		150 000	80 000			70 000
应付票据				50 000		50 000
应付账款		100 000	50 000	70 000		120 000
长期借款		90 000	90 000			0
应付股利		40 000		20 000		60 000
实收资本		180 000	100 000	350 000		430 000
资本公积		80 000		60 000		20 000
利润分配		20 000	20 000			0
合　　计	660 000	660 000	710 000	710 000	750 000	750 000

应该看到，试算平衡表只是通过借贷金额是否平衡来检查账户记录是否正确，而有些错误对于借贷双方的平衡并不发生影响。因此，在编制试算平衡表时对以下问题应引起注意：

（1）必须保证所有账户的余额均已记入试算平衡表。因为会计等式是对六项会计要素整体而言的，缺少任何一个账户的余额，都会造成期初或期末借方与贷方余额合计不相等。

（2）如果借贷不平衡，肯定账户记录有错误，应认真查找，直到实现平衡为止。

（3）如果借贷平衡，则并不能说明账户记录绝对正确，因为有些错误对于借贷双方的平衡并不发生影响。例如：

①某项经济业务，将使本期借贷双方的发生额减少，借贷仍然平衡；

②重记某项经济业务，将使本期借贷双方的发生额发生等额虚增，借贷仍然平衡；

③某项经济业务记错有关账户，借贷仍然平衡；

④某项经济业务颠倒了记账方向，借贷仍然平衡；

⑤借方或贷方发生额中，偶然一多一少并相互抵消，借贷仍然平衡；

【本章小结】

本章主要讲述了会计科目的概念、分类、设置原则，账户的概念和基本结构，复式记账的基本原理和借贷记账法的内容。

会计科目是对会计要素对象的具体内容进行分类核算的项目。会计科目按核算的经济内容分类，分为资产类、负债类、所有者权益类、成本类和损益类。会计科目按提供指标的详细程度，可以分为总分类科目和明细分类科目。

会计账户是指具有一定格式，用来分类、连续地记录经济业务，反映会计要素增减变动及其结果的一种核算工具。账户与会计科目既有联系又有区别。账户的结构是指在账户中如何记录经济业务所引起的各项会计要素的增减变动情况及其结果。

复式记账就是对于任何一项经济业务所引起的会计要素及其项目的增减变动，都要以相等的金额在两个或两个以上的账户中相互联系地进行登记的方法。复式记账原理是建立在会计恒等式的基础之上的，它是以会计等式为依据设计的一种记账方法。

借贷记账法是以"借"、"贷"二字作为记账符号，记录会计要素增减变动情况的一种复式记账法。借贷记账法用"借"和"贷"作为记账符号，反映会计要素的增减变动。在借贷记账法下，所有账户的结构都是左方为"借方"，右方为"贷方"，但哪一方登记增加的金额，哪一方登记减少的金额，则取决于账户本身所反映的经济内容及账户的性质。借贷记账法的记账规则可概括为"有借必有贷，借贷必相等"。

我们在实际运用借贷记账法的记账规则登记经济业务时，一般要按如下步骤进行：

（1）一项经济业务发生后，首先要确定涉及哪两个或两个以上的账户；

（2）所确定的账户性质如何，即属于上述哪类会计要素；

（3）根据不同性质的账户，确定其记账方位，增加记哪方，减少记哪方；

（4）记入各方的金额各是多少；

（5）如有期初余额，先登记期初余额，期末再结出期末余额，本期期末余额即为下期期初余额。

会计分录是指标明某项经济业务应借、应贷方向，科目名称和金额的记录。

试算平衡是指根据"资产=负债+所有者权益"的平衡关系，按照记账规则的要求，通过汇总计算和比较，来检查账户记录的正确性、完整性的一种专门方法。试算平衡工作是于每个月结束时，在已经结出各个账户的本月发生额和月末余额后，通过编制试算平衡表来进行的。

第 3 章　会计凭证和会计账簿

【学习目标】

通过本章学习，掌握原始凭证的取得和填制，记账凭证的填制，日记账、总分类账、明细分类账的记账规则和登记方法，错账更正的方法；熟悉原始凭证、记账凭证、会计账簿的分类，平行登记的概念和内容；了解会计凭证的审核、传递、保管，对账、结账的程序和内容，会计账簿的保管。

3.1　会计凭证

3.1.1　会计凭证概述

1. 会计凭证的概念

会计凭证是记录经济业务、明确经济责任的书面证明，也是登记账簿的依据。

会计管理工作要求会计核算提供真实的会计资料，强调记录的经济业务必须有根有据。因此，任何企业、事业和行政单位，每发生一笔经济业务，都必须由执行或完成该项经济业务的有关人员取得或填制会计凭证，并在凭证上签名或盖章，以对凭证上所记载的内容负责。例如，购买商品、材料由供货方开出发票，支出款项由收款方开出收据，接收商品、材料入库要有收货单，发出商品要有发货单，发出材料要有领料单等。这些发票、收据、收货单、发货单、领料单都是会计凭证。

所有会计凭证都必须认真填制，同时还得经过财会部门严格审核，只有审核无误的会计凭证才能作为经济业务发生或完成的证明，才能作为登记账簿的依据。

2. 会计凭证的作用

填制和审核会计凭证是会计核算方法之一，也是会计核算工作的基础。填制和审核会计凭证在经济管理中具有重要作用。

（1）为会计核算提供原始依据

任何经济业务发生都必须取得或填制会计凭证，如实地反映经济业务发生或完成情况。会计凭证上记载了经济业务发生的时间和内容，从而为会计核算提供了原始凭据，保证了会计核算的客观性与真实性，克服了主观随意性，使会计信息的质量得到了可靠保障。

（2）发挥会计监督作用

经济业务是否合法、合理，是否客观真实，在记账前都必须经过财会部门审核。通过审核会计凭证，可以充分发挥会计监督作用。通过检查每笔经济业务是否符合有关政策、法令、制度、计划和预算的规定，有无铺张浪费和违纪行为，从而促进各单位和经办人树立遵纪守法的观念，促使各单位建立健全各项规章制度，确保财产安全完整。

（3）加强岗位责任制

每一笔经济业务发生或完成都要填制和取得会计凭证，并由相关单位和人员在凭证上签名盖章，这样能促使经办人员严格按照规章制度办事。一旦出现问题，便于分清责任，及时采取措施，有利于岗位责任制的落实。

3. 会计凭证的种类

经济业务的纷繁复杂决定了会计凭证是多种多样的。为了正确地使用和填制会计凭证，必须对会计凭证进行分类。会计凭证按照编制的程序和用途不同，分为原始凭证和记账凭证，这是一种基本分类方法。

（1）原始凭证

原始凭证是在经济业务发生或完成时由相关人员取得或填制的，用以记录或证明经济业务发生或完成情况并明确有关经济责任的一种原始凭据。任何经济业务发生都必须填制和取得原始凭证，原始凭证是会计核算的原始依据，是编制记账凭证的依据。

（2）记账凭证

记账凭证是财会部门根据审核无误的原始凭证进行归类、整理，记载经济业务简要内容，确定会计分录的会计凭证。记账凭证是登记会计账簿的直接依据。

3.1.2　原始凭证

1. 原始凭证的基本内容

原始凭证是在经济业务发生或完成时由相关人员取得或填制的，用以记录或证明经济业务发生或完成情况并明确有关经济责任的一种原始凭据。原始凭证是证明经济业务发生的原始依据，具有较强的法律效力，是一种很重要的会计凭证。

企业发生的经济业务纷繁复杂，反映其具体内容的原始凭证也品种繁多。虽然原始凭证反映经济业务的内容不同，但无论哪一种原始凭证，都应该说明有关经济业务的执行和完成情况，都应该明确有关经办人员和经办单位的经济责任。因此，各种原始凭证，尽管名称和格式不同，但都应该具备一些共同的基本内容。这些基本内容就是每一张原始凭证所应该具备的要素。原始凭证必须具备以下基本内容：

（1）原始凭证的名称；

（2）填制原始凭证的日期和凭证编号；

（3）接受凭证的单位名称；

（4）经济业务内容，如品名、数量、单价、金额大小写；

（5）填制原始凭证的单位名称和填制人姓名；

（6）经办人员的签名或盖章。

有些原始凭证，不仅要满足会计工作的需要，还应满足其他管理工作的需要。因此，在有些凭证上，除具备上述内容外，还应具备其他一些项目，如与业务有关的经济合同、结算方式、费用预算等，以更加完整、清晰地反映经济业务。

在实际工作中，各单位根据会计核算和管理的需要，可自行设计印制适合本单位需要的各种原始凭证。但是对于在一个地区范围内经常发生大量同类经济业务，应由各主管部门统一设计印制原始凭证。如银行统一印制的银行汇票、转账支票和现金支票等，由铁路部门统一印制的火车票，由税务部门统一印制的有税务登记的发票，财政部门统一印制的收款收据等。这样，不但可以使原始凭证的内容格式统一，也便于加强监督管理。

2. 原始凭证的分类

纷繁复杂的经济业务导致原始凭证的品种繁多，为了更好地认识和利用原始凭证，必须按照一定标准对原始凭证进行分类。原始凭证按照不同的分类标准，可以属于不同的种类。

（1）原始凭证按其来源不同分类

原始凭证按其来源不同，可以分为外来原始凭证和自制原始凭证两种。

①外来原始凭证

外来原始凭证是在经济业务活动发生或完成时，从其他单位或个人直接取得的原始凭证。如增值税专用发票、非增值税及小规模纳税人的发票、铁路运输部门的火车票、由银行转来的结算凭证和对外支付款项时取得的收据等都是外来原始凭证。

②自制原始凭证

自制原始凭证是指本单位内部具体经办业务的部门和人员，在执行或完成经济业务时所填制的原始凭证。如收料单、领料单、销货发票、产品入库单、工资结算表等。

（2）原始凭证按其填制方法不同分类

原始凭证按其填制方法不同，可以分为一次凭证、累计凭证和汇总凭证三种。

①一次凭证

一次凭证是指一次填制完成的原始凭证。它反映一笔经济业务或同时反映若干同类经济业务的内容。

外来原始凭证一般均属一次凭证，自制原始凭证中大多数也是一次凭证。日常的原始凭证多属此类，如现金收据、发货票、收料单等。一次凭证能够清晰地反映经济业务活动情况，使用方便灵活，但数量较多。

②累计凭证

累计凭证是指在一张凭证上连续登记一定时期内不断重复发生的若干同类经济业务，直到期末才能填制完毕的原始凭证。

累计凭证可以连续登记相同性质的经济业务，随时计算出累计数及结余数，期末按实际发生额记账。如费用限额卡、限额领料单等。

③汇总凭证

汇总凭证，也叫原始凭证汇总表，是根据许多同类经济业务的原始凭证或会计核算资料定期加以汇总而重新编制的原始凭证。如发出材料汇总表、差旅费报销单等。汇总凭证既可以提供经营管理所需要的总量指标，又可以大大简化核算手续。

（3）原始凭证按用途不同分类

原始凭证按其用途不同，可以分为通知凭证、执行凭证和计算凭证三种。

①通知凭证

通知凭证是指要求、指示或命令企业进行某项经济业务的原始凭证，如罚款通知书、付款通知单等。

②执行凭证

执行凭证是用来证明某项经济业务发生或已经完成的原始凭证，如销货发票、材料验收单、领料单等。

③计算凭证

计算凭证是指根据原始凭证和有关会计核算资料而编制的原始凭证。计算凭证一般是为了便于以后记账和了解各项数据来源和产生的情况而编制的。如制造费用分配表、产品成本计算单、工资结算表等。

（4）原始凭证按其格式不同分类

原始凭证按其格式不同分类，可以分为通用凭证和专用凭证两种。

①通用凭证

通用凭证是指全国或某一地区、某一部门统一格式的原始凭证。如由银行统一印制的结算凭证、税务部门统一印制的发票等。

②专用凭证

专用凭证是指一些单位具有特定内容、格式和专门用途的原始凭证。如高速公路通过费收据、养路费缴款单等。

以上是按不同的标志对原始凭证进行的分类。它们之间是相互依存密切联系的，有些原始凭证按照不同的分类标准分别属于不同的种类。如现金收据对出具收据的单位来说是自制原始凭证，而对接收收据的单位来说则是外来原始凭证；同时，它既是一次凭证，又是执行凭证，也是专用凭证。外来的凭证大多为一次凭证，计算凭证、累计凭证大多为自制原始凭证。

根据上述原始凭证的分类，归纳如下图所示。

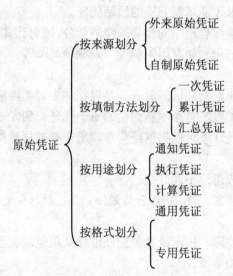

3. 原始凭证的填制

填制原始凭证，要由填制人员将各项原始凭证要素按规定方法填写齐全，办妥签章手续，明确经济责任。

（1）原始凭证的填制方法

由于各种凭证的内容和格式千差万别，因此，原始凭证的具体填制方法也

42

不同。一般来说，自制原始凭证通常有三种形式：

一是根据经济业务的执行和完成的实际情况直接填列，如根据实际领用的材料品名和数量填制领料单等；

二是根据账簿记录对某项经济业务进行加工整理填列，如月末计算产品成本时，先要根据"制造费用"账户本月借方发生额填制"制造费用分配表"，将本月发生的制造费用按照一定的分配标准分配到有关产品成本中去，然后再计算出某种产品的生产成本；

三是根据若干张反映同类业务的原始凭证定期汇总填列，如发出材料汇总表。

外来原始凭证是由其他单位或个人填制的。它同自制原始凭证一样，也要具备能证明经济业务完成情况和明确经济责任所必需的内容。

（2）原始凭证填制要求

原始凭证是具有法律效力的证明文件，是进行会计核算的依据，必须认真填制。为了保证原始凭证能清晰地反映各项经济业务的真实情况，原始凭证的填制必须符合以下要求：

①原始凭证填制的基本要求

第一，记录要真实。原始凭证上填制的日期、经济业务内容和数字必须是经济业务发生或完成的实际情况，不得弄虚作假，不得以匡算数或估计数填入，不得涂改、挖补。

第二，内容要完整。原始凭证中应该填写的项目要逐项填写，不可缺漏；名称要写全，不要简化；品名和用途要填写明确，不能含糊不清；有关部门和人员的签名和盖章必须齐全。

第三，手续要完备。单位自制的原始凭证必须有经办业务的部门和人员签名盖章，对外开出的凭证必须加盖本单位的公章或财务专用章，从外部取得的原始凭证必须有填制单位公章或财务专用章。总之，取得的原始凭证必须符合手续完备的要求，以明确经济责任，确保凭证的合法性、真实性。

第四，填制要及时。所有业务的有关部门和人员，在经济业务实际发生或完成时，必须及时填写原始凭证，做到不拖延，不积压，不事后补填，并按规定的程序审核。

第五，编号要连续。原始凭证要顺序连续或分类编号，在填制时要按照编号的顺序使用，跳号的凭证要加盖"作废"戳记，连同存根一起保管，不得撕毁。

第六，更正方法正确。原始凭证不得随意涂改、刮擦、挖补。若填写错误，必须把写错的文字或数字用红线划掉，将正确的写在划线部分的上方，并加盖经办人员的签章；有些重要的凭证，如发票、支票等，不能更改，需要重新填写，并在错误凭证上加盖"作废"戳记，连同存根和其他各联全部保存。

第七，书写要规范。原始凭证中文字、数字的书写都要清晰、工整、规范，做到字迹端正、易于辨认，不草、不乱、不造字。大小写金额要一致。复写的凭证要不串行、不串格、不模糊，一式几联的原始凭证，应当注明各联的用途。数字和货币符号的书写要符合下列要求：

一是阿拉伯数字要一个一个地写，不得连笔写。特别是在要连写几个"0"时，也一定要单个的写，不能将几个"0"连在一起一笔写完。数字排列要整齐，数字之间的空格要均匀，不宜过大。此外阿拉伯数字的书写还应有高度的标准，一般要求数字的高度占凭证横格的 1/2 为宜。书写时还要注意紧靠横格底线，使上方能有一定的空位，以便需要进行更正时可以再次书写。

二是阿拉伯数字前面应该书写货币币种或者货币名称简写和币种符号。币种符号与阿拉伯数字之间不得留有空白。凡阿拉伯金额数字前写有货币币种符号的，数字后面不再写货币单位。所有以元为单位（其他货币种类为货币基本单位，下同）的阿拉伯数字，除表示单价等情况外，一律填写到角分；无角分的，角位和分位写"00"或者符号"—"；有角无分的，分位应当写"0"，不得用符号"—"代替。在发货票等须填写大写金额数字的原始凭证上，如果大写金额数字前未印有货币名称，应当加填货币名称，然后在其后紧接着填写大写金额数字，货币名称和金额数字之间不得留有空白。

三是汉字填写金额如零、壹、贰、叁、肆、伍、陆、柒、捌、玖、拾、佰、仟、万、亿等，应一律用正楷或行书体填写，不得用0、一、二、三、四、五、六、七、八、九、十等简化字代替。不得任意自造简化字。大写金额数字到元或角为止的，在"元"或"角"之后应当写"整"或"正"字。阿拉伯金额数字之间有"0"时，汉字大写金额应写"零"字；阿拉伯金额数字中间连续有几个"0"时，大写金额中可以只有一个"零"；阿拉伯金额数字元位为"0"或者数字中间连续有几个"0"，元位也是"0"，但角位不是"0"时，汉字大写金额可以只写一个"零"字，也可以不写"零"字。

②原始凭证填制的附加要求

第一，从外单位取得的原始凭证必须加盖填制单位公章，从个人处取得的原始凭证必须有填制人员的签名或盖章。对外开出的原始凭证必须加盖本单位的公章，公章是指具有法律效力和规定用途，能够证明单位身份和性质的印章，如业务公章、财务专用章、发票专用章和收款专用章等。

第二，原始凭证的大小写金额必须相符。

第三，购买实物的原始凭证必须有验收证明。实物购入后要按照规定办理验收手续，需要入库的须填写入库验收单，由仓库保管员按照采购计划或供货合同验证后在入库单上如实填写实收数额，并签名或盖章。实物购入后直接交使用部门的，也应有验收手续。

第四，一式几联的原始凭证，必须注明各联用途，并且只能以一联作报销凭证；一式几联的发票和收据，必须用双面复写纸套写，并连续编号，写错时不能任意涂改、刮擦、挖补，必须加盖"作废"（普通发票）或"误填作废"（增值税专用发票）戳记，连同存根一并保存。

第五，发生销售退回的，在退还货款时必须填制退货发票，并有退货验收证明和对方单位的收款收据，不得以退货发票代替收据。

第六，职工因公出差等产生的借款收据，必须附在记账凭证之后。在借款收回时，应当另开收据或者退还借款收据副本，不得退还借款收据原件。

第七，各种原始凭证必须用蓝色墨水或黑色碳素墨水填写（须复写的可用圆珠笔），支票必须用碳素墨水填写。

第八，各种原始凭证必须及时交给财会部门或指定专人，以便及时进行会计核算。

（3）几种常用原始凭证的填制

①收料单

收料单是在外购的材料物资验收入库时填制的凭证。一般一式多联，一联由验收人员留存，一联交仓库保管人员据以登记明细账，一联连同发票交财会部门办理结算，具体格式如表3-1所示。

表3-1　收料单

20××年12月6日

材料编号	材料名称	材料规格	单位	数量		实际价格		计划价格	备注	记账联
	机物料		公斤	500	500	16	8 000			
合计（大写）			捌仟元整							

材料会计：　　　　保管：　　　　制单：

②领料单

领料单是生产部门生产产品领用材料时填制的凭证。为便于管理，领料单要"一料一单"填制，即一种材料填制一张领料单。领用原材料需经领料车间负责人批准后，方可填制领料单；车间负责人、收料人、仓库保管员和发料人均需在领料单上签名或盖章，具体格式如表3-2所示。

表 3-2　领料单

20××年12月6日

材料类别	材料编号	材料名称	计量单位	数量		单价	金额	记账联
				请领	实发			
		A 材料	公斤	200	200			

领料人：　　　　　领料部门主管：　　　　发料：　　　记账：

③限额领料单

限额领料单是一种一次开设、多次使用、领用限额已定的累计凭证。有效期最多一个月。在该期限内只要领用数量累计不超过限额就可以继续使用，具体格式如表 3-3 所示。

表 3-3　限额领料单

20××年3月

材料编号	材料名称	规格	计量单位	计划投产量	单位消耗定额	领用限额	实领		
							数量	单价	金额
L08	螺纹	P5	20	6	6	120	120	8o	9 600
领料	领用			退料			限额		
日期	数量	领料人	发料人	数量	退料人	收料人	结余		
1	40	李四	张三				6 400		
10	40	李四	张三				3 200		
20	40	李四	张三				0		

④发料凭证汇总表

工业企业在生产过程中领发料比较频繁，业务量大，种类、性质相同的凭证较多。为简化核算手续，可编制发料凭证汇总表。编制时间根据业务量大小确定，可 5 天、10 天、半个月或一个月汇总编制一次。汇总时要根据实际成本计价的发料凭证按领用部门及用途分类进行，具体格式如表 3-4 所示。

表 3-4　发料凭证汇总表

20××年 5 月

领料单位	材料名称	用途	单位	数量	单价（元）	总成本（元）
一车间	甲材料	A 产品	公斤	4 000	25	100 000
二车间	乙材料	B 产品	公斤	3 000	37	111 000
管理部门	丙材料	一般耗用	公斤	200	50	10 000
辅助车间	甲材料	一般耗用	公斤	100	25	2 500
维修车间	乙材料	维修机器	公斤	150	37	5 550
合计						229 050

主管：　　　　审核：　　　　保管：　　　　制表：

⑤产品入库单

产品入库单是根据完工入库的产品数量填制的凭证。一般应每一种产品填制一张入库单，具体格式如表 3-5 所示。

表 3-5　产成品入库单

20××年 12 月 6 日

产品编号	产成品名称	型号规格	计量单位	送检数量	检查结果		实收数量	备注	记账联
					合格	不合格			
	B 产品		件	500	500		500		

领料人：　　　　领料部门主管：　　　　发料：　　　　记账：

⑥增值税专用发票

增值税专用发票是一般纳税人于销售货物时开具的销售发票，一式四联，销售单位与购货单位各两联。其中留销售单位的两联，一联存放于有关业务部门，一联作会计机构的记账凭证；交购货单位的两联，一联做购货单位的结算凭证，一联为税款抵扣凭证。购货单位向一般纳税人购货，应索取增值税专用发票。增值税专用发票与普通发票的主要区别是增值税金额单列栏目反映，具体格式如表 3-6 所示。

表 3-6　增值税专用发票

开票时间：　　　　　　　　20××年 12 月 24 日　　　　　　　　NO. ×××

购货单位	名称	华新厂			纳税人登记号							×××							
	地址电话	×××			开户银行及账号							×××							

货物或应税劳务名称	计量单位	数量	单价	金额								税率%	税额						
				十	万	千	百	十	元	角	分		十	万	千	百	十	元	角	分
B 产品	件	700	140		9	8	0	0	0	0	0	17		1	6	6	6	0	0	0
合计				¥	9	8	0	0	0	0	0		¥	1	6	6	6	0	0	0

税价合计（大写）	⊗佰壹拾壹万肆仟陆佰陆拾零元零角零分	114 660.00

销货单位	名称	滨海公司	纳税人登记号	××××
	地址	××××	开户银行及账号	××××

收款人：×××　　　　　　开票单位：　（未盖章无效）

4. 原始凭证的审核

为了正确反映和监督各项经济业务，财务部门对取得的原始凭证，必须进行严格审核和核对，保证核算资料的真实、合法、完整。只有经过审查无误的凭证，方可作为编制记账凭证和登记账簿的依据。原始凭证的审核，是会计监督工作的一个重要环节，一般应从以下两方面进行：

（1）审查原始凭证所反映经济业务的合理性、合法性和真实性

这种审查是以有关政策、法规、制度和计划合同等为依据，审查凭证所记录的经济业务是否符合有关规定，有无贪污盗窃、虚报冒领、伪造凭证等违法乱纪现象，有无不讲经济效益、违反计划和标准的要求等。对于不合理、不合法及不真实的原始凭证，财会人员应拒绝受理。如发现伪造或涂改凭证弄虚作假、虚报冒领等不法行为，除拒绝办理外，还应立即报告有关部门，提请严肃处理。

（2）审核原始凭证的填制是否符合规定的要求

首先，审查所用的凭证格式是否符合规定，凭证的要素是否齐全，是否有经办单位和经办人员签章。

其次，审查凭证上的数字是否完整，大小写是否一致。

最后，审查凭证上数字和文字是否有涂改、污损等不符合规定之处。

如果通过审查发现凭证不符合上述要求，那么凭证本身就失去作为记账依

据的资格，会计部门应把那些不符合规定的凭证退还给原编制凭证的单位或个人，要求重新补办手续。

原始凭证的审核，是一项很细致而且十分严肃的工作。要做好原始凭证的审核，充分发挥会计监督的作用，会计人员应该做到精通会计业务；熟悉有关的政策、法令和各项财务规章制度；对本单位的生产经营活动有深入的了解；同时还要求会计人员具有维护国家法令、制度和本单位财务管理的高度责任感，敢于坚持原则，才能在审核原始凭证时正确掌握标准，及时发现问题。

原始凭证经过审核后，对于符合要求的原始凭证，及时编制记账凭证并登记账簿；并对手续不完备、内容记载不全或数字计算不正确的原始凭证，应退回有关经办部门或人员补办手续或更正；对于伪造、涂改或经济业务不合法的凭证，应拒绝受理，并向本单位领导汇报，提出拒绝执行的意见；对于弄虚作假、营私舞弊、伪造涂改凭证等违法乱纪行为，必须及时揭露并严肃处理。

3.1.3　记账凭证

1. 记账凭证的基本内容

记账凭证是会计人员根据审核后的原始凭证进行归类、整理，并确定会计分录而编制的会计凭证，是登记账簿的依据。由于原始凭证只表明经济业务的内容，而且种类繁多、数量庞大、格式不一，因而不能直接记账。为了做到分类反映经济业务的内容，必须按会计核算方法的要求，将其归类、整理、编制记账凭证，标明经济业务应记入的账户名称及应借应贷的金额，作为记账的直接依据。所以，记账凭证必须具备以下内容：

（1）记账凭证的名称。

（2）填制凭证的日期、凭证编号。

（3）经济业务的内容摘要。

（4）经济业务应记入账户的名称、记账方向和金额。

（5）所附原始凭证的张数和其他附件资料。

（6）会计主管、记账、复核、出纳、制单等有关人员签名或盖章。

记账凭证和原始凭证同属于会计凭证，但二者存在以下不同：

（1）原始凭证是由经办人员填制，记账凭证一律由会计人员填制。

（2）原始凭证根据发生或完成的经济业务填制，记账凭证根据审核后的原始凭证填制。

（3）原始凭证仅用以记录、证明经济业务已经发生或完成，记账凭证要依据会计科目对已经发生或完成的经济业务进行归类、整理。

（4）原始凭证是填制记账凭证的依据，记账凭证是登记账簿的依据。

2. 记账凭证的种类

由于会计凭证记录和反映的经济业务多种多样，因此，记账凭证也是多种多样的。记账凭证按不同的标志，可以分为不同的种类。

（1）记账凭证按其适用的经济业务不同可分为通用记账凭证和专用记账凭证

①通用记账凭证

通用记账凭证是指适用于各类经济业务、具有统一格式的记账凭证，也称标准凭证。实际工作中，规模小、业务简单的单位可以使用通用记账凭证，其格式如表3-7所示。

表 3-7　通用记账凭证

年　月　日　　　　　字第＿＿＿＿号

摘要	借方科目		贷方科目		金额									记账	附原始凭证×张
	总账科目	明细科目	总账科目	明细科目	百	十	万	千	百	十	元	角	分		

会计主管：　　　记账：　　　稽核：　　　制单：　　　出纳：

②专用记账凭证

专用记账凭证是指专门用来记录某一类经济业务的记账凭证。专用记账凭证按其所记录的经济业务是否与现金、银行存款收付业务有关，分为收款凭证、付款凭证、转账凭证。

第一，收款凭证。收款凭证是指专门用于记录现金和银行存款收款业务的会计凭证，收款凭证是出纳人员收讫款项的依据，也是登记总账、现金日记账和银行存款日记账以及有关明细账的依据，一般按现金和银行存款分别编制。收款凭证格式如表3-8所示。

表 3-8   收款凭证

借方科目：   年   月   日   收字第_____号

摘要	贷方科目		金额										记账	
	一级科目	二级或明细科目	千	百	十	万	千	百	十	元	角	分		附原始凭证×张
合计														

会计主管：   记账：   稽核：   制单：   出纳：

第二，付款凭证。付款凭证是指专门用于记录现金和银行存款付款业务的会计凭证。付款凭证是出纳人员支付款项的依据，也是登记总账、现金日记账和银行存款日记账以及有关明细账的依据，一般按现金和银行存款分别编制。付款凭证格式如表 3-9 所示。

表 3-9   付款凭证

贷方科目：   年   月   日   付字第_____号

摘要	借方科目		金额										记账	
	一级科目	二级或明细科目	千	百	十	万	千	百	十	元	角	分		附原始凭证×张
合计														

会计主管：   记账：   稽核：   制单：   出纳：

第三，转账凭证。转账凭证是指专门用于记录不涉及现金和银行存款收付款业务的会计凭证。它是登记总账和有关明细账的依据。转账凭证格式如表3-10所示。

表3-10 转账凭证

年 月 日　　　　　　　　转字第_____号

摘要	借方科目		贷方科目		金额									记账	附原始凭证×张
	总账科目	明细科目	总账科目	明细科目	百	十	万	千	百	十	元	角	分		

会计主管:　　记账:　　稽核:　　制单:　　出纳:

收款凭证、付款凭证和转账凭证分别用以记录现金、银行存款收款业务、付款业务和转账业务（与现金、银行存款收支无关的业务），为了便于识别，各种凭证印制成不同的颜色。在会计实务中，对于现金和银行存款之间的收付款业务，为了避免记账重复，一般只编制付款凭证，不编制收款凭证。

（2）记账凭证按其填制方式不同，可分为单式记账凭证和复式记账凭证两种

①单式记账凭证

单式记账凭证是在每张凭证上只填列经济业务事项所涉及的一个会计科目及其金额的记账凭证。填列借方科目的称为借项记账凭证，填列贷方科目的称为贷项记账凭证。一项经济业务涉及几个科目，就分别填制几张凭证，并采用一定的编号方法将它们联系起来。

单式凭证的优点是内容单一，便于记账工作的分工，也便于按科目汇总，并可加速凭证的传递。其缺点是凭证张数多，内容分散，在一张凭证上不能完整地反映一笔经济业务的全貌，不便于检验会计分录的正确性，故需加强凭证的复核、装订和保管工作。

单式记账凭证的一般格式如表3-11和表3-12所示。

②复式记账凭证

复式记账凭证是指将每一笔经济业务事项所涉及的全部会计科目及其发生额均在同一张凭证中反映的一种记账凭证。即一张记账凭证上登记一项经济业务所涉及的两个或者两个以上的会计科目，既有"借方"，又有"贷方"。

复式记账凭证优点是可以集中反映账户的对应关系，有利于了解经济业务的全貌；同时还可以减少凭证的数量，减轻编制记账凭证的工作量，便于检验会计分录的正确性。其缺点是不便于汇总计算每一会计科目的发生额和进行分工记账。在实际工作中，普遍使用的是复式记账凭证。上述介绍的收款凭证、付款凭证、转账凭证都是复式记账凭证。

表 3-11　借项记账凭证

对应科目　　　　　　　　　　年　月　日　　　　　　　记字第　　号

摘要	总账科目	明细科目	金额									记账	
			百	十	万	千	百	十	元	角	分		附原始凭证×张
合计													

会计主管：　　　记账：　　　出纳：　　　审核：　　　制单：

表 3-12　贷项记账凭证

对应科目　　　　　　　　　　年　月　日　　　　　　　记字第　　号

摘要	总账科目	明细科目	金额									记账	
			百	十	万	千	百	十	元	角	分		附原始凭证×张
合计													

会计主管：　　　记账：　　　出纳：　　　审核：　　　制单：

（3）记账凭证按汇总方法不同，可分为分类汇总凭证和全部汇总凭证两种

①分类汇总凭证

分类汇总凭证是指定期按现金、银行存款及转账业务进行分类汇总，也可以按科目进行汇总。如可以将一定时期的收款凭证、付款凭证、转账凭证分别汇总，编制汇总收款凭证、汇总付款凭证、汇总转账凭证。

②全部汇总凭证

全部汇总凭证是指将单位一定时期内编制的会计分录，全部汇总在一张记账凭证上。将一定时期的所有记账凭证按相同会计科目的借方和贷方分别汇总，编制记账凭证汇总表（或称科目汇总表）。

汇总凭证是将许多同类记账凭证逐日或定期（3 天、5 天、10 天等）加以汇总后编制的记账凭证，有利于简化总分类账的登记工作。

记账凭证的分类，如下图所示。

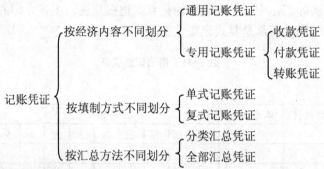

3. 记账凭证的填制

（1）记账凭证的填制要求

填制记账凭证是一项重要的会计工作，为了便于登记账簿，保证账簿记录的正确性，填制记账凭证应符合以下要求。

①依据真实

除结账和更正错误外，记账凭证应根据审核无误的原始凭证及有关资料填制，记账凭证必须附有原始凭证并如实填写所附原始凭证的张数。记账凭证所附原始凭证张数的计算一般应以原始凭证的自然张数为准。如果记账凭证中附有原始凭证汇总表，则应该把所附的原始凭证和原始凭证汇总表的张数一起记入附件的张数之内。但报销差旅费等零散票券，可以粘贴在一张纸上，作为一张原始凭证。

一张原始凭证如果涉及几张记账凭证的，可以将原始凭证附在一张主要的记账凭证后面，在该主要记账凭证摘要栏注明"本凭证附件包括××号记账凭证业务"字样，并在其他记账凭证上注明该主要记账凭证的编号或者附上该原始凭证的复印件，以便复核查阅。

如果一张原始凭证所列的支出需要由两个以上的单位共同负担时，应当由保存该原始凭证的单位开给其他应负担单位原始凭证分割单，原始凭证分割必须具备原始凭证的基本内容，并可作为填制记账凭证的依据，计算在所附原始凭证张数之内。

②内容完整

记账凭证应具备的内容都要按照记账凭证上所列项目逐一填写清楚，有关人员的签名或者盖章要齐全不可缺漏。如有以自制的原始凭证或者原始凭证汇总表代替记账凭证使用的，也必须具备记账凭证应有的内容。金额栏数字的填写必须规范、准确，与所附原始凭证的金额相符。金额登记方向、数字必须正确，角分位不留空格。

③分类正确

填制记账凭证，要根据经济业务的内容，区别不同类型的原始凭证，正确应用会计科目和记账凭证。记账凭证可以根据每一张原始凭证填制，或者根据若干张同类原始凭证汇总填制，也可以根据原始凭证汇总表填制，但不得将不同内容或类别的原始凭证汇总填制在一张记账凭证上，会计科目要保持正确的对应关系。

一般情况下，现金或银行存款的收、付款业务，应使用收款凭证或付款凭证；涉及现金和银行存款收付的业务，如将现金送存银行，或者从银行提取现金，应以付款业务为主，只填制付款凭证不填制收款凭证，以避免重复记账。

在一笔经济业务中，如果既涉及现金或银行存款收、付，又涉及转账业务，则应分别填制收款或付款凭证和转账凭证。例如，单位职工出差归来报销差旅费并交回剩余现金时，就应根据有关原始凭证按实际报销的金额填制一张转账凭证，同时按收回的现金数额填制一张收款凭证。

各种记账凭证的使用格式应相对稳定，特别是在同一会计年度内，不宜随意更换，以免引起编号、装订、保管方面的不便与混乱。

④日期正确

记账凭证的填制日期一般应填制记账凭证当天的日期，不能提前或拖后；按权责发生制原则计算收益、分配费用、结转成本利润等调整分录和结账分录的记账凭证，虽然需要到下月才能填制，但为了便于在当月的账内进行登记，仍应填写当月月末的日期。

⑤连续编号

为了分清会计事项处理的先后顺序，以便记账凭证与会计账簿之间的核对，确保记账凭证完整无缺，填制记账凭证时，应当对记账凭证连续编号。

记账凭证编号的方法有多种：第一种是将全部记账凭证作为一类统一编号；第二种是分别按现金和银行存款收入业务、现金和银行付出业务、转账业务三类进行编号，这样记账凭证的编号应分为收字第×号、付字第×号、转字第×号；第三种是分别按现金收入、现金支出、银行存款收入、银行存款支出和转账业务五类进行编号，这种情况下，记账凭证的编号应分为现收字第×号、现付字第×号、银收字第×号、银付字第×号和转字第×号，或者将转账业务按照具体内容再分成几类编号。

各单位应当根据本单位业务繁简程度、会计人员多寡和分工情况来选择便于记账、查账、内部稽核、简单严密的编号方法。无论采用哪一种编号方法，都应该按月顺序编号，即每月都从一号编起，按自然数 1、2、3、4、5……顺序编至月末，不得跳号、重号。一笔经济业务需要填制两张或两张以上记账凭证的，可以采用分数编号法进行编号，例如有一笔经济业务需要填制三张记账凭证，凭证顺序号为6，就可以编成6 1/3、6 2/3 、6 3/3，前面的数表示凭证顺序，后面分数的分母表示该号凭证共有三张，分子表示三张凭证中的第一张、第二张、第三张。

⑥简明扼要

记账凭证的摘要栏是填写经济业务简要说明的，摘要应与原始凭证内容一致，能正确反映经济业务的主要内容，既要防止简而不明，又要防止过于繁琐。应使阅读者通过摘要就能了解该项经济业务的性质、特征，判断出会计分录的正确与否，一般不需要再去翻阅原始凭证或询问有关人员。

⑦分录正确

会计分录是记账凭证中重要的组成部分，在记账凭证中，要正确编制会计分录并保持借贷平衡，就必须根据国家统一会计制度的规定和经济业务的内容，正确使用会计科目，不得任意简化或改动。应填写会计科目的名称，或者同时填写会计科目的名称和会计科目编号，不应只填编号，不填会计名称。应填明总账科目和明细科目，以便于登记总账和明细分类账。会计科目的对应关系要填写清楚，应先借后贷，一般填制一借一贷、一借多贷或者多借一贷的会计分录。但如果某项经济业务本身就需要编制一个多借多贷的会计分录时，也可以填制多借多贷的会计分录，以集中反映该项经济业务的全过程。填入金额数字后，要在记账凭证的合计行计算填写合计金额。记账凭证中借、贷方的金额必须相等，合计数必须计算正确。

⑧空行注销

填制记账凭证时，应按行次逐行填写，不得跳行或留有空行。记账凭证填完经济业务后，如有空行，应当在金额栏自最后一笔金额数字下的空行至合计数上的空行处划斜线或"～"行线注销。

⑨填错更改

填制记账凭证时如果发生错误，应当重新填制。

已经登记入账的记账凭证在当年内发生错误的，如果是使用的会计科目或记账凭证方向有错误，可以用红字金额填制一张与原始凭证内容相同的记账凭证，在摘要栏注明"注销某月某日某号凭证"字样，同时再用蓝字重新填制一张正确的记账凭证，在摘要栏注明"更正某月某日某号凭证"字样。

如果会计科目和记账方向都没有错误，只是金额错误，可以按正确数字和错误数字之间的差额，另编一张调整的记账凭证，调增金额用蓝数字，调减金额用红数字。发现以前年度的金额有错误时，应当用蓝字填制一张更正的记账凭证。

记账凭证中，文字、数字和货币符号的书写要求，与原始凭证相同。实行会计电算化的单位，其机制记账凭证应当符合对记账凭证的基本要求，打印出来的机制凭证上，要加盖制单人员、审核人员、记账人员和会计主管人员印章或者签字，以明确责任。

（2）记账凭证的填制方法

①单式记账凭证的填制

单式记账凭证，就是在一张凭证上只填列一个会计科目。一项经济业务的会计分录涉及几个会计科目，就填几张记账凭证。为了保持会计科目间的对应关系，便于核对，在填制一个会计分录时编一个总号，再按凭证张数编几个分号，如第 4 笔经济业务涉及三个会计科目，编号则为 4 1/3、4 2/3、4 3/3。

单式记账凭证中，填列借方账户名称的称为借项记账凭证，填列贷方账户名称的称为贷项记账凭证。为了便于区别，两者常用不同的颜色印制。

②复式记账凭证的填制。

复式记账凭证就是在一张记账凭证上记载一笔完整的经济业务所涉及的全部会计科目。为了清晰地反映经济业务的来龙去脉，不应将不同的经济业务合并填制。

第一，专用记账凭证的填制。

一是收款凭证的填制。收款凭证是根据审核无误的现金和银行存款收款业务的原始凭证编制的。收款凭证左上角的"借方科目"，按收款的性质填写"库存现金"或者"银行存款"；日期填写的是编制本凭证的日期；右上角填写编制收款凭证顺序号；"摘要栏"简明扼要地填写经济业务的内容梗概；"贷方科目"栏内填写与收入"库存现金"或"银行存款"科目相对应的总账科目及所属明细科目；"金额"栏内填写实际收到的现金或银行存款的数额，各总账科目与所属明细科目的应贷金额，应分别填写与总账科目或明细科目同一行的"总账科目"或"明细科目"金额栏内；"金额栏"的合计数，只合计"总账科目"金额，表示借方科目"库存现金"或"银行存款"的金额；"记账栏"供记账人员在根据收款凭证登记有关账簿后作记号用，表示已经记账，防止经济业务的事项的重记或漏记；该凭证右边"附件 张"根据所附原始凭证的张数填写；凭证最下方有关人员签章处供有关人员在履行了责任后签名或签章，以明确经济责任。

二是付款凭证的填制。付款凭证是根据审核无误的现金和银行付款业务的原始凭证编制的。付款凭证的左上角"贷方科目"，应填列"库存现金"或者"银行存款"，"借方科目"栏应填写与"库存现金"或"银行存款"科目相对应的总账科目及所属的明细科目。其余各部分的填制方法与收款凭证基本相同，不再述及。

三是转账凭证的填制。转账凭证是根据审核无误的不涉及现金和银行存款收付的转账业务的原始凭证编制的。转账凭证的"会计科目"栏应按照先借后贷的顺序分别填写应借应贷的总账科目及所属的明细科目；借方总账科目及所属明细科目的应记金额，应在与科目同一行的"借方金额"栏内相应栏次填写，贷方总账科目及所属明细科目的应记金额，应在与科目同一行的"贷方金额"栏内相应栏次填写；"合计"行只合计借方总账科目金额和贷方总账科目金额，借方总账科目金额合计数与贷方总账金额合计数应相等。

下面分别举例说明收款凭证、付款凭证和转账凭证的填制。

【例3-1】滨海公司 2011 年 6 月 12 日收到蓝天公司偿还所欠货款 10 000 元，存入银行。根据经济业务的原始凭证填制的收款凭证如表 3-13 所示。

表3-13　收款凭证

借方科目：银行存款　　　　　　2011 年 6 月 12 日　　　　　　银收字第＿3＿号

摘要	贷方科目		金额										记账	附原始凭证×张
	总账科目	明细科目	千	百	十	万	千	百	十	元	角	分		
收到蓝天公司偿还货款	应收账款	蓝天公司					1	0	0	0	0	0		
合计						￥	1	0	0	0	0	0		

会计主管：　　　记账：　　　稽核：　　　制单：　　　出纳：

【例3-2】滨海公司 2011 年 8 月 17 日以现金支付采购员郭亮预借差旅费 3 000 元。根据这项经济业务的原始凭证填制的付款凭证如表 3-14 所示。

【例3-3】滨海公司 2011 年 10 月 28 日销售产品 30 000 元（增值税暂不考虑）冲减美华公司的预收款。根据该项经济业务的原始凭证填制的转账凭证如表 3-15 所示。

第二，通用记账凭证的填制。

通用记账凭证的名称为"记账凭证"或"记账凭单"，它集收款、付款和转账凭证于一身，适用于所有业务类型的记账凭证。

【例3-4】滨海公司 2011 年 10 月 28 日采购甲材料 30 000 元（增值税暂不考虑），用银行存款支付。根据该项经济业务的原始凭证填制的转账凭证如表

3-16 所示。

表 3-14   付款凭证

出纳编号：<u>024-3</u>

贷方科目：库存现金　　　　　2011 年 8 月 17 日　　　　　现付字第　2　号

摘要	借方科目		金额										记账	附原始凭证×张
	总账科目	明细科目	千	百	十	万	千	百	十	元	角	分		
预支差旅费	其他应收款	郭亮					3	0	0	0	0	0		
合计						￥	3	0	0	0	0	0		

会计主管：　　记账：　　稽核：　　制单：　　出纳：

表 3-15   转账凭证

2011 年 10 月 28 日　　　　　转字第　4　号

摘要	借方科目		贷方科目		金额									记账	附原始凭证×张
	总账科目	明细科目	总账科目	明细科目	百	十	万	千	百	十	元	角	分		
购料	预收账款	美华公司					3	0	0	0	0	0	0		
			主营业务收入				3	0	0	0	0	0	0		
合计							3	0	0	0	0	0	0		

会计主管：　　记账：　　稽核：　　制单：　　出纳：

表 3-16   通用记账凭证

2011 年 10 月 28 日　　　　　字第　4　号

摘要	借方科目		贷方科目		金额									记账	附原始凭证×张
	总账科目	明细科目	总账科目	明细科目	百	十	万	千	百	十	元	角	分		
购料	在途物资	甲材料					3	0	0	0	0	0	0		
			银行存款				3	0	0	0	0	0	0		
合计							3	0	0	0	0	0	0		

会计主管：　　记账：　　稽核：　　制单：　　出纳：

4. 记账凭证的审核

记账凭证编制以后，必须由专人进行审核，借以监督经济业务的真实性、合法性和合理性，并检查记账凭证的编制是否符合要求。特别要审核最初证明经济业务实际发生、完成的原始凭证。因此，对记账凭证的审核是一项严肃细致、政策性很强的工作。只有做好这项工作才能正确地发挥会计反映和监督的作用。记账凭证审核的基本内容包括以下几项：

（1）内容是否真实

审核记账凭证是否有原始凭证为依据，所附原始凭证的内容是否与记账凭证的内容一致，记账凭证汇总表的内容与其所依据的记账凭证的内容是否一致等。

（2）项目是否齐全

审核记账凭证各项目的填写是否齐全，如日期、凭证编号、摘要、金额、所附原始凭证张数及有关人员签章等。

（3）科目是否准确

审核记账凭证的应借、应贷科目是否正确，是否有明确的账户对应关系，所使用的会计科目是否符合国家统一的会计制度的规定等。

（4）金额是否正确

审核记账凭证所记录的金额与原始凭证的有关金额是否一致、计算是否正确，记账凭证汇总表的金额与记账凭证的金额合计是否相符等。

（5）书写是否规范

审核记账凭证中的记录是否文字工整、数字清晰，是否按规定进行更正等。

在审核过程中，如果发现不符合要求的地方，应要求有关人员采取正确的方法进行更正。只有经过审核无误的记账凭证，才能作为登记账簿的依据。

3.1.4 会计凭证的传递与保管

1. 会计凭证的传递

会计凭证的传递，是指从会计凭证取得或填制起至归档保管时止，在单位内部有关部门和人员之间按照规定的时间、程序进行处理的过程。各种会计凭证所记载的经济业务不同，涉及的部门和人员不同，办理的业务手续也不同，因此，应当为各种会计凭证规定一个合理的传递程序，即一张会计凭证填制后应交到哪个部门，哪个岗位，由谁办理业务手续等，直到归档保管为止。

（1）会计凭证传递的意义

正确组织会计凭证的传递，对于提高会计核算资料的及时性、正确组织经济活动、加强经济责任、实行会计监督具有重要意义。

①正确组织会计凭证的传递，有利于提高工作效率

正确组织会计凭证的传递，能够及时、真实地反映和监督各项经济业务的发生和完成情况，为经济管理提供可靠的经济信息。例如，材料运到企业后，

仓库保管员应在规定的时间内将材料验收入库，填制"收料单"，注明实收数量等情况，并将"收料单"及时送到财会部门及其他有关部门。财会部门接到"收料单"，经审核无误，就应及时编制记账凭证和登记账簿，生产部门得到该批材料已验收入库凭证后，便可办理有关领料手续，用于产品生产等。如果仓库保管员未按时填写"收料单"或虽填写"收料单"，但没有及时送到有关部门，就会给人以材料尚未入库的假象，影响企业生产正常进行。

②正确组织会计凭证的传递，能更好地发挥会计监督作用

正确组织会计凭证的传递，便于有关部门和个人分工协作，相互牵制，加强岗位责任制，更好地发挥会计监督作用。例如，从材料运到企业验收入库，需要多少时间，有谁填制"收料单"，何时将"收料单"送到供应部门和财会部门，会计部门收到"收料单"后由谁进行审核，并同供应部门的发货票进行核对，由谁何时编制记账凭证和登记账簿，由谁负责整理保管凭证等。这样，就把材料验收入库到登记入账的全部工作，在本单位内部进行分工合作，共同完成。同时可以考核经办业务的有关部门和人员是否按规定的会计手续办理，从而加强经营管理，提高工作质量。

（2）会计凭证传递的基本要求

各单位的经营业务性质是多种多样的，各种经营业务又有各自的特点，所以，办理各项经济业务的部门和人员以及办理凭证所需要的时间、传递程序也必然各不相同。这就要求每个单位都必须根据自己的业务特点和管理特点，由单位领导会同会计部门及有关部门共同设计制定一套会计凭证的传递程序，使各个部门保证有序、及时地按规定的程序处理凭证传递。各单位在设计制定会计凭证传递时，应注意以下几个问题：

①根据经济业务的特点、机构设置和人员分工情况，明确会计凭证的传递程序

由于企业生产经营业务的内容不同，企业管理的要求也不尽相同。在会计凭证的传递过程中，要根据具体情况，确定每一种凭证的传递程序和方法。合理制定会计凭证所经过的环节，规定每个环节负责传递的相关责任人员，规定会计凭证的联数以及每一联凭证的用途。做到既可使各有关部门和人员了解经济活动情况、及时办理手续，又可避免凭证经过不必要的环节，提高工作效率。

②规定会计凭证经过每个环节所需要的时间，以保证凭证传递的及时性

会计凭证的传递时间，应考虑各部门和有关人员的工作内容和工作量在正常情况下完成的时间，明确规定各种凭证在各个环节上停留的最长时间，不能拖延和积压会计凭证，以免影响会计工作的正常程序。一切会计凭证的传递和处理，都应在报告期内完成，不允许跨期，否则将影响会计核算的准确性和及

时性。

会计凭证在传递过程中的衔接手续，应该做到既完备、严密，又简单易行。凭证的收发、交接都应当按一定的手续制度办理，以保证会计凭证的安全和完整。会计凭证的传递程序、传递时间和衔接手续明确后，制定凭证传递程序，规定凭证传递路线、环节及在各个环节上的时间、处理内容及交接手续，使凭证传递工作有条不紊、迅速而有效地进行。

2. 会计凭证的保管

会计凭证的保管是指会计凭证记账后的整理、装订、归档和存查工作。

会计凭证是记录经济业务、明确经济责任、具有法律效力的证明文件，又是登记账簿的依据，所以，它是重要的经济档案和历史资料。任何企业在完成经济业务手续和记账之后，必须按规定立卷归档，形成会计档案资料，妥善保管，以便日后随时查阅。

会计凭证整理保管的要求有：

（1）各种记账凭证，连同所附原始凭证和原始凭证汇总表，要分类按顺序编号，定期（一天、五天、十天或一个月）装订成册，并加具封面、封底，注明单位名称、凭证种类、所属年月和起讫日期、起止号码、凭证张数等。为防止任意拆装，应在装订处贴上封签，并由经办人员在封签处加盖骑缝章。

（2）对一些性质相同、数量很多或各种随时需要查阅的原始凭证，可以单独装订保管，在封面上写明记账凭证的时间、编号、种类，同时在记账凭证上注明"附件另订"。

（3）各种经济合同和重要的涉外文件等凭证，应另编目录，单独登记保管，并在有关原始凭证和记账凭证上注明。

（4）其他单位因有特殊原因需要使用原始凭证时，经本单位领导批准，可以复制，但应在专门的登记簿上进行登记，并由提供人员和收取人员共同签章。

（5）会计凭证装订成册后，应有专人负责分类保管，年终应登记归档。会计凭证的保管期限和销毁手续，应严格按照《会计档案管理办法》进行管理。

（6）会计凭证归档后，应按年月日顺序排列，以便查阅。对已归档凭证的查阅、调用和复制，都应得到批准，并办理一定的手续。会计凭证在保管中应防止霉烂破损和鼠咬虫蛀，以确保其安全和完整。

3.2 会计账簿

3.2.1 会计账簿概述

1. 账簿的含义

账簿是由相互联系的具有专门格式的账页组成的，并以会计凭证为依据，用以全面、连续、科学的序时或分类记录经济业务的簿籍。根据会计凭证，将经济业务的所有信息、内容按其发生的时间顺序，分门别类地记入有关账簿的方法就是登记账簿，简称记账。

在会计核算中，对每一项经济业务，都必须取得和填制会计凭证，这样，固然可以反映和监督经济业务的发生和完成情况。但是，会计凭证数量很多，零星分散，只能反映一笔或若干笔相同性质经济业务的情况，不能系统、完整地反映和监督某一类经济业务的情况，更不可能反映企业全部经济业务的活动情况，而且会计凭证容易散失，也不便于资料的查找。因而，有必要借助设置和登记账簿这一专门的会计核算方法，把分散在会计凭证上的大量核算资料，加以集中归类整理，使之系统化、条理化，从而提供全面、系统的会计信息来满足经济管理和编制会计报表的需要。所以，设置账簿是会计工作的一个重要环节。账簿的设置一般称为建账。

2. 建账

建账分为新设建账和年初建账。

（1）新设建账

当一个企业从无到有新组建时，应于领取营业执照 15 日内建立各种会计账簿，并报主管财、税机关备案。新设建账的方法是按财政部核发的《会计科目表》开设总分类账，按预计的经济业务繁简程度及自身核算的要求开设明细分类账。

（2）年初建账

一个企业开始经营后，每年年初都要重新开设各种账簿（个别账户除外）。年初建账的方法是将各资产、负债、所有者权益类账户上年末的期末余额过入本年新开设的账户所对应的余额栏，并在摘要栏内填写"期初余额"，而没有期末余额的成本类、损益类账户则直接按会计科目开设账簿。

3. 会计账簿的意义

（1）账簿可以全面、系统、连续、科学地反映经济活动通过登记账簿，对经济业务进行全面、系统、连续的记录和反映，不但可以提供序时的明细核算资料，而且可以提供总括的核算资料，为经济管理提供信息。因此，会计账簿也是保存会计数据资料的重要工具。

（2）账簿是编制会计报表的依据

通过设置和登记账簿，将分散的会计凭证归类、汇总，既可以提供各类经济业务的总括和明细的核算资料，还可以提供反映期末资产、负债、所有者权益，本期收入、费用和利润的动、静态核算资料，会计人员将这些资料按一定的方法加工整理后可以编制会计报表。因此，账簿是编制会计报表的直接依据，因而账簿记录是否正确、完整就显得尤为重要。

（3）账簿是重要的经济档案

账簿是会计档案的主要资料，也是经济档案的重要组成部分。账簿中登记储存的会计资料，可供有关管理部门和人员日后使用、查考。

（4）账簿是经济监督的依据

把企业各类经济业务的发生和完成情况都记录在账簿中后，就为企业内部会计、审计部门及外部审计部门检查和监督企业经济活动的合法性、合理性及会计核算是否正确、完整提供了直接依据；通过检查和监督可以促使企业建立健全各种财产物资的使用、保管制度，从而有效地保护了企业财产物资的安全、完整；也可以据以发现经营管理中存在的问题，并分析原因，促使企业加强经济核算，改善经营管理，提高经济效益。

4．账簿的分类

账簿的种类很多，为正确登记账簿，应先对其进行分类。通常可按如下标准进行分类。

（1）会计账簿按用途分类

会计账簿按其用途不同，可分为序时账簿、分类账簿、联合账簿和备查账簿。

①序时账簿

序时账簿又称日记账，是按经济业务发生和完成时间的先后顺序进行登记的账簿。按其记录的内容不同，序时日记账又分为普通日记账和特种日记账。

第一，普通日记账。普通日记账，又称通用日记账，是用于序时记录经济单位的全部经济业务情况的日记账。在普通日记账中，按照每日发生经济业务的时间顺序，逐项编制会计分录，所以也称其为分录日记账。设置普通日记账的单位，一般不再填制记账凭证，以免重复。

普通日记账的主要缺陷是：全部经济业务记载在一本账簿中，不便于分类汇总整理，不能清晰反映各类经济业务的情况；不便于分工记账，工作量较大。

实际会计工作中一般不使用普通日记账。具体格式和登记方法如表 3-17 所示。

表 3-17 普通日记账

2011年		原始凭证	摘要	会计科目	借方金额	贷方金额	过账
月	日						
10	4	发货票	购入材料	在途物资	10 000		√
				应交税费	1 700		√
				银行存款		11 700	√
	5	现金支票	从银行提取现金	库存现金	5 000		√
				银行存款		5 000	√

第二，特种日记账。特种日记账是用来记录某一类经济业务情况的日记账。

我国现行会计制度规定，所有经济单位都必须设置现金日记账和银行存款日记账，用以加强对货币资金的监督和管理。

特种日记账克服了普通日记账的缺点，可以分工记账，提高了记账效率，同时可以分类别、连续、全面、系统地反映某类经济业务的情况。

②分类账簿

分类账簿，简称分类账，是指对全部经济业务按照总分类账户和明细分类账户进行分类记录的账簿。按分类概括程度不同，可分为总分类账簿（简称总账）和明细分类账簿（简称明细账）。

第一，总分类账簿。总分类账簿，简称总账，是指按照总分类账户分类登记经济业务的账簿。它能够全面、系统、总括地反映全部经济业务情况，是编制财务报表的主要依据。按国家统一规定，所有经济单位都必须设置总分类账。

第二，明细分类账簿。明细分类账簿，简称明细账，是指按照明细分类账户分类登记某一类经济业务的账簿。它能提供某一类经济业务的详细核算资料，作为总分类账的必要补充。

③联合账簿

联合账簿是指把序时账簿和分类账簿结合在一起的账簿，如日记总账。它是将全部账户集中设置在一张账页上，以记账凭证为依据，对所发生的全部经济业务进行序时登记。它既能序时登记，又能全面反映科目之间的对应关系，结合了两种账簿的优点，并可减少记账工作量。其缺点是如果会计科目过多，会导致账页过长，不便于登账和保管，也不便于会计分工，因此适用于总分类账户不多的单位。日记总账格式如表 3-18 所示。

表 3-18　日记总账

月	日	凭证编号	摘要	发生额	库存现金		银行存款		应收账款			
					借方	贷方	借方	贷方	借方	贷方	借方	贷方

④备查账簿

备查账簿，又称辅助账簿，它是用来对某些在序时账簿和分类账簿中未能登记或登记不详细的经济业务进行补充登记的账簿。备查账簿大多属于备查性质的非正式账簿，具体格式和种类可根据各单位的需要自行设置。常见的有应收应付票据登记簿、代销商品登记簿、租入固定资产登记簿等。

（2）账簿按外表形式分类

账簿按外表形式不同可分为订本式账簿、活页式账簿、卡片式账簿。

①订本式账簿

订本式账簿，简称订本账，是在账簿未启用之前就装订成册，并连续编号的账簿。

订本式账簿的优点是防止账页散失以及蓄意抽换账页；缺点是由于账页固定，预留账页时容易出现预留不足或预留过多，造成浪费。另外，在同一时间只能一人登账，不便于分工记账。我国会计制度要求总分类账、现金日记账和银行存款日记账必须采用订本式账簿。

②活页式账簿

活页式账簿，简称活页账，是指账页在使用完毕前不装订，用账夹固定，可根据需要自行组合的账簿。

活页式账簿的优点是账页可根据需要随时增减，便于分工记账；缺点是账页容易丢失和被蓄意抽换。因此活页账适用于各种明细账。

为规避活页式账簿的缺陷，必须注重妥善保管账簿。使用时，账页应连续编号，并由有关人员在账页上签章，平时装在账夹中，以防散失；年终使用完毕后，必须装订成册，统一编订页数，归档保管。

③卡片式账簿

卡片式账簿，简称卡片账，是由若干分散的、具有专门格式的卡片组成，存放在卡片箱内的账簿。

卡片式账簿的优缺点与活页式账簿相似，另外还可随时增加新卡片，不需要每年更换，一般适用于记录内容复杂的财产明细账，如固定资产明细账等。

卡片式账簿使用中必须妥善保管，卡片应盖章编号，存放在卡片箱中，由专人保管；不再使用后，应将卡片穿孔装订，编订页数，归档保管。

（3）账簿按账页的格式分类

会计账簿按其账页的格式不同，可以分为两栏式账簿、三栏式账簿、多栏式账簿、数量金额式账簿和横线登记式账簿。

①两栏式账簿

两栏式账簿，是指只有借方和贷方两个基本金额栏目的账簿。普通日记账一般采用两栏式。

②三栏式账簿

三栏式账簿，是指账页的格式主要部分为借方、贷方和余额三栏或者收入、支出和余额三栏的账簿。三栏式账簿又可分为设对方科目和不设对方科目两种。区别是在摘要栏和借方科目栏之间是否有一栏"对方科目"栏。有"对方科目栏"的，称为设对方科目的三栏式账簿；不设"对方科目"栏的，称为不设对方科目的三栏式账簿。它主要适用于各种日记账、总分类账以及资本、债权债务明细账等。

③多栏式账簿

多栏式账簿，是指根据经济业务的内容和管理的需要，在账页的"借方"和"贷方"栏内再分别按照明细科目或某明细科目的各明细项目设置若干专栏的账簿。这种账簿可以按"借方"和"贷方"分别设专栏，也可以只设"借方"专栏，"贷方"的内容在相应的借方专栏内用红字登记，表示冲减。收入、费用明细账一般均采用这种格式的账簿。

④数量金额式

数量金额式，是指在账页中分设"借方"、"贷方"和"余额"或者"收入"、"发出"和"结存"三大栏，并在每一大栏内分设数量、单价和金额等三小栏的账簿，数量金额式账簿能够反映出财产物资的实物数量和价值量。原材料、库存商品、产成品等明细账一般采用数量金额式账簿。

⑤横线登记式账簿

横线登记式账簿，是指账页分为借方和贷方两个基本栏目，每一个栏目再根据需要分设若干栏次，在账页两方的同一行记录某一经济业务自始自终所有事项的账簿。它主要适用于需要逐笔结算的经济业务的明细账，如物资采购、应收账款等明细账。

账簿的分类如下图所示。

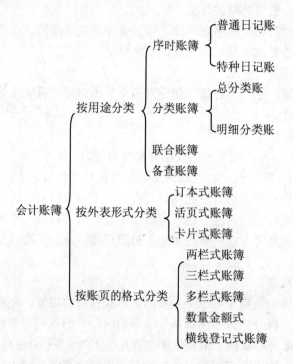

3.2.2 会计账簿的设置和登记

1. 会计账簿的基本内容

各种账簿所记录的经济内容不同，账簿的格式又多种多样，不同账簿的格式所包括的具体内容也不尽一致，但各种主要账簿应具备以下基本内容：

（1）封面

封面上主要写明账簿的名称和企业单位的名称。如现金日记账、银行日记账、总分类账、应收账款明细账等。

（2）扉页

应附账簿启用和经管人员一览表及账户目录。

（3）账页

账页是用来记录具体经济业务的载体，其格式因记录经济业务内容的不同而有所不同，但每张账页上应载明的主要内容有：账户的名称（即会计科目）；记账日期栏；记账凭证种类和号数栏；摘要栏（经济业务内容的简要说明）；借方、贷方金额及余额的方向、金额栏；总页次和分页次等。

2. 日记账的设置与登记

各单位根据业务需要，可以设置普通日记账和特种日记账。

（1）普通日记账的设置与登记

第一，两栏式普通日记账的设置与登记。即一般只有借方和贷方两个金额栏，格式如表 3-19 所示。

表 3-19　普通日记账（两栏式）

20××年		摘要	账户名称	借方	贷方	过账	总账页数
月	日						
3	2	向银行借款	银行存款	50 000		√	
			短期借款		50 000	√	
	5	购入办公用品	管理费用	3 000		√	
			银行存款		3 000	√	

①日期栏：登记经济业务发生的日期。年度记入日期栏上端，月、日分两小栏登记。只有在更换账页或年度、月份变动时才重新填写年度和月份。

②摘要栏：简要说明经济业务的内容。文字要简洁，能概括经济业务全貌。

③账户名称：登记会计分录的应借应贷的账户名称（会计科目）。

④金额栏：将经济业务金额登记到借方、贷方栏内。

⑤过账栏：每天根据日记账中应借应贷账户及其金额过入分类账户，在过账栏内注明"√"符号，表示已经过账。

⑥总账页数：每日应根据日记账中的会计分录登记总分类账，并将总分类账的账页记入本栏。

第二，多栏式普通日记账的设置与登记。如果企业在经营过程中有许多经济业务经常重复发生，就可在日记账中设置一些专栏，把同类业务在专栏里汇总，然后一次过入分类账，就可大大简化登账工作，这样可设置多栏式普通日记账。

多栏式普通日记账是指在日记账中分设专栏，把经常重复的经济业务分栏登记，并将汇总的发生额一次过入分类账的一种普通日记账，格式如表 3-20 所示。

表 3-20　普通日记账（多栏式）

年		摘要	账户名称	借方			贷方		
月	日			库存现金	管理费用	…	银行存款	短期借款	…

（2）特种日记账的设置与登记

这类日记账是用来记录某一类经济业务的。企业为加强对货币资金的管理，一般都应设置库存现金日记账和银行存款日记账，用以序时反映现金和银行存款收入的来源、支出的去向或用途以及每日结存金额。根据各单位需要，可设三栏式和多栏式。

①三栏式库存现金日记账和银行存款日记账。三栏式日记账是指其格式设有"借方"、"贷方"和"余额"三个金额栏的日记账。

第一，库存现金日记账。

库存现金日记账是用来登记库存现金的收入、支出和结存情况的账簿。它是出纳员根据审核无误的现金收款、付款凭证和银行存款付款凭证（记录从银行提取现金的业务），逐日逐笔顺序登记的，每日终了，应结出现金日记账的账面余额，并将其与库存现金实存数额相核对，做到账实相符。库存现金超过银行核定的库存限额的部分，应及时送存银行。其格式如表3-21所示。

表3-21　库存现金日记账（三栏式）

第　页

20××年		凭证		摘要	对方科目	借方	贷方	借或贷	余额
月	日	字	号						
2	1			期初余额				借	1 200
	1	现付	1	变卖废品收入	营业外收入	1 850			
	1	银付	1	提取现金备用	银行存款	1 000			
	1	现付	2	李兵借差旅费	其他应收款		800		
	1	现付	3	购买办公用品	管理费用		375		
	1			本日合计		1 850	1 175	借	1 875
				…					
	28			本日合计		1 970	1 650	借	1 520
	28			本月合计		47 600	47 280	借	1 520

库存现金日记账的登记方法如下：

日期栏：登记现金收、付业务发生的实际日期。

凭证栏：登记收、付款凭证的种类和编号。

摘要栏：登记经济业务简要说明。

对方科目栏：登记现金收入或支出的对应账户名称。

金额栏：登记收入或支出现金的金额。收入记借方，支出记贷方，每日终了应计算当日现金收入及现金支出的合计数及本日余额（日清）。

借或贷：表明余额的方向。借方余额写"借"字，贷方余额写"贷"字。

余额栏：在登记每笔现金收入或现金支出金额后，应逐日结出当日现金余额。

第二，银行存款日记账。

银行存款日记账是用来登记银行存款的存入、支出及结余情况的账簿。它也是由出纳员根据审核无误的银行存款收款、付款凭证和现金付款凭证（记录将现金存入银行业务），逐日逐笔顺序登记的。每日终了，应分别计算银行存款收入、支出的合计数并结出当日余额，以便于检查监督各项收支款项，定期同银行送来的对账单逐笔核对。其具体格式如表 3-22 所示。

表 3-22　银行存款日记账（三栏式）

第　页

20××年		凭证		摘要	现金支票号码	转账支票号码	对方科目	借方	贷方	借或贷	余额
月	日	字	号								
1	1			上年结余						借	278 460
	1	银收	1	收到贷款		258	主营业务收入	120 000			
	1	现付	1	现金存入	136		库存现金	35 000			
	1	银付	1	偿付货款		26	应付账款		58 000		
	1	银收	2	收到投资		39	实收资本	800 000			
	1			本日合计				955 000	58 000	借	1 175 460
				...							
	31			本日合计				1 058 340	60 000	借	1 276 800
	31			本月合计				28 350 000	27 351 660	借	1 276 800

银行存款日记账的登记方法与库存现金日记账的登记方法基本相同，需要说明的是"支票号码栏"，指所记录的经济业务如果是以支票结算的，应在对应栏内填写现金支票或转账支票的号数，以便与银行对账。

库存现金日记账和银行存款日记账必须采用订本式账簿，并按每一张账页顺序编号，防止账页散失和随意抽换，也便于日后查阅。

②多栏式库存现金日记账和银行存款日记账。为简化登记总账的工作，了解货币资金的具体来源和支出去向，现金日记账和银行存款日记账还可采用多栏式账页，其基本结构是在"收入"、"支出"栏下按对应科目再分设专栏。具体格式如表 3-23、表 3-24 所示。

表 3-23　现金日记账（多栏式）

第　页

2011 年		凭证编号	摘要	贷方科目			借方科目			余额
月	日			银行存款	…	收入合计	管理费用	…	支出合计	
9	1		上年结余							10 000
	4	银付 1	提取现金	10 000		10 000				20 000
	5	现付 1	购买办公用品				500		500	19 500

表 3-24　银行存款日记账（多栏式）

第　页

2011 年		凭证编号	摘要	贷方科目			借方科目			余额
月	日			实收资本	…	收入合计	现金	…	支出合计	
9	1		上年结余							50 000
	4	银付 1	提取现金				10 000		10 000	40 000
	5	银收 1	收到投资	100 000		100 000				140 000

多栏式日记账的缺陷是，如果对应科目较多，则账页将太长，登记不方便。因此为避免账页太长，还可分为多栏式收入日记账、多栏式支出日记账。具体格式如表 3-25、表 3-26 所示。

表 3-25　现金（银行存款）收入日记胀（多栏式）

第　页

年		凭证编号	摘要	贷方科目					收入合计
月	日			银行存款	主营业务收入	实收资本	应收账款		

表 3-26　现金（银行存款）支出日记账（多栏式）

第　页

年		凭证编号	摘要	借方科目				支出合计
月	日			管理	制造	在途	应付	

多栏式现金日记账与多栏式银行存款日记账的登记方法基本相同，以多栏式现金日记账的登记方法为例，具体登记方法有两种：

一是出纳人员根据审核无误的收款、付款凭证逐笔登记到现金日记账中，并于月末根据日记账各专栏的合计数，分别登记有关总账。

二是另外设置现金出纳登记簿，由出纳人员根据审核无误的收款、付款凭证逐笔登记，然后将凭证转给会计人员，由其逐笔登记多栏式现金日记账，并于月末根据日记账各专栏的合计数登记总账。现金出纳登记簿要与多栏式现金日记账定期相互核对。

相比之下，第一种方法可以减少会计核算的工作量，第二种方法更有利于内部监督和控制。

3. 分类账的设置和登记

（1）总分类账的设置和登记

为了全面总括地反映经济活动情况，并为编制会计报表提供核算资料，任何单位都应设置总分类账。在总分类账中，应按照一级会计科目的编码顺序分设账户，并为每个账户预留若干账页，以便集中登记属于各账户的经济业务及其发生的增减变动情况。总分类账核算只运用货币度量，因而采用三栏式和多栏式两种格式。

①三栏式总分类账

三栏式总分类账是指其格式设有"借方"、"贷方"和"余额"三个金额栏的账簿。三栏式总分类账一般有两种：一种是对某一账户只设"借方""贷方"、"余额"三栏，不反映对方科目；另一种是在"借方"、"贷方"两栏内，分别设置"对方科目"栏，以便使账户间的对应关系能清晰地反映出来。其具体格式如表3-27和表3-28所示。

②多栏式总分类账

多栏式总分类账是将所有的总账科目合并设在一张账页上。典型的多栏式总分类账是一种序时账与分类账相结合的联合账簿，也称日记总账。具体格式如表3-29所示。

表3-27　总分类账（不设对方科目的三栏式）

会计科目：　　　　　　　　　　　　　　　　　　　　　　　　　　　　第　页

年		凭证		摘要	借方	贷方	借或贷	余额
月	日	字	号					

表 3-28　总分类账（设对方科目的三栏式）

会计科目：　　　　　　　　　　　　　　　　　　　　　　　　　　　　　　　　第　页

年		凭证		摘要	借方		贷方		借或贷	余额
月	日	字	号		对方科目	金额	对方科目	金额		

表 3-29　总分类账（多栏式）

　　　　　　　　　　　　　　　　　　　　　　　　　　　　　　　　　　　　　　第　页

年		凭证		摘要	科目		科目		科目	
月	日	字	号		借方	贷方	借方	贷方	借方	贷方

　　总分类账的登记，可以直接根据各种记账凭证逐笔登记，也可根据将一定时期的各种记账凭证汇总编制的科目汇总表或汇总记账凭证定期登记。具体登记方法取决于企业所采用的会计核算形式。但无论采用哪一种方式，会计人员都应将全月已发生的经济业务全部登记入账，并于月末结出总分类账各账户的本期发生额和期末余额，作为编制会计报表的依据。

　　（2）明细分类账的设置与登记

　　为了详细地反映经济活动情况并为编制会计报表提供详细的核算资料，各单位应在设置总分类账的基础上，根据经济管理的需要设置明细分类账。明细分类账应按二级科目或明细科目开设账户，用以分类、连续地记录有关资产、负债、所有者权益、收入、费用和利润的详细资料。明细分类账的设置对加强财产物资的收发和保管、资金的管理和使用、收入的取得、往来款项的结算以及费用的开支等方面经济活动的监督起着非常重要的作用

　　各单位应根据经营管理的需要为各种财产物资、债权债务、收入、费用及利润等有关总分类账户设置各种明细分类账。明细账一般采用活页账，也有的采用卡片账，如固定资产卡片账。明细分类账的格式应根据它所反映经济业务内容的特点以及实物管理的不同要求来设计，一般有三栏式、数量金额式和多栏式。

　　①三栏式明细分类账

　　三栏式明细分类账账页的格式同总分类账的格式基本相同，它只设借方、贷方和金额三个金额栏，不设数量栏。所不同的是，总分类账簿为订本账，而三栏式明细分类账簿多为活页账。这种明细分类账适用于那些只需要进行金额核算的资本、债权、债务等账户，如"预收账款"、"应收账款"、"实收资本"、

"应付账款"等账户。其具体格式如表 3-30 所示。

表 3-30　三栏式明细分类账（应付账款明细账）

户名：甲公司　　　　　　　　　　　　　　　　　　　　　　　　　第 5 页

2011年		凭证编号	摘要	借方	贷方	借或贷	余额
月	日						
10	1		期初余额			贷	4 000
	3	转 4	购料欠款		12 000	贷	16 000
	5	银付 7	支付前欠账款	10 000		贷	6 000

②数量金额式明细分类账

　　数量金额式明细账账页格式在收入、发出、结存三栏内，再分别设置"数量"、"单价"和"金额"等栏目，以分别登记实物的数量和金额。数量金额式明细账适用于既要进行金额明细核算，又要进行数量明细核算的财产物资项目。如"原材料"、"库存商品"等账户的明细核算。它能提供各种财产物资收入、发出、结存等的数量和金额资料，便于开展业务和加强管理的需要。其具体格式如表 3-31 所示。

表 3-31　数量金额式明细分类账（原材料明细账）

　　　　　　　　　　　　　　　　　　　　　　　　　　　　　　　第 3 页

材料名称：A 材料　　　　　　　　　　存储地点：1 号仓库
规格：2×3×2　　　　　　　　　　　　计量单位：吨
储备定额：30 吨

2011年		凭证编号	摘要	收入			发出			结余		
月	日			数量	单价	金额	数量	单价	金额	数量	单价	金额
10	1		期初余额							5	100	500
	3	转 2	材料入库	10	100	1 000				15	100	1 500
	5	转 6	生产领用				6	100	600	9	100	900

③多栏式明细分类账

　　多栏式明细分类账是根据经济业务的特点和经营管理的需要，在一张账页的借方栏或贷方栏设置若干专栏，集中反映有关明细项目的核算资料。它主要适用于只记金额、不记数量，而且在管理上需要了解其构成内容的费用、成本、收入、利润账户，如"生产成本"、"制造费用"、"管理费用"、"主营业务收入"、"本年利润"等账户的明细分类账。

多栏式明细账的格式视管理需要而呈多种多样。它在一张账页上，按明细科目分设若干专栏，集中反映有关明细项目的核算资料。如"管理费用明细账"，它在借方栏下，可分设若干专栏，如工资、水电费、劳保费、办公费等。

其格式设计及登记方法因科目类别及核算内容不同而分为3种情况。

第一，借方多栏式明细分类账。借方多栏式明细分类账适用于借方需要设置多个明细科目或明细项目的账户，如"生产成本"、"制造费用"、"管理费用"、"销售费用"等成本费用类账户，用以反映成本费用的构成。发生相关成本费用时，记入借方相关项目栏内。如发生冲减事项，则在借方栏内用红字登记。月末，将借方发生额合计数从贷方一笔转出，记入有关账户。其具体格式如表3-32所示。

表3-32　借方多栏式明细分类账（管理费用）

第　　页

20××年		凭证		摘要	借方（项目）						贷方	余额
月	日	字	号		工资	水电费	劳保费	办公费	折旧费	合计		
3	4	现付	5	买办公用品				3 000		3 000		3 000
	26	银付	15	付水电费		2 800				2 800		5 800
	31	转	22	分配工资	4 000					4 000		9 800
	31			月末转出							9 800	0

上述管理费用借方多栏式明细分类账的登记是以20××年3月滨海公司发生的如下经济业务为例。

a. 3月4日，用现金3 000元购买办公用品。

b. 3月26日，开出支票支付水电费2 800元。

c. 3月31日，计算应付管理人员工资4 000元。

根据业务编制记账凭证，会计分录如下：

a. 借：管理费用　　3 000

　　　贷：库存现金　　　　3 000（现付字5号）

b. 借：管理费用　　2 800

　　　贷：银行存款　　　2 800（银付字15号）

c. 借：管理费用　　4 000

　　　贷：应付职工薪酬　　4 000（转字22号）

76

第二，贷方多栏式明细分类账。贷方多栏式明细分类账适用于贷方需要设置多个明细科目或明细项目的账户，如"主营业务收入"、"营业外收入"等收入类账户，用以反映收入的构成。当取得相关收入时登记在相关项目栏内。如发生冲减有关收入的事项，在贷方栏内用红字登记。月末，将贷方发生额合计数从借方一笔转出，记入有关账户。其具体格式如表3-33所示。

表3-33 贷方多栏式明细分类账（主营业务收入明细分类账）

第 页

2011年		凭证	摘要	贷方				借方	余额
月	日	编号		A产品	B产品	…	合计		
12	2	（略）	销售A产品	5000			5000		5 000
12	25	（略）	销售B产品		6000		6000		11 000
12	30	（略）	转入"本年利润"账户					11 000	0
			本月合计	5000	6000		11 000	11 000	0

第三，借方贷方多栏式明细分类。借方贷方多栏式明细分类账适用于借、贷双方都要设多栏来登记各明细科目或明细项目的本月借、贷方发生额,如"本年利润"、"利润分配"账户，最后以借、贷方发生额数额相抵，再一笔从反方转出。其具体格式如表3-34所示。

表3-34 借方贷方多栏式明细账（本年利润）

第 页

年		凭证		摘要	借方（项目）		贷方（项目）		借或贷	余额
月	日	字	号			合计		合计		

各明细分类账的登记方法应根据各个单位业务量的大小、经营管理的需要以及所记录的经济业务内容加以确定。登记明细分类账的依据主要是原始凭证和记账凭证。一般情况下，应逐笔登记经济业务，个别情况也可定期汇总登记。经济业务发生后，要按平行登记的原则，在总分类账及其所属明细分类账上分别登记，并对总分类账和所属明细分类账进行核对，以保证记录结果准确无误。

（3）总分类账和明细分类账的平行登记

总分类账和明细分类账所记录的经济业务的内容相同，登记的依据相同，所不同的只是提供核算资料的详细程度的差别。总分类账提供的是总括核算资料，对其所属明细分类账起着统驭的作用；而明细分类账提供的是详细核算资料，对总分类账起着补充说明的作用。

因此，在会计核算中，为了便于进行账户记录的核对，保证核算资料的完整性和正确性，总分类账与其所属的明细分类账必须采取平行登记的方法。

所谓平行登记，就是每一项经济业务发生之后，一方面要在有关的总分类账户中进行登记，另一方面必须在其所属的明细分类账中进行登记。平行登记的要点可概括如下。

①登记的依据和期间相同

对于每一项经济业务，应根据审核无误的同一会计凭证，在同一期间内，一方面登记总分类账，另一方面登记该总分类账的所属明细分类账。这里所指的"同期"是指"同一会计期间"，而非"同时"。明细分类账一般是根据记账凭证或原始凭证于平时逐笔登记，而总分类账因所采用的会计核算形式不同，有的是平时逐笔登记，而有的是定期汇总登记。虽然二者登记的"时点"不一定相同，但为了反映相同的经济业务，必须在同一会计期间内进行登记。

②登记的方向一致

这里所指的"方向一致"是指所体现的数额变动方向，而并非是指账户的"借"、"贷"方向。一般情况下，总分类账及明细分类账均设"借方"、"贷方"、"余额"三栏，二者登记的方向是相同的，如债权、债务类账户（总账和明细账均为三栏式）即属于此种情况。但在下面两种情况下则不然：

第一，"原材料"、"库存商品"总账采用三栏式，而所属明细账采用数量金额式，且其三栏分别称为"收入"、"发出"、"结余"。

第二，有些账户的明细账采用多栏式明细账，而且贷方多栏式明细账不设借方明细栏目（或者有的借方多栏式明细账不设贷方明细栏目），当发生某些需要冲减有关明细项目数额的会计事项时，只能用红字记相反方向。例如，当管理费用明细账采用不设贷方明细栏目的借方多栏式明细账时，如发生冲减管理费用的事项，"管理费用"总分类账户登记在"贷方"，而其明细账则用红字记"借方"，表面上借贷方向不一致，实际上二者所体现的方向都是管理费用的减少。

③登记的金额相等

由于总分类账提供总括指标，其所属明细分类账提供详细指标，所以一般情况下，记入总分类账的借方发生额、贷方发生额、期末余额均应分别与所属明细账的借方发生额之和、贷方发生额之和、期末余额之和相等。但是在某些情况下也有例外，上例即是。不过，虽然二者的借方、贷方发生额不相等，但冲减后的期末余额必然相等。为此，期末应编制"总分类账户与明细分类账户发生额及余额对照表"进行核对。

综上所述，总分类账与其所属明细分类账平行登记的要点可以概括为：依据相同、期间一致、方向一致、金额相等。

④业务举例

【例3-5】滨海公司分别向甲、乙两家供货商购买原材料。11月应付账款的总额为15 000元，其中欠甲公司10 000元，欠乙公司5 000元。11月5日向甲公司购入原材料，金额为4 500元，11月8日向乙公司购入原材料，金额为3 000元，11月10日从银行开出转账支票，支付甲公司货款10 000元，支付乙公司货款4 000元，共计14 000元。

根据上述业务编制会计分录如下：

借：在途物资　　　　　　　　4 500
　　贷：应付账款——甲公司　　　　4 500
借：在途物资　　　　　　　　3 000
　　贷：应付账款——乙公司　　　　3 000
借：应付账款——甲公司　10 000
　　应付账款——乙公司　　4 000
　　贷：银行存款　　　　　　　14 000

根据上述会计分录登记有关总分类账户和明细分类账户（本例只登记"应付账款"总账及明细账，其他账户从略）。如表3-35至表3-38所示。

表3-35　总分类账

会计科目：应付账款

2011年		凭证编号	摘要	借方	贷方	借或贷	余额
月	日						
11	1	（略）	期初余额			贷	15 000
	5	（略）	向甲公司购买材料		4 500	贷	19 500
	8	（略）	向乙公司购买材料		3 000	贷	22 500
	10	（略）	偿还甲乙公司货款	14 000		贷	8 500
			本月合计	14 000	7 500	贷	8 500

表3-36　应付账款明细账

供应单位：甲公司

2008年		凭证编号	摘要	借方	贷方	借或贷	余额
月	日						
11	1		期初余额			贷	10 000
	5	（略）	购买材料		4 500	贷	14 500
	10	（略）	偿还货款	10 000		贷	4 500
			本月合计	10 000	4 500	贷	4 500

表 3-37 应付账款明细账

供应单位：乙公司

年		凭证编号	摘要	借方	贷方	借或贷	余额
月	日						
11	1		期初余额			贷	5 000
	8	（略）	购买材料		3 000	贷	8 000
	10	（略）	偿还货款	4 000		贷	4 000
			本月合计	4 000	3 000	贷	4 000

表 3-38 总分类账户与明细分类账户发生额及余额对照表

账户名称	期初余额		本期发生额		期末余额	
	借方	贷方	借方	贷方	借方	贷方
应付账款——甲公司		10 000	10 000	4 500		4 500
应付账款——乙公司		5 000	4 000	3 000		4 000
甲、乙合计		15 000	14 000	7 500		8 500
应付账款		15 000	14 000	7 500		8 500

3.2.3 登记账簿的规则

1. 账簿启用的规则

账簿是重要的会计核算资料，为明确记账责任，便于日后查账，启用账簿时必须遵循账簿的启用规则，即：

（1）账簿封面上写明单位名称和账簿名称。

（2）认真填写账簿扉页上的"账簿启用登记表"。

（3）使用订本式账簿时，启用时应按顺序编号，并填写"账簿目录表"；使用活页式账簿，则应在使用时按账户顺序编号，使用完毕后，进行装订，统一编订页数，再填写"账簿目录表"。

"账簿启用和经管人员一览表"的一般格式如表 3-39 所示。

表 3-39 账簿启用和经管人员一览表

账簿名称：_____ 单位名称：_____

账簿编号：_____ 账簿册数：_____

账簿页数：_____ 启用日期：_____

会计主管：_____ 记账人员：_____

移交日期			移交人		接管日期			接管人	
年	月	日	姓名	盖章	年	月	日	姓名	盖章

2. 账簿登记的规则

为确保账簿记录完整、规范，登记账簿时，必须严格遵循下列规则：

（1）根据审核无误的会计凭证登记账簿

记账的依据是会计凭证，记账人员在登记账簿之前，应首先审核会计凭证的合法性、完整性和真实性，这是确保会计信息的重要措施。

（2）记账时要做到准确完整

记账人员记账时，应当将会计凭证的日期、编号、经济业务内容摘要、金额和其他有关资料记入账内。每一会计事项，要按平行登记方法，一方面记入有关总账，另一方面记入总账所属的明细账，做到数字准确、摘要清楚、登记及时、字迹清晰工整。记账后，要在记账凭证上签章并注明所记账簿的页数，或画"√"表示已经登记入账，避免重记、漏记。

（3）记录清晰，书写规范

为了便于更正记账和方便查账，登记账簿时，书写的文字和数字上面要留有适当的空格，不要写满格，一般应占格距的1/2，最多不能超过2/3。

（4）按顺序连续登记

会计账簿应当按照页次顺序连续登记，不得跳行、隔页。如果发生跳行、隔页的，应当将空行、空页用红色墨水对角画线注销，并注明"作废"字样，或者注明"此行空白"、"此页空白"字样，并由经办人员盖章，以明确经济责任。

（5）一般书写采用蓝、黑墨水，特殊记账使用红墨水

为记录清晰、持久、防止涂改，记账应使用蓝、黑墨水的钢笔或蘸水笔，不能使用圆珠笔或铅笔。下列情况下使用红色墨水：

①结账画线，空行、空页画线注销；

②用红字更正法更正错账；

③在不设借方或贷方的多栏式账页中，用红字登记减少数；

④三栏式账户的余额未印明余额方向的，用红字在余额栏内登记负数余额；

⑤会计制度中规定可用红字登记的其他记录。

（6）结出余额

凡需要结出余额的账户，应按时结出余额，现金日记账和银行日记账必须逐日结出余额；债权债务明细账和各项财产物资明细账，每次记账后，都要随时结出余额；总账账户平时每月需要结出月末余额。结出余额后，应当在"借或贷"栏内写明"借"或者"贷"字样以说明余额的方向；如未设"借或贷"栏，应用红色墨水登记负数余额，没有余额的账户，应当在"借或贷"栏内写"平"字，并在余额栏内用"0"表示，一般来说，"0"应放在"元"位。

（7）过次承前

各账户在一张账页记满时，要在该账页的最末一行加计发生额合计数和结出余额，并在该行"摘要"栏注明"过次页"字样；然后，再把这个发生额合计数和余额填列在下一页的第一行内，并在"摘要"栏内注明"承前页"，以保证账簿记录的连续性。

（8）错账更正方法规范

账簿记录发生错误时，不得刮、擦、挖、补，随意涂改或用褪色药水更改字迹，应根据错误的情况，按规定的方法进行更正。

（9）年度更换新账

为保证年度之间账簿的衔接，应将上年的年末余额写在本年新账的第一行，并在摘要栏内注明"上年结转"。

3. 更正错账的规则

登记会计账簿是一项很细致的工作。在记账工作中，可能由于种种原因会使账簿记录发生错误，有的是填制凭证和记账时发生的单纯笔误，有的是写错了会计科目、金额等，有的是合计时计算错误，有的是过账错误，登记账簿中发生的差错，一经查出就应立即更正。对于账簿记录错误，不准涂改、挖补、刮擦或者用药水消除字迹，不准重新抄写，而必须根据错误的具体情况和性质，采用规范的方法予以更正。错账更正方法通常有画线更正法、红字更正法和补充登记法等几种。

（1）画线更正法

记账凭证填制正确，在记账或结账过程中发现账簿记录中文字或数字有错误，应采用画线更正法。具体做法是：先在错误的文字或数字上画一条红线，表示注销，画线时必须使原有字迹仍可辨认；然后将正确的文字或数字用蓝字或黑字写在画线处的上方，并由记账人员在更正处盖章，以明确责任。对于文字的错误，可以只划去错误的部分，并更正错误的部分，对于错误的数字，应当全部画红线更正，不能只更正其中的个别错误数字。例如，把"3 457"元误记为"8 457"元时，应将错误数字"8 457"全部用红线注销后，再写上正确的数字"3 457"，而不是只删改一个"8"字。如记账凭证中的文字或数字发生错误，在尚未过账前，也可用画线更正法更正。

【例 3-6】记账人员在根据记账凭证登记账簿时，将 86 370 元错误登记为 86 730 元。更正方法如表 3-40 所示。

表 3-40　正误更正错账对照表

正确更正法							错误更正法						
万	仟	佰	拾	元	角	分	万	仟	佰	拾	元	角	分
8	6	3	7	0	0	0			3	7			
8	6	7	3	0	0	0	8	6	7	3	0	0	0

最后在更正处加盖更正人员名章以示负责。

（2）红字更正法

在记账以后，如果发现记账凭证中应借、应贷科目或金额发生错误时，可以用红字更正法进行更正。具体做法是：先用红字金额，填写一张与错误记账凭证内容完全相同的记账凭证，且在摘要栏注明"更正某月某日第×号凭证"，并据以用红字金额登记入账，以冲销账簿中原有的错误记录，然后再用蓝字重新填制一张正确的记账凭证，登记入账。这样，原来的错误记录便得以更正。

红字更正法一般适用于以下两种错账情况的更正：

第一，记账后，如果发现记账凭证中的应借、应贷会计科目有错误，那么可以用红字更正法予以更正。

【例 3-7】A 车间领用甲材料 2 000 元用于一般消耗。

①填制记账凭证时，误将借方科目写成"生产成本"，并已登记入账。原错误记账凭证为：

　　借：生产成本　　　　　2 000
　　　　贷：原材料　　　　　　　　2 000

②发现错误后，用红字（用 ☐ 表示红字）填制一张与原错误记账凭证内容完全相同的记账凭证并据以红字登记入账，以冲销原有错误的账簿记录。

　　借：生产成本　　　　　2 000
　　　　贷：原材料　　　　　　　　2 000

③然后用蓝字填制一张正确的记账凭证，并据以登记入账。

　　借：制造费用　　　　　2 000
　　　　贷：原材料　　　　　　　　2 000

第二，记账后，如果发现记账凭证和账簿记录中应借、应贷的账户没有错误，只是所记金额大于应记金额。对于这种账簿记录的错误，更正的方法是：将多记的金额用红字填制一张与原错误记账凭证会计科目相同的记账凭证，并在摘要栏注明"更正某月某日第×号凭证"，并据以登记入账，以冲销多记的金额，使错账得以更正。

仍以例 3-7 为例，假设在编制记账凭证时应借、应贷账户没有错误，只是金额由 2 000 元写成了 20 000 元，并且已登记入账。

该笔业务只需用红字更正法编制一张记账凭证将多记的金额 18 000 元用红字冲销即可。此记账凭证在摘要栏注明"更正某月某日第×号凭证"，并据以登记入账。编制的记账凭证为：

借：制造费用　　　　│ 18 000 │

　　贷：原材料　　　　　　│ 18 000 │

（3）补充登记法

在记账之后，如果发现记账凭证中应借、应贷的账户没有错误，但所记金额小于应记金额，造成账簿中所记金额也小于应记金额，这种错账应采用补充登记法进行更正。更正的方法是：将少记金额用蓝笔填制一张与原错误记账凭证会计科目相同的记账凭证，并在摘要栏内注明"补记某月某日第×号凭证"并予以登记入账，补足原少记金额，使错账得以更正。

仍以例 3-7 为例，假设在编制记账凭证时应借、应贷账户没有错误，只是金额由 2 000 元写成了 200 元，并且已登记入账。

该笔业务只需用补充登记法编制一张记账凭证将少记的金额 1 800 元补足便可，此记账凭证在摘要栏注明"补记某月某日第×号凭证"，并据以登记入账。编制的记账凭证为：

借：制造费用　　　　　　 1 800

　　贷：原材料　　　　　　　　 1 800

错账更正的红字更正法和补充登记法都是用来更正因记账凭证错误而产生的记账错误，如果非因记账凭证的差错而产生的记账错误，只能用画线更正法更正。

以上三种方法适用当年内发现填写记账凭证或者登记账簿错误而采用的更正方法，如果发现以前年度记账凭证中有错误（指会计科目和金额）并导致账簿登记出现差错，应当用蓝字或黑字填制一张更正的记账凭证。因错误的账簿记录已经在以前会计年度终了进行结账或决算，不可能将已经决算的数字进行红字冲销，只能用蓝字或黑字凭证对除文字外的一切错误进行更正，并在更正凭证上特别注明"更正××年度错账"的字样。

3.2.4　对账与结账

登记账簿作为会计核算的方法之一，除了记账外，还包括对账和结账两项工作。

1. 对账

对账，就是核对账目，是保证会计账簿记录质量的重要程序。在会计工作中，由于种种原因，难免会发生记账、计算等差错，也难免会出现账实不符的现象。为了保证各账簿记录和会计报表的真实、完整和正确，如实地反映和监督经济活动，各单位必须做好对账工作。

账簿记录的准确与真实可靠，不仅取决于账簿本身，还涉及账簿与凭证的关系，账簿记录与实际情况是否相符的问题等。所以，对账应包括账簿与凭证的核对、账簿与账簿的核对、账簿与实物的核对。把账簿记录的数字核对清楚，做到账证相符、账账相符和账实相符。对账工作至少每年进行一次。对账的主要内容有：

（1）账证核对

账证核对是指将会计账簿记录与会计凭证（包括记账凭证和原始凭证）有关的内容进行核对。由于会计账簿是根据会计凭证登记的，两者之间存在勾稽关系，因此，通过账证核对，可以检查、验证会计账簿记录与会计凭证的内容是否正确无误，以保证账证相符。各单位应当定期将会计账簿记录与其相应的会计凭证记录（包括时间、编号、内容、金额、记录方向等）逐项核对，检查是否一致。如有不符之处，应当及时查明原因，予以更正。保证账证相符，是会计核算的基本要求之一，也是账账相符、账实相符和账表相符的基础。

（2）账账核对

账账核对是指将各种会计账簿之间相对应的记录进行核对。由于会计账簿之间相对应的记录存在着内在联系，因此，通过账账核对，可以检查、验证会计账簿记录的正确性，以便及时发现错账，予以更正，保证账账相符。账账核对的内容主要包括：

①总分类账各账户借方余额合计数与贷方余额合计数核对相符。

②总分类账各账户余额与其所属明细分类账各账户余额之和核对相符。

③现金日记账和银行存款日记账的余额与总分类账中"现金"和"银行存款"账户余额核对相符。

④会计部门有关财产物资的明细分类账余额与财产物资保管或使用部门登记的明细账核对相符。

（3）账实核对

账实核对是在账账核对的基础上，将各种财产物资的账面余额与实存数额进行核对。由于实物的增减变化、款项的收付都要在有关账簿中如实反映，因此，通过会计账簿记录与实物、款项的实有数进行核对，可以检查、验证款项和实物会计账簿记录的正确性，以便于及时发现财产物资和货币资金管理中存在的问题，查明原因，分清责任，改善管理，保证账实相符。账实核对的主要内容包括：

①现金日记账账面余额与现金实际库存数核对相符。

②银行存款日记账账面余额与开户银行对账单核对相符。

③各种材料、物资明细分类账账面余额与实存数核对相符。

④各种债权债务明细账账面余额与有关债权、债务单位或个人的账面记录核对相符。

实际工作中，账实核对一般要结合财产清查进行。

2. 结账

结账，是在把一定时期内发生的全部经济业务登记入账的基础上，按规定的方法将各种账簿的记录进行小结，计算并记录本期发生额和期末余额。

为了正确反映一定时期内在账簿中已经记录的经济业务，总结有关经济活动和财务状况，为编制会计报表提供资料，各单位应在会计期末进行结账。结账工作是在会计期末（月末、季末、年末）进行的。在会计实务中大都采用画线结账的方法进行结账。月结、季结的时候画通栏单红线，年结时画通栏双红线。

（1）结账的基本程序

结账前，必须将属于本期内发生的各项经济业务和应由本期受益的收入、负担的费用全部登记入账。在此基础上，才可保证结账的有用性，确保会计报表的正确性。不得把将要发生的经济业务提前入账，也不得把已经在本期发生的经济业务延至下期（甚至以后期）入账。结账的基本程序具体表现为：

①将本期发生的经济业务事项全部登记入账，并保证其正确性。

②根据权责发生制的要求，调整有关账项，合理确定本期应计的收入和应计的费用。

第一，应计收入和应计费用的调整。应计收入是指那些已在本期实现、因款项未收而未登记入账的收入。企业发生的应计收入，主要是本期已经发生且符合收入确认标准，但尚未收到相应款项的商品或劳务。对于这类调整事项，应确认为本期收入，借记"应收账款"等科目，贷记"营业收入"等科目；待以后收妥款项时，再借记"现金"或"银行存款"等科目，贷记"应收账款"等科目。

第二，收入分摊和成本分摊的调整。收入分摊是指企业已经收取有关款项，但未完成或未全部完成销售商品或提供劳务，需在期末按本期已完成的比例，分摊确认本期已实现收入的金额，并调整以前预收款项时形成的负债，如企业销售商品预收定金、提供劳务预收佣金。在收到预收款项时，应借记"银行存款"等科目,贷记"预收账款"等科目;在以后提供商品或劳务、确认本期收入时,借记"预收账款"等科目,贷记"营业收入"等科目。

成本分摊是指企业的支出已经发生、能使若干个会计期间受益,为正确计算各个会计期间的盈亏,将这些支出在其受益期间进行分配。如企业已经支出,但应由本期或以后各期负担的待摊费用,购建固定资产和无形资产的支出等。企业在发生这类支出时,应借记"待摊费用"、"固定资产"、"无形资产"等科目,贷记"银行存款"等科目。在会计期末进行摊销时,应借记"制造费用"、"管理费用"、"销售费用"等科目,贷记"待摊费用"、"累计折旧"、"累计摊销"等科目。

第三,将损益类账户转入"本年利润"账户,结平所有损益类账户。

第四,结算出资产、负债和所有者权益账户的本期发生额和余额,并结转下期。

(2)结账的基本方法

结账的具体方法如下:

①资产、负债、所有者权益类账户

第一,需要结出本日发生额合计数时,应在当日最后一笔业务发生额下行"摘要"栏内注明"本日合计",结出借、贷方发生额的合计数和余额,在"本日合计"行下画通栏单红线。

第二,月结:每月终了,应结出各账户本月发生额和期末余额(若无余额,则在"借或贷"栏写"平"字,在余额栏内写"0"),并在摘要栏内注明"××月发生额及期末余额"或"本月合计",后在下面画一条通栏单红线。

第三,季结:方法与月结相同。

第四,年结:年度终了,应在 12 月份月结数和第四季度季结的数字下,结算填列全年 12 个月的月结数字的合计数,并在摘要栏内注明"××年度发生额及余额"或"本年合计"字样,然后在"本年合计"栏下画一条通栏双红线,表示封账,并将该账户余额直接记入下一年度新建有关会计账簿的第一行余额栏内,并在摘要栏注明"上年结转"字样,具体格式如表 3-41 所示。

第五,凡账页内每月只记录一笔账的,在记录下画通栏单红线,无须结计"本月合计";借、贷某一方有两笔以上记录的,应按月结计或累计结计发生额的,均按上述方法办理。

②损益类账户

每月结出本期发生额,并在摘要栏内注明"本期发生额"或"本月合计"字样。因该类账户期末无余额,所以在"借或贷"栏写"平"字,在余额栏的元位上写"0"。如果是月结,在其下面划一条通栏红线;如果是年结,划一条通栏双红线，具体格式如表3-42所示。

表3-41 原材科总账

20××年		凭证		摘要	借方	贷方	借或贷	余额
月	日	字	号					
1	1			年初余额			借	3 726 380
	3			购入材料	250 000			
	5			生产领料		130 000		
	7			生产领料		029 000		
				…	…	…		…
	31			本月合计	1 286 000	2 900 000	借	2 112 380
2	1							
	28			本月合计	780 000	630 000	借	2 262 380
3	1							
	31			本月合计	938 200	692 700	借	2 507 880
	31			本季合计	3 004 200	4 222 700	借	2 507 880
				…	…	…		…
12	31			本月合计	1 083 000	892 000	借	3 829 600
	31			本季合计	48 260 000	3 504 280	借	3 829 600
	31			本年合计	14 782 670	14 679 450	借	3 829 600
				结转下年		03 829 600	平	

表3-42 主营业务收入总账

20××年		凭证		摘要	借方	贷方	借或贷	余额
月	日	字	号					
1	8			销售产品		370 000	贷	370 000
	15			销售产品		692 000	贷	1 062 000
	28			销售产品		520 000	贷	1 582 000
	31			本月合计		582 000	贷	1 582 000
	31			转入本年利润	1 582 000			0
				…	…	…		…
12	31			本月合计		2 000 000	贷	2 000 000
	31			转入本年利润	2 000 000		平	0
	31			本年合计	42 600 000	42 600 000	平	0

3.2.5　会计账簿的保管

会计账簿是各单位重要的经济资料，必须建立归档的管理制度，妥善保管，以备日后查阅。账簿管理分平时管理和归档保管两部分。

1. 平时账簿管理的具体要求

各种账簿要分工明确，指定专门人员负责。账簿经管人员既要负责记账、对账、结账等工作，又要负责保证账簿的安全。会计账簿未经单位领导和会计负责人或有关人员批准，非经管人员不能随意翻阅查看。会计账簿除需要与外单位核对外，一般不能携带外出，对携带外出的账簿，一般应由经管人员或会计主管人员指定专人负责。会计账簿不能随意交与其他人员管理，防止任意涂改账簿等问题的发生，以保证账簿资料的安全。

2. 归档保管

年度终了更换并启用新账后，对更换下来的旧账要整理装订，造册归档保存。

（1）归档前旧账的整理

归档前旧账的整理包括检查和补齐应办手续，如改错盖章、注销空行空页、结转余额等。活页账应撤出未使用的空白账页再装订成册，并将各账页连续编号。

（2）旧账装订

活页账一般按账户分类装订成册，一个账户订一册或数册。某些账户账页较少，也可以合并装订成一册。装订时应检查账簿扉页的内容是否填写齐全。装订后应由经办人员、装订人员、会计主管在封口处签名或盖章。

（3）旧账归档

旧账装订完毕后应编制目录和编写移交清单，然后按期移交档案部门保管。

各种账簿同会计凭证和会计报表一样，都是重要的经济档案，必须按照制度统一规定的保存年限妥善保管，不得丢失和任意销毁。保管期满后，应按照规定的审批程序报经批准后才能销毁，销毁时应派人监销。

【本章小结】

本章主要讲述了会计凭证的概念、作用、种类，原始凭证和记账凭证含义、基本内容、分类、填制、审核、保管，会计账簿的含义、设置意义、登记规则和方法、保管，错账更正的方法，对账、结账的程序和内容。

会计凭证是记录经济业务、明确经济责任的书面证明，也是登记账簿的依据。会计凭证按照编制的程序和用途不同，分为原始凭证和记账凭证，这是一种基本分类方法。

原始凭证是在经济业务发生或完成时由相关人员取得或填制的，用以记录或证明经济业务发生或完成情况并明确有关经济责任的一种原始凭据。任何经济业务发生都必须填制和取得原始凭证，原始凭证是会计核算的原始依据，也是编制记账凭证的依据。

原始凭证按其来源不同，可以分为自制原始凭证、外来原始凭证；按其填制手续不同，可以分为一次凭证、累计凭证、汇总原始凭证；原始凭证按其用途不同分类，可以分为通知凭证、执行凭证和计算凭证；原始凭证按其格式不同分类，可以分为通用凭证和专用凭证。

为保证会计信息的质量和经济业务的合法性、真实性，应严格遵循相关要求填制和审核原始凭证。原始凭证的填制要求包括：记录真实、内容完整、手续完备、填制及时、编号连续、更正方法正确、书写规范。原始凭证的审核内容包括：所反映经济业务的真实性、合法性、合理性，凭证填制的及时性、规范性。

记账凭证是财会部门根据审核无误的原始凭证进行归类、整理，记载经济业务简要内容，确定会计分录的会计凭证。记账凭证是登记会计账簿的直接依据。

记账凭证按其适用的经济业务不同可分为通用记账凭证和专用记账凭证，专用记账凭证按其所记录的经济业务是否与现金、银行存款收付业务有关，分为收款凭证、付款凭证、转账凭证；记账凭证按其填制方式不同，可分为单式记账凭证和复式记账凭证；记账凭证按汇总方法不同，可分为分类汇总凭证和全部汇总凭证。

为保证会计信息的客观真实并满足登账要求，必须严格按照相关要求进行填制和审核记账凭证。记账凭证的填制要求包括：依据真实、内容完整、分类正确、日期正确、连续编号、简明摘要、分录正确、空行注销、填错更改。记账凭证的审核包括：内容是否真实、项目是否齐全、科目是否准确、金额是否正确、书写是否规范。

会计凭证的传递，是指从会计凭证取得或填制起至归档保管时止，在单位内部有关部门和人员之间按照规定的时间、程序进行处理的过程。会计凭证的保管是指会计凭证记账后的整理、装订、归档和存查工作。

账簿是由相互联系的具有专门格式的账页组成的，并以会计凭证为依据，用以全面、连续、科学的序时或分类记录经济业务的簿籍。账簿可以全面、系统、连续、科学地反映经济活动，是编制会计报表的依据，是重要的经济档案，是经济监督的依据。

会计账簿按其用途不同，可分为序时账簿、分类账簿、联合账簿和备查账簿；账簿按外表形式不同可分为订本式账簿、活页式账簿、卡片式账簿；会计账簿按其账页的格式不同，可以分为两栏式账簿、三栏式账簿、多栏式账簿、数量金额式账簿和横线登记式账簿。

总分类账与明细分类账既相互区别，又有着紧密的联系，为保证会计核算资料的准确性，总分类账与其所属明细分类账必须进行平行登记。平行登记是指经济业务发生后，根据同一会计凭证，在同一会计期间内既登记总分类账，又登记其所属明细分类账的方法。平行登记的要点可以概括为：依据相同、期间一致、方向一致、金额相等。

账簿作为重要的会计核算资料，必须严格遵循设置、启用、登记的规则。

更正错账的方法有画线更正法、红字更正法、补充登记法，分别适用于不同的错账情况。

记账、对账、结账是相互关联、不可分割的环节。

第4章　贸易术语与国际结算

【学习目标】

通过本章学习，掌握贸易术语的含义，六种常用贸易术语的含义、特点、注意事项、运用，佣金、折扣的概念、计算，FOB、CFR、CIF 之间的换算，票据的概念、性质，汇票的定义、绝对必要事项、出票行为、分类，国际贸易结算方式的含义、分类、流程、运用；熟悉其他贸易术语的含义、特点、运用，商品的作价原则、作价方法，本票和支票的含义、分类及与汇票的区别；了解与贸易术语相关的国际惯例，票据的功能。

4.1　贸易术语与商品作价

4.1.1　贸易术语

（一）国际贸易术语的含义及作用

1. 国际贸易术语的含义

无论是国际贸易还是国内贸易，买卖双方在洽谈交易时，都非常关心成交价格。然而，在国际贸易中，商品的价格构成远比国内贸易复杂，这是因为国际贸易具有线长、面广、环节多和风险大等特点。买卖双方相隔距离遥远，进出口货物由卖方转移到买方的全过程中，需要经过跨国的长距离运输，在出口国和进口国还要办理货物的进出口手续并支付有关费用等。交易双方在洽商交易、订立合同时，至少要涉及以下几个重要问题：

（1）卖方的交货地点、交货方式问题

由于买卖双方相距甚远，不便于进行现金现货交易。那么卖方在什么地方，以什么方式办理交货？

（2）责任的承担问题

在交易中，是由买方还是由卖方来负责办理货物的运输、货运保险、申请进口或出口许可证，报关等工作？

（3）费用的负担问题

办理上述事项时所需要的费用由谁来负担？

（4）风险的划分问题

在货物交接过程中发生的损坏或灭失的风险何时何地由卖方转移给买方？

（5）交接的单据问题

买卖双方需要交接哪些单据？

所有上述问题，在国际贸易的每笔交易中都必须明确下来。贸易术语就是为了解决这些问题，在实践中产生和发展起来的。

例如，出口运动衫的报价："运动衫每打 80 美元 CIF 纽约"，其中的贸易术语 CIF（《2000 通则》）表示了以下有关信息：

（1）每打 80 美元的价格构成中包含了运至纽约的运费及货运保险费。

（2）由卖方自负风险和费用办理货物的运输、保险以及货物的出口手续。

（3）卖方承担在装运港货物有效地越过船舷之前的一切风险和费用。

（4）买卖双方是凭单交货、凭单付款。

从上述例子中可以看出，贸易术语是在长期的国际贸易实践中产生的，用一个简短的概念或三个字母的英文缩写来表示商品的价格构成，并说明在货物的交接过程中，有关交货地点、风险、责任、费用划分等问题的专门术语。

不同的贸易术语有其特定的含义，表示特定的交易条件。通常来讲，如果买卖双方选用的贸易术语要求卖方承担的责任越大，支付的费用越多，则出口报价越高；反之，报价就越低。一旦买卖双方在合同中选定采用某种贸易术语成交，则合同中的条款内容就应与其相适应，并根据有关惯例的规定来确定买卖双方的权利和义务。

2. 国际贸易术语的作用

国际贸易术语在国际贸易中起着积极的作用，主要表现在：

（1）有利于买卖双方洽商交易和订立合同

因为每个贸易术语都有其特定的含义，并且一些国际组织对每个贸易术语做了统一的解释与规定，这些解释与规定在国际上已被广泛接受，并成为惯常奉行的做法或行为模式。因此买卖双方在洽商交易时只要商定按哪个贸易术语成交，即可明确彼此在货物交易过程中应承担的责任、费用和风险，这就简化了交易手续、缩短了洽商时间，从而有利于买卖双方迅速达成交易。

（2）有利于买卖双方核算成交价格和交易成本

由于贸易术语表示了商品的价格构成因素，所以，买卖双方在确定成交价格时，必然会考虑所采用的贸易术语中包括的有关费用，从而有利于买卖双方进行比价和成本核算。

（3）有利于解决双方在履约中的争议

买卖双方在履约中产生的争议，如果不能依据合同的规定解决，在此情况下，可援引有关贸易术语的一般解释来处理。因为贸易术语的一般解释已成为国际惯例，被国际贸易界从业人员和法律界人士所接受，成为国际贸易中公认的一种类似行为规范的准则。

贸易术语是在长期的国际贸易实践中产生和发展起来的，又因为它以简略的文字说明了商品的价格构成和交货条件，对于简化交货手续、节约时间和费用，都具有重要的作用。所以贸易术语的出现又促进了国际贸易的发展。

3. 国际贸易术语在财务及会计上的作用

在进出口贸易的会计处理中，要涉及企业权利和义务的入账问题。因此，作为划分买卖双方的责任、风险和费用界限的固定模式的国际贸易条款，必然要成为进出口会计的重大背景框架。在研讨进出口会计的具体内容前，必须对此有一基本了解。国际贸易术语对进出口会计的影响，首先，在于入账的时间界限，即一笔进口业务或出口业务应在什么时间记录入账，取决于货物所有权的转移时点（即交货点）；其次，在于双方费用的划分、构成货物各自的成本、向外商报价，这是必不可少的前提条件（报价在国外属于成本会计部门汇总负责）。至于业务原始凭证中 FOB、CIF 等简略符号的正确含义，几乎更是每笔会计记录都不能不运用的概念。

（二）与贸易术语相关的国际贸易惯例

1. 国际贸易惯例的性质

国际贸易术语在国际贸易中的运用可以追溯到二百多年前。例如，装运港船上交货的贸易术语 FOB 出现在 18 世纪末与 19 世纪初。CIF 的广泛应用是在 19 世纪中叶。但是在相当长的时间内，在国际上没有形成对国际贸易术语的统一解释。各个国家和地区在使用贸易术语时，出现了各种不同的解释和做法。这种差异，不利于国际贸易的发展。为了解决存在的分歧，国际商会（International Chamber of Commerce, ICC）、国际法协会等国际组织及美国的一些著名商业团体经过长期的努力，分别制定了解释国际贸易术语的规则，这些规则在国际上被广为接受，从而成为一般国际贸易惯例。

国际贸易惯例是指国际贸易中经反复实践形成的，并经国际组织加以编纂与解释的习惯性做法。

国际贸易惯例本身不是法律，它对交易双方不具强制约束力，因而，买卖双方有权在合同中做出与某项惯例不符的规定。只要合同有效成立，双方均要遵照合同的规定履行。国际贸易惯例的运用是以当事人的"意识自治"为基础的。例如，按照国际商会《2000通则》的规定，FOB条件下卖方承担的风险是在装运港货物越过船舷之后就转移给买方。然而，我国一家国有大型贸易公司在按FOB条件从国外进口机械设备时，为了促使卖方在装运港装货时注意安全操作，以免货物在装载时受损，特在进口合同中加订"货物越过船舷、进入船舱、脱离吊钩并安全卸抵舱底风险才转移"的条款。按照"合同优先于惯例"的原则，履约时，仍以买卖合同的规定为准。但是，如果买卖双方都同意采用某种惯例来约束该项交易，并在合同中明确规定，那么这项约定的惯例就具有了强制性。

此外，国际贸易惯例对国际贸易实践具有重要的指导作用。这体现在：如果买卖双方在合同中没有明确规定采用某种惯例，当双方就某个贸易问题产生争议时，受理该争议案的仲裁机构或法庭往往会引用某些常用的影响较大的惯例作为评判的依据。因此，我国在对外贸易中，适当采用这些惯例，有利于外贸业务的开展，避免或减少贸易争端。

2. 与贸易术语相关的国际贸易惯例

有关贸易术语的国际惯例主要有以下三种：

(1)《1932年华沙-牛津规则》(Warsaw-Oxford Rules 1932)，简称（W. O. Rules 1932）

1928年国际法协会在华沙开会制定了有关CIF买卖合同的规则，共22条。后经1930年纽约会议、1931年巴黎会议和1932年的牛津会议修订为21条，并更名为《1932年华沙-牛津规则》，一直沿用至今。该规则比较详细地解释了CIF合同的性质、买卖双方所承担的责任、风险和费用的划分以及货物所有权转移的方式等问题。该惯例只解释CIF这一个术语。该惯例在其总则中说明，这一规则供交易双方自愿采用，凡明示采用该规则者，合同当事人的权利和义务应该援引本规则的规定办理。经双方当事人明示协议，可以对本规则的任何一条进行变更、修改或添加。如本规则与合同发生矛盾，应以合同为准。凡合同中没有规定的事项，应按本规则的规定办理。

(2)《1941年美国对外贸易定义修订本》(Revised American Foreign Trade Definition 1941)

1919年美国9个商业团体首次制定了《美国出口报价及其缩写条例》(The U. S. Export Quotations and Abbreviation)。后来在1941年的美国第27届全国对外贸易会议上对该条例进行了修订，故称为《1941年美国对外贸易定义修订本》（简称《1941年修订本》）。这一修订本经美国商会、美国进出口协会和全国对外贸易协会所组成的联合委员会通过，由全国对外贸易学会公布。

《1941年修订本》中所解释的贸易术语共六种，分别为：

①Ex Point of Origin，即产地交货。

此产地系指"工厂交货"、"矿山交货"、"农场交货"等。

②Free on Board，在运输工具上交货。

《1941 年修订本》对 FOB 术语的解释具体又分为六种：

第一，F.O.B（named inland carrier at named inland point of departure），即在指定的发货地点的指定的内陆运输工具上交货。

第二，F.O.B（named inland carrier at named inland point of departure）freight prepaid to（named point of exportation），即在指定的内陆发货地点的指定的内陆运输工具上交货，运费预付到指定的出口地点。

第三，F.O.B（named inland carrier at named inland point of departure）freight allowed to（named point），即在指定的内陆发货地点的指定的内陆运输工具上交货，减除至指定地点的运费。

第四，F.O.B（named inland carrier at named point of exportation），即在指定的出口地点的指定的内陆运输工具上交货。

第五，F.O.B Vessel（named port of shipment），即指定装运港船上交货。

第六，F.O.B（named inland point in country of importation），即在指定进口国内陆地点交货。

③Free Along Side，即在运输工具旁边交货。

④Cost & Freight，即成本加运费。

⑤Cost, Insurance and Freight，即成本加保险和运费。

⑥Ex Dock，即目的港码头交货。

《1941 年修订本》规定：此修订本并无法律效力，除非由专门的立法规定或为法院判决所认可。因此，为使其对各有关当事人产生法律上的约束力，建议卖方或买方接受定义作为买卖合同的一个组成部分。

《1941 年修订本》在美洲国家采用较多。由于它对贸易术语的解释，特别是对第 2 种（FOB）和第 3 种（FAS）术语的解释与国际商会的 INCOTERMS 有明显的差异，所以，在同美洲国家进行交易时应加以注意，以减少双方之间的争端。

（3）《2000 年国际贸易术语解释通则》（INCOTERMS 2000，《2000 通则》）

《国际贸易术语解释通则》（以下简称为《通则》），原文为 International Rules for the Interpretation of Trade Terms，定名为 INCOTERMS（来源于 International Commercial Terms 三个词），它是国际商会（ICC）为了统一对各种贸易术语的解释而制定的。最早的《通则》产生于 1936 年，后来为了适应国际贸易业务发展的需要，国际商会分别于 1953 年、1967 年、1976 年、1980 年和 1990 年对

INCOTERMS 进行了五次补充和修订。1999 年 7 月，国际商会又正式出版了它的第六次修订本——INCOTERMS 2000，即《2000 通则》，并于 2000 年 1 月 1 日起生效。现在《2010 通则》，已于 2011 年 1 月 1 日正式生效。

（三）《2000 通则》中的贸易术语（后面将解释《2010 通则》与《2000 通则》的区别）

《2000 通则》中的贸易术语共包括 4 组 13 种，如表 4-1 所示。

表 4-1　《2000 通则的 4 组贸易术语》

E 组（启运）	EXW（Ex Works）	工厂交货
F 组（主运费未付）	FCA（Free Carrier）	货交承运人
	FAS（Free Alongside Ship）	装运港船边交货
	FOB（Free on Board）	装运港船上交货
C 组（主运费已付）	CFR（Cost and Freight）	成本加运费
	CIF（Cost、Insurance and Freight）	成本加保险费、运费
	CPT（Carriage Paid To）	运费付至
	CIP（Carriage and Insurance Paid To）	运费、保险付至
D 组（到达）	DAF（Delivered At Frontier）	边境交货
	DES（Delivered Ex Ship）	目的港船上交货
	DEQ（Delivered Ex Quay）	目的港码头交货
	DDU（Delivered Duty Unpaid）	未完税交货
	DDP（Delivered Duty Paid）	完税后交货

E 组：发货合同，发货地交货，即卖方在自己工厂所在地把货物交给买方，卖方不负担主要运输费用，包括 EXW 一种。

F 组：装运合同，起运地交货，主要运费未付，交货地在出口地或装运港，包括 FOB、FAS 及 FCA 三种。但三者的主要运费都未支付，即要由买方支付。

C 组：装运合同，起运地交货，主要运费已付，交货地在出口地或装运港，包括 CFR、CIF、CPT 及 CIP 四种。但主要运费（甚至保险费）已付至目的港或目的地。

D 组：到货合同，目的地交货，交货地在目的地或目的港，包括 DAF、DES、DEQ、DDU 及 DDP 五种。

（四）最常用的六种贸易术语

国际贸易中使用的贸易术语有十多种，但迄今为止采用最多的仍是装运港交货的三种贸易术语：FOB、CIF 和 CFR。此外，随着集装箱多式联运业务的普及，FCA、CPT 和 CIP 也成为国际贸易中的常用贸易术语。因此本书重点介绍这六种常用的贸易术语。

1. FOB 术语

FOB，Free on Board（……named port of shipment），即船上交货（……指定装运港），习惯上称之为装运港船上交货。

FOB 术语是指卖方在约定的装运港按合同规定的装运时间将货物交到买方指派的船上。按照《2000 通则》规定，此术语只能适用于海运和内河运输。但是，在海运和内河航运中，如果要求卖方在船舶到达装运港之前就要将货物交到港口货站，则应改用 FCA 术语更为适宜。

采用 FOB 术语时，买卖双方各自承担的基本义务概括起来，可作如下划分：

卖方义务：

（1）在约定的装运期间内和指定的装运港，将合同规定的货物交到买方指派的船上，并及时通知买方。

（2）承担货物在装运港越过船舷之前的一切费用和风险。

（3）自负风险和费用，取得出口许可证或其他官方批准证件，并办理货物出口所需要的一切海关手续。

（4）提交商业发票和自费提供证明自己按规定交货的清关单据，或具有同等作用的电子信息。

买方义务：

（1）自费签订从指定装运港装运货物的运输合同，并将船名、装货地点和装货日期及时同知卖方。

（2）承担货物在装运港越过船舷之后发生的各种费用以及货物灭失或损坏的一切风险。

（3）根据买卖合同规定受领货物并支付货款。

（4）自负风险和费用，取得进口许可证或其他官方证件，并负责办理货物进口和必要时从他国过境所需的一切海关手续。

在具体业务中，使用 FOB 术语时应注意的问题：

（1）"船舷为界"的确切含义

以"船舷为界"表明买卖双方风险、费用的划分点在船舷。作为规则，买方应该承担从这一点起的一切费用和风险。如果在装运过程途中起重机吊索断裂，货物落海，这意味着交货未完成，其损失应由出口方负担；反之，如果货物掉落甲板而损毁，此损失即由进口方承担。如果船大，不能靠近港内码头，只能远离海岸以就深水，从而使用了驳船，在此种情况下，划分点仍采用"越过船舷"的观点。以装运港船舷作为划分风险的界限是历史上形成的一项行之有效的规则，这种划分风险的规则，其界限分明，易于理解和接受。但"船舷为界"并不表示买卖双方的责任和费用划分的界限。因为装船作业是一个连续过程，在卖方承担装船责任的情况下，它必须完成这一全过程，而不可能在船舷处办理交接。因此，在实际业务中，买卖双方可根据实际需要进行协商，做出不同的规定，也可使用 FOB 变形。

以装运港船舷作为风险划分的界限也是最常用的 FOB、CFR、CIF 三种贸易术语同其他贸易术语的重要区别之一。但是，我们必须正确掌握以船舷为界划分风险的含义。

（2）船货衔接问题

在 FOB 术语成交的合同中，卖方的一项基本义务是按约定的时间和地点完成装运。然而，由于在 FOB 条件下，是由买方负责安排运输，所以就存在一个船货衔接问题。根据有关法律和惯例，如买方未能按时派船，包括未经卖方同意提前派船或延迟派船，卖方都有权拒绝交货，而且由此产生的各种损失，如空舱（Dead Freight）、滞期费（Demurrage）及卖方增加的仓储费等，均由买方负担。如果买方所派船只按时到达装运港，而卖方没能按时备妥货物，那么，由此产生的各种费用则要由卖方负担。有时买卖双方按 FOB 价格成交，而买方又委托卖方办理租船订舱，卖方也可酌情接受。但这属于代办性质，由此产生的风险和费用仍由买方承担。

（3）装船费用的负担问题

由于 FOB 术语历史较悠久，各个国家和地区在使用时对"装船"概念的解释有一定的差别，做法上也不完全一致。为了说明装船费用的负担问题，往往在 FOB 术语后面加列附加条件，这就形成了 FOB 的变形。FOB 的变形只说明装船费用由谁负担，而不影响买卖双方所应承担风险的划分界限。FOB 的变形有：

①FOB Liner Terms（FOB 班轮条件），是指装船费用是按照班轮的做法办理，该费用包含在运费中，由支付运费的买方来负担。值得注意的是，FOB 班轮条件并不是要求用班轮运输货物。

②FOB Under Tackle（FOB 吊钩下交货），是指卖方负担的费用只到买方指派船只的吊钩所及之处，吊装入舱以及其他各项费用由买方负担。

③FOB Stowed（FOB 理舱费在内），是指卖方负责将货物装入船舱并承担包括理舱费在内的装船费。理舱费是指货物入舱后进行安置和整理的费用。

④FOB Trimmed（FOB 平舱费在内），是指卖方负责将货物装入船舱并承担包括平舱费在内的装船费。平舱费是指对装入船舱的散装货物进行平整所需要的费用。

在许多标准合同中，为明确表示由卖方承担包括理舱费和平舱费在内的各项装船费用，常采用 FOBST（FOB Stowed and Trimmed）来表示。

（4）个别国家对 FOB 术语的不同解释

以上有关对 FOB 术语的解释都是按照国际商会的《通则》做出的。然而，不同的国家和不同的惯例对 FOB 术语的解释并不完全统一。它们之间的差异在有关交货地点、风险划分界限以及卖方承担的责任义务等方面的规定都可以体现出来。

例如在北美洲的一些国家采用的《1941 年美国对外贸易定义修订本》中将 FOB 概括为六种，其中前三种是在出口国内指定地点的内陆运输工具上交货，第四种是在出口地点的内陆运输工具上交货。上述第四种和第五种在使用时应加以注意，因为这两种术语在交货地点上可能相同。比如，都是在旧金山（San. Francisco）交货，如果买方要求在装运港口的船上交货，则应在 FOB 和港口之间加上 Vessel（船）字样，变成"FOB Vessel San. Francisco"，否则，卖方有可能按第四种，在旧金山市的内陆运输工具上交货。

即使都是在装运港船上交货，关于风险划分界限的规定也不完全一样。按照美国的《1941 年美国对外贸易定义修订本》的解释，买卖双方划分风险的界限不是在船舷，而是在船上。卖方由此"承担货物一切灭失或损毁责任，直至在规定日期或期限内，已将货物装载于轮船上为止"。

另外关于办理出口手续问题也存在分歧。按照《2000 通则》解释，FOB 条件下，卖方应"自担风险及费用，取得任何出口许可证或其他官方证件，并在需要办理海关手续时，负责办理出口货物所需的一切海关手续"。但是，按照美国的《1941 年美国对外贸易定义修订本》解释，卖方只是"在买方请求并由其负担费用的情况下，协助买方取得由原产地及/或装运地国家签发的、为货物出口或在目的地进口所需的各种证件"，即买方要承担一切出口捐税及各种费用。

鉴于上述情况，在我国对美国、加拿大等北美洲国家的业务中，采用 FOB 术语成交时，应对有关问题做出明确规定，以免发生误会。

2. CIF 术语

CIF Cost, Insurance and Freight（......named port of destination），即成本加保险费、运费（……指定目的港）。

CIF 也是在装运港交货的贸易术语，只适用于海运和内河运输。采用 CIF 术语成交时，卖方的基本义务是自负费用办理货物的运输及海运保险，并在规定的装运期及指定的装运港将货物装船。因此成交价格的构成因素中包括了运费和保险费。在业务上，有人误认为 CIF 为"到岸价"，这是一种误解。按 CIF 条件成交时，卖方是在装运港完成交货义务，卖方承担的风险仍是在装运港货物越过船舷之前的风险。在货物装船后，自装运港到目的港的通常运费和保险费以外的费用也由买方负担。卖方只需提交约定的单据，并不保证货物将按时到达指定目的港。

采用 CIF 术语时，买卖双方各自承担的基本义务如下：

卖方义务：

（1）自付费用签订运输合同，按合同规定的装运期在指定装运港将合同要求的货物装船，并及时通知买方。

（2）承担货物在装运港越过船舷之前的一切风险和费用。

（3）按照合同的约定，自负费用办理货物运输保险。

（4）自负风险和费用，取得出口许可证或其他官方证件，并办理货物的出口手续。

（5）提交商业发票和在目的港提货所需的运输单据，或具有同等作用的电子信息，并向买方提供保险单据。

买方义务：

（1）接受卖方提供的有关单据，受领货物，并按合同规定支付货款。

（2）承担货物在装运港越过船舷之后的一切风险和费用。

（3）自负风险和费用，办理货物进口和必要时从他国过境所需的一切海关手续。

（4）负担除正常运费和保险费以外的货物在海运过程中直至目的港为止所产生的额外费用。

使用 CIF 术语应注意的问题：

（1）保险的险别问题

CIF 术语的价格构成中包含保险费，卖方有义务办理货运保险。投保不同的险别，保险人承保的责任范围不同，收取的保险费率也不同。那么，按 CIF 术语成交，卖方应该投保什么险别呢？一般的做法是，在双方签约时，在合同中明确规定保险的险别、金额等内容，卖方在投保时按合同的约定办理即可。但是，如果买卖双方在合同中没有明确的规定，则按有关惯例来处理。按照《2000通则》对 CIF 的解释，卖方只须投保最低险别，但在买方的要求下，并由买方付费时，可加保战争、罢工、暴乱和民变险。

（2）租船订舱问题

根据《2000通则》规定，"卖方必须自付费用，按照通常条件订立运输合同，经由惯常航线，将货物用通常可供运输合同所指货物类型的海轮（或依情况适合内河运输的船只）装运至指定的目的港"。《1941年美国对外贸易定义修订本》中只是笼统地规定卖方"负责安排货物至指定目的地的运输事宜，并支付其费用"。《1932年华沙－牛津规则》中有规定："如买卖合同未规定装运船只的种类，或者合同内使用'船只'这样笼统名词，除依照特定行业惯例外，卖方有权使用通常在此航线上装运类似货物的船只来装运。"因此，除非合同另有规定外，如果买方提出关于船籍、船型、船龄、船级以及指定船公司的船只等额外要求时，卖方有权拒绝接受，也可根据实际情况给予通融。

（3）卸货费用负担问题

CIF 是指卖方应将货物运往合同规定的目的港，并支付正常的费用。但货物运至目的港后的卸货费由谁承担也是一个需要考虑并明确规定的问题。由于各国做法不尽相同，通常采用 CIF 变形的形式来做出具体规定。CIF 变形后的形式主要有：

①CIF Liner Terms（CIF 班轮条件），这一变形是指卸货费由谁负担，按照班轮的做法来办，即由支付运费的卖方来负担卸货费。

②CIF Landed（CIF 卸至岸上），是指由卖方负担将货物卸至岸上的费用，包括可能支付的驳船费和码头费在内。

③CIF Ex Ship's Hold（CIF 舱底交货），是指货物由目的港船舱舱底起吊至卸到码头的卸货费用均由买方负担。

④CIF Under Ship's Tackle（CIF 船舶吊钩下交货），是指卖方负担的费用中包含了将货物从船舱吊起卸到船舶吊钩所及之处（码头上或驳船上）的费用。

CIF 的变形只说明卸货费用的划分，并不改变 CIF 的交货地点和风险划分的界限。

（4）象征性交货问题

CIF 合同的特点在于，它是一种典型的象征性交货（Symbolic Delivery），即卖方凭单据交货，买方凭单据付款，只要卖方所交单据齐全与合格，不管货物是否能完好地到达目的港，卖方就算完成了交货义务，卖方无须保证到货。在此情况下，买方都必须履行付款义务；反之，如果卖方提交的单据不符合要求，即使货物完好无损地到达目的地，买方仍有权拒付货款。

CIF 术语的象征性交货性质，要求卖方必须保证所提交的单据完全符合合同的要求；否则，将无法顺利地收回货款。但是，必须指出的是，按 CIF 术语成交，卖方履行其交单义务只是得到买方付款的前提条件。除此之外，卖方还要履行交货义务。如果所交货物与合同规定不符，只要买方能证明货物的缺陷在装船前就已经存在，而且这种缺陷在正常检验中很难发现，买方即使已经付款，只要未超过索赔期，仍然可以根据合同的规定向卖方提出索赔。

3. CFR 术语

CFR 的全称是 Cost and Freight（.....named port of destination），即成本加运费（……指定目的港），在《2000 通则》之前曾用"C&F"来表示。

CFR 术语也是国际贸易中常用的术语之一，只适用于海运和内河运输，交货地点仍在装运港。与 FOB 术语相比，卖方承担的义务中多了一项租船订舱，即卖方要自负费用订立运输合同。具体来讲，买卖双方各自承担的基本义务如下：

卖方义务：

（1）自负费用签订运输合同，在合同规定的装运期内，在指定的装运港将合同要求的货物装船，并及时通知买方。

（2）承担货物在装运港越过船舷之前的一切风险和费用。

（3）自负风险和费用，取得出口许可证或其他官方许可证件，并办理货物的出口所需的一切海关手续。

（4）提交商业发票和在目的港提货所需的运输单据，或相应的电子信息。

买方义务：

（1）接受卖方提供的有关单据，受领货物，并按合同规定支付货款。

（2）承担货物在装运港越过船舷之后的一切风险和费用。

（3）自负风险和费用，办理货物的进口手续。

使用 CFR 术语时应注意的问题：

（1）卖方的装运义务

采用 CFR 贸易术语成交时，卖方负责在装运港按规定的期限把货物装上运往目的港的船上。除了不负责投保和支付货物保险费之外，其他义务均与 CIF 相同，包括因解决卸货费负担问题而产生的变形形式方面。

（2）卖方要及时发出装船通知

按惯例不论是 FOB 还是 CFR 合同，卖方在货物装船后，都必须立即向买方发出装船通知。但是，对于 CFR 合同来说，这一点尤为重要。因为这将直接影响到买方是否能及时地办理货物运输保险。如果由于卖方没有及时发出装船通知，使买方未能及时办理货物运输保险，货物在海运途中的风险将由卖方承担。因此，在 CFR 条件下的装船通知具有更为重要的意义。

综上所述，FOB、CIF 和 CFR 三种术语的相同点：

（1）都是只适用于水上运输的贸易术语。

（2）卖方的交货地点均在装运港。

（3）买卖双方承担的风险划分界限均是在装运港货物超过船舷时由卖方转移给买方。因此，就卖方承担的风险而言，有：CIF=CFR=FOB。

（4）货物进出口手续办理的规定：货物的出口手续由卖方办理，而货物的进口手续则由买方办理。

它们之间的区别是：

卖方承担的责任和费用有所不同：CIF 术语要求卖方既要负责办理货物运输并支付运费，也要办理货物的运输保险并支付保险费；而 CFR 术语只要求卖方办理货物的运输并支付运费；FOB 术语只要求卖方在装运港交货，不负责货物的运输和保险。因此，CFR 与 FOB 相比，卖方的责任增加了货物运输的办理，价格构成上相应增加了一笔正常的货物运输费用；而 CIF 与 CFR 相比，卖方的责任增加了货运保险的办理，价格构成上也相应增加了一笔保险费。就卖方承担的责任和费用而言，则有：CIF＞CFR＞FOB。具体比较可见图 4-1。

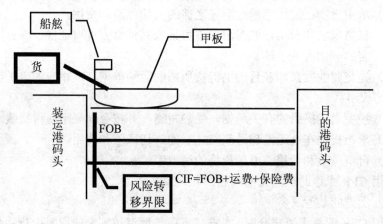

图 4-1　CIF、CFR、FOB 责任与费用的比较

4. FCA 术语

FCA，Free Carrier（....named place），即货交承运人（……指定地点）。

FCA 术语适用于任何形式的运输，包括多式联运。FCA 意指卖方在指定地点将已办完出口清关手续的货物交与买方指定的承运人控制之下即完成交货义务。卖方承担的风险在货交承运人时转移。风险转移之后，与运输、保险相关的责任和费用也相应转移。

采用 FCA 术语时，买卖双方各自承担的基本义务如下：

卖方义务：

（1）在合同规定的时间内，在指定的地点，将合同规定的货物交于买方指定的承运人控制之下，并及时通知买方。

（2）承担将货物交于买方指定的承运人控制之前的一切风险和费用。

（3）承担风险和自负费用，取得出口许可证或其他官方证件，并办理货物出口清关手续。

（4）承担风险和自付费用向买方提交商业发票、交货凭证或有同等效力的电子信息。

104

买方义务：

（1）自负费用签订运输合同，并将承运人名称及有关情况及时通知卖方。

（2）按合同规定受领货物并支付货款。

（3）承担货物置于承运人控制之后的一切风险和费用。

（4）承担风险和自负费用，取得进口许可证或其他官方证件，并办理货物的进口和必要时从他国过境所需的一切海关手续。

使用 FCA 术语应注意的问题：

（1）关于承运人和交货地点

在 FCA 条件下，通常是由买方安排承运人。为了方便使用 FCA 术语，《2000通则》对"承运人"的含义作了明确解释。"承运人"是指在运输合同中，承诺通过铁路、公路、空运、海运、内河运输或上述运输的联合运输方式承担履行运输或承担办理运输业务的任何人。这表明承运人可以是拥有运输工具的实际承运人，也可以是运输代理人或其他人。按照《2000通则》的规定，交货地点的选择直接影响到装卸货物的责任划分问题。若卖方在其所在地交货，则卖方应负责把货物装上承运人所提供的运输工具上。若卖方在任何其他地点交货，卖方在自己所提供的运输工具上完成交货义务，不负责卸货。如果仅指定了交货地但并未约定具体的交货地点，且有几个具体交货地点可供选择时，卖方可以从中选择最适合完成交货的交货点。

（2）FCA 条件下的风险转移问题

在采用 FCA 术语成交时，不论采用的是海运、陆运、空运等任何运输方式，买卖双方的风险划分均是以货交承运人为界。但是，如果买方未能及时向卖方通知承运人名称及有关事项，致使卖方不能如约将货物交给承运人，那么，根据《2000通则》规定，自规定的交货日期或期限届满之日起，将由买方承担货物灭失或损坏的一切风险，但以货物已被划归本合同项下为前提条件。这说明如果是由于买方的原因造成卖方无法按时交货，只要货物已被特定化，那么风险转移的时间可以前移。

（3）关于运输

按《2000通则》规定，本术语适用于任何运输方式，包括多式联运。FCA术语由买方负责订立运输合同、指定承运人。但是，《2000通则》同时又规定，如果卖方被要求协助与承运人订立运输合同，只要买方承担风险和费用，卖方可以办理，也可以拒绝。如果卖方拒绝，应及时通知买方。

5. CPT 术语

CPT 的全文是 Carriage Paid to（......named place of destination），即运费付至（……指定目的地）。

CPT 是指卖方向其指定的承运人交货，还必须支付将货物运至目的地的运费。但是，货物在交给指定的承运人后发生的一切风险和其他费用，要由买方负担。该术语与 FCA 术语一样，适用于任何运输方式，包括多式联运。

采用 CPT 术语时，买卖双方各自承担的基本义务如下：

卖方义务：

（1）自负费用签订运输合同，在合同规定的时间及地点，将合同规定的货物交于承运人控制之下，并及时通知买方。

（2）承担货物交给承运人控制之前的一切风险。

（3）自负风险和费用，取得出口许可证或其他官方证件，并办理货物的出口清关手续。

（4）提交商业发票和在指定目的地提货所需要的运输单据，或有同等作用的电子信息。

买方义务：

（1）接受卖方提供的有关单据，受领货物，并按合同规定支付货款。

（2）承担自货物交给承运人控制之后的一切风险。

（3）自费风险和费用，取得进口许可证或其他官方证件，并办理货物的进口和必要时从他国过境所需的一切海关手续。

使用 CPT 术语时，需要注意的问题：

（1）风险划分的界限问题

根据《2000 通则》的规定，卖方只承担货物交给承运人控制之前的风险。在多式联运方式下，卖方只承担货物交给第一承运人控制之前的风险，货物自交货地至目的地的运输途中的风险由买方承担。

（2）责任和费用的划分问题

由卖方负责订立运输合同，并负担从交货地点到指定目的地的正常运费。正常运费之外的其他有关费用，一般由买方负担。货物的装卸费用可以包括在运费中，由卖方负担，也可由买卖双方在合同中另行约定。

（3）装运通知

CPT 术语实际上是 CFR 术语在适用的运输方式上的扩展。CFR 术语只适用于水上运输方式，而 CPT 术语适用于任何运输方式。在买卖双方义务划分原则上是完全相同的。卖方只负责货物的运输而买方负责货物的运输保险。因此，卖方在交货后及时通知买方，以便买方投保。

6. CIP 术语

CIP 的全文是 Carriage and Insurance paid to（……named place of destination），即运费保险费付至（……指定的目的地）。

CIP 是指卖方向其指定的承运人交货，办理货物运输并支付将货物运至目的地的运费。此外，卖方还要订立保险合同并支付保险费用。但买方要承担卖方交货后的一切风险和额外费用。

采用 CIP 术语时，买卖双方各自承担的基本义务如下：

卖方义务：

（1）自负费用签订运输合同；在合同规定的时间及地点，将合同规定的货物交于承运人控制之下，并及时通知买方。

（2）按照买卖合同的约定，自负费用投保货物运输险。

（3）承担货物交给承运人控制之前的一切风险。

（4）自负风险和费用，取得出口许可证或其他官方证件，并办理货物的出口清关手续。

（5）提交商业发票和在指定目的地提货所需要的运输单据，或有同等作用的电子信息。

买方义务：

（1）接受卖方提供的有关单据，受领货物，并按合同规定支付货款。

（2）承担自货物交给承运人控制之后的一切风险。

（3）自费风险和费用，取得进口许可证或其他官方证件，并办理货物的进口和必要时从他国过境所需的一切海关手续。

在 CIP 条件下，卖方的交货地点、买卖双方风险划分的界限、适用的运输方式以及出口手续、进口手续的办理等方面的规定均与 CPT 相同。CIP 与 CPT 的唯一差别是卖方增加了办理货物运输保险、支付保险费和提交保险单的责任。在价格构成因素中，比 CPT 增加了一项保险费。

使用 CIP 术语应注意的问题：

（1）正确理解风险和保险问题

按 CIP 术语成交的合同，由卖方负责办理货物运输保险，并支付保险费。但是，货物从交货地点运往目的地途中的风险则由买方承担。所以，卖方的投保仍属于代办性质。根据《2000 通则》的规定，与 CIF 术语相同，如果买卖双方没有在合同中约定具体的投保险别，则由卖方按惯例投保最低的险别即可；如有买卖双方有约定，则按双方约定的险别投保。保险金额一般在合同价格的基础上加成 10%。

（2）应合理地确定价格

与 FCA 术语相比，CIP 条件下卖方要承担较多的责任和费用。CIP 的价格构成中包括了通常的运费和约定的保险费。所以，卖方在对外报价时，要认真核算运费和保险费，并考虑运价和保险费的变动趋势。

综上所述，FCA、CPT 和 CIP 三种术语的相同点：

（1）都是适用于任何运输的贸易术语。

（2）货物都是交给指定的承运人。

（3）买卖双方承担的风险划分界限均是在货交承运人时由卖方转移给买方。

（4）货物进出口手续办理的规定：货物的出口手续由卖方办理，而货物的进口手续则由买方办理。

它们之间的区别见图 4-2 所示。

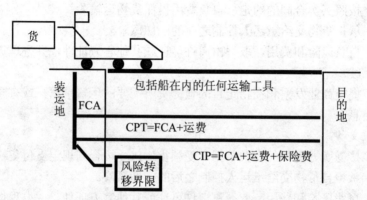

图 4-2　FCA、CPT、CIP 责任与费用的比较

卖方承担的责任和费用有所不同：CIP 术语要求卖方既要负责办理货物运输并支付运费，也要办理货物的运输保险并支付保险费；而 CPT 术语只要求卖方办理货物的运输并支付运费；FCA 术语只要求卖方货交承运人，不负责货物的运输和保险。因此，CPT 与 FCA 相比，卖方的责任增加了货物运输的办理，价格构成上相应增加了一笔正常的货物运输费用；而 CIP 与 CPT 相比，卖方的责任增加了货运保险的办理，价格构成上也相应增加了一笔保险费。就卖方承担的责任和费用而言，则有：CIP＞CPT＞FCA。

以上介绍了六种常用的贸易术语，均属于在出口国交货的术语。其中 FOB、CFR 和 CIF 三种术语都是在装运港交货，都是在装运港以"船舷为界"来划分买卖双方承担的风险，都只适用于海运或内河运输。而 FCA、CPT 和 CIP 三种术语实际上是在前三种术语的基础上发展而成的，是将其适用的运输方式范围由水运而扩大到任何运输方式。它们的对应关系是：在 FOB 的基础上发展而成 FCA，在 CFR 的基础上发展而成 CPT，在 CIF 的基础上发展而成 CIP。所以，FCA、CPT、CIP 与 FOB、CFR、CIF 不同的是：它们适用于任何运输方式：铁路、公路、空运等，也包括海运或内河运输；风险划分则以"货交承运人"为界限。

从 FCA、CPT、CIP 术语与 FOB、CFR、CIF 术语的比较来看，如果出口地是远离港口的内陆地区或如果用集装箱运输，采用 FCA、CPT、CIP 术语成交对卖方有以下好处：一是卖方可以任意选用合适的运输方式，不一定用海运。二是风险提前转移。只要将货物交给承运人风险就转移给了买方。三是承担的费用降低，卖方不用承担将货物运至装运港的费用。四是收汇的时间提前。卖方只要将货物交给承运人后，就可以到当地指定银行交单结汇，而不必等到货物装船后取得海运提单。这样可以缩短结汇时间。

另外，在比较 FOB 与 FCA 的异同点、CFR 与 CPT 的异同点、CIF 与 CIP 的异同点时，包括比较任意两种或多种术语的异同点时，都可以从以下五个方面来比较：（1）交货地点；（2）风险转移的界限；（3）有关买卖双方责任的划分（指办理运输、保险、货物进出口的海关手续等）；（4）有关费用的划分（指运费、保险费、货物的出口和进口在办理海关手续时支付的税费及其他费用）；（5）适用的运输方式。我们可以通过以上五个方面来认识不同术语之间的共性和区别，从而更好地掌握每种术语。

在以上介绍中，C 组的四种术语（CFR、CIF、CPT、CIP）已一一介绍了。C 组术语的销售合同属于装运合同。C 组四种术语的主要特点之一，是风险划分界限与费用划分界限相分离。C 组四个术语的价格构成中均包括主要运费，但风险划分的界线是装运港船舷或"货交承运人"。也就是说，卖方虽然承担从交货地至目的地的运输责任，并负担运费，但是，卖方并不承担从交货地至目的地的运输过程中货物发生损坏、灭失及延误的风险。这里还需要强调的是，在 C 组四种术语中，指定的目的港或目的地不是指卖方的交货地点，而是表示卖方承担的主要运费付至到该目的港或目的地。所以 C 组的四种术语都是"主要运费已付"的术语。

（五）其他贸易术语

除了以上介绍的六种常用贸易术语外，《2000 通则》还包括其他七种贸易术语：EXW、FAS、DAF、DES、DEQ、DDU、DDP。交易双方可根据具体业务的需要，灵活选用。下面介绍七种贸易术语。

1. EXW 术语

EXW 的全文是 Ex Works（......named place），即工厂交货（……指定地点）。

EXW 是《2000 通则》中 E 组唯一的一种术语。它代表了在商品的工厂或所在地（工场、仓库等）将备妥的货物交给买方的交货条件。按这种贸易术语成交，卖方承担的责任、风险及其费用类同于国内贸易，仅限于出口国内的交货地点。

按照 EXW 术语成交，买卖双方各自承担的义务如下：

卖方义务：

（1）在合同规定的时间、地点，将合同要求的货物置于买方的处置之下。

（2）承担将货物交给买方处置之前的一切风险和费用。

（3）提交商业发票或有同等作用的电子信息。

买方义务：

（1）在合同规定的时间、地点，受领卖方提交的货物，并按合同规定支付货款。

（2）承担受领货物之后的一切风险和费用。

（3）自负风险和费用，取得出口许可证和进口许可证或其他官方证件，并负责办理货物的出口和进口所需的一切海关手续。

使用 EXW 术语应注意的问题：

（1）货物的出口清关手续问题

EXW 术语是在《2000 通则》中卖方承担的责任、风险和费用最小的一种贸易术语，因此，成交时价格最低。因而对买方具有一定的吸引力。但是，它的一个特殊之处，就是由买方负责办理货物的出口手续。因此，在成交之前，买方应了解出口国政府的有关规定。当买方无法做到直接或间接办理货物出口手续时，则不宜采用这一术语成交。在这种情况下，最好选用 FCA 术语。

（2）关于货物的装运问题

按照《2000 通则》的解释，由买方自备运输工具到交货地点接运货物，一般情况下，卖方不承担将货物装上买方安排的运输工具的责任及费用。但是，如果买卖双方在合同中有约定，由卖方负责将货物装上买方安排的运输工具并承担相关的费用，则应在签约时对上述问题做出明确规定。

2. FAS 术语

FAS 术语全文是 Free Alongside Ship（......named port of shipment），即船边交货（......指定装运港）。

FAS 术语常称为装运港船边交货。根据《2000 通则》的解释，按照这一术语成交，卖方要在约定的时间内将合同规定的货物交到指定的装运港买方所指派的船只的船边，在船边完成交货义务。当买方所派船只不能靠岸时，要求卖方负责用驳船把货物运至船边，仍在船边交货。装船的责任和费用由买方承担。买卖双方负担的风险和费用均以船边为界。

采用 FAS 术语时，买卖双方各自承担的义务如下：

卖方义务：

（1）在合同规定的时间和装运港口，将合同规定的货物交到买方所派的船只旁边，并及时通知买方。

110

（2）承担货物交至装运港船边的一切风险和费用。

（3）自负风险和费用，取得出口许可证或其他官方证件，并办理货物的出口清关手续。

（4）提交商业发票或有同等作用的电子信息，并且自负费用提供通常的交货凭证。

买方义务：

（1）自负费用订立从指定装运港口运输货物的合同，支付费用并将船名、装货地点和要求交货的时间及时通知卖方。

（2）在合同规定的时间、指定的装运港船边受领货物，并按合同规定支付货款。

（3）承担受领货物之后所发生的一切风险和费用。

（4）自负风险和费用，取得进口许可证或其他官方证件，办理货物的进口和必要时从他国过境时所需的一切海关手续。

使用 FAS 术语应注意的问题：

（1）对 FAS 的不同解释

根据《2000 通则》的解释，FAS 术语只适合于海运或内河运输，交货地点是指定的装运港。但是，按照《1941 年美国对外贸易定义修订本》的解释，FAS 是 Free Alongside 的缩写，是指在交货工具旁交货。因此，为了避免误解，在同美洲国家的商人进行贸易时，如果要在装运港交货，则应在 FAS 后面加上"Vessel"字样，以明确表示是在装运港"船边交货"。

（2）办理货物的出口手续问题

按照国际商会《1990 通则》的规定，在 FAS 条件下，是由买方自负风险和费用办理货物的进口和出口结关手续。在买方的要求下，并由买方承担风险和费用的前提下，卖方才协助买方办理货物的出口清关手续。但是，这种规定在实际操作中会带来不便。国际商会在《2000 通则》中对这一问题进行了修改，改为由卖方来承担办理货物出口报关的风险、责任和费用。经过这种修改，FAS 术语与 FOB 术语就比较相似。

（3）要注意船货的衔接

由于在 FAS 条件下，是由买方负责安排货物的运输，买方要及时将船名和要求装货的具体时间、地点通知卖方，使卖方能按时做好交货准备。所以就存在一个船货衔接问题。根据有关法律和惯例，如买方指派的船只未按时到港接受货物，或者比规定的时间提前停止装货，或者买方未能及时发出派船通知，只要货物已被清楚地划出，或以其他方式确定为本合同项下的货物，由此产生的风险和费用均由买方承担。

到此，F 组的三种贸易术语 FOB、FCA、FAS 都出现了。它们在交货地点、风险划分界限以及适用的运输方式等方面并不完全相同。然而，这三种术语也有共同点，其共同点是按这些术语成交时，卖方要负责将货物按规定的时间运到双方约定的交货地点，并按约定的方式完成交货。从交货地点到目的地的运输事项由买方来安排。在 F 组术语中，买卖双方承担的风险和费用的划分界限是在同一点。

3. DAF 术语

DAF 的全文是 Delivered at Frontier（......named place），即边境交货（……指定地点)，是指卖方在约定的交货期限内、在边境指定的交货地点，将合同规定的货物交给买方处置，即完成交货义务。货物在运输工具上而不必卸货。

按 DAF 术语成交时，买卖双方各自承担的基本义务是：

卖方义务：

（1）订立将货物运到边境约定地点的运输合同，并支付运费。

（2）在合同规定的时间，在边境指定地点将合同规定的货物置于买方控制之下。

（3）承担将货物交给买方控制之前的一切风险和费用。

（4）自负风险和费用，取得出口许可证或其他官方证件，办理货物出口所需要的一切海关手续，支付关税以及其他有关费用。

（5）提交商业发票和在边境指定地点交货的其他凭证或具有同等作用的电子信息。

买方义务：

（1）接受卖方提交的有关单据，在边境指定地点受领货物，并按合同规定支付货款。

（2）承担在边境指定地点受领货物之后的一切风险和费用。

（3）自负风险和费用，取得进口许可证或其他官方证件，办理货物进口所需的一切海关手续，支付关税及后继运输所需的一切海关手续。

使用 DAF 术语应注意的问题：

边境交货这一术语主要适用于两国接壤的共同边境，并且采用公路或铁路运输货物的交易。也可以适用于其他运输方式。DAF 术语在使用中，"边境"交货地点是至关重要的，买卖双方有必要在合同中加以确定。按《2000 通则》的解释，如果在边境上被指定的交货地的具体地点双方未约定，卖方可以在指定交货地选择最适合其要求的具体地点。如果交货地点位于进口国的港口，则建议当事人采用术语 DES 或 DEQ 成交。

4. DES 术语

DES 的全文是 Delivered Ex Ship（......named port of destination），即船上交货（......指定目的港）。

DES 常称为目的港船上交货。按 DES 术语成交，卖方负担一切责任、风险和费用，将符合合同的货物运到指定的目的港，在目的港船上完成交货。在此之前，卖方要将船名和船舶预计到达目的港的时间及时通知买方，使买方做好接受货物的准备。

采用 DES 术语时，买卖双方各自承担的基本义务如下：

卖方义务：

（1）订立将货物运到目的港的水上运输合同，并支付运费。

（2）在合同规定的交货期内，将货物运至指定的目的港，并在船上将货物置于买方的处置之下。

（3）承担在目的港将货物置于买方处置之前的一切风险和费用。

（4）自负风险和费用，取得出口许可证或其他官方证件，办理货物出口和从他国过境所需的一切海关手续。

（5）提交商业发票和在目的港提取货物所需要的运输单据，或有相同作用的电子信息。

买方义务：

（1）接受卖方提供的有关单据，在目的港的船上受领货物，并按合同规定支付货款。

（2）承担在目的港船上受领货物之后的一切风险和费用。

（3）自负风险和费用取得进口许可证或其他官方证件，支付卸货费用，并且负责办理货物进口所需的海关手续，支付关税及其他有关费用。

使用 DES 术语要注意的问题：

（1）做好在目的港船上货物的交接工作

对卖方来讲，必须在合同规定的交货期内保证将货物运到目的港。在此，到货时间是非常重要的。因此，卖方在签订运输合同时，就必须考虑如何来保证船舶按时到达目的港。另外，为了保证货物的顺利交接，卖方还要及时通知买方船舶预计到港时间并及时将提货单提交给买方，使买方得以受领货物。另一方面，买方也要及时在船上受领货物。如果买方未能及时受领货物，买方要承担由此而产生的额外费用和风险。

（2）要注意 DES 术语与 CIF 术语在本质上的不同

在海轮能直接靠岸的情况下，DES 是名副其实的"到岸价"。因为在 DES 条件下，卖方要承担一切风险和费用，负责在规定的交货期内将货物安全地运达指定的目的港，并在船上将货物实际交给买方才算完成交货。因此，卖方负担的是货物在运输途中的一切运费和保险费，而不只是正常情况下的运费和保险费。这样做完全是为了自身的利益。由此可见，DES 与 CIF 无论在交货地点、风险划分的界线、责任和费用的负担及交货方式等方面都有本质的区别。两种术语的具体区别如下：

①交货地点不同：CIF 规定卖方的交货地点在装运港，而 DES 规定卖方的交货地点在目的港的船上。

②风险划分的界限不同：CIF 风险划分的界限在装运港船舷，货物越过船舷后风险转移给买方，由买方承担货物在运输过程中的风险；而 DES 风险划分的界限是在目的港船上，买方受领货物后风险转移，因此，货物在运输过程中的风险由卖方来承担。

③交货方式不同：CIF 是象征性交货，也就是卖方只要凭提交合同规定的单证给买方即完成交货义务，而 DES 是实际交货，卖方必须将符合合同的货物提交给买方或其指定人，而不能以交单代替交货。

④卖方负担的费用不同：CIF 中卖方只负担正常的运费和约定的保险费，因为卖方只要保证货物按时装运即可，而不保证到货时间。同时，卖方也不承担运输中的风险。而 DES 要求卖方负担货物运到目的港之前的一切运费和保险费，并承担运输中的一切风险。

⑤买方付款的前提条件不同：在 CIF 条件下，买方是凭单付款，只要卖方提交了规定的单据，买方必须付货款，而 DES 条件下，买方是在接到货物的前提下才付款。

通过以上分析，我们可以看出，CIF 不是到岸价。因为卖方不保证把货物送到目的港的口岸。所以，从实务的角度来看，把 CIF 称为到岸价是不妥当的，容易造成误解。两者的比较可见图 4-3 所示。

5. DEQ 术语

DEQ 术语全文是 Delivered Ex Quay（......named port of destination），即码头交货（……指定目的港），也常称作目的港码头交货。

DEQ 与 DES 相比，卖方承担的责任和费用比 DES 增加了一项，即卖方要承担在指定目的港将货物卸至码头的责任和费用。卖方在码头将货物置于买方处置之下即完成交货。

采用 DEQ 术语时，买卖双方各自承担的基本义务如下：

卖方义务：

（1）订立将货物运到目的港的水上运输合同，并支付运费。

（2）在合同规定的交货期内，将货物运至指定的目的港，承担卸货的责任和费用，并在目的港的码头将货物置于买方的处置之下。

（3）承担在目的港码头将货物置于买方处置之前的一切风险和费用。

（4）自负风险和费用，取得出口许可证或其他官方证件，办理货物出口和从他国过境所需的一切海关手续。

（5）提交商业发票和在目的港提取货物所需要的运输单据，或有相同作用的电子信息。

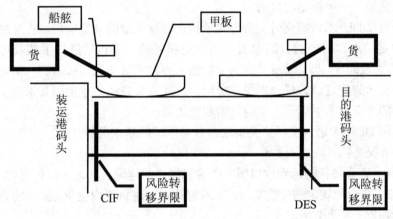

图 4-3　DES 与 CIF 的比较

买方义务：

（1）接受卖方提供的有关单据，在目的港的码头受领货物，并按合同规定支付货款。

（2）承担在目的港码头受领货物之后的一切风险和费用。

（3）自负风险和费用取得进口许可证或其他官方证件，支付卸货费用，并且负责办理货物进口所需的海关手续，支付关税及其他有关费用。

使用 DEQ 术语应注意的问题：

（1）由买方承担货物的进口报关责任并支付相应的关税及其他有关费用

DEQ 术语也是国际商会在对《1990 通则》进行修改时，改动较大的两个术语之一。在《1990 通则》中，DEQ 国际商会规定由卖方负责办理货物进口报关的责任、费用和风险。而在《2000 通则》中改为由买方承担，这是考虑到大多数国家的清关手续发生了变化，作此改变，更便于实际操作。但《2000 通则》同时还规定，如果买卖双方同意由卖方承担货物进口报关的全部或部分费用，必须在合同中作明确的规定。

（2）DEQ 术语只适用于水上运输和交货地点为目的港码头的多式联运

国际商会在《2000 通则》中强调，DEQ 术语只适用于水上运输方式。采用该术语时，卖方承担运输中的风险和费用，因而货物的价格较高。卖方为了保障自己的利益，同 DES 术语一样，应对货物运输进行投保。同时，为了做好货物的交接，卖方应将运载货物船舶的船名和船舶预计到达目的港的时间及时通知买方。

6. DDU 术语

DDU 的全文是 Delivered Duty Unpaid（......named place of destination），即未完税交货（……指定的目的地）。

采用 DDU 术语成交时，卖方要承担在合同规定的到货期内，将货物运至双方约定的进口国内的目的地的一切费用和风险（不包括进口手续及进口关税），不负责卸货，即完成交货义务。但由买方办理货物进口所需的一切海关手续，并负担货物进口关税、捐税等费用。此外，买方还要承担因其未能及时办理货物的进口报关手续而产生的风险和费用。

采用 DDU 术语成交时，买卖双方各自承担的基本义务是：

卖方义务：

（1）订立将货物运到进口国内约定目的地的运输合同，并支付运费。

（2）在合同规定的交货期内，在双方约定的进口国内交货地点，将合同规定的货物置于买方处置之下。

（3）承担在指定目的地约定地点将货物置于买方处置之前的风险和费用。

（4）自负风险和费用取得出口许可证或其他官方证件，办理货物的出口及从他国过境所需的一切海关手续。

（5）提交商业发票和在目的地提取货物所需要的运输单据，或有相同作用的电子信息。

买方义务：

（1）接受卖方提供的有关单据或电子单据，并在目的地约定地点受领货物，按合同规定支付货款。

（2）承担在目的地约定地点受领货物之后的一切风险和费用。

（3）自负风险和费用，取得进口许可证或其他官方证件，并办理货物的进口清关手续，支付关税及有关费用。

使用 DDU 术语应注意的问题：

（1）进口手续的办理是否便利

在 DDU 条件下，卖方承担的义务是将货物运到进口国双方约定的交货地点，把货物实际交给买方才算完成交货义务。但是，货物的进口清关手续及相应税费却由买方负担。而如果进口国是属于清关困难而又耗时的国家，买方要是不能及时顺利地完成货物的进口清关手续，这将对卖方在规定的时间、在进口国内约定的地点交货带来风险。所以，作为卖方，如果预计买方在进口清关时会遇到困难，则不宜采用 DDU 术语。DDU 术语比较适用于自由贸易区以及订有关税同盟的国家间的贸易。不过，《2000 通则》规定，如果买卖双方同意由卖方承担货物的进口清关风险和费用，双方必须在合同中明确规定。

（2）卖方应注意办理货物保险

按照《2000 通则》的规定，在 DDU 条件下，卖方没有对货物运输进行投保的义务。但是，DDU 术语要求卖方实际交货，卖方要承担交货前的风险。在国际贸易中，由于运输距离长、环节多，存在着各种难以预料的风险。因此，卖方应注意办理货物的运输保险。通过投保可以将不确定的损失转变为固定的费用，便于进行成本核算。

7. DDP 术语

DDP 的全文为 Delivered Duty Paid（……named place of destination），即完税后交货（……指定目的地）。

DDP 术语是指卖方要负责在合同规定的交货期内，将合同规定的货物送到双方约定的进口国指定地点，把货物实际交给买方。卖方要承担交货前的一切风险、责任和费用。DDP 与 DDU 相比，在交货地点、交货方式、风险划分界限等方面都是相同的。唯一不同的是，采用 DDP 术语时，货物的进口清关手续由卖方负责办理，即货物的进口、出口手续均由卖方负责办理。DDP 术语是《2000 通则》13 种贸易术语中，卖方承担的风险、责任和费用最大的一种术语。因此，这一术语较为少用。

采用 DDP 术语成交时，买卖双方各自承担的基本义务是：

卖方义务：

（1）订立将货物运到进口国内约定目的地的运输合同，并支付运费。

（2）在合同规定的交货期内，在双方约定的进口国内交货地点，将合同规定的货物置于买方处置之下。

（3）承担在指定目的地约定地点将货物置于买方处置之前的风险和费用。

（4）自负风险和费用取得货物出口和进口许可证或其他官方证件，办理货物的出口和进口所需的一切海关手续，支付关税及其他有关费用。

（5）提交商业发票和在目的地提取货物所需要的运输单据，或有相同作用的电子信息。

买方义务：

（1）接受卖方提供的有关单据或电子单据，并在目的地约定地点受领货物，按合同规定支付货款。

（2）承担在目的地约定地点受领货物之后的一切风险和费用。

（3）根据卖方的请求，并由卖方承担风险和费用的情况下，给予卖方一切协助，使其取得货物进口所需要的进口许可证或其他官方证件。

使用 DDP 术语注意的问题：

在使用 DDP 术语时卖方应注意的问题与 DDU 基本一致：一是要注意货物运输的投保事项，以便在货物受到损坏或灭失时能及时得到经济补偿；二是注意交货地点，如果双方约定的交货地点在目的港船上或码头，应采用 DES 或 DEQ 术语比较合适。

D 组包括了五种贸易术语：DAF、DES、DEQ、DDU、DDP。这组术语与前面的 E 组、F 组和 C 组术语有明显的不同，交货地点除了 DAF 术语在两国边境指定地点外，其他四种术语都是在进口国的目的港或目的地交货。买卖双方在合同中约定的不再是货物的装运期，双方约定的是货物到达目的港或目的地的期限。因此，按照 D 组术语成交的合同称为到货合同（Arrival Contract）。以 D 组术语成交的合同，卖方都要承担货物运输的风险、责任和费用，交货的方式都是实际交货。因此，在 D 组术语条件下，卖方所承担的风险要大于前三组术语。所以，卖方在对外交易时，要认真考虑选用 D 组术语时可能会遇到的风险。正因为这样，在我国对外贸易中，我国的贸易公司较少使用 D 组术语。13 种贸易术语的比较如表 4-2 所示。

表 4-2　13 种贸易术语的比较

名称	交货地点	风险转移	运输费	保险费	出口手续	进口手续	运输方式
EXW	卖方工厂	交货时	买方	买方	买方	买方	任何方式
FCA	交承运人	交货时	买方	买方	卖方	买方	任何方式
FAS	装运港船边	交货时					水上运输
FOB	装运港船上	装运港船舷					水上运输
CFR	装运港船上	装运港船舷	卖方	买方	卖方	买方	水上运输
CIF	装运港船上	装运港船舷		卖方			水上运输
CPT	交承运人	交货时		买方			任何方式
CIP	交承运人	交货时		卖方	卖方		任何方式
DAF	边境指定地点		卖方	卖方	卖方	买方	任何方式
DES	目的港船上					买方	水上运输
DEQ	目的港码头	交货时				买方	水上运输
DDU	指定目的地					买方	任何方式
DDP	指定目的地					卖方	任何方式

（六）《2010 通则》的主要变化

1.《2010 通则》的主要变化：

（1）术语分类的调整。《2000 通则》的 E、F、C、D 四组分为两类：适用于各种运输方式和水运。

①适用于各种运输方式的贸易术语：

CIP——Carriage and Insurance Paid

CPT——Carriage Paid To

DAP——Delivered At Place

DAT——Delivered At Terminal

DDP——Delivered Duty Paid

EXW——Ex Works

FCA——Free Carrier

②仅适用于水运（海运或河运）方式的贸易术语：

CFR——Cost and Freight

CIF——Cost, Insurance and Freight

FAS——Free Alongside Ship

FOB——Free On Board

（2）贸易术语的数量由原来的 13 种变为 11 种。

（3）删除《2000 通则》中四个 D 组贸易术语，即 DDU（Delivered Duty Unpaid）、DAF（Delivered At Frontier）、DES（Delivered Ex Ship）、DEQ（Delivered Ex Quay），只保留了 DDP（Delivered Duty Paid）。

（4）新增加两种 D 组贸易术语，即 DAT（Delivered At Terminal）与 DAP（Delivered At Place）。

（5）E 组、F 组、C 组的贸易术语基本没有变化。

（6）不再采用"越过船舷"的标准。

在 FOB、CFR 和 CIF 三个术语项下，不再以"越过船舷"（pass the ship's rail）为交货标准，改用了将货物装运上船（on board）的标准。这样可以更贴近现代商业的现实，避免了以往风险围绕船舷这条虚拟垂线前后摇摆的过时概念。

2. DAT 和 DAP 的解释

（1）DAT

DAT，Delivery at Terminal（insert named terminal at port or place of Deatination），即运输终端站点交货（插入指名目的港或目的地）。

货物在指名目的港口或目的地的指名终端站点，从已到达的运输工具上卸载，移交给买方处置，即作为卖方交了货。

DAT 的关键点在 T（Terminal）上，为此必须弄清楚 T 的具体含义。以下分空间与时间两方面解释：

DAT 的空间意义。T 是运输终端站或点的代号，不管是露天的（场）或室内的（棚或屋）都可以。细说如下：

运输方式	站点名称举例
航空运输	航空货运站仓库等
海运或河运	码头、港区等
汽车运输	长途车站货栈、仓库等
铁路运输	铁路货站、仓库等
联运	集装箱堆场或集散站

由此可见，货运到达的目的地可能是港口，也可能是"××路××号"终端的具体地址。

DAT 交货的时间点。运输工具到达后卖方要负责卸货交付买方。

卸货前的风险和运费归卖方负担。这相当于《2000 通则》中 DEQ（要求卸货），只是把运输方式的范围扩大了。

DAT 中卖方不负担进口报关手续和关税，也不负担投保保险的责任。如果有意使卖方在承担风险和费用的条件下，把货物从终端站点中再运输和处理到另一地点，则在销售合同中双方应商定选用 DAP 或 DDP 规则。

（2）DAP

DAP，Delivery at Place（insert named place of destination），即目的地交货（插入指名目的地）。

在运输工具到达目的地后，已经准备好卸货并已把货物移交给买方处置时，即作为卖方交了货。

DAP 关键点的空间意义。与 DAT 的关键点只在于运输终端站点（T）不同，DAP 的交货点，可以在目的地的某一具体地址（可能在目的地的运输工具上到买方所在地址这一区段中的任何一个约定地点），而且必须是在到达这一地点的运输工具上。

DAP 交货的时间点。卖方不负责卸货而只要将货物做好可卸载的准备，在此状态下移交买方的那一刻，就作为交了货。

DAP 的目的地可以包括港口，到达目的地的运输工具可以包括船只。DAP 相当于《2000 通则》中的 DAF、DES 和 DDU（卖方都不负责卸货）。卸货前的风险和运费归卖方负担。卖方不负担进口报关手续和关税，也不负担投保保险的责任。如果要使卖方办理进口报关及支付关税，则要约定选用 DDP。

4.1.2 商品作价

（一）进出口商品的作价原则

在进出口贸易中，确定进出口商品的价格是一项非常复杂的工作。由于价格构成因素不同，影响价格变化的因素也多种多样。因此，在确定进出口商品价格时，应根据国际市场价格水平，结合国家相关外贸政策和购销意图来确定。

1. 进出口商品价格的费用构成

进出口商品价格的费用构成是指构成进出口商品价格的费用项目。它对正确掌握价格有很大参考作用，是决定成交价格的基础。但它仅是对商品价格的一般估计，不一定是最后的成交价格。实际成交价格，要由国际市场价格水平、购销意图以及采用的不同价格条件而定。无论是出口或进口，商品的价格可以由制造成本、国内费用、进出口的税金和费用几方面的内容确定。

（1）出口商品价格的费用构成

一般包括：①成本费（或出厂价格）；②国内运费；③商品包装费；④仓储费用（包括火险费和挑选、整理加工费用）；⑤商品检验费；⑥出口税金；⑦出口关税及出口报关手续费；⑧货运保险费；⑨办理托运、结汇及签发所需单证手续费及其他各种杂费（装卸费、业务通讯费等）；⑩运费；⑪毛利润；⑫中间商佣金。

（2）进口商品价格的费用构成

一般包括：①成本费（出口国 FOB 价）；②海、陆、空运费；③保险费；④进口关税及其他税收；⑤装卸费、理货费；⑥进口商品检验费；⑦仓储费（包括改装等加工费）；⑧国内运费；⑨杂费；⑩毛利润；⑪中间商佣金。

2. 影响成交价格的具体因素

由于成交商品价格构成因素不同，影响价格变化的因素也很多，因此在具体对外进行洽商时，还应考虑以下影响价格的具体因素：

（1）要考虑商品的质量和档次

在国际市场上，一般都贯彻按质论价的原则，即好货好价，次货次价。品质的优劣，档次的高低，包装装潢的好坏，式样的新旧，商标、牌号的知名度，都是影响商品的价格因素。

（2）要考虑运输距离

国际货物买卖，一般都要经过长途运输。运输距离的远近，影响运费和保险费的开支，从而影响商品的价格。因此，确定商品价格时，必须核算运输成本，做好比价工作，以体现地区差价。

（3）要考虑交货地点和交货条件

在国际贸易中，由于交货地点和交货条件不同，买卖双方承担的风险、责任和费用有别，在确定进出口商品价格时，必须考虑这些因素。

（4）要考虑季节性需求的变化

在国际市场上，某些节令性商品，如赶在节令前到货，抢先应市，即能卖上好价。过了节令的商品，往往售价很低，甚至以低于成本价出售。因此，应充分利用季节性商品需求的变化，掌握好季节性差价，争取有利的价格成交。

（5）要考虑成交数量

按国际贸易的习惯做法，成交量的大小影响价格。即成交量大时，在价格上应给予适当优惠，例如采用数量折扣的办法；反之，如成交量过少，甚至低于起订量时，则可适当提高售价。不论成交多少，都是一个价格的做法是不当的，应当掌握好数量方面的差价。

（6）要考虑支付条件和汇率变动的风险

支付条件是否有利和汇率变动风险的大小，都影响商品的价格。例如，同一商品在其他交易条件相同的情况下，采取预付货款和凭信用证付款方式下，其价格应当有所区别。同时，确定商品价格时，一般应争取采用对自身有利的货币成交，如果用不利的货币成交时，应当把汇率变动的风险考虑到货价中去，即适当提高出售价格或压低购买价格。一般来说，出口时应采用汇价呈上浮趋势的硬币，进口则采用汇价下浮的软币。

此外，交货期的远近、市场销售习惯和消费者的爱好等因素，对确定价格也有不同程度的影响，必须全盘考虑和正确掌握。

3. 成本核算

在实际业务中，除了区别不同情况，掌握好上述品质差价、数量差价、地区差价、季节性差价等之外，还应加强成本核算，做好比价工作。在出口业务中，这一点更为重要。外贸企业在掌握出口商品价格时，进行成本核算的经济指标主要有以下几项：

（1）出口商品盈亏率

出口商品盈亏率是出口商品盈亏额与出口总成本的比率。出口商品盈亏额是指出口销售人民币净收入与出口总成本的差额，其中，出口销售人民币净收入是由该出口商品的 FOB 价格按当时外汇牌价折成人民币，出口总成本是指该商品的进货成本加上出口前的一切费用和税金。以公式表示如下：

出口商品盈亏额= 出口销售人民币净收入-出口总成本

出口商品盈亏率=（出口商品盈亏额/出口总成本）×100%

根据公式计算出的出口商品盈亏率为正值时，表示盈利，为负值时表示亏损。

（2）出口商品换汇成本

出口商品换汇成本是指某商品的出口总成本（人民币）与出口销售该商品的外汇净收入（美元）之比。通过计算得出该商品出口收入1美元需要多少人民币的总成本，即多少元人民币换回1美元。其计算公式为：

出口商品换汇成本=出口总成本（人民币）/出口销售外汇净收入（外汇）

如得出的出口商品换汇成本高于银行当时的外汇牌价，则出口为亏损，反之为盈利。

（3）出口创汇率

出口创汇率亦称外汇增值率，原本是用以考核进料加工的经济效益，具体做法是以成品出口所得的外汇净收入减去进口原料（CIF价）所支出的外汇，算出成品出口外汇增值的数额，即创汇额，再将其与原料外汇成本相比，计算出百分率。在采用国产原料的正常出口业务中，也可计算创汇率，这就要以该原料的FOB出口价格作为原料外汇成本。计算公式如下：

出口创汇率=（成品出口外汇净收入-原料外汇成本）/原料外汇成本×100%

通过这一指标可以分析出口的创汇情况，确定出口是否有利。尤其在进料加工的情况下，这一指标更为重要。

（二）进出口商品的作价方法

在国际货物买卖中，可以根据不同情况，买卖双方采取不同的作价方法。

1. 固定价格

固定价格是指在合同价格条款中明确规定的价格。我国进出口合同，绝大部分都是在协商一致的基础上，明确规定具体价格，这也是国际上常见的做法。

按照各国法律的规定，合同价格一经确定，买卖双方必须按照该价格结算货款。除非合同另有约定，或经双方当事人一致同意，任何一方不得随意变更。

固定作价的具体做法是：交易双方通过协商就计量单位（如公吨）、计价货币（美元、英镑等）、单位价格金额和使用的贸易术语（如FOB、CFR伦敦）达成一致，在合同中以单价条款的形式规定下来，例如，US$ 12.50 per Dozen CIF London（每打12.50美元CIF伦敦）。

固定价格在国际货物买卖中是一种常规做法，具有明确、具体、肯定和便于核算的特点。但是，在这种方式下，当事人要承担从签约到交货付款乃至转卖时价格波动的风险。如果市场行情变动过于剧烈，这种做法还可能影响合同的顺利执行。因此，该方法适用于交货期较短的交易。

2. 非固定价格

非固定作价，即一般业务上所说的"活价"，它是基于国际商品市场行情的多变性，为了减少风险，促成交易，提高合同的履约率，在合同价格规定方面的一种变通做法。大体有以下几种做法：

（1）具体价格待定

这是买卖双方在合同中对价格不做明确具体的规定，仅规定作价的方法和期限。这种做法，主要是针对某些货物的国际市场价格变动频繁，并且变动幅度较大，或交货期较远，买卖双方对市场难以预测，但又确有订约意图等情况。例如，按交货或装运时的国际市场行情再行确定价格，或以×年×月某地的有关商品交易的收盘价格为基准加（或减）美元。

按此作价方法，买卖双方都不承担市场价格变动的风险。但是，也由于合同未订明价格而容易造成履约的困难，甚至无法履约。因此，这种方法往往只在长期交往的贸易伙伴间使用。

（2）暂定价格

这是买卖双方先在合同中规定一个暂定价格，在交货前的一定时间，再由双方按照当时市价商定最后价格。这种做法有利于促成交易，又使双方不必承担价格变动的风险。在进出口业务中，有时与信用可靠、业务关系密切的客商洽谈大宗货物的远期交易时，偶尔也采用这种暂定价格的做法。例如，"单价暂定每吨 100 美元 CFR 纽约。备注：该价格以装船月的 3 个月期货平均价加 8 美元计算，买方按此暂定价开立信用证"。

这种做法，因缺乏明确的定价依据，双方商定最后价格时可能各持已见不能取得协议，而导致无法履行合同。所以，订有"暂定价格"的合同有较大的不确定性，一般不宜采用。

（3）滑动价格

这是买卖双方先在合同中规定一个基础价格，交货时或交货前按工资、原材料价格变动的指数做一定调整，以确定最后价格。例如，成套设备、大型机械交易，从合同订立到履行交货所需要的时间较长，为了避免原材料和工资变动带来的风险，可采用此方法。合同中滑动价格的规定方法如下："以上基础价格按下列调整公式根据某机构公布的 20××年×月的工资指数和物价指数予以调整。"

这种价格制定方法的实质是出口商转嫁国内通货膨胀的风险，确保自己所得的利润。目前，该做法已被联合国欧洲经济委员会纳入其所制定的某些"标准合同"之中，并且，其应用范围已从原来的机械设备扩展到一些初级产品的贸易中，具有一定的普遍性。

（4）部分固定价格，部分非固定价格

为了照顾双方的利益，解决双方在采用固定价格或非固定价格方面的分歧，也可采用部分固定价格，部分非固定价格的做法，或是分批作价的方法，交货期近的价格在订约时固定下来，余者在交货前一定期限内作价。

（三）佣金和折扣的运用

1. 佣金

佣金（Commission）是指代理人或经纪人为委托人进行交易而收取的报酬。在货物买卖中，是指卖方或买方付给中间商为介绍交易而提供服务的报酬。佣金直接关系到商品的价格。

在洽商交易和签订合同时，要明确规定佣金率。佣金率是指按照一定的含佣价给予中间商佣金的百分比。在国际贸易中，佣金一般用文字表示。例如，"每吨 100 美元 CIF 伦敦包括 2%佣金"（US$ 100 per M/T CIF London including 2% commission），也可以在贸易术语后加注英文字母"C"和佣金率来表示，如"每吨 100 美元 CIF C3%伦敦"。但有时中间商要求佣金不在价格中表明，由买卖双方另行约定并按协议支付。在习惯上，前者称为"明佣"，后者称为"暗佣"。佣金的规定应合理，其比率一般掌握在 1%至 5%之间，不宜过高。

在国际贸易中，计算佣金的方法不一，有的按成交金额约定的百分比计算，也有的按成交商品的数量来计算，即按每一单位数量收取若干佣金计算。在按成交金额计算时，有的以发票总金额作为计算佣金的基数，有的则以 FOB 总值为基数来计算佣金。如按 CIF 成交，而以 FOB 值为基数计算佣金时，则应从 CIF 价中减去运费和保险费，求出 FOB 值，然后以 FOB 值乘以佣金率，即得出佣金额。

关于计算佣金的公式如下：

单位货物佣金额=含佣价×佣金率

净价=含佣价×（1-佣金率）

含佣价=净价/（1-佣金率）

如在洽商交易时，我方报价为 10 000 美元，对方要求 3%的佣金，在此情况下，我方改报含佣价，按上述公式算出应为 10 309.3 美元，这样才能保证实收 10 000 美元。

佣金的支付一般有两种做法：一种是由中间代理商直接从货价中扣除佣金；另一种是在委托人收清货款后，再按事先约定的期限和佣金比率，另行付给中间代理商。在支付佣金时，应防止错付、漏付和重付等事故的发生。

2. 折扣

折扣（Discount, Rebate）是卖方按货物原价给予买方一定百分比的价格减让，即适当的价格优惠。国际上使用的折扣有特别折扣、额外折扣、数量折扣等。折扣也直接关系到商品的价格，货价中是否包含折扣及折扣率的大小都影响商品的价格。折扣率越高，价格越低。

在价格条款中，折扣通常也用文字表示。例如，"每吨 100 美元 CIF 伦敦，折扣 2%"（US$ 100 per M/T CIF London including 2% discount）。也可以用绝对数表示，例如，"每吨折扣 5 美元"。凡是这种在价格条款中明确规定折扣率的，称为"明扣"。如果单价中没有表明折扣，但由买卖双方另行约定折扣的做法，称为"暗扣"，这种做法属于不公平竞争。

折扣通常以成交额或发票金额为基础计算，即原价乘以折扣率。折扣率一般是根据不同商品、不同市场和不同交易对象酌情确定的。

折扣一般是在买方支付货款时预先予以扣除的，但有时在"暗扣"的情况下，折扣金额不直接从货价中扣除，而按暗中达成的协议另行支付给买方。

上述的佣金和折扣，一般应在合同中订明。凡货价中不含佣金和折扣的，往往在贸易术语后加注"净价"字样。

3. 佣金与折扣的区别

佣金与折扣都直接影响到商品的价格，但二者概念不同。首先，付给的对象不同，佣金是卖方或买方给予中间商的报酬，而折扣是卖方给予买方的价格减让。其次，如果卖方将中间商的佣金包括在货价内，如出口使用 CIF 价，卖方投保时应将佣金计算在保险金额内；而买方在付款时就已将折扣扣除，因此不包括在保险金额内。最后，许多国家对佣金要征收所得税，而由于折扣对买方有利害关系，则不征税。

（四）价格的换算

在实际业务中，会有改变贸易术语或改变报价货币的情况，这就涉及价格的换算问题。

1. 不同贸易术语价格的换算

在国际贸易中，不同的贸易术语表示其价格构成因素不同，即包括不同的从属费用。例如，FOB 术语中不包括从装运港至目的港的运费和保险费；CFR 术语中则包括从装运港至目的港的通常运费；CIF 术语中除包括从装运港至目的港通常运费外，还包括保险费。在对外洽商交易过程中，有时一方按某种贸易术语报价时，对方要求改报其他术语所表示的价格，如一方按 FOB 报价，对方要求改按 CFR 或 CIF 报价，这就涉及价格的换算问题。了解贸易术语的价格构成及换算方法，乃是从事国际商务人员所必须掌握的基本知识和技能。

（1）FOB 价格换算为其他价

CFR 价＝FOB 价＋运费

CIF 价＝（FOB 价＋运费）／（1－投保加成×保险费率）

（2）CFR 价换算为其他价

FOB 价=CFR 价-运费

CIF 价=CFR 价/（1-投保加成×保险费率）

（3）CIF 价换算为其他价

FOB 价=CIF 价×（1-投保加成×保险费率）-运费

=CIF 价-保险费-运费

CFR 价=CIF 价×（1-投保加成×保险费率）

=CIF 价-保险费

例如，某公司出口货物一批，对外报价为每公吨 2 000 美元 CIF NEW YORK。该种货物每公吨出口运费为 150 美元，投保一切险费率为 1%，该货物 FOB 价应为：

FOB 价=CIF 价×（1-投保加成×保险费率）-运费

=2 000×(1-110%×1%)-150

=1 828（美元）

2. 不同货币价格的换算

由于货币的币值是不稳定的，买卖双方在选择计价货币时，一般会考虑两个问题：一是汇价风险问题；二是从汇率角度衡量货价的高低问题。一般来讲，对出口贸易，采用硬币计价比较有利；而进口交易使用软币比较合算。但在实际业务中确定计价货币，还应考虑买卖双方的交易习惯、经营意图以及价格因素，选择比较有利的货币作价。

（1）底价为人民币改报外币

以银行公布的人民币对外币的价格进行折算，即：

外币价格=人民币底价/人民币对外币的买入价

（2）底价为外币改报人民币

人民币价格=外币底价×人民币对外币的卖出价

（3）底价为某种外币改报另一种外币

另一种外币价格=某一种外币底价×两种外币中间价

4.2 国际结算

在国际贸易中经常大量地发生货款外汇的交易，需要结清买卖双方的债权债务关系，这称之为国际贸易结算。货款的收付直接影响买卖双方资金的周转和融通，以及各种金融风险和费用的负担，所以这是关系到买卖双方利益的问题。货款的结算主要涉及支付工具、付款时间、付款地点及支付方式等问题，买卖双方必须对此取得一致的意见，并在合同中做出明确的规定。

4.2.1 支付工具

国际贸易货款的收付，采用现金结算的较少，大多使用非现金结算。票据是国际通行的结算和信贷工具，是可以流通转让的债权凭证。国际贸易中使用的票据主要有汇票、本票和支票，其中以使用汇票为主。

（一）票据

1. 票据的含义

广义的票据的含义是指商业上的权利单据（Document of Tile），作为某人的、不在他实际占有下的金钱或者商品的所有权的证据。这种权利单据要正式书写负责交付货币或者商品的人，还要书写有权索取货币或者商品的人。前者是债务人，后者是债权人，双方缔结一项简单合约，形成了对于金钱或者货物权利的书面凭证，这种凭证形成了广义的票据。这种凭证的权利是可以转让的，因此票据具有可以流通转让的特性，所以票据又是流通证券。比如：股票、债券。

狭义的票据的含义是指以支付金钱为目的证券，由出票人签名于票据上，无条件的约定由自己或者另一个人支付一定金额给收款人或持票人，可以流通转让。

票据是出票人签发的、承诺自己或委托他人在见票时或指定日期向收款人或持票人无条件支付一定金额的支付凭证。票据一般都可以流通转让。

例如，甲向乙签发一张票据，票据上承诺三个月后由丙向乙支付 1 000 美元。在这张票据中，甲是出票人，乙是收款人，丙是受甲委托的付款人；若乙在三个月期间将该票据转让给丁，那么此时丁是持票人，应由丁向丙要求付款。

2. 票据的特性

票据作为非现金结算的工具，能够代替货币使用，是因为它具有下述一些特征。

（1）设权性（Right to be Paid）

票据一经设立并交付出去，票据的权利和义务便随之而确立。票据做成后经过交付，就创设了对于给付一定金额的请求权，并由此派生出一系列相关权利。基本上，这些权利分两种：付款请求权和追索权。票据的权利人依法享有这两种权利，直至票据所代表的债权债务关系完全了结，票据退出流通。

票据发行的目的，不在于证明已经存在的权利，而是设定票据上的权利，票据上的权利、义务在票据做成之前可能存在也可能并不存在，但是在票据做成的同时它则产生并被确立。作为一种金融、信用或结算工具，票据的发行目的是支付或者说是代替现金充当支付手段。

例如，甲国 Q 公司从乙国 R 公司进口了价值 10 万美元的机器设备，Q 应向 R 支付货款 10 万美元。付款方式有两种：一是可以直接支付现金，二是通过签发票据付款。由于直接付现金很不方便，Q 和 R 商定以票据支付。于是 Q 命令 S 在见票时立即向 R 付款 10 万美元。本来，R 和 S 之间是没有任何债权债务关系的，这时，S 却成了票据债务的承担者（债务人），虽然 Q 和 R 之间因购货而存在债权债务关系，但票据的产生并非是为了证明这种关系，而是 Q 通过票据这种工具来向 R 付款，S 是因为与 Q 存在某种特定关系（存款行或债务人等）而被 Q 指定为票款的支付者。

（2）无因性（Non-Causative Nature）

票据是一种不要过问原因的证券，这里所说的原因是指产生票据上权利义务关系的原因。票据的原因是票据的基本关系，包括两个方面：一是出票人与付款人之间的资金关系，另一个是出票人与收款人以及票据的背书人与被背书人之间的对价关系。票据当事人的权利与义务就是以这些基本关系为原因，这种关系成为票据的原因。但是票据成立与否不受票据原因的影响，票据当事人的权利与义务也不受票据原因的影响。对于票据受让人来说，他无须调查这些原因，只要票据记载合格，他就取得了票据权利。票据的这种特性，就成为无因性，这种无因性使得票据能够流通。

例如，为了支付货款，甲向乙签发了一张合法且要式齐全的票据，而后乙将此票据转让给丙，丙作为受让人无需调查票据产生的原因，而且丙在向付款人要求付款时也没有义务交代获得票据的原因。这就是票据的无因性。

注意：票据具有无因性的意义在于它强调了票据本身的独立性，即票据一旦产生，其权利的行使就和产生及获得该票据的原因相互独立了。

（3）要式性（Requisite in Form）

票据的存在不重视其原因，但却非常强调其形式和内容。所谓要式性是指票据的形式必须符合法律规定，即票据上的必要记载项目必须齐全且符合规定。只有这样，才能发挥票据效力；否则，票据将有缺陷，且票据的流通及当事人之间的关系也无法受到法律的保障。

各国法律对票据必须具备的形式条件和内容都做了详细规定，各当事人必须严格遵守这些规定，不能随意更改。只有形式和内容都符合法律规定的票据，才是合格的票据，才会受到法律保护，持票人的票据权利才会得到保障。如果票据的形式不统一，重要事项记载不全或不清，没有按照法律的严格规定来记载，那么票据就是不合格的和无效的，也就不会受到法律的保护。

（4）流通性（Negotiability）

票据的流通性是指在法定的合理时限内，票据经过背书、交付而可以将票据权利转让给后手，手续简便但效力明确。这一特性，对确立以票据关系为基础的收款和付款权利，促进票据的广泛应用有着重要意义。

但是，票据的权利转让与股票的过户转让和提单的交付转让有所不同，它具有流通转让的特点，这些特点是：

①持票人可交付或背书后将票据转让他人，而不必通知原债务人。

②票据转让后，只要受让人是正当持票人，则其权利是受法律保护的，且不受前手持票人票据权利缺陷的制约，若票据被拒付或出现其他问题，受让人有权以自己的名义提出诉讼。

正当持票人（Holder in Due Course）是指善意取得并付了对价的票据受让人。

第一，受让人善意取得票据，即受让人是合法的取得要式齐全的票据，且他并未发现票据本身或其前手的权利存在缺陷。

第二，受让人付了对价，即受让人获得票据是付出一定成本或代价的。

③赠与、继承等合法无偿取得票据的行为，法律是予以承认和保护的，但是票据受让人必须受到前手持票人票据权利缺陷的制约。

（5）文义性

文义性是指票据的法律效力完全由票据上的文字含义来决定。

例如，某张票据上的出票日期显示为"AUG 9, 2006"，而实际的出票日期应为"JUL 13, 2006"，假设付款期限为出票日后3个月，那么该票据的到期日就应是"NOV 9, 2006"。

（6）提示性（Presentment）

票据上的债权人请求票据债务人履行义务时，必须向付款人提示票据，请求付款。如果持票人不提示票据，付款人就没有履行付款的义务。

（7）返还性（Returnability）

票据的持票人领到支付的票款时，应当将签收的票据交还付款人。因为票据的返还性，所以它不能无限期的流通。

（8）可追索性（Recoursement）

票据的可追索性是指票据的付款人或承兑人如果对合格票据拒绝承兑或拒绝付款，正当持票人为维护其票据权利，有权通过法定程序向所有票据债务人起诉、追索，要求得到票据权利。

3. 票据的功能

（1）汇兑功能

汇兑功能是票据的传统功能。由于商品交换活动的发展，商品交换规模和范围不断扩大，经常会产生在异地或不同国家之间的兑换和转移金钱的需要。直接携带或运送现金，往往很不方便。在这种情况下，通过在甲地将现金转化为票据再在乙地将票据转化成现金或票款，通过票据的传递、汇兑，实现资金的转移，不仅简单、方便、迅速，而且安全。在票据产生的最初几个世纪里，票据几乎成了转移资金的专门工具。在现代经济中，票据的汇兑功能仍具有很重要的作用，它克服了金钱支付上距离的间隔。

（2）支付功能

支付功能是票据的基本功能。在现实经济生活中，随时都会发生支付的需要，如果都以现金支付，不仅费时费力，而且成本高、效率低、风险大。如果以银行为中介，以票据为手段进行支付，只需在银行转账即可，一纸票据，可以把款项从付款人的账户上调出至收款人的账户上。这种支付方式方便、准确、迅速、安全。

以票据作为支付手段，不仅可以实现单边支付，还可以实现多边支付；不仅可以进行一次性支付，也可通过背书转让进行多次支付。由于票据的出票人是付款人的债权人，收款人又是出票人的债权人，因此，出票人可以通过票据来抵消三方在两个基础合同下的债权债务关系，收款人也可以通过转让票据来实施支付。所以，票据可以用以实施多边支付，而且这个作用随着票据的流通转让而更加明显。在票据到期时，只需通过最后持票人同付款人之间进行清算，付款人的付款将使此前发生的所有各次交易同时结清，该票据下所有债务人的债务一并得到清偿。

（3）信用功能

信用功能是票据的核心功能，被称为"票据的生命"。票据经过签发和交付，即成为获得一定金额款项的权利凭证。事实上，票据本身不是商品，也无所谓价值，它能被接受并流通，是基于票据关系形成的信用基础。换言之，票据之所以被接受，是因为接受者对其包含的信用有信心，确信持有票据的相关权利就能得以实现，票据的债务人必定会履行其承诺和责任。

在现代商品交易活动中，信用交易是大量存在的。卖方常常因竞争需要等原因向买方提供商业信用。最早的商业信用表现在口头上或账面上，这种债权的表现形式是不明确的，清偿时间是不确定的，保障程度是较低的，并且难以转让和提前收回，从而阻碍商业信用的发展。但如果使用票据，由买方向卖方开出远期支付票据，则可使债权表现形式明确，保障性强，清偿时间确定，转让手续简便，而且还可通过贴现提前转化为现金。票据的这种信用功能克服了金钱支付上时间的间隔。

（4）融资功能

随着现代金融的发展，人们不仅利用票据结算支付的传统功能，还通过贴现票据来实现资金的融通与加速运转。直接融资方式的兴起，又使很多大型跨国企业选择票据作为筹措资金的信用载体，通过发行无交易背景的票据来获取资金。这类票据称为融通票据，主要作用在于融资，而不是结算支付。

（二）汇票

1. 汇票（Bill of Exchange）的定义

我国《票据法》规定，汇票是出票人签发的，委托付款人在见票时或者在指定日期无条件支付确定金额给收款人或者持票人的票据。

汇票是最古老的票据种类，本票和支票都是在汇票的基础上发展起来的。

2. 汇票的内容

汇票的内容可以分为三类，具体如下所述。

（1）绝对必要记载项目

必要记载项目是汇票必须记载的内容，这些内容是否齐全，直接关系到汇票是否有效。我国《票据法》规定，汇票必须记载的内容包括下述几项：

①"汇票"字样

根据《日内瓦统一票据法》的规定，汇票上必须标明"汇票"字样。如："Bill Of Exchange"、"Bill"、"Draft"等，用以明确票据的种类，使汇票区别于本票和支票。我国也遵循此规定，但英国的《票据法》并无此项要求。

②无条件书面支付命令

汇票是无条件的书面付款命令，这是汇票的本质和核心。这里所说的"无条件"，当然不是指毫无缘由就开出一张付款命令责令对方付款的意思，而是指汇票上行文遣词不能附加任何条件，比如，绝不能在上面写上"在货物运达后付款"或者"在商品品质达标的情况下付款"等含有条件的限制性文句，道理很简单，因为"有条件"意味着如果达不到条件就无法付款，就不是"无条件付款命令"，这样的汇票是无效的。

反之，"付购设备款 50 万元"、"付 10 万元再借记×号账户"，则属于无条件的付款命令。"付购设备款"只说明付款的性质和原因，"再借记×号账户"说明的是付款后的账务处理，它们都不构成付款条件。当然，最简明的方式是"付×元"。

③确定的金额

汇票金额由货币名称和金额两部分构成，金额一般保留两位小数。汇票金额必须是确定的或是可以计算出来的，不能模棱两可。

注意：在实际应用中，为防止涂改，金额必须同时用大小写记载。如果大小写不一致，则英国的《票据法》和《日内瓦统一票据法》都规定以大写为准，而我国票据法则认为该汇票无效。票据法一般都允许在金额后面附有利率条款或汇率条款，但金额必须是可确定的。

④付款人名称

付款人是指汇票命令的接受者，即受票人。但受票人不一定付款，因为付款人可以拒付。在实务中一般在付款人名称后还会同时注明详细地址，以便持票人向付款人进行提示。

⑤收款人名称

收款人名称也就是汇票的抬头，在实务中，一般只写一个完整的名称，不强求写明地址。

根据汇票能否转让流通和转让方式的不同，可分为以下几种类型：

第一，限制性抬头（restrictive Order）。

限制性抬头是指收款人只限于某一具体人、某一单位或某一金融机构。此类汇票抬头的具体写法如："仅付给A公司"（Pay to A Company only），"付给A公司，不得转让"（pay to A Company not transferable），或者"付给A公司"（pay to A），同时在票据其他地方有"不可转让"（not transterable）的字样。

这类汇票非常安全，不能转让流通，这在一定程度上限制了它的支付功能的发挥，因此，这种汇票在实务中的应用不是很普遍。

第二，指示性抬头（Demonstrative Order）。

指示性抬头是指可以由收款人或其委托人、指定人提示收款的汇票。这类汇票的特征是不一定要求收款人本人亲自收款，在付款到期日前，收款人可以在汇票的背面"背书"转让，提前从第三方取得款项，再由被转让人以持票人身份到期取款。这类汇票在收款人这一栏里一般都有"指定人"（Order）的字样，意思是"可由收款人指定的人收款"。例如，"付给B的指定人"（Pay to the Order of B Company），"付给B或其指定人"（Payto B Company or order），"付给B"（Pay to B）。第三种写法习惯上叫做记名抬头，虽然没有"指定人"字样，但收款人仍有权将票据背书转让。

这种汇票既实现了汇票流通转让的基本性质，又赋予收款人转让票据的权利，并要求背书而具有一定的转让条件，使转让更可靠、更安全，因此在实务中使用最为广泛。

第三，持票来人抬头（Payable to Bearer）。

这种汇票不管谁持有，都有权要求付款人付款，而且在转让时无需背书，只要通过简单交付就可以实现。其特点是在收款人这一栏里一定有"来人"（Bearer）的字样。例如，"付给来人"（Pay to bearer），"付给A或来人"（Pay to A Company or Bearer）。

不过，由于这种汇票容易丢失而被他人冒领，收款人的权利缺乏保障，因此，有些票据法，例如《日内瓦统一票据法》和我国《票据法》，不允许把汇票做成持票来人抬头的形式。

⑥出票日期（Date ot Issue）

出票日期是指汇票签发的具体时间。出票日期有以下三个重要作用：

第一，决定汇票的有效期。

持票人如不在规定时间内要求票据权利，票据权利自动消失。《日内瓦统一票据法》规定，即期汇票的有效期是从出票日起的一年时间；我国《票据法》规定见票即付的汇票有效期为两年。

第二，决定付款的到期日。

远期汇票到期日的计算是以出票日为基础的，确定了出票日及相应期限，也就能确定到期日。

第三，决定出票人的行为效力。

若出票时法人已宣告破产或被清理，则该汇票不能成立。

⑦出票人签字（Signature of the Drawer）

签字原则是《票据法》的最重要和最基本的原则之一，票据责任的承担以签字为条件，谁签字，谁负责，不签字就不负责。票据必须经出票人签字才能成立。出票人签字是承认了自己的债务，收款人才因此有了债权。如果汇票上没有出票人签字，或签字是伪造的，票据都不能成立。因此，出票人签字是汇票最重要的和绝对不可缺少的内容。

以上 7 个项目是《日内瓦统一票据法》和我国《票据法》规定的汇票绝对必要项目，而英国《票据法》则只有 5 项，其中 "汇票"字样和出票日期被认为是非绝对必要的。

（2）相对必要记载项目

除了以上必须记载的内容外，还有三个相对必要记载项目。这些项目十分重要，但如果不记载也不会影响汇票的法律效力，因为这些内容可以间接确定。

①付款日期

付款日期是付款人支付汇票金额的日期。汇票的付款有两种情况：即期付款和远期付款。

所谓即期付款（at sight, on demand）也叫见票即付，是指持票人只要一拿到汇票就可以向付款人提示付款，付款人在正常的营业时间里见票后立即付款的方式。即期付款只需要做一次提示，提示当日就是付款日期。

而远期付款是指持票人拿到汇票后先得向付款人做承兑提示，待付款人见票承兑后过一段时间再向其做付款提示才能得到付款的方式。因此远期付款需要做两次提示，而付款日期的确定则有以下 4 种情况：

第一，出票后定期付款（at a fixed period after date），从出票日算起的一段时间后是付款日期。例如，AT 30 DAYS AFTER DATE PAY TO THE ORDER OF A COMPANY。

第二，见票后定期付款（at a fixed period after sight），从付款人见票日（承兑日）算起的一段时间后是付款日期。例如，AT 30 DAYS AFTER SIGHT PAY TO BEARER。

第三，定日付款（at a fixed date），汇票的付款到期日这一栏内具体载明在将来何年何月何日付款，表明确切的付款日，付款人到期付款。例如，ON AUG 20, 2006 PAY TO B COMPANY ONLY。

第四，某一单据出单日后定期付款（at a fixed period after date of X），从某一单据出单日算起的一段时间后是付款日期。例如，AT 30 DAYS AFTER DATE OF B/L PAY TO THE ORDER OF A COMPANY。

所有的票据法都规定，如果汇票没有载明付款日期，则一律作为见票即付。

付款日期的计算规则：

第一，如遇非营业日及节假日，则顺延。

第二，对非即期汇票到期日的算法是算尾不算头，即出票日或见票日不算，付款日要算。

第三，以月计算的情况，到期日应与起算日相对应，如果没有对应日期，则为该月的最后一天。

第四，半个月以 15 天计。

第五，月初为 1 号，月中为 15 号，月末为该月最后一天。

②出票地点（Place of Issue）

出票地点是指出票人签发汇票的地点，它对国际汇票具有重要意义，因为票据是否成立是以出票地法律来衡量的。但是票据不注明出票地并不会影响其生效。我国《票据法》规定，汇票上未记载出票地，则出票人的营业场所、住所或者经营居住地为出票地。

③付款地点（Place of Payment）

付款地点是指持票人提示票据请求付款的地点。根据国际司法的"行为地原则"，到期日的计算在付款地发生的"承兑"、"付款"等行为都要适用付款地法律。因此，付款地的记载是非常重要的。但是不注明付款地的票据仍然成立。我国《票据法》规定，汇票上未记载付款地的，付款人的营业场所、住所或者经营居住地为付款地。

（3）任意记载项目

任意记载项目是指除以上两类项目以外的项目，它是出票人等根据需要记载的限制或免除责任的内容。这些项目一旦被接受，即产生约束力。

①出票条款

汇票上的出票条款是表明起源交易的文句。通常行文是注明买卖双方的合约号或银行开出的信用证号。

②"付一不付二"条款[Pay This First/Second Bill (Second/First of the Same Date and Tenor Being Unpaid) to...]

汇票可以做成一式两份，但所代表的债权债务只有一笔。原因在于，在国际贸易中，汇票作为一张付款命令，通常与代表物权的货运单据一起，配套成跟单汇票，一并由出口方邮寄进口方。为了防止在邮寄途中失落，往往分两次用连续航班把两套内容完全一样的跟单汇票寄出。若第一套跟单汇票（含第一张汇票）因飞机失事未能寄达，也不会因此延误提货和结算支付，因为第二套跟单汇票（含第二张汇票）会随之寄达。这里必须明确一点，就是两张内容完全相同的汇票并非正本副本之别。第一张汇票和第二张汇票，都是有效的付款命令。当第一张汇票经过付款后，第二张汇票即自行失效；反之亦然。

除了上述之外，汇票的任意记载项目还包括"担当付款行"、"利息与利率"、"提示期限"、"免作拒绝证书"、"免作拒付通知"和"免于追索"等。

3. 汇票的票据行为

汇票从开立到正常付款，需要经历一系列法定步骤，一般将这些步骤称之为票据行为。

（1）出票（Issue）

出票人按照一定要求和格式签发汇票并将其交给他人的行为。两个动作：写和交。

汇票可以开立一张，也可以开立成套汇票（通常是一式两份）。成套汇票的每一张都具有同等效力。但是其中一张兑付以后，其余的自动失效。为了避免背书人或者承兑人误在两张同样的汇票上签字，通常一套两张的汇票，在第一张注明"付一不付二"，在第二张注明"付二不付一"。

出票的意义：出票人在票据上签名，必须对汇票付款承担责任。在付款人承兑之前，出票人是汇票的主债务人，付款人对于汇票付款并不承担责任，付款人根据票据提示与出票人的资金关系决定是否付款或者承兑。收款人的债权完全依据出票人的信用。

（2）背书（Endorsement）

持票人在汇票背面签字，表明转让其票据权利的意图，并且交付给受让人的行为。两个动作：在汇票背面或者粘贴单上记载有关事项并且签字以及交付。

背书的意义：

①背书人向其后手担保其前手签名的真实性和汇票的有效性。票据行为遵循"谁签字谁负责"的原则。即使前手的签字是无效的，或者不具备实质性条件的汇票（在此保护债权人的利益），一旦背书人签字，就必须对票据债务负责。

②背书人必须保证被背书人得到全部票据权利。假如被背书人向付款人提示票据要求承兑或者付款遭到拒绝，背书人承担被追索的责任。

③对于被背书人来说，前手越多，汇票债权的担保人越多，汇票的安全性越强。

背书的种类：

①特别背书：背书内容完整、全面。包括：被背书人或者其指定人、背书人签名，背书日期。一般转让背书都是特别背书。经过特别背书的票据，被背书人可以继续作背书转让。

例如，Pay to the order of B Co.

For A Co.

（signature）

②空白背书：即背书人只在汇票背面签章，而不载明被背书人的名称。空白背书后，汇票的受让人如果再转让此汇票，可以凭交付转让，而无需再背书。

例如，Pay to Bearer

For A Co.

（signature）

③限制性背书：背书人在票据签字，限定被背书人是某人或者记载"不得转让"字样。

例如，Pay to B Co.not neotiable

For A Co.

（signature）

限制性背书一般不能再转让。

（3）提示（Presentation）

汇票持票人将汇票交给付款人，要求其付款或承兑的行为叫提示。提示分为承兑提示和付款提示。

注：这里只要求同学们掌握我国《票据法》的相关规定。

第一，承兑提示：

即期汇票：不需承兑提示；定日付款和出票后定期付款汇票：应在到期日前作承兑提示；见票后定期汇票：应在出票日起1个月内作承兑提示。

若持票人未在期限内进行承兑提示，则他将丧失对其前手及出票人（即所有次债务人）的追索权。但如果付款人仍愿意承兑汇票的话，那么付款人对持票人仍有付款责任。

第二，付款提示：

即期汇票：应在出票后一个月内作付款提示；远期汇票（包括定日付款、出票后定期付款和见票后定期付款的汇票）：应在到期日起 10 日内作付款提示。

若持票人未在期限内进行付款提示，则他将丧失汇票的所有权利。

（4）承兑（Acceptance）

远期汇票的付款人在汇票上签名，表示愿意承担到期付款责任的行为。

两个动作：记载并且签名和交付。

承兑的意义：付款人承兑汇票后，变成了承兑人，由于承兑人在汇票的正面已经签过字了，因此承担到期向持票人支付的主要责任。出票人则由承兑前的主债务人变成了从债务人。

（5）付款（Payment）

指汇票的主债务人于汇票到期日支付汇票金额的行为。付款是票据的最终目的，是票据流通过程的终点。

（6）拒付（Dishonour）

拒付也叫退票，持票人按《票据法》的规定作提示时，付款人拒绝承兑或者拒绝付款的行为，当汇票遭到拒付时，持票人可以行使追索权。

拒付的书面文件：

①拒付证书（Protest）：当提示人遭到拒付时，持票人委托付款地的公证机构出具的证明付款人拒付事实的一种文件。拒绝证书时持票人向其前手行使追索权的一种证明文件。持票人要求公证人做成拒绝证书所负的公正费用，在追索票款时，一并向出票人收取。

②退票通知：持票人将拒付的事实以书面形式告知被追索人。

（7）追索（Recourse）

汇票遭到拒付时，持票人对其前手背书人或者出票人请求偿还汇票金额以及费用的行为。

行使追索权应该具备的条件：①该汇票已按期经过提示；②在规定时间内做成拒绝证书和拒付通知；③发生拒付。

有效期限：持票人对其前手背书人或者出票人的期限一般为 1 年，背书人对其前手背书人的期限为半年。

（8）贴现

尚未到期的已经承兑的远期汇票，由银行或者贴现公司按照一定贴现率计算出贴现利息从票面金额中扣除，将净款付给持票人的行为。

4. 汇票的种类

（1）根据是否附有货运单据，可分为跟单汇票和光票

①跟单汇票（Documentary bill or draft）

跟单汇票是附有货物单据（特别是海运提单）的汇票。由于跟单汇票有物资作为保证，因此在国际贸易中被广泛使用。

②光票（Clean bill or draft）

光票是未附有任何货物单据的汇票。由于没有物资作为保证，光票一般不用于货款的支付，而只用于运费、保险费、利息等附加费用的支付。

（2）根据汇票付款期限不同，可分为即期汇票和远期汇票

①即期汇票（Sight bill, Demand bill）

即期汇票是注明付款人在见票时立即付款的汇票，即见票即付的汇票。

②远期汇票（Time bill, Usance bill）

远期汇票是载明一定期间或特定日期付款的汇票。包括见票后、出票后定期付款和定日付款三种

（3）根据出票人身份的不同，可分为银行汇票和商业汇票

①银行汇票（Banker's draft）

银行汇票是由银行签发的汇票，其付款人往往是出票银行在海外的分行或代理行，银行汇票的出票人和付款人都是银行。

②商业汇票（Commercial draft or trade draft）

商业汇票是由企业或个人签发的汇票，其付款人可以是企业、个人，也可以是银行。

银行汇票与商业汇票的区别：

第一，银行汇票的出票人是银行，因此其信用基础是银行信用；而商业汇票的出票人为企业或个人，信用基础是商业信用。

第二，银行汇票的付款人也是银行；而商业汇票的付款人可以是个人、企业或银行。

第三，在国际贸易中银行汇票多用于汇款这种结算方式，且是顺汇；商业汇票多用于托收和信用证，且是逆汇。

第四，银行汇票多为光票；而商业汇票多是跟单汇票。

（4）对商业远期汇票的进一步划分

根据承兑人身份的不同，我们把商业远期汇票进一步分为商业承兑汇票和银行承兑汇票。

①商业承兑汇票（Commercial acceptance bill）。商业承兑汇票的承兑人是

企业或个人的商业汇票。

②银行承兑汇票（Banker's acceptance bill）。银行承兑汇票的承兑人是银行的商业汇票。

（三）本票

1. 本票（promissory note）的定义

我国《票据法》中对本票的定义：本票是出票人签发的，承诺自己在见票时无条件支付确定的金额给收款人或持票人的票据。

我国本票与汇票在定义上的三点区别：

（1）本票是一种支付承诺，而汇票是一种支付命令。

（2）本票的出票人和付款人是同一个人，而汇票的付款人可能是出票人自己，也可能是他人。

（3）我国《票据法》中只规定了即期本票，而汇票可以是即期也可以是远期。

2. 本票的必要事项

本票的必要事项包括：①本票字样；②无条件支付承诺；③确定金额；④收款人名称；⑤出票日期；⑥出票人签章。

这里本票比汇票少了一个付款人，是因为本票的出票人自己承担付款责任。因此，本票也就是一张借据。

3. 本票的票据行为

本票除不必承兑以及对本票银行不予贴现之外，其余的票据行为与汇票相同，即出票、背书、提示、付款、追索、保证等与汇票的规定是一样。

4. 本票的种类

（1）根据本票上抬头做成方式的不同可分为：

①记名式本票

票面上记载了收款人名称，且有限制转让的条件（Only），这种本票是不允许转让的。

②指示式本票

有收款人名称且有凭指示字样（Order），这种本票可以凭背书进行转让。

③无记名式本票

未记载收款人名称，可自由流通。我国仍然不承认无记名式抬头的本票。

（2）以本票出票人的不同可分为：银行本票和商业本票

我国《票据法》规定，本票仅指银行本票。

（3）根据付款期限不同分为：即期本票和远期本票

我国《票据法》只规定了即期本票。

5. 本票与汇票的区别

	本票	汇票
基本当事人	出票人、收款人	出票人、收款人、付款人
性质	无条件支付	无条件支付命令
有无承兑行为	无	有
主债务人	出票人	承兑前是出票人，承兑后是承兑人

（四）支票

1. 支票（Cheque）的定义

我国《票据法》对支票的定义：支票是出票人签发的，委托办理支票存款业务的银行或者其他金融机构在见票时无条件支付确定金额给收款人或者持票人的票据。

我国汇票和支票在定义上的区别：

（1）支票的付款人一定是金融机构，而汇票的付款人可以是个人、企业或金融机构。

（2）支票一定是即期的，而汇票可以是即期也可以是远期。

2. 支票的必要事项

支票的必要事项包括：①标明"支票"的字样；②无条件的委托；③确定的金额；④付款人名称；⑤出票日期；⑥出票人签章。

3. 支票的种类

（1）根据支票抬头不同划分为：记名式抬头、指示性抬头和无记名式（来人）抬头三种形式的支票。

注意：其中无记名式（来人）抬头的支票是仅凭交付即可转让的。由于我国《票据法》规定支票上可以不载明收款人，因此对于来人抬头的支票也就不限制了。

（2）根据支票上是否划线划分为：非划线支票和划线支票（国外的划分方式）

①非划线支票（Open crossings）：这种支票的支付方式既可以是现金也可以是银行转账。

②划线支票（Crossed cheque）：在支票左上角画有两道平行线，只能用于转账。因此这种支票的收款人无法直接从付款行取得现金，只能委托代收行向付款行收款并转入自己在代收行的账户。

第一，普通划线支票：是指出票人没有在平行线之间注明代收行的名称，收款人可以自己选择代收行。

第二，特殊划线支票：是指出票人在平行线之间注明了代收行名称，即指定只能由该银行收款。

注意：第一，非划线支票可以加划平行线变为划线支票，普通划线支票也可以加注代收行变为特殊划线支票。但上述操作不可逆转。第二，非划线支票和划线支票相比，对出票人及真正持票人的保障程度是不同的。如果是非划线支票，一旦持票人并不是真正持票人而银行又付了款，则根本无法追回；如果是划线支票，由于必须要通过代收行收款，这样即使错付也多了一条追回的线索。

（3）我国《票据法》对支票的划分：现金支票、转账支票和普通支票

①现金支票：只能用于提取现金。

②转账支票：只能用于银行转账。

③普通支票：既可支付现金，也可转账。

4．支票与汇票的区别

	支票	汇票
付款人	银行	银行或者商人
期限	即期	即期或者远期
有无承兑行为	无	有
主债务人	出票人	承兑前是出票人，承兑后是承兑人
转账方式	需要划线	无需划线
止付	可以	不可以

4.2.2 结算方式

现在的结算方式大多数都是使用的非现金结算。学习结算方式，首先需要弄清"顺汇"和"逆汇"这两个概念。

顺汇法（Remittance）：

结算工具的传递方向与资金的运动方向是一致的。付款人主动将款项交给银行，委托银行通过结算工具，转托国外银行将汇款付给国外收款人（如非贸易结算中，债务人开出的汇票结算）。如图 4-4 所示（图中实线为结算工具的流动方向，虚线为资金的流动方向）。

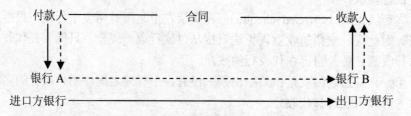

图 4-4　顺汇法情况下资金与结算工具运动方向

逆汇法（Reverse remittance）：

结算工具的传递方向与资金的流动方向呈相反方向（如贸易结算中，债权人开出的汇票结算）。如图 4-5 所示（图中实线为结算工具的流动方向，虚线为资金的流动方向）。

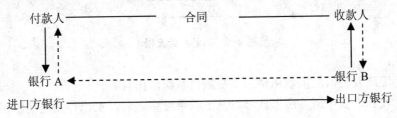

图 4-5　逆汇法情况下资金与结算工具运动方向

（一）汇款

1. 汇款（Remittance）的含义

汇款是最古老的一种结算方式，是在不同国家或者地区之间一方当事人向另外一方当事人转移资金，就是某一银行应其客户的委托，将一定货币额转移至其海外分行或者代理行，指示其付款给某一指定人或者公司的一种结算方式。

2. 汇款的当事人

（1）汇款人（Remitter）

汇款人也就是付款人，要求银行汇款给外国收款人或者受益人的当事人。国际贸易中，通常是销售合同中的买方。

（2）收款人或者受益人（Payee or beneficiary）

接受汇款的人，通常是销售合同中的卖方。

（3）汇出行（Remitting bank）

受汇款人的委托，汇出汇款的银行。汇出行所办理的汇款业务叫做"汇出汇款"（Outward remittance）。

（4）汇入行（Paying bank）

汇入行又称解付行，受汇出行的委托，解付汇款的银行，所办理的业务叫做"汇入汇款"（Inward remittance）。

3. 汇款方式的种类

（1）信汇（Mail transfer）

应汇款人的申请，汇出行将信汇委托书或者支付委托书邮寄给汇入行，授权其付出一定金额给收款人的一种汇款方式。信汇的基本程序如图 4-6 所示。

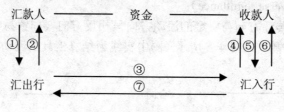

图 4-6　信汇业务流程

注：

①汇款人写信汇汇款申请书，交款付费给汇出行。

②收到汇款申请、所汇款项以及汇款手续费之后，汇出行发出信汇回执。

③汇出行把支付委托书邮寄给汇入行，指示汇入行支付一定数额的资金给收款人。

④汇入行收到支付委托书，核对签字无误后，通知收款人收款。

⑤收款人凭收据取款。

⑥汇入行借记汇出行账户取出头寸，付款给收款人。

⑦汇入行把借记通知单邮寄给汇出行，通知它汇款给付完毕，资金从债务人流向债权人，完成信汇汇款。

（2）电汇（Telegraphic transfer）

应汇款人的申请，汇出行以拍发加押电报或者电传、SWIFT等电讯方式指示其在国外的分行或者代理行，要求其解付一定金额给出口商或者其指定人的一种汇款方式。在发出电报或者电传、SWIFT以后，还要将电报证实书寄给汇入行作为汇入行核对电文之用。信汇的基本程序如图4-7所示。

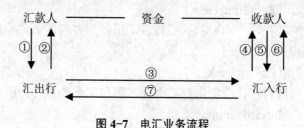

图 4-7　电汇业务流程

注：

①汇款人填写电汇汇款申请书，交款付费给汇出行。

②收到汇款申请，所汇款项以及汇款手续费之后，汇出行发出电汇回执。

③汇出行发出加密电传或者电报给汇入行，委托汇入行支付一定数额的资金给收款人。

144

④汇入行收到电传或者电报以后，核对密押无误后，通知收款人收款。

⑤收款人凭收据取款。

⑥汇入行借记汇出行账户取出头寸，付款给收款人。

⑦汇入行把借记通知单邮寄给汇出行，通知它汇款给付完毕，资金从债务人流向债权人，完成信汇汇款。

电汇业务与信汇业务的区别：

①电汇的汇款人填写的是"电汇申请书"，而信汇的汇款人填写的是"信汇申请书"。

②电汇中汇出行是以拍发加押电报或者电传、SWIFT 给汇入行，委托其解付汇款，此项加押电报或者电传、SWIFT 成为电汇的结算工具，而信汇中汇出行是把支付委托书邮寄给汇入行，委托其解付汇款。

③电汇收款最快，费用最高，而信汇收款慢，费用低。

（3）票汇（Remittance by banker's demand draft）

汇出行应汇款人的申请，代汇款人开立以其分行或者代理行为解付行的银行即期汇票交汇款人，由其自行携带出国或寄送给收款人，收款凭票取款的汇款方式。银行即期汇票的收款人是付款人的收款人，出票人是汇出行，付款人是汇入行，出票人和付款人都为银行，票面没有表示付款的期限，所以是即期汇票。

票汇的基本程序如图 4-8 所示。

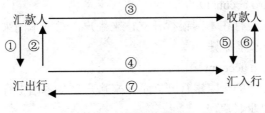

图 4-8　票汇业务流程

注：

①汇款人填写票汇汇款申请书，交款付费给汇出行。

②收到汇款申请、所汇款项以及汇款手续费之后，汇出行作为出票行，开立银行即期汇票给收款人。

③汇款人将银行即期汇票邮寄给收款人。

④汇出行将汇款通知书（票根）邮寄给汇入行（近年来，银行为了简化手续，渐渐取消了汇款通知书）。

⑤收款人向汇入行提示银行即期汇票，要求付款。

⑥汇入行借记汇出行账户取出头寸，付款给收款人。

⑦汇入行把借记通知单邮寄给汇出行，通知它汇款给付完毕，资金从债务人流向债权人，完成信汇汇款。

票汇与信汇具有一定的相同点，由于两者都是通过邮寄汇票或者支付委托书的方式结算，所以周期比较长，收费比较低。

票汇与信汇、电汇的区别：

①票汇的汇入行无须通知收款人前来取款，而是由收款人持汇票直接到汇入行取款。

②汇票经收款人背书以后可以在市场上转让流通，而信汇委托书则不能转让流通。

4. 汇款的偿付（Reimbuserment of remittance cover）

汇款的偿付又叫划拨头寸，是汇出行在办理汇出汇款业务的时候，应及时将汇款金额交给其委托解付汇款的汇入行的行为。

一般在进行汇款时，在汇款通知书上要写明偿付指示。

如果汇出行和汇入行相互开有账户，则偿付比较简单。汇出行在汇入行有账户，只需要授权汇入行借记其账户即可；汇入行在汇出行有账户，则汇出行在发出汇款通知书时需要先贷记汇入行在汇出行的账户。如果汇入行和汇出行之间没有建立直接的账户往来关系，则需要其他银行的加入。

（1）国际间银行的账户

①来账（Vostro account）

当外国的一家银行在本国银行开立往来账户，对于本国来说就是来账，又称为同业存放账户或者他账。

②往账（Nostro account）

本国银行在外国的一家银行开立了往来账户，从本国银行来看，就叫做往账，又称为存放同业账户。

（2）头寸拨付的方式

①先拨后付

汇出行在进行汇款业务时，先将头寸拨付给汇入行，汇入行收到头寸后才对收款人进行解付。

②先付后偿

汇出行在办理汇款业务时，先将汇款通知发送给汇入行，汇入行先垫付资金给收款人，然后向汇出行索偿。

（3）头寸拨付的转账办法

①汇出行直接入账，前提是汇入行在汇出行开立了往来账户，并且汇款货币是汇出国货币。

②汇入行直接入账，前提是汇出行在汇入行开立了往来账户，汇款货币为汇入国货币。

③通过汇出行和汇入行的共同账户转账拨付，汇出行与汇入行之间没有往来账户，就需要寻找另外一家银行进行头寸拨付。

5. 退汇

（1）汇款人交付汇款后，因故自己要求将汇款退汇。

（2）收款人拒收汇款或者逾期不来领取。

（3）地址不详或者无此收款人，汇款无法投递。

6. 汇款在国际贸易中的应用

（1）预付货款

进口商（付款人）在出口商（收款人）将货物或者货运单据交付以前将货款的全部或者一部分通过银行付给出口商，出口商收到货款以后，再根据约定发运货物。对于进口商称为预付货款，对于出口商称为预收货款。

预付货款对于进口商不利，因此应用较少。

（2）货到付款

进口商收到货物之后，立即或者一定时期以后再付款给出口商的一种结算方式，又叫延期付款，或者赊销。

货到付款对于进口商来说是有利的，在国际贸易中通常采取以下两种方式：

①售定

进出口商达成协议，规定出口商先发货，再由进口商按合同规定的货物售价和付款时间进行汇款的一种结算方式，因为已经事先确定了价格，所以叫售定。在货到付款的方式中一般采取售定的方式。而且售定一般应用于出口鲜活商品的贸易结算。

②寄售

委托他人代为销售的贸易方式。在国际贸易中，具体做法：出口商（寄售人）同国外客户（代销人）签订寄售合同，出口商先将寄售商品运给国外代销人，由代销人按照合同规定的条件和办法，代替货主在当地市场进行销售。货物出售后，由代销人扣除佣金以及其他费用后，按合同规定的办法汇交寄售人。

③凭单付汇

进口商通过银行将款项汇给出口商所在地银行（汇入行），并且指示该行凭出口商提供的某些商业单据或者某种装运证明即可付款给出口商。

7. 汇款的会计处理

（1）汇出汇款的会计处理

①会计科目：和国内结算相同，使用"其他货币资金"科目。"银行汇票"

子目除可用于记录人民币业务外，还可扩大使用于汇去国外的外汇汇票，以及电汇、信汇款的在途资金。一方面表示库存与在途资金的保管责任差别，同时也说明了已指定用途，不能作为供一般支付用的货币资金。

②原始凭证：电汇、信汇、票汇申请书的回单联；购买外汇的支票存根；结（售）汇水单。

③会计分录：填制申请书并交款付费时：

借：其他货币资金——银行汇票或在途资金　×××

　　财务费用——手续费（包括汇费、邮电费）　×××

　　贷：银行存款（或外汇存款）　×××

在对我国港、澳地区和新加坡等地汇出时，因习惯上由经办银行开出的汇款凭证中，除信汇委托书外，还要求开出套写的第二、第三联正、副收条，在电汇时，也可要求国外银行开出正收条。因此，当收款人领取汇款后，会有正收条退回汇款人。此时可作转销分录如下：

借：预付（外汇）账款（预付部分货款）　×××

　　应付（外汇）账款（清欠尾数）　×××

　　主营业务收入（佣金、理赔款等，或用红字记入贷方）　×××

　　营业费用（国外广告费、检验费、展览会费、港口费等）×××

　　贷：其他货币资金——银行汇票或在途资金　×××

在票汇及我国港、澳地区和新加坡以外的地点不开出正收条时，要在根据汇出费用的性质的不同取得原始凭证（例如收款单位的收据）时，作出上述转销分录。这点与国内银行汇票必然有一联回到申请开票单位的用法不同。

（2）汇入汇款的会计处理

①原始凭证：电汇、信汇的汇入汇款通知书（付款行开出）；不论电汇、信汇、票汇，如作结汇，都有买入外汇结汇证明（结汇水单）；如自愿留汇，则有收账通知。

②会计分录：

借：银行存款（或外汇存款）　×××

　　贷：预收（外汇）账款（预收部分货款）　×××

　　　应收（外汇）账款（清欠尾数）　×××

　　　主营业务收入——代购代销收入（佣金手续费收入）　×××

　　　　　　　　　——运输收入（外贸远洋运费收入）　×××

（二）托收

1. 托收的含义

托收（Collection）是国际结算中历史最为悠久的结算方式之一，是债权人

148

（出口商）签发汇票及/或者单据委托银行通过它的分行或者代理行向国外债务人（进口商）代为收款的一种结算方式。仅次于信用证结算方式的一种较为常用的国际结算方式。

2. 托收的当事人

（1）委托人（Principal）

委托一家银行办理托收业务的当事人，在托收业务中，特指签发汇票并且委托银行代为收款的人。通常委托人开具汇票委托他的银行向国外债务人收款，所以通常也称为出票人。

（2）托收银行（Remitting bank）

托收银行又叫寄单行，是接受委托人的委托，并且通过国外联行或者代理行完成收款业务的银行。在托收业务中，托收行一般是债权人所在地的银行，当托收行把汇票寄给代收行时，需要背书。

（3）代收行（Collecting bank）

接受托收行的委托，参与办理托收业务的银行。代收行一般是付款人所在地的银行，因此代收行业被称为进口方银行。

在实际操作中，托收行一般会根据委托人的指示，使用委托人指定的银行作为代收行。当委托人没有指定银行时，托收行将使用自己的银行，或者将付款地所在的联行作为代收行。

（4）付款人（Drawee）

汇票中指定的付款人，也就是银行向之提示汇票和单据的债务人。

（5）提示行（Presenting bank）

跟单托收情况下向债务人提示汇票和单据的银行。一般地，提示行就是代收行。如果代收行与债务人没有往来关系，为了便利付款，代收行也可以主动或者应付款人的要求，委托付款人的往来银行充当提示行。

（6）需要时代理（Customer's representative in case of need）

在托收业务中，如果发生付款人拒付，委托人可以指定在付款地的代理人代为料理货物仓存、转售、运回等事宜。这个代理人叫做"需要时代理"。

3. 托收的种类

（1）光票托收

光票托收是指出口商仅开具汇票而不附商业单据（主要指货运单据）的托收。

光票托收并不一定不附带任何单据，有时也附有一些非货运单据，如发票、垫款清单等，这种情况仍被视为光票托收。

光票托收的汇票，在期限上也应有即期和远期两种。但在实际业务中，由于一般金额都不太大，即期付款的汇票较多。

光票托收业务流程如图4-9所示。

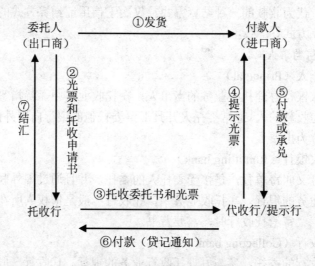

图 4-9　光票托收业务流程

（2）跟单托收

跟单托收是指附有商业单据的托收。卖方开具托收汇票，连同商业单据（主要是指货物装运单据）一起委托给托收行。

实质要件：代表货权的运输单据。

国际贸易中货款的托收大多采用跟单托收。

跟单托收业务流程如图4-10所示。

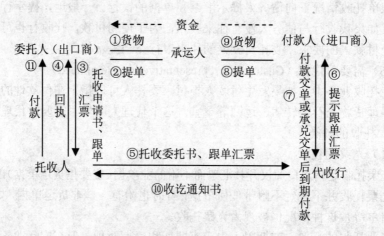

图 4-10　跟单托收业务流程

①跟单托收的程序

第一，办理托收业务之前，出口商与进口商首先要在双方签订的贸易合同中规定双方的结算方式是凭装运单据通过银行办理托收结算。出口商按照双方的合同发货，并取得货运单据之后，按照合同规定制单。

第二，出口商委托托收行办理托收。出口商要填写托收申请书，并开具以进口商为付款人的商业汇票，连同装运单据交给托收行。

第三，托收行接受委托工作。

第四，代收行收到指示后工作。

第五，进口商在检验单据后付款或者承兑后取得单据，并持单据向承运人提货。代收行则将收妥的货款收入托收行的账户并通知托收行。

第六，托收行收到代收行的收款通知后，立即办理对出口商的结汇。

在第六步时，付款人拒付，代收行要尽快通知托收行，并尽量告诉对方拒付的理由。如果委托人有指示，代收行还可以做成拒付证书，费用由委托人承担。如果代收行出于保护货物目的而办理存仓、保险或者采取其他措施，费用由委托人承担。

进口商拒付即期汇票或者拒绝承兑远期汇票与进口商拒付已承兑汇票不是一回事。前一种情况下，出口商只能依据合同向进口商提出诉讼；后一种情况下，进口商除了对合同负有法律责任，还要对承兑汇票负有法律责任。

②交单方式

第一，付款交单（Documents Against Payment，简称 D/P）。付款交单是指被委托的代收行必须在进口商付清票款以后，才能将货运单据交给进口商的一种托收方式。

付款交单的特点是先付款后交单，付款人付款之前，出口商仍然掌握着对货物的支配权，因此其风险较小。

根据托收汇票付款期限的不同，付款交单又有即期和远期之分。

即期付款交单（D/P at sight）。即期付款交单指委托人开立即期汇票（向欧洲大陆国家的托收免开汇票，以发票替代），在代收行向付款人提示汇票后，付款人只有立即付清货款才能获得货运单据；可以不用汇票。其业务流程如图4-11 所示。

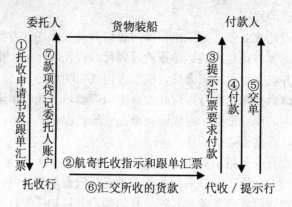

图 4-11　即期付款交单业务流程

远期付款交单（D/P at XX days after sight）。远期付款交单是指委托人开立远期汇票，代收行在向进口商提示汇票时，进口商立即承兑汇票，代收行收回汇票并掌握货运单据，直至到期日，代收行再提示，进口商付款后，代收行才交出货运单据。

国际商会明确表示不赞成远期付款交单的安排。其业务流程如图 4-12 所示。

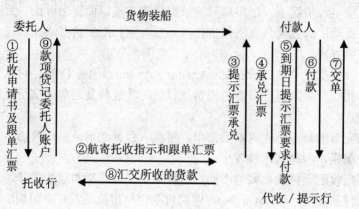

图 4-12　远期付款交单业务流程

第二，承兑交单（Documents against acceptance，简称为 D/A）。承兑交单是指被委托的代收行根据托收指示，于付款人承兑汇票后，将货运单据交给付款人，付款人在汇票到期时履行付款责任的一种托收方式。其业务流程如图 4-13 所示。

它适用于远期汇票的托收，对于出口商而言，风险大。

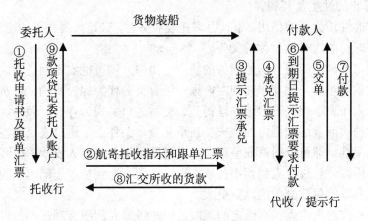

图 4-13　承兑交单业务流程

4. 托收的特点

（1）属逆汇

（2）商业信用

托收方式与汇款方式一样，都属于商业信用，即进出口商双方能否取得合同规定的货物或按期收到合同规定的货款分别取决于对方的资信，没有第三者的保证。托收项下的银行只是接受委托办理收款业务，与当事人之间的关系是委托代理关系，他们对于托收过程中遇到的一切风险、费用和意外事故等不承担责任。

（3）较汇款方式安全

第一，对于出口商来说，进口商必须在付款或承兑之后才能掌握货权，所以托收方式使得出口商在控制货权、安全收回货款方面比货到付款更有保证，比货到付款安全。

第二，对于进口商来说，出口商按合同装运货物，进口商被提示单据时，说明了货物确实已经装运，才能付款或承兑。这样与预付货款下进口商先付款后收货相比，其利益更有保障。

（4）资金负担仍不平衡

进口商支付货款之前，货物占用的资金全部由出口商承担，所以出口商的资金负担较重，而进口商基本不负担资金。

（5）手续较杂、费用较高

从托收和汇款方式的流程来看，托收的业务流程要比汇款更复杂，手续多，费用自然要高些。

5. 托收的性质及其利弊

托收的性质为商业信用。银行办理托收业务时，只是按委托人的指示办事，并不承担对付款人必然付款的义务。

如进口商破产或丧失清偿债务的能力，出口人则可能收不回货款。在进口人拒不付款赎单后，除非事先约定，银行没有义务代为保管货物。如货物已到达，出口人还要承担在进口地办理提货、交纳进口关税、存仓、保险、转售以至被低价拍卖或被运回国内的损失。在承兑交单条件下，进口人只要在汇票上办理承兑手续，即可取得商业单据，凭以提取货物；出口人收款的保障就是进口人的信用，一旦进口人到期不付款，出口人便会遭到货款全部落空的损失。所以承兑交单比付款交单的风险更大。

跟单托收对出口人虽有一定的风险，但对进口人却很有利，不但可免去申请开立信用证的手续，不必预付银行押金，减少费用支出，而且有利于资金融通和周转。由于托收对进口商有利，所以在出口业务中采用托收，有利于调动进口商采购货物的积极性，从而有利于促进成交和扩大出口，故许多出口商都把采用托收作为推销库存货和加强对外竞销的手段。

6. 使用托收方式应注意的问题

为了加强对外竞销能力和扩大出口，在我国出口业务中，针对不同商品、不同贸易对象和不同国家与地区的贸易习惯做法，适当采用托收方式是必要的，如运用得当也是有利的。为了有效地利用托收方式，必须注意下列事项：

（1）调查和考虑进口人的资信情况和经营作风，成交金额应妥善掌握，不宜超过其信用程度。

（2）了解进口国家的贸易管制和外汇管制条例，以免货物到达目的地后，由于不准进口或收不到外汇而造成损失。

（3）了解进口国家的商业惯例，以免由于当地习惯做法影响安全迅速收汇。

（4）出口合同应争取按 CIF 或 CIP 条件成交，由出口人办理货运保险，或投保出口信用险。在不采取 CIF 或 CIP 条件时，应投保卖方利益险。

（5）对托收方式的交易，要建立健全管理制度，定期检查，及时催收清理，发现问题应迅速采取措施，以避免或减少可能发生的损失。

7. 托收的会计处理

现用假设的日期举例说明。

①2011 年 8 月 31 日，仓库发出货物时，出口方编制会计分录如下：

借：待运和发出商品　　　　　　　×××
　　贷：产成品（或库存出口商品）　　×××

（解除仓库的保管责任）

②2011 年 9 月 3 日，发运货物后，出口方编制会计分录如下：

借：销售费用（市内运费等）　×××
　　贷：银行存款　　　　　　　×××
借：应收（外汇）账款　　　　×××
　　贷：主营业务收入——出口　　×××
借：主营业务成本　　×××
　　贷：待运和发出商品　　×××

③2011 年 9 月 11 日，承兑时：

在 D/A 方式下，汇票经承兑后，从会计理论上说，票据债权的流通性强于应收账款。因此，在银行通知汇票已由进口方承兑时，出口方应作会计分录如下：

借：应收（外汇）票据　　×××
　　贷：应收（外汇）账款　　×××

承兑交单项下的远期汇票，在到期前也可商请银行续做押汇贷款（其分录可按 L/C 议付类推）。进口方应作会计分录如下：

代收行提示汇票及单证作承兑时：

借：商品采购——进口商品　　×××
　　贷：应付（外汇）票据/账款　　×××
借：应交税费——应交增值税（进项税额）　　×××
　　贷：银行存款　　　　　　　×××

④2011 年 9 月 12 日，收款时：

在 D/P 方式下，要等到托收行、代收行向进口方收到货款，划还出口国才可进存款户。此时出口方根据结汇水单作会计分录如下：

借：银行存款（或外汇存款）　　×××
　　财务费用（银行手续费）　　×××
　　贷：应收（外汇）账款　　　　×××

进口方应作会计分录如下：

D/P 付款赎单日：

借：应付（外汇）账款　×××
　　贷：银行存款　　×××
借：应交税费——应交增值税（进项税额）　　×××
　　贷：银行存款　　　　　　　　　×××

⑤2011 年 9 月 15 日，在 D/A 方式下如不做押汇则收款更晚，要等待远期汇票到期（例如 3 个月、6 个月），由国外代收行划回国结汇后，出口方凭结汇

水单作会计分录如下：

借：银行存款（或外汇存款）　　×××

　　财务费用　　　　　　　　×××

　　贷：应收（外汇）票据　　　　×××

此时与借记应收账款户时已相距几天，乃至几个星期，可能因汇率变动而使银行存款结汇额与原入账的应收账款折合人民币额间发生差异，这一点将在下一章述及。

进口方应作会计分录如下：

远期汇票到期日：

借：应付（外汇）票据　　×××

　　贷：银行存款　　　　　×××

（三）信用证

进出口双方当事人在不同国家，彼此之间不熟悉，一笔交易从谈判一直到进口商提货、出口商收款要经历很长时间。在交易中，进出口双方会面对商业信用风险、国家信用风险、外汇风险等，其中最主要的是信用风险。卖方担心货物运出后，买方能否按时付款，买方担心卖方是否按期交货以及货物的质量问题。买卖双方需要更高一级的信用保证来消除彼此之间的顾虑，因此，银行信用作为更高层次的信用，有介入贸易结算的必要。与此同时，物权单据化的概念得到进一步的接受，单据的买卖代表了货物的买卖，这为银行提供贸易结算的信用支持提供了可能。信用证的产生便满足了这种需要。开证行以自己的银行信用替代进口商的商业信用，在出口商提交与信用证条款相符的单据时，保证出口商收取货款，同时保证进口商在付款时，被提示的单据完全与跟单信用证的条款相符合。信用证通过银行信用的提供以及付款时间与交货时间的合理搭配，使进出口双方的利益之间达成双方可以接受的折衷方法，促进国际贸易发展。

信用证业务集结算和融资为一体，为国家贸易提供综合服务。

1. 信用证的定义

信用证（Lette, of Credit, L/C）是开证行根据申请人的要求，向受益人开立的一种有条件的书面付款保证。开证行保证在收到受益人交付全部符合信用证规定的单据的条件下，向受益人或其指定人履行付款的责任。简言之，信用证是一种银行开立的有条件的承诺付款的书面文件。

2. 信用证的特点

（1）信用证是一种银行信用，开证行承担第一性的付款责任

银行信用：银行或者其他金融机构以货币形式提供的信用。信用证支付方

式是一种银行信用，由开证行以自己的信用作出付款的保证。开证行一开出信用证，它就承担了付款义务，信用证是开给受益人的，对于出口商来说，开证行承担的是第一付款人的责任。这里的第一付款人是指不要求以实际责任方先承担责任为前提的，在信用证业务中，受益人只要提交的单据与信用证的条款一致，就可以直接要求开证行或者保兑行承担付款责任。

（2）信用证是自主文件

信用证开立的基础是买卖合同，开证行是按照买方（申请人）的开证申请书上的内容向受益人开立的信用证。但是信用证一旦被受益人接受，这些文件就相互独立了，每个文件只能约束有关当事人。信用证独立于合同，不受合同的限制。虽然信用证条款中出现了合同号，但银行并不对合同负责。是否有合同，合同条款是否与信用证条款一致，所交单据是否符合合同要求，银行一律不过问。另外，受益人也不能利用银行之间以及申请人和开证行之间的上述契约关系。

（3）信用证是一种单据的买卖

在信用证方式下，实行的是凭单据付款的原则。信用证业务是一种纯粹的单据业务。在信用证条件下，实行"严格符合原则"。不仅要做到"单证一致"，即受益人提交的单据在表面上与信用证规定的条款一致，还要做到"单单一致"，即受益人提交的各种单据之间表面上一致。

在信用证方式下，即使开证申请人发现单据是伪造的，即被欺诈，但只要单据表面上与信用证相符，开证申请人就必须向开证行付款。因为其被欺诈与信用证及开证行没有任何关系，后者对此不承担任何责任。如果出现此类情况，申请人只能以进口商身份凭贸易合同与出口商交涉，或申请仲裁甚至提起诉讼。当申请人已经掌握证据表明受益人存在欺诈的情况下，申请人应该向法院申请止付令，以保障自己的合法权益。

如果有明显的欺诈犯罪行为并有确凿证据，可以行使诈骗例外原则（Fraud exception pricinple）作为补充。银行只被要求核对单据表面的可接受性，而对单据的真伪等概不负责。这样就给不法的受益人以钻空子伪造单据的机会。如果发现确是伪造单据，法庭应该干预有着明显欺诈的犯罪行为。

国际贸易中使用信用证方式结算的特点可以概括为：一个原则，两个只凭；一个原则就是严格符合原则，即受益人提交的单据必须与信用证条款严格符合。两个只凭。即只凭信用证条款办事，不受买卖合同的约束；只凭规定的单据办事，不问货物的实际情况。

3. 信用证的作用

跟单信用证满足了卖方需要现金和买方需要融资的要求，这个融资工具可以为买卖双方独立的提供融资服务。跟单信用证的使用解决了国际贸易中预付与迟付的矛盾，进口商可以不必先将货款付给出口商，出口商也不用担心进口商收到货物不付款。

（1）对于出口商来说，信用证是开证行做出的付款凭证。只要出口商按照信用证规定提交合格的单据，凭开证行的资信，一般能安全收款，即使进口商有违约现象或者破产倒闭，也不影响出口商收汇的安全性。

（2）对于出口商来说，虽然在申请开证时一般要缴存一笔开证押金，但押金比例往往只占信用证金额的一小部分，资金压力大大减轻。

（3）对于开证行来说，信用证开立时银行并不垫资，但可以取得开证手续费和开证押金。

（4）对于其他参与信用证业务的银行来说，如果该银行只负责通知信用证，则不承担垫款的风险，只是根据通知服务收取通知费。

4. 信用证的当事人

（1）申请人（Appliant or opener）

向开证行申请开立信用证的人，通常为进口商，有时是买方代理人或者中间商。

开证申请人受两个合同约束，一是与出口商签订的进出口贸易合同；二是申请开证时与开证行签订的业务代理合同，即开证申请书。

对于贸易合同，申请人的责任：

①开立信用证，并保证信用证在合同规定的装运期前及时地送达出口商。

②如果开证行拒绝付款，出口商可以凭借合同要求进口商付款。

对于与银行的业务代理合同，申请人的责任：

①合理指示开证。

②提供开证担保。开证行为了避免风险通常要求申请人提供一定形式的担保，可以是现金、动产或者不动产，也可以是第三方的保证。

③及时付款赎单。开证行履行完付款义务后，进口商应及时偿付货款向开证行赎取单据。

（2）开证行（Issuing bank or opener bank）

开出信用证的银行，通常是进口商所在地的银行，接受申请人的要求，开立自身承担付款业务的信用证。

开证行受到三个合同的约束：与申请人之间的付款代理合同、与受益人之间的信用证、与通知行或者议付行之间的代理协议。

开证行的责任：

①将申请人在申请书上所列的全部条款单据化，开出信用证。

②第一付款人的责任。

（3）受益人（Beneficiary）

信用证利益的享受者或者权利的使用者，是开证行保证付款的对象，是信用证的抬头人或者收件人，通常为出口商。

受益人的责任：

①使用信用证并且取得货款。

②必须对合同承担责任，所交货物应该符合合同规定。

③提交合格的单据。

出口商交单后，如开证行无支付意愿或者能力，出口商可以向进口商直接交单要求付款。

（4）通知行（Advising bank）

通知行是指受开证行的委托将信用证内容通知给受益人的银行，是开证行在受益人所在地的分行或者代理行。如果信用证以电讯方式开立，则开证行必定会将电讯文件直接发给通知行，由通知行以信用证通知书的形式将电文转告给受益人；如果以信件形式开立，则开证行大多把正本信用证寄给通知行，由其转递给受益人，此时该银行又叫转递行。

通知行的责任：

①根据与开证行的委托代理合同，把开证行开出的信用证通知受益人。

②合理谨慎的核验信用证的真实性。

（5）保兑行（Confirming bank）

接受开证行的委托和要求，对开证行开出的信用证的付款责任以本行的名义实行保付的银行。保兑银行要对不可撤销信用证根据开证银行要求加具保兑后就构成其对信用证在开证行以外的确定付款责任。

开证行可以授权或者要求通知行或者其他银行对不可撤销信用证加具保兑。对于受益人或者其指定人，保兑行承担与开证行相同的付款责任。保兑行付款后只能向开证行索偿，如果开证行无能力或者无理拒付，保兑行无权向受益人追索。

（6）议付银行（Negotiating bank）

开证行指定的或者自由议付信用证项下受益人请求对信用证项下汇票以及单据承担议付义务的银行。议付银行议付信用证项下汇票后即成为该汇票的正当持有人，对开证银行以及付款银行享有不受其他权益约束的请求权，对受益人享有追索权。议付银行又称为押汇银行。

议付行议付单据后，有权向开证行索偿，为了防止开证行拒付后造成的损失，议付银行有权要求受益人提交总质押书，发生意外时，议付行有权处理单据，甚至货物，减少议付单据的风险。

（7）付款行（Paying bank）

承担信用证最终付款的银行，通常是开证行本身或者指定的付款代理行。付款银行通常对受益人所签发的汇票付款，也根据信用证条件付款。

（8）承兑银行（Accepting bank）

对受益人签发的远期汇票予以承兑，并且到期付款的银行。承兑银行承担承兑和到期付款责任是根据开证银行的指定和请求，通常两家银行在双方代理协议中有相互提供此项服务的规定。开证银行如果开立承兑信用证，该信用证的汇票付款人必须是银行，而不能是开证申请人，该付款人一般是开证行本身或者其指定的一家银行。受益人必须向指定的承兑银行提交单据，承兑银行审核无误后承兑汇票，这时该承兑银行就变成了汇票的主债务人，承担到期必须付款的责任。无论开证银行倒闭或者发生支付困难，承兑银行都要履行到期付款义务。通常承兑行是开证行在汇票货币清偿地的分支机构或者存款行。

（9）偿付银行（Reimbursing bank）

根据开证银行的要求，为开证行偿还议付行索偿的银行，又叫清算银行。偿付行仅仅凭信用证指定的议付行或者任何自由议付行开出的索汇函电付款，而不过问单证是否相符。偿付行可以是开证行，也可以是开证行另外指定的银行。如果是开证行指定的银行，则必须是开证行的账户行，而且开证行在偿付行的存款货币正是信用证的计价货币。

如果在一笔跟单信用证业务中，开证行和议付行之间没有相应的往来账户，对议付行来说，最好的清偿路线就是开证行授权议付行在议付后向货币清偿地一家银行索偿。开证行应该及时通知偿付行，一般做法就是将信用证副本抄送偿付行。偿付行的费用应该由开证行承担（除非信用证中有相反规定）。偿付行在收到开证行关于就某份信用证进行偿付的指示后，就可以向前来索取头寸的索偿行划拨头寸了，只要索偿行提供的信用证号码、开证行名称和账户，以及索偿金额符合开证行的偿付授权书的规定即可。

5. 跟单信用证的一般业务流程（如图 4-14 所示）

（1）订立国际贸易买卖合同

信用证业务是以国际货物买卖合同为基础的，因此一笔信用证业务必须先由开证申请人和受益人就进出口货物的交易条件进行磋商，达成协议后订立国际货物买卖合同。合同中，明确规定买方以开立信用证方式支付货款，其中一般还应该规定开证行的资信、信用证的种类、金额、付款期限、到期日、到期地点、开证日期等。

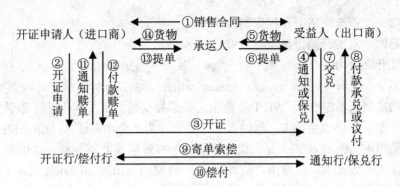

图 4-14　跟单信用证的一般业务流程

（2）进口商提出开证申请

以信用证为支付方式的贸易合同签订后,进口方必须在合同规定的期限内,或者合同签订后的合理期限内,向本地信誉良好的银行申请开立信用证。申请开证时,进口商应当填写开证申请书和开证保证书。

①开证申请书

开证申请人以订立委托代理契约为目的的要约,申请人在要约中请求银行于特定条件下代付货款、收取单据。当开证行接受了申请书,承诺了要约的请求,开证申请书便成为了开证申请人和开证行之间的契约文件,具有法律效力。

开证指示要尽可能单据化,使得银行具有核查的依据。如果出现非单据化条款,银行将其视为无记载而忽略掉。

②开证担保书

申请人与开证行达成的偿付协议,主要规定双方的权利与义务。开证申请书是银行提供的,上面一般只记载申请人的义务与开证行的权利以及免责事项:

第一,申请人在其付款前,开证行对单据及其所代表的货物具有所有权,必要时开证行可以出售货物以抵付申请人的欠款。

第二,申请人承诺支付信用证下的费用。

第三,申请人明确遵循 UCP600 的要求。

第四,申请人承诺在单据表面符合信用证规定的前提条件下,在规定期限内付款赎单。

（3）开证行开出信用证

①审查和检验

第一,审查申请人的资信,是否为本银行客户,有无授信额度,从而确定开证的风险和要收取的押金比例。

第二,审查该进口交易是否符合国家的有关规定。

第三，审查申请书和担保书的内容。

第四，落实开证保证金。

②开立信用证

第一，电开（Open by telecommunication）。由开证行将信用证内容加注密押后用电报或者电传、SWIFT 等电讯工具通知受益人所在的代理行即通知行，请其传递或者通知受益人。这种方法习惯上称为"全电开证"（Full cable）。

简电本（Brief cable）是指仅记载金额、有效期等主要内容的电开本。不是信用证的有效文本，应寄出"随寄证实书"（Mail confirmation to follow），它是信用证的有效文本，可以作为交单议付的依据。

第二，信开（Open by airmail）。开证时开立正本、副本各一份，航寄通知行，如果另外制定代付行或者偿付行，则还要向代付行或者偿付行邮寄授权书。

（4）通知受益人

①通知信用证

当通知行收到开证银行发来的信用证后，首先是合理审慎的鉴别信用证的真伪，即信开核印鉴，电开核密押。通知行对收到的信用证没有必须通知的义务，但如果决定接受开证行委托，通知受益人就负有证明其表面真伪的义务。

②通知加保兑信用证

只有开证行有权利指示另外一家银行对信用证加具保兑。受到保兑邀请的银行应根据开证行的资信、与本银行的关系等因素决定是否保兑，要对受益人承担与开证行完全一样的首要付款责任，而且不带有追索权。如果保兑行无法从开证行获取偿付，保兑行不能强制信用证的申请人付款赎单，只能处理单据和货物，或者作为开证行的债权人对其提出清偿要求。

③通知修改书

开证申请人或者受益人如果需要对其中某些条款予以修改，每一项修改都需要得到开证行、受益人、申请人、保兑行的一致同意才生效。

（5）受益人审证、交单

①受益人审证、发货。

②受益人交单。为了确保安全收汇，受益人要努力使得单据符合信用证的规定。受益人交单要在合理时间内完成。截止日期应该是信用证到期日或者最迟交单日中先到的日期。如果由此确定的交单截至日起恰逢银行正常的非营业日，则可以顺延到下一个营业日，但是接受单据的银行要证明这一顺延。如果银行因为不可抗力事件而营业日中断，等到营业日恢复后已经超过最迟交单期或者信用证有效期，则银行没有义务再接受单据的提示或者再承担付款责任，除非申请人授权银行这样做。

受益人交单时要交出正本信用证以及所有修改书，以便核对。

（6）银行审单、寄单

银行对单据的审查必须执行严格相符原则（the Doctrine of strict compliance）。

根据开证申请书，信用证项下的支付可以是付款、议付、承兑。与之相对应的银行可以是付款行、议付行、承兑行。

①受益人如果向指定保兑行或者付款行交单，后者则需要审单，单证相符后，就对受益人付款，该银行付款后不具有对受益人的追索权。

②受益人向议付行交单，无论是信用证指定的议付行还是受益人自己确定的议付行，受益人得到只是凭单据抵押的银行融资或者垫款，即称作议付。议付行对受益人的垫款有追索权，开证行如果拒付，议付行可以向受益人追索。

③受益人向指定的承兑行交单，承兑行承兑后将已获得承兑的汇票退还受益人。汇票到期，承兑行进行无追索权的付款，为了保护受益人利益，不管谁承兑，开证行都承担到期付款的责任。

（7）索偿

议付行办理议付后，根据信用证规定将单据连同汇票和索偿证明分次航寄给开证行，同时向开证行或者指定的偿付行请求偿付的行为。

凡是信用证规定有电汇索偿条款的，议付行就需要用电讯方式向开证行或者偿付行进行索偿。

（8）偿付

议付信用证业务中，开证行或者被指定的偿付行向议付行进行付款的行为。

①开证行的偿付

开证行收到议付行邮寄来的汇票和单据之后，经过审核认为与信用证规定相符，应该立即付款。如果开证行在审单时发现单据与信用证规定不符，可以自行决定是否联系申请人并要求申请人放弃不符点，但是这一联系应该在银行收到单据后的 5 个工作日完成。也就是说，在第 5 个工作日结束前仍未得到申请人放弃不符点并同意付款的回复，开证行必须对外提出拒付。和汇票付款人一经付款对收款人无追索权一样，信用证的开证行在付款后，即使发现单据有误，也不能要求议付行退款。

②偿付行的偿付

偿付行在收到索偿指示后三个工作日内办理偿付，如果在营业时间外受到索偿指示，视为第二个营业日收到处理。

（9）开证申请人向开证行付款赎单（Retirement of documents）

申请人在收到开证行的通知后应该及时到开证行验收单据。如果单据合格，申请人不能无理拒付，否则应赔偿开证行的垫款损失。一般情况下申请人只有足额付款才能拿到单据，但是如果进口商想获得资金融通，也可以向开证行申请凭信托收据借单提货。

开证申请人提取货物后，如果发现货物的质量、数量或者包装等与买卖合同或者信用证的规定不符，不能向开证行提出赔偿要求。

6. 信用证的种类

（1）根据是否附有货运单据，可分为跟单信用证和光票信用证

①光票信用证（Clean credit）是凭不附货运单据的汇票或收据付款的信用证。

②跟单信用证（Documentary credit）是凭附带货运单据的汇票或仅凭单据付款的信用证。

（2）不可撤销信用证（Irrevocable credit ）

不可撤销信用证是指信用证一经开出，开征行便承担了按照规定条件履行付款的义务，在信用证有效期内，除非得到信用证有关当事人的同意，开证行不能随便撤销或修改信用证的条款。

（3）根据信用证有无开证行以外的其他银行加以保兑可分为保兑信用证和不保兑信用证

①保兑信用证（Confirmed credit）是指一家银行所开的信用证，经另一家银行保证，对符合信用证条款规定的单据履行付款，经过这样保兑的信用证叫保兑信用证。

②不保兑信用证（Unconfirmed credit）是指未经另一家银行在信用证上加保兑的信用证。

（4）根据受益人交单给指定银行办理结算时，使用信用证的不同方式来分类有即期付款信用证、延期付款信用证、承兑信用证

①即期付款信用证（Sight payment credit）是开证行指定一家银行凭受益人提交的单证相符之单据立即付款的信用证。相关银行称为付款行。

特点是：

第一，即期付款信用证可以是开证行自己付款，也可以由其他银行付款。如属前者，开证行应履行即付款的承诺；如属后者，开证行应保证该款的照付。

第二，一般不需要汇票，只凭商业单据付款，也可以开立以指定付款行为付款人的汇票。

按照付款行和到期地点的不同，还可分为：

进口地付款，进口地到期；

进口地付款，出口地到期；

第三国付款，出口地到期；

出口地付款，出口地到期。

②延期付款信用证（Deferred payment credit）是指远期付款又不需要汇票的信用证，称为延期付款信用证。

这种信用证一般不要求受益人开立汇票，而仅仅规定受益人交单后若干天付款，或货物装船后若干天付款（通常以提单签发日期作为装船日期），在某一固定的将来日期付款。

延期付款信用证多用于资本货物交易，旨在便于进口商在付款前先凭单提货，并安装、调试甚至投入使用后，再支付设备价款。

因此，这种信用证对出口商来说并无多大好处，除了银行的保证到期付款作用外，无资金融通作用。

③承兑信用证（Acceptance credit）是指远期付款并需要开立汇票的信用证就是承兑信用证。

这种信用证要求受益人开立以指定银行为付款人的远期汇票，连同规定单据向指定银行作承兑交单，该行确认汇票和单据表面合格后，即收下单据并将已承兑的汇票交还给受益人（或受益人的委托银行），负责到期付款。

（5）根据受益人使用信用证的权利能否转让划分，可分为可转让信用证和不可转让信用证

①不可转让信用证（Non-transferable credit）是指受益人不能将信用证的权利转让给他人的信用证。

②可转让信用证（Transferable credit）是指开证行授权出口地银行在受益人的要求下，将信用证的权利全部或部分转让给第三者的信用证。可转让信用证的业务流程如图4-15所示。

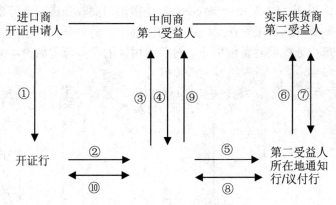

图4-15　可转让信用证的业务流程

注：
①进口商申请开立可转让信用证。

②开证行将可转让信用证开给中间商所在地银行（转让行）。

③转让行将可转让信用证通知给中间商。

④第一受益人（中间商）向转让行申请，将信用证转让给第二受益人。

⑤转让行按第一受益人指示开立转让证，通过第二受益人所在地银行通知。

⑥通知行将转让证通知给第二受益人。

⑦第二受益人审证无误后，出运货物，按规定交单议付。

⑧第二受益人所在地议付行审单议付后，向转让行寄单索偿，转让行履行付款或议付。

⑨转让行通知第一受益人提供自己的发票、汇票以替换第二受益人的发票、汇票。

⑩转让行将第一受益人开立的发票、汇票及第二受益人提供的其他单据一并邮寄开证行索偿，开证行凭符合信用证规定的单据付款后，通知进口商付款赎单。

信用证转让后，原受益人就是第一受益人，受让信用证权利者就是第二受益人。

在国际贸易中，中间商和代理商的存在是可转让信用证产生的直接原因。

在可转让信用证项下，进口商就是开证申请人，中间商为第一受益人，信用证的转让由第一受益人向转让行申请，实际供货商为第二受益人，转让费用也由第一受益人负担。

（6）根据信用证和其他信用证的关系来分，可分为对背信用证和对开信用证

①对背信用证（Back to back credit）是指出口商收到进口商开来的信用证后，要求通知行或其他银行在原信用证的基础上，另外开立一张内容近似的信用证，这张信用证就叫对背信用证。对背信用证的业务流程如图 4-16 所示。

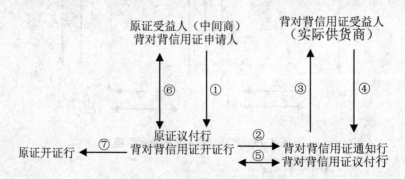

图 4-16　背对背信用证的业务流程

注：

①原证受益人申请开立背对背信用证。

②开立背对背信用证。

③通知背对背信用证。

④实际供货商交单。

⑤背对背信用证议付行向开证行寄单索偿。

⑥中间商换发票与汇票。

⑦向原证的开证行寄单索偿。

在以中间商为受益人的原信用证不许转让，而且非第一开证行的另一家银行在中间商的请求下愿意开立第二个信用证的情形下，可以使用对背信用证。

中间商提供第一个信用证作为开立第二个信用证的抵押。

对背信用证与可转让信用证的区别：

第一，尽管对背信用证是在原信用证的基础上开立的，其本身却是一个独立的信用证。其意义在于，第二个开证行对第二个受益人承担绝对的付款责任。相反，可转让信用证是原信用证的延伸，在此只有一个开证行同时对第一受益人和第二受益人承担付款的责任。

第二，可转让信用证项下，在开证行拒绝付款时，转让行没有付款的责任。

但是，在对背信用证项下，其开证行（即整个交易的第二个开证行）在收到正确的单据时就应该履行付款义务，而不管第一开证行是否付款。

②对开信用证（Reciprocal credit）是由两张相互依存的信用证组成。

一般是在买卖双方有买有卖的情况下，买卖双方同时互相开出信用证，一张信用证的受益人是另一张信用证的开证申请人，而另一张信用证的受益人就是第一张信用证的开证申请人，第一张信用证的开证行是第二张信用证的通知行，而第二张信用证的开证行则是第一张信用证的通知行。如图 4-17 所示。

对开信用证主要运用于易货贸易、补偿贸易以及来料加工等贸易活动。

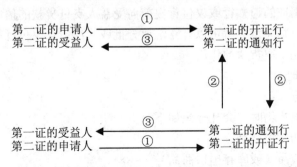

图 4-17　对开信用证开证图

（7）循环信用证（Revolving credit）

信用证金额被全部或部分利用后能够恢复到原金额再被利用，周而复始，直到规定的利用次数或总金额被用完为止。循环信用证分为按时间循环和按金额循环。

①按时间循环信用证是指受益人在一定时间内可支取信用证规定的金额，支取后，在下一次一定时间内仍可支取的信用证。它又分为不可积累循环信用证和可积累循环信用证。

第一，不可积累循环信用证（Non-cumulative revolving credit）是指受益人在规定循环期限内可支取的信用证金额有余额，该余额不可转移到下一期使用。

第二，可积累循环信用证（Non-cumulative revolving credit）是指受益人在规定循环期限内可支取的信用证金额有余额，该余额可转移到下一期使用。

②按金额循环信用证是指在信用证金额议付后，仍恢复到原金额，可以再次支取，直到用完规定的总金额。它又分为自动循环信用证、半自动循环信用证和被动循环信用证。

第一，自动循环信用证（Automatic revolving credit）是指受益人按照规定期限装运、交单、支取信用证金额后，不需要等待开证行通知，信用证金额自动恢复到原金额，即信用证金额用完后自动恢复。

第二，半自动循环信用证（Semi-automatic revolving credit）是指受益人按规定装运、交单、支取信用证金额后在一定时间内开证未提出中止循环的通知，信用证自动恢复至原金额。

第三，被动循环信用证（Non-automatic revolving credit）是指受益人每次支取信用证金额后，需等到开证行的通知，只有在收到开证行的通知后信用证才可恢复至原金额，以供再次支取。

（8）预支信用证（Anticipatory credit）

预支信用证又称红条款信用证（Red clause credit），开证行在信用证上加列条款，授权信用证的通知行或议付行提前向受益人支付货款的信用证。

受益人在货物装运前就可以开立汇票分批或一次请求议付行垫款，该信用证可以起到预先支取货款的作用。

7. 会计处理

（1）出口方

①仓库发出货物时，会计分录如下：

借：待运和发出商品　　　　　　×××

　　贷：产成品（或库存出口商品）　×××

　　（解除仓库的保管责任）

②交单时，会计分录如下：

借：销售费用（市内运费等）　　×××

　　贷：银行存款　　　　　　　　×××

借：应收（外汇）账款　　　　×××

　　贷：主营业务收入——出口　　×××

借：主营业务成本　　×××

　　贷：待运和发出商品　　××××

③收款时，会计分录如下：

借：银行存款　　　　　　　　　　×××

　　财务费用——手续费　　　　　　×××

　　贷：银行借款—议付信用证（指议付时）×××

　　　或应收外汇账款（指即远期付款时）　×××

④议付日后无追索（等待日期无拒付，自动转账），会计分录如下：

借：银行短期借款——议付　××××

　　贷：应收（外汇）账款　　×××

（2）进口方

①存入保证金申请开证时，会计分录如下：

借：其他货币资金——信用证保证金存款　×××

　　贷：银行存款——外币户（或人民币户）　×××

借：财务费用——手续费　×××

　　贷：银行存款　　　××××

②收单时，会计分录如下：

借：商品采购——进口商品　　　×××

　　贷：其他货币资金——信用证保证金存款×××

　　　银行存款　　　　　　　　　　×××　}（即期付款信用证）

　　（或）应付票据——银行承兑汇票（远期信用证）×××

　　　　应付外汇账款（延期付款信用证）　　×××

　　　　银行借款（进口押汇）　　　　　　　×××

借：应交税费—应交增值税（进项税额）×××

　　贷：银行存款　　　　　　　　　　×××

【本章小结】

本章主要讲述了贸易术语、商品价格、票据及汇付、托收、信用证三种常用的国际结算方式。

贸易术语是在长期的国际贸易实践中产生的，用一个简短的概念或三个字母的英文缩写来表示商品的价格构成，并说明在货物的交接过程中，有关交货地点、风险、责任、费用划分等问题的专门术语。有关贸易术语的国际惯例主要有三种：《1932 年华沙－牛津规则》、《1941 年美国对外贸易定义修订本》、《国际贸易术语解释通则》。《2000 通则》中的贸易术语共包括 4 组 13 种，常用的有 FOB、CFR、CIF、FCA、CPT、CIP 6 种贸易术语。

由于价格构成因素不同，影响价格变化的因素也多种多样。因此，在确定进出口商品价格时，应根据国际市场价格水平，结合国家相关外贸政策和购销意图来确定。

广义的票据：商业上的权利单据（Document of tile），作为某人的、不在他实际占有下的金钱或者商品的所有权的证据。

狭义的票据是以支付金钱为目的的证券，由出票人签名于票据上，无条件的约定由自己或者另一个人支付一定金额给收款人或持票人，可以流通转让。本书讲述的是狭义的票据，即汇票、本票、支票。

汇款是最古老的一种结算方式，是在不同国家或者地区之间一方当事人向另外一方当事人转移资金，就是某一银行应其客户的委托，将一定货币额转移至其海外分行或者代理行，指示其付款给某一指定人或者公司的一种结算方式。

托收是国际结算中历史最为悠久的结算方式之一，是债权人（出口商）签发汇票或者单据委托银行通过它的分行或者代理行向国外债务人（进口商）代为收款的一种结算方式。它是仅次于信用证结算方式的一种较为常用的国际结算方式。

信用证是开证行根据申请人的要求，向受益人开立的一种有条件的书面付款保证。开证行保证在收到受益人交付全部符合信用证规定的单据的条件下，向受益人或其指定人履行付款的责任。简言之，信用证是一种银行开立的有条件的承诺付款的书面文件。

第5章 外币业务的核算

【学习目标】

通过本章学习，掌握外币、记账本位币的概念，外币统账法，汇兑差额的结转方法，外币业务的账务处理；熟悉汇率的种类，外币折算、外币兑换、汇兑差额、外币业务的概念；了解外汇的概念，外币分账法。

5.1 外汇与汇率

5.1.1 外汇

（一）外汇的概念

外汇是国际汇兑的简称，通常是指以外国货币表示的可用于国际间债权债务结算的各种支付手段。包括：外国货币、外币存款、外币有价证券（政府公债、国库券、公司债券、股票等）、外币支付凭证（票据、银行存款凭证、邮政储蓄凭证等）。

外汇的概念具有双重含义，即有动态和静态之分。

外汇的静态概念，又分为狭义的外汇概念和广义的外汇概念。

狭义的外汇指的是以外国货币表示的，为各国普遍接受的，可用于国际间债权债务结算的各种支付手段。

它必须具备三个特点：可支付性（必须以外国货币表示的资产）、可获得性（必须是在国外能够得到补偿的债权）和可换性（必须是可以自由兑换为其他支付手段的外币资产）。

广义的外汇指的是一国拥有的一切以外币表示的资产。国际货币基金组织（IMF）对此的定义是："外汇是货币行政当局（中央银行、货币管理机构、外汇平准基金及财政部）以银行存款、财政部库券、长短期政府证券等形式保有的在国际收支逆差时可以使用的债权。"

根据《中华人民共和国外汇管理条例》(2008年8月1日修订，8月5日发布实施)第三条规定，外汇具体包括：

1. 外币现钞，包括纸币；

2. 外币支付凭证或者支付工具，包括票据、银行存款凭证、银行卡等；

3. 外币有价证券，包括债券、股票等；

4. 特别提款权；

5. 其他外汇资产。

外汇的动态概念，是指货币在各国间的流动，以及把一个国家的货币兑换成另一个国家的货币，借以清偿国际间债权、债务关系的一种专门性的经营活动。它是国际间汇兑的简称。

(二)外汇的种类

1. 按照外汇进行兑换时的受限制程度，可分为自由兑换外汇、有限自由兑换外汇和记账外汇

(1)自由兑换外汇

自由兑换外汇是在国际结算中用得最多、在国际金融市场上可以自由买卖、在国际金融中可以用于偿清债权债务、并可以自由兑换其他国家货币的外汇。例如美元、港币、加拿大元等。

(2)有限自由兑换外汇

有限自由兑换外汇是指未经货币发行国批准，不能自由兑换成其他货币或对第三国进行支付的外汇。国际货币基金组织规定凡对国际性经常往来的付款和资金转移有一定限制的货币均属于有限自由兑换货币。世界上有一大半的国家货币属于有限自由兑换货币，包括人民币。

(3)记账外汇

记账外汇又称清算外汇或双边外汇，是指记账在双方指定银行账户上的外汇，不能兑换成其他货币，也不能对第三国进行支付。

2. 根据外汇的来源与用途不同，可以分为贸易外汇、非贸易外汇和金融外汇

(1)贸易外汇

贸易外汇也称实物贸易外汇，是指来源于或用于进出口贸易的外汇，即由于国际间的商品流通所形成的一种国际支付手段。

(2)非贸易外汇

非贸易外汇是指贸易外汇以外的一切外汇，即一切非来源于或用于进出口贸易的外汇，如劳务外汇、侨汇和捐赠外汇等。

（3）金融外汇

金融外汇与贸易外汇、非贸易外汇不同，是属于一种金融资产外汇，例如银行同业间买卖的外汇，既非来源于有形贸易或无形贸易，也非用于有形贸易，而是为了各种货币头寸的管理和摆布。资本在国家之间的转移，也要以货币形态出现，或是间接投资，或是直接投资，都形成在国家之间流动的金融资产，特别是国际游资数量之大、交易之频繁、影响之深刻，不能不引起有关方面的特别关注。

贸易外汇、非贸易外汇和金融外汇在本质上都是外汇，它们之间并不存在不可逾越的鸿沟，而是经常互相转化的。

3. 根据外汇汇率的市场走势不同，外汇又可区分为硬外汇和软外汇

外汇就其特征意义来说，总是指某种具体货币，如美元外汇是指以美元作为国际支付手段的外汇；英镑外汇是指以英镑作为国际支付手段的外汇；日元外汇是指以日元作为国际支付手段的外汇，等等。在国际外汇市场上，由于多方面的原因，各种货币的币值总是经常变化的，汇率也总是经常变动的，因此根据币值和汇率走势我们又可将各种货币归类为硬货币和软货币，或叫强势货币和弱势货币。

（1）硬外汇

硬外汇也称硬币，是指币值坚挺，购买能力较强，汇价呈上涨趋势的自由兑换货币。

（2）软外汇

软外汇也称软币，是指币值疲软，购买能力较弱，汇价呈下跌趋势的自由兑换货币。

由于各国国内外经济、政治情况千变万化，各种货币所处硬币、软币的状态也不是一成不变的，经常是昨天的硬币变成了今天的软币，昨天的软币变成了今天的硬币。

5.1.2　汇率

（一）汇率的含义

汇率是指一种货币兑换成另一种货币的比率，也即用某一种货币表示的另一种货币的价格。

（二）汇率的标价方法

目前，国际汇率有直接标价法和间接标价法两种标价方法。

1. 直接标价法

直接标价法是指以一定数量的外国货币来表示可兑换多少数额的本国货币

的标价方法（大多数国家采用直接标价法）。如在中国：1 美元=6.5752 元人民币。

在直接标价法下，若一定单位的外币折合的本币数额多于前期，则说明外币币值上升或本币币值下跌，叫做外汇汇率上升；反之，如果要用比原来较少的本币能兑换到同一数额的外币，这说明外币币值下跌或本币币值上升，叫做外汇汇率下跌，即外币的价值与汇率的涨跌成正比。

直接标价法与商品的买卖常识相似，例如美元的直接标价法就是把美元外汇作为买卖的商品，以美元为 1 单位，且单位是不变的，而作为货币一方的人民币，是变化的。一般商品的买卖也是这样，500 元买进一件衣服，550 元把它卖出去，赚了 50 元，商品没变，而货币却增加了。

2. 间接标价法

间接标价法是指以一定数量的本国货币来表示可兑换多少数量的外国货币的标价方法。如在美国：1 美元=6.5752 元人民币。

在间接标价法中，本国货币的数额保持不变，外国货币的数额随着本国货币币值的对比变化而变动。如果一定数额的本币能兑换的外币数额比前期少，这表明外币币值上升，本币币值下降，即外汇汇率上升；反之，如果一定数额的本币能兑换的外币数额比前期多，则说明外币币值下降、本币币值上升，也就是外汇汇率下跌，即外币的价值和汇率的升跌成反比。

（三）汇率的分类

1. 按汇率发生的时间划分为现行汇率和历史汇率

（1）现行汇率

现行汇率是指企业发生外币经济业务时的市场汇率。

（2）历史汇率

历史汇率是指企业以前的外币经济业务发生时所使用的汇率。

现行汇率与历史汇率是相对的，前一交易日的市场汇率相对于当日来说是历史汇率，当日的现行汇率相对于次日来说又是历史汇率。

2. 按企业记账所依据的汇率划分为记账汇率和账面汇率

（1）记账汇率

记账汇率是指企业发生外币经济业务进行会计账务处理所采用的汇率。记账汇率可以分为变动汇率（浮动记账汇率）和固定汇率两种。会计记账时，变动汇率是根据银行每天公布的市场汇价的变动而变动，指外币业务发生当日的市场汇率（即现行汇率）；固定汇率是记账汇率在一定时期内保持不变，通常指外币业务发生当期的平均汇率（即历史汇率），一般是周平均汇率或月平均汇率。采用变动汇率记账比较接近实际，但记账汇率变动较多，核算手续较繁。采用

174

固定汇率记账，记账汇率一周（月）一变，核算比较简便。

（2）账面汇率

账面汇率是指企业以往发生的外币业务登记入账时所采用的汇率，即过去的记账汇率（历史汇率）。账面汇率需要采用一定的方法确定，如先进先出法、加权平均法等。对于不同的外币账户，可以采用不同的方法确定账面汇率，如外币存款的账面汇率可以采用先进先出、加权平均、移动平均等方法确定；应收外汇账款、应付外汇账款的账面汇率可以采用先进先出法确定或以原入账时的记账汇率作为账面汇率等。具体采用哪种方法确定账面汇率，由企业自行选定。但一经确定，就不得随意改变。

3. 按国际汇率制度的不同划分为固定汇率和浮动汇率

（1）固定汇率

固定汇率是指一国的货币与另一国的货币的兑换比率固定不变，或者是限制在一定幅度内波动的汇率。

（2）浮动汇率

浮动汇率是指一国的货币与另一国的货币的兑换比率随市场供求关系的变动而上下浮动的汇率。其涨落基本自由，一国货币市场原则上没有维持汇率水平的义务，但必要时可进行干预。

4. 按制定汇率的方法划分为基本汇率和套算汇率

（1）基本汇率

各国在制定汇率时必须选择某一国货币作为主要对比对象，这种货币称之为关键货币。根据本国货币与关键货币实际价值的对比，制定出对它的汇率，这个汇率就是基本汇率。一般美元是国际支付中使用较多的货币，各国都把美元当作制定汇率的主要货币，常把对美元的汇率作为基本汇率。

（2）套算汇率

套算汇率是指各国按照对美元的基本汇率套算出的直接反映其他货币之间价值比率的汇率。

5. 按银行买卖外汇的角度划分为买入汇率、卖出汇率、中间汇率和现钞汇率

（1）买入汇率

买入汇率也称买入价，即银行向同业或客户买入外汇时所使用的汇率。采用直接标价法时，外币折合本币数较少的那个汇率是买入价，采用间接标价法时则相反。

（2）卖出汇率

卖出汇率也称卖出价，即银行向同业或客户卖出外汇时所使用的汇率。采

用直接标价法时，外币折合本币数较多的那个汇率是卖出价，采用间接标价法时则相反。

买入卖出之间有个差价，这个差价是银行买卖外汇的收益，一般为 1%～5%。银行同业之间买卖外汇时使用的买入汇率和卖出汇率也称同业买卖汇率，实际上就是外汇市场买卖价。

（3）中间汇率

中间汇率是买入价与卖出价的平均数，常用来衡量和预测某种货币汇率变动的幅度和趋势。

（4）现钞汇率

一般国家都规定，不允许外国货币在本国流通，只有将外币兑换成本国货币，才能够购买本国的商品和劳务，因此产生了买卖外汇现钞的兑换率，即现钞汇率。按理现钞汇率应与外汇汇率相同，但因需要把外币现钞运到各发行国去，运送外币现钞要花费一定的运费和保险费，因此，银行在收兑外币现钞时的汇率通常要低于外汇买入汇率，而银行卖出外币现钞时使用的汇率则高于其他外汇卖出汇率。

6. 按银行外汇付汇方式划分为电汇汇率、信汇汇率和票汇汇率

（1）电汇汇率

电汇汇率是经营外汇业务的本国银行在卖出外汇后，即以电报委托其国外分支机构或代理行付款给收款人所使用的一种汇率。由于电汇付款快，银行无法占用客户资金头寸，同时，国际间的电报费用较高，所以电汇汇率较一般汇率高。但是电汇调拨资金速度快，有利于加速国际资金周转，因此电汇在外汇交易中占有较大的比重。

（2）信汇汇率

信汇汇率是银行开具付款委托书，用信函方式通过邮局寄给付款地银行转付收款人所使用的一种汇率。由于付款委托书的邮递需要一定的时间，银行在这段时间内可以占用客户的资金，因此，信汇汇率比电汇汇率低。

（3）票汇汇率

票汇汇率是指银行在卖出外汇时，开立一张由其国外分支机构或代理行付款的汇票交给汇款人，由其自带或寄往国外取款所使用的汇率。由于票汇从卖出外汇到支付外汇有一段间隔时间，银行可以在这段时间内占用客户的头寸，所以票汇汇率一般比电汇汇率低。票汇有短期票汇和长期票汇之分，其汇率也不同。由于银行能更长时间运用客户资金，所以长期票汇汇率较短期票汇汇率低。

7. 按外汇交易交割期限划分为即期汇率和远期汇率

（1）即期汇率

即期汇率也叫现汇汇率，是指买卖外汇双方成交当天或两天以内进行交割的汇率。

（2）远期汇率

远期汇率是在未来一定时期进行交割，而事先由买卖双方签订合同、达成协议的汇率。到了交割日期，由协议双方按预订的汇率、金额进行钱汇两清。远期外汇买卖是一种预约性交易，是由于外汇购买者对外汇资金需要的时间不同，以及为了避免外汇汇率变动风险而产生的。

远期外汇的汇率与即期汇率相比是有差额的。这种差额叫远期差价，有升水、贴水、平价三种情况，升水是表示远期汇率比即期汇率贵，贴水则表示远期汇率比即期汇率便宜，平价表示两者相等。

8. 按对外汇管理的宽严划分为官方汇率和市场汇率

（1）官方汇率

官方汇率是指国家机构（财政部、中央银行或外汇管理当局）公布的汇率。

官方汇率又可分为单一汇率和多重汇率。多重汇率是一国政府对本国货币规定的一种以上的对外汇率，是外汇管制的一种特殊形式。其目的在于奖励出口限制进口，限制资本的流入或流出，以改善国际收支状况。

（2）市场汇率

市场汇率是指在自由外汇市场上买卖外汇的实际汇率。在外汇管理较松的国家，官方宣布的汇率往往只起中心汇率作用，实际外汇交易则按市场汇率进行。

9. 按银行营业时间划分为开盘汇率和收盘汇率

（1）开盘汇率

开盘汇率又叫开盘价，是外汇银行在一个营业日刚开始营业时进行外汇买卖使用的汇率。

（2）收盘汇率

收盘汇率又称收盘价，是外汇银行在一个营业日的外汇交易终了时使用的汇率。

5.2 外币业务概述

5.2.1 记账本位币与外币

（一）记账本位币

作为一个会计主体，所发生的经济业务涉及不同种货币时，必然要选取一种统一的记账货币来表示和处理各项经济业务，该种货币就是记账本位币。因此，记账本位币是指用于日常登记账簿和编制财务会计报告时用以表示计量的货币。

《会计法》规定，会计核算以人民币为记账本位币。业务收支以人民币以外的货币为主的单位，可以选定其中一种货币作为记账本位币，但是编报的财务会计报告应当折算为人民币。在一般情况下，企业采用的记账本位币都是企业所在国使用的货币。

（二）外币

凡是记账本位币以外的货币都是外币，外币是与记账本位币相对而言的。企业规定的记账本位币不同，其外币范围也不同。在会计上，人民币也可能成为外币。

5.2.2 外币折算

外币折算是指将不同的外币金额换算成记账本位币金额，是会计上对原有外币金额的重新表述。

进行外币折算，并不是实际发生了兑换或交易等外币经济业务，而仅仅是改变了原有的计量单位。

外币折算会计必须解决三个关键问题：确定记账本位币、选择折算汇率、确认与计量汇率变动带来的损益。

5.2.3 外币兑换

外币兑换是指不同种货币之间的交换，包括外币与记账本位币之间的交换或不同外币之间的交换。外币兑换是货币之间的实际交换，不同于外币折算。

5.2.4　汇兑差额

（一）汇兑差额的含义

汇兑差额指的是对同样数量的外币金额采用不同的汇率折算为记账本位币金额所产生的差额。如资产负债表日或结算日，以不同于交易日即期汇率或前一资产负债表日即期汇率的汇率折算同一外币金额产生的差额即为汇兑差额。

例如，A公司以人民币作为记账本位币。2011年12月1日出口货物一批计10 000美元，货款尚未收到。当天汇率为1:6.35。此项交易应收账款为10 000美元，折合人民币为63 500元。如果双方约定2012年1月20日付款，2011年12月31日（财务报表编制日）和2012年1月20日（结算日）的即期汇率分别为6.32和6.30。那么，10 000美元的应收账款，在报表编制日应折合人民币为63 200元，由于汇率变动产生汇兑差额300元（损失）；在结算日应折合人民币为63 000元，由于汇率变动产生汇兑差额200元（损失）。

（二）汇兑差额的分类

1. 汇兑差额按照外币交易的发生和结算是否在同一会计期间，可分为已实现的汇兑差额和未实现的汇兑差额

（1）已实现的汇兑差额

已实现的汇兑差额是指外币交易的发生和结算在同一会计期间内，在外币交易结算日进行会计计量时，由于结算日汇率不同于发生日汇率而产生的实际利得或损失。上例中，假设在2011年12月20日收回了外币账款，外币账款收回日的即期汇率为6.33，逐笔结转法下由于交易日与结算日的汇率不同而产生的汇兑差额为：10 000×（6.33-6.35）=-200元，这200元即为已实现的汇兑差额（实际损失）。

（2）未实现的汇兑差额

未实现的汇兑差额是指外币交易的发生和结算不在同一会计期间内，在外币交易结算日之前的会计期末编制财务报表时，由于期末编报日汇率不同于发生日汇率而产生的账面利得或损失。上例中，由于交易日与报表编制日的汇率不同而产生的汇兑差额为：10 000×（6.32-6.35）=-300元，这300元即为未实现的汇兑差额（账面损失）。

2. 企业经营期间正常发生的汇兑差额，根据产生的业务，一般可划分为四种

（1）在发生以外币计价的交易业务时，因收回或偿付债权、债务而产生的汇兑差额，称为交易外币汇兑差额。

（2）在外币与记账本位币或一种外币与另一种外币进行兑换时产生的汇兑

差额，称为兑换外币汇兑差额。

（3）在现行汇率制下，会计期末将所有外币性债权、债务和外币性货币资金账户，按期末社会公认的汇率进行调整而产生的汇兑差额，称为调整外币汇兑差额。

（4）会计期末为了合并会计报表或为了重新修正会计记录和重编会计报表，而把外币计量单位的金额转化为记账本位币计量单位的金额，在此过程中产生的汇兑差额，称为换算外币汇兑差额。

（三）汇兑差额的处理原则

1. 企业因采购、销售商品、提供劳务等业务发生的，计入当期损益。

2. 为购建固定资产发生的汇兑差额，在固定资产达到预定可使用状态前发生的计入购建成本，之后的计入当期损益。

3. 为购入无形资产发生的汇兑差额，全部计入无形资产价值。

4. 对外投资及收回投资时发生的，计入当期损益。

5. 企业筹建期间发生的，并入开办费，自企业投产营业之日起一次摊销计入损益。

6. 企业支付投资者利润发生的，计入当期损益。

5.2.5 外币业务

（一）外币业务的含义

外币业务是指企业以记账本位币以外的其他货币进行款项收付、往来结算和计价的经济业务。外币业务包括外币交易和外币报表折算。

1. 外币交易

外币交易是指企业以外币计价和结算的业务。

其主要内容：

（1）外币兑换业务，即一种货币兑换为另一种货币的业务。

（2）外币借款业务，即从银行或其他金融机构取得外币借款以及归还借款的业务。

（3）外币购销业务，即企业购买或销售以外币计价的商品或劳务。

（4）投入外币资本业务，即投资人以外币作为资本投入企业的业务。

（5）外币账户期末调整业务。

2. 外币报表折算

为满足特定的目的，将一种货币单位表述的会计报表换算成所要求的另一种货币单位所表述的会计报表。

（二）外币交易核算账户的设置

为了核算外币业务，凡有外币业务的企业均应设立专门的账户对其进行记录和反应。

1. 外币货币性账户

外币货币性账户是企业持有的货币和将以固定或可确定金额的货币收取的资产或者偿付的负债。一般在本位币总账下，专设外币业务的分类账，与非外币的各个相同账户分别设置、分别核算。外币账户通常分三类：

（1）货币资金：（外币）库存现金、银行存款。

例如，设立"银行存款——×外币账户"进行外币银行存款的明细核算。

（2）外币债权账户：应收账款、应收票据、预付账款等。

例如，设立"应收账款——应收外汇账款"进行外币应收账款的明细核算。

3）外币债务账户：应付账款、应付票据、短期借款、长期借款、预收账款等。

例如，设立"应付账款——应付外汇账款"进行外币应付账款的明细核算。

核算外币货币性账户时，应采用复币记账法，既要记录外币的金额，又要记录按照一定汇率折算为记账本位币的金额。这些账户除了应具备账户的一般特征外，还应能够分别反映原币、折合汇率、记账本位币等情况。例如，某企业进口 US\$1 000 的原材料，折算汇率为 6.3。贷记为：

贷：银行存款——美元户（US\$1 000×6.30）　　6 300

外币货币性账户体现在会计账簿中的格式应为"复币三栏式"，即在借方、贷方和余额三个栏内，分别都应体现"原币"和"记账本位币"的金额。复币制下的账页格式如表 5-1 所示。

表 5-1　账户名称

日期	凭证		摘要	借　方			贷　方			借或贷	余　额		
	字	号		原币	汇率	本位币	原币	汇率	本位币		原币	汇率	本位币

与此相适应，涉及外币业务的记账凭证，也应在格式上与一般记账凭证有区别，在金额栏内也要体现"原币"、"折合汇率"、"记账本位币"的内容，以便据以登记外币货币性账户。

注意：

允许设立现汇账户的企业——所有的外币货币性账户。

不允许设立现汇账户的企业——除现金、银行存款以外的外币货币性账户。

2. 外币非货币性账户

外币非货币性账户是指货币性账户以外的账户，如存货、长期股权投资、交易性金融资产（股票、基金）、固定资产、无形资产等账户，只按记账本位币进行记账。涉外企业的大量账户都属于外币非货币性账户。

3. "财务费用——汇兑差额"账户

因为对同样数量的外币金额采用不同的汇率折算为记账本位币金额时会产生汇兑差额。因此，应该设置"财务费用——汇兑差额"账户核算这种汇兑差额。本账户借方记录汇兑损失，贷方记录汇兑收益。期末，应将本账户的余额转入"本年利润"账户，结转后本账户应无余额。

（三）外币交易的基本核算程序

1. 对于外币货币性项目

（1）交易日（交易发生时）

将外币金额采用交易发生日的即期汇率或与即期汇率近似的汇率折算为记账本位币金额，并登记有关账户（包括外币金额、本位币金额）。

（2）结算日（结清某一外币货币性账户时）

结清某一外币货币性账户时，集中结转法下除货币兑换业务外无汇兑差额；逐笔结转法下将其外币计算金额按照当日即期汇率折算为记账本位币金额，并与原记账本位币金额相比较，其差额记入"财务费用——汇兑差额"。

（3）期末（资产负债表日）

将所有外币货币性账户的外币余额，按照期末即期汇率折算为记账本位币金额，并与原账面记账本位币余额相比较，其差额记入"财务费用——汇兑差额"。

注意：在资产负债表日或结算日，首先要计算每一外币货币性账户的外币余额和记账本位币余额，然后再按照期末即期汇率将计算出来的外币余额折算为记账本位币金额，并与计算出来的原记账本位币余额相比较。

2. 对于外币非货币性项目

（1）交易日（交易发生时）

将外币金额采用交易发生日的即期汇率或与即期汇率近似的汇率折算为记账本位币金额，并登记有关账户。当然为了全面记录经济业务的来龙去脉，实际工作中，也可以对外币非货币性账户进行双重记录。

（2）期末（资产负债表日）

以历史成本计量的外币非货币性项目不产生汇兑差额；以公允价值计量产生的汇兑差额，计入当期损益。

5.3 外币业务的核算方法

5.3.1 外币业务的记账方法

（一）外币统账法

外币统账法是指以某种货币（如人民币）作为记账本位币，企业发生外币业务时，应将外币按照确定的汇率折算为记账本位币入账，并以此编制财务报表。

例如，2012年2月1日，A公司（记账本位币为人民币）从美国一公司购得一台机器设备，价款100万美元，不考虑相关税费，价款尚未支付（假设该日汇率为：1美元＝6.3元人民币）。

2012年2月1日，外币统账法下将100万元美元折算成人民币入账。

这种方法主要适用于涉及外币种类少、业务量不多的企业。

（二）外币分账法

外币分账法是指企业发生外币业务时，直接以外币原币记账，并分币种核算损益和编制会计报表；在资产负债表日，将外币报表折合记账本位币表示的会计报表，并与平时记账本位币会计报表汇总，编制企业整体业务的会计报表。

例如，2012年5月5日收到上月应收账款5 000美元，存入银行。

借：银行存款　　　　　US$5 000
　　贷：应收账款　　　　　US$5 000

这种方法减少了外币的日常折算工作，简化了核算手续，并能准确及时地反映外币资金的增减变化情况，因此，这种方法适用于外币业务繁多的企业。

我国目前只有银行等少数金融企业采用外币分账制，其余大多数企业都采用外币统账制。因此，本书主要介绍外币统账法下的会计处理。

5.3.2 外币业务的记账汇率

《会计准则》规定，外币交易应当在初始确认时，采用交易发生日的即期汇率将外币金额折算为记账本位币金额；汇率波动不大的，也可以采用按照系统合理的方法确定的、与交易发生日即期汇率近似的汇率折算，但前后各期应当采用相同的方法确定当期的近似汇率。

即期汇率通常是指当日中国人民银行公布的人民币外汇牌价的中间价。

即期汇率近似汇率是按照系统合理的方法确定的、与交易发生日即期汇率近似的汇率，通常是指当期平均汇率或加权平均汇率等。

即期汇率的近似汇率计算举例。

以人民币兑美元的周平均汇率为例，假定人民币兑美元每天的即期汇率为：周一：6.8，周二：6.9，周三：6.1，周四：6.2，周：五6.15，周平均汇率为（6.8+6.9+6.1+6.2+6.15）÷5=6.43，月平均汇率的计算方法与周平均汇率的计算方法相同。月加权平均汇率需要采用当月外币交易的外币金额作为权重进行计算。

企业通常应当采用即期汇率进行折算。汇率变动不大的，也可以采用即期汇率的近似汇率进行折算。

5.3.3 汇兑差额的处理观点

外币会计处理的主要问题是如何确认汇兑差额。国际上对汇兑差额的会计处理有两种不同观点，即单一交易观和两项交易观。

（一）单一交易观

1. 定义

在单一交易观下，交易的发生和以后的结算被视为一项完整的业务。

这一观点认为，汇兑差额虽发生在债权或债务结算之时，但起因于产生债权或债务的购销业务，因而应追溯调整原购销业务涉及的采购成本和销售收入等账户。

2. 单一交易观的要点

（1）在交易发生日，按当日汇率将交易发生的外币金额折合为记账本位币入账。

（2）在报表编制日，如果交易尚未结算，应按报表编制日汇率将交易发生的外币金额折算为记账本位币金额，并对有关外币资产、负债、收入、成本账户进行调整。

（3）在交易结算日，应按结算日汇率将交易发生的外币金额折算为记账本位币金额，并对有关外币资产、负债、收入、成本账户进行调整。

例如，购入原材料 US$1 000。

①购货日，2011 年 12 月 15 日，汇率为 6.40。作会计分录如下：

借：原材料　　　　　　　　　　　　　　　6 400
　　贷：应付外汇账款——美元（US$1 000×6.40）　6 400

②期末，2011 年 12 月 31 日，汇率为 6.38。作会计分录如下：

借：应付外汇账款——美元[(6.40-6.38)×US$1 000]　20
　　贷：原材料　　　　　　　　　　　　　　　　20

③归还日，2012 年 1 月 5 日，汇率为 6.39。作会计分录如下：

借：原材料   10
    贷：应付外汇账款——美元[(6.39-6.38)×US$1 000]   10
借：应付外汇账款——美元（US$1 000×6.39）   6 390
    贷：银行存款——美元户（US$1 000×6.39）   6 390

例如，销售额 US$1 000。

①销售日，2011 年 12 月 20 日，汇率为 6.40。作会计分录如下：

借：应收外汇账款–美元（US$1 000× 6.40）   6 400
    贷：主营业务收入   6 400

②期末，2011 年 12 月 31 日，汇率为 6.38。作会计分录如下：

借：主营业务收入   20
    贷：应收外汇账款——美元[(6.40-6.38)×US$1 000]   20

③归还日，2012 年 10 日，汇率为 6.39。作会计分录如下：

借：应收外汇账款——美元[(6.39-6.38)×US$1 000]   10
    贷：主营业务收入   10
借：银行存款——美元户（US$1 000×6.39）   6 390
    贷：应收外汇账款——美元（US$1 000×6.39）   6 390

可见，在单一交易观下，实际上将原来购销业务的记账本位币的入账价格看作一项估计数，等到有关应收和应付账款结清时，对原来销售收入或采购成本进行调整，结清相关应收和应付账款时，这才认为这一外币交易完成。

3. 单一交易观的缺点

（1）这种做法在实际操作中比较繁琐，特别是对跨年度的债权债务结算难度更大。

（2）不单独设置账户反映汇兑损益，而将其掩盖在其他账户之中，不能清晰地反映汇率变动对企业损益的影响，不能集中反映外币风险程度和提供对业务有用的决策。

（3）另外，不利于汇兑损益的汇总计算，使会计处理更加复杂化，也使会计信息的揭示不够完整和全面。

（二）两项交易观（大多数国家采用，包括我国在内）

1. 定义

在两项交易观下，交易的发生和以后的结算被视为两项业务。

这一观点认为，汇兑差额产生于独立的债权或债务结算业务，这种汇兑差额是企业财务活动的一个方面，其好坏应单独反映。购货成本或销售收入均按交易发生日的汇率确定，而与结算日的汇率无关。

185

2. 两项交易观下汇兑差额的确认

对于已实现汇兑差额和未实现汇兑差额是否应计入本期损益有两种不同的观点。

一种认为，对于计入本期损益的汇兑差额应按收付实现制作为核算基础，即本期实现的汇兑差额应确认为本期损益，本期未实现的汇兑差额不能确认为本期损益。

这种处理方法能够真实反映本期损益，但是企业由于其他业务都采用权责发生制核算基础，唯独外币业务采用收付实现制，有悖于一致性原则，也不利于外汇风险的充分体现和及时防范。

另一种认为，对于计入本期损益的汇兑损益应按权责发生制作为核算基础，即不管是已实现的汇兑差额还是未实现的汇兑差额都应计入本期损益。

这种处理方法与企业整个经济业务的处理一致，但是在汇率波动较大或汇率持续单向变动时，账面所反映的损益会长期虚增或虚减，不利于及时充分地反映外汇风险（大多数国家采用，包括我国在内）。

例如，购入原材料 US\$1 000。

①购货日，2011 年 12 月 15 日，汇率为 6.40。作会计分录如下：

借：原材料　　　　　　　　　　　　　　　　6 400

　贷：应付外汇账款——美元（US\$1 000×6.40）　6 400

②期末，2011 年 12 月 31 日，汇率为 6.38。作会计分录如下：

借：应付外汇账款——美元[(6.40-6.38)×US\$1 000]　20

　贷：财务费用——汇兑差额　　　　　　　　　　　20

③归还日，2012 年 1 月 5 日，汇率为 6.39。作会计分录如下：

借：财务费用——汇兑差额　　　　　　　　　　10

　贷：应付外汇账款——美元[(6.39-6.38)×US\$1 000]　10

借：应付外汇账款——美元（US\$1 000×6.39）　6 390

　贷：银行存款——美元户（US\$1 000×6.39）　　6 390

例如，销售额 US\$1 000。

①销售日，2011 年 12 月 20 日，汇率为 6.40。作会计分录如下：

借：应收外汇账款——美元（US\$1 000× 6.40）　6 400

　贷：主营业务收入　　　　　　　　　　　　　6 400

②期末，2011 年 12 月 31 日，汇率为 6.38。作会计分录如下：

借：财务费用——汇兑损益　　　　　　　　　　20

　贷：应收外汇账款——美元[(6.40-6.38)×US\$1 000]　20

③归还日，2012 年 1 月 10 日，汇率为 6.39。作会计分录如下：

借：应收外汇账款——美元[(6.39-6.38)×US\$1 000]　　　10

　　贷：财务费用——汇兑差额　　　　　　　　　　　　　　　10

借：银行存款——美元户（US\$1 000×6.39）　　　　　6 390

　　贷：应收外汇账款——美元（US\$1 000×6.39）　　　6 390

5.3.4　汇兑差额的结转方法

（一）逐笔结转法

1. 含义

逐笔结转法是指在会计期间对每一笔外币业务产生的汇兑差额应随时进行计算并结转的方法。

2. 逐笔结转法的核算要点

（1）在会计期间，外币业务所涉及的外币货币性账户增加时按即期汇率折算为记账本位币入账，减少时按账面汇率核销，其账面汇率的计算可以采用先进先出法、加权平均法等方法确定。

（2）在会计期末，将所有的外币货币性账户的原外币期末账面结存余额按期末市场汇率折算成本位币金额，折算后的本位币金额与原账面本位币期末余额之间的差额作为当期的汇兑损益进行结转。

逐笔结转法能够反映各笔外币业务发生的汇兑差额和期末因汇率变动而发生的汇兑差额，但核算的工作量大。这种方法适合于外币业务不多，但每笔业务交易金额较大的企业。不同货币兑换即采用此法。

【例5-1】甲公司2011年12月1日应付外汇账款无余额，2011年12月3日进口A公司商品形成应付外汇账款20 000美元，当日即期汇率6.4，2011年12月20日归还欠款10 000美元，当日即期汇率6.36，2011年12月31日即期汇率6.32。不考虑相关税费，采用逐笔结转法核算汇兑差额。

（1）2011年12月3日（购货日），会计分录如下：

借：商品采购——进口商品采购　　　　　　　　　　128 000

　　贷：应付外汇账款（US\$20 000×6.4）　　　　　　128 000

（2）12月20日归还欠款10 000美元，会计分录如下：

借：应付外汇账款（US\$10 000×6.4）　　　　　　　　64 000

　　贷：银行存款——美元户（US\$10 000×6.36）　　　63 600

　　　　财务费用——汇兑差额　　　　　　　　　　　　　400

（3）12月31日，"应付外汇账款"人民币账面余额为：128 000-64 000= 64 000元，"应付外汇账款"原外币账面余额为US\$10 000，按当日美元即期汇率6.32折算成人民币为63 200元；产生汇兑差额：64 000-63 200=800元（收益），会计分录如下：

借：应付外汇账款　　　　　　　　800

　　贷：财务费用——汇兑差额　　　　800

本月应付外汇账款账户共产生汇兑差额：400+800=1 200 元（收益）。

（二）集中结转法

1. 含义

集中结转法是指在会计期间对每一笔外币业务产生的汇兑差额不进行确认，期末一并计算并结转。

2. 集中结转法的核算要点

（1）在会计期间，外币业务所涉及的外币货币性账户均按即期汇率折算为记账本位币入账。

（2）在会计期末，将所有的外币货币性账户的原外币期末账面结存余额按期末市场汇率折算成本位币金额，折算后的本位币金额与原账面本位币期末余额之间的差额作为当期的汇兑损益进行结转

集中结转法下，由于一笔外币业务的借贷双方都采用相同的汇率折合为记账本位币，因此不论汇率是否发生变动，在记账的同时，除不同货币兑换业务外，一般不会产生汇兑差额。

集中结转法能够集中一次结转汇兑差额，简化了核算工作，但平时不能反映各笔外币业务的汇兑差额。这种方法适用于外币业务较多，但每笔业务交易金额不大的企业。大多数企业一般采用此方法核算汇兑损益。

逐笔结转法和集中结转法的计算结果是一致的。

【例 5-2】承例 5-1，采用集中结转法核算汇兑差额。

（1）2011 年 12 月 3 日（购货日），会计分录如下：

借：商品采购——进口商品采购　　　　　　　128 000

　　贷：应付外汇账款（US$20 000×6.4）　　　128 000

（2）12 月 20 日归还欠款 10 000 美元，会计分录如下：

借：应付外汇账款（US$10 000×6.36）　　　63 600

　　贷：银行存款——美元户（US$10 000×6.36）　　63 600

（3）12 月 31 日，"应付外汇账款"人民币账面余额为：128 000-63 600=64 400 元，"应付外汇账款"原外币账面余额为 US$10 000，按当日美元即期汇率 6.32 折算成人民币为 63 200 元；产生汇兑差额：64 400-63 200=1 200 元（收益），会计分录如下：

借：应付外汇账款　　　　　　1 200

　　贷：财务费用——汇兑差额　　　1 200

本月应付外汇账款账户共产生汇兑差额为 1 200 元（收益）。

两种结转方法最终的汇兑差额是一样的。

5.3.5 汇兑差额结转综合举例

【例 5-3】2011 年 12 月 1 日，ABC 电器进出口公司外币账户余额如下表所示。

项目	外币账户余额/美元	汇率	记账本位币/人民币元
银行存款——美元户	56 000	6.28	351 680
应收外汇账款——长虹公司	42 000	6.28	263 760
应付外汇账款——格力公司	36 000	6.28	226 080

12 月份发生下列有关的经济业务：

（1）2 日，支付上月所欠格力公司外汇账款 36 000 美元，当日美元即期汇率为 6.29。

（2）4 日，销货给亚美公司电器一批，发票金额为 68 000 美元，当日美元即期汇率为 6.29 元。

（3）7 日，向海力公司进口电器（存货）一批，发票金额为 50 000 美元，款项尚未支付，当日美元即期汇率为 6.29。

（4）9 日，向银行购汇 30 000 美元，以备支付前欠海力公司货款，当日美元卖出价为 6.40 元，当日美元即期汇率中间价为 6.30 元。

（5）10 日，支付前欠海力公司货款 50 000 美元，当日美元即期汇率为 6.28。

（6）12 日，银行收妥上月长虹公司所欠款项 42 000 美元，送来收汇通知，当日美元即期汇率为 6.28。

（7）16 日，银行收妥亚美公司款项 68 000 美元，送来收汇通知，当日美元即期汇率为 6.28。

（8）20 日，将 10 000 美元向银行办理结汇手续，当日美元买入价为 6.27 元，当日美元即期汇率中间价为 6.37 元。

（9）23 日，销售给长虹公司电器一批，发票金额为 62 000 美元，当日美元即期汇率为 6.28。

（10）27 日，向吉瑞公司购进电器（存货）一批，发票金额为 47 500 美元，款项尚未支付，当日美元即期汇率为 6.28。

（11）31 日，美元市场即期汇率为 6.27，调整各外币账户的期末余额。

1. 逐笔结转法下的账务处理

ABC公司外币账户按当日即期汇率折算，银行存款美元户账面汇率的计算采用先进先出法，用逐笔结转法编制会计分录如下：

（1）借：应付外汇账款——格利公司（US$36 000×6.28）　226 080

　　　贷：银行存款——美元户（US$36 000×6.28）　　　　　226 080

（2）借：应收外汇账款——美亚公司（US$68 000×6.29）　427 720

　　　贷：自营出口销售收入　　　　　　　　　　　　　　427 720

（3）借：商品采购——海力公司　　　　　　　　　　　　314 500

　　　贷：应付外汇账款——海力公司（US$50 000×6.29）　　314 500

（4）借：银行存款——美元户（US$30 000×6.30）　　　189 000

　　　　财务费用——汇兑差额　　　　　　　　　　　　3 000

　　　贷：银行存款——人民币户（US$30 000×6.40）　　　192 000

（5）借：应付外汇账款——海力公司（US$50 000×6.29）　314 500

　　　　财务费用——汇兑差额　　　　　　　　　　　　100

　　　贷：银行存款——美元户　　　　　　　　　　　　314 600

314 600=[US$(56 000-36 00)×6.28+ US$30 000×6.30]

（6）借：银行存款——美元户（US$42 000×6.28）　　　263 760

　　　贷：应收外汇账款——长虹公司（US$42 000×6.28）　263 760

（7）借：银行存款——美元户（US$68 000×6.28）　　　427 040

　　　　财务费用——汇兑差额　　　　　　　　　　　　680

　　　贷：应收外汇账款——美亚公司（US$68 000×6.29）　427 720

（8）借：银行存款——人民币户（US$10 000×6.27）　　62 700

　　　　财务费用——汇兑差额　　　　　　　　　　　　100

　　　贷：银行存款——美元户（US$10 000×6.28）　　　　62 800

（9）借：应收外汇账款——长虹公司（US$62 000×6.28）　389 360

　　　贷：自营出口销售收入　　　　　　　　　　　　　389 360

（10）借：商品采购——吉瑞公司　　　　　　　　　　　298 300

　　　贷：应付外汇账款——吉瑞公司（US$47 500×6.28）　298 300

（11）31日调整各外币账户余额

借		银行存款——美元户			贷
期初余$56 000	6.28	351 680			
（4）$30 000	6.30	189 000	（1）$36 000	6.28	226 080
（6）$42 000	6.28	263 760	（5）$50 000		314 600
（7）$68 000	6.28	427 040	（8）$10 000	6.28	62 800
期末余额$100 000		628 000			

汇兑差额（损失）US$100 000×6.27-628 000=-1 000（元）

借			应收外汇账款			贷
期初余额$42 000	6.28	263 760				
（2） $68 000	6.29	427 720	（6） $42 000	6.28	263 760	
（9） $62 000	6.28	389 360	（7） $68 000	6.29	427 720	
期末余额$62 000		389 360				

汇兑差额（损失）US$62 000×6.27-389 360=-620（元）

借			应付外汇账款			贷
			期初余额$36 000	6.28	226 080	
（1）$36 000	6.28	226 080	（3） $50 000	6.29	314 500	
（5）$50 000	6.29	314 500	（10）$47 500	6.28	298 300	
			期末余额$47 500		298 300	

汇兑差额（收益）US$47 500×6.27-298 300=-475（元）

根据上列各账户结出的汇兑差额，作调整会计分录如下：

借：应付外汇账户　　　　　　　　 475

　财务费用——汇兑差额　　　　 1 145

　　贷：银行存款——美元户　　　　　　　 1 000

　　　　应收外汇账款　　　　　　　　　　 620

ABC 公司以当日即期汇率为记账汇率，逐笔结转法下，本月共发生汇兑差额：1 145（期末调整差）+3 000（兑换差）+100（交易差）+680（交易差）+100（兑换差）=5 025（元）。

2. 集中结转法下的账务处理

ABC 公司外币账户按当日及其汇率折算，用集中结转法编制会计分录如下：

（1）借：应付外汇账款——格利公司（US$36 000×6.29）　 226 440

　　　　贷：银行存款——美元户（US$36 000×6.29）　　　　 226 440

（2）借：应收外汇账款——美亚公司（US$68 000×6.29）　 427 720

　　　　贷：自营出口销售收入　　　　　　　　　　　　　　 427 720

（3）借：商品采购——海力公司　　　　　　　　　　　　 314 500

　　　　贷：应付外汇账款——海力公司（US$50 000×6.29）　 314 500

（4）借：银行存款——美元户（US$30 000×6.30）　　　　 189 000

　　　　财务费用——汇兑差额　　　　　　　　　　　　　 3 000

　　　　贷：银行存款——人民币户（US$30 000×6.40）　　 192 000

（5）借：应付外汇账款——海力公司（US$50 000×6.28）　314 000
　　　贷：银行存款——美元户（US$50 000×6.28）　　　314 000
（6）借：银行存款——美元户（US$42 000×6.28）　263 760
　　　贷：应收外汇账款——长虹公司（US$42 000×6.28）　263 760
（7）借：银行存款——美元户（US$68 000×6.28）　427 040
　　　贷：应收外汇账款——美亚公司（US$68 000×6.29）　427 040
（8）借：银行存款——人民币户（US$10 000×6.27）　62 700
　　　　财务费用——汇兑差额　1 000
　　　贷：银行存款——美元户（US$10 000×6.37）　　　63 700
（9）借：应收外汇账款——长虹公司（US$62 000×6.28）　389 360
　　　贷：自营出口销售收入　　　389 360
（10）借：商品采购——吉瑞公司　298 300
　　　贷：应付外汇账款——吉瑞公司（US$47 500×6.28）　298 300
（11）31日调整各外币账户余额。

借			银行存款——美元户			贷
期初余额$56 000	6.28	351 680				
（4）　$30 000	6.30	189 000	（1）　$36 000	6.29	226 440	
（6）　$42 000	6.28	263 760	（5）　$50 000	6.28	314 000	
（7）　$68 000	6.28	427 040	（8）　$10 000	6.37	63 700	
期末余额$100 000		627 340				

汇兑差额（损失）US$100 000×6.27-627 340=-340（元）

借			应收外汇账款			贷
期初余额$42 000	6.28	263 760				
（2）　$68 000	6.29	427 720	（6）　$42 000	6.28	263 760	
（9）　$62 000	6.28	389 360	（7）　$68 000	6.28	427 040	
期末余额$62 000		390 040				

汇兑差额（损失）US$62 000×6.27-390 040=-1 300（元）

借			应付外汇账款			贷
			期初余额$42 000	6.28	263 760	
（1）$36 000	6.28	226 080	（3）　　$50 000	6.29	314 500	
（5）$50 000	6.28	314 000	（10）　$47 500	6.28	298 300	
			期末余额$47 500		298 440	

汇兑差额（收益）US$47 500×6.27-298 440=-615（元）

根据上列各账户结出的汇兑差额，作调整会计分录如下：

借：应付外汇账户 615

　　财务费用——汇兑差额 1 025

　　贷：银行存款——美元户 340

　　　　应收外汇账款 1 300

ABC 公司以当日即期汇率为记账汇率，集中结转法下，本月共发生汇兑差额：1 025（期末调整差）+3 000（兑换差）+1 000（兑换差）=5 025（元）。

5.4 外币业务的账务处理

5.4.1 交易日外币业务的会计处理

企业发生外币业务的，应当在初始确认时采用交易日的即期汇率或与即期汇率的近似汇率将外币金额折算为记账本位币金额。

（一）商品、劳务等购销业务

1. 进口购入

企业以外币购入原材料和固定资产，按当日即期汇率将支付（或应付）的外币折算为记账本位币，以确定购入货物及债务的入账价值，同时采用复币记账登记相关外币货币性账户。此交易在初始确认时没有汇兑差额发生。

如购入原材料，其会计分录如下：

借：原材料——进口（登记按当日即期汇率折算的记账本位币金额）

　　应交税费——应交增值税（进项税额）

　　贷：应付外汇账款（银行存款）——外币户（CIF 价）（复币记账）

　　　　银行存款——人民币户（关税、消费税、增值税）

【例 5-4】甲股份有限公司属于增值税一般纳税企业，选择确定的记账本位币为人民币，其外币交易采用交易日即期汇率折算。2011 年 10 月 12 日，从美国乙公司购入某种工业原料 2 000 000 美元，当日的即期汇率为 1 美元=6.4 元人民币，进口关税为 1 280 000 元人民币，支付进口增值税 2 393 600 元人民币，货款尚未支付，进口关税及增值税由银行存款支付。

本例中，此项经济业务的发生，使得甲股份有限公司由于该笔交易而产生的外币货币性账户"应付外汇账款"增加 2 000 000 美元，将该账户按照 2011 年 10 月 12 日（交易日）的即期汇率 1 美元=6.4 元人民币折算为记账本位币金额 12 800 000 元人民币（USD2 000 000×6.4）入账，对该账户采用复币记账；非外币货币性账户"原材料——进口"增加，按照按 2011 年 10 月 12 日（交易日）的即期汇率 1 美元=6.4 元人民币将"应付外汇账款"的外币金额 2 000 000 美元折算为记账本位币金额 12 800 000 元人民币（USD2 000 000×6.4）与进口关税 1 280 000 元人民币之和作为该账户的入账价值。会计分录如下：

借：原材料——进口（USD2 000 000×6.4+1 280 000）　　14 080 000
　　应交税费——应交增值税（进项税额）　　　　　　　　 2 393 600
　贷：应付外汇账款——乙公司（USD2 000 000×6.4）　　 12 800 000
　　　银行存款——人民币户　　　　　　　　　　　　　　 3 673 600

【例 5-5】2011 年 9 月 15 日，滨海公司购入原材料 US$1 000，货款尚未支付，汇率为 6.4，假设不考虑增值税等相关税费。

本例中，此项经济业务的发生，使得滨海公司由于该笔交易而产生的外币货币性账户"应付外汇账款"增加 1 000 美元，将该账户按照 2011 年 9 月 15 日（交易日）的即期汇率 1 美元=6.4 元人民币折算为记账本位币金额 6 400 元人民币（US$1000×6.40）入账，对该账户采用复币记账；非外币货币性账户"原材料——进口"增加，按照按 2011 年 9 月 15 日（交易日）的即期汇率 1 美元=6.4 元人民币将"应付外汇账款"的外币金额 1 000 美元折算为记账本位币金额 6 400 元人民币（USD2 000 000×6.4）作为该账户的入账价值。会计分录如下：

借：原材料——进口　　　　　　　　　　　　　　　　 6 400
　贷：应付外汇账款——美元（US$1000×6.40）　　　　 6 400

2. 出口销售

企业出口商品，按照即期汇率将外币销售收入折算为记账本位币金额入账；对于取得的款项或发生的外币货币性债权采用复币记账。此交易在初始确认时没有汇兑差额发生。会计分录如下：

借：银行存款（应收账款、应收票据）——外币户
　贷：主营业务收入——出口

【例 5-6】滨海公司属于增值税一般纳税企业，选择确定的记账本位币为人民币，其外币交易采用交易日即期汇率折算。2011 年 9 月 20 日出口商品一批，货款共计 1 000 美元，尚未收到，当日汇率为 1 美元＝6.35 元人民币。假定不考虑增值税等相关税费。

本例中，此项经济业务的发生，使得滨海公司由于该笔交易而产生的外币货币性账户"应收外汇账款"增加 1 000 美元，将该账户按照 2011 年 9 月 20 日（交易日）的即期汇率 1 美元=6.35 元人民币折算为记账本位币金额 6 350 元人民币（US$1000×6.35）入账，对该账户采用复币记账；非外币货币性账户"主

194

营业务收入——出口"增加，按照按 2011 年 9 月 20 日（交易日）的即期汇率 1 美元=6.35 元人民币将"应收外汇账款"的外币金额 1 000 美元折算为记账本位币金额 6 350 元人民币（US$1000× 6.35）作为该账户的入账价值。滨海公司应进行以下账务处理：

  借：应收外汇账款——美元（US$1000× 6.35） 6 350

   贷：主营业务收入——出口   6 350

【例 5-7】滨海外贸公司 2011 年 10 月 15 日出口商品一批，共 10 000 美元（款项已收），设当日即期汇率为 1 美元等于 6.36 元人民币。假设不考虑相关税费。有关账务处理如下：

  借：银行存款——美元户（US$10 000×6.36） 63 600

   贷：主营业务收入——出口   63 600

（二）外币兑换业务（结售汇）

企业发生的货币兑换业务或涉及外币兑换的交易事项，收取或支付的人民币存款应当以交易实际采用的汇率（即银行买入价或卖出价）折算，而支付或收取的外币存款则按当日即期汇率折算，由于银行买入价或卖出价与当日即期汇率不同所产生的汇兑差额计入"财务费用——汇兑差额"账户。

1. 企业卖出外币的业务

企业卖出外币，也就是企业用外币从银行换入人民币，因此，企业的银行存款（人民币户）增加，银行存款（外币户）减少。对银行而言，则是买入外币，因此应该按照买入价计算企业兑换得到的人民币数额。即银行存款（人民币户）的入账金额为：外币金额×银行买入价。同时，按照外币统账制的要求，应该按照当日即期汇率将企业付出的外币折算记入银行存款（外币户）。即银行存款（外币户）的入账金额为：外币金额×当日即期汇率。由于银行买入价与当日即期汇率不同所产生的汇兑差额记入"财务费用——汇兑差额"账户。会计分录如下：

  借：银行存款——人民币户   外币金额×银行买入价

    财务费用——汇兑差额

   贷：银行存款——外币户   外币金额×当日市场汇率

【例 5-8】滨海公司外币业务按照业务发生时的市场汇率折算。本期将 10 000 美元售给银行。设当日银行买入价为 1 美元等于 6.38 元人民币；当日即期汇率（中间价）为 1 美元=6.4 元人民币。

本例中，滨海公司"银行存款——美元户"减少，减少的金额为 10 000 美元，按照当日即期汇率（中间价）6.4 将 10 000 美元折算为人民币，金额为：US$1 000×6.4= 64 000 元，此账户采用复币记账，同时记录美元和人民币的减少额；"银行存款——人民币户"增加，增加的金额（即从银行实际收取的人民币）为：US$1 000×6.38=63 800 元；"财务费用——汇兑差额"账户的金额（即汇兑损失）=64 000-63 800=200 元。

会计人员根据有关凭证，编制会计分录如下：

借：银行存款——人民币户（US$1 000×6.38）　　63 800

　　　财务费用——汇兑差额　　　　　　　　　　　200

　　贷：银行存款——美元户（US$1 000×6.4）　　64 000

2. 企业买入外币的业务

企业买入外币，也就是企业用人民币从银行换入外币，因此，企业的银行存款（外币户）增加，银行存款（人民币户）减少。对银行而言，则是卖出外币，因此应该按照卖出价计算企业兑换付出的人民币数额。即银行存款（人民币户）的入账金额为：外币金额×银行卖出价。同时，按照外币统账制的要求，应该按照当日即期汇率将企业换入的外币折算记入银行存款（外币户）。即银行存款（外币户）的入账金额为：外币金额×当日即期汇率。由于银行卖出价与当日即期汇率不同所产生的汇兑差额记入"财务费用——汇兑差额"账户。会计分录如下：

借：银行存款——外币户　　　　　　　外币金额×当日市场汇率

　　　财务费用——汇兑差额

　　贷：银行存款——人民币户　　　　　外币金额×银行卖出价

【例5-9】滨海公司外币业务按照业务发生时的市场汇率折算。本期用人民币向银行购买 10 000 美元。设当日银行卖出价为 1 美元等于 6.42 元人民币；当日即期汇率（中间价）为 1 美元等于 6.4 元人民币。

本例中，滨海公司"银行存款——人民币户"减少，减少的金额（即向银行实际支付的人民币）为：US$1 000×6.42= 64 200 元；"银行存款——美元户"增加，增加的金额为 10 000 美元，按照当日当日即期汇率（中间价）6.4 将 10 000 美元折算为人民币，金额为：US$1 000×6.4= 64 000 元，此账户采用复币记账，同时记录美元和人民币的增加额；"财务费用——汇兑差额"账户的金额（即汇兑损失）=64 200-64 000=200 元。

会计人员根据有关凭证，编制会计分录如下：

借：银行存款——外币户（US$1 000×6.4）　　64 000

　　　财务费用——汇兑差额　　　　　　　　　200

　　贷：银行存款——人民币户（US$1 000×6.42）　　64 200

3. 企业发生的外币交易涉及人民币以外的货币之间折算的，按换出外币的买入价将换出外币折算为人民币金额，再将折算的人民币金额按换入外币卖出价折算为换入外币的金额。但是在登记外币账户时，按照外币统账制的要求，换出外币和换入外币均应按照当日即期汇率折算为人民币金额入账，汇兑差额记入"财务费用——汇兑差额"账户。会计分录如下：

借：银行存款——外币户　　　　　　换入外币金额×当日市场汇率

　　财务费用——汇兑差额

贷：银行存款——人民币户　　　　　换出外币金额×当日市场汇率

【例5-10】滨海公司外币业务按照业务发生时的市场汇率折算。本期用10万美元兑换英镑，开户银行美元买入价6.312，英镑卖出价9.945，中国人民银行中间汇率：美元为6.324，英镑为9.905。

本例中，滨海公司：

（1）按照换出外币（美元）的买入价6.312将10万美元折算成人民币，金额为：US$100 000×6.312=￥631 200

再按照换入外币（英镑）的卖出价9.945将￥631 200折算成英镑，金额为：￥631 200/9.945=GBP63 469.08

即10万美元可换得63 469.08英镑。

上述过程也可以简化为下式来计算10万美元可换得的英镑金额数：

US$100 000×6.312/9.945= GBP63 469.08

（2）在登记美元账户（减少）时，应按照美元的即期汇率6.324将10万美元折算成人民币，金额为：US$100 000×6.324=￥632 400。

在登记英镑账户（增加）时，应按照英镑的即期汇率9.905将63 469.08英镑折算成人民币，金额为：GBP63 469.08×9.905=￥628 661.24。

"财务费用——汇兑差额"账户的金额（即汇兑损失）=632 400-628 661.24=3 738.76元

该企业根据这样的兑换结果，作会计分录如下：

借：银行存款——英镑户（GBP63 469.08×9.905）　　　628 661.24

　　财务费用——汇兑差额　　　　　　　　　　　　　3 738.76

贷：银行存款——美元户（US$100 000×6.324）　　　　632 400

（三）外币借款业务

企业借入外币时，按照借入时的即期汇率折算为记账本位币入账，同时按照借入外币的金额采用复币记账登记相关的外币账户；归还外币时，按照归还时的即期汇率折算为记账本位币入账，同时按照归还外币的金额（包括利息）采用复币记账登记相关的外币账户。由此造成的"短期借款"科目借贷两方的人民币差额，在期末进行调整时一并处理。相关会计分录如下：

（1）借入时：

借：银行存款——外币户　　　　　　外币金额×当日市场汇率

　　贷：短（长）期借款——外币户　　　　外币金额×当日市场汇率

（2）归还时：

借：短（长）期借款——外币户　　外币金额×当日市场汇率

　　财务费用（利息）　　　　　　外币利息金额×当日市场汇率

　　　贷：银行存款——外币户　　　　　外币金额×当日市场汇率

【例5-11】滨海公司选定的记账本位币是人民币。2011年7月18日从中国工商银行借入美元1 000，期限为6个月，年利率为1%，当日的即期汇率为1美元=6.46元人民币。归还时，即期汇率为1美元=6.32元人民币。假定借入的美元暂存银行，相关会计分录如下：

借入时：

借：银行存款——美元户（US$1 000×6.46）　　6 460

　　贷：短期借款——美元户（US$1 000×6.46）　　6 460

归还时：

借：短期借款——美元户（US$1 000×6.32）　　6 320

　　财务费用——利息（US$5×6.32）　　　　　　31.6

　　贷：银行存款——美元户（US$1 005×6.32）　　6 351.6

（四）接受外币投资业务

企业收到投资者以外币投入的资本，无论是否有合同约定利率，均不得采用合同约定利率和即期汇率的近似利率折算，而是采用交易日即期汇率折算，这样，外币投入资本与其相对应的资产类科目的记账本位币金额相等，不产生外币资本折算差额,资产类科目在期末仍分别货币性项目与非货币性项目处理。会计分录如下：

借：资产科目（外币金额×即期汇率）

　　贷：实收资本（外币金额×即期汇率）

【例5-12】滨海公司接受外商投资。收到100万美元，当日即期汇率为1美元等于6.48元人民币。按照投资协议约定汇率为1美元等于6.5元人民币。相关会计分录如下：

借：银行存款——美元（US$1000 000×6.48）6 480 000

　　贷：实收资本　　　　　　　　　　　　6 480 000

【例5-13】滨海公司与外商签订的投资合同中规定外商分次投入外币资本，设公司第一次收到外商投入资本100万美元，即期汇率为1美元=6.48元人民币，第二次收到外商投入资本100万美元，即期汇率为1美元=6.46元人民币。

按照投资协议约定汇率为1美元等于6.5元人民币。相关会计分录如下：

第一次收到外币资本时：

借：银行存款——美元（US$1000 000×6.48）6 480 000

    贷：实收资本　　　　　　　　　　　6 480 000

第二次收到外币资本时：

借：银行存款——美元（US$1000 000×6.46）6 460 000

    贷：实收资本　　　　　　　　　　　6 460 000

5.4.2 资产负债表日外币业务的会计处理

按照《企业会计准则》的规定，资产负债表日对外币项目进行处理，应该区分为货币性项目和非货币性项目，分别进行处理。

（一）货币性项目

1. 货币性项目的含义

货币性项目是企业持有的货币资金和将以固定或可确定金额的货币收取的资产或者偿付的负债。货币性项目分为货币性资产和货币性负债，货币性资产包括现金、银行存款、应收账款和应收票据以及准备持有至到期的债券投资等；货币性负债包括应付账款、其他应付款、短期借款、应付债券、长期借款、长期应付款等。

2. 货币性项目的特点

货币性资产或负债的金额是一个固定不变的货币量，不管物价如何变动，它们的固定金额始终不会改变。但在物价变动的情况下，货币性项目尽管金额固定不变，它们所代表的实际购买力却在发生变化，因而会发生货币购买力的变动，从而产生货币购买力的利得或者损失。

3. 货币性项目的账务处理

对于外币货币性项目，在资产负债表日，因汇率波动而产生的汇兑差额作为财务费用处理，同时调增或调减外币货币性项目的记账本位币金额。

【例5-14】2011年9月15日，滨海公司购入原材料US$1 000，货款尚未支付，汇率为6.4，假设不考虑增值税等相关税费。

假设本期没有结算货款：

（1）购货日，9月15日，汇率为6.4，会计分录如下：

借：原材料——进口　　　　　　　　　　　　6 400

    贷：应付外汇账款——美元（US$1000×6.40）　6 400

（2）期末，9月30日，汇率为6.38。

本例中，由于本期没有结算货款，因此滨海公司由于该笔交易而产生的外币货币性账户"应付外汇账款"的原币余额为1 000美元，按照9月30日（资产负债表日）的即期汇率为6.38折算人民币金额为6 380（US$1000×6.38）元，与"应付外汇账款"中该笔货币资金的原账面记账本位币金额6 400元的差额为20元人民币，该20元人民币差额就是因为9月30日（资产负债表日）与9月15日（交易日）的汇率不同而产生的，应当记入"财务费用——汇兑差额"账户的贷方，同时调减外币货币性项目（应付外汇账款）的记账本位币金额20元人民币。会计分录如下：

借：应付外汇账款——美元[(6.40-6.38)×US$1000]　　　20
　　贷：财务费用——汇兑损益　　　20

【例5-15】承上例，滨海公司属于增值税一般纳税企业，选择确定的记账本位币为人民币，其外币交易采用交易日即期汇率折算。2011年9月20日出口商品一批，货款共计1 000美元，尚未收到，当日汇率为1美元=6.35元人民币。假定不考虑增值税等相关税费。

假设本期没有结算货款：

（1）销售日，9月20日，汇率为6.35，会计分录如下：

借：应收外汇账款——美元（US$1000×6.35）　　　6 350
　　贷：主营业务收入——出口　　　6 350

（2）期末，9月30日，汇率为6.33。

本例中，由于本期没有结算货款，因此滨海公司由于该笔交易而产生的外币货币性账户"应收外汇账款"的原币余额为1 000美元，按照9月30日（资产负债表日）的即期汇率为6.33折算人民币金额为6 330（US$1000×6.33）元，与"应收外汇账款"中该笔货币资金的原账面记账本位币金额6 350元人民币的差额为20元，该20元人民币差额就是因为9月30日（资产负债表日）与9月20日（交易日）的汇率不同而产生的，应当记入"财务费用——汇兑差额"账户的借方，同时调减外币货币性项目（应收外汇账款）的记账本位币金额20元人民币。会计分录如下：

借：财务费用——汇兑损益　　　20
　　贷：应收外汇账款——美元[(6.35-6.33)×US$1000]　　　20

（二）非货币性项目

1. 非货币性项目的含义

非货币性项目是指不具有货币性质，不仅以货币计量，同时还经过以其他计量单位（如实物单位、时间单位）计量的资产、负债和权益项目。在一般物价水准发生变动时，其名义货币数额不是固定不变的，而是随着一般物价水准上涨而提高，随着一般物价水准的下降而降低的资产或负债项目。

货币性项目以外的项目是非货币项目，如存货、长期股权投资、交易性金融资产（股票、基金）、固定资产、无形资产等。

非货币性项目可分成非货币性资产与非货币性负债两类。非货币性资产如存货等；非货币性负债是企业要以实物来清偿的负债，也可分成非货币性流动负债和非货币性长期负债两类。非货币性流动负债如短期保修单，非货币性长期负债如长期保修单。

2. 非货币性项目的特点

与货币性项目相比较，非货币性项目的一个显著特征，是其资产或负债的金额不是固定不变的一定量的货币，随着物价的变动，它们的金额也会发生变动。

3. 非货币性项目的账务处理

《企业会计准则》规定，在资产负债表日非外币项目应采用不同的折算原则：

（1）资产负债表日，以历史成本计量的外币非货币性项目，仍采用交易发生日的即期汇率折算，不改变其记账本位币金额。例如，固定资产、实收资本，期末不产生汇兑差额。

（2）资产负债表日，对于以成本与可变现净值孰低计量的存货，如果其可变现净值以外币确定，则在确定存货的期末价值时，应先将可变现净值折算为记账本位币，再与以记账本位币反映的存货成本进行比较。

【例5-16】滨海公司以人民币为记账本位币。2011年11月20日，以1 000美元/台的价格从美国某供货商处购入国际最新型号的甲器材12台（该器材在国内市场尚无供应），并于当日支付了相应货款（假定该公司有美元存款）。至2011年12月31日，已经售出甲器材2台，库存尚有10台，国内市场仍无甲器材供应，其在国际市场的价格降至每台980美元。11月20日的即期汇率是1美元=6.4元人民币，12月31日的即期汇率是1美元=6.3元人民币。假定不考虑增值税等相关税费。

本例中，由于存货在资产负债表日采用成本与可变现净值孰低计量，因此，在以外币购入存货并且该存货在资产负债表日获得的可变现净值以外币反映时，在计提存货跌价准备时应当考虑汇率变动的影响。因此，该公司应作账务处理如下：

12月31日对甲器材计提存货跌价准备=成本（10×1 000×6.4）-可变现净值（10×980×6.3）=64 000-61 740=2 620（元人民币）（减值）

借：资产减值损失　　　　　　　2 260

　　贷：存货跌价准备　　　　　　　2 260

（3）资产负债表日，对于以公允价值计量的股票等非货币性项目，如果期末的公允价值以外币反映，则应当先将该外币金额按照公允价值确定日的即期汇率折算为记账本位币金额，再与原记账本位币金额进行比较，其差额作为公允价值变动处理，计入当期损益。

【例5-17】滨海公司的记账本位币为人民币。2011年12月5日以每股3.5港元的价格购入乙公司H股10 000股作为交易性金融资产，当日汇率为1港元=0.84元人民币，款项已支付。2011年12月31日，当月购入的乙公司H股的市价变为每股3港元，当日汇率为1港元=0.82元人民币。假定不考虑相关税费的影响。

2011年12月5日，该公司对上述交易应进行以下账务处理：

借：交易性金融资产（3.5×10000×0.84）　　　　29 400
　　贷：银行存款——港元（3.5×10000×0.84）　　　　29 400

根据《企业会计准则第22号——金融工具》规定，交易性金融资产以公允价值计量。由于该项交易性金融资产是以外币计价，在资产负债表日，不仅应考虑港元股票市价的变动，还应一并考虑港元与人民币之间汇率变动的影响，上述交易性金融资产在资产负债表日应按24 600元人民币（3×10 000×0.82）入账，与原账面价值29 400元的差额为4 800元人民币，应计入公允价值变动损益。相应的账务处理如下：

借：公允价值变动损益　　　　4 800
　　贷：交易性金融资产　　　　4 800

这4800元人民币既包含甲公司所购乙公司H股公允价值变动的影响，又包含人民币与港元之间汇率变动的影响。

2012年2月27日，甲公司将所购乙公司H股按当日市价每股4港元全部售出，所得价款为40 000港元，按当日汇率1港元=0.81元人民币折算为32 400元人民币（4×10 000×0.81），与其原账面价值24 600元人民币（29 400-4 800）的差额为7 800元人民币，对于汇率的变动和股票市价的变动不进行区分，均作为投资收益进行处理。因此，售出当日，甲公司应进行账务处理如下：

借：银行存款——港元（HK$40 000×0.81）　　　　32 400
　　贷：交易性金融资产　　　　24 600
　　　　投资收益　　　　7 800

同时：

借：投资收益　　　　4 800
　　贷：公允价值变动损益　　　　4 800

5.4.3 结算日外币业务的会计处理

结算日外币交易的会计处理只涉及外币货币性项目。

对于外币货币性项目，在结算日，如果采用逐笔结转法，因汇率波动而产生的汇兑差额作为财务费用处理，同时调增或调减外币货币性项目的记账本位币金额后再按照记账汇率核销相关的外币货币性账户的现账面记账本位币金额，或按照原账面汇率直接核销相关的外币货币性账户的原账面记账本位币金额；如果采用集中结转法，相关的外币货币性账户均按照记账汇率（即期汇率）折算入账，因此不论汇率是否发生变动，除货币兑换业务外，记账时一般不会产生汇兑差额。

（一）逐笔结转法下结算日外币交易的会计处理

【例5-18】2011年9月15日，滨海公司购入原材料US$1 000，货款尚未支付，汇率为6.4，假设不考虑增值税等相关税费。

假设本期没有结算货款：

（1）购货日，9月15日，汇率为6.4，会计分录如下：

借：原材料——进口　　　　　　　　　　　　　　　　　6 400
　　贷：应付外汇账款——美元（US$1000×6.40）　　　　6 400

（2）期末，9月30日，汇率为6.38，会计分录如下：

借：应付外汇账款——美元[(6.40-6.38)×US$1000]　　20
　　贷：财务费用——汇兑损益　　　　　　　　　　　　　20

（3）归还日，10月5日，汇率为6.39，假定银行存款的原账面汇率也为6.39。

本例中，10月5日（结算日）的即期汇率为6.39，滨海公司以自有美元存款付清所有货款1 000美元，折算人民币为6 390（US$1000×6.39）元，与当日应付外汇账款中该笔货币资金的原账面金额6 380元人民币的差额为10元，该10元人民币差额就是因为10月5日（结算日）与9月30日（资产负债表日）的汇率不同而产生的，应当记入"财务费用——汇兑差额"账户的借方，同时调增外币货币性项目（应付外汇账款）的记账本位币金额10元人民币，然后再按照即期汇率6.39元核销外币货币性账户（应付外汇账款）的现账面记账本位币金额6 390元。会计分录如下：

借：财务费用——汇兑损益　　　　　　　　　　　　　10
　　贷：应付外汇账款——美元[(6.39-6.38)×US$1000]　10
借：应付外汇账款——美元（US$1000×6.39）　　6 390
　　贷：银行存款——美元户（US$1000×6.39）　　6 390

或按照原账面汇率直接核销相关的外币货币性账户的原账面金额，即直接作合并会计分录如下：

    借：应付外汇账款-美元（US$1000×6.38）　　6 380

        财务费用——汇兑损益　　　　　　　　　　　10

      贷：银行存款——美元户（US$1000×6.39）　　6 390

假设本期货款已经结算：

（1）购货日，9月15日，汇率6.4，会计分录如下：

    借：原材料——进口　　　　　　　　　　　　6 400

      贷：应付外汇账款——美元（US$1000×6.40）　　6400

（2）归还日，9月25日，汇率为6.39，假定银行存款的原账面汇率也为6.39。

本例中，9月25日（结算日）的即期汇率为6.39，滨海公司以自有美元存款付清所有货款1 000美元，折算人民币为6 390（US$1000×6.39）元，与当日应付外汇账款中该笔货币资金的原账面记账本位币金额6 400元人民币的差额为10元，该10元人民币差额就是因为9月25日（结算日）与9月15日（交易日）的汇率不同而产生的，应当记入"财务费用——汇兑差额"账户的贷方，同时调减外币货币性项目（应付外汇账款）的记账本位币金额10元人民币，然后再按照即期汇率为6.39元核销外币货币性账户（应付外汇账款）的现账面记账本位币金额6 390元。会计分录如下：

    借：应付外汇账款——美元[(6.4-6.39)×US$1000]　　10

      贷：财务费用——汇兑损益　　　　　　　　　　　10

    借：应付外汇账款——美元（US$1000×6.39）　　6 390

      贷：银行存款——美元户（US$1000×6.39）　　6 390

或按照原账面汇率直接核销相关的外币货币性账户的原账面金额，即直接作合并会计分录如下：

    借：应付外汇账款——美元（US$1000×6.4）　　6 400

      贷：银行存款——美元户（US$1000×6.39）　　6 390

        财务费用——汇兑损益　　　　　　　　　　　10

（3）期末，9月30日，汇率为6.38。

本例中，由于本期货款已经结算，因此滨海公司由于该笔交易而产生的外币货币性账户"应付外汇账款"的原币余额已为0美元，按照9月30日（资产负债表日）的即期汇率为6.38元折算为人民币金额亦为0（US$0×6.38）元，与"应付外汇账款"中该笔货币资金的原账面记账本位币金额0元人民币已经没有差额。

【例5-19】滨海公司属于增值税一般纳税企业，选择确定的记账本位币为人民币，其外币交易采用交易日即期汇率折算。2011年9月20日出口商品一批，货款共计 1 000 美元，尚未收到，当日汇率为 1 美元＝6.35 元人民币。假定不考虑增值税等相关税费。

假设本期没有结算货款：

（1）销售日，9 月 20 日，汇率为 6.35，会计分录如下：

借：应收外汇账款——美元（US$1000×6.35）　　　　6 350

　　贷：主营业务收入——出口　　　　　　　　　　　　　　6 350

（2）期末，9 月 30 日，汇率为 6.33，作会计分录如下：

借：财务费用——汇兑损益　　　　　　　　　　　　　　20

　　贷：应收外汇账款——美元[(6.35-6.33)×US$1000]　　　　20

（3）归还日，10 月 10 日，汇率为 6.34。

本例中，10 月 10 日（结算日）的即期汇率为 6.34 元，滨海公司实际收到货款 1 000 美元，折算人民币为 6 340（US$1000×6.34）元，与当日应收外汇账款中该笔货币资金的原账面金额 6 330 元人民币的差额为 10 元人民币，该 10 元人民币差额就是因为 10 月 10 日（结算日）与 9 月 30 日（资产负债表日）的汇率不同而产生的，应当记入"财务费用——汇兑差额"账户的贷方，同时调增外币货币性项目（应收外汇账款）的记账本位币金额 10 元人民币，然后再按照即期汇率为 6.34 元核销外币货币性账户（应收外汇账款）的现账面记账本位币金额 6 340 元。会计分录如下：

借：应收外汇账款——美元[(6.34-6.33)×US$1 000]　　10

　　贷：财务费用——汇兑差额　　　　　　　　　　　　　　10

借：银行存款——美元户（US$1 000×6.34）　　　　6 340

　　贷：应收外汇账款——美元（US$1 000×6.34）　　　　　6 340

或按照原账面汇率直接核销相关的外币货币性账户的原账面金额，即直接作合并会计分录如下：

借：银行存款——美元户（US$1 000×6.34）　　　　6 340

　　贷：应收外汇账款——美元（US$1 000×6.33）　　　　　6 330

　　　　财务费用——汇兑损益　　　　　　　　　　　　　　　10

假设本期货款已经结算：

（1）销售日，9 月 20 日，汇率为 6.35，会计分录如下：

借：应收外汇账款——美元（US$1000× 6.35）　　　　6 350

　　贷：主营业务收入——出口　　　　　　　　　　　　　　6 350

（2）归还日，9 月 28 日，汇率为 6.34。

本例中，9 月 28 日（结算日）的即期汇率为 6.34 元，滨海公司实际收到货款 1 000 美元，折算人民币为 6 340（US$1000×6.34）元，与当日应收外汇账款中该笔货币资金的原账面金额 6 350 元人民币的差额为 10 元人民币，该 10 元人民币差额就是因为 9 月 28 日（结算日）与 9 月 20 日（交易日）的汇率不同而产生的，应当记入"财务费用——汇兑差额"账户的借方，同时调减外币货币性项目（应收外汇账款）的记账本位币金额 10 元人民币，然后再按照即期汇率为 6.34 元核销外币货币性账户（应收外汇账款）的现账面记账本位币金额 6 340 元。会计分录如下：

借：财务费用——汇兑差额　　　　　　　　　　　　　　10
　贷：应收外汇账款——美元[(6.35-6.34)×US$1 000]　10
借：银行存款——美元户（US$1 000×6.34）　　　6 340
　贷：应收外汇账款——美元（US$1 000×6.34）　　　　6 340

或按照原账面汇率直接核销相关的外币货币性账户的原账面金额，即直接作合并会计分录如下：

借：银行存款——美元户（US$1 000×6.34）　　　6 340
　　财务费用——汇兑损益　　　　　　　　　　　　　10
　贷：应收外汇账款——美元（US$1 000×6.35）　　　　6 350

（3）期末，9 月 30 日，汇率为 6.33。

本例中，由于本期货款已经结算，因此滨海公司由于该笔交易而产生的外币货币性账户"应收外汇账款"的原币余额已为 0 美元，按照 9 月 30 日（资产负债表日）的即期汇率为 6.33 元折算为人民币金额亦为 0（US$0×6.33）元，与"应付外汇账款"中该笔货币资金的原账面记账本位币金额 0 元人民币已经没有差额。

（二）集中结转法下结算日外币交易的会计处理

【例 5-20】2011 年 9 月 15 日，滨海公司购入原材料 US$1 000，货款尚未支付，汇率为 6.4，假设不考虑增值税等相关税费。

假设本期没有结算货款：

（1）购货日，9 月 15 日，汇率为 6.4，会计分录如下：

借：原材料——进口　　　　　　　　　　　　　6 400
　贷：应付外汇账款——美元（US$1000×6.40）　　6 400

（2）期末，9 月 30 日，汇率为 6.38，会计分录如下：

借：应付外汇账款——美元[(6.40-6.38)×US$1000]　20
　贷：财务费用——汇兑损益　　　　　　　　　　　20

（3）归还日，10 月 5 日，汇率为 6.39。

本例中，10 月 5 日（结算日）的即期汇率为 6.39 元，滨海公司以自有美元存款付清所有货款 1 000 美元，折算人民币为 6 390（US$1000×6.39）元，与当日应付外汇账款中该笔货币资金的原账面金额 6 380 元人民币的差额为 10 元人民币，该 10 元人民币差额就是因为 10 月 5 日（结算日）与 9 月 30 日（资产负债表日）的汇率不同而产生的，由于采用集中结转法，在 10 月 5 日（结算日）该 10 元人民币差额不予确认，到 10 月 31 日（下一个资产负债表日）再进行结转。对于当日"应付外汇账款"中该笔货币资金的原币金额 1 000 美元，按照 10 月 5 日（结算日）的即期汇率 6.39 元将其折算为记账本位币金额 6 390（US$1000×6.39）元人民币核销。会计分录如下：

借：应付外汇账款——美元（US$1000×6.39）　　　6 390
　　贷：银行存款——美元户（US$1000×6.39）　　　6 390

（4）10 月 31 日（下一个资产负债表日）汇率为 6.37。

本例中，由于本期（10 月）货款已经结算，因此滨海公司由于该笔交易而产生的外币货币性账户"应付外汇账款"的原币余额已为 0 美元，按照 10 月 31 日（资产负债表日）的即期汇率为 6.37 元折算为人民币金额亦为 0（US$0×6.37）元，但由于采用集中结转法，在 10 月 5 日（结算日）没有确认的、由于 10 月 5 日（结算日）与 9 月 30 日（资产负债表日）的汇率不同而产生的 10 元人民币差额需要在此确认，也就是将当日"应付外汇账款"中该笔货币资金的原账面记账本位币余额 10 元人民币核销，这 10 元记账本位币余额就是 9 月 15 日（交易日）、9 月 30 日（资产负债表日）和 10 月 5 日（结算日）的"应付外汇账款"中该笔货币资金的记账本位币金额的借贷差。会计分录如下：

借：财务费用——汇兑损益　　　　　　　　　　10
　　贷：应付外汇账款——美元[(6.39-6.38)×US$1000]　　10

假设本期货款已经结算：

（1）购货日，9 月 15 日，汇率为 6.4，会计分录如下：

借：原材料——进口　　　　　　　　　　　　6 400
　　贷：应付外汇账款——美元（US$1000×6.40）　　　6 400

（2）归还日，9 月 25 日，汇率为 6.39，假定银行存款的原账面汇率也为 6.39。

本例中，9 月 25 日（结算日）的即期汇率为 6.39 元，滨海公司以自有美元存款付清所有货款 1 000 美元，折算人民币为 6 390（US$1000×6.39）元，与当日应付外汇账款中该笔货币资金的原账面记账本位币金额 6 400 元人民币的差额为 10 元人民币，该 10 元人民币差额就是因为 9 月 25 日（结算日）与 9 月 15 日（交易日）的汇率不同而产生的，由于采用集中结转法，在 9 月 25 日（结算日）该 10 元人民币差额不予确认，到 9 月 30 日（资产负债表日）再进行结转。对于当日"应付外汇账款"中该笔货币资金的原币金额 1 000 美元，按照 9 月 25 日（结算日）的即期汇率 6.39 元将其折算为记账本位币金额 6 390（US$

1000×6.39）元人民币核销。会计分录如下：

  借：应付外汇账款——美元（US$1000×6.39） 6 390

   贷：银行存款——美元户（US$1000×6.39） 6 390

  （3）期末，9月30日，汇率为6.38。

  本例中，由于本期货款已经结算，因此滨海公司由于该笔交易而产生的外币货币性账户"应付外汇账款"的原币余额已为0美元，按照9月30日（资产负债表日）的即期汇率为6.38元折算为人民币金额亦为0（US$0×6.38）元，但由于采用集中结转法，在9月25日（结算日）没有确认的、由于9月25日（结算日）与9月15日（交易日）的汇率不同而产生的10元人民币差额需要在此确认，也就是将当日"应付外汇账款"中该笔货币资金的原账面记账本位币余额10元人民币核销，这10元记账本位币余额就是9月15日（交易日）、9月25日（结算日）的"应付外汇账款"中该笔货币资金的记账本位币金额的借贷差。会计分录如下：

  借：应付外汇账款——美元[(6.39-6.38)×US$1000] 10

   贷：财务费用——汇兑损益   10

  【例5-21】滨海公司属于增值税一般纳税企业，选择确定的记账本位币为人民币，其外币交易采用交易日即期汇率折算。2011年9月20日出口商品一批，货款共计1 000美元，尚未收到，当日汇率为1美元=6.35元人民币。假定不考虑增值税等相关税费。

  假设本期没有结算货款：

  （1）销售日，9月20日，汇率为6.35，会计分录如下：

  借：应收外汇账款——美元（US$1000× 6.35） 6 350

   贷：主营业务收入——出口   6 350

  （2）期末，9月30日，汇率为6.33，会计分录如下：

  借：财务费用——汇兑损益   20

   贷：应收外汇账款——美元[(6.35-6.33)×US$1000] 20

  （3）归还日，10月10日，汇率为6.34。

  本例中，10月10日（结算日）的即期汇率为6.34元，滨海公司实际收到的货款1 000美元，折算人民币为6 340（US$1000×6.34）元，与当日应收外汇账款中该笔货币资金的原账面金额6 330元人民币的差额为10元人民币，该10元人民币差额就是因为10月10日（结算日）与9月30日（资产负债表日）的汇率不同而产生的，由于采用集中结转法，在10月10日（结算日）该10元人民币差额不予确认，到10月31日（下一个资产负债表日）再进行结转。对于当日"应收外汇账款"中该笔货币资金的原币金额1 000美元，按照10月10日

（结算日）的即期汇率6.34元将其折算为记账本位币金额6 340（US$1000×6.34）元人民币核销。会计分录如下：

借：银行存款——美元户（US$1 000×6.34）　　　　6 340

贷：应收外汇账款——美元（US$1 000×6.34）　　　　6 340

（4）10月31日（下一个资产负债表日），汇率为6.32。

本例中，由于本期（10月）货款已经结算，因此滨海公司由于该笔交易而产生的外币货币性账户"应收外汇账款"的原币余额已为0美元，按照10月31日（资产负债表日）的即期汇率为6.32元折算为人民币金额亦为0（US$0×6.32）元，但由于采用集中结转法，在10月10日（结算日）没有确认的、由于10月10日（结算日）与9月30日（资产负债表日）的汇率不同而产生的10元人民币差额需要在此确认，也就是将当日"应收外汇账款"中该笔货币资金的原账面记账本位币余额10元人民币核销，这10元记账本位币余额就是9月20日（交易日）、9月30日（资产负债表日）和10月10日（结算日）的"应收外汇账款"中该笔货币资金的记账本位币金额的借贷差。会计分录如下：

借：应收外汇账款——美元[(6.34-6.33)×US$1000]　　　　10

贷：财务费用——汇兑损益　　　　10

假设本期货款已经结算：

（1）销售日，9月20日，汇率为6.35，会计分录如下：

借：应收外汇账款——美元（US$1000× 6.35）　　　　6 350

贷：主营业务收入——出口　　　　6 350

（2）归还日，9月28日，汇率为6.34。

本例中，9月28日（结算日）的即期汇率为6.34元，滨海公司实际收到的货款1 000美元，折算人民币为6 340（US$1000×6.34）元，与当日应收外汇账款中该笔货币资金的原账面金额6 350元人民币的差额为10元人民币，该10元人民币差额就是因为9月28日（结算日）与9月20日（交易日）的汇率不同而产生的，由于采用集中结转法，在9月28日（结算日）该10元人民币差额不予确认，到9月30日（资产负债表日）再进行结转。对于当日"应收外汇账款"中该笔货币资金的原币金额1 000美元，按照9月28日（结算日）的即期汇率6.34元将其折算为记账本位币金额6 340（US$1000×6.34）元人民币核销。会计分录如下：

借：银行存款——美元户（US$1 000×6.34）　　　　6 340

贷：应收外汇账款——美元（US$1 000×6.34）　　　　6 340

（3）期末，9月30日，汇率为6.32。

本例中，由于本期货款已经结算，因此滨海公司由于该笔交易而产生的外币货币性账户"应收外汇账款"的原币余额已为 0 美元，按照 9 月 30 日（资产负债表日）的即期汇率为 6.32 元折算为人民币金额亦为 0（US$0×6.32）元，但由于采用集中结转法，在 9 月 28 日（结算日）没有确认的、由于 9 月 28 日（结算日）与 9 月 20 日（交易日）的汇率不同而产生的 10 元人民币差额需要在此确认，也就是将当日"应收外汇账款"中该笔货币资金的原账面记账本位币余额 10 元人民币核销，这 10 元记账本位币余额就是 9 月 20 日（交易日）、9 月 28 日（结算日）的"应收外汇账款"中该笔货币资金的记账本位币金额的借贷差。会计分录如下：

借：财务费用——汇兑损益　　　　　　　　　　　10
　　贷：应收外汇账款——美元[(6.35-6.34)×US$1000]　　　10

【本章小结】

本章主要讲述了外汇、汇率、外币、记账本位币、外币折算、外币兑换、汇兑差额、外币业务的含义，外币业务的记账方法、记账汇率，汇兑差额的处理观点、结转方法，外币业务的账务处理。

外币业务的记账方法有外币统账法、外币分账法，企业采用外币统账法。

《企业会计准则》规定，外币交易应当在初始确认时，采用交易发生日的即期汇率将外币金额折算为记账本位币金额；汇率波动不大的，也可以采用按照系统合理的方法确定的、与交易发生日即期汇率近似的汇率折算，但前后各期应当采用相同的方法确定当期的近似汇率。

汇兑差额的处理观点有单项交易观、两项交易观，我国涉外企业采用两项交易观；结转方法有逐笔结转法和集中结转法；外币业务的账务处理着重解决折算汇率、货币性项目和非货币性项目的不同处理规则等问题。

第6章 出口业务的核算

【学习目标】
　　通过本章学习，掌握生产企业资金筹措、设备购置、材料采购、国内及国外销售、利润实现和分配等过程的核算内容及核算原则，流通企业商品购进、出口销售过程的核算内容及核算原则，出口销售环节其他业务的核算，代理出口的核算内容及核算原则，了解出口业务的主要方式、程序及所涉及的单证。

6.1　出口业务概述

6.1.1　出口业务的主要方式

　　各种外贸主体单位都是以两种主要经营方式从事外贸活动，即自营出口方式和代理出口方式。

　　自营出口是指外贸主体单位用自有资金生产产品或在国内采购商品在国外销售的业务。所谓自营，有两个要件：①自负盈亏；②自办业务。

　　代理出口是指外贸主体单位接受国内没有进出口经营权企业的委托，将其产品或商品在国际上销售的业务。所谓代理，也有两个要件：①不负担盈亏；②代办业务。

　　在实践中，常把外贸企业划分为生产型及流通型两类：前者的货源来自自产；后者的货源来自收购。

6.1.2　出口业务总流程

　　一宗完整的出口业务，要经过磋商签约、催款催证、生产备货、租船订舱、报检报验、出口报关、装运出口、收款结汇、外汇核销和出口退税十个工作环节。

（一）交易磋商

国际贸易和国内贸易一样，第一步是磋商签约。磋商的方式主要是通过电子邮件、电话、传真，也可以通过 QQ 或 MSN 聊天软件进行即时交流，或者利用摄像头进行视频交流，但很少有机会见面。磋商内容是交易的各种条件和细节，主要包括价格、数量、质量、包装、交货时间、付款方式等。谈价格时，要用到外贸术语；谈到付款方式时，也要用到 T/T、D/P、D/A、L/C、O/A 等专业术语和专业知识。同外国人交流，不管他是哪个国家，交流的语言一般都是英语。因此，英语是必不可少的交流工具，尤其是书面英语，你可以不会说，但不能不会看不会写。通过磋商，双方对交易的各种条件都达成一致后，就签订合同。合同一般有两种形式，一是订单形式，二是合同形式。订单就是简化的合同，以确认书方式表现出来，通常只涉及价格、数量、质量、包装、交货时间、付款方式、运输方式等内容。合同则比较详细全面，既包含价格、数量、质量、包装、交货时间、付款方式、运输方式等条款，也包含违约、不可抗力、索赔、仲裁条款等。以下是某产品的交易磋商操作细节，仅供参考：

（1）业务人员收到客户的寄样要求（如提供图纸、提供样品等），首先记录下客户要求寄样的样品信息及要求，并填写寄样申请单，在经过审核后，样品负责人员根据客户的要求准备样品。

（2）在准备好样品后，业务人员将样品邮寄给客户，并记录本次寄样的信息（包括寄样的日期、快递公司、费用等）。

（3）如果客户对样品不满意，或者要求改进后再寄，则业务人员记录下这些信息，并重复（1）、（2）步骤。

（4）如果客户对样品确认合格，则业务人员草拟报价单（业务人员快速查询该产品报价的历史记录、已成交的历史记录及厂家的报价情况等）。

（5）经过多次磋商，客户接受报价。业务人员根据该份报价单制作订单（合同或形式发票）传真给客户会签。

（6）业务人员根据订单，填写成本测算单。

（二）催款催证

催款是指催促客户把预付款汇到你指定的账户上，催证是指催促客户开立信用证并把信用证送到你手上。只有在收到付款或信用证后，你才能开始下一步的生产备货程序。是催款还是催证，取决于签约阶段双方约定的付款方式。如果约定买方支付一定金额的预付款，应催款；如果约定买方开立信用证，应催证；如果既约定预付款，又约定信用证，则既要催款也要催证。

1. 催款

（1）把你的银行账号用传真或电子邮件（最好是传真）发送给客户，请他在某年某月某日前，把合同（订单）约定的预付款金额电汇（T/T）到指定的账户上。

（2）如果客户已经把钱汇出，请他把汇出行的银行汇款水单传真给你；收到银行的汇款水单，证明汇出行已经受理汇款申请。银行受理汇款申请完毕，会把水单交给汇款人。

（3）收到汇款水单传真后，通知开户行，请银行注意查收，钱到账后，请立即通知你。

2. 催证

（1）把你的开户行名称、银行代码、地址，以及你公司全称、地址、电话号码、传真号码等信息，通过电子邮件或传真方式通知客户。

（2）把信用证主要条款的内容写清楚后，传真给客户，请客户按照给出的条件开立信用证。这样做有个好处，就是当你收到信用证时，里面的条款都是事先同意认可的，省去了信用证内容与合同约定不符而需要修改的麻烦。

（3）上述（1）、（2）项内容可写在同一封信里，在信的最后别忘记提醒客户及时开证，并于某年某月某日前，把信用证送达你。

（4）收到信用证后，要认真审查信用证的条款。对于与合同规定不符的条款，对于你办不到、不容易办到、对你不利的的条款，第一时间要求你的客户修改，并把修改后的条款在某年某月某日之前送达你。

（5）经过审核，信用证没问题，里面的条款全部接受。然后，按照信用的规定办理，开始生产备货等后面的工作。

（三）生产备货

1. 不管是自行生产还是向供应商采购，都要按照信用证的要求（如果没有信用证就按照合同要求）备货。

2. 特别注意产品的数量、品质规格、包装（包括内保装、外包装和运输包装）、工厂或供应商的交货时间。

3. 在生产备货阶段，对于商品不同，所要做的工作也不同，视具体情况而定，但一定要按规定的时间交货。

（四）租船订舱

租船订舱分两种情况，一是客户指定货代，二是自己寻找货代。所谓货代，是指专门负责代办各种商品进出口运输事务的公司。进出口商品的运输一般都由货代来办理。租船订舱，是指选择某艘船舶，预定舱位，以便装上你的货物，运往目的港。

1. 在备货的同时，如果货代不是由客户指定，而是由你指定，你就得向货运代理公司询价，确定本次出运的货代公司。你可以登录专业的货代网站，寻找适合的货代公司。

2. 在货物全部生产、包装完毕后，工厂生产部门或供应商制作装箱单，外贸业务员根据报来的装箱单，结合合同及信用证关于货物的描述，出具出仓通知单。

3. 单证储运部门或外贸业务员根据出仓通知单、工厂制的装箱单和信用证的要求，统一缮制全套的出运单据，包括出口货物明细单、出口货物报关单、商业发票、装箱单。

4. 单证储运部门或外贸业务员先将出口货物明细单传真给货代公司进行配船订舱。确认配船和费用后，准备全套报关单据（出口货物明细单、报关委托书、出口货物报关单、商业发票、装箱单、出口收汇核销单等）寄到货代公司用于办理出口报关手续。

5. 在货代公司确认配船和费用后，收到货代公司送货通知单（要求在指定日期前将货物运至指定仓库）。

（五）出口报检

1. 出口商品分为法定检验商品和非法定检验商品。如果出口商品属于法定检验的商品范围（属于《种类表》商品范畴），在商品报关时，报关单上必须有国家商检机构的检验放行章方可报关。如果属于非法定检验商品，进出口双方可以自由决定是否由国家商检机构检验。因此，对于法定检验商品，出口前必须经过检验这个环节。

2. 申请出口商品检验时，公司商检负责人员必须进行电子报检，货物经检验合格，附报检委托书、外销合同、信用证复印件（如果有的话）、商业发票、装箱单等单据，取得商检局出具换证凭单，寄到货代公司用于报关。

（六）出口报关

1. 单证员或外贸业务员把货代公司报关所需的报关委托书、出口货物报关单、出口收汇核销单、商业发票、装箱单、外销合同用快件寄出，联系并确认货代公司收到上述单据。

2. 公司负责商检的人员将商检换证凭单寄给货代公司，货代公司凭收到的商检换证凭单，到出入境检验检疫局换取出境货物通关单。

3. 公司根据货代公司的送货通知按时将货物送到货代公司指定的仓库（根据新的海关报关规定要求：货物的出口报关必须在货物进入港口仓库或集装箱整箱进入堆场后才能进行）。

4. 报关前，先上网向出口口岸地海关进行核销单的口岸备案，并如实向海关申报成交方式（如 CIF），按成交方式申报成交总价、运费等，以后外汇局即根据实际成交方式及成交总价办理收汇核销手续。

5. 报关时需填写中华人民共和国海关出口货物报关单（白色的报关联和黄色的出口退税联），并随附报关委托书、商业发票、装箱单、出口收汇核销单、出境货物通关单等单证向海关报关，海关依此份报关单验货，并退回已盖章的核销单和两份报关单。报关通过后，货代公司安排集装箱拖货至船公司指定的码头。

6. 注意事项：（1）未进行口岸备案的核销单不能用于出口报关，对已备案成功的核销单，还可变更备案。（2）报关时必须要"出口收汇核销单"，否则海关不予受理。货物出境后，海关在核销单上加盖"放行章"或"验讫章"，并随同加盖海关"验讫章"的一份带有海关编号的白色报关单、一份黄色的报关单出口退税联一同返还口岸代理货代公司（从海关退回一般需1个月左右），最后口岸代理货代公司寄给公司用于向外汇管理部门核销。

（七）装船出运

1. 货代公司接到公司的订舱委托后，根据公司提供的出口货物明细单缮制集装箱货物托运单，这是外运机构向船公司订舱配载的依据。该托运单一式数联，分别用于货主留底、船代留底、运费通知、装货单、缴纳出口货物港务费申请书、场站收据、货代留底、配舱回单、场站收据副本（大副联）等。其中比较重要的单据有：装货单（Shipping Order: S/O）和场站收据副本（Mate s Receipt：M/R）

2. 货物离港前，货代公司传真海运提单回本公司确认。

3. 如果出口方需要办理保险，则立即把提单和信用证中的保险条款传真给保险公司，要求保险公司按照信用证的要求办理保险。

4. 在确定货物安全离港后，公司传真装运通知给国外客户。

5. 公司将海运提单复印件、商业发票、装箱单、海关发票、普惠制产地证用DHL寄给客户供其作进口清关用，同时将DHL回执留存准备缮制议付单据。

6. 注意事项：船公司签发的提单上相应栏目的填写也会参照订舱委托书的写法，因此，托运人、收货人、通知人这三栏的填写应该严格按照信用证提单条款的相应规定填写。

（八）收款结汇

收款结汇就是向客户收取货款，是外贸业务的一个关键环节，就像足球比赛的临门一脚，这一脚踢飞了，前面都等于白干。因此，收款结汇环节决不能掉以轻心。

向客户收款主要是通过银行来完成，外贸业务员要做的是准备单据，叫做结汇单据。如果采用信用证付款，则按照信用证的要求准备单据，信用证要什么单据就准备什么单据，常见的有：发票、汇票、装箱单、提单、保险单、原产地证书、质检证书等。单据准备好之后，必须在规定的时间内（信用证注明交单期限）交给银行。如果银行审核单据后认为单据和信用证相符，你就等着收钱了。如果银行认为单据需要修改，你应及时修改后交给银行。

（九）外汇核销

货物出口并收取外汇货款后，应向当地外汇管理局办理出口收回核销手续，提交材料如下：

1. 企业出口收汇核销手册。

2. 加盖海关"验讫章"的核销单正本及退税联。

3. 加盖海关"验讫章"的出口货物报关单正本。

4. 商业发票正本。外商投资企业应提供由税务部门统一制定的出口发票，加盖企业公章或发票专用章；其他出口企业提供的出口发票须加盖企业发票专用章。

5. 银行出具的出口收汇核销专用联应具备银行"业务公章"和"出口收汇核销专用章"、"出口收汇核销专用联"字样以及相应的核销单编号等必备要素，异地收汇核销专用联的，应加盖收汇地外汇局"出口收汇核销业务监管专用章"确认的水单。

（十）出口退税

产品出口后，出口商可以向国家税务局领取一笔退税款。这是国家给予出口商的一种政策支持，也是外贸和内贸不同之处。办理出口退税时，向主管国税局提交下列材料：

1. 报关单。报关单是货物进口或出口时进出口企业向海关办理申报手续，以便海关凭此查验和验放而填具的单据。

2. 出口销售发票。这是出口企业根据与出口购货方签订的销售合同填开的单证，是外商购货的主要凭证，也是出口企业财会部门凭此记账做出口产品销售收入的依据。

3. 进货发票。提供进货发票主要是为了确定出口产品的供货单位、产品名称、计量单位、数量，是否是生产企业的销售价格，以便划分和计算其进货费用等。

4. 结汇水单或收汇通知书。

5. 属于生产企业直接出口或委托出口自制产品，凡以到岸价 CIF 结算的，还应附送出口货物运单和出口保险单。

6. 有进料加工复出口产品业务的企业，还应向税务机关报送进口料件的合同编号、日期、名称、数量、复出口产品名称以及进料成本金额和实纳各种税金等。

7. 产品征税证明。

8. 出口收汇已核销证明。

9. 与出口退税有关的其他材料。

综上所述，外贸业务呈现双方互不见面、路途遥远、手续繁杂、环节多、交易量大、风险大的特点。为了规范进出口业务，几百年来，国际贸易行业先后制定了一系列规则、惯例，各国外贸人员都按这些规则、惯例办事，形成了外贸界的共同语言。为了解决跨国运输、收款和保险问题，国际货物运输业、银行业和保险业也介入外贸业务中，并提供了完善的服务。虽然出口贸易手续繁多，但并不是所有的手续都一定由外贸人员亲自办理。其中很多手续可以委托专门的公司办理，这样既提高效率也节约成本。例如，租船订舱、报检报验、出口报关、装运出口都可以委托货代公司办理，外汇核销和出口退税可以委托会计公司办理。

出口交易程序图，如图 6-1 所示。

6.1.3 出口业务涉及的单证

出口单证是指在出口业务环节中所涉及的单据和证书。主要单证如下：

（一）商业发票

商业发票（COMMERCIAL INVOICE）（见表 6-1）是出口方向进口方开列发货价目清单，是买卖双方记账的依据，也是进出口报关交税的总说明。商业发票是一笔业务的全面反映，内容包括商品的名称、规格、价格、数量、金额、包装等，同时也是进口商办理进口报关不可缺少的文件，因此商业发票是全套出口单据的核心，在单据制作过程中，其余单据均需参照商业发票缮制。

商业发票没有统一规定的格式，每个出具商业发票的单位都有自己的发票格式。虽然格式各有不同，但是，商业发票填制的项目大同小异。一般来说，商业发票应该具备以下主要内容：

1. 首文部分。首文部分应该列明发票的名称、发票号码、合同号码、发票的出票日期和地点，以及船名、装运港、卸货港、发货人、收货人等。这部分一般都是已印刷的项目，后面留有的空格须填写。

2. 文本部分。发票的文本主要包括唛头、商品名称、货物数量、规格、单价、总价毛重/净重等内容。

3. 结文部分。

发票的结文一般包括信用证中加注的特别条款或文句。发票的结文还包括发票的出票人签字。发票的出票人签字一般在发票的右下角，一般包括两部分内容：一是出口商的名称（信用证的受益人）；二是出口公司经理或其他授权人手签，有时也用手签图章代替手签。

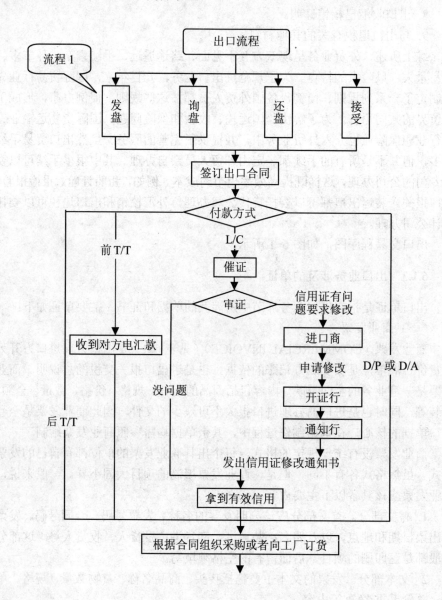

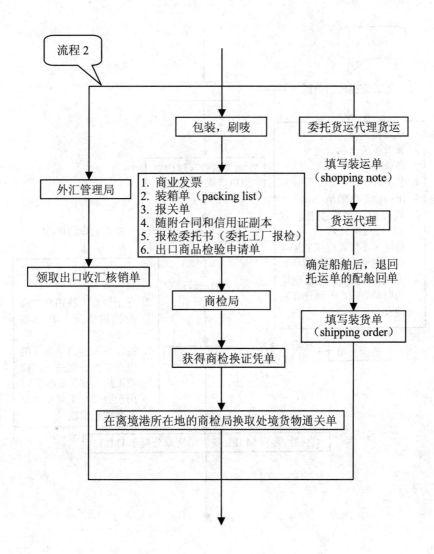

流程2

包装，刷唛   委托货运代理货运

                        填写装运单
                        （shopping note）

外汇管理局   1. 商业发票
           2. 装箱单（packing list）   货运代理
           3. 报关单
           4. 随附合同和信用证副本
           5. 报检委托书（委托工厂报检）
           6. 出口商品检验申请单

领取出口收汇核销单   确定船舶后，退回
                        托运单的配舱回单

           商检局   填写装货单
                           （shipping order）

           获得商检换证凭单

在离境港所在地的商检局换取处境货物通关单

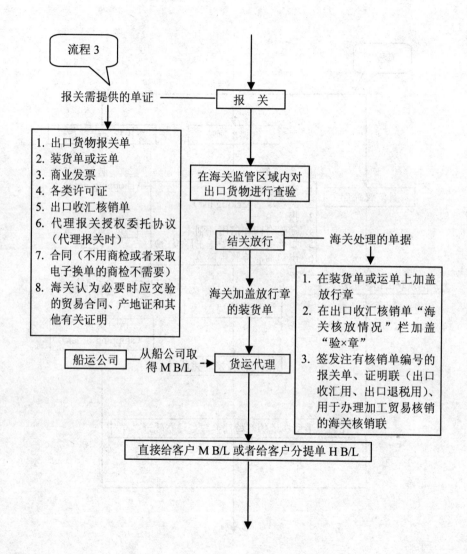

流程 3

报关需提供的单证 —— 报　关

1. 出口货物报关单
2. 装货单或运单
3. 商业发票
4. 各类许可证
5. 出口收汇核销单
6. 代理报关授权委托协议（代理报关时）
7. 合同（不用商检或者采取电子换单的商检不需要）
8. 海关认为必要时应交验的贸易合同、产地证和其他有关证明

在海关监管区域内对出口货物进行查验

结关放行 —— 海关处理的单据

海关加盖放行章的装货单

1. 在装货单或运单上加盖放行章
2. 在出口收汇核销单"海关核放情况"栏加盖"验×章"
3. 签发注有核销单编号的报关单、证明联（出口收汇用、出口退税用）、用于办理加工贸易核销的海关核销联

船运公司 —— 从船公司取得 M B/L —— 货运代理

直接给客户 M B/L 或者给客户分提单 H B/L

220

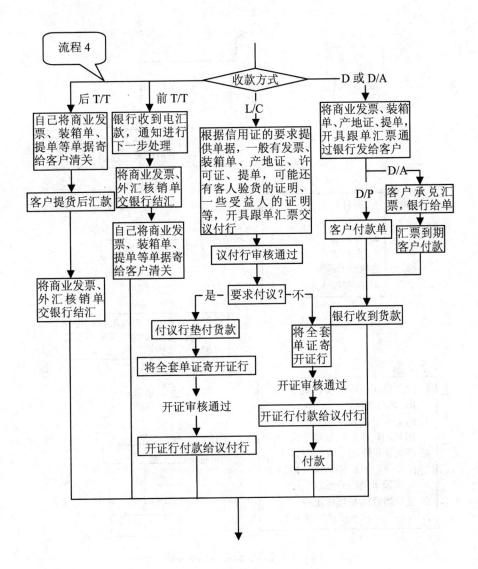

流程4

收款方式　　　　D 或 D/A

后 T/T　　前 T/T　　　　L/C

自己将商业发票、装箱单、提单等单据寄给客户清关

银行收到电汇款，通知进行下一步处理

根据信用证的要求提供单据，一般有发票、装箱单、产地证、许可证、提单，可能还有客人验货的证明、一些受益人的证明等，开具跟单汇票交议付行

将商业发票、装箱单、产地证、提单，开具跟单汇票通过银行发给客户

客户提货后汇款

将商业发票、外汇核销单交银行结汇

D/A

D/P

客户承兑汇票，银行给单

客户付款单

汇票到期客户付款

自己将商业发票、装箱单、提单等单据寄给客户清关

议付行审核通过

将商业发票、外汇核销单交银行结汇

是－　要求付议？－不

付议行垫付货款

将全套单证寄开证行

银行收到货款

将全套单证寄开证行

将全套单证寄开证行

开证审核通过

开证审核通过

开证行付款给议付行

开证行付款给议付行

付款

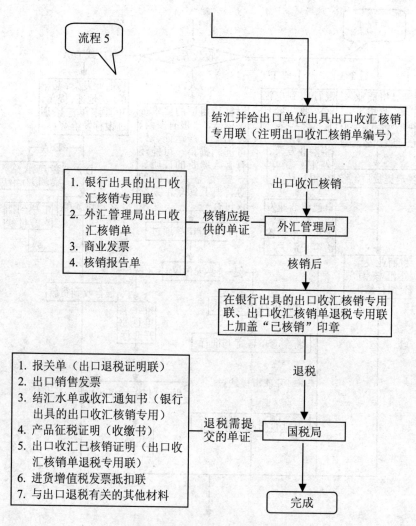

流程 5

结汇并给出口单位出具出口收汇核销专用联（注明出口收汇核销单编号）

出口收汇核销

1. 银行出具的出口收汇核销专用联
2. 外汇管理局出口收汇核销单
3. 商业发票
4. 核销报告单

核销应提供的单证 ← 外汇管理局

核销后

在银行出具的出口收汇核销专用联、出口收汇核销单退税专用联上加盖"已核销"印章

退税

1. 报关单（出口退税证明联）
2. 出口销售发票
3. 结汇水单或收汇通知书（银行出具的出口收汇核销专用）
4. 产品征税证明（收缴书）
5. 出口收汇已核销证明（出口收汇核销单退税专用联）
6. 进货增值税发票抵扣联
7. 与出口退税有关的其他材料

退税需提交的单证 ← 国税局

完成

图 6-1　出口业务总流程示意图

表 6-1 商业发票

COMMERCIAL INVOICE

Issuer:	发 票 INVOICE	
To:	Transport Details: From: To:	
	No.:	Date:
Terms of payment:	S/C No. :	L/C No. :
Marks and numbers　Description of goods	Quantity　Unit price　Amount SIGNATURE	

（二）装箱单、重量单、尺码单

装箱单、重量单和尺码单（Packing List, Weight List and Measurement List）（见表 6-2）是商业发票的一种补充单据，是商品的不同包装规格条件、不同花色和不同重量逐一分别详细列表说明的一种单据。它是买方收货时核对货物的品种、花色、尺寸、规格和海关验收的主要依据。

对于不同特性的货物，进口商可能对某一或某几方面（例如包装方式、重量、体积、尺码）比较关注，因此希望对方重点提供某一方面的单据。它包括不同名称的各式单据，例如 Packing List、Weight List、Measurement List、Packing Note and Weight Note 等，它们的制作方法与主要内容基本一致。装箱单着重表示包装情况，重量单着重说明重量情况，尺码单则着重商品体积的描述。

表 6-2 装箱单

Nane and Address of Exportter **Packing List**					
To:				Invoice No.: Date: Contract No.: L/C　No.:	
From　　　　　　　　to Letter ol Credit No.					
Marks & Numbers	Description	Quantity	Weight		Measurement
			Net	Gross	
Special Conditions				Name of Exporter Signature	

（三）运输单据

运输单据通常是指代表运输中的货物或证明货物已经付运的单据。它们具体反映了同货物运输有关的当事人（如发货人、承运人、收货人等）的责任与权利，是货物运输业务中最重要的文件，也是结汇的主要单据。运输单据包括海洋运输使用提单、铁路运输使用铁路运单、航空运输使用航空运单、邮包运输使用邮包收据，多式联合运输则使用联合运输提单或联合运输单据。

1. 海运提单

海运提单（见表 6-3）是承运人或其代理人收到货物后，签发给托运人的一种单证。提单是承运人或其代理人签发的货物收据，是货物所有权的凭证，是运输契约或证明。提单可以转让，提单持有人可以凭提单向承运人提货。

表 6-3　海运提单

Shipper		B/L No.
Consignee or Order		中远集装箱运输有限公司
Notify Address		COSCO CDNTAINER LINES
Pre-carriage by	Place of Receipt	BILL OF LADING Port to Port or Combined Transport
Ocean Vessel Voyage NO.	Port of Loadtng	RECEIVED in external apparent good order and condition (un-less otherwise indicated) the goods or packages spectified herein and to be discharged at the mentioned port ot discharge or as near thereto asthe vessel may safely get and be always afloat.
Port of Discharge	Place ot Delivery	The shtpper, Consignee and the Holder of this Billoi Lading hereby expressly accept and agree to all printed, written or stamped povisions, exceptions and conditions of this Bill ot Lading, including those on the back hereof. The weight, measure, marks and numbers, quality, contents and value, being particularly finished by the Shipper, are not checked by the Carrier on loading. In WITNESS whereof the number of original Bills of Lading stated below have been signed, one of which being accoopmplished, the other (s) to be void.
Container/Seai No. or Marks & Nos.	Number and kind of Packages. Description of goods	Gross weight	Measurement
Total Number of Packages or Containers (in Words)			
Freight and Charges	Revenue Tons	Rate	Per	Prepaid	collect
Ex. Rate	Prepaid at	Freight Payable at		Place and Date of Issue	
	Total Prepaid	No. of Original B (s) /L		Signed for or on behalf ot the Carrier.	
Laden on Board the Vessel Date					

2. 铁路运单

铁路运输分为国际铁路联运和通往港澳的国内铁路运输，分别使用国际铁路货物联运单和承运货物收据。当通过国际铁路办理货物运输时，在发运站由承运人加盖日戳签发的运单叫"铁路运单"（Rail Waybill）。铁路运单是由铁路运输承运人签发的货运单据，是收、发货人同铁路之间的运输契约。

铁路运单一律以目的地收货人作记名抬头，一式两份。正本随货物同行，到目的地交收货人作为提货通知；副本交托运人作为收到托运货物的收据。在货物尚未到达目的地之前，托运人可凭运单副本指示承运人停运，或将货物运给另一个收货人。

铁路运单只是运输合约和货物收据，不是物权凭证，但在托收或信用证支付方式下，托运人可凭运单副本办理托收或议付。

3. 航空运单

航空运单是承运人与托运人之间签订的运输契约，也是承运人或其代理人签发的货物收据。航空运单还可作为核收运费的依据和海关查验放行的基本单据。但航空运单不是代表航空公司的提货通知单。在航空运单的收货人栏内，必须详细填写收货人的全称和地址，而不能做成指示性抬头。

4. 邮包收据

邮包收据是邮包运输的主要单据，它既是邮局收到寄件人的邮包后所签发的凭证，也是收件人凭以提取邮件的凭证，当邮包发生损坏或丢失时，它还可以作为索赔和理赔的依据。但邮包收据不是物权凭证。收据中的一联随邮包寄至目的地后由当地邮局通知收件人取货，另一联交寄件人向银行办理议付。

5. 多式联运单据

多式联运单据是指使用两种或两种以上的运输方式，将货物从一国的收货地运到另一国指定交货地点的货运单据。它包括全程运输。

多式联运单据（Combined Transport Documents，CTD）是指证明国际多式联运合同成立及证明多式联运经营人接管货物，并负责按照多式联运合同条款支付货物的单据。

（四）保险单据

保险单据既是保险公司对被保险人的承保证明，也是双方权利和义务的契约。在被保货物遭受损失时，保险单是被保险人索赔的主要依据，也是保险公司理赔的主要根据。

在国际贸易中，保险单据是可以转让的，只有在既掌握了货物的提单又掌握了保险单据的情况下，才真正掌握了货权。

常见的保险单据有保险单、保险凭证、联合凭证、预约保单。

1. 保险单

保险单（Insurance Policy）（见表 6-4）：俗称大保单，保险单是保险公司向投保人出具的承保证明，并规定了双方的权利和义务关系，又是被保险人凭以向保险公司索赔和保险公司进行理赔的依据。

表 6-4　保险单

中国人民保险公司

The People's Insurance Company of China

PICC

总公司设于北京　一九四九年创立

Head Office Beijing　　　　　Established in 1949

货物运输保险单 CARGO TRANSPORTATION INSURANCE POLICY

发票号（INVOICE NO.）

合同号（CONTRACT NO.）

信用证号（L/C NO.）

保单号次
POLICY NO.

被保险人：INSURED:

中国人民保险公司（以下简称本公司）根据被保险人的要求，由被保险人向本公司缴付约定的保险费，按照本保险单承保险别和背面所载条款与下列特款承保下述货物运输保险，特立本保险单。

THIS POLICY OF INSURANCE WITNESSES THAT THE PEOPLE'S INSURANCE COMPANY OF CHINA (HEREINAFTER CALLED "THE COMPANY") AT THE REQUEST OF THE INSURED AND IN CONSIDERATION OF THE AGREED PREMIUM PAID TO THE COMPANY BY THE INSURED, UNDERTAKES TO INSURE THE UNDERMENTIONED GOODS IN TRANSPORTATION SUBJECT TO THE CONDITIONS OF THIS OF THIS POLICY AS PER THE CLAUSES PRINTED OVERLEAF AND OTHER SPECIAL CLAUSES ATTACHED HEREON.

标　记 MARKS&NOS	包装及数量 QUANTITY	保险货物项目 DESCRIPTION OF GOODS	保险金额 AMOUNT INSURED

总保险金额 TOTAL AMOUNT INSURED: _____

保费　　　　　启运日期　　　　　　　　　　装载运输工具：

PERMIUM:_____ DATE OF COMMENCEMENT: _____ PER CONVEYANCE: _____

自 FROM: _____ 经 VIA _____ 至 TO _____

承保险别：CONDITIONS:

所保货物，如发生保险单项下可能引起索赔的损失或损坏，应立即通知本公司下述代理人查勘。如有索赔，应向本公司提交保单正本（本保险单共有份正本）及有关文件。如一份正本已用于索赔，其余正本自动失效。

IN THE EVENT OF LOSS OR DAMAGE WITCH MAY RESULT IN A CLAIM UNDER THIS POLICY, IMMEDIATE NOTICE MUST BE GIVEN TO THE COMPANY'S AGENT AS MENTIONED HEREUNDER. CLAIMS, IF ANY, ONE OF THE ORIGINAL POLICY WHICH HAS BEEN ISSUED IN ORIGINAL(S)

TOGETHER WITH THE RELEVANT DOCUMENTS SHALL BE SURRENDERED TO THE

226

COMPANY. IF ONE OF THE ORIGINAL POLICY HAS BEEN ACCOMPLISHED. THE OTHERS TO BE VOID.

中国人民保险公司 The People's Insurance Company of China

赔款偿付地点 CLAIM PAYABLE AT _____ Authorized Signature

出单日期 ISSUING DATE _____

保险单是一种正规的保险合同，除载明被保险人（投保人）的名称、被保险货物（标的物）的名称、数量或重量、唛头、运输工具、保险的起讫地点、承保险别、保险金额、出单日期等项目外，还在保险单的背面列有保险人的责任范围，以及保险人与被保险人各自的权利、义务等方面的详细条款，它是最完整的保险单据。保险单可由被保险人背书，随物权的转移而转让，它是一份独立的保险单据。

2. 保险凭证

保险凭证（Insurance Certificate）：俗称小保单，它有保险单正面的基本内容，但它没有了保险单反面的保险条款，是一种简化的保险合同。

保险凭证与保险单具有同等效力，凡是保险凭证上没有列明的，均以同类的保险单为准。实务中，保险单可以代替保险凭证，保险凭证则不可以代替保险单。

3. 联合保险凭证

联合保险凭证（Combined Insurance Certificate）：俗称承保证明（Risk Note），它是我国保险公司特别使用的一种更为简化的保险单据，由保险公司在出口公司提交的发票上加上保险编号、承保险别、保险金额、装载船只、开船日期等，并加盖保险公司印章即可，这种单据不能转让。

4. 预约保单

预约保险单（Open Policy/Open Coner）：它是一种长期性的货物保险合同。预约保险单上载明保险货物的范围、险别、保险费率、每批运输货物的最高保险金额以及保险费的结付、赔款处理等项目，凡属于此保险单范围内的进出口货物，一经起运，即自动按保险单所例条件承保。但被保险人在获悉每批保险货物起运时，应立即将货物装船详细情况包括货物名称、数量、保险金额、运输工具种类和名称、航程起讫地点、开船日期等情况通知保险公司和进口商。

（五）原产地证书

原产地证明书（Certificate of Origin）是证明商品原产地，即货物的生产或制造地的一种证明文件，是商品进入国际贸易领域的"经济国籍"，是进口国对货物确定税率待遇，进行贸易统计，实行数量限制（如配额、许可证等）和控制从特定国家进口（如反倾销税、反补贴税）的主要依据之一。原产地证明书一般有三大类：第一类是普通产地证；第二类是普惠制原产地证；第三类是某些专业性原产地证。

1. 普通产地证

普通产地证也叫一般产地证（见表 6-5），一般来讲，对任何国家都适用。我国普通产地证的签发机构有：

（1）中国出入境检验检疫局（CIQ）。

（2）中国国际贸易促进委员会（CCPIT）。

（3）制造商或出口商。

在国际贸易实务中，应该提供哪种产地证，主要依据合同或信用证的要求。如果信用证规定由"有权机构"出具产地证，实际业务中由贸促会或出入境检验检疫局签发即可。

表 6-5　原产地证明书样本

| 1. Exporter | CERTTFICATE No. |
| 2. Consignee | **CERTIFICATE OF ORIGIN OF THE PEOPLE'S REPUBLIC OF CHINA** |

| 3. Means of transport and rollte | 5. For certifying authority use only |
| 4. Country/region of destitLation | |

6.Marks and numbers Of packages	7. Number and kind of packages; description of goods	8. H. S. Code	9. Quantity Or Weight	10. Number and date of invoices

| 1l. Declaration by the exporter
The undersigned hereby declares that the above details and statements are correct, that all the goods were produced in China and that they comply with the Rules of 0rigin of the People's Republic of China. | 12. Certificatton
It is hereby certified that the declaratlon by the exporter is correct. |
| Place and date. signature and stamp of authorized signatory | Place and date, signature and stamp of certifying authority |

2. 普惠制原产地证

普惠制产地证（Form A 或 GSP Form A）是根据发达国家给予发展中国家的一种关税优惠制度-普遍优惠制，签发的一种优惠性原产地证。采用的是格式 A，证书颜色为绿色。在对外贸易中，可简称为 FORM A 或 GSP FORM A。在我国，普惠制原产地证由中国出入境检验检疫局（CIQ）签发。

3. 专业性原产地证

例如，对欧盟国家出口纺织品，需提交专业性原产地证。专业性原产地证是进口国海关控制配额的依据。在我国，该证由地方外经贸委（厅）颁发。GSP产地证是取得关税优惠，而纺织品产地证是取得配额的证明。对欧盟出口有关产品时，需同时提交两种产地证。

（六）商品检验证书

商品检验证书（Commodity Inspection Certificate）（见表6-6），进出口商品经过商检机构进行检验或鉴定后，由该检验机构出具的书面证明称为商品检验证书。

表6-6　中华人民共和国×××进出口商品检验局

×××IMPORT &EXPORT COMMODITY INSPECTION
BUREAU OF THE PEOPLE'S REPUBLIC OF CHINA

检验证书

INSPECTION CERTIFICATE

QUALITY

No. _____

日期：

Date:_____

地址：

Address:_____

电报：

Cable: _____

电话：

Tel: _____

发货人：

Consignor:_____

受货人：

Consignor:_____

品名：　　　　　　　　　　　　标记及号码：

Commodity:_____　Mark & No. _____

报验数量/重量：

Quantity/Weight Declared:_____

检验结果：

RESULTS OF INSPECTION:_____
_____
_____

主任检验员

Chief　Inspector

商检证书是各种进出口商品检验证书、鉴定证书和其他证明书的统称，是对外贸易有关各方履行契约义务、处理索赔争议和仲裁、诉讼举证、具有法律依据的有效证件，也是海关验放、征收关税和优惠减免关税的必要证明。

我国进出口商品检验主要由官方的中华人民共和国国家出入境检验检疫局及其分支机构承担，此外还有各种专门从事动植物、食品、药品、船舶、计量器具等官方检验机构。在交易中如果买卖双方约定由生产单位或使用单位出具检验证明，则该证明也可起到检验证书的作用。

（七）出口报关单

出口货物报关单（Form of Export Declaration）（见表 6-7），是由海关总署规定的统一格式和填制规范，由出口企业或其代理人填制并向海关提交的申报货物状况的法律文书，是海关依法监管货物出口、征收关税及其他税费、编制海关统计以及处理其他海关业务的重要凭证。

表 6-7　出口货物报关单

中华人民共和国海关出口货物报关单（出口退税专用）

预录入编号：　　　　　　　　海关编号：

出口口岸		备案号		出口日期		申报日期
经营单位		运输方式		运输工具名称		提运单号
发货单位		贸易方式		征免性质		结汇方式
许可证号		抵运国（地区）	指运港			境内货源地
批准文号		成交方式	运费	保费		杂费
合同协议号	件数		包装种类	毛重（公斤）		净重（公斤）
集装箱号	随附单据					生产厂家
标记唛码及备注						
项号 商品编号 商品名称 规格型号 数量及单位 最终目的国（地区） 单价 总价 币制 征免						
税费征收情况						
录入员	兹声明以上申报无讹并承担法律责任		海关审单批注及放行日期（签单）			
录入单位						
报关员			审单　　　　审价			
单位地址	申报单位（签章）		征税　　　　统计			
邮编　电话	填制日期		查验　　　　放行			

（八）出口收汇核销单

出口收汇核销单（Export FX Verification Certificate）（见表 6-8），是由外汇

局制发、出口单位凭以向海关出口报关、向外汇指定银行办理出口收汇、向外汇局办理出口收汇核销、向税务机关办理出口退税申报的有统一编号及使用期限的凭证。

表 6-8　出口收汇核销单

出口收汇核销单 存根 编号：	出口收汇核销单 正联 编号：		出口收汇核销单 出口退税专用 编号：		
出口单位： 出口总价： 收汇方式： 预计收款日期： 报关日期： 备注：	外汇指定银行结汇/收账情况： 我行已凭此办理结汇/收账 　　　年　月　日 （盖章）		出口单位：		
			货物名称	货物数量	出口总价
	海关核放情况： 　　　年　　月　　日	海关签章	报关单编号：		
	外汇管理局核销情况： 年　月　日（盖章）		外汇管理局核销情况： 　　　年　　月　　日（盖章）		

（未 经 核 销 此 联 不 准 撕 开 ）

（九）汇票

汇票（Bill of Exchange）（见表 6-9），是国际贸易结算中最常用的一种票据。

我国《票据法》规定，汇票是出票人签发的，委托付款人在见票时或者在指定日期无条件支付确定金额给收款人或者持票人的票据。

（十）结汇水单

结汇水单（FX Clearing Memo）（见表 6-10），是外汇结算银行按当日外汇牌价将出口货款折成人民币并贷记开户单位人民币账户的通知。而收账通知是外汇结算银行将出口货款原币或折成的某种外币直接贷记开户单位账户的通知。

表 6-9　汇票

BILL OF EXCHANGE

No.汇票编号_____　　　　　　　　　　　Date:出票日期_____

For: 汇票金额_____

At_____付款期限 sight of this second of exchange (first of the same tenor and date unpaid) pay to

the order of 受款人_____

the sum of _____

Drawn under 出票条款_____

L/C No. _____Dated_____

To._____付款人_____

　　　　　　　　　　　　　　　　　　　　　　　_____出票人签章_____

表 6-10　结汇水单

X Bank FX Clearing Memo

Payee　　　　　　　　　　　　　　　　　　20×× , ×× , ××

（收款人名称）:

Payee's a/c No.　　　　　　　　　　　　　　Voucher No.

（收款人账号）:　　　　　　　　　　　　　　（申报单号）:

FX amount （外汇金额）	Rate （结汇牌价）	Recording amount （入账金额）

Description 摘要	Reference No. （业务编号）:	Invoice No （发票号）:	VAL-DATE （起息日）:
	Deduction （国外扣费）:	Verilication （核销单号）:	Paying charge （偿付费）:
	Commlssion （手续费）:	Postal （邮电费）:	Discrepancy fee （不付费）:
	LESS—COMM. （手续费）		
	LESS—OTHER（其他）_____		
	OUR COMMISSIONS AND CHARGES		
	PRE—ADV（预通知费）		
	ADVICONF（通知/保兑费）		
	AMENDMT（修改费）		
	NEG/PYT（议付/付款费）		
	POSTAGE（邮费）		
	CAD/TEL（电信费）		
	OTHER（其他）_____		
	TOTAL(合计)		

6.2 生产企业自营出口经营过程的核算

生产企业的经营过程是以产品生产为中心的资金筹集、资金运用和资金退出活动的统一。为了独立地进行生产经营活动，企业必须从一定的渠道取得一定数量的资金，作为从事生产经营活动的基础。随着生产经营活动的进行，企业的资金形态依次通过生产准备、产品生产、产品销售三个阶段不断转化，形成资金的循环和周转。企业的收入与全部费用相抵后的差额，即为企业的财务成果（即利润或亏损），利润通过分配，一部分退出企业。因此，企业的主要经济业务内容可归纳为以下5种：

- 资金筹集业务
- 生产准备业务
- 产品生产业务
- 产品销售业务
- 财务成果业务与资金退出业务

6.2.1 资金筹集业务的核算

生产企业要组织和完成生产经营活动，首要任务是为正常的生产经营活动筹集一定数量的资金。资金的来源主要有吸收投资者投资和向债权人借入资金两种渠道，因此，资金核算的主要内容包括投资者投入资本的核算和向外部借入资金的核算。

（一）投资者投入资本的核算

投资者将资金投入企业，并成为企业的股东（或称为投资者），进而可以参与企业的经营决策并获得企业盈利分配。企业吸收投资者的投资后，企业的资金增加了，同时投资者在企业中所享有的权益也增加了。

1. 应设置的账户

"实收资本"账户。为了核算企业接受的投资者投资额的变化，企业（股份制企业除外）应设置"实收资本"科目，并按投资者的不同进行明细核算。

"实收资本"，所有者权益类科目，科目代码为"4001"，用来核算企业接受投资者投入企业的资本额。其贷方核算企业实收资本的增加，借方核算企业实收资本的减少，期末贷方余额表示企业接受投资者投入资本（或股本）的余额。另外，本科目应按不同的投资者设置明细科目进行明细核算。

企业收到投资者以货币资金投资时，按实际收到的金额作为投资者的投资入账，借记"银行存款"，贷记"实收资本"；收到以原材料、产成品、机器设备和厂房、无形资产出资时，按实际收到资产时协商确定的价格，借记"原材料"、"库存商品"、"固定资产"、"无形资产"，贷记"实收资本"。若出资额高于投资者在企业注册资本中所占的份额，其超过部分贷记"资本公积"账户。

"实收资本"账户的结构如下：

借方	实收资本	贷方
	期初余额	
本期减少额：投资者抽走资金	本期增加额：收到投资者投入资本	
本期减少发生额合计	本期增加发生额合计	
	期末余额：投资者投资的实有数额	

相关会计分录如下：

（1）收到投资时的会计分录：

借：银行存款　　×××

　　库存商品　　×××

　　固定资产　　×××

　　原材料　　　×××

　　无形资产　　×××

　　贷：实收资本　　×××

（2）投资者抽走资金：

借：实收资本　　×××

　　贷：银行存款　　　×××

应注意：有关法律法规规定"所有者投入企业的资金，企业实行资本保全制度，除法律法规另有规定外，不得随意抽走"。因此，本账户平时一般没有借方发生额。

2. 业务举例

【例6-1】12月1日，滨海公司注册成立，接受A公司投入现金10万元，款项已通过银行转入。

分析：滨海公司接受投资者投入资金，获得一笔银行存款，故"银行存款"增加，记借方；同时，滨海公司接受投资者投入的资本增加，即"实收资本"增加，记贷方。滨海公司企业会计人员应根据业务内容编制如下会计分录：

借：银行存款　　　　　　100 000

　　贷：实收资本——A公司　　　100 000

【例6-2】12月1日，滨海公司收到B公司投入机器设备1台，经投资双方协商确认价值为 30 000 元。

分析：滨海公司接受投资者投入机器设备 1 台，故"固定资产"增加，记借方；同时，滨海公司接受投资者投入的资本增加，即"实收资本"增加，记贷方。滨海公司企业会计人员应根据业务内容编制如下会计分录：

借：固定资产　　　　　30 000

　　贷：实收资本——B 公司　　　30 000

【例 6-3】12 月 1 日，接受 C 公司投入的一项专利技术，经投资双方协商确认价值为 40 000 元。

分析：滨海公司接受投资者投入的专利技术一项，故"无形资产"增加，记借方；同时，滨海公司接受投资者投入的资本增加，即"实收资本"增加，记贷方。滨海公司企业会计人员应根据业务内容编制如下会计分录：

借：无形资产　　　　　40 000

　　贷：实收资本——C 公司　　　40 000

【例 6-4】假设滨海公司按法定程序报经批准，减少注册资本 30 万元（其中 B 公司拥有 40%的股份，C 公司拥有 60%的股份），款项已通过银行存款支付。

分析：滨海公司企业减少注册资本的方式是向企业投资者支付一定金额的银行存款，所以滨海公司企业"银行存款"减少，记贷方；同时，企业接受投资者投资的金额相应减少，投资人在滨海公司企业的权益相应减少，故应记"实收资本"的借方。滨海公司企业会计人员应根据上述业务内容编制如下会计分录：

借：实收资本——B 公司　　120 000

　　实收资本——C 公司　　180 000

　　贷：银行存款　　　　　　300 000

【例 6-5】滨海公司因发展需要，决定增加注册资本 60 万元（其中 B 公司认缴 40%的资本，C 公司认缴 60%的资本），分别收到 B 公司和 C 公司的缴款 28 万元和 42 万元，款项通过开户银行转入 A 企业的账户。

分析：滨海公司因接受 B 公司和 C 公司的投资而"实收资本"增加，故应贷记"实收资本"；但由于 B 公司和 C 公司实际支付的投资款超过注册资本（即产生资本溢价），故超过部分应作为"资本公积"处理。滨海公司会计人员应根据上述业务内容编制如下会计分录：

借：银行存款　　　　　700 000

　　贷：实收资本——B 公司　　240 000

　　　　实收资本——C 公司　　360 000

　　　　资本公积——资本溢价　　100 000

（二）借款业务的核算

企业自有资金不足以满足企业经营运转需要时，可以通过从银行或其他金融机构借款的方式筹集资金，并按借款协议约定的利率承担支付利息及到期归还借款本金的义务。因此，企业借入资金时，一方面银行存款增加，另一方面负债也相应增加。

1. 应设置的账户

（1）短期借款

"短期借款"，负债类科目，科目代码 2001，核算企业向银行或其他金融机构等借入的期限在 1 年以内（含 1 年）的各种借款。企业从银行或其他金融机构借款时，应贷记本科目；企业归还借款时，借记本科目；本科目期末贷方余额反映企业尚未偿还的短期借款的本金。企业应当按照借款种类、贷款人和币种进行明细核算。

当取得借款时，按取得金额，记入"银行存款"账户的借方，同时记入"短期借款"账户的贷方；实际归还时，按归还本金数记入"短期借款"账户的借方，同时记入"银行存款"账户的贷方。

"短期借款"账户的结构如下：

借方	短期借款	贷方
	期初余额	
本期减少额：归还本金	本期增加额：取得借款	
本期减少发生额合计	本期增加发生额合计	
	期末余额：尚未到期的短期借款	

相关会计分录如下：

①取得借款时：

借：银行存款　　×××

　　贷：短期借款　　　×××

②归还本金时：

借：短期借款　　×××

　　贷：银行存款　　　×××

（2）财务费用

企业借入上述短期借款后，必须承担支付利息的义务。对于企业发生的利息费用，应通过"财务费用"科目进行核算。

"财务费用"，损益类（费用）科目，科目代码 6603，用来核算企业为筹集生产经营所需资金等而发生的筹资费用，包括利息支出（减利息收入）、汇兑差额以及相关的手续费等。企业确认发生筹资费用时，记本科目的借方；发生利息收入时贷记本科目；期末，企业应将本科目余额转入"本年利润"科目，结转后本科目应无余额。该账户按费用项目进行明细分类核算。

当发生上述各项费用时，记入"财务费用"账户的借方，同时记入"应付利息"、"银行存款"账户的贷方；期末结转时，记入"本年利润"账户的借方，同时记入"财务费用"账户的贷方。

"财务费用"账户的结构如下：

借方	财务费用	贷方
本期减少额：发生各项费用	本期增加额：转入本年利润	
本期增加发生额合计	本期减少发生额合计	

相关会计分录如下：

①发生各项费用时：

借：财务费用　　×××

　　贷：应付利息　　×××

　　　　银行存款　　×××

②期末结转时：

借：本年利润　　×××

　　贷：财务费用　　×××

（3）长期借款

长期借款主要用于购置固定资产和固定资产建造工程。

"长期借款"，负债类科目，科目代码2501，用来核算企业向银行或其他金融机构借入的期限在1年以上（不含1年）的各项借款（含本金及计提的借款利息）。企业借入长期借款及计提借款利息时，贷记本科目；归还长期借款本金及利息时，借记本科目；本科目期末贷方余额，反映企业尚未偿还的长期借款本金及利息的余额。企业还应当按照贷款单位进行明细核算。

长期借款的核算内容包括长期借款的取得、长期借款的计息、长期借款的偿还。

企业长期借款所发生的利息支出，应按照权责发生制原则，按期预提记入有关项目。其借方是"在建工程"、"长期待摊费用"或"财务费用"，贷方是"长期借款"。

取得长期借款时，按实际借款额记入"银行存款"账户的借方，同时记入"长期借款"的贷方。

到期归还本金时，记入"长期借款"的借方，同时记入"银行存款"账户的贷方。

"长期借款"账户的结构如下：

借方	长期借款	贷方
	期初余额	
本期减少额：到期归还本金	本期增加额：取得借款	
本期减少发生额合计	本期增加发生额合计	
	期末余额：尚未到期的长期借款	

相关会计分录如下：

①取得借款时：

借：银行存款　　×××

　　贷：长期借款　　×××

②归还本金时：

借：长期借款　×××

　　贷：银行存款　　×××

2. 业务举例

【例6-6】2012年1月1日滨海公司从B银行借入一年期借款10万元，年利率6%，每半年付息一次，到期一次还本。

分析：滨海公司从B银行借入资金后，银行存款增加，故借记"银行存款"；同时，滨海公司增加了一项负债，即"短期借款"增加，故应贷记"短期借款"。滨海公司会计人员应根据上述业务内容编制如下会计分录：

借：银行存款　　　　100 000

　　贷：短期借款——B银行　　100 000

【例6-7】2012年6月30日，滨海公司以存款支付银行上半年短期借款利息（100 000×6%×6/12=3 000元）。

分析：企业在期末确认发生的利息费用时，费用增加，应记"财务费用"的借方；同时，以银行存款支付利息，故银行存款减少，应贷记"银行存款"。滨海公司会计人员应根据上述业务内容编制如下会计分录：

借：财务费用　　　3 000

　　贷：银行存款　　　3 000

【例6-8】2012年12月31日，滨海公司以银行存款归还B银行短期借款本金10万元及下半年利息3 000元。

分析：企业归还借款，则企业负债减少，故应借记"短期借款"；同时，企业还应确认并支付下半年的借款利息，所以还应借记"财务费用"、贷记"银行

存款"等科目。滨海公司会计人员应根据上述业务内容编制如下会计分录:

借:财务费用　　　　　　　　3 000

　　短期借款——B 银行　　　　100 000

　　贷:银行存款　　　　　　　103 000

【例 6-9】2012 年 1 月 1 日滨海公司从 B 银行借入两年期借款 10 万元,年利率 6%,到期一次还本付息。

分析:企业借入资金,则银行存款增加,应借记"银行存款";同时,企业也增加了一笔负债,故应贷记"长期借款"。滨海公司会计人员应根据上述业务内容编制如下会计分录:

借:银行存款　　　　　　　　100 000

　　贷:长期借款——B 银行　　　100 000

【例 6-10】2012 年 12 月 31 日,滨海公司确认本年长期借款的应计利息 6 000 元。

分析:企业借入款项后,必须承担支付利息的义务。虽然借款约定到期一次付息,但借款的受益期是整个借款期。因此,如果借款受益期跨了两个或两个以上的会计期间,应于每个会计期末确认应归属当期的利息费用及当期应承担、但未支付的利息债务。滨海公司会计人员应根据上述业务内容编制如下会计分录:

借:财务费用　　　　　　　　6 000

　　贷:长期借款——B 银行　　　6 000

【例 6-11】2013 年 12 月 31 日,滨海公司以银行存款归还 B 银行长期借款本金 10 万元及第二年利息 6 000 元。

分析:企业归还借款,则企业负债减少,故应借记"长期借款";同时,企业还应确认并支付第二年的借款利息,所以还应借记"财务费用"、贷记"银行存款"科目。滨海公司会计人员应根据上述业务内容编制如下会计分录:

借:财务费用　　　　　　　　12 000

　　长期借款——B 银行　　　　100 000

　　贷:银行存款　　　　　　　112 000

6.2.2　生产准备业务的核算

企业筹集到资金后,就必须建造厂房、建筑物,购入机器设备,购买各种材料,以备生产。因此,固定资产购建业务和材料采购业务的核算,就构成了生产准备业务核算的主要内容。

（一）材料采购业务

材料采购过程，是指从供应商经订货、运输、装卸等到材料物资验收入库及结算价款的全过程，其实质是通过材料物资采购形成企业各种存货。

通过材料采购业务，企业的财产物资增加了；同时，因采购而支付了相应的存款或承担了相应的负债，即货币资金相应减少或负债相应增加。

材料采购过程的主要经济业务包括材料物资的采购活动、按照结算制度规定结算价款以及计算材料的采购成本。

1. 应设置的账户

（1）在途物资

"在途物资"，资产类科目，科目代码1402，用来核算实际成本法下企业在途材料的采购成本；在途材料是指企业购入尚在途中或虽已运达但尚未验收入库的购入材料的采购成本。其借方核算新增的在途材料成本，贷方核算因验收入库而转入"原材料"账户的在途材料成本，其贷方余额表示尚未到达或尚未验收入库的在途材料的实际采购成本。本科目应当按照供应单位和材料（或商品）品种进行明细核算。

企业购入材料支付的买价、税金和运杂费等记入"在途物资"、"应交税费——应交增值税（进项税额）"账户的借方，同时记入"银行存款"或"应付账款"等账户的贷方；材料运到验收入库时记入"原材料"账户的借方，同时记入"在途物资"账户的贷方。

"在途物资"账户的结构如下：

借方	在途物资	贷方
期初余额		
本期增加额：购入材料实际成本	本期减少额：验收入库材料实际成本	
本期增加发生额合计	本期减少发生额合计	
期末余额：在途材料实际成本		

伴随购入材料而支付的增值税是购进材料而支付的税金，成为进项税额。实质是已经支付的税金，表示负债的减少，因而记入"应交税费——应交增值税"的借方。

相关会计分录如下：

①购入时：

借：在途物资（买价）——甲材料　　　　　×××

　　　　　　　　　　　——乙材料　　　　　×××

　　应交税费——应交增值税（进项税额）　×××

```
        贷：银行存款（价税合计）              ×××
            或应付账款（价税合计）            ×××
```

②支付运费等采购费用时：

```
    借：在途物资——甲材料  ×××
                ——乙材料  ×××
        贷：银行存款      ×××
```

③验收入库时：

```
    借：原材料——甲材料      ×××
            ——乙材料      ×××
        贷：在途物资——甲材料      ×××
                ——乙材料      ×××
```

（2）原材料

"原材料"，资产类科目，科目代码1403，核算企业库存的各种材料（包括原料及主要材料、辅助材料、外购半成品、修理用备件、包装材料、燃料等）的实际成本。材料验收入库而增加时，借记本科目；材料因领用等原因而减少时，贷记本科目；本科目的期末借方余额，反映企业库存材料的实际成本。企业应当按照材料的保管地点（仓库）、材料的类别、品种和规格等进行明细核算。

"原材料"账户的结构如下：

借方	原材料	贷方
期初余额		
本期增加额：验收入库	本期减少额：生产领用	
本期增加发生额合计	本期减少发生额合计	
期末余额：库存材料实际成本		

相关会计分录如下：

①验收入库时：

其会计分录见"在途物资"③材料验收入库的分录。

②领用材料时：

```
    借：生产成本          ×××
        制造费用          ×××
        销售费用          ×××
        管理费用          ×××
        贷：原材料——甲材料      ×××
                ——乙材料      ×××
```

（3）应付账款

"应付账款"，负债类科目，科目代码2202，核算企业因购买材料、商品和接受劳务供应等经营活动应支付的款项。因购货而增加负债时，贷记本科目；因偿还货款而减少该负债时，记本科目借；期末余额表示尚未归还的货款，如果出现借方余额，实质应是"预付账款"。本科目应当按照不同的债权人进行明细核算。

赊购材料而发生应支付的货款和税金及对方垫付货物的运杂费时记入"应付账款"账户的贷方，同时记入"在途物资"等账户的借方；以银行存款偿还时，记入"应付账款"账户的借方，同时记入"银行存款"账户的贷方。

"应付账款"账户的结构如下：

借方	应付账款	贷方
	期初余额	
本期减少额：实际偿还数	本期增加额：购入材料尚未支付数	
本期减少发生额合计	本期增加发生额合计	
	期末余额：应付而未付的款项	

相关会计分录如下：

①购入材料尚未支付款项时：

借：在途物资（买价）——甲材料　　　×××

　　　　　　　　　　——乙材料　　　×××

　　应交税费——应交增值税（进项税额）×××

　　贷：应付账款（价税合计）——××公司　　×××

②实际偿还时：

借：应付账款（价税合计）——××公司　×××

　　贷：银行存款　　　　　　　　　　×××

（4）应付票据

应付票据是指由企业出具的，允诺在短期内支付一定金额给持票人的一种书面凭证。在我国，应付票据是用来核算企业在商品购销活动中由于采用商业汇票结算方式而发生的、用来明确债权债务关系、具有法律效果的商业汇票。商业汇票依照承兑人的不同，可分为银行承兑汇票和商业承兑汇票。

付款企业可以通过开出商业汇票作为承诺支付货款的形式，即在汇票上注明应支付的金额、支付的时间等交易信息，待票据到期时，再通过银行转账支付。

"应付票据"，负债类科目，科目代码2201，核算企业购买材料、商品和接受劳务供应等而开出、承兑的商业汇票，包括银行承兑汇票和商业承兑汇票。开出、承兑商业汇票时，贷记本科目；以存款支付汇票款时，借记本科目；本科目期末贷方余额，反映企业尚未到期的商业汇票的票面金额。支付银行承兑汇票的手续费记入"财务费用"科目。

企业应当设置"应付票据备查簿"，详细登记每一商业汇票的种类、号数和出票日期、到期日、票面余额、交易合同号和收款人姓名或单位名称以及付款日期和金额等资料。应付票据到期结清时，应当在备查簿内逐笔注销。

"应付票据"账户的结构如下：

借方	应付票据	贷方
	期初余额	
本期减少额：登记应付票据的减少数（到期支付的款项和到期未支付转入应付账款的数	本期增加额：登记对外发生债务时开出的承兑商业汇票的款项	
本期减少发生额合计	本期增加发生额合计	
	期末余额：应付而未付的款项	

相关会计分录如下：

①签发应付票据抵付对外发生债务时：

借：在途物资　　　×××
　　原材料　　　　×××
　　库存商品　　　×××
　　应付账款　　　×××
　　贷：应付票据　　　×××

②支付银行承兑汇票的手续费时：

根据《企业会计准则》的规定，银行等金融机构收取的手续费应作为财务费用处理，因此：

借：财务费用　　　×××
　　贷：银行存款　　　×××

③带息票据的利息处理：

带息票据在票面上往往标明一定的利率，该利率用来计算票据所含的利息。票据到期时，企业除了需要偿还票面金额外，还需要支付按规定计算的利息。

利息=面值×利率×票据期限

带息票据的利息一般都是在到期时一次性支付；如果利息金额较大，则应于中期期末或年度终了时计算应付利息费用。利息费用应当记入"财务费用"科目。

借：财务费用 ×××

　　贷：应付票据 ×××

如果利息金额不大，是否预提对会计报表不会产生重大影响，则可在票据到期归还本金和支付利息时，一次性计入财务费用。

④票据到期支付本金和利息时：

借：应付票据 ×××

　　财务费用 ×××

　　贷：银行存款 ×××

⑤到期无款支付时的会计处理：

如果企业到期无法支付的票据是银行承兑汇票，则银行将票款支付给持票人，企业就产生了一笔短期借款负债。企业应将应付票据负债转为短期借款负债，并将罚款支出作为营业外支出处理。

借：应付票据 ×××

　　贷：短期借款 ×××

借：营业外支出 ×××

　　贷：银行存款 ×××

如果企业到期无法支付的票据是商业承兑汇票，则企业应将应付票据的本息转为应付账款，罚息同样作为营业外支出处理。

借：应付票据 ×××

　　财务费用 ×××

　　贷：应付账款 ×××

借：营业外支出 ×××

　　贷：银行存款 ×××

（5）预付账款

"预付账款"属于会计要素中的资产，通俗讲就是你暂存人家那的钱，如果没有买人家东西前，这钱还是你的，所有权还是归你，所以是资产。

"预付账款"，资产类科目，科目代码1123，核算企业按照购货合同规定预付给供应单位的款项。预付账款应当按实际付出的金额入账，借方登记企业向供货商预付的货款，贷方登记企业收到所购物品应结转的预付货款。

"预付账款"科目应按供应单位设置明细账，进行明细核算。

"预付账款"科目期末借方余额，反映企业实际预付而尚未结算的预付货款；期末如为贷方余额，反映企业尚未补付的款项。

企业因购货而预付的款项，借记"预付账款"科目，贷记"银行存款"科目。收到所购物资时，根据发票账单等列明应计入购入物资成本的金额，借记

"原材料"、"库存商品"等科目，按专用发票上注明的增值税额，借记"应交税金——应交增值税（进项税额）"科目，按应付金额，贷记"预付账款"科目。补付的款项，借记"预付账款"科目，贷记"银行存款"科目；退回多付的款项，借记"银行存款"科目，贷记"预付账款"科目。

"预付账款"账户的结构如下：

借方	预付账款	贷方
期初余额		
本期增加额：预先支付货款	本期减少额：收到材料后与对方结算冲销	
本期增加发生额合计	本期减少发生额合计	
期末余额：已支付尚未结算额	企业尚未补付的款项	

相关会计分录如下：

①预付账款时：

借：预付账款　　×××

　贷：银行存款　　×××

②收到货物时：

借：原材料（或库存商品）　　　　×××

　　应交税费——应交增值税（进项税额）　　×××

　贷：预付账款　　　　×××

③补付货款时：

借：预付账款　　×××

　　贷：银行存款　　×××

④收回多余款项时：

借：银行存款　　×××

　　贷：预付账款　　×××

2. 业务举例

【例6-12】滨海公司（不考虑相关税费）从A公司购入甲材料，价款10 000元，以银行存款支付，材料尚未验收入库（假设企业按实际成本法核算，下同）。

分析：企业购入材料，但未验收入库，故在途材料这一资产增加；同时，以银行存款支付，故银行存款这一资产减少。滨海公司会计人员应根据上述业务内容编制如下会计分录：

借：在途物资——甲材料10 000

　贷：银行存款　　　　10 000

【例6-13】滨海公司（不考虑相关税费）从B公司购入乙材料，价款5 000

元，货款暂欠，材料尚未验收入库。

分析：企业购入材料，但未验收入库，故在途材料这一资产增加；同时，货款暂欠，则滨海公司因购入材料而增加了一笔负债，即"应付账款"增加。滨海公司会计人员应根据上述业务内容编制如下会计分录：

借：在途物资——乙材料　　5 000

　　贷：应付账款——B公司　　　5 000

待企业以银行存款支付上述货款时，再做还款分录如下：

借：应付账款——B公司　　5 000

　　贷：银行存款　　　5 000

【例6-14】假设滨海公司开出承兑的商业汇票偿付上述购入材料所欠的货款。

分析：因为已经用汇票偿付了所欠的货款，所以"应付账款"减少，但滨海公司因开出汇票而增加了一笔负债，即"应付票据"增加。故该业务应编制如下会计分录：

借：应付账款——B公司　　5 000

　　贷：应付票据——B公司　　　5 000

待票据到期，根据银行的付款通知再做还款分录如下：

借：应付票据——B公司　　5 000

　　贷：银行存款　　　5 000

【例6-15】滨海公司从C公司购入丙材料一批，按合同要求，用银行存款预付货款5 000元。

分析：公司用银行存款预付货款，故"银行存款"这一资产减少；同时，"预付账款"这一资产增加。故该业务应编制如下会计分录：

借：预付账款——C公司　　5 000

　　贷：银行存款　　　5 000

收到材料和专用发票时，全部货款为10 000元，应补付5 000元，材料尚未验收入库。

分析：企业购入材料，但未验收入库，故在途材料这一资产增加；同时，按照应付货款，贷记"预付账款"。故应编制会计分录如下：

借：在途物资——丙材料　　10 000

　　贷：预付账款——C公司　　　10 000

用银行存款补付款时，"银行存款"这一资产减少；同时，按照应付货款与预付货款的差额，借记"预付账款"。故应编制会计分录如下：

借：预付账款——C公司　　5 000

　　贷：银行存款　　　5 000

【例 6-16】滨海公司在购入丙材料的过程中，发生运杂费 300 元，已用现金支付。

分析：企业购入材料过程中发生的运杂费计入到材料的采购成本中，故在途材料这一资产增加；同时，以现金支付，故库存现金这一资产减少。滨海公司会计人员应根据上述业务内容编制如下会计分录：

借：在途物资——丙材料　　300
　　贷：库存现金　　　　　　　　300

【例 6-17】假设滨海公司所购入的材料验收入库。

分析：材料验收入库，则在途材料（资产）减少，而库存材料（资产）增加。故应编制分录如下：

借：原材料——甲　　10 000
　　原材料——乙　　　5 000
　　原材料——丙　　10 300
　　贷：在途物资——甲　　　10 000
　　　　在途物资——乙　　　　5 000
　　　　在途物资——丙　　　10 300

注意：购入的材料全部验收入库并结转后，"在途材料"科目余额应为零。

（二）固定资产购入业务

固定资产是指单位价值在规定限额以上，使用期限在一年以上，在长期使用中能保持原有物质形态的劳动资料和消费资料。

固定资产取得时的入账价值，包括企业为购建某项固定资产达到预定可使用状态前所发生的一切合理的、必要的支出，这些支出既有直接发生的，如支付的固定资产的价款、运杂费、包装费和安装成本等，也有间接发生的，如应予以资本化的借款利息和外币借款折合差额以及应予分摊的其他间接费用等。

由于固定资产的来源渠道不同，其价值构成的具体内容也有所差异，固定资产取得时的入账价值应当根据具体情况分别确定：

购置的不需要经过建造过程即可使用的固定资产，按实际支付的买价、包装费、运输费、安装成本、交纳的有关税金等作为入账价值。

自行建造的固定资产，按建造该项资产达到预定可使用状态前所发生的全部支出作为入账价值。

投资者投入的固定资产，按投资各方确认的价值作为入账价值。

1. 应设置的账户

（1）固定资产

"固定资产"，资产类科目，科目代码 1601，核算企业持有固定资产的原价。

企业应当按照固定资产类别和项目进行明细核算。当企业因购入或通过其他方式取得可直接投入使用的固定资产时，借记本科目；因处置而减少固定资产时，贷记本科目；本科目期末借方余额，反映企业固定资产的账面原价。

若购入的设备需要安装后才能使用，则购入的固定资产应先通过"在建工程"科目核算设备及安装成本，待安装完毕，设备可投入使用后，再将全部成本转入"固定资产"科目。

"固定资产"账户的结构如下：

借方	固定资产	贷方
期初余额		
本期增加额：购入不需要安装的固定资产或安装完毕转入的固定资产	本期减少额：报废等原因减少的固定资产的原价	
本期增加发生额合计	本期减少发生额合计	
期末余额：累计固定资产原价		

相关会计分录如下：

①购入不需要安装的固定资产：

借：固定资产（买价+税金+运费、保险费等） ×××

　　贷：银行存款 ×××

②安装完毕交付使用时：

借：固定资产（买价+税金+运费、保险费等+安装的后续支出）×××

　　贷：在建工程 ×××

（2）在建工程

"在建工程"，资产类科目，科目代码1604，核算企业购入的需要安装的固定资产的买价、运费、保险费和税金及安装过程中发生的全部支出。借方登记增加数（购入和安装过程中所需支出），贷方登记减少数（安装完毕转出），期末余额一般在借方，表示尚未安装完毕的固定资产造价（原始价值）。

企业购入需要安装的固定资产时，按构入过程中所发生的全部支出，记入"在建工程"账户的借方，同时记入"银行存款"等账户的贷方；设备安装时按领用原材料、零部件、发生人工费和安装费等，记入"在建工程"账户的借方，同时记入"银行存款"、"原材料"、"应付职工薪酬"等账户的贷方；安装完毕交付使用时，记入"固定资产"账户的借方，同时记入"在建工程"账户的贷方。

"在建工程"账户的结构如下：

借方	在建工程	贷方
期初余额		
本期增加额：购入价格、税金、运费及安装过程中发生的支出		本期减少额：安装完毕交付使用
本期增加发生额合计		本期减少发生额合计
期末余额：尚未安装完毕的资产造价		

相关会计分录如下：

①购入时：

借：在建工程（买价+税金+运费、保险费等） ×××

　　贷：银行存款　　　　　　　　　　　　　　×××

②安装时：

借：在建工程（材料费+人工费+安装费） ×××

　　贷：原材料　　　　　　　　　×××

　　　　应付职工薪酬　　　　　　×××

　　　　银行存款　　　　　　　　×××

③交付使用时：

借：固定资产　　　　×××

　　贷：在建工程（①+②）　×××

2. 业务举例

【例 6-18】滨海公司购入办公用设备，价款 20 000 元，运费 500 元，开出承兑的商业汇票。

分析：企业购入设备，企业"固定资产"增加；同时，款项未付，但开出承兑的商业汇票，则企业负债增加，记入"应付票据"科目。故应编制分录如下：

借：固定资产　　　20 500

　　贷：应付票据　　　20 500

【例 6-19】假设上例中购入的设备需要安装，运输费用为 500 元，全部款项以银行存款支付。

分析：购入的设备因需要安装，故先记入"在建工程"；发生运输费用时，则"在建工程"成本增加，同时，银行存款减少。故应编制分录如下：

借：在建工程　　　20 500

　　贷：银行存款　　　20 500

【例 6-20】在安装过程中，耗用原材料 500 元，应付工资 1 000 元。

分析：在安装过程中发生支出时，"在建工程"成本增加，同时，"原材料"减少，负债"应付职工薪酬"增加。故应编制分录如下：

借：在建工程　　　1 500
　　贷：原材料　　　　　　　500
　　　　应付职工薪酬　　　1 000

待安装完工时，则将"在建工程"借方发生额合计转入"固定资产"科目。故应编制分录如下：

借：固定资产　　　22 000
　　贷：在建工程　　　　　22 000

注意：工程完工并结转后，"在建工程"科目余额应为零。

6.2.3　产品生产业务的核算

在生产过程中，企业将原材料等劳动对象投入生产，经过工人的劳动加工，制造出适合于社会需要的产品。在生产过程中，从实物形态看，把材料通过加工变成产品，是产品的制造过程；从价值形态看，发生了各种各样的耗费，形成生产费用，具体来说，发生了材料费用、劳动者的工资和福利费用、固定资产折旧费用等。所以这一过程的主要经济业务是进行材料、工资、其他费用等生产费用的归集和分配，计算产品成本。

企业在一定时期内发生的、用货币表现的生产耗费，称为生产费用。这些生产费用最终都要归集、分配到一定种类的产品上，形成各种产品的成本。有些费用在发生时，就能直接确认是为生产某种产品而发生的，称为直接费用，可以直接计入某种产品的成本，如直接材料、直接工资；有些费用在发生时，不能直接确认是为生产哪种产品而发生的，称为间接费用。间接费用需要采用一定的分配方法，分配计入到某种产品的成本中，如车间制造费用。因此，在产品生产过程中费用的发生、归集和分配以及产品成本的形成，就构成了产品生产过程核算的主要内容。

企业在生产经营过程中，由于管理和组织生产的需要而发生的期间费用，如管理费用、财务费用、销售费用，因其不能归属于某个特定产品成本，其费用额容易确定，但所归属的产品难以判断，所以，应作为当期损益处理，而不作为产品的生产成本。

（一）应设置的账户

1. 生产成本

"生产成本"，成本类科目，科目代码5001，用来归集生产过程中发生的各种费用，反映在产品实际生产成本。账户的借方登记为生产产品发生的直接材料费、直接人工费以及从制造费用账户转入的制造费用，贷方反映完工入库产品的实际生产成本，期末余额在借方，反映尚未完工的在产品实际生产成本（期末在产品为存货，是企业的资产）。

生产产品发生费用时，记入"生产成本"账户的借方，同时记入"原材料"、"应付职工薪酬"、"制造费用"账户的贷方；产品生产完工验收入库时，记入"库存商品"账户的借方，同时记入"生产成本"账户的贷方。

该账户借方登记的生产费用既包括直接费用，如直接材料、直接人工等，还包括分配转来的间接费用，如制造费用。

该账户需按产品种类、规格分别设置明细账户，进行明细分类核算。生产成本明细账应按产品品种（成本计算对象）设账，账内按成本项目设专栏。通常的成本项目是直接材料、直接人工、制造费用，不同企业也可增设其他项目。这样可以为计算每一种产品的制造成本提供详细核算资料。生产成本明细账的具体格式见表6-11。

表6-11 生产成本明细分类账

产品名称：A产品

20××年		凭证		摘要	直接材料	直接人工	制造费用	合计
月	日	字	号					
12	1			期初余额	3 000	10 000	5 000	45 000
				生产领料	180 000			180 000
				结转工资		80 000		80 000
				计提福利费		11 200		11 200
				结转制造费用			12 760	12 760
				本月生产费用合计	180 000	91 200	12 760	283 960
				全都生产费用合计	210 000	101 200	17 760	328 960
				结转完工产品成本	180 000	91 200	10 680	283 960
				期末余额	30 000	10 000	5 000	45 000

"生产成本"账户的结构如下：

借方　　　　　　　　　　　生产成本　　　　　　　　　　　贷方	
期初余额 本期增加额：生产产品发生的所有费用 （材料、人工、制造费）	本期减少额：完工验收入库
本期增加发生额合计	本期减少发生额合计
期末余额：在产品实际成本	

相关会计分录如下：

①生产产品发生各种费用时：

借：生产成本——A产品　　×××

　　　　　——B产品　　×××

　　贷：原材料　　　　　　　×××

　　　　应付职工薪酬——工资　　×××

　　　　　　　——职工福利　×××

　　　　制造费用　　　　　×××

②产品完工验收入库时：

借：库存商品——A产品　　×××

　　　　　——B产品　　×××

　　贷：生产成本——A产品　　×××

　　　　　　——B产品　　×××

2. 制造费用

制造费用是指企业生产车间内为产品的生产所发生的各项间接生产费用。这些费用的发生一般都不能直接确定其受益对象，所以，制造费用在发生时，应首先通过制造费用账户的借方进行归集，期末在所有的受益对象间采用一定的方法进行分配后，再记入生产成本账户的借方。

"制造费用"，成本类科目，科目代码5101，用来归集和分配企业基本生产单位为生产产品而发生的各项间接费用。当企业产品生产间接费用发生或增加时，借记本科目；期末，将产品生产的间接费用在受益产品间分配并结转入"生产成本"科目时，贷记本科目；除季节性的生产性企业外，本科目期末应无余额。

属于制造项目的费用包括：车间管理人员的工资和福利费、车间办公费、水电费、修理费、固定资产折旧费、机器物料消耗、劳动保护费、季节性停工损失等。

发生上述各项费用时，记入"制造费用"账户的借方，同时记入有关账户的贷方；期末分配转出时，记入"生产成本"账户的借方，同时记入"制造费用"账户的贷方。

按"制造费用"不同的生产车间、部门和费用项目进行明细核算。

"制造费用"账户的结构如下：

借方	制造费用	贷方
本期增加额：发生各项费用	本期减少额：分配转出	
本期增加发生额合计	本期减少发生额合计	

相关会计分录如下：

①发生费用时：

借：制造费用　　　×××

　　贷：相关费用　　　×××

②分配结转时：

借：生产成本——A产品　　×××

　　　　　　——B产品　　×××

　　贷：制造费用　　　××××

3. 应付职工薪酬

"应付职工薪酬"，负债类科目，科目代码2211，核算企业根据有关规定应付给职工的各种薪酬。当企业计算确认应付的职工薪酬时，贷记本科目；当企业实际支付职工薪酬时，借记本科目；本科目期末贷方余额，表示企业已经计算并计入当期成本费用而尚未支付的职工薪酬。

计算出应付数额时，记入"应付职工薪酬"账户的贷方，同时记入有关成本费用账户的借方；实际发放时记入"应付职工薪酬"账户的借方，同时记入"库存现金""银行存款"账户的贷方。

该账户可按"工资"、"职工福利"、"社会保险费"、"住房公积金"、"工会经费"、"职工教育经费"、"非货币性福利"、"辞退福利"、"股份支付"等进行明细核算。

"应付职工薪酬"账户的结构如下：

借方	应付职工薪酬	贷方
本期减少额：实际发放职工薪酬的数额	期初余额 本期增加额：已分配计入有关成本费用项目的职工薪酬的数额	
本期减少发生额合计	本期增加发生额合计	
	期末余额：应付而未付的职工薪酬	

相关会计分录如下：

①计算出应付工资时：

借：生产成本　　×××

　　制造费用　　×××

　　管理费用　　×××

　　销售费用　　×××

　　贷：应付职工薪酬　　×××

②实际发放时：

借：应付职工薪酬　　×××

　　贷：银行存款　　　　×××

4. 库存商品

库存商品是指企业已经完成全部生产过程并已验收入库，等待对外销售的产品。

"库存商品"，资产类科目，科目代码1405，它主要用来核算和监督企业已生产完成，并验收入库的可供出售的产成品的实际生产成本。该账户借方登记已经完成全部生产过程并已验收入库的产成品的实际成本，贷方登记出库产成品的实际成本。余额在借方，表示库存产成品的实际成本数额。

当产品生产完工验收入库时，按验收入库金额记入"库存商品"账户的借方，同时记入"生产成本"账户的贷方；当企业因销售发出商品，结转已销产品成本时，记入"主营业务成本"账户的借方，同时记入"库存商品"账户的贷方。其经济实质是将资产转为费用。"主营业务成本"实质是为取得主营业务收入而必须事先垫支的费用。

该账户可按库存商品的种类、品种和规格等进行明细核算。

"库存商品"账户的结构如下：

借方	库存商品	贷方
期初余额		
本期增加额：完工验收入库	本期减少额：结转已出售成本	
本期增加发生额合计	本期减少发生额合计	
期末余额：可供销售产品的实际成本		

相关会计分录如下：

①产品完工验收入库时：

借：库存商品——A产品　　×××

　　　　　——B产品　　×××

　　贷：生产成本——A产品　　×××

　　　　　——B产品　　×××

②结转已销产品成本时：

借：主营业务成本　　×××

　　贷：库存商品——A产品　　×××

　　　　　——B产品　　×××

254

5. 管理费用

"管理费用"，损益类科目，科目代码6602，主要用于核算和监督企业行政管理部门为组织和管理生产经营活动而发生的各项费用。借方登记增加数，表示本期发生的各项管理费用；贷方登记减少数，表示期末转入"本年利润"账户的管理费用，结转后应无余额。

管理费用包括行政管理部门人员的工资及福利费、办公费、折旧费、工会经费、职工教育经费、业务招待费、坏账损失、房产税、土地使用税、印花税、劳动保险费等。

当发生上述各项费用时，记入"管理费用"账户的借方，同时记入相关账户的贷方；期末结转时，记入"本年利润"账户的借方，同时记入"管理费用"账户的贷方。

该账户需按费用项目进行明细分类核算。

"管理费用"账户的结构如下：

借方	管理费用	贷方
本期增加额：发生各项费用	本期减少额：转入本年利润	
本期增加发生额合计	本期减少发生额合计	

注：管理费用等损益类账户有两个共同特点，一是期末时都要将本期发生额从其反方转入"本年利润"账户；二是结转后期末无余额。

相关会计分录如下：

①发生各项费用时：

借：管理费用　　　×××

　贷：相关科目　　　×××

②期末结转时：

借：本年利润　　　×××

　贷：管理费用　　　×××

6. 累计折旧

企业的固定资产一般使用期限较长，且其价值会随着固定资产的使用等原因而逐期减少。通常，将固定资产使用中的磨损或因科技进步等原因而逐渐转移的价值，称为固定资产折旧。这部分转移的价值以折旧费用的形式计入成本费用中。

计提固定资产折旧的意义在于：不仅使企业有能力在将来重置固定资产，而且也满足了配比原则的要求。

为了对固定资产计提的折旧费进行核算，会计上需设置累计折旧账户。

"累计折旧"，资产类科目，科目代码1602，该账户专门用来反映固定资产累计所计提的折旧额。从性质上来说，它与其他的资产类账户的结构有所不同，即其贷方登记增加数，表示企业计提的固定资产的折旧额；借方登记减少数，表示因固定资产实物的减少而冲销的累计折旧额；余额在贷方，表示企业的固定资产已累计计提的折旧额。

当企业计提固定资产的折旧额时，记入"累计折旧"账户的贷方，同时记入相关账户的借方；当冲销累计折旧额时，记入"累计折旧"账户的借方，同时记入"固定资产"账户的贷方。

累计折旧账户是固定资产账户的备抵调整账户。期末，固定资产账户的借方余额减去累计折旧账户的贷方余额，可求得固定资产的折余价值（亦称净值），以反映企业现有固定资产的新旧程度。

在企业计提折旧时，企业应根据固定资产的用途不同分别记入相应的成本费用账户。其中，生产车间的固定资产折旧费计入制造费用；厂部的固定资产折旧费计入管理费用；同时增加固定资产的折旧总额。

该账户应按固定资产的类别设置相应的明细科目。

"累计折旧"账户的结构如下：

借方	累计折旧	贷方
	期初余额	
本期减少额：转销数	本期增加额：计提折旧额	
本期减少发生额合计	本期增加发生额合计	
	期末余额：已提折旧的累计额	

相关会计分录如下：

①计提累计折旧时：

借：生产成本　　　　×××

　　制造费用　　　　×××

　　管理费用　　　　×××

　　销售费用　　　　×××

　　贷：累计折旧　　　　×××

②固定资产处理时：

借：固定资产清理　　×××

　　累计折旧　　　　×××

　　贷：固定资产　　　　×××

（二）业务举例

【例 6-21】滨海公司本月领料情况如表 6-12 所示。

表 6-12　企业发料汇总表

项目	甲材料	乙材料	合计
生产 A 产品耗用	70 000	30 000	100 000
生产 B 产品耗用	50 000	70 000	120 000
小计	120 000	100 000	220 000
生产车间管理耗用		6 000	6 000
厂部管理耗用		8 000	8 000
合计	120 000	114 000	234 000

注：生产过程中，各个生产部门需用材料时，应填制领料凭证，一般称为领料单，向仓库办理领料手续。仓库根据领料凭证发出材料后，应将领料单传递给财会部门。财会部门根据领料的车间及领料用途的不同编制发料凭证汇总表，并以此编制会计分录。

分析：这项经济业务汇总了本月材料的耗用情况。对于发生的材料费用，应根据其用途的不同，进行相应的会计处理。为生产产品直接领用的，应记入"生产成本"账户的借方，为车间管理领用的，应记入"制造费用"账户的借方，为厂部管理领用的，应记入"管理费用"账户的借方。同时，企业库存材料减少，应记入"原材料"账户的贷方。具体会计分录为：

借：生产成本——A 产品　　100 000
　　　　　——B 产品　　120 000
　　制造费用　　　　　　6 000
　　管理费用　　　　　　8 000
　　贷：原材料——甲材料　　　120 000
　　　　　　——乙材料　　　114 000

【例 6-22】滨海公司月末，计算并分配本月职工工资：其中，生产 A 产品工人的工资 40 000 元，生产 B 产品工人的工资 30 000 元，生产车间管理人员的工资 4 000 元，厂部管理人员的工资 6 000 元。

分析：这项经济业务的发生，一方面，企业应付给职工的工资费用增加了，应记入"应付职工薪酬"账户的贷方；另一方面，应根据职工岗位的不同，将工资费用记入有关成本费用账户。对于生产产品的工人的工资费用，应记入"生产成本"账户的借方；对于生产车间管理人员的工资费用，应记入"制造费用"账户的借方；对于厂部管理人员的工资费用，应记入"管理费用"账户的借方。

具体会计分录为：

借：生产成本——A 产品　　40 000

　　　　　——B 产品　　30 000

　　制造费用　　　　　　4 000

　　管理费用　　　　　　6 000

　　贷：应付职工薪酬　　　　　80 000

【例 6-23】按上述工资总额的 14%计提职工福利费。

A 产品生产工人应计提的福利费：40 000×14%=5 600（元）

B 产品生产工人应计提的福利费：30 000×14%=4 200（元）

生产车间管理人员应计提的福利费：4 000×14%=560（元）

厂部管理人员应计提的福利费：6 000×14%=840（元）

合计：80 000×14%=11 200（元）

分析：该项经济业务的发生，一方面，企业应付职工的福利费增加，应记入"应付职工薪酬"账户的贷方；另一方面，计提的福利费应根据工人岗位的不同分别记入成本费用账户：生产工人的福利费记入"生产成本"账户，车间管理人员的福利费记入"制造费用"账户，厂部管理人员的福利费记入"管理费用"账户。具体会计分录为：

借：生产成本——A 产品　　5 600

　　　　　——B 产品　　4 200

　　制造费用　　　　　　560

　　管理费用　　　　　　840

　　贷：应付职工薪酬　　　　　11 200

【例 6-24】用银行存款发放本月职工工资。

分析：这项经济业务的发生，一方面，银行存款减少 80 000 元，应记入"银行存款"账户的贷方；另一方面，应付职工的工资因发放而减少了企业的负债80 000 元，应记入"应付职工薪酬"账户的借方。具体会计分录为：

借：应付职工薪酬　　80 000

　　贷：银行存款　　　　　80 000

【例 6-25】以现金支付职工王强报销的医药费及其困难补助共 3 000 元。

分析：这项经济业务的发生，一方面，企业的现金减少了 3 000 元，应记入"库存现金"账户的贷方；另一方面，职工福利费因支付而使企业减少了负债 3 000 元，应记入"应付职工薪酬"账户的借方。具体会计分录为：

借：应付职工薪酬　　3 000

　　贷：库存现金　　　　　3 000

【例 6-26】滨海公司计提企业本月的固定资产折旧 5 000 元，其中生产车间计提 4 000 元，厂部计提 1 000 元。

分析：该项经济业务的发生，一方面，企业固定资产的折旧增加，应记入"累计折旧"账户的贷方；另一方面，生产车间和厂部的折旧费用增加了，应分别记入"制造费用"和"管理费用"账户的借方。具体会计分录如下：

借：制造费用　　4 000
　　管理费用　　1 000
　　贷：累计折旧　　　　5 000

【例 6-27】滨海公司以银行存款支付本月固定资产的日常修理费 300 元，其中生产车间负担 200 元，厂部负担 100 元。

分析：在此例中，一方面，企业的银行存款减少了，应记入"银行存款"账户的贷方；另一方面，固定资产的修理费应根据其使用情况，生产车间的修理费记入"制造费用"账户的借方，厂部的修理费记入"管理费用"账户的借方。具体会计分录为：

借：制造费用　　200
　　管理费用　　100
　　贷：银行存款　　　　300

【例 6-28】滨海公司以银行存款支付厂部半年度的保险费 3 600 元，分 6 个月摊销。每月摊销额=3 600÷6=600（元）。

注：本月预付的保险费、报刊订阅费等属于已经实际支出但应由本月和以后各月分别负担的费用，根据权责发生制原则的要求，本期支付的这些支出应在以后各受益期平均分摊。

分析：这项经济业务的发生，一方面，企业的"银行存款"减少 3 600 元，应记入"银行存款"账户的贷方；另一方面，厂部本月负担的的保险费增加 600 元，应记入"管理费用"账户的借方；应由以后 5 个月负担的 3 000 元，应记入"预付账款"账户的借方。具体会计分录为：

借：管理费用　　　600
　　预付账款　　3 000
　　贷：银行存款　　　　3 600

【例 6-29】预提应由本月负担的机器设备的租金 1 000 元，其中车间应负担 540 元，厂部负担 460 元。

注：租入固定资产的租金是本月已经发生的耗费，但由于结算期的原因，季末或年末才予以支付，若将全年的租金由支付当期承担，显然是不合理的。根据权责发生制原则的要求，需对应付未付租金预先提取分别计入各期成本、

费用。

分析：这项经济业务的发生，一方面，本期负担的固定资产的租金应按使用固定资产的部门不同分别记入成本费用账户，即车间应负担的记入"制造费用"账户的借方，厂部负担的记入"管理费用"账户的借方；另一方面，企业按月预提的应付未付租金款项增加了，应记入"其他应付款"账户的贷方。具体会计分录为：

借：制造费用   540
　　管理费用   460
　　贷：其他应付款   1 000

【例6-30】以银行存款支付企业的办公费 2 400 元，水电费 1 600 元，其中生产车间负担 2 200 元，厂部负担 1 800 元。

分析：这项经济业务的发生，一方面，企业的银行存款减少了，应记入"银行存款"账户的贷方；另一方面，车间负担的应记入"制造费用'账户的借方，厂部负担的记入"管理费用"账户的借方。具体会计分录为：

借：制造费用   2 200
　　管理费用   1 800
　　贷：银行存款   4 000

【例6-31】厂长李明出差预借差旅费 1 000 元，以现金支付。

出差人员预借的差旅费应通过"其他应收款"账户反映。

"其他应收款"，是资产类账户，反映企业与其他单位或个人除产品销售、劳务供应之外所发生的各种应收及暂付款项。如应收的罚款、赔款，预借的差旅费、备用金及存储保证金等。账户的借方登记增加数，表示发生的其他应收款项；贷方登记减少数，表示收回的其他应收款项；余额一般在借方，表示企业尚未收回的其他应收款项。该账户应按不同的债务人设明细账进行明细分类核算。

分析：该项经济业务的发生，一方面，企业的现金减少了，应记入"库存现金"账户的贷方；另一方面，企业应向厂长李明收取的款项增加了，应记入"其他应收款"账户的借方。具体会计分录为：

借：其他应收款——李明   1 000
　　贷：库存现金   1 000

【例6-32】李明出差回来，报销差旅费 800 元，退回多余的款项，结清前借款。

分析：这项经济业务的发生，一方面，厂部负担的差旅费发生了 800 元，应记入"管理费用"账户的借方，同时企业的现金增加 200 元，应记入"库存现金"账户的借方；另一方面，收回李明前借的差旅费款项 1 000 元，应记入"其他应收款"账户的贷方。具体会计分录为：

借：管理费用　　800
　　库存现金　　200
　　贷：其他应收款——李明　　1 000

【例 6-33】公司当月累计发生的制造费用共计 17 500 元（见表 6-13）。

表 6-13　制造费用的归集及结转

借方		制造费用	贷方	
（6-21）	6 000			
（6-22）	4 000			
（6-23）	560			
（6-26）	4 000			
（6-27）	200			
（6-29）	540			
（6-30）	2 200		（6-33）	17 500
本期借方发生额合计	17 500		本期贷方发生额合计	17 500

分析：制造费用的归集内容主要包括生产车间管理用原材料及辅助材料，车间管理人员的工资和福利费，机器设备、厂房等固定资产的折旧费、修理费，车间管理的日常耗费等。

期末应将企业本期所发生的各项制造费用按车间或部门进行归集汇总。在实际工作中，这种归集汇总的工作是通过编制制造费用明细表的形式来完成的。在本书中，我们将通过登记制造费用的 T 字型账户的形式加以说明。下面将上述生产过程中主要经济业务的会计分录来说明该账户的登记及制造费用的归集。

在归集完制造费用以后，期末应将所有的制造费用结转到生产成本账户，以计算本期的完工产品的生产成本。如果某车间本月只生产一种产品，则归集的制造费用可直接转入该产品的生产成本明细账中；若生产两种或两种以上的产品，则要将归集的制造费用采用一定的分配标准分配到不同的产品中去。

分配制造费用，首先要选择合理的分配标准，一般常用的分配标准有生产工时、机器工时、生产工人工资等。其计算公式如下：

制造费用分配率=待分配的制造费用/各种产品分配标准之和
某种产品应分配的制造费用=该种产品的分配标准×制造费用分配率
滨海公司本月的制造费用的分配见【例 6-33】。

生产 A 产品工人的工资 40 000 元，生产 B 产品工人的工资 30 000 元，将本月所发生的制造费用总额 17 500 元按生产 A、B 产品的工人的工资比例进行分配。

制造费用的分配率=17 500/(40 000+30 000)=0.25

A 产品应负担的制造费用=40 000×0.25=10 000（元）

B 产品应负担的制造费用=17 500-10 000=7 500（元）

分析：上述经济业务的发生，一方面，企业的制造费用总额因分配结转而减少 17 500 元，应记入"制造费用"账户的贷方；另一方面，生产 A、B 产品的成本分别增加了 10 000 元和 7 500 元，应记入"生产成本"账户的借方。具体会计分录为：

借：生产成本——A 产品　　10 000

　　　　　　——B 产品　　　7 500

　　贷：制造费用　　　　　　　　17 500

【例 6-34】企业生产的 A、B 产品均为本期投产，无期初在产品，其中 A 产品本期全部完工，完工产量 1 000 件。B 产品的期末在产品成本 3 700 元（其中直接材料 2 000 元，直接人工 1 200 元，制造费用 500 元），本期完工 2 000 件。计算并结转完工 A、B 产品的成本。

注：前已述及，产品成本由直接材料、直接人工和制造费用三个部分构成。直接材料和直接人工可称为直接费用，它们在发生时可直接记入生产成本账户的借方；制造费用又称为间接费用，它们在发生时，应先记入制造费用账户，期末汇总后再分配记入生产成本账户。这时，本期为某产品生产所发生的全部生产费用均已记入生产成本账户的借方，形成生产成本账户的借方发生额，产品完工成本通过生产成本账户的贷方结转。

企业当期生产的产品可能有的已完工，有的尚未完工（在产品），因此，在计算完工产品成本时，需要将生产费用在完工产品和在产品之间进行分配。我们可以通过下面的公式进行计算：

期初在产品成本+本期的生产费用-期末在产品成本=本期完工产品成本

在实际工作中，应根据所生产产品品种等的不同设置生产成本明细账，以计算各完工产品的总成本和单位成本。

下面通过表 6-14 生产成本明细分类账计算 A、B 完工产品的成本。

计算出完工产品的总成本及单位成本后，就应结转其完工产品成本，编制相应的会计分录。

分析：在本业务中，一方面，企业库存的产成品增加，应记入"库存商品"账户的借方；另一方面，因产品完工入库使生产成本减少，应记入"生产成本"

账户的贷方。具体会计分录为：

借：库存商品——A产品　　155 600

　　　　　　——B产品　　158 000

　　贷：生产成本——A产品　　155 600

　　　　　　——B产品　　158 000

表 6-14（a）　生产成本明细分类账

产品品名：A产品　　　完工件数：1 000件

分录号	摘　要	直接材料	直接人工	制造费用	合　计
（6-21）	生产领用材料	100 000			100 000
（6-22）	生产工人工资		40 000		40 000
（6-23）	生产工人福利费		5 600		5 600
（6-33）	分配的制造费用			10 000	10 000
	生产费用合计	100 000	45 600	10 000	155 600
	本期完工产品成本转出	100 000	45 600	10 000	155 600
	完工产品单位成本	100	45.60	10	155.60

表 6-14（b）　生产成本明细分类账

产品品名：B产品　　　完工件数 2 000件

分录号	摘要	直接材料	直接人工	制造费用	合计
（6-21）	生产领用材料	120 000			120 000
（6-22）	生产工人工资		30 000		30 000
（6-23）	生产工人福利费		4 200		4 200
（6-33）	分配的制造费用			7 500	7 500
	生产费用合计	120 000	34 200	7 500	161 700
	本期完工产品成本转出	118 000	33 000	7 000	158 000
	完工产品单位成本	59	16.50	3.50	79
	期末在产品成本	2 000	1200	500	3700

由以上业务可以看出：生产成本账户是一个归集产品生产过程中所发生的各项生产费用，并据以计算产品成本的账户，产品完工验收入库后，能够确定其完工产品成本，表明产品生产过程已完成。

6.2.4　产品国内销售业务的核算

销售过程是产品进入流通阶段，也是企业的生产耗费通过市场取得补偿并实现利润的阶段。也就是说，产品销售过程是通过对企业生产产品的销售，收回货款来实现企业产品价值的过程。在产品销售过程中，企业要确认产品销售收入的实现，与购买单位办理结算，收回货款；结转产品销售成本；支付产品销售费用；计算和交纳产品销售税金；确定产品销售利润。这些业务便构成了企业产品销售过程业务核算的主要内容。本节只介绍国内销售业务的核算。

（一）应设置的账户

1. 主营业务收入

主营业务收入是指企业经常性的、主要业务所产生的基本收入，如制造业的销售产品、非成品和提供工业性劳务作业的收入；商品流通企业的销售商品收入；旅游服务业的门票收入、客户收入、餐饮收入等。

"主营业务收入"，损益类账户，科目代码6001，用来核算和监督企业销售产品或提供劳务所取得收入的账户。借方登记发生销售退回和销售折让时，应冲减的本期产品收入和期末转入"本年利润"账户的本期产品销售收入；贷方登记企业已经实现的产品销售收入。期末结转后无余额。

当取得或实现收入时，记入"银行存款"或"应收账款"账户的借方，同时记入"主营业务收入"账户的贷方和"应交税费——应交增值税（销项税额）"的贷方。期末结转时，记入"主营业务收入"账户的借方，同时记入"本年利润"账户的贷方。

该账户需按产品类别设置明细账并进行明细分类核算。

"主营业务收入"账户的结构如下：

借方	主营业务收入	贷方
本期减少额：转入本年利润	本期增加额：取得或实现的收入	
本期减少发生额合计	本期增加发生额合计	

相关会计分录如下：

①取得收入时：

借：银行存款（应收账款、应收票据） ×××

　　贷：主营业务收入 ×××

　　　　应交税费——应交增值税（销项税额） ×××

②结转入本年利润时：

借：主营业务收入 ×××

　　贷：本年利润 ×××

2. 主营业务成本

"主营业务成本"，损益类（费用）科目，科目代码6401，用来核算已经销售产品成本。产品一经销售，库存商品就由资产变为费用，这种费用是企业为了取得销售收入而必须事先垫支的支出。借方登记因销售商品由"库存商品"转入而增加的数额，贷方登记减少额（转入本年利润），结转后期末无余额。

销售库存商品实现收入时，按配比原则要确认为取得收入而花费的代价，将已经销售的商品的成本记入"主营业务成本"账户的借方，同时记入"库存商品"账户的贷方（因库存商品实体已经减少）；期末结转时，记入"本年利润"账户的借方，同时记入"主营业务成本"的贷方。

该账户需按产品类别设置明细账户并进行明细分类核算。

"主营业务成本"账户的结构如下：

借方	主营业务成本	贷方
本期增加额：实现销售	本期减少额：转入本年利润	
本期增加发生额合计	本期减少发生额合计	

相关会计分录如下：

①结转已销售商品成本时：

借：主营业务成本　　×××

　　贷：库存商品　　　　×××

②期末转入本年利润时：

借：本年利润　　×××

　　贷：主营业务成本　　×××

3. 营业税金及附加

"营业税金及附加"，损益类科目，科目代码6403，用来核算企业日常经营活动应负担的除增值税以外的流转税金及教育附加费，包括消费税、营业税、城市维护建设税、资源税和教育费附加等。账户借方登记按规定标准计算出的应负担的销售税金和附加；贷方登记期末转入"本年利润"账户的产品销售税金和附加，结转后无余额。

当企业按规定计算出应负担的各种税金及附加时，记入"营业税金及附加"账户的借方，同时计入"应交税费——应交消费税"等账户贷方。月末转入本年利润时记入"本年利润"账户的借方和"营业税金及附加"账户的贷方。

该账户应按产品类别设置明细账户并进行明细分类核算。

注：消费税是生产销售应税消费品应交纳的税金。

营业税是提供应税劳务、让渡无形资产使用权、销售不动产，就其营业额征收的一种流转税。

城市维护建设税是以应交纳的增值说、消费税、营业税为计税依据，计算交纳的一种税。

教育费附加是国家为了加快教育事业的发展，向单位和个人征收的附加费。教育费附加也是以应交纳的增值说、消费税、营业税为依据，计算交纳的一种费。

"主营业务成本"账户的结构如下：

借方	营业税金及附加	贷方
本期增加额：计算应负担的税金及附加	本期减少额：转入本年利润	
本期增加发生额合计	本期减少发生额合计	

相关会计分录如下：

①计算时：

借：营业税金及附加　　　　　×××

　　贷：应交税费——应交消费税（等）　×××

　　　　　　——教育费附加　　　×××

②期末转入本年利润时：

借：本年利润　　　　×××

　　贷：营业税金及附加　　　×××

注：计算方法：

应交消费税额＝应税销售额×消费税税率

应交城建税额＝（当期营业税+消费税+增值税）× 城建税税率

应交教育费附加＝（当期营业税+消费税+增值税）× 教育费附加税率

4. 销售费用

"销售费用"，损益类（费用）科目，科目代码6601，用来核算企业在产品销售过程中所发生的各种销售费用，账户借方登记企业本期发生的各种销售费用数额，贷方登记期末结转至"本年利润"账户的数额，期末结转后无余额。

销售费用包括保险费、包装费、展览费和广告费、商品维修费、预计产品质量保证损失、运输费、装卸费等以及为销售本企业商品而专设的销售机构（含销售网点、售后服务网点等）的职工薪酬、业务费、折旧费等经营费用。

当企业发生上述费用时，记入"销售费用"账户的借方，同时记入"银行存款"账户的贷方；期末结转时，记入"本年利润"账户的借方，同时记入"销售费用"的贷方。

"销售费用"账户的结构如下：

借方	销售费用	贷方
本期增加额：发生各项费用	本期减少额：转入本年利润	
本期增加发生额合计	本期减少发生额合计	

相关会计分录如下：

①支付各项销售费用时：

借：销售费用   ×××

   贷：银行存款（等）   ×××

②期末转入本年利润时：

借：本年利润   ×××

   贷：销售费用   ×××

5. 应收账款

"应收账款"，资产类科目，科目代码1122，主要用来核算企业因销售产品向购买单位收取货款的结算情况。账户借方登记由于销售产品而发生的应收账款，贷方登记已收回的应收账款。期末余额在借方，表示尚未收回的应收账款数额。

企业销售商品提供劳务尚未收到的货款及增值税（销项税），记入"应收账款"账户的借方，同时按实现的收入记入"主营业务收入"账户的贷方，按应当收取的增值税金额记入"应交税费——应交增值税（销项税额）"账户的贷方；收到对方偿还的欠款时，记入"银行存款"账户的借方，同时记入"应收账款"账户的贷方。

该账户按购买单位设置明细账户，进行明细分类核算。

"应收账款"账户的结构如下：

借方	应收账款	贷方
期初余额		
本期增加额：销售产品、提供劳务	本期减少额：收回对方偿还货款	
本期增加发生额合计	本期减少发生额合计	
期末余额：应收未收的款项		

本账户如果出现贷方余额实质是预收账款。

相关会计分录如下：

①销售产品、提供劳务形成应收账款时：

借：应收账款   ×××

   贷：主营业务收入   ×××

      应交税费——应交增值税（销项税额）   ×××

②收回对方偿还的款项时：

借：银行存款   ×××

   贷：应收账款   ×××

6. 预收账款

企业有时会发生预收购买单位货款的业务，这时需设置"预收账款"账户。

"预收账款"，负债类科目，科目代码 2202,，用来核算企业预收货款的发生及偿付情况。因此，该账户借方登记用产品或劳务抵偿的预收货款数额，贷方登记已收到的预付货款数额。期末余额在贷方，表示尚未用产品或劳务偿付的预收账款数额。

当收到对方预先支付的货款时，记入"预收账款"账户的贷方，同时记入"银行存款"账户的借方；待发出商品与对方办理结算冲销时，记入"预收账款"账户的借方，同时记入"主营业务收入"账户和"应交税费——应交增值税（销项税额）"账户的贷方。

该账户需按购买单位设置明细账并进行明细分类核算。

在预收款项业务不多的企业可以将预收的款项直接记入"应收账款"的贷方，不单独设置本科目。收到对方预付款时，记入"应收账款"账户的贷方，同时记入"银行存款"账户的借方；待发出商品与对方办理结算冲销时，记入"应收账款"账户的借方，同时记入"主营业务收入"账户和"应交税费——应交增值税（销项税额）"账户的贷方。

"预收账款"账户的结构如下：

借方	预收账款	贷方
	期初余额	
本期减少额：与对方结算冲销	本期增加额：预先收取货款	
本期减少发生额合计	本期增加发生额合计	
	期末余额：已收取尚未结算额	

相关会计分录如下：

①收到款项时：

借：银行存款　　　　　　×××

　　贷：预收账款　　　　　　×××

②与对方结算时：

借：预收账款　　　　　　　×××

　　贷：主营业务收入　　　　　　×××

　　　　应交税费——应交增值税（销项税额）　×××

7. 应收票据

"应收票据"，资产类科目，科目代码 1121，用来核算购货单位开出的商业汇票的结算情况。账户借方登记企业收到购货单位开出的票据数额，贷方登记

268

收到购货单位购货款项数额。期末账户如有余额，一般在借方，表示尚未到期票据的应收款项。

企业收到购货单位开出的票据数额，记入"应收票据"账户的借方，同时按实现的收入记入"主营业务收入"账户的贷方，按应当收取的增值税金额记入"应交税费——应交增值税（销项税额）"账户的贷方；收到汇票票面金额时，记入"银行存款"账户的借方，同时记入"应收票据"账户的贷方。

企业为详细了解应收票据的结算情况，在实务中，应设置"应收票据备查簿"，逐笔登记每笔应收票据的详细信息。

"应收票据"账户的结构如下：

借方	应收票据	贷方
期初余额		
本期增加额：收到购货单位开出的票据数额	本期减少额：收到汇票票面金额	
本期增加发生额合计	本期减少发生额合计	
期末余额：尚未到期票据的应收款项		

本账户如果出现贷方余额实质是预收账款。

相关会计分录如下：

①取得商业汇票时：

借：应收票据　　　　　　　　　　×××

　　贷：主营业务收入　　　　　　　　×××

　　　　应交税费——应交增值税（销项税额）　×××

②收回票面金额时：

借：银行存款　　　　　×××

　　贷：应收票据　　　　　×××

（二）业务举例

【例6-35】滨海公司销售给红星公司A产品400件，单位售价200元，共计80 000元。产品已经发出，款项已经收到，并存入银行。

分析：这项经济业务的发生，一方面企业银行存款增加80 000元，应记入"银行存款"账户的借方；另一方面，企业因产品销售增加收入80 000元，应记入"主营业务收入"账户的贷方。具体会计分录为：

借：银行存款　　　80 000

　　贷：主营业务收入　80 000

【例6-36】滨海公司销售给南方公司A产品500件，单位售价200元，价款共计100 000元。产品已发出，但款项尚未收到。

分析：这项经济业务的发生，一方面企业尚未收到款项增加 100 000 元，应记入"应收账款"账户的借方；另一方面，企业因产品销售增加收入 100 000 元，应记入"主营业务收入"账户的贷方。具体会计分录为：

借：应收账款——南方公司　　100 000
　　贷：主营业务收入　　　　　　100 000

【例 6-37】滨海公司向春明公司销售 B 产品 1 000 件，每件售价 120 元，收到对方开出的 6 个月到期的商业汇票，面额 120 000 元，产品已发出。

分析：这项经济业务的发生，一方面，企业收到商业汇票增加 120 000 元，应记入"应收票据"账户的借方；另一方面，企业因产品销售增加收入 120 000 元，应记入"主营业务收入"账户的贷方。具体会计分录为：

借：应收票据　　　120 000
　　贷：主营业务收入　　120 000

【例 6-38】滨海公司预收东方公司购买 B 产品货款 50 000 元，款项收存银行。

分析：这项经济业务的发生，一方面使企业的银行存款增加 50 000 元，应记入"银行存款"账户的借方；另一方面使企业的预收账款增加 50 000 元，应记入"预收账款"账户的贷方。具体会计分录为：

借：银行存款　　50 000
　　贷：预收账款　　50 000

【例 6-39】滨海公司向东方公司发出 B 产品 800 件，每台售价 125 元，价款共计 100 000 元，冲销原预收账款 50 000 元，其余货款已收回存入银行。

分析：这项经济业务的发生，其内容可分成两个部分：一是预收剩余的货款，一方面企业收到 50 000 元的货款，使企业银行存款增加，应记入该账户的借方；另一方面企业增加预收账款 50 000 元，应记入该账户的贷方。二是产品销售，一方面企业因产品销售增加收入 100 000 元，应记入"主营业务收入"账户的贷方；另一方面冲销原预收账款 100 000 元，预收账款减少，记入该账户的借方。具体会计分录为：

借：银行存款　　50 000
　　贷：预收账款　　　50 000
借：预收账款　　　100 000
　　贷：主营业务收入　　100 000

【例 6-40】滨海公司结转本月已销售 A 产品的成本 140 040 元，B 产品成本 142 200 元，共计 282 240 元。

分析：这项经济业务一方面使企业的库存产品减少了 282 240 元，其中 A

产品减少了 140 040 元，B 产品减少了 142 200 元，应记入"库存商品"账户的贷方；另一方面，销售成本增加了 282 240 元，其中 A 产品增加了 140 040 元，B 产品增加了 142 200 元，应记入"主营业务成本"账户的借方。具体会计分录为：

借：主营业务成本——A 产品　　　140 040
　　　　　　　　　——B 产品　　　142 200
　　贷：库存商品——A 产品　　　140 040
　　　　　　　　——B 产品　　　142 200

【例 6-41】华兴公司以银行存款支付产品广告费 3 600 元。

分析：这项经济业务的发生，一方面，企业的银行存款减少 3 600 元，应记入"银行存款"账户的贷方；另一方面，产品销售费用增加 3 600 元，应记入"销售费用"账户的借方。具体会计分录为：

借：销售费用　　3 600
　　贷：银行存款　　3 600

【例 6-42】计算当月应交城市维护建设税和教育费附加。假设本月发生的销项税额 68 000 元，进项税额 61 540 元，无消费税、营业税。

城市维护建设税和教育费附加的计算公式如下：

应交城市维护建设税=（应交增值税+应交消费税+应交营业税）× 7%

应交教育费附加=（应交增值税+应交消费税+应交营业税）× 3%

本月应交增值税=销项税额(68 000)-进项税额(61 540)= 6 460

本月应交城市维护建设税=(6 460+0+0)×7% = 452.2

本月应交教育费附加=(6 460+0+0)×3% = 193.8

分析：这项经济业务的发生，一方面使企业的销售税金和附加增加，应记入"营业税金及附加"账户的借方；另一方面使企业应交的税金和附加这两项负债增加，应记入"应交税费"账户的贷方。具体会计分录为：

借：营业税金及附加　　　　　　　　646
　　贷：应交税费——应交城市维护建设税　　452.2
　　　　　　　　——应交教育费附加　　　　193.8

6.2.5　产品出口销售业务的核算

（一）自营出口业务的核算原则

1. 出口销售收入的确认时间

不论采取何种销售、运输方式，均在货物发运取得运单或提单后，以全套单证向银行交单结汇从而收到外汇或取得货款索取权时，确认出口销售收入。

2. 出口销售收入的计量

不论以何种贸易术语（价格条件）成交，出口销售收入均以外销发票所列货款的外币总金额折算人民币（或记账本位币）金额登记入账，并进行复币核算。

3. 出口货物销售以 FOB 价为会计核算基础价

非 FOB 价出口销售如 CIF 价或 CFR 价销售货物，其发生的国外有关外币费用一律作冲减销售收入处理，将销售收入统一到 FOB 价的基础上来，所以称 FOB 价为会计核算基础价格。

4. 出口销售发生的外币费用

在出口销售过程中发生的外币费用是指运费、保险费、佣金，按第三条原则冲减该项出口销售收入，不作为费用处理。

5. 自营出口销售成本的结转

实行随时逐笔结算的方法：即每实现一笔出口销售收入，都应立即计算和结转其销售成本，以实现每批收入与成本的配比（亦称"一笔一清"的配对结转成本）。财务部门必须对出口发票与有关产品出库单逐项进行严格的审核，单证配对齐全后，才能与销售收入同时结转，"一笔一清"。这样不仅保证结转成本及时，同时也防止了重转、错转、漏转成本现象的发生。

6. 出口销售发生的理赔款

如果出口销售发生理赔款，其实质是销售收入减少，故作冲减销售收入处理，不作为营业外支出处理。

7. 出口退税

申报出口退税应按批次计算、填表、申报、退税，税款是出口成本的组成部分，而退税是税款的减少，故作冲减成本处理。

由以上七项原则可见，出口销售核算是以计算"批次损益"为中心，以 FOB 为基础。只有精打细算，切实认真计算批次盈亏，将出口时期不同、出口对象不同的同一商品列表加以观察、比较、分析，才能判明得失，掌握每一批出口销售的盈亏情况。

（二）自营出口业务的核算

1. 货物出库的核算

（1）出库的凭证和手续

①填制出口货物出仓通知单

在货物出仓前，首先由业务部门根据出口合同的规定，填制出口货物出仓通知单一式数联，分送企业有关职能部门，做发运前的准备工作。

②开具出库单

出口货物由仓库备货整装完毕后，由业务或储运部门开具出库单，由财务部门加盖"结算专用章"方为有效。仓库部门根据出库单，与备货核实无误后办理出库。仓库付货经办人在出库凭证上签字盖章并加盖"仓库发货讫"字样，自留一联作为登记账、卡的依据，其余分送业务、财务、储运等部门据以注销账目。储运部门据以向运输单位办理托运，然后将出库单（记账联）和转账联转给财会部门。

（2）应设置的账户

出口商品从出库到取得运单、交单、入销售账，相隔时日较长。因此，外贸企业应设置"待运和发出商品"账户，目的是使"库存出口商品"总账账户能控制在库商品的明细账。

"待运和发出商品"，资产类账户。核算企业所有从仓库发出运往港口、车站、码头等候装船、装车，尚未向银行交单结汇的出口商品。借方登记增加额，贷方登记减少额。期末余额在借方，表示已从仓库发出运往港口、车站、码头等候装船、装车，尚未向银行交单结汇的出口商品数额。

当从仓库发出运往港口、车站、码头等候装船、装车时，按发出出口商品金额记入"待运和发出商品"账户的借方，同时记入"库存商品"账户的贷方；退关时做相反记录；当出口交单，结转出口商品成本时，记入"待运和发出商品"账户的贷方，同时记入"自营出口销售成本"账户的借方。

本账户按商品类别或品种设置明细账。

"待运和发出商品"账户的结构如下：

借方	待运和发出商品	贷方
期初余额		
本期增加额：从仓库发出待运	本期减少额：退关入库或结转出口商品成本	
本期增加发生额合计	本期减少发生额合计	
期末余额：从仓库发出尚未向交单结汇		

相关会计分录如下：

①出口商品从仓库发出待运时，凭出库单（记账联）作分录如下：

借：待运和发出商品　　　　　×××

　　贷：库存商品——库存出口商品　　×××

这是出口业务的第一笔会计记录。之所以是第一笔是因为一般会计概念：单是签订销售合同或取得订货定单，还未构成会计上的资产负债，必须到发货或付款才算交易成立。

但是这又是一笔中间过渡性的会计记录，只是为了区分保管责任，这在内销情况下不大会出现，现行《企业会计制度》中没有作此要求。这正是外贸中因待运时间长而造成的一个会计特点。当然，如果货物出库到取得提单的间隔时间很短，也可不通过该账户。

②退关时，凭出退关入库单作分录如下：

借：库存商品——库存出口商品　　×××

　　贷：待运和发出商品　　　　　　　×××

③结转出口商品成本时，凭出库单（转账联）作分录如下：

借：自营出口销售成本　　　×××

　　贷：待运和发出商品　　　　　　×××

财会部门对待运和发出商品应经常与储运业务部门核对，对两个月以上的长期待运商品，应查明原因，对退关甩货（装不上船部分）在车站、码头的，应由储运部门管理和运回。对已发出的商品又确定暂不销售须退库的，应由业务部门填制商品退库单，及时办理入库。

2. 发运货物（交单索汇、确认收入）的核算

在前述的核算原则中已经指出，不论采取何种销售、运输方式，均在货物发运取得运单或提单后，以全套单证向银行交单结汇从而收到外汇或取得货款索取权时，确认出口销售收入。

交单是指业务部门待出口商品装船、装运后并取得已装船提单或货运运单时，即可根据信用证或出口合同规定，将全套出口单证向银行办理交单手续，取得银行回单，同时将出口发票副本注明交单日期送财会部门，财会部门取得业务部门转来的发票副本及银行回单时据以作销售处理。

同时，财会部门将储运部门转来的出库单（转账联）与发票副本核对相符后，据以结转商品销售成本。应设置的账户如下：

（1）自营出口销售收入

"自营出口销售收入"（也可设置"主营业务收入——自营出口销售收入"），损益类账户，核算自营出口销售收入的增减变动情况。贷方登记企业已经实现的产品出口销售收入，借方登记发生销售退回、销售折让、以外汇支付的佣金和国外运费及保险费、出口理赔等时，应冲减的本期产品出口销售收入和期末转入"本年利润"账户的本期产品出口销售收入。期末结转后无余额。

当取得或实现出口销售收入时，记入"银行存款——外币户（或人民币户）"或"应收外汇账款"账户的借方，同时记入"自营出口销售收入"账户的贷方；当发生销售退回、销售折让、以外汇支付的佣金和国外运费及保险费、出口理赔等时，记入"自营出口销售收入"账户的借方，同时记入"银行存款——外币户（或人民币户）"、"应收外汇账款"、"应付外汇账款"等账户的贷方；期末结转时，记入"自营出口销售收入"账户的借方，同时记入"本年利润"账

户的贷方。

　　本账户可按出口商品类别、品种以及国外运、保费和佣金等设置明细账。

　　"自营出口销售收入"账户的结构如下：

借方	自营出口销售收入	贷方
本期减少额：转入本年利润；发生销售退回、销售折让、以外汇支付的佣金和国外运费及保险费、出口理赔等	本期增加额：取得或实现的出口销售收入	
本期减少发生额合计	本期增加发生额合计	

　　相关会计分录如下：

　　取得出口销售收入时：

　　借：银行存款——外币户或人民币户（应收外汇账款）　×××

　　　　贷：自营出口销售收入　　　　　　　　　　　　　　×××

　　发生销售退回、销售折让、以外汇支付的佣金和国外运费及保险费、出口理赔等时：

　　借：自营出口销售收入——货款　　　　×××

　　　　　或：　　——国外运费　　　　×××

　　　　　　　——国外保险费　　　×××

　　　　　　　——国外佣金　　　　×××

　　　　　　　——国外佣金　　　　×××

　　　　　　　——出口理赔　　　　×××

　　　　贷：银行存款——外币户或人民币户　　　　×××

　　　　　　或：应付外汇账款　　　　　　　　　　　　　×××

　　　　　　　应收外汇账款　　　　　　　　　　　　　×××

　　转入本年利润时：

　　借：自营出口销售收入　×××

　　　　贷：本年利润　　　　×××

　　（2）自营出口销售成本

　　"自营出口销售成本"（也可设置"主营业务成本——自营出口销售成本"），损益类（费用）科目，核算出口商品销售成本的结转。借方登记因出口销售商品由"待运和发出商品"转入而增加的数额以及转入的当期出口货物不予免征、抵扣和退税的增值税部分；贷方登记销售退回而转回的退货成本、取得的消费税退税收入及期末转入"本年利润"账户的本期产品出口销售成本。期末结转后无余额。

当出口商品确认销售收入，按配比原则要确认为取得收入而花费的代价时，将已经出口销售的商品的成本记入"自营出口销售成本"账户的借方，同时记入"待运和发出商品"账户的贷方（因待运和发出商品此时已经装运，不再是待运和发出商品了）；对于当期出口货物不予免征、抵扣和退税的增值税，记入"自营出口销售成本"账户的借方，同时记入"应交税费——应交增值税（进项税额转出）"账户的贷方；当销售退回、取得的消费税退税收入及期末结转时，记入"待运和发出商品"、"其他应收款——应收出口退税——消费税"、"本年利润"账户的借方，同时记入"自营出口销售成本" 账户的贷方。

本账户可按出口商品类别或品种设置明细账。

"自营出口销售成本"账户的结构如下：

借方	自营出口销售成本	贷方
本期增加额：实现出口销售而结转成本；转入的当期出口货物不予免征、抵扣和退税的增值税部分		本期减少额：转入本年利润、销售退回、取得的消费税退税收入
本期增加发生额合计		本期减少发生额合计

相关会计分录如下：

结转已销售出口商品成本时，凭出库单（转账联）作分录如下：

借：自营出口销售成本　　　　　×××

　　贷：待运和发出商品　　　　　×××

转入当期出口货物不予免征、抵扣和退税的增值税时：

借：自营出口销售成本　　　　　　　×××

　　贷：应交税费——应交增值税（进项税额转出）　　×××

销售退回、取得的消费税退税收入及期末结转时：

借：待运和发出商品　　　　　　×××

　　其他应收款——应收出口退税——消费税　×××

　　本年利润　　　　　　　　　×××

　　贷：自营出口销售成本　　　　　×××

（3）应收外汇账款

"应收外汇账款"（也可设置"应收账款——应收外汇账款"），资产类科目，核算企业因出口销售商品、向国外提供劳务等应向外商收取的外汇账款。账户借方登记由于出口销售产品而发生的应收外汇账款，贷方登记已收回的应收外汇账款。余额在借方，表示尚未收回外汇账款的数额。

企业销售出口商品、向国外提供劳务尚未收到的外汇货款，记入"应收外汇账款"账户的借方，同时按实现的外汇收入记入"自营出口销售收入"账户的贷方；收到对方偿还的外汇货款时，记入"银行存款——外币户"账户的借方，同时记入"应收外汇账款"账户的贷方。

该账户的二级明细分类账按外汇应收账款的不同币别设置并采用复币记账。在二级账户下，按客户设置明细账。

"应收外汇账款"账户的结构如下：

借方	应收外汇账款	贷方
期初余额		
本期增加额：出口销售商品、向国外提供劳务		本期减少额：收回对方偿还的外汇货款
本期增加发生额合计		本期减少发生额合计
期末余额：应收未收的外汇款项		

本账户如果出现贷方余额实质是预收外汇账款。

相关会计分录如下：

销售出口商品、向国外提供劳务形成应收外汇账款时：

借：应收外汇账款 ×××

　　贷：自营出口销售收入 ×××

收回对方偿还的款项时：

借：银行存款——外币户 ×××

　　贷：应收外汇账款 ×××

（4）销售费用

"销售费用"，损益类（费用）科目，科目代码6601，用来核算企业在产品销售过程中所发生的各种销售费用，在出口业务中，用来核算出口商品国内费用。

出口商品国内费用是指商品自货源单位或出口企业到出口口岸上船为止的费用，如出口专用包装费、报关费、检验费、港杂费、国内运费、集装箱服务费等，均应凭各项原始单据支付，并记入"销售费用"账户。

这些费用平时是单独核算的，期末通过账外分摊的办法，将费用分摊到"出口主要商品成本及盈亏表"的每个商品上，从而计算出每种出口商品的净盈亏额，以及出口净盈亏总额。

账户借方登记出口企业本期发生的出口商品国内费用，贷方登记期末结转至"本年利润"账户的数额，期末结转后无余额。

当企业发生上述出口商品国内费用时，记入"销售费用"账户的借方，同时记入"银行存款"账户的贷方；期末结转时，记入"本年利润"账户的借方，同时记入"销售费用"账户的贷方。

"销售费用"账户的结构如下：

借方	销售费用	贷方
本期增加额：发生各项国内费用	本期减少额：转入本年利润	
本期减少发生额合计	本期增加发生额合计	

相关会计分录如下：

支付各项国内费用时：

借：销售费用 　　　　　×××

　　贷：银行存款（等）　　　×××

期末转入本年利润时：

借：本年利润 　　　　　×××

　　贷：销售费用 　　　　×××

3. 出口关税的核算

（1）出口关税的计算

①出口货物关税以 FOB 价格为基础的计算公式如下：

完税价格=FOB 价 ÷（1+出口关税税率）

出口关税税额=完税价格×出口关税税率

【例6-43】滨海公司根据双方签订合同出口海鲜一批,总值USD100 000FOB 上海, 出口关税税率为 10%, 汇率为 USD1=￥6.5。计算应纳出口关税税额。

美元完税价格=100 000÷（1+10%）=USD90 909

人民币完税价格=90 909×6.5=590 908.5（元）

出口关税税额=590 908.5×10%=590 90.85（元）

②以 CIF 价格出口,关税的计算应先扣除离开我国口岸的运费和保险费后, 再按上述公式计算完税价格,得出应缴纳的出口关税。

完税价格=（CIF 价-保险费-运费）/（1+出口关税税率）

出口关税税额=完税价格×出口关税税率

【例6-44】滨海公司向外商出口钨砂 5 吨,总价 USD4 000CIF 鹿特丹, 运费 400 美元, 保险费 40 美元, 出口关税税率为 20%, 汇率为 USD1=￥6.5。计算应纳出口关税税额。

完税价格=［(4 000-400-40)×6.5］/（1+20%）=19 283.33（元）

出口关税税额=19 283.33×20%=3 856.67（元）

③如果以 CFR 价格出口,关税计算公式如下：

完税价格=（CFR 价-运费）/（1+出口关税税率）

出口关税税额=完税价格×关税税率

CIF、CFR 价格内所含的运费和保险费，原则上应按实际支付数扣除。如无实际支付数，海关可根据定期规定的运费率和保险费率计算确定，纳税后一般不做调整。由陆路输往国外的货物，应以该货物运离国境的价格减去出口关税税额作为完税价格。价格不能确定时，由海关估定。

（2）出口关税的核算

应设置的账户为"应交税费"，负债类账户，科目代码 2221，核算企业按照税法规定计算应缴纳的各种税费，包括增值税、消费税、营业税、所得税、资源税、土地增值税、城市维护建设税、房产税、土地使用税、车船使用税、教育费附加、矿产资源补偿费等。本科目应当按照应交税费的税种进行明细核算。

在此只介绍"应交税费——应交关税"的核算。

自营出口应以 FOB 价格作为完税价格计算基础，计算出应交出口关税后，借记"营业税金及附加"账户，贷记"应交税费——应交关税"账户；实际缴纳时，借记"应交税费——应交关税"账户，贷记"银行存款"账户。"应交税费——应交关税"账户的结构如下：

借方	应交税费——应交关税	贷方
	期初余额	
本期减少额：实际缴纳数	本期增加额：计算出应交的出口关税	
本期减少发生额合计	本期增加发生额合计	
	期末余额：应交而未交的关税	

相关会计分录如下：

计算出应交关税时：

借：营业税金及附加　　　×××

　　贷：应交税费——应交关税　　　×××

实际缴纳时：

借：应交税费——应交关税　　　×××

　　贷：银行存款——人民币户　　　×××

企业也可不通过"应交税费——应交关税"账户核算，待实际缴纳关税时，直接借记"营业税金及附加"账户，贷记"银行存款"账户。

4. 出口收汇的核算

收汇是指出口商向指定银行交单索款后，指定银行将单证通过国外银行向国外客户提示付款或提示承兑，提示付款时，国外客户收到单证将外汇货款汇交我国外汇指定银行后，由外汇指定银行将外汇转入企业现汇存款户；或由外汇指定银行按当日外汇买入价将外汇折合为人民币存入企业人民币存款户，并填制结汇水单通知企业；提示承兑时，在约定的付款时间，国外客户将外汇货款汇交我国外汇指定银行后，由外汇指定银行将外汇转入企业现汇存款户；或由外汇指定银行按当日外汇买入价将外汇折合为人民币存入企业人民币存款户，并填制结汇水单通知企业。

因此，出口收汇时，记入"银行存款——外币户或人民币户"账户的借方，同时记入"应收外汇账款"账户的贷方。

相关会计分录如下：

借：银行存款——外币户或人民币户　　×××

　　贷：应收外汇账款　　　　　　　　　　×××

5. 支付国外费用的核算

国外费用主要有运费、保险费和国外佣金三项。

价格条件的相关知识在第 4 章中已经详细述及，从中我们了解到，企业出口可以使用不同的价格条件，当然，不同的价格条件所负担的费用也是不同的，最常用的是 FOB、CFR、CIF 三种贸易术语。若以 FOB 价成交，出口企业就不用负担国外运费和保险费；若以 CFR 价成交，出口企业只负担国外运费，而不用负担国外保险费；若以 CIF 价成交，出口企业将必须负担国外运费和保险费。它们之间的换算关系第 4 章已经介绍，在此不再赘述。

在前述的出口货物核算原则中提到：出口货物销售以 FOB 价为会计核算基础价，这是销售入账的金额基准。

因为按照国际惯例，进口业务的统计以到岸价 CIF 为基准，出口则以 FOB 为准。与此相对应，前《商品流通企业会计制度》规定，在出口业务，为了使销售收入的记账口径一致，不论出口成交是哪一种价格条件，都以离岸价（FOB）为准（实质上，这是以出口销售的净收入为基础）。凡合同规定以到岸价格（CIF）成交的，先按到岸价作为出口销售收入入账，然后将商品离岸以后我方负担的以外汇支付的国外运费、保险费和佣金（连同以外汇支付的银行手续费）冲减出口销售收入。

在 FOB 条件下，进口方负责租船订舱和投保运输险，因此，运费、保险费和出口方无关。在 CIF 和 CFR 条款下，出口方虽要负责联系运输和保险工作，并且承担相应的国外费用和保险费，但是必须看到，CIF 及 CFR 中的运费、保险费，实质上是出口方的一笔"暂收款"，最终是要支付给承办运输和保险的运输公司和保险公司的，实际上是运输公司和保险公司的收入而不是出口企业的销售收入。因此销售账户的入账基准都要统一采用 FOB 价。

而《国际会计准则》"收入"第 8 条规定：

"……代第三方收取的金额……不是流入企业的经济利益,并不导致权益的增加,从而不应包括在收入中。同样地,在代理关系中经济利益的毛流入额包括了代委托人收取的金额,它不造成企业权益的增加。"

我国 1998 年的《企业会计准则——收入》中定义第 4 条也规定"……收入不包括为第三方或客户代收的款项"。在其《指南》中定义的解释中也指出"收入只包括本企业经济利益的流入,不包括为第三方或客户代收的款项……"。

我国 2006 年《企业会计准则第 14 号——收入》第 2 条规定,"企业代第三方收取的款项,应当作为负债处理,不应当确认为收入"。

CIF 价格条件在实质上是出口方从进口方获得的销售收入中的运费和保险费部分,最终是应该通过银行将外汇转给相应的公司的,在外贸会计实践中,要在出口方的账簿上从"销售"账户中冲销这两笔外汇收入的。

从原理上看,如下做账较为清晰合理,因为运、保、佣均可预知:
借:应收账款　　　　　×××
　　贷:主营业务收入——出口　×××
　　　　应付账款——运输公司　×××
　　　　　　——保险公司　×××
　　　　　　——佣金(明佣)　×××

但实际业务一般是凡合同规定以到岸价格(CIF)成交的,先按到岸价作为出口销售收入入账,然后将商品离岸以后我方负担的以外汇支付的国外运费、保险费和佣金(连同以外汇支付的银行手续费)冲减出口销售收入。具体处理如下:

(1)国外运费

在出口业务中,国外运费是指国际贸易价格条件所规定的、应由出口商支付的从装运港(地)到目的港(地)的运输费用,包括商品出口过程中的海外运费、陆海联运运费、航空运费及邮运费。

当出口货物装运出口后,出口企业在收到承运机构开来运费单据时,应对费用原始凭证审核无误后,办理国内外汇转账结算予以支付,财会部门根据银行国内外汇转账结算凭证、银行付款通知及费用原始凭证进行账务处理。

支付国外运费的相关会计分录如下:
借:自营出口销售收入——国外运费　　×××
　　贷:银行存款——外币户　　　　　　×××

(2)国外保险费

在出口业务中,国外保险费是指国际贸易价格条件所规定的、应由出口商支付的、为转移商品在运输途中的风险,向保险公司投保时的费用。

CIF 价格条件下保险费的计算公式如下：

CIF 价保险费=出口商品的 CIF 价格 ×（1+保险加成率）× 保险费率

凡以包括保险费在内的价格条件达成的交易，均由出口公司根据合同规定应保的险别，向保险公司投保。如果没有特殊规定，保险加成率是 1 成，即 10%，买方要求提高加成率的，在买方答应承担额外保险费的基础上，卖方一般是同意的，但是过高的加成率，保险公司会拒保或提出过高的保险费率。

一般出口公司收到保险公司送来出口运输保险单或联合发票副本及保险费结算清单时，应对出口发票号码、品名、投保金额、险别、费率和保险费金额等审核无误后，支付国外保险费给保险公司，财会部门根据付款凭证、费用原始凭证进行账务处理。

支付国外保险费的相关会计分录如下：

借：自营出口销售收入——国外保险费　　×××

　　贷：银行存款——外币户　　　　　　　　×××

（3）佣金

在第 4 章商品作价中已经解释了佣金的含义，在此不再赘述。

①应设置的账户

"应付外汇账款"，负债类科目，核算企业因购买材料、商品和接受劳务供应等经营活动应支付给国外客户的外汇款项，在这还包括应支付的出口理赔款、暗佣等外汇款项。因购货或应支付出口理赔款、暗佣等而增加外汇负债时，贷记本科目；因偿还货款或出口理赔款、暗佣等而减少该外汇负债时，记本科目借方；期末余额表示尚未归还的货款或出口理赔款、暗佣等外汇款。本科目应当按照不同的债权人进行明细核算，也采用复币记账。

因购货或应支付出口理赔款、暗佣等而增加外汇负债时，记入"应付外汇账款"账户的贷方，同时记入"自营出口销售收入——佣金"等账户的借方；以银行外汇存款偿还时，记入"应付外汇账款"账户的借方，同时记入"银行存款——外币户"账户的贷方。

"应付外汇账款"账户的结构如下：

借方	应付外汇账款	贷方
	期初余额	
本期减少额：实际偿还外汇数	本期增加额：购货或应支付出口理赔款、暗佣等而增加的外汇负债	
本期减少发生额合计	本期增加发生额合计	
	期末余额：应付而未付的款项	

相关会计分录如下：

应支付暗佣时：

借：自营出口销售收入——佣金　　　　×××

　　贷：应付外汇账款——应付佣金　　　　×××

实际偿还时：

借：应付外汇账款——应付佣金　×××

　　贷：银行存款——外币户　　×××

②佣金的分类

第一，明佣。明佣又称发票内佣金，它是指在贸易价格条件中规定的佣金，即在出口或进口发票上注明的内扣佣金。

采取明佣支付方式，出口商在销售发票上不但列明销售金额，而且还列明佣金率、佣金，以及扣除佣金后的销售净额。例如"CIF C3%纽约"，即指 CIF 条款的货价中还包含了 3%的佣金在内，卖方按扣除佣金后的净销货款收汇，即外商支付货款时，可扣除 3%。

第二，暗佣。暗佣是指佣金不在价格条款中明白表示，出口发票上只列销售货物的含佣价总额，但另在与中间商签订的代理合同或买卖双方的付佣条款中约定，出口方交单时规定有佣金。出口商在收取全额货款后，须自行支付佣金。

第三，累计佣金。累计佣金是指出口商与国外包销商、代理商订立协议，规定在一定时期内按累计销售金额及相应的佣金率定期计付的佣金，佣金率通常是累进计算的，即销售额越多，佣金率越高。

③佣金的计算

佣金的计算基础有下列两种，因此必须在合同中明确订定采用哪一种计算基础，以免在实际结算时发生争执。

第一，按成交价格计算，即按发票金额计算，我国目前大多采用此法。但因我国出口交易绝大多数按 CIF 或 CFR 价格条款成交，因而此时连运费甚至保险费都作为佣金的计算基础之内，不甚合理。

第二，按 FOB 价格计算。无论采用何种贸易术语，都先换算成 FOB 价，然后再用 FOB 价乘以佣金率计算出佣金。如成交价为 CIF 或 CFR 等，而合同约定佣金按 FOB 价计算时，必须从 CIF、CFR 价中减去运费、保险费推算出 FOB 价。此时可以等待实际运费、保险费资料齐全后再计算佣金，但这样将使中间商难以及时取得佣金收入。此外，也可以采用估算法，根据历史资料中的运费、保险费，估算出一个 FOB 占 CIF（或 CFR）总值的百分比，将每笔成交价换算为 FOB 价。这一比例可以统一订定，也可按不同商品、不同地区分别订定。

按发票金额还是按 FOB 价作为计算佣金的基数，可以由买卖双方协商决定。

按成交金额计算佣金时，其计算公式为：

佣金=发票金额×佣金率

按 FOB 价格计算佣金时，其计算公式为：

佣金=FOB 价×佣金率

如果销售有折扣，应该减去折扣后再计佣金。如发票上有加列利息等其他费用的情况，也应剔除后计算佣金。

此外，还可以按成交商品的数量来计算佣金，其计算公式为：

佣金=成交商品数量×每单位数量佣金

④佣金的支付

第一，票扣。票扣是指发票上减除佣金。在信用证上规定有扣除佣金的字句。即买方按扣佣后货款净额付给卖方，卖方不支付佣金。上述明佣即采用票扣方式。

第二，汇付。汇付是指由卖方收到全额货款后再向中间商汇付佣金。即买方按含佣全额货款付给卖方，卖方另行汇付佣金，通常我国采用汇付形式，这是目前支付佣金时使用最多的一种方式。

第三，议扣。议扣是指在信用证议付（银行垫付货款）时扣除佣金。出口方交单时，汇票上开足全部货款金额，并规定议付银行在议付单据时扣除佣金。这可看成是上述汇付形式的收后再付的简化，议付行只议付不含佣款，佣金由开证行径付中间商。

暗佣多采用汇付及议扣方式。

现举例说明佣金的三种支付方式：

例如"CIF C3%纽约"，即指 CIF 条款的货价中还包含了 3%的佣金在内，假定货价是 10 000 美元，那么佣金是 300 美元。

说明：

在明佣票扣中，发票上要列明货价是 10 000 美元，减 300 美元佣金，出口商净收 9 700 美元，即进口方要分别支付：将货款 9 700 美元支付给银行从而支付给出口商，而将拥金 300 美元支付给其中间商。

在暗佣汇付中，进口方将全额 10 000 美元付给银行从而支付给出口商，而由出口方收到 10 000 美元全额货款后，径直将佣金 300 美元汇付给中间商，因此进口方不知道中间商得到多少佣金或是否拿到佣金，从而隐含一种中间商另向进口方收取第二道佣金的可能。

在议扣中，出口方在请国内议付银行垫付货款时，汇票上填写 10 000 美元全额货款并规定议付银行在议付单据时扣除佣金，即出口商得到的议付款是9 700美元。国内议付行议付后向国外开证行索款时另加一张封面函件，委托直付300美元给中间商，从而国外开证行虽向进口方收取全额10 000美元，但只向出口方支付净货款9 700美元，而由其将300美元径付中间商。这样，进口方对中间商所得佣金也不知情。

⑤佣金的具体核算

第一，明佣。出口企业在向银行办理交单收汇时，应根据发票中列明的销售净额收取货款，不需另行支付佣金。虽然此时出口企业是根据扣除佣金后的销售净额收取贷款，可以轧净入账，但为求全面反映，在确认销售收入时，还是将明佣作为自营出口销售收入的减项处理。届时根据银行回单和销售发票中的销售净额记入"应收外汇账款"账户的借方，根据佣金金额记入"自营出口销售收入——佣金"账户的借方，同时根据销售全额记入"自营出口销售收入——货款"账户的贷方。

在确认销售收入时，含有明佣的相关会计分录如下：

借：应收外汇账款　　　　　　×××
　　自营出口销售收入——佣金　×××
　　贷：自营出口销售收入——货款　　×××

第二，暗佣。出口企业在向银行办理交单收汇时，应根据发票上列明的销售金额收取全部货款，其后需另行支付佣金。在确认销售收入时，将暗佣作为应付外汇账款。届时根据银行回单和销售发票记入"应收外汇账款"账户的借方，同时记入"自营出口销售收入——货款"账户的贷方；而且还要根据贸易合同中列明的佣金金额，记入"自营出口销售收入——佣金"账户的借方，同时记入"应付外汇账款"账户的贷方。

在确认销售收入时，含有暗佣的相关会计分录如下：

借：应收外汇账款　　　　　　×××
　　贷：自营出口销售收入——货款　　×××
借：自营出口销售收入——佣金　×××
　　贷：应付外汇账款——应付佣金　　×××

这一应付佣金有两种支付方式：汇付和议付。

一是汇付。汇付是出口企业先收货款，再付佣金。当出口企业收回货款金额时，记入"银行存款——外币户"账户的借方，同时记入"应收外汇账款"账户的贷方。当汇付佣金时，记入"应付外汇账款——应付佣金"账户的借方，同时记入"银行存款——外币户"账户的贷方。

相关会计分录如下：

收回货款时：

借：银行存款——外币户 ×××

　　贷：应收外汇账款 ×××

汇付佣金时：

借：应付外汇账款——应付佣金 ×××

　　贷：银行存款——外币户 ×××

二是议付。出口企业在出口后向银行议付信用证时，由银行按规定的佣金率，将佣金在结汇款中扣除。即出口方从议付银行处只收取扣除佣金后的销货净额。届时佣金合并到收汇的账务处理中，按议付时收汇净额记入"银行存款——外币户"账户的借方，按扣除的佣金金额记入"应付外汇账款——应付佣金"账户的借方，同时按发票金额记入"应收外汇账款"账户的贷方。

议付佣金时的相关会计分录如下：

借：银行存款——外币户 ×××

　　应付外汇账款——应付佣金 ×××

　　贷：应收外汇账款 ×××

第三，累计佣金。到期汇付佣金时，累计佣金倘若能直接认定到具体出口商品的，其核算方法与其他佣金一样，冲减"自营出口销售收入"账户；倘若不易认定到具体出口商品的，则应列入"销售费用"账户。

能直接认定到具体出口商品的累计佣金，按期计算出其金额，记入"自营出口销售收入——佣金"账户的借方，同时记入"应付外汇账款——应付佣金"账户的贷方。

相关会计分录如下：

计算出累计佣金时：

借：自营出口销售收入——佣金 ×××

　　贷：应付外汇账款——应付佣金 ×××

支付累计佣金时：

借：应付外汇账款——应付佣金 ×××

　　贷：银行存款——外币户 ×××

不能直接认定到具体出口商品的累计佣金，按期计算出其金额进行支付，记入"销售费用"账户的借方，同时记入"银行存款——外币户"账户的贷方。

相关会计分录如下：

借：销售费用 ×××

　　贷：银行存款——外币户 ×××

⑥预估国外费用的核算

出口企业出口贸易业务销售收入确认的时间与支付国外运费、保险费和累计佣金的时间往往不一致。为了正确计算出口商品的出口成本和盈亏额，在会计期末，对当月应在本期负担而尚未支付的国外运费、保险费和累计佣金，应预估入账。

预估的方法是：根据"自营出口销售收入"明细账，凡出口合同贸易术语中规定了出口方应承担国外运费，但账面无支付国外费用记录的，应根据同一商品、出口同一地区的费用水平逐笔预估列出国外运费账单，记入"自营出口销售收入——国外运费"账户的借方，同时记入"应付外汇账款——预估国外费用"账户的贷方；待下期初实际支付时，再记入"应付外汇账款——预估国外费用"账户的借方，同时记入"银行存款——外币户"账户的贷方。如果实际支付金额与预估金额有差异时，其本年度差额列入"自营出口销售收入"账户，跨年度差额调整"以前年度损益调整"账户。同样，凡出口合同贸易术语中规定了出口方应承担国外保险费的和合同按规定累计支付佣金的，与运费的账务处理一样。

相关会计分录如下：

期末预估时：

借：自营出口销售收入——国外运保费 ×××

　　贷：应付外汇账款——预估国外费用 ×××

下期初实际支付时：

借：应付外汇账款——预估国外费用 ×××

　　贷：银行存款——外币户 ×××

如果实际支付金额大于预估金额时：

借：应付外汇账款——预估国外费用 ×××

　　　以前年度损益调整 ×××

　　贷：银行存款——外币户 ×××

如果实际支付金额小于预估金额时：

借：应付外汇账款——预估国外费用 ×××

　　贷：银行存款——外币户 ×××

　　　以前年度损益调整 ×××

期末对已出口、未支付的国内费用，不实行预估入账。

至此，如果业务正常发生的话，这项自营出口销售业务的会计核算过程，从企业内部来说已告完成，可以结账计算本批次盈亏了。然而，还有一件事不可忽略，办理出口退税。

6. 办理出口退税

企业应按出口退税的政策和规定，填制退税申请表，并附销售发票、出口报关单、原增值税专用发票、银行结汇单等全套单证，向所在地税务机关申办退税。

实际工作中的出口退税会计处理比较复杂，除增值税退税外，还有消费税退税（详见有关出口退税章节）。

7. 自营出口销售收入和成本的明细分类核算

自营出口销售的明细核算，应按"自营出口销售收入"账户所属的明细账户核算，应具有商品名称、销售数量、销售收入、发票或合同号码、客户名称、商品品种和规格、价格条件、出口地区、出口单价以及应从销售收入中冲减的国外运费、保险费和佣金等项目。

由于销售净收入均以 FOB 价为会计核算基础，即按实际成交价格反映销售收入，支付的外币费冲减"自营出口销售收入"账户，为此该账户的贷方应采用多栏式、复币制的格式，以便按出口批次分别直接认定销售收入、国外运费、保险费、佣金等，防止漏付、重付等现象，并为账外核算提供确切数据。

"自营出口销售成本"账户所属的明细账户，结构可以比收入账简单些，但必须具备商品名称、品种、规格、数量和原进价等内容。

自营出口销售收入和成本，可以分别设置明细账，也可以合并设置销售明细账。合并设置销售明细账方便计算比较出口各商品、各批次的盈亏额并简化核算；明细账登记方法，可采用单列式记账方法，也可以采用平行式记账方法（见表 6-15）。

根据涉外经营特点和多年实践经验，出口销售明细账，特别是三级明细账必须采用平行式记账方法为好。这种记账方法的优点：可以具体对比每一批次出口销售的货款收入、国外运费、保险费、佣金和进价、考核盈亏；可以防止漏转或错转销售成本；可以防止漏付、重付国外运费、保险费和佣金；便于解决预估费用问题。但须特别注意，采用平行式记账方法的，由于在账页上借方金额、贷方金额各只一栏，也就是说记收入内容只能在贷方，成本内容只能在借方，如需冲减只能用红字冲减法。

表 6-15 自营出口销售明细分类账

商品类别：　　　品名：　　　　出口收汇种类：　　　数量单价：　　　第　页

年		凭证字号	出口发票号码	摘要	销售地区及客户	价格条件	销售数量	销售成本（借方）		销售收入（贷方）				减：国外费用			人民币净收入	借或贷	盈亏额（余额）
								单价	金额	原币			人民币	佣金	运费	保险费			
月	日									币别	单价	金额							

8. 计算自营出口销售的批次损益

根据涉外企业经营管理的要求，为紧跟市场动态，及时掌握出口效益信息，应在出口结束时，逐笔计算批次损益，考核同一品种货物在不同国家（或地区）、不同时间的盈亏情况。其计算指标如下：

（1）出口销售总成本

计算公式如下：

出口销售总成本=商品采购成本（流通企业，不含增值税）或产品生产成本（生产企业）+摊入国内费用+出口税金+出口转入进价未退增值税-出口应退消费税

注：

摊入国内费用：由各外贸公司按不同的出口商品实际经验情况自行核定，一般包括银行利息、工资支出、邮电通讯费用、交通费用、仓储费用、码头费用以及其他的管理费用，是按一定标准比率摊入。

出口税金：含出口关税、城市维护建设税等。

（2）出口销售外币净收入

计算公式如下：

出口销售外币净收入=出口销售外币总金额-国外外币费用-佣金-理赔

注：

出口销售外币总金额：即出口发票总价。

国外外币费用：含国外运费、国外保险费。

佣金：一般指暗佣。

理赔：是指因出口数量、质量或时间与合同不符而发生的赔偿款。

（3）出口盈亏额

计算公式如下：

出口盈亏额=出口销售人民币净收入-出口总成本

注：

出口销售人民币净收入：把计算出口销售外币净收入的各项按当时汇率折算后计算出来的结果。

（4）出口盈亏额

计算公式如下：

出口盈亏率=（出口盈亏额/出口总成本）×100%

（5）出口每美元换汇成本

计算公式如下：

出口每美元换汇成本=出口销售总成本/出口销售外币净收入（美元）

如果计算结果是出口每美元换汇成本低于现行美元汇率，则为盈利，说明此项出口销售业务效益较好；反之，如果计算结果是出口每美元换汇成本等于或高于现行美元汇率，则为不赚钱或亏损，出口每美元成本比美元汇率高得越多亏得也越多。因此，涉外会计必须及时提供盈亏信息，供决策者使用，不能像一般财务会计那样在期末或年终决算时才发布信息。

企业涉外会计实施批次盈亏计算，一般采取"表结账不结"方式，在账外使用专用表格，对出口销售逐笔进行批次计算，然后对同一品种、不同批次、不同地区的出口销售列表比较分析，进而研究为什么有的亏损、有的盈利，找出原因，谋求良策。

9. 业务举例

【例6-45】滨海公司向国外A公司出口矿石。

（1）2011年7月1日，矿石出库发往港口待装时，财务部门收到储运部门转来出库单（记账联）列明出库矿石100 000元。

分析：这项经济业务的发生，一方面使出口企业发往港口待装的矿石增加100 000元，应记入"待运和发出商品"账户的借方；另一方面使出口企业的库存矿石减少100 000元，应记入"库存商品"账户的贷方。财务部门根据出库单（记账联）编制分录，具体会计分录为：

借：待运和发出商品——矿石　　　　　　100 000
　　贷：库存商品——库存出口商品——矿石　　100 000

（2）7月10日，货物装运后，备齐出口全套单证向银行办理交单，财务部门收到业务部门转来已向银行交单的销售矿石的发票副本和银行回单，发票开列矿石总价30 000美元，CIF价，当日即期汇率为6.50。

分析：向银行办理交单索汇就可以确认外汇收入了。确认收入时，一方面使出口企业应收的外汇账款增加30 000美元，当日汇率为6.50，折算成记账本位币人民币 195 000 元，应记入"应收外汇账款——A 公司"账户的借方；另一方面使出口企业的出口销售收入增加 30 000 美元，折算成记账本位币人民币195 000 元，应记入"自营出口销售收入——矿石（货款）"账户的贷方。财务部门根据发票副本和银行回单编制分录，具体会计分录为：

借：应收外汇账款——A 公司（USD30 000×6.50）　　195 000
　　贷：自营出口销售收入——矿石（货款）　　　　　　195 000

（3）同时，结转出口销售成本

分析：这项经济业务一方面使出口企业的待运和发出商品减少了 100 000元，应记入"待运和发出商品"账户的贷方；另一方面，出口销售成本增加了100 000 元，应记入"自营出口销售成本"账户的借方。财务部门根据发票副本和出库单（转账联）编制分录，具体会计分录为：

借：自营出口销售成本——矿石　　100 000
　　贷：待运和发出商品——矿石　　　　100 000

（4）7 月 27 日，出口企业收到银行收汇通知，30 000 美元已收汇。银行扣除 100 美元手续费后将其余部分已存入外汇存款账户，当日即期汇率为 6.5。

分析：出口企业虽然收汇 30 000 美元，但银行扣除了 100 美元手续费，因此，这项经济业务一方面因收汇使出口企业的银行存款美元户增加了 29 900 美元，当日即期汇率为 6.50，折算成人民币应该是 194 350 元，应记入"银行存款——美元户"账户的借方，而且因支付了 100 美元手续费而使财务费用增加100 美元，折算成人民币应该是 650 元，应记入"财务费用——手续费"账户的借方；另一方面，款项已经收回，使得出口企业应收的外汇账款减少了 30 000美元，折算成人民币应该是 195 000 元，应记入"应收外汇账款——A 公司"账户的贷方。具体会计分录为：

借：银行存款——美元户（USD29 900×6.50）　　194 350
　　财务费用——手续费（USD100×6.50）　　　　　650
　　贷：应收外汇账款——A 公司（USD30 000××6.50）　　195 000

（5）7 月 4 日，滨海公司签发转账支票支付运输公司将矿石运送到天津港的运杂费 1 000 元，并支付港杂费、报关费、装船费等共计 1 500 元。

分析：出口业务中，发生的国内费用记入到销售费用中，这项经济业务一方面因支付相关国内费用，使出口企业的银行存款减少了 2 500 元，应记入"银行存款——人民币户"账户的贷方；另一方面，销售费用增加了 2 500 元，应记入"销售费用"账户的借方。财务部门根据各项费用原始单据编制分录，具体会计分录为：

借：销售费用——运杂费　　　　　1 000

　　　　销售费用——港杂费、报关费、装卸费　　1 500
　　　贷：银行存款——人民币户　　　　　　　　　　　2 500
　　（6）7月9日，滨海公司收到外轮运输公司运输发票1张，金额1 500美元，是出口矿石的运费，业务部门和储运部门核对后，当即从外币账户汇付对方，当日即期汇率为6.50。

　　分析：出口业务中，发生的国外费用应冲减销售收入，这项经济业务一方面因支付国外运费，使出口企业的银行存款美元户减少了1 500美元，当日即期汇率为6.50，折算成人民币应该是9 750元，应记入"银行存款——美元户"账户的贷方；另一方面，销售收入减少了1 500美元，即人民币9 750元，应记入"自营出口销售收入——矿石（运费）"账户的借方。财务部门根据银行付款回单和运费单据编制分录，具体会计分录为：

　　　借：自营出口销售收入——矿石（运费）　　　9 750
　　　　贷：银行存款——美元户（USD1 500×6.50）　　9 750
　　（7）出口企业按矿石销售发票金额30 000美元的110%向保险公司投保，保费率为2%。7月9日，从外币账户支付保费，当日即期汇率为6.50。

　　保险费=出口商品的CIF价格×（1+保险加成率）×保险费率
　　　　　=30 000美元×110%×2%=660（美元）

　　分析：同样，保险费也应冲减销售收入，这项经济业务一方面因支付国外保险费，使出口企业的银行存款美元户减少了660美元，当日即期汇率为6.50，折算成人民币应该是4 290元，应记入"银行存款——美元户"账户的贷方；另一方面，销售收入减少了660美元，即人民币4 290元，应记入"自营出口销售收入——矿石（保险费）"账户的借方。财务部门根据银行付款回单及保险费清单编制分录，具体会计分录为：

　　　借：自营出口销售收入——矿石（保险费）　　4 290
　　　　贷：银行存款——美元户（USD660×6.50）　　　4 290
　　（8）出口关税税率为10%，出具关税缴纳凭证时汇率为6.5，7月23日，根据关税缴纳凭证，以支票付讫。

　　完税价格=（CIF价-保险费-运费）/（1+出口关税税率）
　　　　　　=（30 000-1 500-660）/（1+10%）=25 309.09（美元）
　　出口关税税额=完税价格×出口关税税率
　　　　　　　　=25 309.09×10%=25 30.91（美元）

　　汇率为6.5，折合人民币为16 450.92元。

　　分析：这项经济业务有两方面内容，计算出应交出口关税时，记入"营业税金及附加"账户的借方，同时记入"应交税费——应交关税"账户的贷方；

292

实际缴纳时，记入"应交税费——应交关税"账户的借方，同时记入"银行存款——人民币户"账户的贷方。具体分录如下：

①计算出应交关税时：

借：营业税金及附加　　　16 450.92

　　贷：应交税费——应交关税　　16 450.92

②实际缴纳时：

借：应交税费——应交关税　　16 450.92

　　贷：银行存款——人民币户　　16 450.92

（9）①如上述滨海公司出口矿石业务是明佣，出口发票内注明内扣佣金率为CIFc2%。当日即期汇率为6.5。

分析：此笔业务是明佣，出口公司在交单索汇时，收取的是扣除佣金后的外汇货款净额，佣金要冲减销售收入，所以在（2）中确认收入时和在（4）中收回外汇货款时的账务处理就有了变化：

确认收入时，一方面使出口企业应收的外汇账款增加为29 400美元（30 000美元-30 000美元×2%=29 400美元），当日汇率为6.50，折算成记账本位币人民币191 100元，应记入"应收外汇账款——A公司"账户的借方；另一方面使出口企业的出口销售收入增加30 000美元，即人民币195 000元，应记入"自营出口销售收入——矿石（货款）"账户的贷方；同时，佣金作为出口销售收入的减项，使得出口企业的出口销售收入减少600美元，即人民币3 900元，应记入"自营出口销售收入——矿石（佣金）"账户的借方。财务部门根据发票副本和银行回单编制分录，具体会计分录为：

借：应收外汇账款——A公司（USD29 400×6.50）　　191 100

　　自营出口销售收入——矿石（佣金）　　3 900

　　贷：自营出口销售收入——矿石（货款）　　195 000

收回外汇货款时，出口企业应该收汇29 400美元，再扣除100美元银行手续费，因此，这项经济业务一方面因收汇使出口企业的银行存款美元户增加了29 300美元，当日即期汇率为6.50，折算成人民币应该是190 450元，应记入"银行存款——美元户"账户的借方，而且因支付了100美元手续费而使财务费用增加100美元，折算成人民币应该是650元，应记入"财务费用——手续费"账户的借方；另一方面，款项已经收回，使得出口企业应收的外汇账款减少了29 400美元，折算成人民币应该是191 100元，应记入"应收外汇账款——A公司"账户的贷方。具体会计分录为：

借：银行存款——美元户（USD29 300×6.50）　　190 450

　　财务费用——手续费（USD100×6.50）　　650

贷：应收外汇账款——A 公司（USD29 400×6.50）　　191 100

②如上述滨海公司出口矿石业务是暗佣，采取汇付方式支付，合同内注明佣金率为 CIFc2%，当日即期汇率为 6.5。

分析：此笔业务是暗佣，出口公司在交单索汇时，应根据发票上列明的销售金额收取全部货款，其后需另行支付佣金。在确认销售收入的同时，将暗佣作为应付外汇账款入账，同时暗佣也是出口销售收入的减项。

确认收入时，一方面使出口企业应收的外汇账款增加 30 000 美元，当日即期汇率为 6.50，折算成记账本位币人民币 195 000 元，应记入"应收外汇账款——A 公司"账户的借方；另一方面使出口企业的出口销售收入增加 30 000 美元，折算成记账本位币人民币 195 000 元，应记入"自营出口销售收入——矿石（货款）"账户的贷方。

在确认收入的同时，还得将暗佣作为应付外汇账款入账，同时暗佣也是出口销售收入的减项，这就使得出口企业的应付外汇账款增加了 600 美元，当日即期汇率为 6.50，折算成人民币应该是 3 900 元，应记入"应付外汇账款——应付佣金"账户的贷方；同时，佣金作为出口销售收入的减项，使得出口企业的出口销售收入减少 600 美元，即人民币 3 900 元，应记入"自营出口销售收入——矿石（佣金）"账户的借方。因此在含有暗佣、采用汇付的情况下，在（2）中的具体会计分录为：

借：应收外汇账款——A 公司（USD30000×6.50）　　195 000
　　贷：自营出口销售收入——矿石（货款）　　　　195 000
借：自营出口销售收入——矿石（佣金）　　　　　　3 900
　　贷：应付外汇账款——应付佣金（USD600×6.50）　　3 900

7 月 28 日，外汇货款收回后，汇付佣金，当日即期汇率为 6.5。

分析：汇付佣金时，使得出口企业的应付外汇账款减少了 600 美元，当日即期汇率为 6.50，折算成人民币应该是 3 900 元，应记入"应付外汇账款——应付佣金"账户的借方；同时，银行外汇存款减少了 600 美元，当日即期汇率为 6.50，折算成人民币应该是 3 900 元，应记入"银行存款——外币户"账户的贷方。具体会计分录如下：

借：应付外汇账款——应付佣金（USD600×6.50）　　3 900
　　贷：银行存款——外币户（USD600×6.50）　　　　3 900

③如上述滨海公司出口矿石业务是暗佣，采取议付方式支付，合同内注明佣金率为 CIFc2%，当日即期汇率为 6.5。

分析：采取议付佣金时，同样在确认销售收入的同时，将暗佣作为应付外汇账款入账，同时暗佣也是出口销售收入的减项。这与②中的账务处理一样。

与②中的账务处理不同的是：出口企业在出口后向银行议付信用证时，由银行按规定的佣金率，将佣金在结汇款中扣除，即出口方从议付银行处只收取扣除佣金后的销货净额，届时佣金合并到收汇的账务处理中，因此，在（4）中的账务处理就有了变化：·

议付时，出口企业虽然应收汇 30 000 美元，但银行直接扣除了 600 美元的佣金，还扣除了 100 美元手续费，因此，这项经济业务一方面因收汇使出口企业的银行存款美元户增加了 29 300 美元，当日即期汇率为 6.50，折算成人民币应该是 190 450 元，应记入"银行存款——美元户"账户的借方；因银行直接扣除了 600 美元的佣金款，因此，使得出口企业应付的外汇账款减少了 600 美元，折算成人民币应该是 3 900 元，应记入"应付外汇账款——应付佣金"账户的借方；又因支付了 100 美元手续费而使财务费用增加 100 美元，折算成人民币应该是 650 元，应记入"财务费用——手续费"账户的借方。另一方面，款项已经收回，使得出口企业应收的外汇账款减少了 30 000 美元，折算成人民币应该是 195 000 元，应记入"应收外汇账款——A 公司"账户的贷方。具体会计分录为：

借：银行存款——美元户（USD29 300×6.50）　　　190 450

　　应付外汇账款——应付佣金（USD600×6.50）　　　3 900

　　财务费用——手续费（USD100×6.50）　　　650

　贷：应收外汇账款——A 公司（USD30 000×6.50）　　　195 000

④滨海公司支付了无法认定到具体商品的累计佣金 1 000 美元，以银行存款支付，当日即期汇率为 6.5。

分析：无法认定到具体商品的累计佣金应记入销售费用，这项经济业务的发生，一方面使出口企业的销售费用增加 1 000 美元，当日即期汇率为 6.50，折算成人民币应该是 6 500 元，应记入"销售费用——累计佣金"账户的借方；另一方面使出口企业的银行外汇存款减少 1 000 美元，折算成人民币应该是 6 500 元，应记入"库银行存款——美元户"账户的贷方。具体会计分录如下：

借：销售费用——累计佣金　　　6 500

　贷：银行存款——美元户（USD1 000×6.50）　　　6 500

（10）①假定滨海公司 7 月 31 日出口矿石还未结算国外运费和国外保险费，预估矿石国外运费 1 600 美元，保险费 700 美元，当日即期汇率为 6.5。8 月 10 日签发转账支票支付运输公司国外运费 1 500 美元，支付保险公司保险费 660 美元，当日即期汇率为 6.50。

分析：在会计期末 7 月 31 日，对当月（7 月）应在本期负担而尚未支付的国外运费、保险费，应预估入账。此笔业务预估矿石国外运费 1 600 美元，保险费 700 美元，使得出口企业应付外汇账款增加 2 300 美元，当日即期汇率为 6.50，折算成人民币应该是 14 950 元，应记入"应付外汇账款——预估国外费用"账户的贷方；同时，国外运费和国外保险费作为出口销售收入的减项，使得出口企业的出口销售收入减少 2 300（1600+700）美元，即人民币 14 950（10 400+4 550）元，应记入"自营出口销售收入——矿石（运费）"和"自营出口销售收入——矿石（保费）"账户的借方。

8 月 10 日实际支付时，实际支付金额与预估金额相差 140 美元（2 300-2 160），增加销售收入。因此，实际支付时，使出口企业应付外汇账款减少 2 300 美元，当日即期汇率为 6.50，折算成人民币应该是 14 950 元，应记入"应付外汇账款——预估国外费用"账户的借方；同时，因实际支付 2 160 美元，使出口企业外汇银行存款减少 2 160 美元，折算成人民币应该是 14 040 元，应记入"银行存款——美元户"账户的贷方；实际支付金额与预估金额的差额 140 美元使出口企业销售收入增加，即人民币金额 910 元，应记入"自营出口销售收入——矿石（国外运保费）"账户的贷方。

具体会计分录如下：

7 月 31 日预估时：

借：自营出口销售收入——矿石（运费）（USD1 600×6.50）　　10 400

　　　自营出口销售收入——矿石（保费）（USD700×6.50）　　　4 550

　贷：应付外汇账款——预估国外费用（USD2 300×6.50）　　　　14 950

8 月 10 实际支付时：

借：应付外汇账款——预估国外费用（USD2 300×6.50）　　14 950

　贷：自营出口销售收入——矿石（国外运保费）　　　　　　　910

　　银行存款——美元户（USD2 160×6.50）　　　　　　　　14040

②假定滨海公司出口矿石是在 12 月份，12 月 31 日出口矿石还未结算国外运费和国外保险费，预估矿石国外运费 1 600 美元，保险费 700 美元，当日即期汇率为 6.5。次年 1 月 10 日签发转账支票支付运输公司国外运费 1 500 美元，支付保险公司保险费 660 美元，当日即期汇率为 6.50。

分析：在会计期末 12 月 31 日，对当月（12 月）应在本期负担而尚未支付的国外运费、保险费，应预估入账。此笔业务预估矿石国外运费 1 600 美元，保险费 700 美元，使得出口企业应付外汇账款增加 2 300 美元，当日即期汇率为 6.50，折算成人民币应该是 14 950 元，应记入"应付外汇账款——预估国外费用"账户的贷方；同时，国外运费和国外保险费作为出口销售收入的减项，使得出口企业的出口销售收入减少 2 300（1 600+700）美元，即人民币 14 950（10 400+4 550）元，应记入"自营出口销售收入——矿石（运费）"和"自营

296

出口销售收入——矿石（保费）"账户的借方。

次年1月10日实际支付时,实际支付金额与预估金额相差140美元(2 300-2 160),调整"以前年度损益调整"账户。因此, 实际支付时, 使出口企业应付外汇账款减少2 300美元,当日即期汇率为6.50,折算成人民币应该是14 950元,应记入"应付外汇账款——预估国外费用"账户的借方;同时,因实际支付2 160美元,使出口企业外汇银行存款减少2 160美元,折算成人民币应该是14 040元,应记入"银行存款——美元户"账户的贷方;实际支付金额与预估金额的差额140美元调整"以前年度损益调整"账户,即人民币金额910元,应记入"以前年度损益调整"账户的贷方。

具体会计分录如下:

12月31日预估时:

借:自营出口销售收入——矿石（运费）（USD1 600×6.50） 10 400

　　自营出口销售收入——矿石（保费）（USD700×6.50） 4 550

　　贷:应付外汇账款——预估国外费用（USD2 300×6.50） 14 950

1月10实际支付时:

借:应付外汇账款——预估国外费用（USD2 300×6.50） 14 950

　　贷:以前年度损益调整 910

　　　银行存款——美元户（USD2 160×6.50） 14 040

(11)假设滨海公司出口矿石相邻两个月的生产、销售、纳税资料如下:上月月末留抵增值税税额1 000元,作本月备抵;本月生产矿石成本160 000元,出口100 000元,内销60 000元,内销销售总价90 000元;本月发生进项税30 000元;增值税税率17%;本月无免税购进材料物资。

①计算出口退税,填制退税申请表并按税务机关规定附全套出口退税单证按5%退税率计算退税额,汇率为6.5。

当期不得免征和抵扣税额=出口货物离岸价×外汇人民币牌价 ×（进项税率-出口退税率）=(30 000-1 500-660)×6.5×(17%-5%)=21 715.2（元）

当期内销应纳税额=当期内销额×销项税率=90 000×17%=15 300（元）

当期应纳税额=当期内销的销项税额 -（当期进项税额-当期不得免征和抵扣税额）- 上期留抵税额

=15 300 -(30 000-21 715.2)-1000 = 6 015.2（元）

当期免抵退税额=出口货物FOB价格×外汇人民币牌价×出口退税率

=(30 000-1 500-660)×6.5×5%=9 048（元）

期末留抵税额=0

②根据计算结果，办理出口退税。

确认国内销售和抵交税金时，分录如下：

借：应收账款　　　　　　　　　　105 300

　　贷：主营业务收入——内销　　　　　　90 000

　　　　应交税费——应交增值税（销项税额）　15 300

不免抵部分计入出口成本，分录如下：

借：自营出口销售成本——矿石　　　　21 715.2

　　贷：应交税费——应交增值税（进项税额转出）　21 715.2

当期应纳税额计入应交税金，分录如下：

借：应交税费——应交增值税（转出未交税额）　6 015.2

　　贷：应交税费——未交增值税　　　　　6 015.2

申报出口免抵退税，分录如下：

借：应交税费——应交增值税（出口抵减内销纳税额）　9 048

　　贷：应交税费——应交增值税（出口退税）　　9 048

（12）核算该批次的损益情况

①出口总成本

出口总成本=100 000（生产成本）+3 150（国内应摊费用）+ 16 450.92（出口关税）+ 21 715.2（出口未退税）=141 316.12（元）

②出口销售净收入

出口销售净收入（美元）= 30 000-2160（国外费用）- 600（佣金）

　　　　　　　　　　　= 27 240（美元）

③出口盈亏额

出口盈亏额=27 240[出口销售净收入（美元）]×6.5-141 316.12（出口总成本）=177 060-141 316.12=35 743.88（元）

④出口盈亏率

出口盈亏率=出口盈亏额/出口总成本×100%=35 743.88/141 316.12×100%=25.29 %

⑤出口每美元成本

出口每美元成本=出口总成本/出口销售净收入（美元）

=141 316.12/27 240=5.19（人民币元/美元）

由上述计算结果可见，此项自营出口销售取得每美元的人民币成本为5.19元，比现行银行的美元汇率 6.5 元低，表明有利可图，效果较好，应进一步分析，开拓思路，采取得力措施，争取更好的效益。

至此，【例 6-45】有关各项正常核算内容均得到了说明，核算过程中可能发生的其他事项，将在 6.4（自营出口销售相关特殊事项的核算）中予以说明。

6.2.6 财务成果业务的核算

（一）财务成果的构成与计算

财务成果是指企业生产经营活动的最终成果，通常用企业各项收入抵补各项支出后的差额来反映，表现为盈利或亏损。当收入大于费用支出时，表现为企业实现的利润，当收入小于费用支出时，表现为企业发生的亏损。利润（或亏损）是企业最终的财务成果，它是反映企业工作质量的一项综合指标，是评价企业经济效益优劣的重要标志。

企业的收入，广义地讲不仅包括营业收入，还包括营业外收入；企业的费用，广义地讲不仅包括为取得营业收入而发生的各种耗费，还包括营业外支出和所得税。因此，企业在一定会计期间实现的利润（或亏损）是由以下几部分构成的：

营业利润=营业收入-营业成本-营业税金及附加-销售费用-管理费用-财务费用

利润总额=营业利润+投资净收益+营业外收入-营业外支出

净利润（税后利润）=利润总额-所得税费用

其中：所得税费用=应纳税所得额×所得税税率

应纳税所得额=利润总额（会计利润）± 所得税前利润中应予以调整的项目需要说明，所得税法规定的应纳税所得额与利润总额的计算口径并不完全相同，如企业投资于国债的利息收入免征所得税，所以不计入应纳税所得额；但在会计核算中应作为投资收益处理，成为利润总额的组成部分。再如，企业列为营业外支出已从利润总额中扣除的罚金支出，按税法应予征收所得税，因而应计入应纳税所得额。因此在计算应交所得税时，须在利润总额的基础上予以调增或调减。本教材中，在没做说明的情形下，假定利润总额等于应纳税所得额。

营业收入包括主营业务收入和其他业务收入，营业成本包括主营业务成本和其他业务成本。其他业务是指企业从事主营业务以外的其他附属经营业务，制造企业的其他业务包括产品销售以外的其他销售业务、出租业务和非工业性劳务等，如材料物资销售、固定资产出租、包装物出租和出售、转让无形资产使用权及修理、运输业务等。企业从事这些业务所获得的收入为其他业务收入，为取得收入而发生的相应支出，如销售及劳务成本、费用等为其他业务成本。

投资净收益是指企业对外投资所取得的收益，如转让、出售股票、债券所得的股利、利息等抵减对外投资所发生的损失后的差额。其计算公式为：

投资净收益=对外投资收益-对外投资损失

营业外收入是指企业发生的与本企业生产经营无直接关系的各项收入，包括处理固定资产净收入和罚款收入等。营业外支出是指企业发生的与本企业生产经营无直接关系的各项支出，如固定资产盘亏损失、处理固定资产净损失、对外捐赠支出、罚款支出和非常损失等。

企业实现的利润总额减去所得税费用后的差额为企业利润净额。根据我国税法规定，企业应按纳税所得额的一定比例向国家缴纳所得税。所得税是企业的一项费用支出，应直接计入当期损益。企业利润总额抵减所得税费用后构成利润净额。其计算公式为：

净利润=利润总额-所得税费用

企业实现的利润净额，除国家另有规定者外，一般按以下顺序进行分配：

（1）弥补以前年度亏损；

（2）提取盈余公积金和公益金；

（3）向投资者分配利润。

因此，利润形成的核算和利润分配的核算，就构成了企业财务成果核算的主要内容。

（二）应设置的账户

1. 其他业务收入

"其他业务收入"，损益类（收入）科目，科目代码6051，核算企业从事其他业务经营所获得的收入。取得各项收入时，记贷方；月末转入"本年利润"账户时，记借方；结转后本账户无余额。

当取得或实现收入时，记入"银行存款"或"应收账款"等账户的借方，同时记入"其他业务收入"账户的贷方和"应交税费——应交增值税（销项税额）"的贷方。期末结转时，记入"其他业务收入"账户的借方，同时记入"本年利润"账户的贷方。

该账户可按收入种类设置明细账。

"其他业务收入"账户的结构如下：

借方　　　　　　　　　　　　　　其他业务收入　　　　　　　　　　　　　　贷方	
本期减少额：转入本年利润	本期增加额：取得或实现的收入
本期减少发生额合计	本期增加发生额合计

相关会计分录如下：

（1）取得其他收入时：

借：银行存款（应收账款、应收票据）　　×××

贷：其他业务收入   ×××

　　应交税费——应交增值税（销项税额）   ×××

（2）期末结转本年利润时：

借：其他业务收入   ×××

贷：本年利润   ×××

2. 其他业务成本

"其他业务成本"，损益类（费用）科目，科目代码6402，核算企业为取得其他业务收入而发生的相应支出。发生各项支出时，记借方；月末转入"本年利润"账户时，记贷方；结转后本账户无余额。

当发生其他业务支出时，记入"其他业务成本"账户的借方，同时记入"银行存款"、"原材料"等相关账户的贷方；期末结转时，记入"本年利润"账户的借方，同时记入"其他业务成本"的贷方。

该账户可按支出项目设置明细账户。

"其他业务成本"账户的结构如下：

借方	其他业务成本	贷方
本期增加额：发生其他业务支出	本期减少额：转入本年利润	
本期增加发生额合计	本期减少发生额合计	

相关会计分录如下：

（1）发生其他业务支出时：

借：其他业务成本   ×××

贷：原材料（等）   ×××

（2）期末结转本年利润时：

借：本年利润   ×××

贷：其他业务成本   ×××

3. 营业外收入

"营业外收入"，损益类（收入）科目，科目代码6301，核算企业发生的与经营业务无关的各项收入。取得各项收入时，记贷方；月末转入"本年利润"账户时，记借方；结转后本账户无余额。

当取得营业外收入时，记入"银行存款"或"应收账款"等账户的借方，同时记入"营业外收入"账户的贷方。期末结转时，记入"营业外收入"账户的借方，同时记入"本年利润"账户的贷方。

本账户可按营业外收入的内容设明细账户。

"营业外收入"账户的结构如下：

借方	营业外收入	贷方
本期减少额：转入本年利润	本期增加额：取得营业外收入	
本期减少发生额合计	本期增加发生额合计	

相关会计分录如下：

（1）取得营业外收入时：

借：银行存款（应收账款、应收票据）　　×××

　　贷：营业外收入　　　　　　　　　　　×××

（2）期末结转本年利润时：

借：营业外收入　　×××

　　贷：本年利润　　　　×××

4. 营业外支出

"营业外支出"，损益类（费用）科目，科目代码6711，核算企业发生的与经营业务无关的各项支出。发生各项支出时，记借方；月末转入"本年利润"账户时，记贷方；结转后本账户无余额。

当发生各项营业外支出时，记入"营业外支出"账户的借方，同时记入"银行存款"等相关账户的贷方；期末结转时，记入"本年利润"账户的借方，同时记入"营业外支出"账户的贷方。

本账户可按营业外支出的内容设明细账户。

"营业外支出"账户的结构如下：

借方	营业外支出	贷方
本期增加额：发生各项营业外支出	本期减少额：转入本年利润	
本期增加发生额合计	本期减少发生额合计	

相关会计分录如下：

（1）发生各项营业外支出时：

借：营业外支出　　　　×××

　　贷：银行存款（等）　　×××

（2）期末结转本年利润时：

借：本年利润　　×××

　　贷：营业外支出　　×××

5. 盈余公积

"盈余公积"，所有者权益类科目，科目代码4101，该账户属所有者权益类，用于核算企业从利润中提取的法定盈余公积和公益金。企业按规定提取法定盈余公积和公益金时，记贷方；按规定用途（弥补亏损、转增资本、分配股利或利润、归还投资者投资）使用时，记借方；余额一般在贷方，表示已提取尚未使用的数额。

当从利润中提取盈余公积时，记入"盈余公积"账户的贷方，同时记入"利润分配"账户的借方；按规定用途使用时，记入"盈余公积"账户的借方，同时记入"利润分配"等相关账户的贷方。

本账户明细账分设"法定盈余公积"和"公益金"项目。

"盈余公积"账户的结构如下：

借方	盈余公积	贷方
	期初余额	
本期减少额：使用盈余公积	本期增加额：提取盈余公积	
本期减少发生额合计	本期增加发生额合计	
	期末余额：提取尚未使用的数额	

相关会计分录如下：

（1）提取盈余公积时：

借：利润分配——提取盈余公积 　　　×××

　　贷：盈余公积——法定盈余公积 　　　×××

　　　　　　——公益金 　　　×××

（2）使用盈余公积（如弥补亏损）时：

借：盈余公积——法定盈余公积 　　　×××

　　贷：利润分配——未分配利润 　　　×××

（3）使用盈余公积（如转增资本）时：

借：盈余公积——法定盈余公积 　　　×××

　　贷：实收资本/股本 　　　×××

6. 本年利润

"本年利润"，所有者权益类科目，科目代码4103，核算企业在本年度实现的利润总额。为了反映各个会计期间的财务成果，各损益类账户必须于月末结转至该账户。将各收入类账户结转至本账户时，记贷方；将各支出类账户结转至本账户时，记借方；余额一般在贷方，表示本年度累计实现的利润净额，若在借方，则表示本年度累计发生的亏损净额。年度终了，应将本账户余额从反向全部转入"利润分配——未分配利润"账户，结转后本账户无余额。

"本年利润"账户的结构如下：

借方	本年利润	贷方
本期发生额：由费用转入数	本期发生额：由收入转入数	
差额（亏损）	差额（盈利）	
转入所得税费用	净利润	
转出净利润	转出亏损	

相关会计分录如下：

（1）结转收入时：

借：主营业务收入 ×××

　　其他业务收入 ×××

　　投资收益 ×××

　　营业外收入 ×××

　　贷：本年利润 ×××

（2）结转费用时：

借：本年利润 ×××

　　贷：主营业务成本 ×××

　　　营业税金及附加 ×××

　　　其他业务成本 ×××

　　　销售费用 ×××

　　　管理费用 ×××

　　　财务费用 ×××

　　　营业外支出 ×××

收入合计−费用合计=利润总额

（3）结转所得税时：

借：本年利润 ×××

　　贷：所得税费用 ×××

（4）结转净利润时：

借：本年利润 ×××

　　贷：利润分配——未分配利润 ×××

（5）结转亏损时：

借：利润分配——未分配利润 ×××

　　贷：本年利润 ×××

7. 利润分配

"利润分配"，所有者权益类科目，科目代码4104，核算企业本年度利润的分配（或亏损的弥补）和历年利润分配（或亏损的弥补）的结余情况。企业按规定进行利润分配时，记借方；用盈余公积补亏和年末将"本年利润"账户余额转入时，记贷方；余额一般在贷方，表示累计未分配利润；余额若在借方，表示累计未弥补亏损。其明细账户应按国家规定设置"提取盈余公积"、"盈余公积补亏"、"应付股利或利润"、"未分配利润"等利润分配项目。

年度终了，企业应将本年实现的净利润，自"本年利润"科目转入本科目，借记"本年利润"，同时贷记"利润分配——未分配利润"；为净亏损的做相反的会计分录。

企业进行利润分配时，按规定提取盈余公积、向股东或投资者分配现金股利或利润等时，应借记本科目（利润分配——提取取盈余公积，利润分配——应付股利或利润），同时贷记"盈余公积"、"应付股利"。

用盈余公积弥补亏损时，则贷记本科目（利润分配——盈余公积补亏），同时借记"盈余公积"。

进行利润分配后，再将"利润分配"科目所属其他明细科目的余额转入本科目的"利润分配——未分配利润"明细科目。结转后，本科目除"未分配利润"明细科目外，其他明细科目应无余额。若"未分配利润"明细科目余额在贷方表示留待以后年度分配的利润；若在借方，则表示尚未弥补的亏损。

"利润分配"账户的结构如下：

借方	利润分配	贷方
期初余额：累计未弥补亏损	期初余额：累计未分配利润	
本期减少额：提取盈余公积；向股东或投资者分配现金股利或利润	本期增加额：净利润转入	
本期减少发生额合计	本期增加发生额合计	
期末余额：未弥补亏损	期末余额：未分配利润	

相关会计分录如下：

（1）年终决算，将本年取得的净利润结转到利润分配账户：

借：本年利润 　　　　　×××

　　贷：利润分配——未分配利润 　×××

（2）提取盈余公积时：

借：利润分配——提取盈余公积 　×××

　　贷：盈余公积——法定盈余公积 　×××

　　　　　　　　——公益金 　　　×××

（3）向股东或投资者分配现金股利或利润等时：

借：利润分配——应付股利或利润 　×××

　　　　贷：应付股利　　　　　　　　　×××

　　（4）年终决算，将利润分配账户其他各明细账金额结转到利润分配——未
分配利润账户时：

　　借：利润分配——未分配利润　　　×××

　　　贷：利润分配——提取盈余公积　　×××

　　　　利润分配——应付股利　　　×××

　8. 应付股利

　　"应付股利"，负债类科目，科目代码2232，核算企业应向投资者分配的现
金股利或利润，企业根据股东大会或类似机构审议批准的利润分配方案确认应
支付的现金股利或利润时，贷记本科目，同时借记"利润分配——应付股利或
利润"；实际支付现金股利或利润时，借记本科目，同时贷记"银行存款"等科
目。本科目期末贷方余额，反映企业应付未付的现金股利或利润。

　　本账户可按投资者进行明细核算。

　　需要注意的是，董事会或类似机构通过的利润分配方案中拟分配的现金股
利或利润，不做账务处理，但应在附注中披露。

　　"应付股利"账户的结构如下：

借方	应付股利	贷方
	期初余额	
本期减少额：实际支付的现金股利或利润	本期增加额：应支付的现金股利或利润	
本期减少发生额合计	本期增加发生额合计	
	期末余额：应付未付的现金股利或利润	

　　相关会计分录如下：

　　（1）应支付现金股利或利润时：

　　借：利润分配——应付股利或利润　　×××

　　　贷：应付股利　　　　　　　　　×××

　　（2）实际支付时：

　　借：应付股利　×××

　　　贷：银行存款　×××

　9. 所得税费用

　　"所得税费用"，损益类（费用）科目，科目代码6801，核算企业按规定从
当期利润中提取的所得税费用。提取时，记借方；月末转入"本年利润"账户
时，记贷方；结转后本账户无余额。

　　计算出所得税费用时记入"所得税费用"账户的借方，同时记入"应交税

费——应交所得税费用"账户的贷方；期末结转时，记入"本年利润"账户的借方，同时记入"所得税费用"账户的贷方。

本账户一般不设明细账户。

"所得税费用"账户的结构如下：

借方	所得税费用	贷方
本期增加额：计算出所得税费用		本期减少额：转入本年利润
本期增加发生额合计		本期减少发生额合计

相关会计分录如下：

（1）计算出所得税费用时：

借：所得税费用　　　　　　×××

　　贷：应交税费——应交所得税费用　　×××

（2）期末结转时：

借：本年利润　　×××

　　贷：所得税费用　　×××

（三）业务举例

财务成果核算的主要内容有：与财务成果有关的各项收支业务；月末计算和结转当期利润总额；年末计提并结转当年应交所得税；进行当年利润分配。下面以滨海公司12月份发生的有关经济业务为例,从利润形成和利润分配两个方面予以说明。

1. 利润形成的核算

（1）其他业务利润、营业外收支和投资收益的核算

企业通过供、产、销过程取得的产品销售利润，还不是企业的最终财务成果。企业在生产经营过程中，由于种种原因，还会发生一些其他收支业务，同属利润的组成部分。

【例6-46】滨海公司出售A材料一批，售价6 000元，款已收到存入银行。该批材料的实际采购成本为4 500元。

分析：这项经济业务属于产品销售以外的其他销售业务，一方面，企业的银行存款增加6 000元，应记入"银行存款"账户的借方；另一方面，销售材料使得收入增加6 000元，应记入"其他业务收入"账户的贷方。同时结转已销材料的实际采购成本时，一方面其他业务成本增加，应记入"其他业务成本"账户的借方；另一方面销售使得材料减少，应记入"原材料"账户的贷方。具体会计分录为：

借：银行存款　　　　6 000

贷：其他业务收入　　6 000

借：其他业务成本　　4 500

贷：原材料　　　　　　4 500

【例 6-47】滨海公司收到大发公司交来的罚款 6 000 元，存入银行。

分析：这项经济业务的发生，一方面说明营业外收入的增加，应记入"营业外收入"账户的贷方；另一方面说明银行存款的增加，应记入"银行存款"账户的借方。具体会计分录为：

借：银行存款　　6 000

贷：营业外收入　　6 000

【例 6-48】以银行存款支付职工子弟学校经费 2 000 元。

分析：这项经济业务的发生，一方面说明营业外支出的增加，应记入"营业外支出"账户的借方；另一方面说明银行存款的减少，应记入"银行存款"账户的贷方。具体会计分录为：

借：营业外支出　　2 000

贷：银行存款　　　2 000

【例 6-49】滨海公司收到购买珠江公司的债券利息收入 8 000 元，存入银行。

需要说明的是："投资收益"，损益类科目，科目代码 6111，核算企业对外投资取得的收入和发生的亏损。取得各项投资收益时，记贷方；发生各项投资损失时，记借方；本账户借贷方的差额应于月末结转至"本年利润"账户，结转后本账户无余额。

分析：这项经济业务的发生，一方面说明银行存款的增加，应记入"银行存款"账户的借方；另一方面说明债券投资收益的增加，应记入"投资收益"账户的贷方。具体会计分录为：

借：银行存款　　8 000

贷：投资收益　　8 000

（2）利润总额的核算

【例 6-50】计算并结转滨海公司 12 月份利润总额。

综合滨海公司 12 月份发生的所有经济业务，各损益类账户期末结转前的余额如表 6-16 所示。

分析：根据有关规定，各损益类账户的余额必须于期末结转至"本年利润"账户，以分期计算各期经营成果，汇总计算本年利润总额。根据表 6-16 资料和有关原始凭证，编制如下会计分录：

借：主营业务收入　　400 000

其他业务收入　　　6 000

投资收益   8 000

营业外收入   6 000

  贷：本年利润   420 000

借：本年利润   313 886

  贷：主营业务成本 282 240

销售费用   3 600

营业税金及附加   646

其他业务成本   4 500

管理费用   20 600

财务费用   300

营业外支出   2 000

以上各项收入抵补各项支出后的差额 420 000-313 886=106 114 元为本年
12 月实现的利润总额，通过"本年利润"账户借贷方的差额体现。

表 6-16   损益类账户期末结转前的余额表

账户名称	借方余额	贷方余额
主营业务收入		400 000
主营业务成本	282 240	
销售费用	3 600	
营业税金及附加	646	
其他业务收入		6 000
其他业务成本	4 500	
管理费用	20 600	
财务费用	300	
投资收益		8 000
营业外收入		6 000
营业外支出	2 000	
合计	313 886	420 000

（3）净利润的核算

【例 6-51】假设滨海公司本年 1～11 月实现的利润总额为 893 886 元，按利
润总额的 33%计算本年应交所得税并予以结转。

应交所得税=本年利润总额×33%=（893 886+106 114）×33%

=1 000 000×33%=330 000（元）

分析：这笔经济业务的发生，一方面说明所得税费用的增加，应记入"所

得税费用"账户的借方；另一方面说明应交税务机关款项的增加，应记入"应交税费"账户的贷方。编制如下会计分录：

　　借：所得税费用　　　　　　　330 000

　　　贷：应交税费——应交所得税　330 000

同时，与其他损益类账户一样，应将"所得税费用"账户结转至"本年利润"账户，编制如下会计分录：

　　借：本年利润　　　330 000

　　　贷：所得税费用　　330 000

当期利润总额扣除当期所得税费用后的数额 1 000 000-330 000=670 000 元，为当期净利润额。

　2. 利润分配的核算

企业全年取得的净利润（税后利润）应根据有关规定进行分配，利润分配工作平时是不进行的，应在年终决算时处理。一般来说，利润分配的去向主要包括两个部分：一是提取各种公积金，主要由法定盈余公积金和公益金等组成。法定盈余公积金可以用于企业的资本积累、弥补亏损等，公益金是用于企业集体福利支出的。二是按企业的有关规定向投资者分配利润。剩下的部分称为未分配利润，转到下年度再进行分配。

企业在年末对利润进行分配时，可根据利润分配的去向先记入利润分配各有关明细账中，年终结账时，再将本年利润账户的余额转入利润分配——未分配利润账户，同时，将利润分配的其他明细账户的金额也转入利润分配——未分配利润账户。此时，通过利润分配——未分配利润借、贷方记录金额的比较，即可确定年末未分配利润（或未弥补的亏损）的数额了。也就是说，年终结账后，除利润分配——未分配利润账户有余额之外，其他的利润分配各明细账是无余额的。

下面接上例 6-51 举例说明利润分配的会计处理。

【例 6-52】年终决算，将本年取得的净利润结转到利润分配账户。

分析：这项经济业务的发生，一方面，因年末结转使本年利润减少 670 000 元，应记入"本年利润"账户的借方；另一方面，企业可供分配的利润增加 670 000 元，应记入"利润分配"账户的贷方。具体会计分录为：

　　借：本年利润　　　　　　　670 000

　　　贷：利润分配——未分配利润　　　670 000

【例 6-53】按本年取得的净利润的 10% 提取法定盈余公积，按净利的 5% 提取公益金。

计算如下：提取法定盈余公积=670 000×10%=67 000（元）

提取公益金=670 000×5%=33 500（元）

分析：这项经济业务的发生，一方面，企业利润由于分配减少了 100 500 元，应记入"利润分配——提取盈余公积"账户的借方；另一方面，企业的盈余公积因计提增加了 100 500 元，应记入"盈余公积"账户的贷方。具体会计分录为：

借：利润分配——提取盈余公积　　100 500

　贷：盈余公积——法定盈余公积　　　67 000

　　　　　　　——公益金　　　　　　33 500

【例 6-54】根据公司决议，按本年取得净利润的 50%计算应分配给投资者的利润。

计算如下：应付投资者利润=670 000×50%=335 000（元）

分析：这项经济业务的发生，一方面，企业利润由于分配减少了 335 000 元，应记入"利润分配——应付投资者利润"账户的借方；另一方面，企业的一项负债即应付利润增加 335 000 元，应记入"应付股利"账户的贷方。具体会计分录为：

借：利润分配——应付投资者利润　　335 000

　贷：应付股利　　　　　　　　　　335 000

【例 6-55】年终决算，将利润分配其他各明细账金额结转到利润分配——未分配利润账户。

分析：这项经济业务的发生，一方面，利润分配其他明细账因结转而应记入"利润分配——提取盈余公积"、"利润分配——应付投资者利润"等账户的贷方；另一方面，将结转的金额记入"利润分配——未分配利润"账户的借方。具体会计分录为：

借：利润分配——未分配利润　　435 500

　贷：利润分配——提取盈余公积　　100 500

　　　　　　　——应付投资者利润　335 000

通过"利润分配——未分配利润"明细账借、贷方的记录，我们可得出该企业年末未分配利润的金额为：

年末未分配利润=670 000-435 500=234 500（元）

至此，利润及利润分配的过程已全部完成。

6.3 流通企业自营出口经营过程的核算

6.3.1 出口商品国内购进业务的核算

（一）出口商品国内购进概述

出口商品国内购进是指外贸企业根据国际市场的相关信息，为了出口、内销或加工后出口而取得国产商品所有权的交易行为。为出口而购进的商品从内容上说，主要包括两个方面，即工业产品和农业产品。如果从产业上说就是第一产业和第二产业提供的商品。所以，购进的商品既有家用电器、家具用具、纺织产品、日用百货，也有粮食、肉食、水果和蔬菜等。只要国际有需求，国内有货源的商品均属出口购进的范畴。

出口商品购进为出口贸易提供了物质基础，并且直接影响出口总成本，因此，为了促进外贸企业扩大出口规模，增加出口创汇，改善经营管理，降低出口成本，组织好出口货源是至关重要的。

1. 出口商品购进的方式

出口商品的购进按照收购方式不同，可分为直接购进和间接购进（委托代购）两种。

（1）直接购进

直接购进是指外贸企业直接向工矿企业、农场及有关单位签订购销合同或协议收购出口产品。它适用于收购大宗工矿产品、农副产品及土特产品和鲜货商品（如茶叶、丝绸等）。

（2）间接购进

间接购进，又称委托代购，是指外贸企业以支付手续费的形式委托商业、粮食和供销社收购一些货源零星分散，不便直接收购的农副、土特产品。采用此收购方式双方须签订协议，明确责任和权利。

2. 出口商品购进的交接方式

出口商品购进的交接方式，通常是根据商品的特点和运输条件，由交易双方协商决定的。常采用的商品购销交接方式有送货制、提货制、发货制和厂商就地代保管制。

（1）送货制

送货制是指供货单位将商品送到外贸企业指定的仓库或指定的地点，由外贸企业验收入库的一种方式。送货过程中发生的费用和商品损耗，一般由供货单位负担。

这种交接方式一般适用于本地购货。

送货制是本地直接收购所采用的主要方式。其采购程序是先由供货单位开具增值税专用发票及专用缴款书，送交外贸企业。经外贸企业业务部门确认后，开出"商品进货通知单"，交由供货单位将商品送达指定的仓库验收，验收无误后，在进货通知单上加盖收讫戳记，作为商品交接凭证，据以办理货款结算。财会部门根据专用发票、入库单、银行结算凭证等记账。货款结算一般采用支票结算方式。如果是门市部收购，则由交货人员将商品送交外贸企业收购门市部验收，并填制收购凭单，据以支付货款。

（2）提货制

提货制是指外贸企业指派专人到供货单位的仓库或指定的地点，提取并验收商品的一种方式。提货过程中所发生的费用和商品损耗，一般由购货单位负担。

这种交接方式一般也适用于本地购货。

提货制是本地采购使用的方式，其采购程序是先由供货单位开具增值税专用发票、专用缴款书和提货单，送交外贸企业作为商品交接凭证，据以办理货款结算。外贸企业的业务部门开出"商品进货通知单"，连同提货单交由储运部门安排提货入库，经验收后将入库单交财会部门记账，财会部门以转来提货单的时间作为入账时间。财会部门根据入库单和供货单位发票及结算凭证等进行会计处理。

（3）发货制

发货制是指供货单位根据购销合同规定的发货日期、商品品种、规格和数量等条件，将商品委托运输部门运到购货单位所在地的车站、码头或其他指定地点。由外贸企业领取并验收入库的一种方式。

在发货制下，有关费用的负担，由购销双方在合同中明确规定。在发货过程中，一般规定商品交接以前所发生的费用和商品损耗由供货单位负担，商品交接以后所发生的费用和商品损耗由购货单位负担。

这种交接方式一般适用于异地购货。

发货制适用于外地采购，其采购程序是先由供货单位将增值税专用发票、专用缴款书、托运单、代垫运费收据等全套单证交由银行办理委托收款，进行货款结算。外贸企业的业务部门审核来货单据后，交储运部门接货并验收入库，并将入库单交送财会部门记账，财会部门以银行转来单证的时间作为入账时间。

（4）厂商就地代保管制

厂商就地代保管制是指外贸企业委托供货厂商代为保管商品，到时凭保管凭证办理商品交接的一种方式。在就地代管下，代管过程中发生的仓储保管费用由外贸企业负担。

这种交接方式对本地和异地购货均适用。

3. 出口商品购进的业务程序

出口商品购进的业务程序主要有签订购销合同、验收出口商品和支付商品货款。

（1）签订购销合同

外贸企业应根据国际市场的需求，按照经济合同法的有关规定，及时与供货单位签订购销合同，明确规定商品的名称、规格、型号、商标、等级和质量标准；商品的数量、计量单位、单价和金额；商品的交货日期、方式、地点、运输和结算方式，以及费用负担、违约责任和索赔条件等，以明确购销双方的权利和义务。

（2）验收出口商品

外贸企业对购进的出口商品应按照购销合同、协议的规定进行验收。对于一般的技术性不强的出口商品，应进行品种、规格、型号、商标、等级、花色、质量、包装等方面的检查验收；对外贸企业无条件验收的技术复杂、规格特殊的出口商品，如精密仪器、成套设备和化工产品等，应按购销合同或协议的规定，由供货企业提供商品检验证明书，并点验商品的数量，检查商品的包装；对于应由商品检验单位检验的出口商品，应取得该单位的合格证明书，并点验商品的数量，检查商品的包装。

（3）支付商品货款

外贸企业除了经批准发放的农副产品预购定金，以及定购大型机器设备、船舶、特殊专用材料、设备，可以预付定金或货款外，同城商品采购主要采用支票结算，外贸企业在收到商品后，就应支付货款；异地商品采购主要采用托收承付结算方式，贯彻"商品发运托收，单货同行，钱货两清"的原则，外贸企业应根据合同的规定，验单或验货合格后付款，以维护购销双方的权益。

4. 出口商品采购成本的构成

（1）出口商品采购成本一般包括购买价款、相关税费、运输费、装卸费、保险费以及其他可归属于存货采购成本的费用。

购买价款，是指企业购入商品的发票账单上列明的价款，但不包括按规定可以抵扣的增值税额。

相关税费，是指企业进口存货缴纳的关税，企业购买、自制或委托加工存货发生的消费税、资源税和不能从销项税额中抵扣的增值税进项税额等。

其他可直接归属于存货采购的费用，即采购成本中除上述各项以外的可直接归属于存货采购的费用，如在存货采购过程中发生的仓储费、包装费、运输途中的合理损耗、入库前的挑选整理费用等。这些费用能够分清负担对象的，应当直接计入所负担对象的采购成本，如果不能够归属于某负担对象的，应该选择合理的分配方法，分配计入有关存货的采购成本。所采取的分配方法包括按照所购存货的重量和采购价格的比率进行分配。对于已售商品的进货费用，计入当期损益；对于未售商品的进货费用，计入期末存货成本。如果费用比较小，也可以在发生时直接计入当期损益。

（2）对于企业直接收购或委托代购的农副产品，以收购原价加收购税金作为采购成本。企业从农业生产者手中购买的自产农业产品，免征增值税。但按规定，购进免税农产品内销时准予抵扣一部分进项税额，抵扣额按买价的13%计算。

5. 出口商品购进的入账时间

购进出口商品的入账时间应以取得出口商品所有权或支配权为准。在结算凭证先到、商品未到的情况下，以收到结算凭证或开出承兑汇票的时间为购进商品的入账时间。在购进的出口商品先到、结算凭证未到的情况下，仍以收到结算凭证的时间为入账时间。但是，对于月末结算凭证仍未到而无法付款或无法开出承兑商业汇票的入库商品，先按暂估价记入"库存商品"账户，下月初再用红字冲回。

（二）出口商品直接购进业务的核算

1. 应设置的账户

经营进出口业务的企业，国内购进用于出口的商品，其核算方法与国内购进用于国内销售的商品购进的核算方法相同。出口商品的购进，通过"在途物资——出口商品采购"账户和"库存商品——库存出口商品"账户核算，库存出口商品也可以单独设置"库存出口商品"总分类账户进行核算。

（1）在途物资

"在途物资"，资产类科目，科目代码1402，核算实际成本法下企业在途商品的采购成本；在途商品是指企业购入尚在途中或虽已运达但尚未验收入库的购入商品的采购成本。其借方核算新增的在途商品成本，贷方核算因验收入库而转入"库存商品"账户的在途商品成本，其借方余额表示尚未到达或尚未验收入库的在途商品的实际采购成本。本科目应当按照供应单位和商品品种进行明细核算。

企业购入商品支付的买价、税金和运杂费等记入"在途物资"、"应交税费——应交增值税（进项税额）"账户的借方，同时记入"银行存款"或"应付账款"等账户的贷方；商品运到验收入库时记入"库存商品"账户的借方，同时记入"在途物资"账户的贷方。

"在途物资"账户的结构如下：

借方	在途物资	贷方
期初余额		
本期增加额：购入商品实际成本	本期减少额：验收入库商品实际成本	
本期增加发生额合计	本期减少发生额合计	
期末余额：在途商品实际成本		

伴随购入商品而支付的增值税是购进商品而支付的税金，成为进项税额。实质是已经支付的税金，表示负债的减少，因而记入"应交税费——应交增值税"的借方。

相关会计分录如下：

①购入时：

借：在途物资（买价）——出口商品采购　×××

　　应交税费——应交增值税（进项税额）　×××

　　贷：银行存款（价税合计）　　　　　×××

　　　　或应付账款（价税合计）　　　　　×××

②支付运费等采购费用时：

借：在途物资——出口商品采购　×××

　　贷：银行存款　　　　　　　×××

③验收入库时：

借：库存商品——库存出口商品　×××

　　贷：在途物资——出口商品采购　×××

（2）库存商品

"库存商品"，资产类科目，科目代码1405，用以核算企业全部自有的库存商品（包括存放自库、寄存外库、委托其他单位代管代销的商品，以及陈列展览的商品等）。当购进、委托加工收回、销售退回商品到达并验收入库和发生盘盈时，记入借方；商品销售结转成本和发生盘亏时，记入贷方；余额在借方，表示库存商品的结余数额。

当购入商品验收入库时，按验收入库金额记入"库存商品——库存出口商品"账户的借方，同时记入"在途物资——出口商品采购"账户的贷方；当企业因销售发出出口商品待运时，记入"待运和发出商品"账户的借方，同时记入"库存商品——库存出口商品"账户的贷方。

该账户按"库存出口商品"、"库存进口商品"、"其他库存商品"设明细账，并按商品大类或商品品名进行明细核算。

"库存商品"账户的结构如下：

借方	库存商品	贷方
期初余额		
本期增加额：验收入库商品	本期减少额：发出待运商品	
本期增加发生额合计	本期减少发生额合计	
期末余额：库存商品结余数		

相关会计分录如下：

①商品验收入库时：

借：库存商品——库存出口商品　　×××

　　贷：在途物资——出口商品采购　　　　　×××

②发出出口商品待运时：

借：待运和发出商品　　　　×××

　　贷：库存商品——库存出口商品　　×××

（3）销售费用

"销售费用"，损益类账户，科目代码1405，核算企业在销售商品、材料等环节中所发生的应由企业负担的保险费、包装费、展览费、仓储保管费、检验费、广告费、商品维修费、预计产品质量保证损失、商品损耗、进出口累计佣金、代购手续费、运输费、装卸费、销售人员的职工薪酬等。进出口企业采购商品的进货费用、金额较小的，代购手续费在发生时也可直接计入该账户。期末应将该账户余额转入"本年利润"账户，结转后本账户无余额。本账户应按费用项目设置明细账。

其账户结构和相关会计分录见前述。

2. 货单同时收到

这是一种钱货两清的交易方式。本地收购一般属于这种情况，当然，异地收购也会出现这种情况。货款的结算方式通常采用转账支票和商业汇票结算，也有采用银行本票结算的。

不管是本地收购还是外地收购，也不管是送货制还是提货制，外贸企业收购商品时，在货款已经支付（或已开出、承兑商业汇票），商品同时验收入库时，应根据供应单位的发票账单和加盖"收货讫"戳记进仓通知单确定的材料商品成本，借记"库存商品"、"应交税费——应交增值税（进项税额）"账户，根据实际付款金额，贷记"银行存款"、"其他货币资金"、"应付票据"等账户。

【例6-56】滨海公司购入出口用服装，买价1 500元，款项以支票付清，服装已验收入库。

分析：这项经济业务的发生，一方面，企业由于支付购买服装货款而使银行存款减少了 1 500 元，应记入"银行存款"账户的贷方；另一方面，企业由于购买服装且入库而使库存商品增加了 1 500 元，应记入"库存商品——库存出口商品（服装）"账户的借方。财会部门根据业务部门转来的增值税专用发票（发票联）和业务部门自行填制的"进仓单"（结算联）、储运部门转来的"进仓单"（入库联）编制会计分录，具体会计分录为：

借：库存商品——库存出口商品（服装）　　　1 500
　　贷：银行存款　　　　　　　　　　　　　　　　1 500

3. 单到货未到

异地商品购进一般会出现这种情况。货款的结算方式，一般采用托收承付结算。

一般是供货单位根据购销合同发运商品后，委托银行向购货企业收取货款。购货企业的财会部门收到银行转来的"托收凭证"及附来的专用发票（发票联）和"运单"时，应先送交业务部门。业务部门就相关单证列出的商品品种、规格、数量、价格等经查对购销合同无误后，填制"进仓单"一式数联，送交储运部门，并将"托收凭证"及其附件退还财会部门，财会部门经审核无误后，即支付货款（或开出、承兑商业汇票），借记"在途物资"账户，根据增值税专用发票上注明的税额，借记"应交税费——应交增值税（进项税额）"账户，根据实际付款（或开出商业汇票）金额贷记"银行存款"、"其他货币资金"、"应付票据"等账户；当商品到达时，由储运部门根据"进仓单"与供货单位随货同行的专用发票（发货联）核对无误后将商品验收入库。财会部门收到储运部门转来的加盖"收讫"印章的"进仓单"（入库联）、专用发票（发货联），经审核后，借记"库存商品"账户，贷记"在途物资"账户。

【例 6-57】滨海公司向 A 服装厂购进用于出口的 300 000 元女时装，供货方代垫运杂费 1 000 元，采用托收承付结算方式。

（1）银行转来 A 服装厂托收凭证，并附来专用发票（发票联）及运杂费凭证，经审核无误后，当即承付。

分析：这项经济业务的发生，一方面，企业由于支付购买服装货款和运杂费而使银行存款减少了 301 000 元，应记入"银行存款"账户的贷方；另一方面，使服装的采购成本增加了 301 000 元，应记入"在途物资——出口商品采购（服装）"账户的借方。具体会计分录如下：

借：在途物资——出口商品采购（服装）　　301 000
　　贷：银行存款　　　　　　　　　　　　　　　301 000

（2）上项商品运到，储运部门验收入库后，送来"进仓单"（入库联）及随货同行的专用发票（发货联），审核无误。

分析：这项经济业务的发生，一方面，企业由于所购服装验收入库而使在途物资减少了 301 000 元，应记入"在途物资——出口商品采购（服装）"账户的贷方；另一方面，企业的库存服装增加了 301 000 元，应记入"库存商品——库存出口商品（服装）"账户的借方。具体会计分录如下：

借：库存商品——库存出口商品（服装）　　　301 000
　　贷：在途物资——出口商品采购（服装）　　　301 000

4. 货到单未到

在商品先到，托收凭证后到的情况下，外贸企业根据运输部门的到货通知单，先由储运部门提货验收进仓，财会部门一般暂不做会计处理，待收到有关结算凭证并支付货款时再做有关的会计处理。如果月末仍未收到结算凭证，则应根据入库商品的金额估价借记"库存商品"账户；贷记"应付账款"账户。下月初再编制一笔相同的红字分录，以冲转上月末的会计分录。

【例 6-58】滨海公司 5 月 23 日从外地 A 企业购进的出口用服装已到货，并验收入库。结算凭证于 6 月 4 日收到并通过开户银行付款，价款 50 000 元。该批商品的暂估价为 52 000 元。

分析：滨海公司 5 月 23 日从外地 A 企业购进的出口用服装已到货，并验收入库，当时因未收到结算凭证暂不做会计处理；由于 5 月末还未收到结算凭证，因此应暂估入账，该批商品的暂估价为 52 000 元，所以应借记"库存商品——库存出口商品（服装）"账户，贷记"应付账款——暂估应付款"账户；6 月初用红字冲回原暂估价；6 月 4 日收到银行转来托收凭证并支付货款时，借记"库存商品——库存出口商品（服装）"账户，贷记"银行存款"账户。此笔经济业务的具体会计分录如下：

（1）5 月末暂估入账时：

借：库存商品——库存出口商品（服装）　　52 000
　　贷：应付账款——暂估应付款　　　　　　52 000

（2）6 月初用红字冲回原暂估价时：

借：库存商品——库存出口商品（服装）　　52 000
　　贷：应付账款——暂估应付款　　　　　　52 000

（3）6 月 4 日支付货款时：

借：库存商品——库存出口商品（服装）　　50 000
　　贷：银行存款　　　　　　　　　　　　50 000

（三）出口商品委托代购业务的核算

外贸企业经营出口的农副土特产品中，有不少是种植户、养殖户生产的，生产分散，为了满足国际市场的需求，增加货源，外贸企业在未设收购网点的地区，通常采取委托当地的商业、粮食和供销社进行代购。

出口商品采取委托代购方式，代购资金通常由受托单位自行解决。外贸企业除了要承担代购农副产品的收购价格外，还要承担代购费用和代购手续费。

此外，税法规定对农副产品的进项税额，按买价依照 13%的扣除率计算，其计算公式如下：

购进农副产品进项税额=买价×13%

因此农副产品的采购成本由买价减去进项税额再加上代购费用组成。

委托代购的农副产品，其代购费用有"费用包干"和"实报实销"两种方式。

代购费用包干是指外贸企业只按代购额的一定比例支付代购费用，如实际发生的代购费用超过包干定额费用，由代购单位负担，如有节余，作为其收益，采用这种方式能促进代购单位改善经营管理，精打细算，节约费用开支。

代购费用实报实销是指外贸企业根据受托单位实际支出的代购费用给予报销。这种方式一般在代购费用难以预先确定时采用。

无论代购费用采用包干方式，还是采用实报实销方式，发生的代购费用均应计入农副产品成本，而发生的代购手续费，则应列入"销售费用"账户。

【例 6-59】滨海公司委托 A 供销社代购茶叶 400 千克，合同规定每千克收购价 200 元，计收购金额 80 000 元，代购包干费用率为 5%，收购手续费率为 6%，茶叶已运到。

分析：这项经济业务属于出口商品委托代购，农副产品的采购成本由买价减去进项税额再加上代购费用组成，因此，该批茶叶的采购成本是 73 600 元（80 000-80 000×13%+80 000×5%），应记入"在途物资——出口商品采购（茶叶）"账户的借方；应交增值税的进项税额增加了 10 400 元（80 000×13%），应记入"应交税金——应交增值税（进项税额）"账户的借方；收购手续费 4 800 元（80 000×6%）应记入"销售费用——手续费"账户的借方；支付以上费用使出口企业的银行存款减少了 88 800 元，应记入"银行存款"账户的贷方。

当茶叶已由仓库全部验收入库后，出口企业的库存商品茶叶增加了 73 600 元，应记入"库存商品——库存出口商品（茶叶）"账户的借方；因茶叶的采购成本已结转，这就使出口企业的在途物资茶叶减少了 73 600 元，应记入"在途物资——出口商品采购（茶叶）"账户的贷方。具体会计分录如下：

（1）财会部门将业务部门送来的商品验收单审核无误后，将全部收购款项汇付对方时：

借：在途物资——出口商品采购（茶叶）　　73 600
　　应交税金——应交增值税（进项税额）　10 400
　　销售费用——手续费　　　　　　　　　　4 800
　　贷：银行存款　　　　　　　　　　　　　　　　88 800
（2）茶叶已由仓库全部验收入库，结转茶叶的采购成本时：
借：库存商品——库存出口商品（茶叶）　　73 600
　　贷：在途物资——出口商品采购（茶叶）　　　　73 600
（四）出口商品购进其他业务的核算
1. 进货退出（购货退回）的核算
进货退出是指商品购进验收入库后，因数量、质量、品种、规格不符，再将商品退回原供货单位。

外贸企业由于进货量大，一般对于原箱整件包装的商品，在验收时只作抽样检查，因此，在入库后复验商品时，往往会发现商品的数量、质量、品种、规格不符，为此，外贸企业应及时与供货单位联系，调换或补回商品，或者作进货退出处理。在发生进货退出业务时，由供货单位开出红字专用发票，外贸企业收到后由业务部门据以填制"进货退出单"，通知储运部门发运商品，储运部门退货后，加盖退货"戳记，送交财会部门，财会部门根据储运部门转来的"进货退出单"，据以进行进货退出的核算。

【例6-60】滨海公司向A服装厂购进女式上衣500件，每件200元，货款已付讫。今复验发现其中50件质量不符要求，经联系后同意退货。

（1）11月5日，收到A服装厂退货的红字专用发票，开列退货款10 000元，并收到业务部门和储运部门分别转来的"进货退出单"（结算联）和"进货退出单"（出库联）。

分析：这项经济业务的发生，一方面，出口企业由于退货而使女式上衣库存商品减少了10 000元，应记入"库存商品——库存出口商品（服装）"账户的贷方；另一方面，使出口企业的应收账款增加了10 000元，应记入"应收账款——A服装厂"账户的借方。具体会计分录如下：
借：应收账款——A服装厂　　　　10 000
　　贷：库存商品——库存出口商品（服装）　10 000
（2）11月6日，收到对方退来货款的转账支票10 000元，存入银行。

分析：这项经济业务的发生，一方面，出口企业由于收到退货款而使银行存款增加了10 000元，应记入"银行存款"账户的借方；另一方面，出口企业的应收账款也减少了10 000元，应记入"应收账款——A服装厂"账户的贷方。具体会计分录如下：

借：银行存款　　　　　　10 000

　　贷：应收账款——A 服装厂　10 000

购货企业收购入库的出口商品经检验，发现其数量、质量、品种、规格与合同不符，经与购货单位协商同意，也可调换商品。

【例 6-61】滨海公司向 A 服装厂购进女式上衣 500 件，每件 200 元，货款已付讫。今复验发现其中 50 件质量不符要求，经联系后同意换货。

分析：这项经济业务的发生，一方面，出口企业由于换货而使女式上衣库存商品（换出商品）减少了 10 000 元，应记入"库存商品——库存出口商品（换出服装）"账户的贷方；另一方面，使出口企业的女式上衣库存商品（换入商品）增加了 10 000 元，应记入"库存商品——库存出口商品（换入服装）"账户的借方。具体会计分录如下：

借：库存商品——库存出口商品（换入服装）　　10 000

　　贷：库存商品——库存出口商品（换出服装）　　10 000

2. 购进商品退补价的核算

出口企业国内购进的商品，有时由于供货单位疏忽，发生价格错误，需要调整商品货款，因此就发生了商品退补价的核算。另外，在采购新产品时，由于先据以进行货款结算的商品协商暂定价，与后来供销双方正式核定的商品价格不同，就会产生价款多退少补的问题。此外，当生产用料调价，供需双方需要协商调整商品进价时，也会发生购进商品退补价的情况。

购进商品发生退补价时，一般应由供货单位填制退补价发票。退价时填制红字发票，补价时填制蓝字发票送交购货单位。购货单位业务部门按核定价格、核实购货数量和金额后，送交财会部门据以收款或付款。

在对所购进商品进行退补价时，有两点需要注意：

一是退补价只调整商品金额，不涉及数量；

二是退补价的商品若已部分售出并已结转成本，还应相应调整该部分商品的销售成本。

（1）购进商品退价的核算

购进商品退价是指原先结算货款的进价高于实际进价，应由供货单位将高于实际进价的差额退还给购货企业。购货单位财会部门根据接到供货单位送来的红字退价发票收款。

【例 6-62】滨海公司向 A 鞋厂购进运动鞋 1 000 双，每双 300 元，已钱货两讫。今收到 A 鞋厂开来红字更正发票，列明每双应为 295 元，应退货款 5 000 元，退货款尚未收到。

分析：这项经济业务的发生，一方面，滨海公司由于应该收回 A 鞋厂退回的多收鞋款而使应收款项增加了 5 000 元，应记入"应收账款——A 鞋厂"账户的借方；另一方面，使滨海公司的运动鞋库存商品的总价减少了 5 000 元，应记入"库存商品——库存出口商品（鞋）"账户的贷方。具体会计分录如下：

借：应收账款——A 鞋厂　　　　　　　　5 000
　　贷：库存商品——库存出口商品（鞋）　　5 000

若上述核定价格的商品中，有 20 双已售出，则应冲销这部分商品的销售成本。

分析：这项经济业务的发生，一方面，滨海公司由于应该收回 A 鞋厂退回的多收鞋款而使应收款项增加了 5 000 元，应记入"应收账款——A 鞋厂"账户的借方；另一方面，使滨海公司的运动鞋库存商品的总价减少了 5 000 元，但有 20 双已售出，因此，这使 20 双鞋的销售成本减少了 100 元，应记入"库存商品——库存出口商品（鞋）"和"自营出口销售成本（鞋）"账户的贷方。具体会计分录如下：

借：应收账款——A 鞋厂　　　　　　　　5 000
　　贷：库存商品——库存出口商品（鞋）　　4 900
　　　　自营出口销售成本（鞋）　　　　　 100

（2）购进商品补价的核算

购进商品补价是指原先结算货款的进价低于实际进价，应由购货企业将低于实际进价的差额补付给供货单位。购货单位财会部门收到购货单位送来的蓝字补价发票经审核同意后，应立即汇出补价货款给供货单位。

【例 6-63】滨海公司向 A 鞋厂购进运动鞋 1 000 双，每双 300 元，已钱货两讫。今收到 A 鞋厂开来的更正发票，列明每双应为 305 元，应补付货款 5 000 元。

分析：这项经济业务的发生，一方面，滨海公司由于应该补付 A 鞋厂的少收鞋款而使应付款项增加了 5 000 元，应记入"应付账款——A 鞋厂"账户的贷方；另一方面，使滨海公司的运动鞋库存商品的总价增加了 5 000 元，应记入"库存商品——库存出口商品（鞋）"账户的借方。具体会计分录如下：

借：库存商品——库存出口商品（鞋）　　5 000
　　贷：应付账款——A 鞋厂　　　　　　　 5 000

若上述核定价格的商品中，有 20 双已售出，则应追加这部分商品的销售成本。

分析：这项经济业务的发生，一方面，滨海公司由于应该补付 A 鞋厂的少收鞋款而使应付款项增加了 5 000 元，应记入"应付账款——A 鞋厂"账户的贷方；另一方面，使滨海公司的运动鞋库存商品的总价增加了 5 000 元，但有 20 双已售出，因此，这使 20 双鞋的销售成本增加了 100 元，应记入"库存商品——库存出口商品（鞋）"和"自营出口销售成本（鞋）"账户的借方。具体会计分录如下：

借：库存商品——库存出口商品（鞋）   4 900

    自营出口销售成本（鞋）   100

  贷：应付账款——A 鞋厂   5 000

3. 购进商品发生短缺和溢余的核算

外贸企业购进商品，应认真进行验收，以确保账实相符。如果商品发生短缺或溢余情况，除根据实收数量入账外，还应查明缺溢原因，及时予以处理。购进商品发生短缺或溢余的主要原因是：在运输途中由于不可抗拒的自然条件和商品性质等因素，使商品发生损耗或溢余；运输单位的失职造成事故或丢失商品；供货单位工作上的疏忽造成少发或多发商品，以及不法分子贪污盗窃等。因此，对于商品短缺或溢余，要认真调查、具体分析、明确责仟、及时处理，以保护企业财产的安全。

储运部门在验收商品时，如发现实收商品与供货单位专用发票（发货联）上所列数量不符时，必须会同运输单位进行核对，作好鉴定证明，以便查明原因后进行处理，并在"收货单"上注明实收数量，填制"商品购进短缺溢余报告单"一式数联。其中一联连同鉴定证明送业务部门，由其负责处理；另一联送交财会部门，审核后作为记账的依据。

（1）购进商品发生短缺的核算

外贸企业购进商品发生短缺时，在查明原因前，应通过"待处理财产坝溢"账户进行核算。查明原因后，如果是供货单位少发商品，经联系后，可由其补发商品或作进货退出处理；如果是运输途中的定额损耗，一般不进行账务处理，提高入库商品的单位成本；如果是运输途中的超定额损耗，则应作为"销售费用"列支；如果是责任事故，应由运输单位或责任人承担经济责任的，则作为"其他应收款"处理；如果属于自然灾害等原因造成的净损失，作为"营业外支出"处理；如由本企业承担损失的，报经批准后，在"管理费用"账户列支。

【例 6-64】滨海公司向 A 土产公司购进花生 6 000 千克，每千克 20 元，计货款 120 000 元，运杂费 600 元，采用托收承付结算方式。

①接到银行转来的托收凭证及附来专用发票（发票联）、运杂费凭证，经审核无误后，予以承付。

分析：这项经济业务的发生，一方面，企业由于支付购买花生货款和运杂费而使银行存款减少了 120 600 元，应记入"银行存款"账户的贷方；另一方面，使花生的采购成本增加了 120 000 元，应记入"在途物资——出口商品采购（食品）"账户的借方，由于进货运杂费 600 元，金额较小，可以直接进入当期损益，应记入"销售费用——进货运杂费"账户的借方。具体会计分录如下：

借：在途物资——出口商品采购（食品）　　120 000

　　销售费用——进货运杂费　　　　　　　　600

贷：银行存款　　　　　　　　　　　　　　120 600

②商品到达后，储运部门验收时，实收 5 948 千克，发现短缺 52 千克，计货款 1 040 元，填制"商品购进短缺溢余报告单"。

财会部门根据储运部门转来的"收货单"及"商品购进短缺溢余报告单"，复核无误后，结转已入库的商品采购成本，并对短缺商品进行核算。

分析：这项经济业务的发生，一方面，企业由于所购花生验收入库而使在途物资减少了 120 000 元，应记入"在途物资——出口商品采购（食品）"账户的贷方；另一方面，由于验收时发现短缺 52 千克，计货款 1 040 元，因此，企业的库存花生增加了 118 960 元（120 000-1 040），应记入"库存商品——库存出口商品（食品）"账户的借方，短缺的 52 千克花生应记入"待处理财产损溢——待处理流动资产损溢"账户的借方。具体会计分录如下：

借：库存商品——库存出口商品（食品）　　　　118 960

　　待处理财产损溢——待处理流动资产损溢　　　1 040

贷：在途物资——出口商品采购（食品）　　　　120 000

③经联系后，查明短缺的花生中，有 50 千克是对方少发商品，已开来退货的红字专用发票，应退货款 1 000 元。

分析：这项经济业务的发生，一方面，滨海公司由于应该收回 A 土产公司退回少发商品的货款而使应收款项增加了 1 000 元，应记入"应收账款——A 土产公司"账户的借方；另一方面，由于 50 千克花生的短缺找到了原因，使滨海公司的待处理财产损溢减少了 1 000 元，应记入"待处理财产损溢——待处理流动资产损溢"的贷方。具体会计分录如下：

借：应收账款——A 土产公司　　　　　　　1 000

贷：待处理财产损溢——待处理流动资产损溢　1 000

若 50 千克花生是对方少发商品造成的，经与对方联系，供货方补发花生，已入库。

分析：这项经济业务的发生，一方面，滨海公司由于收回 A 土产公司补发的少发商品并验收入库而使入库花生增加了 1 000 元，应记入"库存商品——库存出口商品（食品）"账户的借方；另一方面，由于 50 千克花生的短缺找到了原因，使滨海公司的待处理财产损溢减少了 1 000 元，应记入"待处理财产损溢——待处理流动资产损溢"的贷方。具体会计分录如下：

借：库存商品——库存出口商品（食品）　　　1 000

贷：待处理财产损溢——待处理流动资产损溢　1 000

④今查明其余 2 千克短缺的花生是自然损耗，经批准予以转账。

分析：这项经济业务的发生，一方面，滨海公司查明其余 2 千克短缺的花生是自然损耗，而自然损耗应该作为销售费用，因此，滨海公司的销售费用增加了 40 元，应记入"销售费用——商品损耗"账户的借方；另一方面，由于 2 千克花生的短缺找到了原因，使滨海公司的借方待处理财产损溢减少了 40 元，应记入"待处理财产损溢——待处理流动资产损溢"的贷方。具体会计分录如下：

借：销售费用——商品损耗　　　　　　　40

　　贷：待处理财产损溢——待处理流动资产损溢　40

（2）购进商品发生溢余的核算

外贸企业购进商品发生溢余，在查明原因前，应通过"待处理财产损溢"账户进行核算。查明原因后，如果是运输途中的自然升溢，应冲减"销售费用"账户，如果是供货单位多发商品，可与对方联系，由其补来专用发票后，作为商品购进处理或溢余商品退货处理。

【例 6-65】滨海公司向 A 土产公司购进花生 5 000 千克，每千克 20 元，计货款 100 000 元，运杂费 500 元，采用托收承付结算方式。

①接到银行转来的托收凭证及附来专用发票（发票联）和运杂费凭证，经审核无误后，予以承付。

分析：这项经济业务的发生，一方面，企业由于支付购买花生货款和运杂费而使银行存款减少了 100 500 元，应记入"银行存款"账户的贷方；另一方面，使花生的采购成本增加了 100 000 元，应记入"在途物资——出口商品采购（食品）"账户的借方，由于进货运杂费 500 元，金额较小，可以直接计入当期损益，应记入"销售费用——进货运杂费"账户的借方。具体会计分录如下：

借：在途物资——出口商品采购（食品）　100 000

　　销售费用——进货运杂费　　　　　　500

　　贷：银行存款　　　　　　　　　　　　100 500

②商品到达后，验收时实收 5 042 千克，溢余 42 千克，计货款 840 元。财会部门根据储运部门转来的"收货单"及"商品购进短缺溢余报告单"，经复核无误后，结转入库商品采购成本，并对溢余商品进行核算。

分析：这项经济业务的发生，一方面，企业由于所购花生验收入库而使在途物资减少了 100 000 元，应记入"在途物资——出口商品采购（服装）"账户的贷方；另一方面，由于验收时发现溢余 42 千克，计货款 840 元，因此，企业的库存花生增加了 100 840 元（100 000+840），应记入"库存商品——库存出口商品（食品）"账户的借方，溢余的 42 千克花生应记入"待处理财产损溢

——待处理流动资产损溢"账户的贷方。具体会计分录如下：

借：库存商品——库存出口商品（食品）　　　　100 840
　　贷：在途物资——出口商品采购（食品）　　　　100 000
　　　　待处理财产损溢——待处理流动资产损溢　　　840

③经联系后查明溢余的花生中，有40千克是对方多发商品，已补来专用发票，开列货款800元，现作为商品购进，其余2千克系自然升溢。

分析：这项经济业务的发生，一方面，滨海公司查明其余42千克花生溢余的原因：有40千克是对方多发商品，已补来专用发票，开列货款800元，现作为商品购进，其余2千克系自然升溢。对于多发商品，作为商品购进处理，应记入"在途物资——出口商品采购（食品）"账户的贷方，对于自然升溢商品，作为销售费用，因此，滨海公司的销售费用减少了40元，应记入"销售费用——商品损耗"账户的贷方。另一方面，由于42千克花生的溢余找到了原因，使滨海公司的贷方待处理财产损溢减少了840元，应记入"待处理财产损溢——待处理流动资产损溢"的借方。具体会计分录如下：

借：待处理财产损溢——待处理流动资产损溢　840
　　贷：在途物资——出口商品采购（食品）　　　800
　　　　销售费用——商品损耗　　　　　　　　　　40

④从银行汇付A土产公司40千克花生的货款元800元。

分析：这项经济业务的发生，一方面，企业由于支付购买花生货款而使银行存款减少了800元，应记入"银行存款"账户的贷方；另一方面，使花生的采购成本增加了800元，应记入"在途物资——出口商品采购（食品）"账户的借方。具体会计分录如下：

借：在途物资——出口商品采购（食品）　　　800
　　贷：银行存款　　　　　　　　　　　　　　　800

（3）待处理财产损益

"待处理财产损溢"，资产类账户，科目代码1901，用以核算企业已发生而尚须等待批准处理的各项财产物资的盘亏、盘盈、短缺、溢余、收益和损失。发生盘亏、短缺、损失以及转销盘盈、溢余、收益时，记入借方；发生盘盈、溢余、收益以及转销盘亏、短缺、损失时，记入贷方；若余额在借方，表示尚未处理的各种财产物资的净损失；若余额在贷方，则表示尚未处理的各种财产物资的净溢余。该账户下应分别设置待处理流动资产损溢和待处理固定资产损溢明细分类账户。

盘盈的各种材料、产成品、商品等，借记"原材料"、"库存商品"等科目，贷记"待处理财产损溢"科目；盘亏、毁损的各种材料、产成品、商品等，借记"待处理财产损溢"科目，贷记"原材料"、"库存商品"等科目。

盘亏、毁损的各项资产，按管理权限报经批准后处理时，按残料价值，借记"原材料"等科目，按可收回的保险赔偿或过失人赔偿，借记"其他应收款"科目，按本科目余额，贷记本科目，按其借方差额，借记"管理费用"、"营业外支出"等科目。

盘盈的除固定资产以外的其他财产，借记本科目，贷记"管理费用"、"营业外收入"等科目。

"待处理财产损溢"账户的结构如下：

借方	待处理财产损溢	贷方
期初余额	期初余额	
本期增加额：盘亏、短缺、损失以及转销盘盈、溢余、收益	本期减少额：盘盈、溢余、收益以及转销盘亏、短缺、损失	
本期增加发生额合计	本期减少发生额合计	
期末余额：尚未处理的各种财产物资的净损失	期末余额：尚未处理的各种财产物资的净溢余	

相关会计分录如下：

①发生盘亏、短缺、损失时：

借：待处理财产损溢　　　　×××

　　贷：原材料（库存商品等）　　×××

②发生盘盈、溢余、收益时：

借：原材料（库存商品等）　　×××

　　贷：待处理财产损溢　　　　×××

③转销盘盈、溢余、收益时：

借：待处理财产损溢　　　　　　×××

　　贷：销售费用（管理费用、营业外收入等）　　×××

④转销盘亏、短缺、损失时：

借：销售费用（管理费用、营业外支出、原材料等）　×××

　　贷：待处理财产损溢　　　　　　×××

4. 购进商品发生拒付货款和拒收商品的核算

外贸企业从异地购进商品，对于银行转来供货单位的托收凭证及其所附的专用发票（发票联）、运杂费凭证等，必须认真地与合同进行核对，如发现与购销合同不符、重复托收以及货款或运杂费多计等情况，应在银行规定的承付期内填制"拒绝承付理由书"，拒付货款。对于与购销合同不符或重复托收的，应拒付全部托收款；对于部分与购销合同不符的，应拒付不符部分的托收款；对于货款或运杂费多计的，则应拒付多计的数额。企业在提出拒付款项时，应实事求是，不能因供货单位的部分差错而拒付全部货款，更不能借故无理拒付货款，从而损害供货单位的利益。

对于供货单位发来的商品及随货同行的专用发票（发货联），同样要与购销合同进行核对，并要认真检验商品的品种、规格、数量和质量，如有不符，可以拒收商品。在拒收商品时，应由业务部门填制"拒收商品通知单"，尽快通知供货单位，并需填制"代管商品收货单"一式数联，其中两联送交储运部门。储运部门验收后，加盖"收讫"戳记，将其数量作账外记录，并将拒收商品妥善保管，与库存商品分别存放，不能动用。一联由储运部门转交财会部门，据以记入"代管商品物资"账户的借方。"代管商品物资"是表外账户，只作单式记录，不与其他账户发生对应关系。

异地商品购进，由于托收凭证的传递与商品运送的渠道不同，因此，支付货款与商品验收入库的时间往往不一致，从而引起拒付货款与拒收商品有先有后，这样将会出现下列三种情况：

（1）先拒付货款，后拒收商品

企业收到银行转来的托收凭证，发现内附的专用发票与购销合同不符，拒付货款。等商品到达后，再拒收商品。由于没有发生结算与购销关系，只需在拒收商品时，将拒收商品记入"代管商品物资"账户的借方。

（2）先拒收商品，后拒付货款

企业收到商品时，发现商品与购销合同不符，可拒收商品，将拒收商品记入"代管商品物资"账户的借方，等银行转来托收凭证时，再拒付货款。

（3）先承付货款，后拒收商品

企业收到银行转来的托收凭证，将内附的专用发票与购销合同核对相符后，承付了货款。等商品到达验收时，发现商品与购销合同不符，除了将拒收商品记入"代管商品物资"账户的借方外，还应将拒收商品的货款、增值税额及运杂费，分别从"在途物资"账户、"应交税金"账户和"销售费用"账户一并转入"应收账款"账户。待业务部门与供货单位协商解决后，再进一步作账务处理。

【例6-66】滨海公司向A公司购进洗衣机200台，每台1 000元，计货款200 000元，运杂费600元，采用托收承付结算方式。

①银行转来A公司托收凭证，内附专用发票（发票联）、运杂费凭证等，经审核无误，予以承付。

分析：这项经济业务的发生，一方面，企业由于支付购买洗衣机货款和运杂费而使银行存款减少了200 600元，应记入"银行存款"账户的贷方；另一方面，使洗衣机的采购成本增加了 200 000 元，应记入"在途物资——出口商品采购（家电）"账户的借方，由于进货运杂费 600 元，金额较小，可以直接计入当期损益，应记入"销售费用——进货运杂费"账户的借方。具体会计分录如下：

借：在途物资——出口商品采购（家电）　200 000

　　销售费用——进货运杂费　　　　　　　　600

　贷：银行存款　　　　　　　　　　　　200 600

②商品到达后，验收时发现其中有 10 台洗衣机质量不符合合同规定，予以拒收，由业务部门与对方联系解决，拒收商品代为保管。

第一，合格的 190 台洗衣机已验收入库，结转商品采购成本。

分析：这项经济业务的发生，一方面，企业由于所购 190 台洗衣机验收入库而使在途物资减少了 190 000 元，应记入"在途物资——出口商品采购（家电）"账户的贷方；另一方面，企业的库存洗衣机增加了 190 000 元，应记入"库存商品——库存出口商品（家电）"账户的借方。具体会计分录如下：

借：库存商品——库存出口商品（家电）　190 000

　贷：在途物资——出口商品采购（家电）　190 000

第二，将拒收 10 台洗衣机的货款和该部分商品应承担的运杂费转入"应收账款"账户。

分析：这项经济业务的发生，一方面，出口企业由于拒收商品且将拒收的 10 台洗衣机记入"代管商品物资"账户的借方而将拒收商品的货款 10 000 元、运杂费 30 元分别从"在途物资"账户和"销售费用"账户一并转入"应收账款"账户，这样在途物资减少了 10 000 元，应记入"在途物资——出口商品采购（家电）"账户的贷方，销售费用减少了 30 元，应记入"销售费用——进货运杂费"账户的贷方；另一方面，使出口企业的应收账款增加了 10 030 元，应记入"应收账款——A 公司"账户的借方。具体会计分录如下：

借：应收账款——A 公司　　　　　　10 030

　贷：在途物资——出口商品采购（家电）　10 000

　　销售费用——进货运杂费　　　　　　　30

并在"代管商品物资"账户内借记 10 000 元。

③经联系后，A 公司同意将拒收的 10 台洗衣机退回。

第一，以现金垫付退回 10 台洗衣机的运杂费 35 元。

分析：这项经济业务的发生，一方面，出口企业由于垫付退回 10 台洗衣机的运杂费 35 元而使库存现金减少了 35 元，应记入"库存现金"账户的贷方；另一方面，使出口企业的应收账款也增加了 35 元，应记入"应收账款——A 公司"账户的借方。具体会计分录如下：

借：应收账款——A公司　35

　　贷：库存现金　　　　　　35

第二，A公司汇来退货款和运杂费计 10 065 元，存入银行。

分析：这项经济业务的发生，一方面，出口企业由于收回退货款和运杂费而使银行存款增加了 10 065 元，应记入"银行存款"账户的借方；另一方面，使出口企业的应收账款也减少了 10 065 元，应记入"应收账款——A公司"账户的贷方。具体会计分录如下：

借：银行存款　10 065

　　贷：应收账款——A公司　10 065

并在"代管商品物资"账户内贷记 10 000 元。

5. 购货折扣和购货折让的核算

（1）购货折扣的核算

外贸企业在赊购商品时，赊销方为了促使赊购方尽快清偿账款而给予一定的折扣优惠，从而产生了购货折扣。购货折扣是指赊购方在赊购商品后，因迅速清偿赊购账款而从赊销方取得的折扣优惠。

外贸企业赊购商品，当出现以付款日期为条件而发生购货折扣时，应采用总价法。总价法是以商品的发票价格作为其买价入账，当企业取得购货折扣时，再冲减当期的财务费用。

【例 6-67】滨海公司向 A 电视机厂赊购电视机，厂方给予的付款条件为：10 天内付清货款，购货折扣为 1%，超过 10 天支付的为全价。

①8 月 1 日，赊购电视机 200 台，每台 1 000 元，货款 200 000 元未付，电视机已验收入库。

分析：这项经济业务的发生，一方面，企业由于应付购买电视机货款而使应付账款增加了 200 000 元，应记入"应付账款——A 电视机厂"账户的贷方；另一方面，使电视机的采购成本增加了 200 000 元，应记入"在途物资——出口商品采购（家电）"账户的借方。根据专用发票作分录，具体会计分录如下：

借：在途物资——出口商品采购（家电）　200 000

　　贷：应付账款——A 电视机厂　　　　　　200 000

当电视机已由仓库全部验收入库后，出口企业的库存商品电视机增加了 200 000 元，应记入"库存商品——库存出口商品（家电）"账户的借方；因电视机的采购成本已结转，这就使出口企业的在途物资电视机减少了 200 000 元，应记入"在途物资——出口商品采购（家电）"账户的贷方。根据收货单作分录，具体会计分录如下：

借：库存商品——库存出口商品（家电）　　200 000

贷：在途物资——出口商品采购（家电）　　200 000

②8月9日，签发转账支票一张，金额为198 000元，支付本月1日赊购电视机的货款。

分析：这项经济业务的发生，一方面，企业由于支付购买电视机货款而使银行存款减少了198 000元，应记入"银行存款"账户的贷方；另一方面，由于是10天内付清货款，购货折扣为1%，少支付的2 000元记入"财务费用"账户的贷方，同时，滨海公司的应付账款减少了200 000元，应记入"应付账款——A电视机厂"账户的借方。具体会计分录如下：

借：应付账款——A电视机厂　200 000
　贷：银行存款　　　　　　　　　　198 000
　　　财务费用　　　　　　　　　　　2 000

（2）购货折让的核算

购货折让是指外贸企业购进的商品，因品种、规格和质量等原因，从销货单位所取得的价格上的减让。

外贸企业在发生购货折让时，应以商品的买价扣除购货折让后的净额入账，而且增值税额与货款同步，享有购货折让。

【例6-68】滨海公司向A毛纺厂购进毛涤花呢1 000米，每米80元，计货款80 000元。

①签发转账支票80 000元支付货款。

分析：这项经济业务的发生，一方面，企业由于支付购买毛涤花呢货款而使银行存款减少了80 000元，应记入"银行存款"账户的贷方；另一方面，使毛涤花呢的采购成本增加了80 000元，应记入"在途物资——出口商品采购（布匹）"账户的借方。根据专用发票作分录，具体会计分录如下：

借：在途物资——出口商品采购（布匹）　　80 000
　贷：银行存款　　　　　　　　　　　　　　80 000

②验收商品时，发现质量不符要求，与对方联系后，同意给予10%的购货折让。

收到厂方的销货折让发票，并收到对方退回的折让款8 000元，存入银行。

分析：这项经济业务的发生，一方面，企业由于收到购货折让而使银行存款增加了8 000元，应记入"银行存款"账户的借方；另一方面，使毛涤花呢的采购成本减少了8 000元，应记入"在途物资——出口商品采购（布匹）"账户的贷方。具体会计分录如下：

借：银行存款　　　　　　　　　　　　8 000
　贷：在途物资——出口商品采购（布匹）　　80 000

③将商品验收入库。

当毛涤花呢已由仓库全部验收入库后，出口企业的库存商品毛涤花呢增加了 72 000 元，应记入"库存商品——库存出口商品（布匹）"账户的借方；因毛涤花呢的采购成本已结转，这就使出口企业的在途物资毛涤花呢减少了 72 000 元，应记入"在途物资——出口商品采购（家电）"账户的贷方。根据收货单作分录，具体会计分录如下：

借：库存商品——库存出口商品（布匹）　　72 000
　　贷：在途物资——出口商品采购（家电）　　72 000

（五）出口商品加工业务的核算

出口商品加工业务是指将一种商品或原材料加工成另一种商品或原材料的工业性活动。通过商品加工，可以增加出口商品的花色品种，提高产品的档次，增加出口商品的附加值，以增强出口商品的竞争能力，提高企业的经济效益。

1. 出口商品的加工方式

少数出口企业拥有自属加工厂，可以自营加工；而多数出口商品的加工业务是由工业部门进行的，因此，加工方式分为自行加工和委托加工。

自行加工是指企业将原材料或待加工商品交由本企业生产加工部门进行加工改制的一种方式，加工费用构成加工商品的成本。

委托加工是指出口企业将原材料等加工对象拨给加工厂，以支付加工费的形式委托加工厂加工成成品再收回的一种加工方式。采用这种加工方式，双方首先仍应签订委托加工协议、合同，出口企业将原材料等加工对象按合同规定拨付给加工厂，不进行价款结算，不转移货物所有权；加工厂加工成成品后，出口企业收回成品，并按合同规定支付加工费。

（1）出口商品加工业务的核算

一是拨付材料物资。出口企业业务部门根据与加工厂签订的委托加工合同规定，填制"委托加工商品拨料单"一式数联，分送有关部门，财会部门据以结转原材料等物资成本。

二是支付加工费用和增值税额的核算。出口企业在收回加工成品时，按"委托加工商品合同"的规定，支付加工企业加工费用，并要交纳增值税额，届时，借记"委托加工商品"账户和"应交税金"账户，贷记"银行存款"账户。

三是加工成品收回的核算。进行委托加工，在发出材料物资时不办理货款结算，不转移材料物资所有权。但企业有关职能部门要监督"委托加工商品合同"的执行情况，确保按质、按量、按时收回加工成品。

在收回加工成品时，由业务部门填制"委托加工成品收回单"一式数联。成品由有关部门负责验收，验收完毕后，由交接双方分别在"委托加工成品收回单"上签章，接受加工企业留下一联，作为交货凭证；收货部门自留一联，作为收货凭证；另一联送交财会部门，复校无误后，据以入账。届时，应根据加工商品的实际成本，借记"库存商品"账户，贷记"委托加工商品"账户。财会部门应按加工商品批次将"加工拨料单"、"加工费支付通知单"、"成品入库单"等配对，计算加工商品成本，编制"加工商品成本计算表"。

（2）应设置的账户

"委托加工商品"，资产类账户，核算企业委托其他单位加工的各种商品的实际成本。该账户按加工商品的类别、加工合同、加工批次、加工单位等设置明细账。

企业委托其他单位加工的商品的实际成本包括：

①加工耗用物资的实际成本；

②支付的加工费及往返的运杂费和保险费等；

③支付的税金，包括委托加工物资应负担的增值税和消费税。

发给外单位加工的物资，按实际成本，借记"委托加工商品"，贷记"原材料"、"库存商品"等科目；支付加工费、运杂费、税费等，借记"委托加工商品"等科目，贷记"银行存款"等科目；加工完成验收入库的物资和剩余的物资，按加工收回商品的实际成本和剩余物资的实际成本，借记"原材料"、"库存商品"等科目，贷记"委托加工商品"。余额在借方，反映企业委托外单位加工尚未完成物资的实际成本。

"委托加工商品"账户的结构如下：

借方	委托加工商品	贷方
期初余额		
本期增加额：委托其他单位加工的商品的实际成本		本期减少额：加工收回商品的实际成本和剩余物资的实际成本
本期增加发生额合计		本期减少发生额合计
期末余额：加工尚未完成物资的实际成本		

相关会计分录如下：

①拨付材料物资时：

借：委托加工商品 　　　　×××

　　贷：原材料（库存商品等） 　　×××

②支付加工费、运杂费、税费等税费时：

借：委托加工商品等 　　　×××

贷：银行存款　　　　　×××

③收回成品时：

借：原材料（库存商品等）　　　×××

　　贷：委托加工商品　　　　　×××

【例 6-69】滨海公司与 A 服装厂签订委托加工合同，定做连衣裙 500 件。滨海公司提供丝绸 800 米，价值 80 000 元。

①拨付面料时。

分析：这项经济业务的发生，一方面，企业由于拨付面料而使丝绸减少了 80 000 元，应记入"原材料——丝绸"账户的贷方；另一方面，向外拨付的面料列入委托加工商品账户，使委托外单位加工的商品成本增加了 80 000 元，应记入"委托加工商品——连衣裙"账户的借方。具体会计分录如下：

借：委托加工商品——连衣裙　　80 000

　　贷：原材料——丝绸　　　　　　80 000

②按合同规定支付加工费每件 120 元，共计 60 000 元。

分析：这项经济业务的发生，一方面，企业由于支付加工费而使银行存款减少了 60 000 元，应记入"银行存款"账户的贷方；另一方面，使委托外单位加工的商品成本增加了 60 000 元，应记入"委托加工商品——连衣裙"账户的借方。具体会计分录如下：

借：委托加工商品——连衣裙　　60 000

　　贷：银行存款　　　　　　　　60 000

③收回成品，验收入库。

分析：这项经济业务的发生，一方面，企业由于将成品验收入库而使库存商品增加了 140 000 元，应记入"库存商品——库存出口商品（连衣裙）"账户的借方；另一方面，结转委托外单位加工的商品成本 140 000 元，应记入"委托加工商品——连衣裙"账户的贷方。具体会计分录如下：

借：库存商品——库存出口商品（连衣裙）　　140 000

　　贷：委托加工商品——连衣裙　　　　　　140 000

2. 自行加工业务的核算

出口企业的自行加工业务，如由独立核算的自属加工厂承担，其核算程序及账务处理与前述委托加工相同。

而真正具有自营性质的加工业务是由自属不独立核算的加工厂进行的。这种加工方式的会计处理类似于工业企业产成品生产过程的会计核算，其主要核算的目的仍是核算加工商品的成本，加工商品成本包括原材料的成本、支付工人的职工薪酬、与加工过程有关的制造费用及税费等内容，这些成本构成要素可通过"生产成本"专设"加工商品"账户来核算。

6.3.2 商品出口销售业务的核算

前述生产企业自营出口销售的核算原则、出口销售的凭证手续、出口销售核算的账户体系等，作为共同理论基础和准则规定，同样适用于外贸企业自营出口销售，因此，这里不再重复。在本节中，只举例说明外贸企业自营出口销售的正常业务核算。

在举例说明外贸企业自营出口销售的核算之前，需要说明三点：

首先，应明确外贸的经管过程分为购进和销售两个阶段，其中购进阶段在上节中已论述，这里只举例阐述出口销售阶段涉及外币业务的核算，而销售阶段与生产企业自营出口销售阶段的业务处理也基本一样，所以省去业务分析的内容。

其次，要强调的是，外贸企业和生产企业出口退税的计算与核算不一样，详细内容在后面章节叙述。

最后，出口货物销售属于外贸企业资金运动的第二阶段，即销售阶段，因此，在出口销售之前以一笔购进业务为铺垫，况且外贸企业在办理出口退税时也需要有一笔进项税作为退税的依据。

购进业务如下：

【例 6-70】滨海公司根据合同备货，从国内 A 公司购入真丝睡衣 2 000 件，单价 100 元，总值 200 000 元，增值税税率 17%，税额 34 000 元，价税合计 234 000 元，货款以支票结算，货物验收入库。具体会计分录如下：

借：库存商品——库存出口商品（真丝睡衣）　200 000
　　应交税费——应交增值税（进项税额）　　34 000
　　贷：银行存款——人民币户　　　　　　　　　　234 000

【例 6-71】滨海公司与国外 B 客户签订前述真丝睡衣出口合同，主要条款及与出货物有关会计资料如下：

销量	2 000 件
单价	每件 USD20CIF 纽约
总值（2 000×20）	USD40 000
国外运费（费率 10%）	USD4 000
保险费[40 000×(1+10%)×0.2%]	USD88
暗佣（2%）	USD800
结算方式	L/C 即期

附有关会计资料如下：

国内进价	￥200 000
出口退税率	13%
国内费用分摊额	￥1 000
汇率	应用当日汇率

此项自营出口销售的核算，依办理出口业务的环节，分为以下步骤：

（1）货物出库发往港口待装时，根据货物出仓单，会计分录如下：

借：待运和发出商品——真丝睡衣　　　200 000

　　贷：库存商品——库存出口商品——真丝睡衣　200 000

（2）货物装运后，根据出口全套单证向银行办理交单结汇，当日即期汇率6.5，会计分录如下：

借：应收外汇账款——B 客户（USD40 000×6.5）　260 000

　　贷：自营出口销售收入——真丝睡衣（货款）　　　260 000

（3）根据出口发票和出仓通知单结转出口销售货物进价，会计分录如下：

借：自营出口销售成本——真丝睡衣　200 000

　　贷：待运和发出商品——真丝睡衣　　　200 000

（4）外运公司转来国外运费发票，审核付费时，当日即期汇率 6.5。根据运费发票编制分录：

借：自营出口销售收入——真丝睡衣（国外运费）　26 000

　　贷：银行存款——美元户（USD4 000×6.5）　　　26 000

（5）保险公司转来保险结算清单，审核付费时，当日即期汇率 6.5。根据保险结清单编制分录：

借：自营出口销售收入——真丝睡衣（国外保费）　572

　　贷：银行存款——美元户（USD88×6.5）　　　572

（6）计付暗佣时，汇率为 6.5。会计分录如下：

借：自营出口销售收入——真丝睡衣（佣金）　5 200

　　贷：应付外汇账款——真丝睡衣（佣金）（USD800×6.5）　5 200

（7）日后实付佣金时，汇率为 6.5，根据佣金支付凭证编制分录：

借：应付外汇账款——真丝睡衣（佣金）（USD800×6.5）　5 200

　　贷：银行存款——人民币户（USD800×6.5）　　　5 200

（8）银行通知货款收到时，当日即期汇率 6.5，根据收汇通知单编制分录：

借：银行存款——美元户（USD40 000×6.5）　260 000

　　贷：应收外汇账款——B 客户（USD40 000×6.5）　　　260 000

至此，这项自营出口销售业务的会计核算过程，从企业内部来说已告完成，可以结账计算本批次盈亏了。然而，还要办理出口退税。

（9）办理出口退税。企业应按出口退税政策和规定，填制退税申请表，并附销售发票、出口报关单、原进项增值税专用发票、银行结汇单等全套单证，向所在地税务机关申办退税。该出口货物按退税率13%计算退税，并做如下会计分录：

出口退税额=200 000×13%=26 000（元）

未退税额=200 000×(17%-13%)=8 000（元）

借：其他应收款——应收出口退税　　　26 000

　　自营出口销售成本——真丝睡衣　　8 000

　　贷：应交税费——应交增值税（出口退税）　26 000

　　　　　　　——应交增值税（进项税额转出）　8000

日后实际收到税务机关转来出口退税款时，根据银行回单编制会计分录：

借：银行存款　　　　　　　　26 000

　　贷：其他应收款——应收出口退税　　　26 000

（10）计算自营出口销售的批次损益。根据涉外企业经营管理的要求，为紧跟市场动态，及时掌握出口效益信息，应在出口结束时，逐笔计算批次损益，考核同一品种货物在不同国家（或地区）、不同时间的盈亏情况。其计算指标如下：

①出口销售总成本

本批次总成本=200 000（购进成本、不含增值税）+1 000（国内费用）+0（出口税金）+8 000（出口未退税）=209 000（元）

②出口销售净收入

本批次销售净收入（美元）=40 000（CIF货款）-4 000（运费）-88（保费）-800（佣金）-0（理赔）=USD35 112

③出口盈亏额

出口盈亏额=出口销售净收入（人民币）×6.5-出口总成本

本批次盈亏额=USD35 112 ×6.5-209 000=19 228（元）

④出口盈亏率

出口盈亏率=出口盈亏额/出口总成本×100%

本批次出口盈亏率=19 228/209 000×100%=9.2%

⑤出口每美元成本

出口每美元成本=出口销售总成本/出口销售净收入（美元）

本批次出口每美元成本=209 000/ USD35 112 =5.95（元）

该批次出口销售的盈亏计算结果为：出口取得每美元的成本为人民币5.95元，比现行美元汇率6.5元低0.55元，即如果将此项美元结给银行，每美元可赚取人民币 0.023 元，说明此项出口销售业务效益较好。

6.4　自营出口销售其他业务的核算

自营出口销售其他业务是指在出口商品销售过程中可能会出现的一些特殊情况的业务，属于非典型核算业务，即并不是每笔出口销售过程中都会出现的业务。

比如预收货款、L/C 议付、票据贴现、票据背书转让、提取坏账准备、出口退关、出口销售退回、索赔和理赔等。对此，本书作为自营出口销售其他业务事项举例说明。

6.4.1　预收货款的核算

预收货款是指企业按照合同规定向购货单位预收的完全或部分货款。预收货款是销货方按照合同或协议规定，在发出商品之前向购货方预先收取部分或全部货款的信用行为。即卖方向买方先借一笔款项，然后用商品归还，对卖方来说，也是一种短期融资方式。预收货款通常是买方在购买紧缺商品时乐意采用的一种方式，以便取得对货物的要求权。而卖方对于生产周期长、售价高的商品，经常向买方预收货款，以缓和公司资金占用过多的矛盾。

预收货款是对于出口商而言的，对于进口方来说就是预付货款。它一般有两种，即有条件的预收货款和无条件预收货款。所谓有条件的预收货款，是指进口商在汇款时注明出口商必须出具按期提供货运单据的保函汇入银行才能解付汇款的预付款。有时进口商为避免钱货两空，将货款预先存在国外银行，并要求由中国银行提供保函，保证出口商及时发货，否则由中国银行负责还款，等收到装船通知后外国银行才将预收货款汇交出口企业，这也属于有条件的预收货款。而所谓无条件的预收货款是指汇入银行接到汇入款项后立即解付给出口企业，不附带其他有关条件。

企业应设置"预收外汇账款"（也可设置"预收账款——预收外汇账款"）账户。

"预收外汇账款"，负债类账户，核算企业因出口销售预收的国外客户的货款、定金、样品款等的发生及偿付情况。收到外汇预收款时记入贷方；商品出口或其他原因结清预收款时记入借方；余额在贷方，反映预收的外汇账款。

该账户的二级明细分类账按外汇预收账款的不同币别设置并采用复币记账。在二级账户下，按客户设置明细账。

当收到对方预先支付的外汇款时，记入"预收外汇账款"账户的贷方，同时记入"银行存款——外币户"账户的借方；待发出商品与对方办理结算冲销时，记入"预收外汇账款"账户的借方，同时记入"自营出口销售收入"账户的贷方。

当按合同预收一部分货款，收到预收款时，借记"银行存款——外币户"账户，贷记"预收外汇账款"账户。结算货款时，可将货款减去预收账款后的金额借记"银行存款——外币户"账户或"应收外汇账款"账户，按预收金额借记"预收外汇账款"账户，按销货金额贷记"自营出口销售收入"账户。

在预收外汇款项业务不多的企业可以将预收的款项直接记入"应收外汇账款"的贷方，不单独设置本科目。收到对方预付款时，记入"应收外汇账款"账户的贷方，同时记入"银行存款——外币户"账户的借方；待发出商品与对方办理结算冲销时，记入"应收外汇账款"账户的借方，同时记入"自营出口销售收入"账户贷方。

"预收外汇账款"账户的结构如下：

借方	预收外汇账款	贷方
	期初余额	
本期减少额：与对方结算冲销	本期增加额：预先收取货款	
本期减少发生额合计	本期增加发生额合计	
	期末余额：已收取尚未结算额	

相关会计分录如下：

①收到款项时：

借：银行存款——外币户　　　×××

　　贷：预收外汇账款　　　×××

②与对方结算时：

借：预收外汇账款　　　　　×××

　　贷：自营出口销售收入　　　×××

【例6-72】滨海公司向国外A客户出口甲货物，按合同规定预收20%的货款，货款共计USD10 000。

（1）收到银行转来预收款项时，当日即期汇率6.5。

分析：这项经济业务的发生，一方面，企业由于预付货款而使银行外汇存款增加了2 000美元，应记入"银行存款——美元户"账户的借方；另一方面，使负债预收外汇账款增加了2 000美元，应记入"预收外汇账款——美元户（A客户）"账户的贷方。具体会计分录如下：

借：银行存款——美元户（USD2 000×6.5）　　　　　　　　　　13 000

　　贷：预收外汇账款——美元户（A 客户）（USD2 000×6.5）　　13 000

（2）货物发运后，向银行交单结汇办理其余 80%的货款，当日即期汇率 6.5。

分析：这项经济业务的发生，一方面，企业由于出口销售实现而使外汇销售收入增加了 10 000 美元，应记入"自营出口销售收入——甲货物"账户的贷方；另一方面，使负债预收外汇账款减少了 2 000 美元，应记入"预收外汇账款——美元户（A 客户）"账户的借方，同时，使应收外汇账款增加了 8 000 美元，应记入"应收外汇账款——美元户（A 客户）"账户的借方。具体会计分录如下：

借：预收外汇账款——美元户（A 客户）（USD2 000×6.5）　　13 000

　　应收外汇账款——美元户（A 客户）（USD8 000×6.5）　　52 000

　　贷：自营出口销售收入——甲货物　　　　　　　　　　　　65 000

同时结转出口货物进价（略）。

（3）日后银行通知 A 客户结来货款，当日即期汇率 6.5。

分析：这项经济业务的发生，一方面，企业由于收汇而使银行外汇存款增加了 8 000 美元，应记入"银行存款——美元户"账户的借方；另一方面，使应收外汇账款减少了 8 000 美元，应记入"应收外汇账款——美元户（A 客户）"账户的贷方。具体会计分录如下：

借：银行存款——美元户（USD8 000×6.5）　　　　　　　　　52 000

　　贷：应收外汇账款——美元户（A 客户）（USD8 000×6.5）　52 000

以下出口销售各环节的会计处理同前述，从略。

6.4.2　L/C议付方式的核算

UCP600 对议付的解释：指定银行在相符交单下，在它应获得开证行偿付的那天或以前向受益人预付或同意预付并购买汇票及/或单据的行为。

说明：如果是光票汇票的话，就没有上述购买的单据。所以是"及/或"。

议付信用证是受益人可凭从开证行以外的一个银行商借一笔垫款，而以物权单证作质押的信用证。它在我国香港、澳门和许多亚洲国家被称为押汇。与即期付款信用证相比较，它有两个不同点：一是它由议付行扣除利息后支付；二是这一支付大多有追索权，所以实质上是一笔短期贷款。

1. 有时候在出口方所在地没有开证行的分行或联行，受益人只得把全套单证邮寄到开证行要求付款。这对受益人很不利，他必须等待来回双邮程才收到钱，而且单证有可能在邮寄途中丢失或延误到达，这样信用证的一个优点就失去了。

作为一种补救，开证行允许受益人向任何一家或指定的银行去商议"收购"这张汇票及（或）单证。银行可以自主决定是否购买出口方在信用证项下的汇票及（或）单证，这家银行就称为议付行。议付应该由受益人负担费用，这样开证申请人就将获取延迟付款的好处（比较一下由付款行在交单审单后立即付款的情况即可知）。

某些国家，如亚洲和拉丁美洲的商人有意识地利用这类信用证来少付一笔相当于邮程（大约 10～20 天）的利息的金额。

2. 受益人为了及早取得资金，不得不接受扣去利息后的金额。然后议付行将汇票和单证发到开证行去，以索偿信用证所规定的全金额。在偿付前开证行要审单。如果有不符点，它将拒付并退单。

3. 议付行所付款项，在有追索权的情况下，实质上是一笔由汇票和提单担保的短期贷款（垫款），并不像即期付款信用证那样是最终付款，所以，当开证行拒绝索偿时，议付行将向受益人追索。如果追索无效，议付行可以处置提单以收回贷款。

4. 在中国，从 20 世纪 50 年代起，中国银行有一种传统的"议付"统一实践，它改变了典型的议付做法，被称为"收妥结汇"，有人称之为"从国外收到款项后贷记受益人账户"。这一做法的细节是：当中国银行收到受益人交来的单证后，首先转送给开证行，然后等待开证行审单、付款。一俟中国银行从国外收到资金，就结汇成人民币按信用证金额全额贷记受益人账户。这种做法从受益人立场看，实质上是把信用证转化成了托收，不能在完成发运后立即收到款。这又意味着信用证的一个优点丧失了。对受益人说来清账的费用虽是按信用证收取的，但其好处却部分地和托收一样，只是安全性稍好。

中国银行对来自我国港、澳地区的信用证的议付，作了另一种改变：延迟7 天足额支付，而不管中国银行已否收到资金，这称为定期结汇。

所有这些做法都不是 UCP 所要求的典型议付。

这样，作为结论，对出口方说来议付信用证和即期付款信用证相比显见不利，因为扣息和有追索权。

出口商填具出口押汇申请书，连同全套出口单据向银行申请办理出口押汇。由议付银行按照汇票金额扣除从议付日到估计收到票款之日的利息后，立即为申请人办理结汇，再向开证行索偿票款。出口押汇申请书的格式见表 6-17。

表 6-17　押汇申请书

××银行出口押汇申订书

叙做日期

编　　号

兹凭下列信用证开具汇票正副本各一纸，并附全套单据，请予承购。

开证银行　　　　　　　　信用证号码　　　　　　　汇票金额

提单　　邮包收据　　发票　　保险单　　装箱单　　重量单　产地证书　商检证　海关发票

上列汇票及单据你们承购后，如发生与信用证条款不符而对方拒绝付款及承兑，我公司保证负责立即偿还该项汇票的全部原币金额及因此发生的利息等一切费用。

致

××银行

××公司

卖方向议付行交单从理论上讲，只是向议付行借入短期贷款，等到日后无追索时，才能确认收入。但在实践中，开证行拒付的概率很小，即被追索的概率很小，因此，实际做法是在向议付行交单时即可确认收入。

【例 6-73】滨海公司向国外 A 客户出口货物，假设出口收取汇票面额 USD10 000，议付行按 7.2%的年利率收取 15 天的利息，汇率为 6.5。

议付利息额= USD10 000×7.2%÷360×15= USD30

议付款额= USD10 000- USD30= USD9 970

分析：这项议付业务的发生，一方面，企业由于收汇而使银行外汇存款增加了 9 970 美元，应记入"银行存款——美元户"账户的借方，同时，银行扣除了 15 天的议付利息，使财务费用增加了 30 美元，应记入"财务费用——利息"账户的借方；另一方面，确认收入，使出口企业的出口销售收入增加了了 10 000 美元，应记入"自营出口销售收入"账户的贷方。具体会计分录如下：

借：银行存款——美元户（USD9 970×6.5）　　64 805

　　财务费用——利息（USD30×6.5）　　　　　195

　贷：自营出口销售收入　　　　　　　　　　65 000

其他出口销售业务环节的会计处理从略。

6.4.3 票据贴现及背书转让的核算

（一）票据贴现

应收票据贴现是指持票人因急需资金，将未到期的商业汇票背书后转让给银行，银行受理后，从票面金额中扣除按银行的贴现率计算确定的贴现息后，将余额付给贴现企业的业务活动。

在贴现中，企业付给银行的利息称为贴现利息，银行计算贴现利息的利率称为贴现率，企业从银行获得的票据到期值扣除贴现利息后的货币收入，称为贴现所得。贴现利息和贴现所得的计算公式如下：

贴现所得=票据到期值－贴现利息

贴现利息=票据到期值×贴现率×贴现期

贴现期=票据期限－企业已持有票据期限

带息应收票据的到期值是其面值加上按票据载明的利率计算的票据全部期间的利息，不带息应收票据的到期值就是其面值。

在会计处理上发生附追索权应收票据贴现时，可设置"短期借款"科目，等票据到期，当付款人向贴现银行付清票款后，再将"短期借款"账户转销。如果是用承兑汇票贴现，由于票据到期应由银行负责承兑，企业不会发生或有负债，因此在会计处理上可直接冲转"应收票据"账户。

在出口业务中，一般贴现的是承兑汇票，因此举例说明此种情况。

【例 6-74】滨海公司将 A 银行承兑的 30 天付款 USD10 000 的承兑汇票向 B 银行办理贴现，B 银行扣除 30 天利息，年利率 7.2%，余额贴现给滨海公司，汇率为 6.5。

贴现利息=票面值×贴现率×贴现期=10 000 ×7.2%÷360×30 =USD60

贴现额=10 000–60 = USD9 940

分析：这项贴现业务的发生，一方面，企业由于贴现而使银行外汇存款增加了 9 940 美元，应记入"银行存款——美元户"账户的借方，同时，银行扣除了 30 天的贴现利息，使财务费用增加了 60 美元，应记入"财务费用——利息"账户的借方；另一方面，冲转应收票据，使出口企业的应收票据减少了 10 000 美元，应记入"应收票据"账户的贷方。具体会计分录如下：

借：银行存款——美元户（USD9 940×6.5）　　　64 610

　　财务费用——利息（USD60×6.5）　　　　　　390

　贷：应收票据（USD10 000×6.5）　　　　　　65 000

（二）票据背书转让

应收票据在到期前，除向银行办理贴现用以融通资金、加速资金周转外，持票人还可将其作为其他款项的支付工具。例如，购买货物或偿还债务等的结算，可在票据上背书转让给他人来支付。凡票据转让都需经过背书手续，如果付款人到期不能兑付，背书人负有连带的付款责任。在会计上对此类业务通常作冲减应收票据处理，但由此产生的或有负债需要在财务报表中加以披露。

6.4.4 出口退关的核算

退关甩货是指出口商品发货出库后，因故未能装运上船（车）就被退回仓库。

储运部门接到业务部门转来出口商品止装通知后，应立即采取措施，将已发出的商品予以提回，并办理入库手续。财会部门根据转来的退关止装入库凭证，据以借记"库存商品"账户，贷记"待运和发出商品"账户。

【例6-75】承例6-45，假设滨海公司向国外A公司出口的矿石出仓后，因故未能装运上船，商品被重新运回仓库。

分析：这项经济业务的发生，一方面，企业由于矿石被重新运回仓库而使库存商品矿石增加了100 000元，应记入"库存商品——库存出口商品——矿石"账户的借方；另一方面，使出口企业的待运和发出商品减少了100 000元，应记入"待运和发出商品——矿石"账户的贷方。具体会计分录如下：

借：库存商品——库存出口商品——矿石　　　100 000
　　贷：待运和发出商品——矿石　　　　　　　　100 000

6.4.5 出口销售退回的核算

（一）国外退货产品运回国内的核算

出口商品销售后，因故遭到国外退货时，由业务部门及时分别与储运部门和财会部门联系，确定退回商品的运输和货款的处理意见。

外贸企业在收到运回商品的海运提单时，应区别具体情况进行会计核算。

1. 财会部门根据出口商品的提单及原发票复印件等凭证，作冲销出口销售收入的账务处理。相关会计分录如下：

（1）收到海运提单时：

借：自营出口销售收入——×商品　　×××
　　贷：应收外汇账款——×客户　　　　×××

（2）同时，冲销原结转的销售成本，按其成本金额借记"待运和发出商品——国外退货"账户，贷记"自营出口销售成本"账户。相关会计分录如下：

借：待运和发出商品——国外退货　　×××
　　贷：自营出口销售成本——×商品　　×××

2. 待销售退回商品验收入库时，凭商品入库单借记"库存商品——出口库存商品"账户，贷记"待运和发出商品——国外退货"账户。相关会计分录如下：

借：库存商品——出口库存商品　　　×××
　　贷：待运和发出商品——国外退货　　×××

3. 对出口销售退回商品，原出口时支付的国外运费、保险费，以及国内运杂费、装卸费等，均应通过"待处理财产损溢"账户冲销。届时根据支付的国内外费用总额，借记"待处理财产损溢"账户；根据支付的国外费用，贷记"自营出口销售收入"账户，根据支付的国内费用，贷记"销售费用"账户。相关会计分录如下：

借：待处理财产损溢——待处理流动资产损溢　×××
　　贷：销营费用（国内费用）　　　　　　×××
　　　　自营出口销售收入——国外运费　　×××
　　　　　　　　　　　　——国外保险费　×××

4. 如果是支付明佣方式的销货退回，应根据销售金额借记"自营出口销售收入——货款"账户；根据佣金金额贷记"自营出口销售收入——佣金"账户，根据销售净额贷记"应收外汇账款"账户。即与（1）中冲销销售收入合并处理。相关会计分录如下：

借：自营出口销售收入——×商品（货款）　×××
　　贷：自营出口销售收入——×商品（佣金）　×××
　　　　应收外汇账款——×客户　　　　　×××

5. 如果是支付暗佣方式的销货退回，根据佣金金额借记"应付外汇账款"账户；贷记"自营出口销售收入——×商品（佣金）"账户。相关会计分录如下：

借：应收外汇账款——×客户　　　　　×××
　　贷：自营出口销售收入——×商品（佣金）　×××

6. 退回商品发生的国内外费用，应借记"待处理财产损溢"账户；贷记"银行存款"账户。相关会计分录如下：

借：待处理财产损溢——待处理流动资产损溢　×××
　　贷：银行存款　　　　　　　　　　　×××

7. "待处理财产损溢"账户归集了销货退回商品发生的所有国内外费用。查明原因后，如果属于供货单位的责任，并决定由其负责赔偿时，应转入"其他应收款"账户；如属于外贸企业责任，表明是企业管理不善所造成的，经批准后，应转入"营业外支出"账户。相关会计分录如下：

借：营业外支出　　　　　　　　　　　×××

其他应收款   ×××
  贷：待处理财产损溢——待处理流动资产损溢   ×××

【例6-76】承例6-45，假设滨海公司向国外A公司出口的矿石因质量问题全部被退回。

（1）2011年9月15日，收到出口退回商品提单，原发票复印件，当日即期汇率为6.5，冲转商品销售收入（明佣方式下）。

分析：这项经济业务的发生，一方面，企业由于矿石被退回冲转商品销售收入而使销售收入减少了30 000美元，应记入"自营出口销售收入——矿石（货款）"账户的借方，同时，因为是明佣，根据佣金金额记入"自营出口销售收入——矿石（佣金）"账户的借方；另一方面，由于矿石被退回而使出口企业的应收外汇账款减少了29 400美元，应根据销售净额记入"应收外汇账款——A公司"账户的贷方。具体会计分录如下：

  借：自营出口销售收入——货款（USD30 000×6.5） 195 000
   贷：自营出口销售收入——佣金（USD600×6.5） 3 900
    应收外汇账款——A公司（USD29 400×6.5） 191 100

（2）2011年9月15日，收到出口退回商品提单，原发票复印件，当日即期汇率为6.5，冲转商品销售收入（暗佣方式下）。

分析：这项经济业务的发生，一方面，企业由于矿石被退回冲转商品销售收入而使销售收入减少了30 000美元，应记入"自营出口销售收入——矿石（货款）"账户的借方；另一方面，由于矿石被退回而使出口企业的应收外汇账款减少了30 000美元，应记入"应收外汇账款——A公司"账户的贷方。

同时，因为是暗佣，需要出口企业另付，根据佣金金额记入"自营出口销售收入——矿石（佣金）"账户的借方，记入"应付外汇账款——A公司"账户的借方。具体会计分录如下：

  借：自营出口销售收入——货款（USD30 000×6.5） 195 000
   贷：应收外汇账款——A公司（USD29 400×6.5） 195 000
  借：应付外汇账款——A公司（USD29 400×6.5） 3 900
   贷：自营出口销售收入——佣金（USD600×6.5） 3 900

（3）同时，冲销原结转的销售成本。

分析：这项经济业务的发生，一方面，企业由于矿石被退回冲转商品出口销售成本而使出口销售成本减少了100 000元，应记入"自营出口销售成本——矿石"账户的贷方；另一方面，由于矿石被退回而使出口企业的待运和发出商品增加了100 000元，应记入"待运和发出商品——国外退货"账户的借方。具体会计分录如下：

借：待运和发出商品——国外退货　　100 000
　　贷：自营出口销售成本——矿石　　100 000

（4）对退回商品，原出口时支付的国内外费用予以冲销。

分析：对出口销售退回商品，原出口时支付的国外运费、保险费，以及国内运杂费、装卸费等，均应通过"待处理财产损溢"账户冲销。原出口时支付的国内外费用总额为 16 540（1 500×6.5+660×6.5+1 000+1 500），应记入"待处理财产损溢——待处理流动资产损溢"账户的借方；支付的国外运费为 1 500美元，汇率为 6.5，折算人民币为 9 750 元，应记入"自营出口销售收入——矿石（运费）"账户的贷方；支付的国外保险费为 660 美元，汇率为 6.5，折算人民币为 4 290 元，应记入"自营出口销售收入——矿石（保险费）"账户的贷方；支付的国内运杂费为 1 000 元，应记入"销售费用——运杂费"账户的贷方；支付的国内港杂费、报关费、装卸费为 1 500 元，应记入"销售费用——港杂费、报关费、装卸费"账户的贷方。具体会计分录如下：

借：待处理财产损溢——待处理流动资产损溢　　16 540
　　贷：销售费用——运杂费　　　　　　　　　　　　1 000
　　　　　　——港杂费、报关费、装卸费　　　　　　1 500
　　　　自营出口销售收入——矿石（运费）（USD1 500×6.5）　9 750
　　　　　　——国外保险费（USD660×6.5）　　　　4 290

（5）汇付退回矿石的国外运费 1 500 美元，保险费 660 美元，当日即期汇率 6.5。

分析：这项经济业务的发生，一方面，企业由于支付退回矿石的国外运保费而使银行存款减少了 2 160 美元，当日即期汇率 6.5，折算人民币为 14 040元，应记入"银行存款——美元户"账户的贷方；另一方面，支付的外运保费应记入"待处理财产损溢——待处理流动资产损溢"账户的借方。具体会计分录如下：

借：待处理财产损溢——待处理流动资产损溢　　14 040
　　贷：银行存款——美元户（USD2 160×6.5）　　14 040

（6）支付退回矿石的国内费用共计 2 000 元。

分析：这项经济业务的发生，一方面，企业由于支付退回矿石的国内费用而使银行存款减少了 2 000 元，应记入"银行存款——人民币户"账户的贷方；另一方面，支付的国内费用应记入"待处理财产损溢——待处理流动资产损溢"账户的借方。具体会计分录如下：

借：待处理财产损溢——待处理流动资产损溢　　2 000
　　贷：银行存款——人民币户　　　　　　　　　　2 000

（7）收到储运部门转来的收货单，退回的矿石已验收入库。

分析：这项经济业务的发生，一方面，企业由于退回的矿石已验收入库而使库存商品增加了 100 000 元，应记入"库存商品——库存出口商品——矿石"账户的借方；另一方面，待运和发出商品减少 100 000 元，应记入"待运和发出商品——国外退货"账户的贷方。具体会计分录如下：

借：库存商品——库存出口商品——矿石　　100 000

贷：待运和发出商品——国外退货　　　　　　100 000

（8）9 月 26 日，今查明退货系供货单位 B 公司的责任。与其联系后，国内外费用决定由其负责赔偿。

分析：这项经济业务的发生，一方面，由于 B 公司赔偿企业因退货而产生的损失，使应收账款增加了 32 580 元，应记入"其他应收款——B 公司"账户的借方；另一方面，结转待处理财产损溢 32 580 元，应记入"待处理财产损溢——待处理流动资产损溢"账户的借方。具体会计分录如下：

借：其他应收款——B 公司　　　　　　　　32 580

贷：待处理财产损溢——待处理流动资产损溢　　32 580

（二）国外退货产品就地委托代销的核算

如果遭国外退货的产品不再运回国内，为减少退货费用，而改由委托境外客户或经销商代销。此时，应由双方重新订立委托销售协议，待销售以后根据实际销售价格及合同规定方式进行结算。

1. 收到代销商出具的收货收据和退货人退货单证时，冲销原出口销售收入，按其原出口销售收入金额借记"自营出口销售收入——×商品"账户，贷记"应收外汇账款——×客户"账户。相关会计分录如下（如果原销售中含有明佣或暗佣，其账务处理参见"国外退货产品运回国内的核算"）：

借：自营出口销售收入——×商品　　×××

贷：应收外汇账款——×客户　　　×××

同时，冲转原销售成本，按其成本金额借记"委托代销商品——×经销商"账户，贷记"自营出口销售成本"账户。相关会计分录如下：

借：委托代销商品——×经销商　　×××

贷：自营出口销售成本——×商品　　×××

2. 对原出口时支付的国内外费用，可先按"国外退货产品运回国内的核算"的方式进行账务处理，待寄售商品出售后，再通过"待处理财产损溢"账户，将有关国外费用冲减销售收入，将国内费用做销售费用处理。按照待处理财产损溢总金额贷记"待处理财产损溢——待处理流动资产损溢"账户，按照国外费用金额借记"自营出口销售收入——×商品"账户，按照国内费用金额借记"销售费用"账户。相关会计分录如下：

借：自营出口销售收入——×商品（运费）   ×××
            ——×商品（保险费）   ×××
    销售费用（国内费用）   ×××
    贷：待处理财产损溢——待处理流动资产损溢   ×××

3. 寄售商品出售后的账务处理与自营出口的账务处理相似，此处不再赘述。只是在结转销售成本时，按其成本金额借记"自营出口销售成本——×商品"账户，贷记"委托代销商品——×经销商"账户。相关会计分录如下：

借：自营出口销售成本——×商品   ×××
    贷：委托代销商品——×经销商   ×××

【例6-77】承例6-76，假设滨海公司向国外A公司出口的矿石遭到退货后不再运回国内，改由B经销商代销，双方订立了委托代销协议。

（1）2011年9月2日，收到B代销商出具的收货收据和A公司退货单证，假定原销售采用明佣方式。

分析：这项经济业务的发生，一方面，企业由于矿石被退冲转商品销售收入而使销售收入减少了30 000美元，应记入"自营出口销售收入——矿石（货款）"账户的借方，同时，因为是明佣，根据佣金金额记入"自营出口销售收入——矿石（佣金）"账户的借方；另一方面，由于矿石被退而使出口企业的应收外汇账款减少了29 400美元，应根据销售净额记入"应收外汇账款——A公司"账户的贷方。具体会计分录如下：

借：自营出口销售收入——货款（USD30 000×6.5）   195 000
    贷：自营出口销售收入——佣金（USD600×6.5）   3 900
        应收外汇账款——A公司（USD29 400×6.5）   191 100

同时，冲销原结转的销售成本。

分析：这项经济业务的发生，一方面，企业由于矿石被退冲转商品出口销售成本而使出口销售成本减少了100 000元，应记入"自营出口销售成本——矿石"账户的贷方；另一方面，由于被退矿石转为就地代销而使出口企业的委托代销商品增加了100 000元，应记入"委托代销商品——B经销商"账户的借方。具体会计分录如下：

借：委托代销商品——B经销商   100 000
    贷：自营出口销售成本——矿石   100 000

（2）对退回商品，原出口时支付的国内外费用予以冲销。具体会计分录如下：

借：待处理财产损溢——待处理流动资产损溢   16 540

　　　　　　贷：销售费用——运杂费　　　　　　　　　　　　　　　　1 000
　　　　　　　　　　——港杂费、报关费、装卸费　　　　　　　　　1 500
　　　　　　　自营出口销售收入——矿石（运费）（USD1 500×6.5）　9 750
　　　　　　　　　　——国外保险费（USD660×6.5）　　　　　　　4 290

　　（3）9 月 28 日，收到境外代销商寄来已出售商品清单，根据已售商品清单
所附的发票副本，经核对所寄售商品的数量、单价、金额准确无误。各项金额
假设计为：代销商品的收入为 28 000 美元，B 经销商扣除 5%佣金计 1 400 美元，
支付国外仓储费 1 000 美元，余额 25 600 美元汇入企业账户，假设当日即期汇
率为 6.5。

　　分析：这项经济业务的发生，一方面，企业由于矿石销售完毕而使销售收
入增加了 28 000 美元，当日即期汇率为 6.5，折算为人民币为 182 000 元，应记
入"自营出口销售收入——矿石（货款）"账户的贷方，同时 5%佣金作为销售
收入的减项，根据佣金金额记入"自营出口销售收入——矿石（佣金）"账户的
借方，支付的国外仓储费 1 000 美元也作为销售收入的减项，记入"自营出口
销售收入——代销商品国外费用"账户的借方；另一方面，由于销售完毕而使
出口企业的外汇银行存款增加了 25 600 美元，应根据销售净额记入"银行存款
——美元户"账户的借方。具体会计分录如下：

　　　　借：银行存款——美元户（USD25 600×6.5）　　　　　　166 400
　　　　　　自营出口销售收入——矿石（佣金）（USD1 400×6.5）　9 100
　　　　　　　　　　——代销商品国外费用（USD1 000×6.5）　　6 500
　　　　贷：自营出口销售收入——矿石（货款）　　　　　　　　182 000

　　同时，结转代销成本。

　　分析：这项经济业务的发生，一方面，企业由于矿石销售完毕而使销售成
本增加了 100 000 元，应记入"自营出口销售成本——矿石"账户的借方；另
一方面，结转委托代销商品 100 000 元，应记入"委托代销商品——B 经销商"
账户的贷方。具体会计分录如下：

　　　　借：自营出口销售成本——矿石　　　　100 000
　　　　贷：委托代销商品——B 经销商　　　　100 000

　　（4）转销原出口发生的国内外费用。

　　分析：寄售商品售出后，按照待处理财产损溢总金额 16 540（1 500×6.5+
660×6.5+1 000+1 500）贷记"待处理财产损溢——待处理流动资产损溢"账户；
原支付的国外运费为 1 500 美元，汇率 6.5，折算人民币为 9 750 元，应记入"自
营出口销售收入——矿石（运费）"账户的借方；支付的国外保险费为 660 美元，
汇率 6.5，折算人民币为 4 290 元，应记入"自营出口销售收入——矿石（保险

费）"账户的借方；支付的国内运杂费为 1 000 元，应记入"销售费用——运杂费"账户的借方；支付的国内港杂费、报关费、装卸费为 1 500 元，应记入"销售费用——港杂费、报关费、装卸费"账户的借方。具体会计分录如下：

借：销售费用——运杂费   1 000
     ——港杂费、报关费、装卸费   1 500
   自营出口销售收入——矿石（运费）（USD1 500×6.5） 9 750
        ——国外保险费（USD660×6.5） 4 290
 贷：待处理财产损溢——待处理流动资产损溢   16 540

6.4.6　对外索赔、理赔的核算

（一）索赔

索赔是指外贸企业因进口方违反合同规定而遭受损失时，根据合同规定向对方提出的赔偿要求。

属于进口方责任而引起索赔的原因主要有：进口方未按期付款，未及时办理运输手续，未及时开立信用证，以及其他违反合同或法定义务的行为。

外贸企业出口销售业务的索赔，经进口方确认并同意赔偿时，借记"应收外汇账款——出口索赔"账户，贷记"营业外收入——出口索赔"账户。相关会计分录如下：

借：应收外汇账款——出口索赔 ×××
 贷：营业外收入——出口索赔 ×××

【例 6-78】承例 6-45，假定滨海公司向 A 公司出口矿石后，A 公司未按期付款，给我方造成损失。滨海公司依据合同提出索赔，经 A 公司确认理赔 5 000 美元，当日即期汇率为 6.5。

分析：这项经济业务的发生，一方面，企业由于得到赔偿而使应收外汇账款增加了 5 000 美元，当日即期汇率为 6.5，折算人民币为 32 500 元，应记入"应收外汇账款——出口索赔"账户的借方；另一方面，得到的赔偿列入营业外收入，应记入"营业外收入——出口索赔"账户的贷方。具体会计分录如下：

借：应收外汇账款——出口索赔（USD5 000×6.5） 32 500
 贷：营业外收入——出口索赔   32 500

（二）理赔

理赔，是指外贸企业因违反合同规定使进口方遭受损失，受理对方根据合同规定提出来的赔偿要求。

属于出口方责任而引起对方索赔的原因主要有：出口方所交货物的品质、数量、包装与合同不符，未按期交货，以及不属于保险责任范围的商品短缺、

残损严重等情况。凡不属于保险责任范围，又在合约规定的索赔期限内，需进口方提供有关证明，外贸企业经核实，确认情况属实，应负责赔偿的，进行相应的账务处理。

对外理赔的原因多种多样，从会计处理角度可分为3种情况。

1. 属于出口方少发货所致

财会部门应按索赔商品数量及原出口单价冲减销售收入，同时根据储运部门更正的外销出库凭证（红字），冲减销售成本并查明少发原因，予以相应的处理。

冲转原销售收入，借记"自营出口销售收入"账户，贷记"应付外汇账款——出口理赔"账户，相关会计分录如下：

借：自营出口销售收入　　　　　　　×××

　贷：应付外汇账款——出口理赔　　×××

如果理赔金额与少发商品价格不一致，差额先记入"待处理财产损溢——待处理流动资产损溢"账户处理。

如果理赔金额大于少发商品总价，按其差额借记"待处理财产损溢——待处理流动资产损溢"账户，按少发商品总价借记"自营出口销售收入"账户，按理赔金额贷记"应付外汇账款——出口理赔"账户。相关会计分录如下：

借：自营出口销售收入　　　　　　　　　×××

　　待处理财产损溢——待处理流动资产损溢　×××

　贷：应付外汇账款——出口理赔　　　　　×××

如果理赔金额小于少发商品总价，按其差额贷记"待处理财产损溢——待处理流动资产损溢"账户，按少发商品总价借记"自营出口销售收入"账户，按理赔金额贷记"应付外汇账款——出口理赔"账户。相关会计分录如下：

借：自营出口销售收入　　　　　　　　　×××

　贷：应付外汇账款——出口理赔　　　　　×××

　　　待处理财产损溢——待处理流动资产损溢　×××

同时冲转少发商品原销售成本，借记"待处理财产损溢——待处理流动资产损溢"账户，贷记"自营出口销售成本"账户。相关会计分录如下：

借：待处理财产损溢——待处理流动资产损溢　×××

　贷：自营出口销售成本　　　　　　　　×××

在调整了少发商品原销售成本之后，即可按查明的不同原因经批准后处理：

（1）经查，若少发商品系供货单位少发货所致，应向供货单位交涉并收回原价（暂不考虑增值税问题），借记"应收账款——国内供应商"或"银行存款——国内供应商"账户，贷记"待处理财产损溢——待处理流动资产损溢"账户。相关会计分录如下：

  借：应收账款——国内供应商

   （或：银行存款——国内供应商） ×××

   贷：待处理财产损溢——待处理流动资产损溢   ×××

  （2）如少发商品尚在出口企业仓库内，根据仓库报来的溢余报告单，借记"库存商品——库存出口商品（少发商品）"账户，贷记"待处理财产损溢——待处理流动资产损溢"账户。相关会计分录如下：

  借：库存商品——库存出口商品（少发商品） ×××

   贷：待处理财产损溢——待处理流动资产损溢 ×××

  （3）如果少发的商品是短缺所造成，借记"营业外支出——出口理赔"账户，贷记"待处理财产损溢——待处理流动资产损溢"账户。相关会计分录如下：

  借：营业外支出——出口理赔   ×××

   贷：待处理财产损溢——待处理流动资产损溢 ×××

  【例6-79】承例6-45，假定由于滨海公司少发矿石10%，致使A公司提出索赔USD3 000元。经确认对外理赔，当日即期汇率为6.5。

  （1）冲转少发商品销售收入。

  分析：这项经济业务的发生，一方面，企业由于理赔而使应付外汇账款增加了3 000美元，当日即期汇率为6.5，折算人民币为18 000元，应记入"应付外汇账款——出口理赔"账户的贷方；另一方面，理赔时要冲转销售收入，应记入"自营出口销售收入——矿石"账户的借方。具体会计分录如下：

  借：自营出口销售收入——矿石 18 000

   贷：应付外汇账款——出口理赔（USD3 000×6.5） 18 000

  （2）同时，冲转少发商品销售成本。

  分析：这项经济业务的发生，一方面，企业由于冲转少发商品销售成本而使出口销售成本减少了10 000元，应记入"自营出口销售成本——矿石"账户的贷方；另一方面，由于未查明少发商品原因，应记入"待处理财产损溢——待处理流动资产损溢"账户的借方。具体会计分录如下：

  借：待处理财产损溢——待处理流动资产损溢 10 000

   贷：自营出口销售成本——矿石   10 000

  （3）经查，上述少发商品尚在企业仓库内。

  分析：现查明原因，少发商品尚在企业仓库内，因此，出口企业的库存商品增加了10 000元，应记入"库存商品——库存出口商品（少发商品）"账户的借方，同时，应记入"待处理财产损溢——待处理流动资产损溢"账户的贷方。具体会计分录如下：

借：库存商品——库存出口商品（少发商品）　10 000
　　贷：待处理财产损溢——待处理流动资产损溢　10 000

（4）经查，如少发商品是由于供货单位少发造成的，经交涉按原进价收回。

分析：现查明原因，如少发商品是由于供货单位少发造成的，应向供货单位按原进价收回，因此，出口企业的应收账款增加了 10 000 元，应记入"应收账款——国内供应商"账户的借方，同时，应记入"待处理财产损溢——待处理流动资产损溢"账户的贷方。具体会计分录如下：

借：应收账款——国内供应商　　　　　　　10 000
　　贷：待处理财产损溢——待处理流动资产损溢　10 000

（5）经查，如果少发的商品是短缺所造成的。

分析：现查明原因，如果少发的商品是短缺所造成，应记入"营业外支出——出口理赔"账户的借方，同时，应记入"待处理财产损溢——待处理流动资产损溢"账户的贷方。具体会计分录如下：

借：营业外支出——出口理赔　　　　　　　10 000
　　贷：待处理财产损溢——待处理流动资产损溢　10 000

2. 属于出口方错发货所致

实际发货时，由于出口商品中同类货物不同规格、不同颜色、不同产地的商品很多，由于出库发货环节的疏忽，出现发错商品的事故，造成理赔，应区别不同情况予以处理。

（1）双方同意以调换商品方式处理

①在这种情况下若原账务处理均按正确商品进行的，所以换货时无须对原有记录进行调整，只须将错发商品运回，重新补发正确的商品。对运回及补发商品过程中发生的国内外费用，均先作为"待处理财产损溢"处理，借记"待处理财产损溢——待处理流动资产损溢"账户，贷记"银行存款"账户。相关会计分录如下：

借：待处理财产损溢——待处理流动资产损溢　×××
　　贷：银行存款　　　　　　　　　　　　　　×××

经报批后，转入营业外支出（企业自身责任）或其他应收款（供货单位责任），借记"营业外支出——出口理赔"或"其他应收款"账户，贷记"待处理财产损溢——待处理流动资产损溢"账户。相关会计分录如下：

借：营业外支出——出口理赔　　　　　　　×××
　　或：其他应收款　　　　　　　　　　　　×××
　　贷：待处理财产损溢——待处理流动资产损溢　　×××

②若原账务处理均按错发的商品进行的，先调整销售收入。

当补发商品收入小于错发商品时，按其差额借记"自营出口销售收入——补发产品收入差额"账户，贷记"应付外汇账款——国外某客户"账户。相关会计分录如下：

借：自营出口销售收入——补发产品收入差额　　×××
　　贷：应付外汇账款——国外某客户　　　　　　　　×××

当补发商品收入大于错发商品时，按其差额借记"应收外汇账款——国外某客户"账户，贷记"自营出口销售收入——补发产品收入差额"账户。相关会计分录如下：

借：应收外汇账款——国外某客户　　　　　　　　　×××
　　贷：自营出口销售收入——补发产品收入差额　　　×××

同时，根据业务部门开来的进出库凭证调整库存商品及其成本。

当补发商品成本小于错发商品时，借记"库存商品——库存出口商品（返回错发商品）"账户，贷记"库存商品——库存出口商品（补发商品）"账户，按成本差额贷记"自营出口销售成本——补发商品成本差额"账户。相关会计分录如下：

借：库存商品——库存出口商品（返回错发商品）　　×××
　　贷：库存商品——库存出口商品（补发商品）　　　×××
　　　　自营出口销售成本——补发商品成本差额　　　×××

当补发商品成本大于错发商品时，借记"库存商品——库存出口商品（返回错发商品）"账户，贷记"库存商品——库存出口商品（补发商品）"账户，按成本差额借记"自营出口销售成本——补发商品成本差额"账户。相关会计分录如下：

借：库存商品——库存出口商品（返回错发商品）　　×××
　　　自营出口销售成本——补发商品成本差额　　　　×××
　　贷：库存商品——库存出口商品（补发商品）　　　×××

对运回及补发商品过程中发生的国内外费用，按照上述方式处理。

【例6-80】承例6-45，假定由于滨海公司错发矿砂120 000元，售价32 000美元，原账务处理均按错发的商品进行的，双方同意以调换商品方式处理。当日即期汇率6.5。

①调整销售收入。

分析：补发商品矿石收入比错发商品矿砂收入少2 000美元，当日即期汇率6.5，折算人民币为13 000元，应记入"自营出口销售收入——矿砂收入差额"账户的借方，同时记入"应付外汇账款——A公司"账户的贷方。具体会计分录如下：

    借：自营出口销售收入——矿砂收入差额　13 000

        贷：应付外汇账款——A 公司（USD2 000×6.5）　13 000

  ②调整库存商品及其成本。

  分析：补发商品矿石成本比错发商品矿砂成本少 2 000 元，按矿砂成本记入"库存商品——库存出口商品（矿砂）"账户的借方，同时按矿石记入"库存商品——库存出口商品（矿石）"账户的贷方，按成本差额贷记"自营出口销售成本——矿石成本差额"账户的贷方。具体会计分录如下：

    借：库存商品——库存出口商品（矿砂）　　　120 000

        贷：库存商品——库存出口商品（补发商品）　100 000

           自营出口销售成本——补发商品成本差额　　2 000

（2）双方同意不再调换商品，以退补差价方式处理

  ①在这种情况下若原账务处理均按正确商品进行的，以退补差价方式处理，根据出口更正发票调整销售收入，冲掉原销售收入，补记错发商品销售收入。

  当错发商品价格低于未发商品价格，借记"自营出口销售收入——未发商品"账户，贷记"自营出口销售收入——错发商品"账户，按销售收入差额贷记"应付外汇账款——出口理赔"账户。相关会计分录如下：

    借：自营出口销售收入——未发商品　×××

        贷：自营出口销售收入——错发商品　×××

           应付外汇账款——出口理赔　　　×××

  当错发商品价格高于未发商品价格，借记"自营出口销售收入——未发商品"账户，贷记"自营出口销售收入——错发商品"账户，按销售收入差额借记"应收外汇账款——出口理赔"账户。相关会计分录如下：

    借：自营出口销售收入——未发商品　×××

        应收外汇账款——出口理赔　　　×××

        贷：自营出口销售收入——错发商品　×××

  同时，根据有关进出库凭证调整库存，冲掉原销售成本，补记错发商品成本。即借记"库存商品——库存出口商品（未发商品）"账户，贷记"自营出口销售成本——未发商品"账户，且借记"自营出口销售成本——错发商品"账户，贷记"库存商品——库存出口商品（错发商品）"账户。相关会计分录如下：

    借：库存商品——库存出口商品（未发商品）　×××

        贷：自营出口销售成本——未发商品　　　×××

    借：自营出口销售成本——错发商品　　　×××

        贷：库存商品——库存出口商品（错发商品）　×××

【例6-81】承例6-70,假定双方同意不再调换商品。当日即期汇率为6.5。

1)冲转未发矿石成本。

分析:冲转未发矿石成本,按矿石成本记入"库存商品——库存出口商品(矿石)"账户的借方,同时记入"自营出口销售成本——矿石"账户的贷方。具体会计分录如下:

借:库存商品——库存出口商品(矿石)   100 000
　　贷:自营出口销售成本——矿石   100 000

2)补记矿砂成本。

分析:补记矿砂成本,按矿砂成本记入"库存商品——库存出口商品(矿砂)"账户的贷方,同时记入"自营出口销售成本——矿砂"账户的借方。具体会计分录如下:

借:库存商品——库存出口商品(矿砂)   120 000
　　贷:自营出口销售成本——矿砂   120 000

3)根据出口更正发票调整销售收入。

分析:根据出口更正发票调整销售收入,按矿砂收入32 000美元(人民币208 000元),记入"自营出口销售收入——矿砂"账户的借贷方,按矿石收入30 000美元(人民币195 000元),记入"自营出口销售收入——矿石"账户的借方,同时按收入差额2 000美元(人民币13 000元),记入"应收外汇账款——出口理赔"账户的借方。具体会计分录如下:

借:自营出口销售收入——矿石   195 000
　　应收外汇账款——出口理赔   13 000
　　贷:自营出口销售收入——矿砂   208 000

②若原账务处理均按错发的商品进行的,无需进行账务处理。

(3)其他原因

如属于其他原因,确认理赔时,借记"待处理财产损溢——待处理流动资产损溢"账户,贷记"应付外汇账款——出口理赔"账户。相关会计分录如下:

借:待处理财产损溢——待处理流动资产损溢   ×××
　　贷:应付外汇账款——出口理赔   ×××

①查明原因后,如属企业自身责任事故,应按规定报经批准后,借记"营业外支出——出口理赔"或"管理费用"账户,贷记"待处理财产损溢——待处理流动资产损溢"账户。相关会计分录如下:

借:营业外支出——出口理赔   ×××
　　或:管理费用   ×××
　　贷:待处理财产损溢——待处理流动资产损溢   ×××

②如属其他单位责任，应向责任单位索赔，借记"其他应收款——×单位"账户，贷记"待处理财产损溢——待处理流动资产损溢"账户。相关会计分录如下：

借：其他应收款——×单位　　　　　　　　×××

　　贷：待处理财产损溢——待处理流动资产损溢　×××

如对内索赔与对外理赔有差额，可分别记入"营业外支出"或"营业外收入"账户。

【例6-82】承例6-45，滨海公司出口销售给A公司矿石，由于未按期装运导致A公司提出索赔USD2 000，经确认对外理赔，当日即期汇率为6.5。

分析：这项经济业务的发生，一方面，企业由于确认对外理赔而使应付外汇账款增加了2 000美元，当日即期汇率为6.5，折算人民币为13 000元，应记入"应付外汇账款——出口理赔"账户的贷方；另一方面，由于未查明原因，应记入"待处理财产损溢——待处理流动资产损溢"账户的借方。具体会计分录如下：

借：待处理财产损溢——待处理流动资产损溢　　　13 000

　　贷：应付外汇账款——出口理赔　（USD2 000×6.5）　13 000

经查上述理赔属企业自身的责任事故。

分析：由于理赔属企业自身的责任事故，理赔金额应列入营业外支出，应记入"营业外支出——出口理赔"账户的借方，同时记入"待处理财产损溢——待处理流动资产损溢"账户的贷方。具体会计分录如下：

借：营业外支出——出口理赔　　　　　　13 000

　　贷：待处理财产损溢——待处理流动资产损溢　13 000

如属供货单位的责任，则应向责任方索赔。

分析：由于理赔属供货单位的责任，理赔金额应列入其他应收款，应记入"其他应收款——国内供应商"账户的借方，同时记入"待处理财产损溢——待处理流动资产损溢"账户的贷方。具体会计分录如下：

借：其他应收款——国内供应商　　　　　13 000

　　贷：待处理财产损溢——待处理流动资产损溢　13 000

6.5 代理出口销售业务的核算

6.5.1 代理出口销售业务概述

代理出口销售是指外贸企业代替国内委托单位办理对外销售、托运、交单和结汇等全过程的出口销售业务，或者仅代替办理对外销售、交单和结汇的出口销售业务。如果只代替办理部分出口销售业务，而未代替办理交单、结汇业务的，只能称为代办出口销售业务。

（一）代理出口销售业务应遵循的原则

1. 外贸企业经营代理出口销售业务应遵循不垫付商品资金，不负担国内外直接费用，不承担出口销售业务的盈亏，只按照出口销售发票金额及规定的代理手续费率，向委托单位收取外汇手续费的原则。根据这一原则，委托单位则必须提供出口货源，负担一切国内外直接费用，并承担出口销售业务的盈亏。

2. 代理出口销售业务发生的国内外直接费用，均应由委托单位负担，费用的结算可以由受托企业垫付，然后向委托单位收取，也可以由委托单位预付，以后再进行清算。

3. 外贸企业经营代理出口销售业务前，应与委托单位签订代理出口合同或协议，就经营商品、代理范围、商品交接、保管运输、费用负担、货款结算方式、手续费率、外汇划拨、索赔处理等有关业务内容，作出详细的规定，以明确各方的权利和责任。对于代理出口商品使用的凭证均应加盖"代理业务"戳记，以便于识别。

（二）代理出口销售外汇货款结算的方法

自 1996 年 8 月 1 日起，根据国家外汇管理局所发布的《出口收汇结汇核销管理暂行办法》第 11 条规定，除外商投资企业委托代理出口的情况下应凭委托代理协议办理原币划转外，境内机构的出口收汇不得原币划转，应当在收款行结汇后将人民币划转委托出口单位。

外贸企业代理出口销售外汇货款结算方法有异地收汇法和全额收汇法两种。

1. 异地收结汇法，是指受托外贸企业在商品出口销售向银行办理交单收汇时，办妥必要的手续，由银行在收到外汇货款时，向代理出口销售业务的受托外贸企业和委托单位分割结汇的方法。采取这种方法时，银行在收到外汇时，如含有佣金的，在扣除应付佣金后，将外贸企业代垫的国内外直接费用和应收取的代理手续费向受托外贸企业办理结汇，同时将外汇余额直接划拨委托单位，去委托地银行结汇。

2. 全额收结汇法，是指银行在收到外汇时，全额向受托外贸企业办理结汇的方法。采取这种方法时，受托外贸企业收汇后，扣除垫付的国内外直接费用和应收取的代理手续费，将人民币余额通过银行转付委托单位。

（三）代理商品出口退（免）税

我国规定，自1996年起，生产企业委托出口企业代理出口自产货物和外贸公司委托出口企业代理出口的货物，一律由受托方到其主管退税的税务机关开具"代理出口货物证明"（见表6-18），并经退税的税务机关签章后，由受托方交给委托方（货物出口报关之日起60天内），由委托方向所在地税务部门办理退（免）税。委托方在申请办理退（免）税时，除了"代理出口货物证明"之外，还需提供下列凭证：

（1）受托代理出口的"出口货物报关单（出口退税联）"；

（2）代理出口协议副本；

（3）外销发票；

（4）税务机关要求提供的其他资料。

表6-18 代理出口货物证明

受托企业名称：		委托企业名称：	
受托企业海关代码：		委托企业纳税登记号：	

报关单号	离境日期	核销单号	出口商品代码	出口商品名称	计量单位	数量	币别	离岸价格	委托（代理）出口合同号

受托企业	出口退税税务机关审核意见		
经办人：（章） 负责人：（章） 年 月 日	经办人：（章） 年 月 日	科（所）长：（章） 年 月 日	负责人：（章） 年 月 日

6.5.2 代理出口销售业务核算

（一）代理出口商品收发的核算

受托企业对代理出口的商品没有所有权，不通过"库存商品"账户进行核算，但代理合同或协议一经生效，受托企业就有保证代理出口商品安全和完整的责任，因此应设置"受托代销商品"和"受托代销商品款"两个账户进行核算，并办理与自营出口商品同样的进出仓凭证的流转手续。为了便于分别核算，代理出口商品的进出仓凭证和内部使用的有关出口单证上，均应作明显代理标志或加盖代理字样的图章，以资区别。

应设置的账户

1. 受托代销商品

"受托代销商品"，资产类账户，用以核算企业接受其他单位委托代理出口的商品和代销的商品。企业收到其他单位代理出口商品或代销商品时，记入借方；代理出口商品发运后，结转其成本时，记入贷方；余额在借方，表示委托代理出口商品和代销商品的结存额。

收到其他单位代理出口商品或代销商品，应根据储运部门转来代理业务入库单上所列的金额，借记"受托代销商品"账户，贷记"受托代销商品款"账户；代理出口商品发运后，结转其成本，借记"待运和发出商品——受托代销商品"账户，贷记"受托代销商品"账户。

"受托代销商品"账户的结构如下：

借方	受托代销商品	贷方
期初余额		
本期增加额：收到其他单位代理出口商品或代销商品	本期减少额：代理出口商品发运	
本期增加发生额合计	本期减少发生额合计	
期末余额：委托代理出口商品和代销商品的结存额		

相关会计分录如下：

①收到代理出口商品时：

借：受托代销商品　　　　　×××

　　贷：受托代销商品款　　　　×××

②代理出口商品发运时：

借：待运和发出商品——受托代销商品 ×××

　　贷：受托代销商品　　　　　　　　×××

2. 受托代销商品款

"受托代销商品款"，负债类账户，用以核算企业接受代理出口商品和代销商品的货款。企业收到代理出口商品或代销商品时，记入贷方；代理出口商品或代销商品销售时，记入借方；余额在贷方，表示尚未销售的代理出口商品和代销品的数额。

收到其他单位代理出口商品或代销商品，应根据储运部门转来代理业务入库单上所列的金额，借记"受托代销商品"账户，贷记"受托代销商品款"账户；代理出口商品或代销商品销售，进行结转，借记"受托代销商品款"账户，贷记"待运和发出商品——受托代销商品"账户。

"受托代销商品款"账户的结构如下：

借方	受托代销商品款	贷方
	期初余额	
本期减少额：代理出口商品或代销商品销售	本期增加额：收到代理出口商品或代销商品	
本期减少发生额合计	本期增加发生额合计	
	期末余额：尚未销售的代理出口商品和代销品的数额	

相关会计分录如下：

①收到代理出口商品时：

借：受托代销商品　　　×××

　　贷：受托代销商品款　　×××

②代理出口商品销售时：

借：受托代销商品款　　　　　×××

　　贷：待运和发出商品——受托代销商品　×××

受托企业根据合同规定收到委托方发来代理出口商品时，应根据储运部门转来代理业务入库单上所列的金额，借记"受托代销商品"账户；贷记"受托代销商品款"账户。代理商品出库后，应根据储运部门转来的代理业务出库单上所列的金额，借记"待运和发出商品——受托代销商品"账户，贷记"受托代销商品"账户。受托企业的相关会计分录如下：

①收到代理出口商品时：

借：受托代销商品　　　×××

　　贷：受托代销商品款　　×××

②代理出口商品发运时：

借：待运和发出商品——受托代销商品 ×××

　　贷：受托代销商品　　　　　×××

（二）代理出口商品交单的核算

代理出口商品交单办理收汇手续，取得银行回单时就意味着销售已经确认，取得了向国外客户收取货款的权利，应根据代理出口商品的销售金额，借记"应收外汇账款"账户，然而这是委托单位的销售收入，不是受托企业的收入，取得货款之后还要支付给委托方，因此，受托企业在取得一项债权的同时也产生了一项债务，应贷记"应付账款"；同时结转代理出口商品的销售成本，根据代理出口商品的出库金额，借记"受托代销商品款"账户，贷记"待运和发出商品——受托代销商品"账户。受托企业的相关会计分录如下：

①确认销售时：

借：应收外汇账款　　×××

　　贷：应付账款　　　×××

②同时结转代理出口商品的销售成本：

借：受托代销商品款　　　　　×××

　　贷：待运和发出商品——受托代销商品　×××

（三）垫付国内外直接费用的核算

代理出口销售业务发生的国内外直接费用，均应由委托单位负担，费用的结算可以由受托企业垫付，在结算时扣回，也可以由委托单位预付，代理业务结束时再进行清算。

外贸企业在垫付国内外直接费用时，应借记"应付账款"账户，贷记"银行存款"账户。受托企业的相关会计分录如下：

借：应付账款　　×××

　　贷：银行存款　　　×××

（四）确认应收取的代理手续费收入

为避免受托企业和委托方对同一商品出口业务重复反映销售收入和销售成本的现象，在会计实务中采取委托方按自营出口处理，而受托企业不再重复反映代理出口销售收入和销售成本，只把代理手续费收入贷记"主营业务收入——代理出口销售收入"（代理业务为主营业务时）或"其他业务收入——代理出口销售收入"（代理业务为辅营业务时）账户，并按规定缴纳营业税，借记"营业税金及附加"账户。

出口企业根据业务部门转来按代理出口销售收入金额的一定比例收取代理手续费发票的金额，借记"应付账款"账户；贷记"主营业务收入——代理出口销售收入"（代理业务为主营业务时）或"其他业务收入——代理出口销售收入"（代理业务为辅营业务时）账户。受托企业的相关会计分录如下：

借：应付账款　　　　　　　×××

贷：主营业务收入——代理出口销售收入　　×××

　　或　其他业务收入——代理出口销售收入　　×××

（五）代理出口销售收汇的核算

1. 外贸企业代理出口销售收汇时，如采取异地结汇法，收到银行转来的垫付代理出口商品的国内外直接费用和代理手续费时，根据收到的金额，借记"银行存款"账户，贷记"应收外汇账款"账户。同时还应根据银行划拨款委托单位的金额，借记"应付账款"账户，贷记"应收外汇账款"账户。受托企业的相关会计分录如下：

借：银行存款　　×××

　　应付账款　　　×××

贷：应收外汇账款　　×××

2. 外贸企业代理出口销售业务如采取当地结汇法，收到银行转来收汇通知收取全部款项时，借记"银行存款"账户，贷记"应收外汇账款"账户。财会部门根据代理出口销售收入金额减去垫付的国内外费用和应收取代理手续费后的差额汇付委托单位，借记"应付账款"账户，贷记"银行存款"账户。受托企业的相关会计分录如下：

①收取全部款项时：

借：银行存款　　×××

　　贷：应收外汇账款　　×××

②差额汇付委托单位时：

借：应付账款　　×××

　　贷：银行存款　　×××

（六）代理出口销售业务税金的核算

代理出口销售业务的退税由委托单位自行办理。

外贸企业代理出口销售业务所取得的代理手续费收入，根据税法规定，按规定的税率交纳营业税，在计提时，借记"营业税金及附加"账户，贷记"应交税金"账户。受托企业的相关会计分录如下：

借：营业税金及附加　×××

　　贷：应交税金　　　×××

【例6-83】滨海公司代理 A 工厂出口服装。

（1）男士西服已运到。

①2011 年 9 月 22 日，收到储运部门转来代理出口商品入库单，列明入库男士西服 200 套，每套 1 200 元。

分析：这项经济业务的发生，一方面，滨海公司由于收到代理出口男士西服而使受托代销商品增加了 240 000 元，应记入"受托代销商品——男士西服"账户的借方；另一方面，负债账户受托代销商品款增加了 240 000 元，应记入"受托代销商品款——A 工厂"账户的贷方。具体会计分录如下：

　　借：受托代销商品——男士西服　　　240 000

　　　贷：受托代销商品款——A 工厂　　　240 000

　　②9 月 25 日，收到储运部门转来代理出口商品出库单，列明出库男士西服 200 套，每套 1 200 元。

　　分析：这项经济业务的发生，一方面，滨海公司由于代理出口男士西服出库而使受托代销商品减少了 240 000 元，应记入"受托代销商品——男士西服"账户的贷方；另一方面，发出待运商品增加了 240 000 元，应记入"待运和发出商品——受托代销商品"账户的借方。具体会计分录如下：

　　借：待运和发出商品——受托代销商品　240 000

　　　贷：受托代销商品——男士西服　　　　240 000

　　（2）滨海公司根据代理出口合同将男士西服销售给 B 公司。

　　①10 月 8 日，收到业务部转来代理销售男士西服的发票副本和银行回单，发票开列男士西服 200 套，每套 200 美元 CIF 价格，共计货款 40 000 美元，明佣 1 000 美元，当日即期汇率为 6.5。

　　分析：这项经济业务的发生，一方面，滨海公司由于销售代理出口男士西服而取得了向 B 公司收款的权利，使滨海公司应收外汇账款增加了 39 000 美元，当日即期汇率为 6.5，折算人民币为 253 500 元，应记入"应收外汇账款——B 公司"账户的借方；另一方面，也产生了负债，使滨海公司应付账款增加了 253 500 元，应记入"应付账款——A 工厂"账户的贷方。具体会计分录如下：

　　借：应收外汇账款——B 公司（USD39 000×6.5）　253 500

　　　贷：应付账款——A 工厂　　　　　　　　　　　253 500

　　②同时根据代理业务出库单（转账联）结转代理出口男士西服销售成本。

　　分析：这项经济业务的发生，一方面，滨海公司由于结转了代理出口男士西服销售成本而使负债账户受托代销商品款减少了 240 000 元，应记入"受托代销商品款——A 工厂"账户的借方；另一方面，发出待运商品由于结转也减少了 240 000 元，应记入"待运和发出商品——受托代销商品"账户的贷方。具体会计分录如下：

　　借：受托代销商品款——A 工厂　　　240 000

　　　贷：待运和发出商品——受托代销商品　240 000

　　（3）滨海公司代理销售男士西服发生国内外基本费用。

　　①9 月 27 日，签发转账支票 2 张，分别支付天津运输公司将男士西服运送

天津港运杂费 900 元，支付天津港装船费 800 元。

分析：这项经济业务的发生，一方面，滨海公司由于垫付了国内费用而使银行存款减少了 1 700 元，应记入"银行存款"账户的贷方；另一方面，由于是垫付，应向 A 工厂收回，因此，对 A 工厂的应付账款就减少了 1 700 元，应记入"应付账款——A 工厂"账户的借方。具体会计分录如下：

借：应付账款——A 工厂　1 700
　贷：银行存款　　　　　　　1 700

②10 月 5 日，支付外轮运输公司的运费 800 美元，保险公司的保险费 150 美元，当日即期汇率为 6.5。

分析：这项经济业务的发生，一方面，滨海公司由于垫付了国外费用而使银行美元存款减少了 950 美元，当日即期汇率为 6.5，折算人民币为 6 175 元，应记入"银行存款——美元户"账户的贷方；另一方面，由于是垫付，应向 A 工厂收回，因此，对 A 工厂的应付账款就减少了 6 175 元，应记入"应付账款——A 工厂"账户的借方。具体会计分录如下：

借：应付账款——A 工厂　　　　　　6 175
　贷：银行存款——美元户（USD950×6.5）　6 175

（4）滨海公司按照代理合同收取代理手续费 1 000 美元，当日即期汇率为 6.5。

分析：这项经济业务的发生，一方面，滨海公司由于确认代理业务收入而使其他业务收入增加了 1 000 美元，当日即期汇率为 6.5，折算人民币为 6 500 元，应记入"其他业务收入——代理出口销售收入"账户的贷方；另一方面，由于是应向 A 工厂收取这笔款，因此，对 A 工厂的应付账款就减少了 6 500 元，应记入"应付账款——A 工厂"账户的借方。具体会计分录如下：

借：应付账款——A 工厂　　　　　　6 500
　贷：其他业务收入——代理出口销售收入　6 500

（5）滨海公司代理销售男士西服，发生收汇业务。

①采取异地结汇法。

10 月 18 日，收到银行转来分割收结汇的收账通知，其中代理业务代垫国内运费 900 元，装船费 800 元；代垫国外运费 800 美元，保险费 150 美元；代理手续费 1 000 美元；同时根据银行转来分割结汇通知，划拨 A 工厂外汇余额。当日即期汇率为 6.5，结汇日银行美元买入价为 6.4。

分析：这项经济业务的发生，一方面，滨海公司由于收汇而使应收外汇账款减少了 39 000 美元，当日即期汇率为 6.5，折算人民币为 253 500 元，应记入"应收外汇账款——B 公司"账户的贷方；另一方面，要扣除滨海公司垫付的国内外费用和应收取的代理手续费，共计 14 375 元，应记入"银行存款"账户的借方；余额 239 125 元划拨给 A 工厂，因此，对 A 工厂的应付账款就减少了 239 125 元，应记入"应付账款——A 工厂"账户的借方。具体会计分录如下：

借：银行存款　　　　　　　　　　　14 375

　　应付账款——A 工厂　　　　　　　　239 125

　　贷：应收外汇账款——B 公司（USD39 000×6.5）　253 500

②当地结汇法下收汇。

分析：这项经济业务的发生，一方面，滨海公司由于收汇而使应收外汇账款减少了 39 000 美元，当日即期汇率为 6.5，折算人民币为 253 500 元，应记入"应收外汇账款——B 公司"账户的贷方；另一方面，银行存款增加 253 500 元，应记入"银行存款"账户的借方。具体会计分录如下：

借：银行存款——美元户（USD39 000×6.5）　　253 500

　　贷：应收外汇账款——B 公司（USD39 000×6.5）　　253 500

同时，扣除滨海公司垫付的国内外费用和应收取的代理手续费，共计 14 375 元，将 239 125 元人民币余额汇付给 A 工厂。具体会计分录如下：

借：应付账款——A 工厂　　239 125

　　贷：银行存款　　239 125

（6）滨海公司按代理出口销售手续费收入 6 500 元的 5%计提营业税。

分析：这项经济业务的发生，一方面，滨海公司由于计提营业税而使营业税金及附加增加了 325 元，应记入"营业税金及附加"账户的借方；另一方面，应交税金增加 325 元，应记入"应交税费——应交营业税"账户的贷方。具体会计分录如下：

借：营业税金及附加　　　　325

　　贷：应交税费——应交营业税　　325

次月初向税务机关交纳营业税时，借记"应交税金"账户，贷记"银行存款"账户。

【本章小结】

本章主要讲述了自营出口、代理出口的核算原则，按照生产企业资金筹措、设备购置、材料采购、国内及国外销售、利润实现和分配等过程，流通企业商品购进，出口销售过程阐述了所涉及的一般经济业务和其他经济业务的账务处理，并配有案例说明。同时也讲述了代理出口的核算内容及核算原则。

第7章　进口业务的核算

【学习目标】

通过本章学习，掌握自营进口、代理进口的核算内容、账务处理、会计核算；了解进口业务的种类、程序及所涉及的单证。

7.1　进口业务概述

7.1.1　进口业务的种类

进口业务按其经营性质不同，可分为自营进口、代理进口和易货贸易三种。

（一）自营进口业务

自营进口业务是指进口企业用自有外汇或向银行购汇，进口境外商品和物资，销售给国内用户的进口业务。这实质上是企业自己经营进口贸易并自负进口盈亏。

（二）代理进口业务

代理进口业务是指外贸企业代理国内委托单位与外商签订进口贸易合同，并负责对外履行合同的业务。对该项业务，外贸企业仅收取一定比例的手续费。

（三）易货贸易业务

易货贸易业务是指贸易双方将进口与出口结合起来进行商品交换并自负盈亏的业务。

7.1.2　进口业务程序

在一般情况下进口货物操作程序大体有以下几个步骤：

（一）与国内用户签订合同

从涉外企业的性质看，进口主要是满足国内生产、生活的需求，因此，一般均为"先有需求，后有进口"或者"以销定进"。为此，外贸企业在进口前必须先与国内用户签订合同，明确进口商品名称、种类、质量、价格、结算方式、售后服务等条件。

（二）对外成交和签订合同

对现汇贸易国家的进口，是在谈判或函电成交的基础上签订合同或成交确认书，据以执行；对记账贸易国家的进口，是在政府间贸易谈判的基础上签订贸易协定或合同，由国家指定的外贸公司负责组织执行。

（三）履行进口合同

我国的进口业务，大部分采用信用证支付方式，有时也采用托收、预付定金加银行保证函等支付方式。在合同生效之后，应立即按合同规定的支付方式办理对外付款保证手续。

1. 对外开立信用证

凡是进口合同规定采用信用证支付方式的，应按合同规定填写开立不可撤销跟单信用证申请书，向银行申请开立信用证。

2. 租船订舱

按 FOB 条件签订进口合同时，应由买方安排船舶，如买方自己没有船舶，则应负责租船订舱或委托货运代理办理租船订舱手续，当办妥租船订舱手续后，应及时将船名及船期通知卖方，以便卖方备货装船，避免出现船等货的情况。

3. 接运货物

买方备妥船后，应做好催装工作，随时掌握卖方备货情况和船舶动态，催促卖方做好装船准备工作，对于数量大或重要的进口货物，必要时，可请我驻外机构就地协助了解和督促对方履约，或派员前往出口地点检验监督，以利接运工作的顺利进行。

4. 办理货运保险

凡是以 FOB 和 CFR 价格条件签订的进口合同，在执行时由我方办理海运保险手续。当接到卖方的装运通知后，应及时将船名、提单号、开航日期、装运港、目的港以及货物的名称和数量等内容通知中国人民保险公司，即作为办妥投保手续，保险公司按预允保险合同的规定对货物负自动承保的责任。

5. 审单付款

国外出口方在商品装船后，应立即将信用证规定的全套单证送交出口方开户银行办理收款手续。进口企业在收到通过开证行转来的出口方开户行发来的全套结算单据后，应认真对照信用证的规定，核对单据的种类、份数和内容，在"单证相符、单单相符"的基础上向开证行办理进口付款赎单手续。

6. 报关提货

买方付款赎单后，一俟货物运抵目的港，即应及时向海关办理申报手续。

经海关查验有关单据、证件和货物，并在提单上签章放行后，即可凭以提货。

7. 验收和拨交货物

凡属进口的货物，都应认真验收，如发现品质、数量、包装有问题应及时取得有效的检验证明，以便向有关责任方提出索赔或采取其他救济措施。

对于法定检验的进口货物，必须向卸货地或到达地的商检机构报验，未经检验的货物，不准销售和使用，为了在规定时效内对外提出索赔，凡属下列情况的货物，均应在卸货港口就地报验：（1）合同订明须在卸货港检验的货物；（2）货到检验合格后付款的；（3）合同规定的索赔期限很短的货物；（4）卸货时已发现残损、短少或有异状的货物。如无上述情况，而用货单位不在港口的，可将货物转运至用货单位所在地，由其自选验收，验收中如发现问题，应及时请当地商检机构出具检验证明，以便在索赔有效期内对外提出索赔，货物进口后，应及时向用货单位办理拨交手续。

8. 进口索赔

如果货物到达后，发现质量、数量有问题及残损等，以中国商检机构的检验证书作为索赔依据。凡发现问题，商检机构均出具检验证书，详细列明检验结果并判明责任归属，可凭商检机构出具的检验证书向有关责任方索取赔偿。

（1）如发现商品的规格、品质与合同不符，属于出口商的责任，应向出口商索赔。

（2）如发现商品数量少于提单所载数量以及运输公司过失造成的商品残损，属于运输公司的责任，应向运输公司索赔。

（3）如由于自然灾害、意外事故或运输中的其他事故致使商品损失等，属于保险范围的，应向保险公司索赔。

（四）对内销售结算

进口企业在收到国外账单或进口货船到达我国港口后，应按照用户的合同和有关规定向用户办理有关结算手续，收取国内用户的货款并结算入账。至此，通常情况下的进口货物业务结束。

7.1.3　进口业务涉及的单证

（一）贷记通知

贷记通知就是银行通知你有钱到账，如客户付款到你的银行账户，银行收到这笔钱时就会通知你，方式就是给你一张贷记通知单，财务拿到此单确认自己的入账金额，可作为凭证。如表 7-1 所示。

（二）外汇支款凭证

外汇支款凭证是单位向开户银行要求从现汇账户中提取资金的一种凭证。

如表 7-2、表 7-3 所示。

（三）借记通知

借记通知与贷记通知相反，是银行通知你有钱从你账户划出，如你从银行账户付款给你的客户，银行将这笔钱从你的银行账户划出时就会通知你，方式就是给你一张借记通知单，财务拿到此单可作为凭证。如表 7-4、表 7-5 所示。

（四）外汇支取凭条、外汇划款凭证

银行根据进口人的"支取凭条"（见表 7-6）或"外汇划款凭证"（见表 7-7）支付外汇。与"外汇支款凭证"的作用一样。

表 7-1　贷记通知

中国银行　　　　　　　　　　　CREDIT ADVICE FOR
BANK OF CHINA　　　　　　　　贷记通知

OUR REF, TTIR02000989/05C　　　　　　　　DATE（日期）：2011/12/01

TO: BINHAI CO.

我行已于即日将你公司之下述汇入款项贷记你 400101000000001 账户

AMT: USD25 000.00	RATE: 6.8500	NETAMT: RMB171 250.00
收款人：BINHAI CO.		汇款行：BANK OFCHINA
汇款编号：0500110500602	汇款日期 2011/12/01	汇款金额：USD25 000.00

REMITTER:

汇款人：

MESSAGE.:

附　言：

TRANSMIT FEE:RMB0.00	NOUIRE CHGS: RMB0.00
CABLE/POST CHGS: RMB0.00	核销单号

申 报 单 号：2102000001×××××

BANK OF CHINA TIANJIN BRANCH

中国银行天津分行

　　　　　　　　　　　　　　　　　　　　　　　　　　　银行签章

表 7-2　外汇支款凭证

中国银行　　　　　　　　　　　　　**外汇支款凭证**
BANK OF CHINA

签发日期：2011 年 12 月 1 日

付款单位	全称	滨海进出口公司	收款单位	全称	滨海进出口公司
	账号	400101000000002		账号	400101000000001
	开户银行	中国银行天津分行　美元户		开户银行	中国银行天津分行　保证金户

支款货币及金额	亿	千	百	十	万	千	百	十	元	角	分
USD25 000.00				2	5	0	0	0	0	0	0

牌价	6.850 0	购汇（或结汇）货币及金额	亿	千	百	十	万	千	百	十	元	角	分

附言	货款	借方科目＿＿＿＿＿＿＿＿＿
		对方科目＿＿＿＿＿＿＿＿＿

银行信息

审核印鉴：　　　复核：　　　经办：　　　（单位预留印鉴）

表 7-3　外汇支款凭证

中国银行　　　　　　　　　　　　　**外汇支款凭证**
BANK OF CHINA

签发日期：2011 年 12 月 7 日

付款单位	全称	滨海进出口公司	收款单位	全称	华美船务公司
	账号	400101000000002		账号	330023852390392x
	开户银行	中国银行江苏省分行　美元户		开户银行	中国银行南京市分行

支款货币及金额	亿	千	百	十	万	千	百	十	元	角	分
USD4 000.00					4	0	0	0	0	0	0

牌价	6.850 0	购汇（或结汇）货币及金额	亿	千	百	十	万	千	百	十	元	角	分

附言	海运运费、保险费	借方科目＿＿＿＿＿＿＿＿＿
		对方科目＿＿＿＿＿＿＿＿＿

银行信息

审核印鉴：　　　复核：　　　经办：　　　（单位预留印鉴）

表 7-4 借记通知

中国银行

BANK OF CHINA　　　　　　　**DEBIT ADVICE**

TO, BINHAI CO.　　　　　　　借记通知　　　　　DATE:

致：　　　　　　　　　　　　　　　　　　　　日期：2011/12/7

L/C No.:　　　　　　　　　　　DRAFT AMT:

信用证号：OllIML20081244　　　单据金额：USD4 000.00

ABNo.:　　　　　　　　　　　　CONTRACT No.:

银行流水号：　　　　　　　　　合同号：

WITH RERFERANCE TO THE CAPTIONED ITEMS. PLEASE BE ADVISED THAT WE
HAVE TODAY DEBITED YOUR ACCOUNT No. 800101000000002 WITH THE FOLLOW-
ING AMOLINT PAYMENT UNDER THE LC ABOVE MENTIONED.

我行已于今日将上述业务之下列金额借记你司第 800101000000002 号账户。

　　　　　DEDUCT AMT

付款金额：USD4 000.00

BUYING RATE: 6.8300　　　　　　　SELLING RATE: 6.8500

BANK OF CHINA TIANJIN BRANCH

中国银行天津分行

　　　　　　　　　　　　　　　　　　　　　　　　　银行签章

表 7-5 借记通知

××银行外汇业务

日期：　　年　月　日

户名：		
账号：		
业务编号：	起息日：　　年　月　日	
摘要：货款	RMB××	
金额：（大写）		

经办：　　　　　打印：　　　　　　　　　　（银行盖章）

374

表 7-6　外汇支取凭条

<table>
<tr><td>□活期外汇存款
（付出）□外汇专户活期存款
□其他金融机构往来
DRA WING SLIP</td><td>**外汇支取凭条**</td></tr>
</table>

口活期外汇存款
（付出）口外汇专户活期存款　　　　**外汇支取凭条**
　　　　口其他金融机构往来
DRA WING SLIP

账　　　号
Account No.

中 国 银 行 台 照
To BANK OF CHINA

日期
Date

请付
Pay

小写金额　　　　　　　　　　　　　签　章
In Figures　　　　　　　　　Signature

主管　　　会计　　　出纳　　　复核　　　记账　　　核对印签

表 7-7　外汇划款凭证

××银行××分行
外汇划款凭证（委托付款）　　　　年　　月　　日

单位	全称		收单位	全称		
	账号			账号		
	开户银行			开户银行		
借方	亿 千 百 十 万 千 百 十 元 角 分	牌价	贷方	亿 千 百 十 万 千 百 十 元 角 分		回单联
金额			金额			
转账原因			（付款单位银行盖章）　　复核　　记录			

（五）购买外汇申请书（见表 7-8）

表 7-8　购买外汇申请书

××银行：

我公司为执行第＿＿号合同项下对外支付，需向贵行购汇。现按外汇管理局有关规定向贵行提供下述内容及所附文件，请审核并按实际付汇日牌价办理售汇。所需人民币资金从我公司＿＿号账户中支付。

1. 购汇金额：

375

2. 用途：□进口商品　□从属费用　□索退赔款　□其他

3. 支付方式：□信用证　□代收　□汇款（□货到付款　□预付货款）

4. 商品名称：

5. 数量：

6. 合同号：　　　　　　金额：

7. 发票号：　　　　　　金额：

8. □一般进口商品，无须批文。

　　□控制进口商品，批文随附如下：

　　□进口证明　□许可证　□登记证明　□其他批文

　　批文号码：　　　　　　　批文有效期：

9. 附件：□批文　　　□合同/协议　　□发票　　　□正本运单

　　　　□报关单　　□运费单/收据　□保险费收据

　　　　□佣金单　　□关税证明　　□仓单　　　□其他

　　　　　　　　　　　　　　　　申请单位___（签章）

---　年　月　日

银行审核意见_____银行业务编号

上述内容与随附文件/凭证描述相符，拟按申请书要求办理售汇。

经办人：　　　　　　复核人：　　　　　　核准人：

售汇日期：　　　　　　经办人：　　　　　　（加盖售汇专用章）

（六）兑换水单

兑换水单是兑换外币时银行给你打印出来的单据。如表 7-9 所示。

表 7-9　×××银行兑换水单

××Exchange Memo

业务编号：　　　　　日期：　年　月　日

户名：

摘要	发票金额：		国外扣：		国外扣：	
	发票号：					
	证件种类：		证件号码：		摘要：货款	
购入		牌价（Rate）		售出（Sell）		
RMB ××				USD ××		

经办：　　　　　　复核：　　　　　　（银行盖章）

（七）运费发票联（见表 7-10）和保险费发票联（见表 7-11）

表 7-10　国际海运业运输专用发票

SPECIAL INVOICE 00R ATIONAL SMPPING
发 票 联
INVOICE

发票代码：3200004197588

发票号码：08000555

华美船务公司

DAREN LIMITED

付款单位　苏诺进出口有限公司　开票日期 2011.12.7　开户银行户头　中国银行江苏省分行

PAYER_____DATE ISSUED_____ BANK _____

船名/航次　YINHE PRRNCESS　到(离)港日期 2011.12.7　账　号(美元) 411075500709918

VESSEL/VOY_____DATE AREIVAL (SAILED)_____BANK ACC0UNT_____

起运地　　　　装船港　　　　卸船港　　　　　目的地

ORIGIN YOKOHAM LOAD PORT YOKOHAM DIS.PORT SHANGHAI99 DTINATION

DALIAN CHINA

提单号 B/L NO.	费用明细 DETAILS OF CHARGE	数量 OUANITY	费率 RATE	金　额 AMOUNT CHARGRI	备注 REMARKS	第
	运费	5 000. 00 公斤		USD3 000.00		二 联
金额合计（大写）美元叁仟元整 TOTAL INCAB0TAL				合计 USD3 000.00 LUMP SUM		发 票 联

企业签章　　　　营业执照号 320020330382218　　经手人 ×××　　复核

BUSTNESS SEA　　BUSINESS LICENSE NO.　　　　ISSUED BY　　CHECKED BY

地址 南京市中华路　　税务登记号 320020352390392X（手开无效）

ADDRESS　　　　TAX REGISTRY NO.　　　　HAND WRITING NULL AND VOID

电话 8478 ×××

TEL

表 7-11　国际海运业保险专用发票

SPECIAL INVOICE 00R ATIONAL SMPPING
发 票 联
INVOICE

发票代码：3200004197588

发票号码：08000555

华美船务公司

DAREN LIMITED

付款单位　苏诺进出口有限公司　开票日期 2011.12.7　开户银行户头　中国银行江苏省分行

PAYER_____DATE ISSUED_____ BANK _____

船名/航次 YINHE PRRNCESS 到(离)港日期 2011.12.7 账 号(美元)411075500709918
VESSEL/VOY_____DATE AREIVAL (SAILED)_____BANK ACC0UNT_____

起运地   装船港   卸船港   目的地
ORIGIN YOKOHAM LOAD PORT YOKOHAM DIS.PORT SHANGHAI99 DTINATION
DALIAN CHINA

提单号 B/L NO.	费用明细 DETAILS OF CHARGE	数量 OUANITY	费率 RATE	金 额 AMOUNT CHARGRI	备注 REMARKS
	保险费	5 000. 00 公斤		USD1 000 .00	
金额合计（大写）美元壹仟元整 TOTAL INCAB0TAL				合计 USD1 000.00 LUMP SUM	

企业签章   营业执照号 320020330382218   经手人 ×××   复核
BUSTNESS SEA   BUSINESS LICENSE NO.   ISSUED BY   CHECKED BY
地址 南京市中华路   税务登记号 320020352390392X（手开无效）
ADDRESS   TAX REGISTRY NO.   HAND WRITING NULL AND VOID
电话 8478×××
TEL

第二联发票联

（八）增值税缴款凭证（见表 7-12）和关税缴款凭证（见表 7-13）

表 7-12 新港海关代征增值税专用缴款书

税务系统 填发日期：2011 年 12 月 14 日
号码 No. 09088004108691

收款单位	海 关	中央金库		缴款单位	名 称	滨海进出口有限公司
	项 目	预算级次	中央		账 号	400101000000001
	收款国库	中国银行天津分行			开户银行	中国银行天津分行

税 号	货物名称	数量	单位	完税价格（￥）	税率（%）	税款金额（￥）
	服装机械	5 000	公斤	198 650.00	17	37 147.55

税款金额人民币（大写）⊗叁万柒仟壹佰肆拾柒元伍角伍分		合计（￥）	￥37 147.55

申请单位编号		报关单编号			
合同（批文）号		运输工具（号）		填制单位	收款国库（银行）
缴款期限		提/装货单号		制单人___	
				复核人___	
备注	一般贸易 照章征税 2011-12-14 USD25 000.00 纳税人代码：2102111111111111				

第一联：（收据）国库收款签章后交缴款单位或付款人

从下发缴款书之日起限 15 日内缴纳（期末遇法定节假应顺延），逾期按日征收税款总额千分之一的滞纳金。

378

表 7-13　新港海关关税专用缴款书

税务系统　　　填发日期：2011 年 12 月 14 日

号码 No.09088004108693

收款单位	海关	中央金库		缴款单位	名称	滨海进出口有限公司
	项目	预算级次	中央		账号	400101000000001
	收款国库	中国银行天津分行			开户银行	中国银行天津分行

税号	货物名称	数量	单位	完税价格（￥）	税率（%）	税款金额（￥）
	服装机械	5 000	公斤	198 650.00	10	19 865

税款金额人民币（大写）Ⓧ壹万玖仟捌佰陆拾伍元整		合计（￥）	￥19 865

申请单位编号		报关单编号		填制单位	收款国库（银行）
合同（批文）号		运输工具（号）		制单人_____	
缴款期限		提/装货单号		复核人_____	
备注	一般贸易　照章征税　2011-12-14　USD25000.00 纳税人代码：2102111111111111				

第一联：（收据）国库收款签章后交缴款单位或付款人

　　从下发缴款书之日起限 15 日内缴纳（期末遇法定节假应顺延），逾期按日征收税款总额千分之一的滞纳金。

7.2　自营进口业务的核算

7.2.1　自营进口商品采购成本的构成

　　自营进口商品的采购成本由国外进价和进口税金两个部分构成。

（一）国外进价

　　进口商品的进价一律以 CIF 价格为基础，如果与出口商以 FOB 价格或 CFR 价格成交的，那么商品离开对方口岸后，应由外贸企业负担的国外运费和保险费均应作为商品的国外进价入账。

　　对于外贸企业收到的国外佣金，能够直接认定的进口商品佣金，如果是明佣，进价成本中按扣除佣金后的净额作为购入商品的进价入账价格；如果是暗佣或累计佣金，收到佣金时，进口商品尚未销售的，可直接冲减采购成本，进口商品已销售的，则冲减其销售成本。对于难以按商品直接认定的佣金，如累计佣金则只能冲减"销售费用"账户。

（二）进口税金

　　它是指进口商品在进口环节应缴纳的计入进口商品成本的各种税金，主要包括海关征收的关税和消费税，商品进口环节征收的增值税是价外税，它不是进口商品采购成本的构成部分，应将其列入"应交税金"账户。

综上，自营进口商品的采购成本＝CIF＋税金（进口关税、进口消费税）－收到的进口佣金＝FOB 价＋国外运费、保费＋税金（进口关税、进口消费税）－收到的进口佣金＋税金＝CFR 价＋国外保费＋税金（进口关税、进口消费税）－收到的进口佣金。

从价计征方式下：

关税＝关税完税价格×关税税率

　　＝CIF 原币价格×市场汇率（中间价）×关税税率

消费税＝组成计税价格×消费税税率

　　＝（CIF 人民币＋关税）÷（1-消费税税率）× 消费税税率

增值税＝组成计税价格×增值税税率

　　＝（CIF 人民币＋关税＋消费税）× 增值税税率

进口货物抵达我国口岸以后的费用，如港务费、过港费、卸船费以及其他费用，一律在"销售费用"账户核算。

7.2.2　自营进口商品购进业务的核算

（一）开具信用证、备妥信用证存款的核算

进口货物通过进口交易的协商，在签订进口合同时，要选定货款的支付方式。如果选定的支付方式是信用证，就要根据信用证申请书及进口合同的金额，填写支取凭条（外汇存款支票），向银行办理从外汇结算往来户转入信用证存款专户，或用人民币作信用证保证金。

如信用证存款专户以前已开立，也可用外汇划款凭证（委托付款）一式五联，向银行办理划转，外汇划款凭证（委托付款）包括"回单联"、"支款凭证"、"收款凭证"、"收款通知"及"附件联"共五联。凭其中第三联由结算往来户转入信用证存款专户。

信用证保证金可能是货款全额，也可能是货款的部分金额，如果是企业信誉好，平时与银行往来紧密，银行会直接给予授权开证额度，不收开证保证金。如果需要向开证银行缴纳开证保证金，开证时要使用"其他货币资金——信用证存款"账户。

"其他货币资金——信用证存款"，资产类账户，核算企业的信用证保证金存款。信用证存款是指采用信用证结算方式的企业为开具信用证而存入银行信用证保证金专户的款项。增加记入借方，减少记入贷方，余额在借方，表示企业持有的信用证保证金存款。

企业向银行申请开出信用证，用于支付境外供货单位的购货款项时，需要向银行提交"信用证委托书"。根据支取凭条（或外汇划款凭证）和开户银行盖章退回的"信用证委托书"回单，借记"其他货币资金——信用证存款"账户，贷记"银行存款"账户，此时还有开立信用证的手续费，借记"财务费用——手续费"账户，贷记"银行存款"账户；企业在收到境外供货单位信用证结算凭证及所附发票账单，并经核对无误后借记"在途物资——进口物资"账户，贷记"其他货币资金——信用证存款"账户，当信用证的存款资金不足以付清货款时，用银行存款补足差额，没有现汇的，根据购买外汇申请书、借记通知、兑换水单购汇补足差额，此时，还应贷记"银行存款"账户；企业收到未用完的信用证存款余额时，借记"银行存款"账户，贷记"其他货币资金——信用证存款"账户。

"其他货币资金——信用证存款"账户的结构如下：

借方	其他货币资金——信用证存款	贷方
期初余额		
本期增加额：存入信用证存款	本期减少额：支付进口货款或收到未用完的信用证存款余额	
本期增加发生额合计	本期减少发生额合计	
期末余额：持有的信用证保证金存款		

相关会计分录如下：

①存入信用证存款时：

借：其他货币资金——信用证存款　　×××

　　贷：银行存款　　×××

②支付进口货款时：

借：在途物资——进口物资　　×××

　　贷：其他货币资金——信用证存款　　×××

③收到未用完的信用证存款余额时：

借：银行存款　　×××

　　贷：其他货币资金——信用证存款　　×××

（二）收单确认进口的核算

1. 信用证方式下

在进口方开出信用证，对方出口商接证后，即着手备货或投产，完成后装运发货，并向其承办银行交单。

进口企业收到开证行转来的全套单证后，仍要根据"单证一致、单单一致"

的要求逐项仔细审单。全套单证通常有二三套正本，其中至少有一套单证要交业务部门审查是否接受，如不接受，必须于三五天内将原单证全部退回银行，对外拒付，因为银行的最大合理审单期只有 5 天；如果接受，则业务部门要填写"审单明细表"送财务部门复查后通知银行付款。业务部门至少保存一套单证，还有一套要交运输部门等待报关提货。

审单通过后，对即期信用证要购汇支付或从自留外汇存款户中支付，借记"在途物资——进口物资"账户，贷记"其他货币资金——信用证存款"账户；当信用证的存款资金不足以付清货款时，用银行存款补足差额；没有现汇的，根据购买外汇申请书、借记通知、兑换水单购汇补足差额，此时，还应贷记"银行存款"账户。

对延期付款的信用证应借记"在途物资——进口物资"账户，贷记"应付外汇账款"账户；到期付款时，借记"应付外汇账款"账户，贷记"其他货币资金——信用证存款"账户；当信用证的存款资金不足以付清货款时，用银行存款补足差额；没有现汇的，根据购买外汇申请书、借记通知、兑换水单购汇补足差额，此时，还应贷记"银行存款"账户。

对于承兑信用证应借记"在途物资——进口物资"账户，贷记"应付外汇票据"账户；到期付款时，借记"应付外汇票据"账户，贷记"其他货币资金——信用证存款"账户；当信用证的存款资金不足以付清货款时，用银行存款补足差额；没有现汇的，根据购买外汇申请书、借记通知、兑换水单购汇补足差额，此时，还应贷记"银行存款"账户。相关会计分录如下：

①即期信用证：

借：在途物资——进口物资   ×××

  贷：其他货币资金——信用证存款   ×××

     或：银行存款（补付）   ×××

②延期付款信用证：

收单时：

借：在途物资——进口物资   ×××

  贷：应付外汇账款   ×××

到期付款时：

借：应付外汇账款   ×××

  贷：其他货币资金——信用证存款   ×××

     或：银行存款（补付）   ×××

③承兑信用证：

承兑时：

借：在途物资——进口物资　　×××
　　贷：应付外汇票据　　×××
到期付款时：
借：应付外汇票据　　　　×××
　　贷：其他货币资金——信用证存款　×××
　　　或：银行存款（补付）　　　×××

"在途物资——进口物资"，资产类科目，该账户用于归集进口物资在采购过程中的各项支出。借方登记进口物资的国外进价，支付的国外运保费及进口税金；贷方登记可直接认定的进口佣金收入以冲减采购成本和转入"自营进口销售成本"或"库存商品——库存进口商品"账户的进口商品成本；余额在借方，反映在途物资的进口采购成本。本科目应当按照供应单位和商品品种进行明细核算。

企业支付进口物资货款、国外运保费及收到海关税款缴纳书时，借记"在途物资——进口物资"账户，贷记"其他货币资金——信用证存款"、"银行存款"、"应交税费——应交关税（消费税）"等账户；收到进口佣金时，借记"银行存款"账户，贷记"在途物资——进口物资"账户；结转采购成本时，借记"自营进口销售成本"账户或"库存商品——库存进口商品"账户，贷记"在途物资——进口物资"账户。

"在途物资——进口物资"账户的结构如下：

借方	在途物资——进口物资	贷方
期初余额 本期增加额：进口物资在采购过程中的各项支出		本期减少额：结转采购成本或收到进口佣金
本期增加发生额合计		本期减少发生额合计
期末余额：在途物资的进口采购成本		

相关会计分录如下：
①支付进口物资货款、国外运保费及收到海关税款缴纳书时：
借：在途物资——进口物资　　×××
　　贷：其他货币资金——信用证存款　×××
　　　　银行存款　　　　×××
　　　　应交税费——应交关税（消费税）　×××
②收到进口佣金时：
借：银行存款　　　×××

贷：在途物资——进口物资　　×××

③结转采购成本时：

借：自营进口销售成本　　　×××

　或：库存商品——库存进口商品　×××

　贷：在途物资——进口物资　　×××

2. 托收方式下

在托收方式下，进口企业收到代收行转来的全套单证后也要审单。

审单获通过后，对 D/P 即期，马上付款赎单，借记"在途物资——进口物资"账户，贷记"银行存款"账户。

对 D/P 远期（很少用），进口方先承兑汇票，此时借记"在途物资——进口物资"账户，贷记"应付外汇票据"账户，到期付款赎单时，借记"应付外汇票据"账户，贷记"银行存款"账户。

对 D/A，进口方承兑汇票后即可拿到单据，账务处理同对 D/P 远期，承兑时，借记"在途物资——进口物资"账户，贷记"应付外汇票据"账户，到期付款时，借记"应付外汇票据"账户，贷记"银行存款"账户。

相关会计分录如下：

①D/P 即期：

借：在途物资——进口物资　×××

　贷：银行存款　　　　　　×××

②D/P 远期：

承兑时：

借：在途物资——进口物资　×××

　贷：应付外汇票据　　　　×××

到期付款时：

借：应付外汇票据　　×××

　贷：银行存款　　　　　×××

③D/A：

承兑收单时：

借：在途物资——进口物资　×××

　贷：应付外汇票据　　　　×××

到期付款时：

借：应付外汇票据　　×××

　贷：银行存款　　　　　×××

（三）支付国外运保费和收到佣金的核算

价格条件的相关知识在第 4 章中已经详细述及，从中我们了解到，企业进口可以使用不同的价格条件，当然，不同的价格条件所负担的费用也是不同的，最常用的是 FOB、CFR、CIF 三中贸易术语。若以 CIF 价成交，进口企业就不用负担国外运费和保险费；若以 CFR 价成交，进口企业就只负担国外保险费，而不用负担国外运费；若以 FOB 价成交，进口企业将必须负担国外运费和保险费。它们之间的换算关系第 4 章已经介绍，在此不再赘述。

在前述的进口商品的采购成本中提到：进口商品的进价一律以 CIF 价格为基础，如果与出口商以 FOB 价格成交，进口方负责租船订舱和投保运输险，进而进口方要负担国外运费和保险费，因此，采购成本中要在 FOB 价的基础上加上国外运费和保险费；若以 CFR 价成交，进口方负责投保运输险，进而进口方要负担保险费，因此，采购成本中要在 CFR 价的基础上加上国外保险费；若以 CIF 价成交，出口方负责租船订舱和投保运输险，实际上，CIF 价格中已经包含国外运保费了，进口方不用再另外支付国外运保费，因此采购成本中就不用再另外加国外运保费。

对于外贸企业收到的国外佣金，能够直接认定的进口商品佣金，如果是明佣，进价成本中按扣除佣金后的净额作为购入商品的进价入账价格；如果是暗佣或累计佣金，收到佣金时，进口商品尚未销售的，可直接冲减采购成本，进口商品已销售的，则冲减其销售成本。对于难以按商品直接认定的佣金，如累计佣金则只能冲减"销售费用"账户。

支付国外运保费和收到佣金的账务处理如下：

1. 国外运费

在进口业务中，国外运费是指国际贸易价格条件所规定的、应由进口商支付的从装运港（地）到目的港（地）的运输费用。包括商品进口过程中的海外运费、陆海联运运费、航空运费及邮运费。

当进口企业在收到承运机构开来运费单据时，应对费用原始凭证审核无误后，办理国内外汇转账结算予以支付，财会部门根据银行国内外汇转账结算凭证、银行付款通知及费用原始凭证进行账务处理。

支付国外运费的相关会计分录如下：

借：在途物资——进口物资　　×××
　　贷：银行存款——外币户　　×××

2. 国外保险费

在进口业务中，国外保险费是指进口商从自己的利益出发、应由进口商支付的、为转移商品在运输途中的风险、向保险公司投保时的费用。保险费的计算在出口业务的核算中已介绍，在此不再赘述。

一般进口公司收到保险公司送来运输保险单或联合发票副本及保险费结算清单时，应对进口发票号码、品名、投保金额、险别、费率和保险费金额等审核无误后，支付国外保险费给保险公司，财会部门根据付款凭证、费用原始凭证进行账务处理。

支付国外保险费的相关会计分录如下：

借：在途物资——进口物资　　×××

　　贷：银行存款——外币户　　　　×××

3. 佣金

能够直接认定的进口商品佣金，如果是明佣，进价成本中按扣除佣金后的净额作为购入商品的进价入账价格；如果是暗佣或累计佣金，收到佣金时，进口商品尚未销售的，可直接冲减采购成本，借记"银行存款——外币户"账户，贷记"在途物资——进口物资"账户，进口商品已销售的，则冲减其销售成本，借记"银行存款——外币户"账户，贷记"自营进口销售成本"；对于难以按商品直接认定的佣金，如累计佣金则只能冲减"销售费用"账户，借记"银行存款——外币户"账户，贷记"销售费用"账户。

相关会计分录如下：

①收到能够直接认定的暗佣或累计佣金时，进口商品尚未销售的：

借：银行存款——外币户　　×××

　　贷：在途物资——进口物资　　　　×××

②收到能够直接认定的暗佣或累计佣金时，进口商品已销售的：

借：银行存款——外币户　　　×××

　　贷：自营进口销售成本　　　×××

③收到难以按商品直接认定的累计佣金：

借：银行存款——外币户　　×××

　　贷：销售费用　　　　×××

（四）报关、纳税及拨交的核算

在收到全套单证、到货后应向海关申请报验（现行实践进口货物报关期限为装载该货物的运输工具申报进口后 14 天内），经海关查验，并按规定办理纳税手续后，才可放行。

报关可由进口企业自行办理或委托外贸货运代理公司或专业的报关公司办理，并计算纳税和港口费用。报关时作电子申报或填具《进口货物报关单》，随附发票、提单或检验证书（凡需进口许可证的商品，须递交进口许可证）等向海关申报进口，经海关查验认可后，纳税放行。在卸货时，港务局要进行卸货核对。如发现货物残损，应将货物存放于海关指定仓库，由保险公司会同商检局等有关单位检验，明确残损程度和原因，并由商检局出证，以便向责任方索赔。

在单到结算和货到结算时，如国内用货单位地处卸货港口，即由外运公司就地办理拨交；如用货单位不在卸货港口，可委托外运公司代为安排将货物转运内地，并拨交给用货单位。在出库结算时，如进口商地处卸货港口，即由外运公司就地办理交货；如进口商不在卸货港口，可委托外运公司代为安排将货物转运内地，并交给进口商。

在报关、纳税及拨交的过程中，涉及进口税费，包括关税、海关代征的增值税和消费税、海关规费、进口商品到达口岸以后的费用。下面具体介绍这些税费的核算。

1. 关税、消费税和增值税的核算

（1）收到海关税款缴款书时，借记"在途物资——进口物资"账户，贷记"应交税费——应交进口关税（消费税）"账户，此时，增值税暂不做账务处理。相关会计分录如下：

借：在途物资——进口物资　　　　　　　　×××
　　贷：应交税费——应交进口关税（消费税）　　×××

（2）缴纳税款时，借记"应交税费——应交进口关税（消费税）"、"应交税费——应交增值税（进项税额）"账户，贷记"银行存款"账户。相关会计分录如下：

借：应交税费——应交进口关税（消费税）　　×××
　　　　　　——应交增值税（进项税额）　　　×××
　　贷：银行存款　　　　　　　　　　　　　×××

2. 海关规费的核算

为便于有关企业办理海关手续，有关企业单位可以要求海关派员到监管区域（港口、车站、国际航空站等）以外办理海关手续。除申请人应提供往返交通工具和住宿并支付其费用外，要按规定缴纳规费，记入"销售费用"账户。缴纳规费时，借记"销售费用"账户，贷记"银行存款"账户。相关会计分录如下：

借：销售费用　×××
　　贷：银行存款　×××

3. 进口商品到达口岸以后的费用

进口商品到达我国口岸以后的费用，例如港务费、过港费、卸船费等，由外运公司按不同标准收取（称为到货定额费用），记入"销售费用"账户，进口商支付到货定额费用时，借记"销售费用"账户，贷记"银行存款"账户；从口岸到外贸仓库的运杂费，由进口商记入"销售费用"账户，支付运杂费时，借记"销售费用"账户，贷记"银行存款"账户；但进口商代用户垫付的从口岸或外贸仓库运往用户指定地点的商品运费，则应由用户负担，不应记入"销售费用"账户。

相关会计分录如下：

①支付到货定额费用时：

借：销售费用　×××

　　贷：银行存款　　×××

②支付从口岸到外贸仓库的运杂费时：

借：销售费用　×××

　　贷：银行存款　　×××

（五）检验入库及索赔的核算

海关"结关"放行及企业收货不等于已"接受"认可商品，还需有合理时间检验认可数量、品质、及时性等。特别是列入我国在进出口商品检验局 1982 年 3 月 3 日颁布（1995 年修订）的"现行实施检验进出口商品种类表"中的商品，属于法定检验范围，必须在规定的限期内，由商检机关检验。未经检验的，不准销售，不准使用。为了避免对外索赔失去时效，凡属于法定检验范围的，合同中订明由卸货港检验机关出证的，货到检验后付款的，索赔期限较短的，货物卸离海轮时已发现残损或有异状或提货不着等情况的，均须在卸货港口向商检机关报检、出证。

检验合格即可入库。检验须付检验费，大约为 3‰，随品种而有不同，由报验人负担。有的检验（如检疫）在报关前即要进行。

检验费记入"销售费用"账户，进口商支付检验费时，借记"销售费用"账户，贷记"银行存款"账户。相关会计分录如下：

借：销售费用　×××

　　贷：银行存款　　×××

根据入库通知单（见表 7-14），验收入库，结转成本时，借记"库存商品——库存进口商品"账户，贷记"在途物资——进口物资"账户。相关会计分录如下：

借：库存商品——库存进口商品　×××

　　贷：在途物资——进口物资　　　　×××

表 7-14　入库通知单

××公司

商品入库通知单

制单：　年　月　日　　　　　进仓：　年　月　日　　　　　编号：

品名	规格	单位	件数	每件重量	重量/数量	单价	金额											发站
							亿	千	百	十	万	千	百	十	元	角	分	

备注	车号：		合计											
	仓位：		说明： 本表 3 联：1. 业务留底；3. 财务留存；3. 备用联											
	合同号：													
	其他参考号：													

制单：　　　　　　　　复核：　　　　　　　　　　　业务：

　　"库存商品——库存进口商品"，资产类账户，用来核算库存进口商品的增减变动和结存情况。借方登记从"在途物资——进口物资"账户转入的进口物资成本；贷方登记商品销售后成本的结转数。余额在借方，反映尚未销售的进口商品的成本。

　　当购入的进口商品验收入库时，按验收入库金额记入"库存商品——库存进口商品"账户的借方，同时记入"在途物资——进口物资"账户的贷方；当企业因销售进口商品结转成本时，记入"自营进口销售成本"账户的借方，同时记入"库存商品——库存进口商品"账户的贷方。

　　"库存商品——库存进口商品"账户的结构如下：

借方	库存商品——库存进口商品	贷方
期初余额		
本期增加额：验收入库的进口商品	本期减少额：销售进口商品	
本期增加发生额合计	本期减少发生额合计	
期末余额：尚未销售的进口商品的成本		

　　相关会计分录如下：

　　①进口商品验收入库时：

　　借：库存商品——库存进口商品　　×××

　　　贷：在途物资——进口物资　　　　×××

②销售进口商品结转成本时：

借：自营进口销售成本　　　　　×××

　　贷：库存商品——库存进口商品　　×××

索赔的核算将在后面章节介绍。

（六）自营进口商品购进业务的核算举例

【例7-1】2011年7月，滨海公司从A公司进口甲商品100吨，每吨FOB价USD800，总计USD80 000，佣金率按FOB的2.5%汇付，付款方式为即期不可撤销信用证。

（1）7月4日以外汇存款作为保证金，委托银行开出信用证，当日即期汇率为6.5，凭支取凭条或外汇划款凭证（委托付款），存入保证金账户USD30 000。

分析：这项经济业务的发生，一方面，滨海公司因支付信用证存款而使银行存款美元户减少了30 000美元，当日即期汇率为6.50，折算人民币为195 000元，应记入"银行存款——美元户"账户的贷方；另一方面，信用证存款增加了30 000美元，即人民币195 000元，应记入"其他货币资金——信用证存款"账户的借方。财务部门根据银行盖章退回的委托书回单、支取凭条或外汇划款凭证编制分录，具体会计分录为：

借：其他货币资金——信用证存款（USD30 000×6.50）　195 000

　　贷：银行存款——美元户（USD30 000×6.50）　　　　195 000

（2）7月8日支付银行开证费500元。

分析：这项经济业务的发生，一方面，滨海公司因支付银行开证费而使银行存款人民币户减少了500元，应记入"银行存款——人民币户"账户的贷方；另一方面，因银行开证费记入财务费用而使财务费用增加了500元，应记入"财务费用——手续费"账户的借方。财务部门根据有关费用凭证编制分录，具体会计分录为：

借：财务费用——手续费　　　500

　　贷：银行存款——人民币户　500

（3）7月13日从美元户支付进口保险费USD500，当日即期汇率为6.5。

分析：这项经济业务的发生，一方面，滨海公司因支付保险费而使银行存款美元户减少了500美元，当日即期汇率为6.50，折算人民币为3 250元，应记入"银行存款——美元户"账户的贷方；另一方面，支付的保险费构成了进口商品的采购成本，使进口商品的采购成本增加了3 250元，记入"在途物资——进口物资——甲商品"账户的借方。财务部门根据保险费结算清单和付款凭证编制分录，具体会计分录为：

借：在途物资——进口物资——甲商品　　　3 250

贷：银行存款——美元户（USD500×6.50）　　　　3 250

　　（4）7月15日从美元户支付进口运费USD1 000，当日即期汇率为6.5。

　　分析：这项经济业务的发生，一方面，滨海公司因支付国外运费而使银行存款美元户减少了1 000美元，当日即期汇率为6.50，折算成人民币应该是6 500元，应记入"银行存款——美元户"账户的贷方；另一方面，支付的国外运费构成了进口商品的采购成本，使进口商品的采购成本增加了6 500元，记入"在途物资——进口物资——甲商品"账户的借方。财务部门根据运费结算清单和付款凭证编制分录，具体会计分录为：

　　借：在途物资——进口物资——甲商品　　　　6 500
　　　贷：银行存款——美元户（USD1 000×6.50）　　　　6 500

　　（5）7月24日收到银行转来的全套进口单据。经审核无误，填制外汇付款通知单承付货款，当日即期汇率为6.5。

　　分析：这项经济业务的发生，一方面，滨海公司要承付80 000美元货款，其中30 000美元用信用证存款来支付，余额用美元现汇来支付，因此，因支付货款使信用证存款减少了30 000美元，当日即期汇率为6.50，折算成人民币应该是195 000元，应记入"其他货币资金——信用证存款"账户的贷方，也因支付而使银行存款美元户减少了50 000美元，当日即期汇率为6.50，折算成人民币应该是325 000元，应记入"银行存款——美元户"账户的贷方；另一方面，进口商品的采购成本增加了520 000元，记入"在途物资——进口物资——甲商品"账户的借方。具体会计分录为：

　　借：在途物资——进口物资——甲商品　　　　　　520 000
　　　贷：其他货币资金——信用证存款（USD30 000×6.50）　　195 000
　　　　银行存款——美元户（USD30 000×6.50）　　　　325 000

　　（6）7月27收到国外佣金2 000美元，当日即期汇率为6.5。

　　分析：这项经济业务的发生，一方面，滨海公司因收到国外佣金而使银行存款美元户增加了2 000美元，当日即期汇率为6.50，折算成人民币应该是13 000元，应记入"银行存款——美元户"账户的借方；另一方面，收到的国外佣金冲减进口商品的采购成本，使进口商品的采购成本减少了13 000元，记入"在途物资——进口物资——甲商品"账户的贷方。财务部门根据收款通知编制分录，具体会计分录为：

　　借：银行存款——美元户（USD2 000×6.50）　　13 000
　　　贷：在途物资——进口物资——甲商品　　　　　13 000

　　（7）7月30日收到海关税款缴款书，该商品应按10%的税率缴纳关税，并按17%的税率缴纳增值税，但该商品不属应税消费品。海关填制税款缴纳证之日的即期汇率为6.5。

进口关税完税价格=（$80 000+$1 000+$500-$2 000）×6.5=516 750（元）

应交进口关税=关税完税价格×进口关税税率=516 750×10%=51 675（元）

应交增值税=[关税完税价格+关税+消费税（指交纳消费税时）]×适用税率

=(516 750 +51 675)×17%= 96 632.25（元）

分析：应交进口关税应记入进口商品的采购成本，使进口商品的采购成本增加了51 675元，记入"在途物资——进口物资——甲商品"账户的借方，此时，应交增值税暂不做账务处理，同时，应交关税增加了51 675元，记入"应交税费——应交进口关税"账户的贷方。具体会计分录为：

借：在途物资——进口物资——甲商品　　51 675

　　贷：应交税费——应交进口关税　　　　　51 675

（8）8月6日支付进口税金。

分析：这项经济业务的发生，一方面，滨海公司因支付进口税金而使银行存款人民币户减少了148 307.25（进口关税51 675+增值税96 632.25）元，应记入"银行存款——人民币"账户的贷方；另一方面，应交进口关税减少了51 675元，应记入"应交税费——应交进口关税"账户的借方，应交增值税减少了96 632.25元，应记入"应交税费——应交增值税"账户的借方。具体会计分录为：

借：应交税费——应交进口关税　　51 675

　　　　　　——应交增值税　　　　96 632.25

　　贷：银行存款——人民币　　　　　148 307.25

如果迟交税金，支付的海关滞纳金，凭海关收据，借记"营业外支出"账户，货记"银行存款"账户。

（9）甲商品进口后，即验收入库，企业支付商检费、港务费、装卸费、运杂费等共计8 000元。

分析：这项经济业务的发生，一方面，滨海公司因支付进货费用而使银行存款人民币户减少了8 000元，应记入"银行存款——人民币户"账户的贷方；另一方面，因进货费用记入销售费用而使销售费用增加了8 000元，应记入"销售费用——进货费用"账户的借方。财务部门根据有关费用凭证编制分录，具体会计分录为：

借：销售费用——进货费用　　8 000

　　贷：银行存款——人民币户　　8 000

（10）验收入库，结转商品进口采购成本（包括国外进价、运保费、进口关税，还要减去收到的佣金额）。

分析：将进口商品的采购成本结转，采购成本共计 568 425 元（商品进价 520 000 + 国外保险费 3 250 + 国外运费 6 500 + 进口关税 51 675 - 收到的佣金 13 000），借记"库存商品——库存进口商品——甲商品"账户，贷记"在途物资——进口物资——甲商品"账户。财务部门根据入库单编制分录，具体会计分录为：

借：库存商品——库存进口商品——甲商品 568 425
    贷：在途物资——进口物资——甲商品 568 425

7.2.3 自营进口商品国内销售业务的核算

（一）自营进口商品国内销售收入的确认

按照《企业会计准则》关于划分资产所有权的规定，应以向国内客户开出销货发票并办理结算取得货款或拥有货款索取权的时间作为销售收入确认的时间。在我国涉外企业中，传统习惯上以开出进口结算单、增值税专用发票向国内用户办理货款结算为进口商品销售成立的条件。在实际工作中，涉外企业向国内用户办理货款结算，有货到结算、出库结算和单到结算三种情况。在这三种情况下销售收入实现的时间均不相同。

1. 单到结算

单到结算是指涉外企业不管进口商品是否到达我国港口（车站），只要收到银行转来的国外全套结算单据，经审核符合合同规定，便可向国内用户开出结算凭证及增值税专用发票，确认销售收入的实现。这种情况下，购销业务几乎是同时进行的。在"以销定进"情况下一般采用单到结算方式。

2. 货到结算

货到结算是指涉外企业收到外运公司通知，进口商品已到达我国港口，取得外运公司的船舶到港通知单并向国内用户开出结算凭证及增值税专用发票，确认销售收入的实现。自营进口业务通常采用这种方式。

3. 出库结算

出库结算是指涉外企业的进口商品到货后先验收入库，销售时办理出库手续并依据出库通知单（见表 7-15）、提货凭证和运输凭证等向国内用户开出结算凭证及增值税专用发票，确认销售收入的实现。

企业财会部门在收到国外进口单据，或者收到外运公司的船舶到港通知确定货物已到达港口，或者收到业务部门转来的库存进口商品销售出库单后，应及时填制进口结算单和委托银行收款凭证，通过银行向订货单位收取货款。进口结算单的格式见表 7-16。

表 7-15　出库通知单

××公司
商品出库通知单

制单：　　年　月　日　　　　　进仓：　　年　月　日　　　　　　编号：

品名	规格	单位	件数	每件重量	重量/数量	单价	金　额											发站
							亿	千	百	十	万	千	百	十	元	角	分	

备注	车号： 仓位： 合同号： 其他参考号：	合计										
		说明： 本表 3 联：1. 业务留底；3. 财务留存；3. 备用联										

制单：　　　　　　　　　　　　　　　复核：

表 7-16　××公司自营进口结算单

付款单位：　　　　　　船名：　　　　　　　　E 字第　　号
对外合同号：　　　　　计量单位：　　　　　　B/L　　　　号
到货口岸：　　　　　　装船日期：　　　　　　国内合同　　号

品名及规格	数量	单价	金　额										备注
			千	百	十	万	千	百	十	元	角	分	
货款合计													
加：国内运费													
结算金额													

复核人：　　　　　　　　制单人：　　　　　　　　制单日期：

　　涉外企业向国内用户办理结算具体采用哪种方式，是采取货到结算、出库结算还是单到结算，由涉外企业与国内用户协商确定，并在销售协议中注明。通常自营进口以货到结算为主。不同的结算办法在会计核算上也有所区别。

　　涉外企业向国内用户销售自营进口商品，一般采用按照市场供求关系、由企业与用户协商定价，其进口商品的成本与国内销售价格的差额，即为进口业务的盈亏，费用和税金也由涉外企业负担。

394

（二）自营进口销售业务的核算

1. 应设置的账户

（1）自营进口销售收入

"自营进口销售收入"（也可设置"主营业务收入——自营进口销售收入"），损益类账户，核算自营进口销售收入的增减变动情况。贷方登记企业已经实现的进口商品销售收入，借方登记发生国内销售退回、向国内订货单位理赔等时，应冲减的本期进口商品销售收入和期末转入"本年利润"账户的本期进口商品销售收入。期末结转后无余额。

当取得或实现进口商品销售收入时，记入"银行存款——人民币户"或"应收账款"账户的借方，同时记入"自营进口销售收入"账户和"应交税费——应交增值税（销项税额）"的贷方；当发生国内销售退回、向国内订货单位理赔等时，记入"自营进口销售收入"账户的借方，同时记入"银行存款——人民币户"、"应收账款"、"应付账款"等账户的贷方；期末结转时，记入"自营进口销售收入"账户的借方，同时记入"本年利润"账户的贷方。

"自营进口销售收入"账户的结构如下：

借方	自营进口销售收入	贷方
本期减少额：转入本年利润；发生国内销售退回、向国内订货单位理赔等		本期增加额：取得或实现的进口商品销售收入
本期减少发生额合计		本期增加发生额合计

相关会计分录如下：

①取得或实现的进口商品销售收入时：

借：银行存款——人民币户（应收账款）　×××

　　贷：自营进口销售收入　　　　　　　×××

　　　　应交税费——应交增值税（销项税额）　×××

②发生国内销售退回、向国内订货单位理赔等时：

借：自营进口销售收入　　　×××

　　贷：银行存款——人民币户　　×××

　　或：应付账款　　　　　　×××

　　　　应收账款　　　　　　×××

③期末转入本年利润时：

借：自营进口销售收入　　×××

　　贷：本年利润　　　　×××

2. 自营进口销售成本

"自营进口销售成本"（也可设置"主营业务成本——自营进口销售成本"），损益类（费用）科目，核算进口商品销售成本的结转。借方登记因进口商品的销售而结转的成本；贷方登记收回的或应收回外商的退货款、索赔款、对国内客户已经赔付但对外无索赔权因而作为营业外支出处理的那部分采购成本、期末转入"本年利润"账户的本期进口商品销售成本。期末结转后无余额。

当进口商品确认销售收入，按配比原则确认为取得收入而花费的代价，将已经销售的商品的成本记入"自营进口销售成本"账户的借方，同时记入"在途物资——进口物资"（单到结算或货到结算）或"库存商品——库存进口商品"（出库结算）账户的贷方；当收回或应收回外商的退货款、索赔款、对国内客户已经赔付但对外无索赔权因而作为营业外支出处理的那部分采购成本及期末结转时，记入"应收外汇账款"、"营业外支出"、"本年利润"账户的借方，同时记入"自营出口销售成本"账户的贷方。

"自营进口销售成本"账户的结构如下：

借方	自营进口销售成本	贷方
本期增加额：实现进口销售而结转成本	本期减少额：转入本年利润、收回或应收回外商的退货款、索赔款、对国内客户已经赔付但对外无索赔权因而作为营业外支出处理的那部分采购成本	
本期增加发生额合计	本期减少发生额合计	

相关会计分录如下：

①结转已销售进口商品成本时：

借：自营进口销售成本　　　　　　　　　×××

　贷：在途物资——进口物资（单到结算或货到结算）　×××

　　　库存商品——库存进口商品（出库结算）　　　×××

②当收回或应收回外商的退货款、索赔款、对国内客户已经赔付但对外无索赔权因而作为营业外支出处理的那部分采购成本及期末结转时：

借：应收外汇账款　　　　　×××

　　营业外支出　　　　　　×××

　　本年利润　　　　　　　×××

　贷：自营进口销售成本　　×××

应当注意的是，为了不影响核算年度的进口销售盈亏情况，对于以前年度的应调整自营进口销售收入和成本的事项，在资产负债表日后和财务报告批准报出日之前发生的，应在"以前年度损益调整"账户中核算，之后发生的直接冲减自营进口销售收入和销售成本。

2. 单到结算情况下自营进口商品销售的核算

外贸企业自营进口商品采取单到结算方式的情况下，当银行转来国外全套结算单据时，就可以向国内客户办理货款结算，在这种情况下，进口商品采购的结算与国内销售收入的确认几乎同时进行。然而，进口商品采购成本的归集有一个过程，只有在商品采购成本归集完毕后才能结转商品销售成本，因此，进口商品销售时因进口商品采购成本尚未归集完毕，一般不能同时结转成本，先确认进口商品销售收入，等进口商品采购成本归集完毕后才能结转商品销售成本。由于进口商品没有入库就已经销售了，因此可以将归集的商品采购成本直接从"在途物资——进口物资"账户转入"自营进口销售成本"账户。

确认进口商品销售收入时，按照销售金额和应交增值税金额之和借记"银行存款——人民币户"或"应收账款"账户，按照销售金额贷记"自营进口销售收入"账户，按照应交增值税金额贷记"应交税费——应交增值税（销项税额）"账户；进口商品采购成本归集完毕后结转商品销售成本时，借记"自营进口销售成本"账户，贷记"在途物资——进口物资"账户。

相关会计分录如下：

①确认进口商品销售收入时：

借：银行存款——人民币户（应收账款）　　×××

　　贷：自营进口销售收入　　　　　　　　　×××

　　　　应交税费——应交增值税（销项税额）　×××

②进口商品采购成本归集完毕后结转商品销售成本时：

借：自营进口销售成本　　　　×××

　　贷：在途物资——进口物资　　×××

【例7-2】承例7-1，假设采用单到结算方式。

（1）（5′）7月24日滨海公司接到银行转来的全套国外单据，经审核无误支付国外货款的同时，向国内用户B公司办理结算，开具增值税专用发票，合同价款总额700 000元，尚未收到货款。

分析：向国内用户B公司办理结算、开具增值税专用发票就可以确认外汇收入了。确认收入时，一方面使进口企业应收的账款增加700 000元，应记入"应收账款——B公司"账户的借方；另一方面使进口企业的进口商品销售收入增加700 000元，应记入"自营进口销售收入——甲商品"账户的贷方。财务部门根据发票副本和银行回单编制分录，具体会计分录为：

借：应收账款——B公司　　　　　700 000

　　　　贷：自营进口销售收入——甲商品　　　700 000
　　（2）（7′）7 月 30 日待国外进口商品采购成本归集完毕，将"在途物资——进口物资——甲商品"账户下归集的全部进口成本结转。
　　分析：进口商品的采购成本共计 568 425 元（商品进价 520 000+国外保险费 3 250+国外运费 6 500+进口关税 51 675-收到的佣金 13 000），借记"自营进口销售成本——甲商品"的借方，贷记"在途物资——进口物资——甲商品"账户。具体会计分录为：
　　　　借：自营进口销售成本——甲商品　　　568 425
　　　　贷：在途物资——进口物资——甲商品　　　568 425
　　（3）（11）8 月 8 日收到 B 公司货款。
　　分析：这项经济业务的发生，一方面滨海公司因收到货款而使银行存款人民币户增加了 700 000 元，应记入"银行存款——人民币户"账户的借方；另一方面，应收账款减少了 700 000 元，记入"应收账款——B 公司"账户的贷方。财务部门根据收款通知编制分录，具体会计分录为：
　　　　借：银行存款——人民币户　　　700 000
　　　　贷：应收账款——B 公司　　　700 000
　　说明：除了例 7-1 的（9）和（10）经济业务外，其他的账务处理与例 7-1 一样，在此不再赘述。
　　3. 货到结算情况下自营进口商品销售的核算
　　在这种情况下，进口商品的采购成本已经归集完成。因此与国内客户办理货款结算时，在确认自营进口商品销售收入的同时，也可以结转其销售成本。具体核算方法与自营进口商品销售采取单到结算的核算方法相同。
　　货到结算和单到结算在会计核算上的不同点主要是进口商品采购成本的结转以及对订货单位销售确认的时间不同。在货到结算方式下，对内销售以收到外运公司到货通知为准，确认销售收入的同时结转进口商品采购成本。单到结算方式下，进口商品采购的结算与国内销售收入的确认几乎同时进行，但销售时进口商品采购成本尚未归集完毕，因此销售成本不能同时结转，进口商品到岸计税后才能结转。
　　【例 7-3】承例 7-1，假设采用货到结算方式。
　　（1）（7′）接到外运公司通知货到我国口岸时，即向国内用户 B 公司办理结算，开具增值税专用发票，合同价款总额 700 000 元，尚未收到货款。
　　分析：向国内用户 B 公司办理结算、开具增值税专用发票就可以确认外汇收入了。确认收入时，一方面使进口企业应收的账款增加 700 000 元，应记入"应收账款——B 公司"账户的借方；另一方面使进口企业的进口商品销售收入增加 700 000 元，应记入"自营进口销售收入——甲商品"账户的贷方。财务部门根据发票副本和银行回单编制分录，具体会计分录为：

借：应收账款——B 公司　　　　　700 000
　　贷：自营进口销售收入——甲商品　　　700 000

（2）（7″）同时，结转全部进口成本，因为此时进口商品的采购成本已在"在途物资——进口物资——甲商品"账户下归集完毕，可以同时结转进口商品的采购成本。

分析：将进口商品的采购成本结转，采购成本共计 568 425 元（商品进价 520 000+国外保险费 3 250+国外运费 6 500+进口关税 51 675-收到的佣金 13 000），借记"自营进口销售成本——甲商品"的借方，贷记"在途物资——进口物资——甲商品"账户。具体会计分录为：

借：自营进口销售成本——甲商品　　　568 425
　　贷：在途物资——进口物资——甲商品　　　　568 425

（3）（11）8 月 8 日收到 B 公司货款。

分析：这项经济业务的发生，一方面，滨海公司因收到货款而使银行存款人民币户增加了 700 000 元，应记入"银行存款——人民币户"账户的借方；另一方面，应收账款减少了 700 000 元，记入"应收账款——B 公司"账户的贷方。财务部门根据收款通知编制分录，具体会计分录为：

借：银行存款——人民币户　　　700 000
　　贷：应收账款——B 公司　　　700 000

说明：除了例 7-1 的（9）和（10）经济业务外，其他的账务处理与例 7-1 一样，在此不再赘述。

4. 出库结算情况下自营进口商品销售的核算

在这种情况下，进口商品的采购成本已经归集完毕，并验收入库，转入库存进口商品账户。因此商品销售给国内客户时，可以同时结转销售成本。

确认进口商品销售收入时，按照销售金额和应交增值税金额之和借记"银行存款——人民币户"或"应收账款"账户，按照销售金额贷记"自营进口销售收入"账户，按照应交增值税金额贷记"应交税费——应交增值税（销项税额）"账户；结转商品销售成本时，借记"自营进口销售成本"账户，贷记"库存商品——库存进口商品"账户。

相关会计分录如下：
①确认进口商品销售收入时：
借：银行存款——人民币户（应收账款）　　　×××
　　贷：自营进口销售收入　　　　　×××

　　　　应交税费——应交增值税（销项税额）　　×××

②结转商品销售成本时：

借：自营进口销售成本　　　　×××

　　贷：库存商品——库存进口商品　　×××

【例7-4】承例7-1，假设采用出库结算方式。

（1）（11）接到进口商品销售的出库通知单，根据销售合同或协议，即向国内用户B公司办理结算，开具增值税专用发票，合同价款总额700 000元，尚未收到货款。

分析：向国内用户B公司办理结算、开具增值税专用发票就可以确认外汇收入了。确认收入时，一方面使进口企业应收的账款增加700 000元，应记入"应收账款——B公司"账户的借方；另一方面使进口企业的进口商品销售收入增加700 000元，应记入"自营进口销售收入——甲商品"账户的贷方。财务部门根据发票副本和银行回单编制分录，具体会计分录为：

借：应收账款——B公司　　　　700 000

　　贷：自营进口销售收入——甲商品　　700 000

（2）（12）同时，结转进口商品销售成本，此时进口商品已验收入库。

分析：结转进口商品销售成本，借记"自营进口销售成本——甲商品"账户，贷记"库存商品——库存进口商品——甲商品"账户。具体会计分录为：

借：自营进口销售成本——甲商品　　　　568 425

　　贷：库存商品——库存进口商品——甲商品　　568 425

（3）（13）8月8日收到B公司货款。

分析：这项经济业务的发生，一方面，滨海公司因收到货款而使银行存款人民币户增加了700 000元，应记入"银行存款——人民币户"账户的借方；另一方面，应收账款减少了700 000元，记入"应收账款——B公司"账户的贷方。财务部门根据收款通知编制分录，具体会计分录为：

借：银行存款——人民币户　　700 000

　　贷：应收账款——B公司　　　700 000

说明：其他的账务处理与例7-1一样，在此不再赘述。

5. 计算自营进口销售批次损益

反映进口销售盈亏情况的常用指标有以下五项（以例7-1、例7-4为例）：

（1）自营进口销售总成本，计算如下：

自营进口销售总成本=国外进价（FOB价）×汇率+国外运保费×汇率+进口价内税-进口佣金×汇率+国内摊入费用+理赔

= USD80 000×6.50+ USD1 500×6.50+51 675-USD2 000×6.50+(500+8 000)
   +0

=576 925（元）

（2）自营进口销售净收入，计算如下：

自营进口销售净收入=向国内客户结算收取的价款-折扣（佣金）

=700 000-0=700 000（元）

（3）自营进口销售盈亏额，计算如下：

自营进口销售盈亏额=自营进口销售净收入-自营进口销售总成本

=700 000-576 925=123 075（元）

（4）自营进口销售盈亏率，计算如下：

自营进口销售盈亏率=自营进口销售盈亏额/自营进口销售总成本×100%

=123 075/576 925×100%

=21.33%

（5）自营进口每美元赚（赔）额，计算如下：

进口每美元赚（赔）额=自营进口商品盈亏额（人民币）/ 自营进口商品
外汇支出（折合美元）

=123 075/ (80 000+1 500-2 000)

=1.55（元/美元）

此指标说明进口用汇相当于每美元的成本支出可取得人民币 1.55 元的盈利。

6. 自营进口业务的明细分类核算

自营进口业务的明细分类核算主要包括设置和登记进口商品采购明细账、库存进口商品明细账、应付外汇账款明细账以及自营进口销售收入和成本明细账等内容。应付外汇账款按不同的供应单位设置明细账，采用一般的复币式账页格式。进口商品采购按每一种进口商品设置明细账，进口商品采购明细分类账如表 7-17 所示。库存进口商品明细账与表 7-17 相似，但借、贷、余三栏一般均应增设"单价"栏，"单价"栏亦应分为"进价"和"税金"两项（见表 7-18）。进口商品销售收入和销售成本，可以分别设置明细账，也可以合并设置明细账。合并设账时，可以采用平列式账页，进行分批次核算，也可以采用一般的三栏式账页。进口商品销售明细分类账如表 7-19 所示。

表 7-17　进口商品采购明细分类账

总账科目：在途物资

明细科目：进口物资　　　　　　商品品名：　　　　　　计量单位：

年		记账凭证字号	进口合同号	支付或承付日期	摘要	借方				贷方				借或贷	余额			
						数量	金额			数量	金额				数量	金额		
月	日						小计	进价	税金		小计	进价	税金			小计	进价	税金

表 7-18　库存进口商品明细分类账

总账科目：库存商品

明细科目：库存进口商品　　　　　　商品品名：　　　　　　计量单位：

年		记账凭证字号	进口合同号	支付或承付日期	摘要	借方					贷方					借或贷	余额				
						数量	单价		金额		数量	单价		金额			数量	单价		金额	
月	日						进价	税金	小计	进价 税金		进价	税金	小计	进价 税金			进价	税金	小计	进价 税金

表 7-19　进口商品销售明细分类账

商品名称：　　　　　　计量单位：

年		记账凭证字号	发票号码	摘要	数量	销售成本（借方）					销售收入（贷方）		借或贷	盈亏额（余额）
						单价			金额		单价	金额		
月	日					进价	税金	小计	进价	税金				

7.2.4　自营进口商品国内销售其他业务的核算

（一）销售退回的核算

1. 单到结算方式下销售退回的核算

自营进口商品销售采取单到结算方式。在银行转来国外全套结算单据时，在进行商品购进核算的同时，又进行了商品销售的核算。然而，在商品运达我国港口后，发现商品的质量与合同规定严重不符，外贸企业可根据商检部门出具的商品检验证明书，按照合同规定与国外出口商联系，将商品退回给出口商，收回货款及进口费用和退货费用，然后向国内客户办理退货手续。

（1）垫付进货退回国外出口商的退货费用时，借记"应收外汇账款"账户，贷记"银行存款——美元户"账户。相关会计分录如下：

  借：应收外汇账款   ×××
    贷：银行存款——美元户 ×××

（2）做进货退出处理，冲转与国外客户的结算账户时，借记"应收外汇账款"账户，贷记"自营进口销售成本"账户；同时向税务部门申请退回已支付的进口关税，借记"应交税金——应交进口关税"账户，贷记"自营进口销售成本"账户。相关会计分录如下：

  借：应收外汇账款   ×××
    应交税金——应交进口关税 ×××
    贷：自营进口销售成本   ×××

（3）同时做销货退回处理，转销与国内客户的结算货款和增值税，借记"自营进口销售收入"和"应交税费——应交增值税（销项税额）"账户，贷记"应付账款"账户。相关会计分录如下：

  借：自营进口销售收入   ×××
    应交税费——应交增值税（销项税额） ×××
    贷：应付账款   ×××

（4）收到国外出口商退回的货款及垫付费用时，借记"银行存款——美元户"账户，贷记"应收外汇账款"账户。相关会计分录如下：

  借：银行存款——美元户 ×××
    贷：应收外汇账款 ×××

（5）支付国内订货商的退货款时，借记"应付账款"账户，贷记"银行存款——人民币户"账户。相关会计分录如下：

  借：应付账款   ×××
    贷：银行存款——人民币户 ×××

6）收到退回的进口关税和增值税时，借记"银行存款——人民币户"账户，贷记"应交税金——应交进口关税"和"应交税费——应交增值税（进项税额）"账户。相关会计分录如下：

  借：银行存款——人民币户   ×××
    贷：应交税金——应交进口关税 ×××
      ——应交增值税（进项税额） ×××

【例7-5】承例7-1、例7-2，假设进口甲商品运到时，商检局出具了商品检验证明书，证明该批商品为不合格产品，经与出口商联系后，同意做退货处理。

（1）支付退还甲商品的退货费用900美元，当日即期汇率为6.5。

分析：这项经济业务的发生，一方面，滨海公司因支付退货费用而使银行存款美元户减少了900美元，当日即期汇率为6.50，折算成人民币应该是5 850元，应记入"银行存款——美元户"账户的贷方；另一方面，因为是替国外出口商垫付的退货费用，因此，使得滨海公司的应收外汇账款增加了900美元，折算成人民币应该是5 850元，记入"应收外汇账款——A公司"账户的借方。财务部门根据运费结算清单和付款凭证编制分录，具体会计分录为：

借：应收外汇账款——A公司（USD900×6.50）　　5 850
　　贷：银行存款——美元户（USD900×6.50）　　　5 850

（2）将甲商品做进货退出处理，并向税务部门申请退还已支付的进口税金，当日即期汇率为6.50。

分析：将甲商品做进货退出，首先冲转与国外客户的结算账户，向国外出口商收回货款及进口费用，因此，滨海公司的应收外汇账款增加了79 500美元，当日即期汇率为6.50，折算成人民币应该是516 750元，应记入"应收外汇账款——A公司"账户的借方，同时，向税务部门申请退回已支付的进口关税，记入"应交税金——应交进口关税"账户的借方，还要同时冲转进口商品销售成本，记入"自营进口销售成本"账户的贷方。具体会计分录为：

借：应收外汇账款——A公司（USD79 500×6.5）　　516 750
　　应交税金——应交进口关税　　　　　　　　　　51 675
　　贷：自营进口销售成本　　　　　　　　　　　　568 425

（3）同时做销货退回处理，转销与国内客户的结算货款。

分析：这项经济业务的发生，一方面，滨海公司因要退回销货款而使应付账款增加了700 000元，应记入"应付账款——B公司"账户的贷方；另一方面，冲转进口商品销售收入，使得滨海公司的销售收入减少了700 000元，记入"自营进口销售收入——甲商品"账户的借方。具体会计分录为：

借：自营进口销售收入——甲商品　700 000
　　贷：应付账款——B公司　　　　　　700 000

（4）收到退回的货款及进口费用和垫付费用80 400美元，当日即期汇率为6.5。

分析：这项经济业务的发生，一方面，滨海公司因收到退回的货款及进口费用和垫付费用而使银行存款美元户增加了80 400美元，当日即期汇率为6.50，折算成人民币应该是 522 600 元，应记入"银行存款——美元户"账户的借方；另一方面，应收外汇账款减少了 80 400 美元，折算成人民币应该是 522 600 元，记入"应收外汇账款——A 公司"账户的贷方。财务部门根据收款通知编制分录，具体会计分录为：

借：银行存款——美元户（USD80 400×6.50）　522 600

　　贷：应收外汇账款——A 公司（USD80 400×6.50）　522 600

（5）签发转账支票支付 B 公司退货款。

分析：这项经济业务的发生，一方面，滨海公司因支付 B 公司退货款而使银行存款人民币户减少了 700 000 元，应记入"银行存款——人民币户"账户的贷方；另一方面，应付账款减少了 700 000 元，记入"应付账款——B 公司"账户的借方。具体会计分录为：

借：应付账款——B 公司　　　700 000

　　贷：银行存款——人民币户　　700 000

（6）收到税务部门退还的进口关税和增值税。

分析：这项经济业务的发生，一方面，滨海公司因收到税务部门退还的进口关税和增值税而使银行存款人民币户增加了 148 307.25 美元，应记入"银行存款——人民币户"账户的借方；另一方面，冲转应交税费账户，记入"应交税费——应交进口关税"和"应交税费——应交增值税（进项税额）"账户的贷方。具体会计分录为：

借：银行存款——人民币户　　　　　　148 307.25

　　贷：应交税费——应交进口关税　　　　　　51 675

　　　　应交税费——应交增值税（进项税额）　　96 632.25

2. 货到结算方式下销售退回的核算

（1）自营进口商品销售采取货到结算方式。在商品运达我国港口后，与国内客户办理结算前，发现商品的质量与合同规定严重不符，外贸企业可根据商检部门出具的商品检验证明书，按照合同规定与国外出口商联系，将商品退回给出口商，收回货款及进口费用和退货费用。

①垫付进货退回国外出口商的退货费用时，借记"应收外汇账款"账户，贷记"银行存款——美元户"账户。相关会计分录如下：

借：应收外汇账款　　　×××

　　贷：银行存款——美元户　　×××

②做进货退出处理，冲转与国外客户的结算账户时，借记"应收外汇账款"账户，贷记"在途物资——进口物资"账户；同时向税务部门申请退回已支付的进口关税，借记"应交税金——应交进口关税"账户，贷记"在途物资——

405

进口物资"账户。相关会计分录如下：

借：应收外汇账款　　　　　　×××

　　应交税金——应交进口关税　×××

　　贷：在途物资——进口物资　　　　　×××

（2）自营进口商品销售采取货到结算方式。在商品运达我国港口后，与国内客户办理结算后，发现商品的质量与合同规定严重不符，外贸企业可根据商检部门出具的商品检验证明书，按照合同规定与国外出口商联系，将商品退回给出口商，收回货款及进口费用和退货费用，然后向国内客户办理退货手续。此种情况下核算方式与单到结算方式下销售退回的核算一样，在此不再赘述。

3. 出库结算方式下销售退回的核算

（1）自营进口商品销售采取出库结算方式。在商品运达我国港口后，入库前，发现商品的质量与合同规定严重不符，外贸企业可根据商检部门出具的商品检验证明书，按照合同规定与国外出口商联系，将商品退回给出口商，收回货款及进口费用和退货费用。

①垫付进货退回国外出口商的退货费用时，借记"应收外汇账款"账户，贷记"银行存款——美元户"账户。相关会计分录如下：

借：应收外汇账款　　　×××

　　贷：银行存款——美元户　　×××

②做进货退出处理，冲转与国外客户的结算账户时，借记"应收外汇账款"账户，贷记"在途物资——进口物资"账户；同时向税务部门申请退回已支付的进口关税，借记"应交税金——应交进口关税"账户，贷记"在途物资——进口物资"账户。相关会计分录如下：

借：应收外汇账款　　　　　　×××

　　应交税金——应交进口关税　×××

　　贷：在途物资——进口物资　　　　　×××

（2）自营进口商品销售采取出库结算方式。在与国内客户办理结算后，发现商品的质量与合同规定严重不符，外贸企业可根据商检部门出具的商品检验证明书，按照合同规定与国外出口商联系，将商品退回给出口商，收回货款及进口费用和退货费用，然后向国内客户办理退货手续。此种情况下核算方式与单到结算方式下销售退回的核算一样，在此不再赘述。

（二）索赔和理赔的核算

涉外企业在自营进口商品销售的过程中，往往会由于进口商品的质量、数量、规格等与合同规定不符，遭到国内用户索赔而进行理赔。同时，企业可以根据造成这种情况的不同原因，向不同的责任方如国外供货商、运输公司、保险公司等进行索赔。涉外企业在处理索赔、理赔业务时，应根据不同的情况，做出相应的处理。

索赔证据以商品检验证最为重要，此外有装箱单、运输单据副本以及港务局理货员签证的理货报告、承运人签证的短缺或残损证明等。

（1）向国内理赔，冲减进口商品销售收入时，借记"自营进口销售收入"账户，贷记"应付账款——进口理赔"账户。相关会计分录如下：

借：自营进口销售收入　　　　　×××
　　贷：应付账款——进口理赔　　　　　×××

（2）向国外索赔，冲减进口商品销售成本时，借记"应收外汇账款——进口索赔"账户，贷记"自营进口销售成本"账户。相关会计分录如下：

借：应收外汇账款——进口索赔　　×××
　　贷：自营进口销售成本　　　　　×××

（3）收到索赔款时，借记"银行存款——美元户"账户，贷记"应收外汇账款——进口索赔"账户。相关会计分录如下：

借：银行存款——美元户　　　　×××
　　贷：应收外汇账款——进口索赔　×××

（4）支付理赔款时，借记"应付账款——进口理赔"账户，贷记"银行存款——人民币户"账户。相关会计分录如下：

借：应付账款——进口理赔　　　×××
　　贷：银行存款——人民币户　　　×××

（5）如已对内理赔但对外无索赔权，其损失记入营业外支出，并冲转进口商品销售成本，借记"营业外支出"账户，贷记"自营进口销售成本"账户。相关会计分录如下：

借：营业外支出　　　　×××
　　贷：自营进口销售成本　　×××

【例7-6】承例7-1，B公司在提货时发现上述某些进口商品质量不符合要求，经商检证实质量确有问题。于是向滨海公司提出索赔100 000元。滨海公司立即凭商检证明对外索赔16 000美元，同时对内理赔。

（1）对外索赔时，将有关索赔的全套证明文件提交外方，当日即期汇率为6.5。

分析：这项经济业务的发生，一方面，滨海公司由于对外索赔而使应收外汇账款增加了16 000美元，当日即期汇率为6.5，折算人民币为104 000，应记入"应收外汇账款——进口索赔——A公司"账户的借方；另一方面，需要冲转进口商品销售成本，进口商品销售成本减少了104 000，应记入"自营进口销售成本——甲商品"账户的贷方。具体会计分录如下：

借：应收外汇账款——进口索赔——A 公司（USD16 000×6.5）　104 000
　　贷：自营进口销售成本——甲商品　104 000

（2）对内理赔。

分析：这项经济业务的发生，一方面，滨海公司由于对内理赔而使应付账款增加了 100 000 元，应记入"应付账款——进口理赔——B 公司"账户的贷方；另一方面，需要冲转进口商品销售收入，进口商品销售收入减少了 100 000，应记入"自营进口销售收入——甲商品"账户的借方。具体会计分录如下：

借：自营进口销售收入——甲商品　100 000
　　贷：应付账款——进口理赔——B 公司　100 000

（3）收到国外赔款，当日即期汇率为 6.5。

分析：这项经济业务的发生，一方面，滨海公司由于收到国外赔款而使银行存款美元户增加了 16 000 美元，当日即期汇率为 6.5，折算人民币为 104 000，应记入"银行存款——美元户"账户的借方；另一方面，应收外汇账款减少了 16 000 美元，当日即期汇率为 6.5，折算人民币为 104 000，应记入"应收外汇账款——进口索赔——A 公司"账户的贷方。具体会计分录如下：

借：银行存款——美元户（USD16 000×6.5）　104 000
　　贷：应收外汇账款——进口索赔——A 公司（USD16 000×6.5）　104 000

（4）支付理赔款。

分析：这项经济业务的发生，一方面，滨海公司由于支付理赔款而使银行存款人民币户减少了 100 000 元，应记入"银行存款——人民币户"账户的贷方；另一方面，应付账款减少了 100 000 元，应记入"应付账款——进口理赔——B 公司"账户的贷方。具体会计分录如下：

借：应付账款——进口理赔——B 公司　100 000
　　贷：银行存款——人民币户　100 000

（5）如已对内理赔但对外无索赔权。

分析：这项经济业务的发生，一方面，滨海公司由于对内理赔但对外无索赔权而使营业外支出账户增加了 100 000 元，应记入"营业外支出"账户的借方；另一方面，冲转进口商品销售成本，进口商品销售成本减少了 100 000 元，应记入"自营进口销售成本——甲商品"账户的贷方。具体会计分录如下：

借：营业外支出　100 000
　　贷：自营进口销售成本——甲商品　100 000

（三）年终预估应付国外运保费的核算

年度终了，凡已转入库存并已作销售的进口商品，属于国外以离岸价格成交，有应付未付国外运保费的，应先预估入账，按存销比例分别转入"库存商品——库存进口商品"账户和"自营进口销售成本"账户，实际支付数和预估数之间的差额分别调整有关账户。这样，收入与成本的计算口径一致，本年利润不致虚增。

（1）预估国外运保费时，借记"在途物资——进口物资"账户，贷记"应付外汇账款"账户。相关会计分录如下：

　　借：在途物资——进口物资　×××
　　　　贷：应付外汇账款　　　×××

（2）将预估运保费按存销比例分配转入进口商品销售成本和库存进口商品时，借记"库存商品——库存进口商品"和"自营进口销售成本"账户，贷记"在途物资——进口物资"账户。相关会计分录如下：

　　借：库存商品——库存进口商品　　×××
　　　　　自营进口销售成本　　　　××××
　　　　贷：在途物资——进口物资　　　　　×××

7.3 代理进口业务的核算

7.3.1 代理进口业务概述

（一）代理进口业务的含义

代理进口业务是指受托企业接受委托方的委托，根据与委托方签订的委托代理进口合同或协议，代理委托方对外洽谈、签订并履行进口合同，办理运输、开证、付汇等，并收取一定手续费的进口业务。

受托企业不负担代理业务盈亏，如若负担盈亏，则不属代理业务，而成为转销业务。转销业务属于自营性质，按自营进口商品业务办理。

进口企业只受托对外成交，而不负责进口开证、付款等事宜，不属代理进口业务，只属代办业务。

（二）代理进口业务的核算原则

1. 根据代理进口业务的性质，受托方不垫付进口货物资金，代理方在收妥预付资金后，方能与国外出口商签订进口合同。

2. 受托方以自己的名义对外签订进口合同，支付进口货物的国外货款。

3. 代理进口业务发生的国外运费、保险费等一切直接费用，均由委托方承担。

4. 代理进口货物支付的关税、增值税、消费税等税款，由委托方承担或由受托方垫付后向委托方收回。

5. 代理进口销售的货款结算一般采用单到结算方式，以实际进口成本按CIF价结算。

6. 代理手续费按CIF价与合同规定的比例收取，所收取的手续费作为代理开支及盈利，受托企业所收取的手续费应交纳5%的营业税。

7. 代理进口销售实现的盈亏由委托方负责。

8. 代理进口所需要的外汇原则上由委托方解决，如需受托企业代为购汇的，则手续费由委托方负担。

（三）代理进口货物的结算单

代理业务全部结束后，受托方应向委托方办理清算手续，开出代理进口货物结算单，格式见表7-20。

表7-20 代理进口结算单

年 月 日

品 名：　　　　　　进口合同号：　　　　　　数量：

进口国别：　　　　　到达口岸：　　　　　　　单价：外币

外汇汇率：　　　　　船名：　　　　　　　　　总价：外币

结算项目	原币金额	人民币金额
货款原币（FOB）		
运费		
保险费		
到岸价格		
关税		
消费税		
增值税		
银行手续费		
佣金		
代垫货款利息		
涉外代理费		
合计		

复核：　　　　　　　　　　　　　制单：

（四）代理进口业务销售收入的确认

涉外企业代理进口业务，应以开出进口结算单，向国内委托单位办理货款

410

结算的时间确认销售收入的实现。

由于涉外企业经营代理进口业务前，与委托单位已经签订了代理进口协议，就代理进口商品的名称、价格条件、运输方式、费用负担、风险责任、手续费率等有关内容做出详细的规定。因此，当银行转来国外全套结算单据，经审核与合同无误，在支付进口商品货款的同时，也就可以向国内委托单位办理货款结算，这时代理进口商品的销售收入已经实现。

7.3.2 代理进口业务的核算

（一）应设置的账户

由于代理进口业务的盈亏应由委托方负担，而受托企业仅收取代理手续费；又由于代理进口业务主要采用单到结算方式，使得购、销业务的核算得以同时进行，因此代理进口商品采购成本主要是由委托方核算，受托企业一般不设专门账户对商品采购成本进行核算。

另外，根据《企业会计准则》规定，受托企业只把代理手续费收入贷记"主营业务收入——代理进口销售收入"（代理业务为主营业务时）或"其他业务收入——代理进口销售收入"（代理业务为辅营业务时）账户，按规定缴纳的营业税，借记"营业税金及附加" 或"其他业务支出"账户。相关账户在前面都已介绍，在此不再赘述。

（二）代理进口业务核算内容

1. 预收采购资金的核算

企业代理进口商品、材料和设备，一般都向委托方收取采购资金，收取的采购资金可以是外汇现汇，也可以是人民币。受托企业收到委托方的预付货款时，根据银行进账单等，借记"银行存款——外币户"或"银行存款——人民币户"账户，贷记"预收账款"账户或"预收外汇账款"账户。相关会计分录如下：

借：银行存款——外币户　　　×××
　或：银行存款——人民币户　×××
　贷：预收外汇账款　　　　　×××
　或：预收账款　　　　　　　×××

2. 支付国外货款的核算

受托企业收到银行转来国外全套结算单据时，将其与信用证或合同条款核对无误后，通过银行向国外出口商承付款项时，根据付款通知单、外汇业务借记通知、境外汇款申请书等，借记"预收账款" 或"预收外汇账款"账户，贷记"银行存款——外币户"或"银行存款——人民币户"账户。相关会计分录如下：

　　借：预收外汇账款　　　　×××
　　　或：预收账款　　　　　　×××
　　　贷：银行存款——外币户　×××
　　　　或：银行存款——人民币户　×××

3. 支付国外运保费的核算

（1）假如委托方没有预付资金，受托企业垫付后即应借记"应收账款"账户，贷记"银行存款——外币户"账户，垫付后再向委托方收取。相关会计分录如下：

　　借：应收账款　　　　　　×××
　　　贷：银行存款——外币户　　×××

（2）假如委托方已预付资金，支付时则直接冲减预收委托方的货款，借记"预收账款"或"预收外汇账款"账户，贷记"银行存款——外币户"或"银行存款——人民币户"账户。相关会计分录如下：

　　借：预收外汇账款　　　　　×××
　　　或：预收账款　　　　　　×××
　　　贷：银行存款——外币户　　　×××
　　　　或：银行存款——人民币户　×××

4. 支付进口税金的核算

应交进口税金是指进口商品报关时应缴纳的税金，包括由海关征收的进口关税、消费税和增值税。代理进口商品应缴纳的进口税金，由委托方承担。

（1）假如委托方没有预付资金，受托企业收到海关税款缴款书后即应借记"应收账款"账户，贷记"应交税金——应交进口关税"、"应交税费——应交进口消费税"、"应交税费——应交增值税（进项税额）"账户；上缴税金时，借记"应交税金——应交进口关税"、"应交税费——应交进口消费税"、"应交税费——应交增值税（进项税额）"账户，贷记"银行存款——人民币户"，垫付后再向委托方收取。相关会计分录如下：

收到海关税款缴款书时：

　　借：应收账款　　　　　　　　×××
　　　贷：应交税金——应交进口关税　　×××
　　　　应交税金——应交进口消费税　　×××
　　　　应交税金——应交增值税（进项税额）　×××

上缴税金时：

　　借：应交税金——应交进口关税　　　　×××

412

　　　　　应交税金——应交进口消费税　　　　×××
　　　　　应交税金——应交增值税（进项税额）　×××
　　　　贷：银行存款——人民币户　　　　　　×××
　　（2）假如委托方已预付资金，则直接冲减预收委托方的货款，受托企业收到海关税款缴款书后即应借记"预收账款"账户，贷记"应交税金——应交进口关税"、"应交税费——应交进口消费税"、"应交税费——应交增值税（进项税额）"账户；上缴税金时，借记"应交税金——应交进口关税"、"应交税费——应交进口消费税"、"应交税费——应交增值税（进项税额）"账户，贷记"银行存款——人民币户"账户。相关会计分录如下：

　　收到海关税款缴款书时：
　　　借：预收账款　　　　　　　　　　　××××
　　　　贷：应交税金——应交进口关税　　　　×××
　　　　　应交税费——应交进口消费税　　　　×××
　　　　　应交税费——应交增值税（进项税额）×××

　　上缴税金时：
　　　借：应交税金——应交进口关税　　　　　×××
　　　　应交税费——应交进口消费税　　　　　×××
　　　　应交税费——应交增值税（进项税额）　×××
　　　　贷：银行存款——人民币户　　　　　　×××

　　5. 代理进口手续费的核算
　　受托企业业务部门根据代理进口商品金额 CIF 价格的一定比例开具收取代理手续费的发票，财会部门根据业务部门转来的发票（记账联）确认代理进口业务销售收入的实现，据以借记"预收账款"账户，贷记"主营业务收入——代理进口销售收入"（代理业务为主营业务时）或"其他业务收入——代理进口销售收入"（代理业务为辅营业务时）账户。相关会计分录如下：
　　　借：预收账款　　　　　　　　　　　××××
　　　　贷：主营业务收入——代理进口销售收入　　×××
　　　　　或：其他业务收入——代理进口销售收入　　×××

　　6. 计算应交营业税及其附加的核算
　　计算应交营业税及其附加时，借记"营业税金及附加"或"其他业务支出"账户，贷记"应交税费"账户。相关会计分录如下：
　　　借：营业税金及附加　　××××
　　　　或：其他业务支出　　　××××
　　　　贷：应交税费　　　　　××××

7. 与委托方清算的核算

代理进口业务完成时，结清预收账款账户，多退少补，借记或贷记"预收账款"账户，贷记或借记"银行存款"账户。相关会计分录如下：

预收账款多时：

借：预收账款　　×××

　　贷：银行存款　　×××

预收账款少时：

借：银行存款　　×××

　　贷：预收账款　　×××

8. 其他费用的核算

其他费用是指能够直接认定的代理进口商品的费用，包括银行财务费、海关规费、进口检验费、商品到岸以后发生的运杂费、保管费和商品损耗等。这些费用均由委托方承担，不通过受托企业的"在途物资"账户归集和核算，也不将国内费用计入受托企业的费用账户。

【例7-7】滨海公司接受B公司委托，从A公司进口一批化妆品50箱，每箱FOB纽约1 000美元，总计50 000美元。

（1）收到B公司预付代理进口化妆品款650 000元。

分析：这项经济业务的发生，一方面，滨海公司因收到B公司预付代理进口化妆品款而使银行存款增加650 000元，应记入"银行存款——人民币户"账户的借方；另一方面，企业预收账款增加650 000元，应记入"预收账款——B公司"账户的贷方。财务部门根据银行进账单编制分录，具体会计分录如下：

借：银行存款——人民币户　　650 000

　　贷：预收账款——B公司　　650 000

（2）收到银行转来的国外全套结算单据，开列化妆品50箱，每箱FOB纽约1 000美元，总计货款50 000美元，明佣1 000美元。审核无误，扣除佣金后购汇支付货款，当日美元卖出价6.6。

分析：这项经济业务的发生，一方面，滨海公司因购汇替B公司支付货款净额而使银行存款减少323 400元（USD49 000×6.6），应记入"银行存款——人民币户"账户的贷方；另一方面，冲销预收B公司的账款，滨海公司预收账款减少323 400元，应记入"预收账款——B公司"账户的借方。具体会计分录如下：

借：预收账款——B公司　　323 400

　　贷：银行存款——人民币户　　323 400

（3）购汇支付化妆品的国外运费2 000美元、保险费200美元，当日美元

414

卖出价 6.6。

分析：这项经济业务的发生，一方面，滨海公司因购汇替 B 公司支付国外运保费而使银行存款减少 14 520 元（USD2 200×6.6），应记入"银行存款——人民币户"账户的贷方；另一方面，冲销预收 B 公司的账款，滨海公司预收账款减少 14 520 元，应记入"预收账款——B 公司"账户的借方。具体会计分录如下：

借：预收账款——B 公司　　　14 520

　　贷：银行存款——人民币户　　　　　14 520

（4）计算应纳进口关税、进口消费税和增值税，进口关税税率为 10%、进口消费税税率为 30%、增值税税率为 17%，海关填发税款缴纳证之日的即期汇率为 6.5。

应交进口关税=(USD50 000+USD2 000+ USD200−USD1 000)×6.5×10%
　　　　　　=33 280（元）

应交进口消费税=[(USD50 000+USD2 000+USD200−USD1 000)×6.5+33 280]/(1−30%)×30%=156 891.43（元）

应交增值税=[(USD50 000+USD2 000+ USD200−USD1 000)×6.5+33 280+156 891.43]×l7%=88 905.14（元）

分析：这项经济业务的发生，一方面，滨海公司因收到海关税款缴款书而使应交进口关税增加 33 280 元、应交进口消费税增加 156 891.43 元、应交增值税增加 88 905.14 元，分别记入"应交税金——应交进口关税"、"应交税费——应交进口消费税"、"应交税费——应交增值税（进项税额）"账户的贷方；另一方面，冲销预收 B 公司的账款，于是滨海公司预收账款减少 279 076.57 元（33 280+156 891.43+88 905.14），应记入"预收账款——B 公司"账户的借方。相关会计分录如下：

借：预收账款——B 公司　　　279 076.57

　　贷：应交税金——应交进口关税　　　　　33 280

　　　　应交税费——应交进口消费税　　　　156 891.43

　　　　应交税费——应交增值税（进项税额）　　88 905.14

上缴进口关税、进口消费税和增值税。

分析：这项经济业务的发生，一方面，滨海公司因上缴进口关税、进口消费税和增值税而使银行存款减少 279 076.57，应记入"银行存款——人民币户"账户的贷方；另一方面，因税金已上缴，使得应交进口关税减少 33 280 元、应交进口消费税减少 156 891.43 元、应交增值税减少 88 905.14 元，分别记入"应交税金——应交进口关税"、"应交税费——应交进口消费税"、"应交税费——

应交增值税（进项税额）"账户的借方。具体会计分录如下：

借：应交税金——应交进口关税　　　　　33 280
　　应交税费——应交进口消费税　　　156 891.43
　　应交税费——应交增值税（进项税额）88 905.14
　　贷：银行存款——人民币户　　　　　　　　279 076.57

（5）按 CIF 净价的 5‰支付代理进口商品的银行手续费。

银行手续费=(USD50 000+USD2 000+USD200−USD1 000)×6.5×5‰=1 664（元）

分析：这项经济业务的发生，一方面，滨海公司因替 B 公司支付代理进口商品的银行手续费而使银行存款减少 1 664 元，应记入"银行存款——人民币户"账户的贷方；另一方面，冲销预收 B 公司的账款，滨海公司预收账款减少 1 664 元，应记入"预收账款——B 公司"账户的借方。具体会计分录如下：

借：预收账款——B 公司　　　1 664
　　贷：银行存款——人民币户　　　1 664

（6）按 CIF 价格的 3%向委托方结算代理手续费。

代理手续费=(USD50 000+USD2 000+ USD200)×6.6×3%
　　　　　=10 335.6（元）

分析：这项经济业务的发生，一方面，滨海公司因向委托方结算代理手续费而使其他业务收入增加 10 335.6 元，应记入"其他业务收入——代理进口收入"账户的贷方；另一方面，冲销预收 B 公司的账款，滨海公司预收账款减少 10 335.6 元，应记入"预收账款——B 公司"账户的借方。具体会计分录如下：

借：预收账款——B 公司　　　　　　10 335.6
　　贷：其他业务收入——代理进口收入　　　10 335.6

（7）手续费收入应交纳 5%营业税、7%城市维护建设税和 3%教育费附加。

营业税=10 335.6×5%=516.78（元）

城市维护建设税=516.78×7%=36.17（元）

教育费附加=516.78×3%=15.50（元）

分析：这项经济业务的发生，一方面，滨海公司因应交纳应交税费而使营业税金及附加增加 568.45 元（516.78+36.17+15.50），应记入"营业税金及附加"账户的借方；另一方面，应交营业税增加 516.78 元、应交城市维护建设税增加 36.17 元、应交教育费附加增加 15.50 元，分别记入"应交税费——应交营业税"、"应交税费——应交城市维护建设税"、"应交税费——应交教育费附加"账户的贷方。具体会计分录如下：

借：营业税金及附加　　　　　　568.45
　　贷：应交税费——应交营业税　　　　　516.78

——应交城市维护建设税　　　36.17

——应交教育费附加　　　　　15.50

（8）向委托方办理货款结算。开出进口物资结算单，如表7-21所示。与委托方进行价款结算，退回委托方预付货款余额21 003.83元。

分析：这项经济业务的发生，一方面，滨海公司因退回委托方预付货款余额而使银行存款减少15 709.72元，应记入"银行存款——人民币户"账户的贷方；另一方面，滨海公司预收账款减少15 709.72元，应记入"预收账款——B公司"账户的借方。具体会计分录如下：

借：预收账款——B公司　　　15 709.72

　　贷：银行存款——人民币户　　　15 709.72

表7-21　滨海公司代理进口结算单

年　月　日

品名：化妆品　　　　　　进口合同号：　　　　　　数量：50箱

进口国别：美国　　　　　到达口岸：天津　　　　　单价：1 000美元

外汇汇率：　　　　　　　船名：　　　　　　　　　总价：50 000美元

结算项目	原币金额	人民币金额
货款原币（FOB）	50 000	330 000
运费	2 000	13 200
保险费	200	1 320
到岸价格	52 200	344 520
关税（10%）		33 280
消费税（30%）		156 891.43
增值税（17%）		88 905.14
银行手续费（5‰）		1 664
减：佣金	1 000	6 600
代垫货款利息		
涉外代理费（3%）	1 566	10 335.6
合计		628 996.17

复核：　　　　　　　　　　　　制单：

【本章小结】

本章主要讲述了进口商品国外采购、自营进口国内销售过程的核算内容、账户设置、会计处理，代理进口的基本核算内容、账务处理。

第8章 进出口税金的核算

【学习目标】

通过本章学习，掌握进出口关税的计算与会计处理，不同贸易方式下出口货物退（免）税的计算与会计处理；熟悉增值税、消费税的计算与会计处理；了解关税、增值税、消费税的基本知识及政策规定。

8.1 进出口货物纳税的核算

8.1.1 关税的核算

关税是指国家授权海关对出入关境的货物和物品征收的一种税。

（一）关税的计算

1. 关税的计税方法

关税的基本计税方法是：以进出口货物的价格（以外币计价成交的，由海关按照填发税款缴纳凭证之日中国人民银行公布的人民币对外币交易的中间价折合人民币）、数量为计税依据，按照适用税率、税额标准计算应纳税额。

（1）从价税应纳税额的计算

关税税额=应税进出口货物完税价格×适用税率

（2）从量税应纳税额的计算

关税税额=应税进出口货物数量×适用税额标准

（3）复合税应纳税额的计算

关税税额=应税进出口货物完税价格×适用税率+应税进出口货物数量×适用税额标准

2. 关税完税价格的确定

完税价格计算到元为止，元以下四舍五入；完税税额计算到分为止，分以下四舍五入。

（1）进口货物的完税价格

第一，以到岸价格为进口货物的完税价格。进口货物以海关审定的成交价格为基础的到岸价格作为完税价格。到岸价格包括货物的货价、货物运抵我国境内输入地点起卸前的运输及其相关费用、保险费。

【例8-1】滨海公司进口应纳从价关税甲商品，汇率为6.5，关税税率为10%。

①如果以USD100 000CIF价进口货物，完税价格=CIF价

进口关税税额=完税价格×进口关税税率

甲商品完税价格=USD100 000×6.5=650 000（元）

甲商品进口关税税额=650 000×10%=65 000（元）

②如果以USD100 000FOB价进口货物，其完税价格应当包括运费、保险费和其他杂费，原则上应按实际支付的金额计算。若无法得到实际支付金额，也可按海运进口运费率或按协商规定的固定运杂费计算运杂费，保险费则按中国人民保险公司的保险费率计算。假定本例国外运费500美元，投保加成为110%，保险费率0.3%。

完税价格=（FOB价+运费）/（1-投保加成×保险费率）

甲商品完税价格=（USD100 000+ USD500）×6.5/（1-110%×0.3%）

　　　　　　　　=655 413（元）

甲商品进口关税税额=655 413×10%=65 541.30（元）

③如果以USD100 000CFR价进口货物，完税价格应当包括保险费。假定本例投保加成为110%，保险费率0.3%。

完税价格=CFR价/（1-投保加成×保险费率）

甲商品完税价格=USD100 000×6.5/（1-110%×0.3%）=652 152（元）

甲商品进口关税税额=652 152×10%=65 215.20（元）

第二，进口货物海关估价。进口货物的价格不符合成交价格条件或者成交价格不能确定的，海关经了解有关情况，并与纳税义务人进行价格磋商后，依次以下列价格估定该货物的完税价格：

①与该货物同时或者大约同时向中华人民共和国境内销售的相同货物的成交价格；

②与该货物同时或者大约同时向中华人民共和国境内销售的类似货物的成交价格。

（2）出口货物的完税价格

第一，以离岸价格（FOB）为出口货物的完税价格。出口货物的完税价格（FOB）以海关审定的成交价格为基础的售予境外的离岸价格，包括货物运至我国境内输出地点装载前的运输及其相关费用、保险费，但其中包含的出口关税

税额，应当扣除。FOB 价中如包含应向国外支付的佣金、国外理舱费等开支，则应事先扣除。

【例 8-2】滨海公司出口应纳从价关税甲商品，汇率为 6.5，关税税率为 10%。

①如果以 USD100 000FOB 价出口货物。

完税价格= FOB 价/（1+出口关税税率）

完税价格= USD100 000×6.5/（1+10%）=590 909（元）

出口关税税额=590 909×10%=59 090.90（元）

②如果以 USD100 000CIF 价出口货物，关税的计算应先扣除离开我国口岸的运费和保险费。假定本例国外运费 500 美元，投保加成为 110%，保险费率 0.3%。

完税价格=（CIF 价-保险费-运费）/（1+出口关税税率）

完税价格= (USD100 000- USD100 000×110%×0.3%-USD500)×6.5/(1+10%)
      = 586 005（元）

出口关税税额=586 005×10%=58 600.50（元）

③如果以 USD100 000CFR 价出口货物，关税的计算应先扣除离开我国口岸的运费。假定本例国外运费 500 美元。

完税价格=（CIF 价-运费）/（1+出口关税税率）

完税价格= (USD100 000- USD500)×6.5/(1+10%)
      = 590 455（元）

出口关税税额=590 455×10%=59 045.50（元）

CIF、CFR 价格内所含的运费和保险费，原则上应按实际支付数扣除。如无实际支付数，海关可根据定期规定的运费率和保险费率计算确定，纳税后一般不做调整。由陆路输往国外的货物，应以该货物运离国境的 FOB 价格减去出口关税税额作为完税价格。价格不能确定时，由海关估定。

第二，出口货物海关估价。出口货物的成交价格不能确定时，完税价格由海关依次使用下列方法估定：

a. 同时或大约同时向同一国家或地区出口的相同货物的成交价格；

b. 同时或大约同时向同一国家或地区出口的类似货物的成交价格；

c. 按照下列各项总和计算的价格：境内生产相同或者类似货物的料件成本、加工费用，通常的利润和一般费用，境内发生的运输及其相关费用、保险费；

d. 按照合理方法估定的价格。

（二）关税的核算

1. 进口关税的核算

（1）外贸企业进口关税的核算

第一，自营进口业务进口关税的核算。如前所述，自营进口以 CIF 价格作

420

为完税价格计缴关税，进口关税应作为商品采购成本的组成部分，收到海关税款缴款书时，借记"在途物资——进口物资"账户，贷记"应交税金——应交进口关税"账户；实际缴纳税款时，借记"应交税金——应交进口关税"账户，贷记"银行存款"账户；也可不通过"应交税费——应交进口关税"账户核算，待实际缴纳关税时，直接借记"在途物资——进口物资"账户，贷记"银行存款"账户。

相关会计分录如下：

①收到海关税款缴款书时：

借：在途物资——进口物资　　　　　×××

　　贷：应交税金——应交进口关税　　×××

②实际缴纳税款时：

借：应交税费——应交进口关税　　　×××

　　贷：银行存款　　　　　　　　　×××

③不通过"应交税金——应交进口关税"账户核算，待实际缴纳关税时：

借：在途物资——进口物资　　　　　×××

　　贷：银行存款　　　　　　　　　×××

【例 8-3】滨海公司 6 月进口应纳从价关税甲商品，关税税率为 10%。如果以 USD100 000FOB 价进口货物，假定国外运费 500 美元，投保加成为 110%，保险费率 0.3%。

完税价格=（FOB 价+运费）/（1-投保加成×保险费率）

甲商品完税价格=(USD100 000+USD500)×6.5/(1-110%×0.3%)=655 413（元）

甲商品进口关税税额=655 413×10%=65 541.30（元）

①6 月 5 日收到海关税款缴款书，海关填发税款缴纳证之日的即期汇率为 6.5。

分析：应交进口关税应计入进口商品的采购成本，使进口商品的采购成本增加了 65 541.30 元，记入"在途物资——进口物资——甲商品"账户的借方，同时，应交关税增加了 65 541.30 元，记入"应交税费——应交进口关税"账户的贷方。具体会计分录为：

借：在途物资——进口物资——甲商品　　65 541.30

　　贷：应交税费——应交进口关税　　　　65 541.30

②6 月 11 日实际缴纳税款，以银行转账支票付讫。

分析：这项经济业务的发生，一方面，滨海公司因支付进口关税而使银行存款减少了 65 541.30 元，应记入"银行存款"账户的贷方；另一方面，应交进口关税减少了 65 541.30 元,应记入"应交税金——应交进口关税"账户的借方。

具体会计分录为：

借：应交税金——应交进口关税　　　65 541.30

　　贷：银行存款　　　　　　　　　　65 541.30

③如果不通过"应交税金——应交进口关税"账户核算，待 6 月 11 日实际缴纳税款时，以银行转账支票付讫。

分析：这项经济业务的发生，一方面，滨海公司因支付进口关税而使银行存款减少了 65 541.30 元，应记入"银行存款"账户的贷方；另一方面，应交进口关税应记入采购成本，使进口商品的采购成本增加了 65 541.30 元，记入"在途物资——进口物资——甲商品"账户的借方。具体会计分录为：

借：在途物资——进口物资——甲商品　　65 541.30

　　贷：银行存款　　　　　　　　　　　65 541.30

第二，代理进口业务进口关税的核算。如果在代理进口方式下发生的关税额，应由受托的外贸企业代交的，代理企业要向委托单位如数收取，委托单位已预付采购资金的，也可以从中直接冲减。代理企业收到海关填发的税款交纳凭证时，则应借记"应收账款"、"预收账款"等账户，贷记"应交税金——应交进口关税"账户；实际缴纳税款时，借记"应交税金——应交进口关税"账户，贷记"银行存款"账户；也可不通过"应交税金——应交进口关税"账户核算，待实际缴纳关税时，直接借记"应收账款"、"预收账款"等账户，贷记"银行存款"账户。

相关会计分录如下：

①收到海关税款缴款书时：

借：应收账款（或预收账款）　　×××

　　贷：应交税金——应交进口关税　　×××

②实际缴纳税款时：

借：应交税金——应交进口关税　　×××

　　贷：银行存款　　　　　　　　×××

③不通过"应交税金——应交进口关税"账户核算，待实际缴纳关税时：

借：应收账款（或预收账款）　　×××

　　贷：银行存款　　　　　　　×××

【例 8-4】滨海公司 6 月代 A 公司进口应纳从价关税甲商品，关税税率为 10%。如果以 USD100 000FOB 价进口货物，假定国外运费 500 美元，投保加成为 110%，保险费率 0.3%，A 公司已预付购货资金。

完税价格＝（FOB 价+运费）/（1-投保加成×保险费率）

甲商品完税价格=(USD100 000+ USD500)×6.5/(1-110%×0.3%)=655 413（元）

甲商品进口关税税额=655 413×10%=65 541.30（元）

①6 月 5 日收到海关税款缴款书，海关填发税款缴纳证之日的即期汇率为6.5。

分析：这项经济业务的发生，一方面，滨海公司因收到海关税款缴款书而使应交进口关税增加 65 541.30 元，记入"应交税金——应交进口关税"账户的贷方；另一方面，A 公司已预付购货资金，应冲销预收 B 公司的账款，滨海公司预收账款减少 65 541.30，应记入"预收账款——B 公司"账户的借方。具体会计分录如下：

借：预收账款——B 公司　　　　　65 541.30
　　贷：应交税金——应交进口关税　　　65 541.30

②6 月 11 日实际缴纳税款，以银行转账支票付讫。

分析：这项经济业务的发生，一方面滨海公司因替 A 公司支付进口关税而使银行存款减少了 65 541.30 元，应记入"银行存款"账户的贷方；另一方面，应交进口关税减少了 65 541.30 元，应记入"应交税金——应交进口关税"账户的借方。具体会计分录为：

借：应交税金——应交进口关税　　　65 541.30
　　贷：银行存款　　　　　　　　　　65 541.30

③如果不通过"应交税金——应交进口关税"账户核算，待 6 月 11 日实际缴纳税款时，以银行转账支票付讫。

分析：这项经济业务的发生，一方面，滨海公司因支付进口关税而使银行存款减少了 65 541.30 元，应记入"银行存款"账户的贷方；另一方面，应交进口关税是 A 公司支付的，应向 A 公司收回，A 公司已预付购货资金，应冲销预收 B 公司的账款，滨海公司预收账款减少 65 541.30，应记入"预收账款——B公司"账户的借方。具体会计分录如下：

借：预收账款——B 公司　　65 541.30
　　贷：银行存款　　　　　　65 541.30

（2）生产企业进口关税的核算

生产企业根据合同从国外进口"原材料"、"机器设备"以及"加工装配"、"补偿贸易"有关原辅材料和外商提供的作价物资设备，应支付的进口关税，不通过"应交税金"科目核算，按规定以专用拨款支付时，借记"在途物资"、"原材料"、"在建工程——引进设备工程"或"固定资产"等账户，贷记"银行存款"账户。相关会计分录如下：

借：应收账款（或在建工程——引进设备工程等）　　×××
　　贷：银行存款　　　　　　　　　　　　　　　　×××

【例8-5】A公司（生产企业）6月进口应纳从价关税甲材料，关税税率为10%。如果以USD100 000FOB价进口货物，假定国外运费500美元，投保加成为110%，保险费率0.3%，海关填发税款缴纳证之日的即期汇率为6.5。

完税价格=（FOB价+运费）/（1-投保加成×保险费率）

甲材料完税价格=(USD100 000+ USD500)×6.5/(1-110%×0.3%)=655 413（元）

甲材料进口关税税额=655 413×10%=65 541.30（元）

6月11日实际缴纳税款，以银行转账支票付讫。

分析：这项经济业务的发生，一方面，滨海公司因支付进口关税而使银行存款减少了65 541.30元，应记入"银行存款"账户的贷方；另一方面，应交进口关税应记入材料采购成本，使进口材料的采购成本增加了65 541.30元，记入"在途物资——进口物资——甲材料"账户的借方。具体会计分录为：

借：在途物资——进口物资——甲材料　　65 541.30
　　贷：银行存款　　　　　　　　　　　　　　65 541.30

【例8-6】A公司（生产企业）6月进口2台需要安装的固定资产甲设备，成交价格CFR天津港USD100 000，投保加成为110%，保险费率为0.3%，该设备的关税税率为10%，海关填发税款缴纳证之日的即期汇率为6.5。

完税价格= CFR/（1-投保加成×保险费率）

甲设备完税价格=USD100 000 ×6.5/（1-110%×0.3%）
　　　　　　　　=652 152（元）

甲设备进口关税税额=652 152×10%=65 215.20（元）

6月11日实际缴纳税款，以银行转账支票付讫。

分析：这项经济业务的发生，一方面，滨海公司因支付进口关税而使银行存款减少了65 215.20元，应记入"银行存款"账户的贷方；另一方面，应交进口关税应计入设备采购成本，使进口设备的采购成本增加了65 215.20元，记入"在建工程——甲设备"账户的借方。具体会计分录为：

借：在建工程——甲设备　　65 215.20
　　贷：银行存款　　　　　　　65 215.20

2. 出口关税的核算

（1）外贸企业出口关税的核算

第一，自营出口业务的出口关税的核算。自营出口应以FOB价格作为完税价格计缴关税，出口关税税额计提时，借记"营业税金及附加"账户，贷记"应交税金——应交出口关税"账户；实际缴纳时，借记"应交税金——应交出口关税"账户，贷记"银行存款"账户；企业也可不通过"应交税金——应交出口关税"账户核算，待实际缴纳关税时，直接借记"营业税金及附加"账户，贷记"银行存款"账户。相关会计分录如下：

①收到海关税款缴款书计提时：

借：营业税金及附加　　　　×××

　　贷：应交税金——应交出口关税　　×××

②实际缴纳税款时：

借：应交税金——应交出口关税　×××

　　贷：银行存款　　　　　　×××

③不通过"应交税金——应交出口关税"账户核算，待实际缴纳关税时：

借：营业税金及附加　　　　×××

　　贷：银行存款　　　　　　　　×××

【例 8-7】滨海公司 7 月出口应纳从价关税甲商品，关税税率为 10%。如果以 USD100 000CIF 价出口货物，假定国外运费 500 美元，投保加成为 110%，保险费率 0.3%，海关填发税款缴纳证之日的即期汇率为 6.5。

完税价格=（CIF 价-保险费-运费）/（1+出口关税税率）

完税价格=(USD100 000-USD100 000×110%×0.3%-USD500)×6.5/(1+10%)
　　　　　=586 005（元）

出口关税税额=586 005×10%=58 600.50（元）

①7 月 5 日收到海关税款缴款书，海关填发税款缴纳证之日的即期汇率为 6.5。

分析：应交出口关税应记入营业税金及附加，使营业税金及附加增加了 58 600.50 元，记入"营业税金及附加"账户的借方，同时，应交关税增加了 58 600.50 元，记入"应交税金——应交出口关税"账户的贷方。具体会计分录为：

借：营业税金及附加　　　　　58 600.50

　　贷：应交税金——应交出口关税　　58 600.50

②7 月 11 日实际缴纳税款，以银行转账支票付讫。

分析：这项经济业务的发生，一方面，滨海公司因支付出口关税而使银行存款减少了 58 600.50 元，应记入"银行存款"账户的贷方；另一方面，应交出口关税减少了 58 600.50 元，应记入"应交税金——应交出口关税"账户的借方。具体会计分录为：

借：应交税金——应交出口关税　　58 600.50

　　贷：银行存款　　　　　　　58 600.50

③如果不通过"应交税金——应交出口关税"账户核算，待 7 月 11 日实际缴纳税款时，以银行转账支票付讫。

分析：这项经济业务的发生，一方面，滨海公司因支付出口关税而使银行存款减少了 58 600.50 元，应记入"银行存款"账户的贷方；另一方面，应交出口关税应记入营业税金及附加，使营业税金及附加增加了 58 600.50 元，记入"营业税金及附加"账户的借方。具体会计分录为：

借：营业税金及附加　　　58 600.50

　　贷：银行存款　　　　　　　58 600.50

第二，代理出口业务进口关税的核算。如果是代理出口业务发生的关税额，应由受托的外贸企业代征代交的，外贸企业应如数向委托单位收取，或直接从应付委托单位的出口货款中扣除。受托的外贸企业收到海关签发税款缴纳凭证时，则应借记"应收账款"、"应付账款"账户；贷记"应交税金——应交出口关税"账户；实际缴纳时，借记"应交税金——应交出口关税"账户，贷记"银行存款"账户；企业也可不通过"应交税金——应交出口关税"账户核算，待实际缴纳关税时，直接借记"应收账款"、"应付账款"账户，贷记"银行存款"账户。相关会计分录如下：

①收到海关税款书计提时：

借：应收账款（应付账款）　　　×××

　　贷：应交税金——应交出口关税　　×××

②实际缴纳税款时：

借：应交税金——应交出口关税　　×××

　　贷：银行存款　　　　　　　　　×××

③不通过"应交税金——应交出口关税"账户核算，待实际缴纳关税时：

借：应收账款（应付账款）　　　×××

　　贷：银行存款　　　　　　　　　×××

【例 8-8】滨海公司 7 月代 A 公司出口应纳从价关税甲商品，关税税率为10%。如果以 USD100 000CIF 价出口货物，假定国外运费运费 500 美元，投保加成为 110%，保险费率 0.3%，海关填发税款缴纳证之日的即期汇率为 6.5，代理企业代交的出口关税直接从应付 A 公司的出口货款中扣除。

完税价格＝（CIF 价-保险费-运费）/（1+出口关税税率）

完税价格＝(USD100 000-USD100 000×110%×0.3%-USD500)×6.5/(1+10%)
　　　　＝586 005（元）

出口关税税额＝586 005×10%＝58 600.50（元）

①7 月 5 日收到海关税款缴款书，海关填发税款缴纳证之日的即期汇率为6.5。

分析：应交出口关税直接从应付 A 公司的出口货款中扣除，使应付 A 公司的账款减少了 58 600.50 元，记入"应付账款——A 公司"账户的借方，同时，

应交关税增加了 58 600.50 元,记入"应交税金——应交出口关税"账户的贷方。具体会计分录为:

  借:应付账款——A 公司   58 600.50

   贷:应交税金——应交出口关税 58 600.50

  ②7 月 11 日实际缴纳税款,以银行转账支票付讫。

  分析:这项经济业务的发生,一方面,滨海公司因支付出口关税而使银行存款减少了 58 600.50 元,应记入"银行存款"账户的贷方;另一方面,应交出口关税减少了 58 600.50 元,应记入"应交税金——应交出口关税"账户的借方。具体会计分录为:

  借:应交税金——应交出口关税 58 600.50

   贷:银行存款   58 600.50

  ③如果不通过"应交税金——应交出口关税"账户核算,待 7 月 11 日实际缴纳税款时,以银行转账支票付讫。

  分析:这项经济业务的发生,一方面,滨海公司因支付出口关税而使银行存款减少了 58 600.50 元,应记入"银行存款"账户的贷方;另一方面,因为应交出口关税是代 A 公司缴纳的,直接从应付 A 公司的出口货款中扣除,使应付 A 公司的账款减少了 58 600.50 元,记入"应付账款——A 公司"账户的借方。具体会计分录为:

  借:应付账款——A 公司   58 600.50

   贷:银行存款   58 600.50

  (2)生产企业出口关税的核算

  生产企业出口产品应缴纳的出口关税,可不通过"应交税金"科目核算,支付时可直接借记"营业税金及附加"科目,贷记"银行存款"、"应付账款"等科目。相关会计分录如下:

  借:营业税金及附加 ×××

   贷:银行存款   ×××

  通过上述进出口关税的核算,得出一条原则,应牢牢记住:进口货物缴纳的关税计入进口成本,作为进口成本的组成部分;出口货物缴纳的关税直接由"营业税金及附加"核算,不能计入出口成本。

  进口货物在完税后才能进入国内市场流通,出口货物完税后才能装船出口。

8.1.2 消费税的核算

  消费税是对我国境内从事生产、委托加工和进口应税消费品的单位和个人,就其销售额或销售数量,在特定环节征收的一种税。也就是对特定的消费品和消费行为征收的一种税。

消费税是世界各国广泛实行的税种，开征目的为了加强经济宏观调控，体现国家一定的产业政策和消费政策。我国的消费税是 1994 年税制改革中新设置的税种，它与增值税相互配合，对某些产品进行特殊调节。

（一）消费税应纳税额的计算

1. 计税依据

（1）计税依据

我国消费税的计税方法分为从价计征与从量计征两种。

从价定率征税的应税消费品，计税依据为应税消费品的销售额；从量定额征税的应税消费品，计税依据为应税消费品的销售数量。

（2）销售额的确定

销售额包括纳税人销售应税消费品向购买方收取的全部价款和价外费用。

（3）销售数量的确定

销售数量是指应税消费品的数量。

2. 应纳税额的基本计算

我国对消费税实行价内税制度。因此，计算消费税的税额不论规定从价定率征收，还是从量定额征收，均以计税依据为基础。其基本计算公式为：

实行从价定率方法计算的应纳税额＝销售额×比例税率

实行从量定额方法计算的应纳税额＝销售数量×定额税率

（1）生产应税消费品直接销售

生产应税消费品直接销售的，按不同应税消费品适用的计税方法直接计算。

（2）外购已税消费品连续生产应税产品后销售

由于消费税在课征时，选择的是单一环节课征，强调税不重征，因此消费税法规定对用外购已税产品连续生产出来的应税消费品计算征税时，按当期生产领用数量计算准予扣除外购已税消费品已纳的消费税税额。

3. 进口应税消费品应纳税额的计算

企业进口应税消费品的消费税由海关代征，由进口人向报关地海关申报纳税，于报关进口时缴纳消费税，消费税的计税办法有从价定率、从量定额和复合计税三种方法。其应纳税额的计算如下：

（1）实行从价定率办法计算应纳税额的，按照组成计税价格计算纳税。

组成计税价格＝（关税完税价格＋关税）/（1－消费税税率）

应纳税额＝组成计税价格×适用税率

（2）实行从量定额办法计算应纳税额的

应纳税额＝应税消费品数量×消费税单位税额

在我国现行的消费品税目税率表中，只有黄酒、啤酒和成品油（包含汽油等7个子目）税目实行从量定额计税办法。

（3）复合计税的应纳税额

组成计税价格＝（关税完税价格+关税+消费税定额税）/

（1－进口卷烟消费税适用比例税率）

应纳税额＝组成计税价格×消费税适用比例税率

我国现行消费税目前仅对卷烟和白酒这两种消费品实行复合计税。

（二）消费税的会计核算

1. 一般销售业务的会计处理

纳税人销售应税消费品，在销售确认时，计提消费税，借记"营业税金及附加"科目，贷记"应交税金——应交消费税"科目；按规定期限上缴税金时，借记"应交税金——应交消费税"科目，贷记"银行存款"科目；月末结转销售税金时，借记"本年利润"科目，贷记"营业税金及附加"科目。发生销货退回或退税时，作相反的会计分录。相关的会计分录如下：

①计提消费税时：

借：营业税金及附加　　　　　　×××

　　贷：应交税金——应交消费税　　　×××

②按规定期限上缴税金时：

借：应交税金——应交消费税　　×××

　　贷：银行存款　　　　　　　　　　×××

③月末结转销售税金时：

借：本年利润　　　×××

　　贷：营业税金及附加　　　　×××

【例8-9】滨海公司2011年5月销售一批化妆品，增值税专用发票上注明不含税收入60 000元，该批化妆品成本40 000元，款项已收到并存入银行。则该公司会计处理如下：

公司当月应纳消费税额＝60 000×30%＝18 000（元）

（1）销售实现确认收入时，一方面，滨海公司因产品销售增加收入60 000元，记入"主营业务收入"账户的贷方，同时，应交增值税增加10 200元，记入"应交税金——应交增值税（销项税额）"账户的贷方；另一方面，滨海公司银行存款增加70 200，应记入"银行存款"账户的借方。具体会计分录如下：

借：银行存款　　　　　　　　70 200

　　贷：主营业务收入　　　　　　　　60 000

　　　　应交税金——应交增值税（销项税额）10 200

（2）计提消费税时，消费税应记入"营业税金及附加"账户，使得营业税金及附加增加 18 000 元，记入"营业税金及附加"账户的借方；另一方面，滨海公司的应交消费税也增加了 18 000 元，记入"应交税金——应交消费税"账户的贷方。具体会计分录如下：

借：营业税金及附加　　　　18 000
　　贷：应交税金——应交消费税　　18 000

（3）结转成本时，商品已经销售，使企业的库存商品减少了 40 000 元，记入"库存商品"账户的贷方；另一方面，销售成本增加了 40 000 元，记入"主营业务成本"账户的借方。具体会计分录为：

借：主营业务成本　40 000
　　贷：库存商品　　　40 000

（4）缴纳消费税税款时，一方面，滨海公司因缴纳消费税税款而使银行存款减少了 18 000 元，记入"银行存款"账户的贷方；另一方面，滨海公司的应交消费税也就减少了 18 000 元，记入"应交税金——应交消费税"账户的借方。具体会计分录如下：

借：应交税金——应交消费税　　18 000
　　贷：银行存款　　　　　　　　18 000

2. 进口应税消费品的会计处理

进口的应税消费品，应在进口时，由进口者缴纳消费税，缴纳的消费税应计入进口应税消费品的成本。在将消费税计入进口应税消费品成本时，直接贷记"银行存款"等科目。在特殊情况下，如出现先提货、后缴纳消费税的，也可以通过"应交税金——应交消费税"科目核算应交消费税额。在进口时，应按应税消费品的进口成本连同消费税及不允许抵扣的增值税，借记"固定资产"、"库存商品"、"在途物资"等科目，按支付的允许抵扣的增值税，借记"应交税金——应交增值税（进项税额）"科目，按采购成本、缴纳的增值税、消费税的合计数，贷记"银行存款"等科目。相关会计分录如下：

（1）提货计提时：

借：在途物资——进口物资
　　（库存商品——库存进口商品等）　　×××
　　贷：应交税金——应交消费税　　　　　×××

（2）实际缴纳税款时：

借：应交税金——应交消费税　×××
　　贷：银行存款　　　　　　　　×××

（3）不通过"应交税金——应交消费税"账户核算，待实际缴纳消费税时：

借：在途物资——进口物资

（库存商品——库存进口商品等）　×××

贷：银行存款　　　　　　　　　　　　　　　　　×××

【例8-10】滨海公司8月进口化妆品一批，到岸价格折合人民币40 000元，关税税率40%，消费税税率30%。

组成计税价格＝(40 000＋40 000×40%)/(1－30%)＝80 000（元）

应纳消费税＝80 000×30%＝24 000（元）

（1）8月5日收到海关税款缴款书。

分析：应交进口消费税应记入进口商品的采购成本，使进口商品的采购成本增加了24 000元，记入"在途物资——进口物资——化妆品"账户的借方，同时，应交消费税增加了24 000元，记入"应交税金——应交进口消费税"账户的贷方。具体会计分录为：

借：在途物资——进口物资——化妆品　　24 000

贷：应交税金——应交进口消费税　　　　　24 000

（2）8月11日实际缴纳税款，以银行转账支票付讫。

分析：这项经济业务的发生，一方面，滨海公司因支付进口消费税而使银行存款减少了24 000元，应记入"银行存款"账户的贷方；另一方面，应交进口消费税减少了24 000元，应记入"应交税金——应交进口消费税"账户的借方。具体会计分录为：

借：应交税金——应交进口消费税　　24 000

贷：银行存款　　　　　　　　　　　　24 000

（3）如果不通过"应交税金——应交进口消费税"账户核算，待8月11日实际缴纳税款时，以银行转账支票付讫。

分析：这项经济业务的发生，一方面，滨海公司因支付进口消费税而使银行存款减少了24 000元，应记入"银行存款"账户的贷方；另一方面，应交进口消费税应记入采购成本，使进口商品的采购成本增加了24 000元，记入"在途物资——进口物资——化妆品"账户的借方。具体会计分录为：

借：在途物资——进口物资——化妆品　　24 000

贷：银行存款　　　　　　　　　　　　24 000

3. 出口应税消费品的会计处理

为了公平税负，确保国家财政收入，充分发挥消费税的调节作用，一般情况下，在我国境内实现消费的应税消费品，一律不得减税、免税。但是，出口的应税消费品，除国家另有规定者外，免征消费税，免税办法可实行先征后退或者在生产环节直接免税。

（1）生产企业直接出口应税消费品

生产企业直接出口应税消费品，可以在出口时，直接予以免税，可不计算应交消费税，因此，无需进行消费税账务处理。而后发生退货或退关的，也可以暂不办理补税，待其转为国内销售时，再申报缴纳消费税。

（2）生产企业委托外贸企业代理出口应税消费品

生产企业采用委托外贸企业代理出口方式的，应由生产企业先交消费税，待外贸企业办理报关出口后再向税务机关申请退税，所退税款应由外贸企业退还给生产企业。

委托外贸企业代理出口的生产企业，在计算消费税时，按应交消费税额借记"应收账款"科目，贷记"应交税金——应交消费税"科目，实际缴纳时，借记"应交税金——应交消费税"科目，贷记"银行存款"科目。收到外贸企业退回税金时，借记"银行存款"科目，贷记"应收账款"科目。发生退关、退货、补交已退的消费税，作相反的会计分录。委托外贸企业代理出口的生产企业的相关会计分录：

①计算消费税时：

借：应收账款　　　　　　　　×××

　　贷：应交税金——应交消费税　　×××

②实际缴纳税款时：

借：应交税金——应交消费税　　×××

　　贷：银行存款　　　　　　　　×××

③收到外贸企业退回税金时：

借：银行存款　　　×××

　　贷：应收账款　　　×××

【例8-11】某生产企业委托外贸企业出口香烟，计销售收入为500 000元，适用消费税税率45%，计算应缴纳的消费税225 000元。

①在这项经济业务里计算消费税时，消费税应记入"应收账款"账户，使得应收账款增加225 000元，记入"应收账款"账户的借方；另一方面，滨海公司的应交消费税也增加了225 000元，记入"应交税金——应交消费税"账户的贷方。具体会计分录如下：

借：应收账款　　225 000

　　贷：应交税金——应交消费税　　255 000

②在这项经济业务里生产企业实际交纳消费税时，因缴纳消费税税款而使银行存款减少了225 000元，记入"银行存款"账户的贷方；另一方面，生产企业的应交消费税也就减少了225 000元，记入"应交税费——应交消费税"

账户的借方。具体会计分录如下：

借：应交税金——应交消费税　255 000

　　贷：银行存款　　　　　　255 000

③在这项经济业务里生产企业收到外贸企业退回税金时，因收到外贸企业退回税金而使银行存款增加了225 000元，记入"银行存款"账户的借方；另一方面，生产企业对外贸企业的应收账款也就减少了225 000元，记入"应收账款"账户的贷方。具体会计分录如下：

借：银行付款　　255 000

　　贷：应收账款　　255 000

若上项业务，发生了100 000元退货，应补缴已退货的消费税45 000元。

分析：这项经济业务的发生，一方面，生产企业因补缴已退货的消费税而使银行存款减少了45 000元，记入"银行存款"账户的贷方；另一方面，生产企业对外贸企业的应付账款也就增加了45 000元，记入"应付账款"账户的借方。生产企业根据退货通知时的具体会计分录如下：

借：应付账款　　45 000

　　贷：银行存款　　45 000

（3）外贸企业代理出口应税消费品的会计处理

外贸企业代理出口应税消费品的，应在办妥出口报关手续后，按应收取的手续费，借记"应收账款"科目，贷记"主营业务收入"等科目；收到购货方的价款时，借记"银行存款"科目，贷记"应付账款"科目，同时持有关凭证向税务机关办理退税手续；收到税务机关的退税款时，借记"银行存款"科目，贷记"应付账款"科目；将货款和退税款一并退还给生产企业时，借记"应付账款"科目，贷记"银行存款"科目，退税后发生退关、退货时，外贸企业应先代理补交消费税，借记"应收账款"科目，贷记"银行存款"科目；待收到生产企业退还的税款时，借记"银行存款"科目，贷记"应收账款"科目。相关会计分录如下：

①收取代理手续费时：

借：应收账款　　　　×××

　　贷：主营业务收入　　×××

②收到购货方的价款时：

借：银行存款　　×××

　　贷：应付账款　　×××

③收到税务机关的退税款时：

借：银行存款　　×××

贷：应付账款　　×××
　④将货款和退税款一并退还给生产企业时：
　　借：应付账款　　×××
　　　贷：银行存款　　×××
　⑤退税后发生退关、退货时：
　　借：应收账款　　×××
　　　贷：银行存款　　×××
　⑥收到生产企业退还的税款时：
　　借：银行存款　　×××
　　　贷：应收账款　　×××
　【例8-12】承上例，外贸公司收取手续费20 000元。
　①收取手续费时，外贸公司的主营业务收入增加20 000元，记入"主营业务收入"账户的贷方；另一方面，外贸公司的应收账款也增加了20 000元，记入"应收账款"账户的借方。具体会计分录如下：
　　借：应收账款　　20 000
　　　贷：主营业务收入　　20 000
　②收到购货方的价款时，外贸公司的银行存款增加了500 000元，记入"银行存款"账户的借方；另一方面，外贸公司对生产企业的应付账款也就增加了500 000元，记入"应付账款"账户的贷方。具体会计分录如下：
　　借：银行存款　　500 000
　　　贷：应付账款　　500 000
　③收到税务机关的退税款时，外贸公司的银行存款增加了225 000元，记入"银行存款"账户的借方；另一方面，外贸公司对生产企业的应付账款也就增加了225 000元，记入"应付账款"账户的贷方。具体会计分录如下：
　　借：银行存款　　225 000
　　　贷：应付账款　　225 000
　④将货款和退税款一并退还给生产企业时，外贸公司的银行存款减少了725 000元，记入"银行存款"账户的贷方；另一方面，外贸公司对生产企业的应付账款也就减少了725 000元，记入"应付账款"账户的借方。具体会计分录如下：
　　借：应付账款725 000
　　　贷：银行存款　　725 000
　若上项业务，发生了100 000元退货，应补缴已退货的消费税45 000元。
　⑤退税后发生退货时，外贸企业先代理补交消费税，因补缴已退货的消费

税而使银行存款减少了 45 000 元，记入"银行存款"账户的贷方；另一方面，外贸公司对生产企业的应收账款也就增加了 45 000 元，记入"应收账款"账户的借方。生产企业根据退货通知时的具体会计分录如下：

借：应收账款　　45 000

　　贷：银行存款　　45 000

⑥外贸企业收到生产企业退还的税款时，外贸公司的银行存款增加了 45 000 元，记入"银行存款"账户的借方；另一方面，外贸公司对生产企业的应收账款也就减少了 45 000 元，记入"应收账款"账户的贷方。具体会计分录如下：

借：银行存款　　45 000

　　贷：应收账款　　45 000

（4）外贸企业自营出口应税消费品的会计处理

由外贸企业自营出口，外贸企业应在从生产企业购入应税消费品时，按商品价款（含消费税，但不含增值税），借记"库存商品"等科目，贷记"应付账款"、"银行存款"等科目；外贸企业在办妥出口报关手续后，作为销售的实现，除进行有关销售的会计处理外，还应将应退回的消费税冲减销售成本，借记"其他应收款"科目，贷记"主营业务成本"科目；实际收到税务机关的退税款时，借记"银行存款"科目，贷记"其他应收款"科目；出口商品在发生退货时，做相反分录。

【例 8-13】滨海公司组织商品自营出口，2011 年 5 月从 A 化妆品厂购进化妆品一批，不含增值税价格为 200 000 元，适用消费税税率为 30%，款项以银行存款支付；当月将该批化妆品出口 B 国，离岸价格为 40 000 美元（当日外汇牌价为 1:6.5），款项已收。

①购进化妆品时，一方面，滨海公司因支付购进化妆品货款而使银行存款减少了 200 000 元，记入"银行存款"账户的贷方；另一方面，滨海公司的库存商品增加了 200 000 元，记入"库存商品——库存出口商品——化妆品"账户的借方。具体会计分录如下：

借：库存商品——库存出口商品——化妆品　200 000

　　贷：银行存款　　　　　　　　　　　　　　　200 000

②出口 B 国确认收入时，一方面使出口企业应收的外汇账款增加 40 000 美元，当日汇率为 6.50，折算成记账本位币人民币 260 000 元，应记入"银行存款——美元户"账户的借方；另一方面使出口企业的出口销售收入增加 40 000 美元，折算成记账本位币人民币 260 000 元，应记入"自营出口销售收入——化妆品"账户的贷方。财务部门根据发票副本和银行回单编制分录，具体会计分录为：

借：银行存款——美元户(USD30 000×6.50)　　260 000
　　　贷：自营出口销售收入——化妆品　　　　　260 000

③同时，结转出口销售成本时，一方面，使出口企业的库存商品减少了200 000，应记入"库存商品——库存出口商品——化妆品"账户的贷方；另一方面，出口销售成本增加了 200 000 元，应记入"自营出口销售成本"账户的借方。财务部门根据发票副本和出库单（转账联）编制分录，具体会计分录为：

借：自营出口销售成本——化妆品　　　　　200 000
　　　贷：库存商品——库存出口商品——化妆品　200 000

④申请退税时（只做消费税退税会计处理），一方面，使出口企业的其他应收款增加了 60 000 元，应记入"其他应收款——应收出口退税"账户的借方；另一方面，因退税而使自营出口销售成本减少了 60 000 元，应记入"自营出口销售成本——化妆品"账户的贷方。具体会计分录为：

借：其他应收款——应收出口退税　60 000
　　　贷：自营出口销售成本——化妆品　60 000

⑤收到税务机关的退税款时，一方面，出口企业因收到税务机关的退税款而使银行存款增加了 60 000 元，应记入"银行存款"账户的借方；另一方面，应收出口退税也就减少了 60 000 元，应记入"其他应收款——应收出口退税"账户的贷方。具体会计分录为：

借：银行存款　　　　　　　　　　　60 000
　　　贷：其他应收款——应收出口退税　　60 000

8.1.3 增值税的核算

增值税是对从事销售货物或者提供加工、修理修配劳务以及进口货物的单位和个人取得的增值额为课税对象征收的一种流转税。即以商品（含应税劳务）在流转过程中产生的增值额作为计税依据而征收的一种流转税。

从计税原理上说，增值税是对商品生产、流通、劳务服务中多个环节的新增价值或商品的附加值征收的一种流转税。实行价外税，也就是由消费者负担，有增值才征税，没增值不征税。但在实际当中，商品新增价值或附加值在生产和流通过程中是很难准确计算的。因此，中国也采用国际上普遍采用的税款抵扣的办法。即根据销售商品或劳务的销售额，按规定的税率计算出销售税额，然后扣除取得该商品或劳务时所支付的增值税款，也就是进项税额，其差额就是增值部分应交的税额，这种计算方法体现了按增值因素计税的原则。

财政部、国家税务总局 2011 年 11 月 17 日正式公布营业税改征增值税试点方案（2012 年 1 月 1 日起，在上海等地实施）。

2012 年 7 月 25 日，国务院总理温家宝主持召开国务院常务会议，决定自 2012 年 8 月 1 日起至年底，将交通运输业和部分现代服务业营业税改征增值税试点范围，由上海市分批扩大至北京、天津、江苏、浙江、安徽、福建、湖北、广东和厦门、深圳 10 个省（直辖市、计划单列市）。明年继续扩大试点地区，并选择部分行业在全国范围试点。根据试点方案，改革试点的主要税制安排为：在现行增值税 17%标准税率和 13%低税率基础上，新增 11%和 6%两档低税率。租赁有形动产等适用 17%税率，交通运输业、建筑业等适用 11%税率，其他部分现代服务业适用 6%税率。

（一）增值税应纳税额的计算

1. 一般纳税人应纳增值税额的计算

纳税人销售货物或者提供应税劳务，应纳税额为当期销项税额抵扣当期进项税额后的余额。应纳税额计算公式：

应纳税额＝当期销项税额－当期进项税额

（1）销项税额的计算

销项税额是指纳税人销售货物或者提供应税劳务，按照销售额或应税劳务收入和规定的税率计算并向购买方收取的增值税税额。销项税额的计算公式为：

销项税额＝销售额×适用税率

（2）进项税额的计算

纳税人购进货物或者接受应税劳务所支付或者负担的增值税额为进项税额。

①准予从销项税额中抵扣的进项税额

a. 凭专用扣税凭证抵扣

（a）从销售方取得的增值税专用发票上注明的增值税额。

（b）从海关取得的完税凭证上注明的增值税额。

b. 通过法定扣除率计算扣除

②在某些情况下，购进货物无法取得专用的扣税凭证，税法规定了三种特殊业务准予计算进项税额并从销项税额中抵扣的政策。如表 8-1 所示。

（3）应纳税额的计算

纳税人销售货物或提供应税劳务，其应纳税额为当期销项税额抵扣当期进项税额后的余额。基本计算公式为：

应纳税额＝当期销项税额-当期进项税额

表 8-1　三种特殊业务比较

业务类别	扣税凭证	扣除率	计算公式
一般纳税人购进农业生产者销售的农业产品，或者向小规模纳税人购买的农产品	经主管税务机关批准使用的收购凭证	13%	进项税额＝（买价＋农业特产税）×扣除率
一般纳税人外购货物（固定资产除外）所支付的运输费用，以及一般纳税人销售货物所支付的运输费用	运费结算单据（普通发票）是指国营铁路、民用航空、公路和水上运输单位开具的货票，以及从事货物运输的非国有运输单位开具的套印全国统一发票监制章的货票	7%	进项税额＝（运费＋建设基金）×扣除率
生产企业一般纳税人购入废旧物资回收经营单位销售的免税废旧物资	废旧物资回收经营单位开具的由税务机关监制的普通发票	10%	进项税额＝购买价款×扣除率

2. 小规模纳税人及特定货物销售行为应纳税额的计算

小规模纳税人销售货物或者提供应税劳务，实行简易征收办法，即按照销售额和规定的征收率计算应纳税额，不得抵扣进项税额。

对税法规定的一些特定货物销售行为（如寄售商店代售寄售物品；典当业销售死当物品；销售旧货；经批准的免税商店零售免税货物；单位或个体经营者销售自己使用过的游艇、摩托车、应征消费税的汽车等），无论其从事者是一般纳税人还是小规模纳税人，一律比照小规模纳税人实行简易办法计算应纳税额。其计算公式为：

应纳税额＝销售额×征收率

上述公式中的"销售额"与一般纳税人计算销项税额的销售额包含的内容是一致的。小规模纳税人销售货物或者提供应税劳务采用销售额和应纳税额合并定价方法的，按以下公式计算销售额：

销售额＝含税销售额／（1+征收率）

因销货退回或折让退还给购买者的销售额，应从发生销货退回或折让当期的销售额中扣减。

3. 进口环节增值税应纳税额的计算

我国对进口货物征收增值税，其中对某些货物规定了减免税或不征税，同时还规定了实行保税的货物不征增值税。对于从国外进口的原材料、零部件、包装物在园内出口的，在海关监管便利的情况下可以对这些货物实行保税监管，即进口时先不缴税，企业在海关的监管下使用、加工这些进口料件并复出口；若不能再出口而销往国内时，则要按规定纳税。

纳税人进口货物，按照组成计税价格和规定的税率计算增值税应纳税额，其组成计税价格和应纳税额的计算公式如下：

组成计税价格=关税完税价格+关税+消费税

应纳税额=组成税价格×增值税税率

（二）增值税会计核算基础

1. 增值税核算科目的设置

在进行增值税会计处理时，为了核算增值税的应交、抵扣、已交、退税、转出等情况，在"应交税费"科目下设置"应交增值税"和"未交增值税"两个明细科目。

（1）"应交增值税"明细科目

"应交增值税"明细科目的借方发生额，反映企业购货、接受劳务支付的进项税额、已交纳的增值税、减免税款、出口抵减内销产品应纳税额及月末转入"未交增值税"的当月发生的应交未交增值税额；贷方发生额反映企业销售货物、提供应税劳务应交纳的增值税额、出口货物退税、转出已支付或应分摊的增值税以及月末转入"未交增值税"的当月多交的增值税。期末借方余额，反映企业尚未抵扣的增值税，可以抵顶以后各期的销项税额；期末贷方余额，反映企业尚未缴纳的增值税，月终应将尚未缴纳的增值税转至"应交税费——未交增值税"科目。

为了详细核算企业应交增值税的计算和解缴、抵扣等情况，增值税一般纳税人在"应交增值税"明细科目下，应设置"进项税额"、"已交税金"、"减免税款"、"出口抵减内销产品应纳税额"、"转出未交增值税"、"销项税额"、"出口退税"、"进项税额转出"、"转出多交增值税"共9个三级明细账户。

①"进项税额"

企业购入货物或接受应税劳务，支付符合从销项税额中抵扣的进项税额时，记入借方；退回所购货物冲销进项税额时，则用红字记入借方。

②"已交税金"

企业交纳当月发生的增值税额时，记入借方；收到退回当月多交增值税额时，则用红字记入借方。

③"减免税款"

企业按规定获准减免增值税款时，记入借方；应冲销直接减免的增值税用红字记入借方。

④"出口抵减内销产品应纳税额"

企业按规定计算的出口货物的进项税额抵减内销产品的应纳税额时，记入借方。

⑤"转出未交增值税"

企业在月末发生当月应交未交增值税额时，记入借方。

⑥"销项税额"

企业销售货物或提供应税劳务应收取销项税额时，记入贷方；退回销售货物，应冲销项税额时，则用红字记入贷方。

⑦"出口退税"

企业出口适用零税率的货物，凭出口报关单等有关凭证，向税务机关申报办理出口退税时记入贷方；出口货物办理退税后，若发生退货或者退关而补交已退增值税额时，则用红字记入贷方。

⑧"进项税额转出"

企业购入的货物发生非正常损失、改变用途，以及出口产品不予退税部分转入销售成本时，其已入账的进项税额应转入本账户的贷方，而不能从销项税额中抵扣。

⑨"转出多交增值税"

企业在月末发生当月多交纳的增值税额尚未退回时，记入贷方。此项转账后，"应交税费——应交增值税"科目期末余额不会包含多交增值税因素。

（2）"未交增值税"明细科目

为分别反映一般纳税企业上缴增值税款的情况，企业应在"应交税费"科目下设置"未交增值税"明细科目，核算企业月终时转入的应交未交或多交的增值税。

在"未交增值税"二级明细账户下再设置"转入未交增值税"和"转入多交增值税"两个三级明细账户。现将这两个三级明细账户的核算内容说明如下：

①"转入未交增值税"

企业在月末发生当月应交未交的增值税额转入时，记入贷方；在以后交纳时，记入借方。

②"转入多交增值税"

企业在月末发生当月多交纳的增值税额尚未退回时，记入借方；在以后退回时，记入贷方。

当月上缴本月增值税时，借记"应交税费——应交增值税——已交税金"，贷记"银行存款"；当月上缴上月应交未交增值税时，借记"应交税金——未交增值税"，贷记"银行存款"。

"应交税费——应交增值税"的期末借方余额反映尚未抵扣的增值税。"应交税金——未交增值税"的期末借方余额反映多交的增值税，贷方余额反映未交的增值税。

小规模纳税人明细账户的设置比较简单，只需在"应交税金"账户下设置"应交增值税"明细账户，贷方登记应交的增值税，借方登记实际缴纳的增值税，贷方余额反映未缴或欠缴的增值税，借方余额反映多缴的增值税。

2. 增值税账簿设置

（1）一般纳税人的账簿设置

①"应交税金——应交增值税"账簿的设置

企业应根据增值税核算的会计科目设置账簿。"应交税金——应交增值税"账簿的设置有两种方法。

第一，在应交增值税二级账下，按明细项目设置专栏，如表8-2所示。

表8-2　应交税费——应交增值税

	借方						贷方					借或贷	余额
	合计	进项税额	已交税金	减免税款	转出未交增值税	出口抵减内销产品应纳税额	合计	销项税额	出口退税	进项税额转出	转出多交增值税		
略													

这种九栏式账页格式在一张账页上总括反映所有明细项目的发生和结转情况，可以达到一目了然的效果。但因账页较长，登账时必须注意不要串栏、串行，以免发生记账错误。

第二，将"进项税额"、"销项税额"等明细项目在"应交税费"账户下分别设置明细账进行核算，如表8-3所示。

表8-3　应交税费——进项税额明细账

年		凭证号	摘要	入账发票份数		借方					借或贷	余额
月	日			专用	普通	17%	13%	10%	7%	6%		

月终时，应将有关明细账的金额结转至"应交税费——应交增值税"科目的借方或贷方，然后再将期末多交或未交增值税额结转至"应交税费——未交增值税"科目。

②"应交税费——未交增值税"账簿设置

"应交税费——未交增值税"可设借方、贷方、余额三栏式账页，如表8-4所示。

441

表 8-4　应交税费——未交增值税

年		凭证字号	摘要	借方	贷方	借或贷	余额
月	日						

③企业也可以将"应交增值税明细账"与"未交增值税明细账"合并设置，这样可以在一本账上反映增值税核算的全貌，如表 8-5 所示。

表 8-5　应交税费——应交、未交增值税明细账

年		凭证号数	摘要	应交增值税										余额（借）	未交增值税			借或贷	余额
月	日			借方					贷方						借方	贷方			
				合计	进项税额	已交税额	减免税额	出口产品抵减内销产品应纳税额	转出未交增值税	合计	销项税额	出口退税	进项税额转出	转出多交增值税		转入多交	上交未交	转入未交		

（2）小规模纳税人的账户设置

由于增值税小规模纳税人采用简易办法计算增值税应纳税额，不实行进项税额抵扣制度，因此可设置三栏式"应交税费——应交增值税"账户进行核算。借方反映上缴的增值税额，贷方反映当月销售货物或提供劳务应交的增值税额；期末借方余额反映多交的增值税，期末贷方余额反映尚未缴纳的增值税额。如表 8-6 所示。

表 8-6　应交税费——应交增值税

年		凭证字号	摘要	借方	贷方	借或贷	余额
月	日						

442

（3）增值税报表设置

为了全面反映一般纳税人增值税的欠交、多交以及不足抵扣的具体情况，便于税务机关的征收管理，企业应按财政部发布的增值税会计处理规定，根据企业"应交税费——应交增值税"明细账户和"应交税费——未交增值税"明细账户，填报"应交增值税明细表"作为资产负债表的附表上报主管税务机关。其格式如表 8-7 所示。

表 8-7　应交增值税明细表

编制单位　　　　　　　　　　　年　　月　　　　　　　　　　单位：元

项目	项次	本月数	本年累计数
一、应交增值税：	1		
1. 年初未抵扣数（用"-"填列）	2		
2. 销项税额	3		
出口退税	4		
进项税转出	5		
转出多交增值税	6		
	7		
3. 进项税额	8		
已交税额	9		
减免税款	10		
出口抵减内销产品应纳税额	11		
转出未交增值税	12		
	13		
4. 期末未抵扣数（用"-"填列）	14		
二、未交增值税：	15		
1. 年初未交数（多交数以"-"填列）	16		
2. 本期转入数（多交数以"-"填列）	17		
3. 本期已交数	18		
4. 期末未交数（多交数以"-"填列）	19		

该表可以全面反映企业本期以及本年累计缴纳增值税的情况，并可计算本月或全年累计应交的增值税，即：

本月实际应交增值税＝本月发生的销项税额＋本月收到的出口退税＋本月进项税额转出数－本月发生的进项税额－本月发生的减免税款－本月发生的出口抵减内销产品应纳税额－上月多交税额或未抵扣的进项税额

本年累计实际应交增值税＝年初未交增值税（多交或未抵扣的增值税以负

号表示）+本年发生的销项税额+本年实际收到的出口退税+本年进项税额转出－本年发生的进项税额等

小规模纳税人、零星少量缴纳增值税的企业可以不填列《应交增值税明细表》。

（三）增值税的核算

1. 一般购进业务进项税额的核算

（1）一般纳税企业在购入货物时，会计处理实行价与税的分离，分离的依据为增值税专用发票上注明的增值税和价款，属于价款部分，计入购入货物的成本；属于增值税部分，计入进项税额。

【例 8-14】滨海公司 2011 年 5 月购买原材料 10 000 元，材料已入库，货款已用银行存款支付，取得防伪税控系统开具的增值税专用发票上注明价款 10 000 元，增值税额为 1 700 元。增值税发票均已取得认证。

分析：企业购入材料，已验收入库，故原材料这一资产增加了 10 000 元，记入"原材料"账户的借方；相应地，应交增值税进项税额也增加了 1 700 元，记入"应交税费——应交增值税（进项税额）"账户的借方；同时，以存款支付，故银行存款这一资产减少了 11 700 元，记入"银行存款"账户的贷方。滨海公司会计人员应根据上述业务内容编制如下会计分录：

借：原材料　　　　　　　　　　　　　　　　　10 000

　　应交税费——应交增值税（进项税额）　　　 1 700

　贷：银行存款　　　　　　　　　　　　　　　　　　11 700

（2）一般纳税人取得防伪税控系统开具的增值税专用发票未到税务机关认证通过前，取得非防伪税控系统开具的增值税专用发票工业企业购进的货物未验收入库、商业企业未付款前其进项税不得作为纳税人当期进项税予以抵扣。所以，在上述情况下按照增值税专用发票上注明的增值税额，借记"待摊费用——待抵扣进项税额"科目，按照增值税专用发票上记载的应计入采购成本的金额，借记"原材料"、"材料采购"、"在途物资"等科目，按照应付或实际支付的金额，贷记"银行存款"、"应付账款"等科目；当符合抵扣条件后，借记"应交税费——应交增值税（进项税额）"科目，贷记"待摊费用——待抵扣进项税额"科目。相关会计分录如下：

①进项税额不能抵扣时：

借：原材料（在途物资等）　　　　　　×××

　　待摊费用——待抵扣进项税额　　　×××

　贷：银行存款（应付账款等）　　　　　×××

②进项税额可以抵扣时：

借：应交税费——应交增值税（进项税额）　　　×××
　　　贷：待摊费用——待抵扣进项税额　　　　　　　×××

【例8-15】滨海公司2011年5月购入一批原材料，取得防伪税控系统开具的增值税专用发票，尚未到税务机关认证通过，增值税专用发票上注明的原料价款400万元，增值税额为68万元，开出一张3个月到期的商业汇票支付货款，材料已达并验收入库。6月份认证通过。具体会计处理如下：

①5月份材料运达时，已验收入库，故原材料这一资产增加了4 000 000元，记入"原材料"账户的借方；相应地，应交增值税进项税额也增加了680 000元，但还未认证，因而不能抵扣，记入"待摊费用——待抵扣进项税额"账户的借方；同时，已开出一张3个月到期的商业汇票支付货款，故应付票据这一负债减少了4 680 000元，记入"应付票据"账户的贷方。滨海公司会计人员应根据上述业务内容编制如下会计分录：

借：原材料　　　　　　　　　　　　　4 000 000
　　待摊费用——待抵扣进项税额　　　 680 000
　　　贷：应付票据　　　　　　　　　　　　　4 680 000

②6月份认证通过时，已符合抵扣条件，因此，将"待摊费用——待抵扣进项税额"账户转入"应交税费——应交增值税（进项税额）"账户，借记"应交税费——应交增值税（进项税额）"账户，贷记"待摊费用——待抵扣进项税额"账户。滨海公司会计人员应根据上述业务内容编制如下会计分录：

借：应交税费——应交增值税（进项税额）　680 000
　　　贷：待摊费用——待抵扣进项税额　　　　　　680 000

2. 一般销售业务销项税额的核算

（1）直接收款方式销售货物的核算

纳税人采取直接收款方式销售货物的，企业应根据销售结算凭证和银行存款进账单，借记"应收账款"、"应收票据"、"银行存款"等科目，按照实现的销售收入，贷记"主营业务收入"、"其他业务收入"等科目，按照规定收取的增值税额，贷记"应交税费——应交增值税（销项税额）"科目。相关会计分录如下：

借：银行存款（应收账款等）　　　×××
　　　贷：主营业务收入（其他业务收入等）　×××
　　　　　应交税费——应交增值税（销项税额）　×××

（2）托收承付和委托收款方式销售货物的核算

纳税人采取托收承付和委托收款方式销售货物，纳税义务发生时间为发出货物并办妥托收手续的当天。按照实现的销售收入和按规定收取的增值税额，

445

借记"应收账款"科目，按照实现的销售收入，贷记"主营业务收入"科目、"其他业务收入"等科目，按照规定收取的增值税额，贷记"应交税费——应交增值税（销项税额）"科目。相关会计分录如下：

借：应收账款　　　　　　　　　×××
　　贷：主营业务收入（其他业务收入等）　×××
　　　　应交税费——应交增值税（销项税额）　×××

【例8-16】滨海公司2011年5月份采用托收承付结算方式向异地某公司销售货物一批，货款30 000元，增值税额5 100元，另支付运费2 000元，取得普通发票。托收手续已办理完毕。

①销售货物确认收入时，一方面，销售收入增加了30 000元，记入"主营业务收入"账户的贷方，同时，应交增值税（销项税额）增加了5 100元，记入"应交税费——应交增值税（销项税额）"账户的贷方；另一方面，应收账款也增加了35 100元，记入"应收账款"账户的借方。具体会计分录如下：

借：应收账款　　　　　　　　　35 100
　　贷：主营业务收入　　　　　　30 000
　　　　应交税费——应交增值税（销项税额）　5 100

②支付运费时，一方面，滨海公司因支付运费而使银行存款减少了2 000元，记入"银行存款"账户的贷方；另一方面，运费的7%作为应交增值税（进项税额），这样应交增值税（进项税额）就增加了140元，记入"应交税费——应交增值税（销项税额）"账户的借方，余额记入"销售费用"账户的借方。具体会计分录如下：

借：销售费用　　　　　　　　　1 860
　　应交税费——应交增值税（进项税额）　140
　　贷：银行存款　　　　　　　　2 000

（3）预收货款方式销售货物的核算

纳税人采取预收货款方式销售货物，纳税义务发生的时间为货物发出的当天。纳税人在收到预收款项时，借记"银行存款"科目，贷记"预收账款"科目；在发出产品时，按实现的收入和应收取的增值税额，借记"预收账款"、"银行存款"等科目，按实现的收入贷记"主营业务收入"、按应收取的增值税额贷记"应交税费——应交增值税（销项税额）"科目，同时结转成本。

（4）赊销和分期收款方式销售货物的核算

纳税人采取赊销和分期收款方式销售货物，纳税义务发生时间为合同约定的收款日期的当天。会计准则规定，合同或协议价款的收取采用递延方式，实质上具有融资性质，应在发出货物时按照应收合同或协议价，借记"长期应收款"科目，按照应收的合同或协议价款的公允价值，贷记"主营业务收入"科目，按应收的合同价或协议价与其公允价值之间的差额，贷记"未实现融资收益"科目，并在合同或其协议期间内采用实际利率法进行摊销，计入当期损益（财务费用）。

3. 进口环节增值税的核算

涉外企业一般要缴纳进口货物的增值税，海关代征代收，增值税由其"价外税"的性质决定，不计入进口成本，由"应交税费"核算。缴纳时，借记"应交税费——应交增值税（进项税额）"账户，贷记"银行存款"账户，具体运用已在第 7 章举例说明。

8.2 出口货物退（免）税概述

8.2.1 出口货物退（免）税的含义

出口货物退（免）税是指在国际贸易中，对报关出口的货物退还在国内各生产环节和流转环节按税法规定已缴纳的增值税和消费税，或免征应缴纳的增值税和消费税。它是国际贸易中通常采用并为世界各国普遍接受的、目的在于鼓励各国出口货物公平竞争的一种税收措施。

各国的出口货物退（免）税制度是基于国际贸易规则体系和本国税收法律、法规的框架建立的。

我国《增值税暂行条例》第 2 条第 3 款规定："纳税人出口货物，税率为零。"我国《消费税暂行条例》第 11 条规定："对纳税人出口货物应税消费品，免征消费税。"

8.2.2 出口货物退（免）税的方法

（一）出口货物退（免）增值税的方法

现行出口货物增值税的退（免）税办法主要有 4 种：

1. 退税，即对本环节增值部分免税，进项税额退税。主是适用于外贸企业和实行外贸企业财务制度的工贸企业、企业集团等；

2. "免、抵、退"，即对本环节增值部分免税，进项税额准予抵扣的部分在内销货物的应纳税额中抵扣，不足抵扣的部分实行退税，即"免、抵、退"办法。主要适用于生产企业，包括有进出口经营权生产企业和无进出口经营权生产企业自营或委托外贸企业代理出口的货物。

3. "免、抵"，即对本环节增值部分免税，进项税额准予抵扣的部分在内销货物的应纳税额中抵扣即"免、抵"税办法。适用于国家列名的钢铁企业销售"以产顶进"钢材（2005 年 7 月 1 日起停止执行）。

根据《国家税务总局关于出口货物退（免）税若干问题的通知》（国税发【2006】102 号）之规定"退税审核期为 12 个月的新发生出口业务的企业和小型出口企业，在审核期间出口的货物，应按统一的按月计算免、抵、退税的办法计算免抵税额和应退税额。……原审核期内只免抵不退税的税收处理办法停止执行。"

4. 免税，即对出口货物免征增值税和消费税。适用于来料加工等贸易形式和出口有单项特殊规定的指定货物，如卷烟等。对按国家统一规定免税的货物，不分是否出口销售一律给予免税，如出口企业直接收购农业生产者销售的自产农产品等，这类货物在国内生产、流通环节均已免税，因此出口后也不再退税。

（二）出口货物退（免）消费税的方法

现行出口货物消费税，除规定不退税的应税消费品外，分别采取免征生产环节消费税和退税两种办法：

1. 免税，即对生产企业包括有进出口经营权的和无进出口经营权的生产企业直接出口，免征消费税；

2. 退税，即生产企业委托外贸企业代理出口的应税消费品、外贸企业收购后出口的应税消费品实行退税。

8.2.3 出口货物退（免）税的流程

（一）外贸企业出口货物退（免）税的操作流程

外贸企业办理出口退（免）税的流程（如图 8-1 所示）。

（1）取得进出口经营权；

（2）向主管征税的税务机关申请取得一般纳税人资格；

（3）向生产企业购进货物；

（4）取得生产企业开具的增值税专用发票；

（5）向海关报关出口货物；

（6）从海关取得出口报关单；

（7）收汇核销；

（8）从外汇管理局取得收汇核销单；

（9）凭有关单证向主管出口退税的税务机关申报出口退税；

（10）主管出口退税的税务机关向国家金库开具收入退还书；

（11）出口企业从银行收到出口退税款。

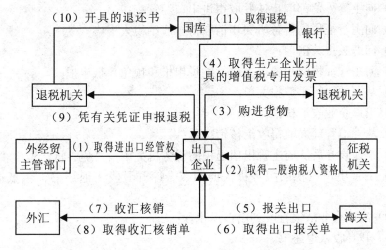

图 8-1　外贸企业出口货物退（免）税操作流程

（二）生产企业"免、抵、退"税的流程生产企业办理"免、抵、退"税的流程如图 8-2 所示。

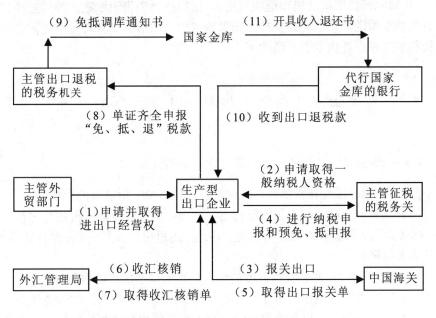

图 8-2　生产企业办理"免、抵、退"税的基本流程

（1）向主管外贸部门申请并取得进出口经营权；

（2）向主管征税的税务机关申请取得一般纳税人资格；

（3）向海关报关出口；

（4）向主管征税的税务机关进行纳税申报和预免、抵申报；

（5）从海关取得出口报关单；

（6）出口企业收汇核销；

（7）从外汇管理局取得收汇核销：单；

（8）单证收齐后，向主管出口退税的税务机关申报"免、抵、退"税；

（9）主管出口退税的税务机关向国家金库开具收人退还书、免抵调库通知书；

（10）出口企业从银行收到出口退税款；

（11）开具收入退还书。

8.2.4　出口货物退（免）税的凭证资料

出口退税的凭证资料，是指企业在申报办理出口退税时，按规定必须提供的各种有效凭证，主要包括：增值税专用发票、出口货物报关单（出口退税专用）、出口收汇核销单（出口退税专用）、出口货物销售明细账、外销发票和税务机关要求报送的其他凭证资料，如果购进出口的消费税应税货物还需提供消费税税收（出口货物专用）缴款书。

8.3　外贸企业（商业）出口退（免）税的核算

8.3.1　外贸企业（商业）出口退（免）税的计算

（一）一般纳税人外贸企业（商业）出口退（免）增值税的计算

商业或外贸企业外购他人的货物出口销售，因其对货物不再进行生产、加工，因此其退还增值税时应适用"先征后退"的退税计算方法。在具体计算时，又分为三种情况。

1. 外贸企业（商业）收购一般纳税人货物出口增值税的退税计算

（1）出口货物单独设账核算的外贸企业（商业）的增值税的退税计算

凡是外贸企业的出口货物单独设立库存账和销售账进行核算的，在其货物出口销售后，按照其购入货物所取得的《增值税专用发票（抵扣联）》和《税收（出口货物专用）缴款书》所注明的"进项税额"计算退税额，其计算公式为：

应退税额=增值税发票货物价值（不含税价）×现行退税率

应计入成本的税额（不退税部分）=增值税发票税额-应退税额

【例 8-17】滨海公司购进一批机器设备，其进货增值税专用发票列明进货价值 200 万元，增值税税率 17%，进项税额 34 万元，退税率为 9%，出口销售折成人民币 400 万元。

应退税款=增值税发票货物价值（不含税价）×现行退税率

=2 000 000×9%=180 000（元）

不退税部分应计入成本的税额=增值税发票税额-应退税额

=340 000-180 000=160 000（元）

（2）出口货物未单独设账核算而库存和销售均采用加权平均价核算的外贸企业（商业）的增值税的退税计算

出口货物采用加权平均方法进行核算的外贸企业，其增值税的退税计算应按下列公式确定应退税额：

退税计算依据=出口货物数量×加权平均购进单价

应退税额=退税计算依据×适用退税率

应计入成本的税额（不退税部分）=出口货物数量×加权平均购进单价×征税率-应退税额

【例 8-18】滨海公司库存和销售均采用加权平均单价进行核算，2011 年 6 月初该企业甲商品结余 600 件，单价 20 元；3 日购入 300 件，单价 21.5 元；12 日购入 400 件，单价 21 元；22 日购入 200 件，单价 20.5 元；30 日出口 1 000 件。假定其退税率为 9%，计算该企业甲商品本月应退税款。

甲商品平均单价=(600×20+300×21.5+400×21+200×20.5)/(600+300+400+200)=20.63（元）

退税计算依据=出口货物数量×加权平均购进单价

=1 000×20.63=20 630（元）

应退税额=退税计算依据×适用退税率=20 630×9%=1 856.70（元）

应计入成本的税额=（不退税部分）=出口货物数量×加权平均购进单价×征税率-应退税额

=1 000×20.63×17%-1 856.70

=1650.40（元）

2. 外贸企业（商业）收购小规模纳税人货物出口增值税的退税计算

（1）外贸出口企业从小规模纳税人购进货物出口，因其不能取得增值税专用发票，因此按照税法规定是不能退税的，但对于从小规模纳税人购进持普通发票特准退税的抽纱、工艺品等 12 类出口货物同样实行销售出口货物的收入免税，并退还出口货物进项税额的办法。由于小规模纳税人使用的是普通发票，其销售额和应纳税额没有单独计价，小规模纳税人应纳的增值税也是价外计征的，这样，必须将合并定价的销售额先换算成不含税价格，然后据以计算出口货物退税。其计算公式为：

应退税额=普通发票所列（含增值税）销售金额/（1+征收率）×退税率

对出口企业购进小规模纳税人特准的 12 类货物出口，提供的普通发票应符合《中华人民共和国发票管理办法》的有关使用规定，否则不予办理退税。

（2）凡从小规模纳税人购进税务机关代开的增值税专用发票的出口货物按以下公式计算退税：

应退税额=增值税专用发票注明的金额（不含税价）×退税率

【例 8-19】滨海公司 2011 年 4 月购进某小规模纳税人抽纱产品全部出口，普通发票注明金额 6 000 元，征税率为 6%，退税率 6%。

企业的应退税额=普通发票所列（含增值税）销售金额 /（1+征收率）× 退税率

=6 000/(1 +6%)×6%=339.62（元）

【例 8-20】滨海公司 2011 年购进某小规模纳税人生产的某工艺品全部出口，取得税务机关代开的增值税专用发票，发票注明金额 4 500 元，退税率为 3%。

企业的应退税额=增值税专用发票注明的金额（不含税价）×退税率

=4 500×3%=135（元）

3. 外贸企业（商业）委托生产企业加工货物出口增值税的退税计算

外贸企业委托生产企业加工收回后报关出口的货物，按购进国内原辅材料的增值税专用发票上注明的进项金额，依原辅材料的退税率计算原辅材料应退税额；支付的加工费，依据受托方加工费专用发票列明的进项金额，按加工货物的退税率，计算加工费的应退税额。

【例 8-21】滨海公司 2011 年 6 月购进布匹委托加工成服装出口。取得布匹增值税专用发票一张，注明计税金额 10 000 元，退税税率 13%；取得服装加工费发票，其计税金额 2 000 元，退税税率 17%。

该企业的应退税额=10 000×13%+2 000×17%=1 640（元）

应计入成本的税额=10 000×（17%-13%）=400（元）

（二）一般纳税人外贸企业（商业）出口退（免）消费税的计算

外贸企业收购应税消费品出口，按照税法的规定，除应当退还其已纳的增值税税额之外，还应退还其已纳的消费税税额，因为消费税是单环节纳税的税种，因此消费税的退税办法应当分别依据该消费品适用的消费税征税办法确定，即退还该消费品在生产环节实际缴纳的消费税。计算公式分别为：

（1）实行从价定率征收办法：

应退税额=购进出口货物的进货金额×消费税税率

（2）实行从量定额征收办法：

应退税额=出口数量×消费税单位税额

外贸企业购入应纳消费税的货物，应依据该企业从工厂购进货物时收到的增值税专用发票上面所列明的金额和数量进行计算申报。

外贸企业从生产企业购进应税消费品时，除要求供货方提供增值税专用发票外，还应要求生产企业提供其已经缴纳消费税的《税收（出口货物专用）缴款书》。

【例 8-22】滨海公司从某工厂购入化妆品一批用于出口，工厂开出的增值税专用发票上面注明的化妆品不含税进价为 80 000 元，退税凭证齐全，该化妆品适用的消费税税率为 30%。

计算应退消费税税额=购进出口货物的进货金额×消费税税率

=80 000×30%=24 000（元）

（三）小规模纳税人货物出口退（免）税的计算

小规模纳税人自营和委托出口的货物，出口销售的本道环节一律免征增值税、消费税，不予办理抵扣或退税。

8.3.2　外贸企业（商业）出口退（免）税的核算

（一）一般纳税人外贸企业（商业）出口退（免）增值税的核算

1. 外贸企业（商业）收购一般纳税人货物出口增值税的退税核算

（1）出口货物单独设账核算的外贸企业（商业）的增值税的退税核算

①计算出应退增值税时，根据出口退税出口明细申报表，借记"其他应收款——应收出口退税"账户，贷记"应交税费——应交增值税（出口退税）"账户。相关会计分录如下：

借：其他应收款——应收出口退税　　　　　　×××

　　贷：应交税费——应交增值税（出口退税）　　×××

②计算出不予退还的增值税税额时，计入出口货物的成本，借记"主营业务成本——自营出口"或"自营出口销售成本"账户，贷记"应交税费——应交增值税（进项税额转出）"账户。相关会计分录如下：

借：自营出口销售成本　　　　　　　　　　×××

　　贷：应交税费——应交增值税（进项税额转出）　　×××

③实际收到退税款，根据税收收入退还书，借记"银行存款"账户，贷记

"其他应收款——应收出口退税"账户。相关会计分录如下：

  借：银行存款   ×××

   贷：其他应收款——应收出口退税   ×××

  ④如果货物发生退运，企业应按原计算的应退增值税额补交应退税款，借记"应交税费——应交增值税（出口退税）"账户，贷记"银行存款"账户。相关会计分录如下：

  借：应交税费——应交增值税（出口退税） ×××

   贷：银行存款   ×××

  同时，将原计入成本的出口货物征退税差额部分从成本中转出，借记"应交税费——应交增值税（进项税额转出）"账户，贷记"自营出口销售成本"账户。相关会计分录如下：

  借：应交税费——应交增值税（进项税额转出） ×××

   贷：自营出口销售成本   ×××

  ⑤如果公司未按规定退税期限申报，又未补办延期申请，丧失退税机会，应将应退增值税税额转入出口货物的成本，借记"主营业务成本——自营出口"或"自营出口销售成本"账户，贷记"应交税费——应交增值税（进项税额转出）"账户。相关会计分录如下：

  借：自营出口销售成本   ×××

   贷：应交税费——应交增值税（进项税额转出） ×××

  【例 8-23】承例 8-17，沿用其数据资料进行账务处理，计算出的应退税款为 180 000 元，不能退税部分为 160 000 元。

  ①计算出应退增值税税款时，一方面，滨海公司的应收出口退税增加了 180 000 元，记入"其他应收款——应收出口退税"账户的借方；另一方面，滨海公司的应交增值税（出口退税）也增加了 180 000 元，记入"应交税费——应交增值税（出口退税）"账户的贷方。具体会计分录如下：

  借：其他应收款——应收出口退税   180 000

   贷：应交税费——应交增值税（出口退税） 180 000

  ②计算出不予退还的增值税税额时，一方面，这些不予退还的增值税税额要记入出口货物的成本，因而使得滨海公司的出口货物成本增加了 160 000 元，记入"自营出口销售成本"账户的借方；另一方面，滨海公司的应交增值税（进项税额转出）也增加了 160 000 元，记入"应交税费——应交增值税（进项税额转出）"账户的贷方。具体会计分录如下：

  借：自营出口销售成本   160 000

   贷：应交税费——应交增值税（进项税额转出） 160 000

③实际收到退税款时，一方面，滨海公司因收到退税款而使银行存款增加了 180 000 元，记入"银行存款"账户的借方；另一方面，滨海公司的应收出口退税就减少了 180 000 元，记入"其他应收款——应收出口退税"账户的贷方。具体会计分录如下：

借：银行存款　　　　　　　　　　　180 000

　　贷：其他应收款——应收出口退税　　180 000

④如果货物发生退运，企业应按原计算的应退增值税额补交应退税款，一方面，滨海公司因补交应退税款而使银行存款减少了 180 000 元，记入"银行存款"账户的贷方；另一方面，滨海公司的应交增值税（出口退税）也减少了 180 000 元，记入"应交税费——应交增值税（出口退税）"账户的借方。具体会计分录如下：

借：应交税费——应交增值税（出口退税）　　180 000

　　贷：银行存款　　　　　　　　　　　　　　180 000

同时，将原计入成本的出口货物征退税差额部分从成本中转出，这样，滨海公司的出口货物成本就减少了 160 000 元，记入"自营出口销售成本"账户的贷方；另一方面，滨海公司的应交增值税（进项税额转出）也就减少了 160 000 元，记入"应交税费——应交增值税（进项税额转出）"账户的借方。具体会计分录如下：

借：应交税费——应交增值税（进项税额转出）　　160 000

　　贷：自营出口销售成本　　　　　　　　　　　　160 000

⑤如果公司未按规定退税期限申报，又未补办延期申请，丧失退税机会，应将应退增值税税额转入出口货物的成本，这样，滨海公司的出口货物成本就增加了 180 000 元，记入"自营出口销售成本"账户的借方；另一方面，滨海公司的应交增值税（进项税额转出）也就增加了 180 000 元，记入"应交税费——应交增值税（进项税额转出）"账户的贷方。具体会计分录如下：

借：自营出口销售成本　　　　　　　　　180 000

　　贷：应交税费——应交增值税（进项税额转出）　　180 000

（2）出口货物未单独设账核算而库存和销售均采用加权平均价核算的外贸企业（商业）的增值税的退税核算

此种情况下的退税核算同上，不再赘述。

2. 外贸企业（商业）收购小规模纳税人货物出口增值税的退税核算

（1）外贸企业对于从小规模纳税人购进持普通发票特准退税的抽纱、工艺品等 12 类出口货物增值税的退税核算

①计算出应退增值税税款，申请退税时，根据出口退税出口明细申报表，

借记"其他应收款——应收出口退税"账户，贷记"应交税费——应交增值税（出口退税）"账户。相关会计分录如下：

借：其他应收款——应收出口退税   ×××

 贷：应交税费——应交增值税（出口退税）   ×××

②企业实际收到退税款时，根据税收收入退还书，借记"银行存款"账户，贷记"其他应收款——应收出口退税"账户。相关会计分录如下：

借：银行存款   ×××

 贷：其他应收款——应收出口退税   ×××

【例8-24】承例8-19，沿用其数据资料进行账务处理，计算出的应退税款为339.62元。

①计算出应退增值税税款时，一方面，滨海公司的应收出口退税增加了339.62元，记入"其他应收款——应收出口退税"账户的借方；另一方面，滨海公司的应交增值税（出口退税）也增加了339.62元，记入"应交税费——应交增值税（出口退税）"账户的贷方。具体会计分录如下：

借：其他应收款——应收出口退税   339.62

 贷：应交税费——应交增值税（出口退税）   339.62

②实际收到退税款时，一方面，滨海公司因收到退税款而使银行存款增加了339.62元，记入"银行存款"账户的借方；另一方面，滨海公司的应收出口退税就减少了339.62元，记入"其他应收款——应收出口退税"账户的贷方。具体会计分录如下：

借：银行存款   339.62

 贷：其他应收款——应收出口退税   339.62

（2）从小规模纳税人购进税务机关代开的增值税专用发票的出口货物增值税的退税核算

①计算出应退增值税税款，申请退税时，根据出口退税出口明细申报表，借记"其他应收款——应收出口退税"账户，贷记"应交税费——应交增值税（出口退税）"账户。相关会计分录如下：

借：其他应收款——应收出口退税   ×××

 贷：应交税费——应交增值税（出口退税）   ×××

②企业实际收到退税款时，根据税收收入退还书，借记"银行存款"账户，贷记"其他应收款——应收出口退税"账户。相关会计分录如下：

借：银行存款   ×××

 贷：其他应收款——应收出口退税   ×××

【例8-25】承例8-20，沿用其数据资料进行账务处理，计算出的应退税款为 135 元。

①计算出应退增值税税款时，一方面，滨海公司的应收出口退税增加了 135 元，记入"其他应收款——应收出口退税"账户的借方；另一方面，滨海公司的应交增值税（出口退税）也增加了 135 元，记入"应交税费——应交增值税（出口退税）"账户的贷方。具体会计分录如下：

借：其他应收款——应收出口退税　　　　　135

贷：应交税费——应交增值税（出口退税）　135

②实际收到退税款时，一方面，滨海公司因收到退税款而使银行存款增加了 135 元，记入"银行存款"账户的借方；另一方面，滨海公司的应收出口退税就减少了 135 元，记入"其他应收款——应收出口退税"账户的贷方。具体会计分录如下：

借：银行存款　　　　　　　　135

贷：其他应收款——应收出口退税　135

3. 外贸企业（商业）委托生产企业加工货物出口增值税的退税核算

（1）购入国内原辅材料委托生产企业加工出口货物时，按增值税专用发票上注明的进项金额借记"委托加工物资"账户，按增值税专用发票上注明的进项税额借记"应交税费——应交增值税（进项税额）"账户；同时，按支付价款总额贷记"银行存款"账户。相关会计分录如下：

借：委托加工物资　　　　　　　　　　　×××

应交税费——应交增值税（进项税额）　×××

贷：银行存款　　　　　　　　　×××

（2）支付加工费时，依据受托方加工费专用发票列明的进项金额借记"委托加工物资"账户，依据受托方加工费专用发票列明的进项税额借记"应交税费——应交增值税（进项税额）"账户；同时，按支付价款总额贷记"银行存款"账户。相关会计分录如下：

借：委托加工物资　　　　　　　　　　　×××

应交税费——应交增值税（进项税额）　×××

贷：银行存款　　　　　　　　　×××

（3）加工完毕入库时，借记"库存商品"账户，贷记"委托加工物资"账户。相关会计分录如下：

借：库存商品　　　　　　　×××

贷：委托加工物资　　　×××

（4）计算出应退增值税时，根据出口退税出口明细申报表，借记"其他应收款——应收出口退税"账户，贷记"应交税费——应交增值税（出口退税）"

账户。相关会计分录如下：

借：其他应收款——应收出口退税   ×××
  贷：应交税费——应交增值税（出口退税）   ×××

（5）计算出不予退还的增值税税额时，计入出口货物的成本，借记"主营业务成本——自营出口"或"自营出口销售成本"账户，贷记"应交税费——应交增值税（进项税额转出）"账户。相关会计分录如下：

借：自营出口销售成本   ×××
  贷：应交税费——应交增值税（进项税额转出）   ×××

（6）实际收到退税款，根据税收收入退还书，借记"银行存款"账户，贷记"其他应收款——应收出口退税"账户。相关会计分录如下：

借：银行存款   ×××
  贷：其他应收款——应收出口退税   ×××

【例8-26】承例8-21，沿用其数据资料进行账务处理，计算出的应退税款为1 640元，应记入成本的税额为400元。

（1）购入布匹委托加工时，一方面，滨海公司的委托加工物资增加了10 000元，记入"委托加工物资"账户的借方，应交增值税（进项税额）增加了1 700元，记入"应交税费——应交增值税（进项税额）"账户的借方；另一方面，滨海公司因支付价款总额而使银行存款减少了11 700元，记入"银行存款"账户的贷方。具体会计分录如下：

借：委托加工物资   10 000
  应交税费——应交增值税（进项税额）   1 700
  贷：银行存款   11 700

（2）支付加工费时，一方面，滨海公司的委托加工物资增加了2 000元，记入"委托加工物资"账户的借方，应交增值税（进项税额）增加了340元，记入"应交税费——应交增值税（进项税额）"账户的借方；另一方面，滨海公司因支付价款总额而使银行存款减少了了2 340元，记入"银行存款"账户的贷方。具体会计分录如下：

借：委托加工物资   2 000
  应交税费——应交增值税（进项税额）   340
  贷：银行存款   2 340

（3）加工完毕入库时，一方面，滨海公司的库存商品增加了12 000元，记入"库存商品"账户的借方；另一方面，滨海公司因出口货物委托加工已完毕而使委托加工物资减少了了12 000元，记入"委托加工物资"账户的贷方。具体会计分录如下：

借：库存商品　　　　　　12 000
　　贷：委托加工物资　　　12 000

（4）计算出应退增值税时，一方面，滨海公司的应收出口退税增加了1 640元，记入"其他应收款——应收出口退税"账户的借方；另一方面，滨海公司的应交增值税（出口退税）也增加了1 640元，记入"应交税费——应交增值税（出口退税）"账户的贷方。具体会计分录如下：

借：其他应收款——应收出口退税　　　　　1 640
　　贷：应交税费——应交增值税（出口退税）　　1 640

（5）计算出不予退还的增值税税额时，一方面，这些不予退还的增值税税额要记入出口货物的成本，使得滨海公司的出口货物成本增加了400元，记入"自营出口销售成本"账户的借方；另一方面，滨海公司的应交增值税（进项税额转出）也增加了400元，记入"应交税费——应交增值税（进项税额转出）"账户的贷方。具体会计分录如下：

借：自营出口销售成本　　　　　　　　　　400
　　贷：应交税费——应交增值税（进项税额转出）　400

（6）实际收到退税款时，一方面，滨海公司因收到退税款而使银行存款增加了1 640元，记入"银行存款"账户的借方；另一方面，滨海公司的应收出口退税就减少1 640元，记入"其他应收款——应收出口退税"账户的贷方。具体会计分录如下：

借：银行存款　　　　　　　　1 640
　　贷：其他应收款——应收出口退税　　1 640

（二）一般纳税人外贸企业（商业）出口退（免）消费税的核算

由于消费税是价内税，在销售时，应列入出口商品销售成本。

1. 计算出消费税退税款，申请退税时，则按申请退税额借记"其他应收款——应收出口退税"账户，贷记"自营出口销售成本"账户。相关会计分录如下：

借：其他应收款——应收出口退税　　×××
　　贷：自营出口销售成本　　　　　　×××

2. 实际收到消费税退税款时，根据税收收入退还书，借记"银行存款"账户，贷记"其他应收款——应收出口退税"账户。相关会计分录如下：

借：银行存款　　　　　　　　×××
　　贷：其他应收款——应收出口退税　　×××

【例8-27】承例8-22，沿用其数据资料进行账务处理，计算出的应退消费税税款为24 000元。

（1）计算出消费税退税款，申请退税时，一方面，滨海公司的应收出口退税增加了 24 000 元，记入"其他应收款——应收出口退税"账户的借方；另一方面，由于消费税要列入出口商品销售成本，因此，出口商品的销售成本增加了 24 000 元，记入"自营出口销售成本"账户的贷方。具体会计分录如下：

借：其他应收款——应收出口退税　　24 000

　　贷：自营出口销售成本　　　　　　　　24 000

（2）实际收到消费税退税款时，一方面，滨海公司因收到退税款而使银行存款增加了 24 000 元，记入"银行存款"账户的借方；另一方面，滨海公司的应收出口退税就减少 24 000 元，记入"其他应收款——应收出口退税"账户的贷方。具体会计分录如下：

借：银行存款　　　　　　　　　　　24 000

　　贷：其他应收款——应收出口退税　　　24 000

8.4　生产企业出口退（免）税的核算

8.4.1　生产企业出口退（免）税的计算

（一）一般纳税人生产企业出口退（免）增值税的计算

1. 一般纳税人生产企业出口自产货物退（免）增值税的计算

生产企业自营或委托外贸企业代理出口（以下简称出口）自产货物，除另有规定外，增值税一律实行免、抵、退税管理办法。生产企业出口自产的属于应征消费税的产品，实行免征消费税的办法。

生产企业出口以下四种产品时，视同自产产品给予退税：生产企业出口外购的产品符合条件时，视同自产产品退税；生产企业外购的与本企业所生产的产品配套出口的产品，视同自产产品退税；集团公司收购成员企业生产的产品，视同自产产品退税；生产企业委托加工收回的产品，视同自产产品退税。

"免"税，是指生产企业出口的自产货物实行零税率，免征该企业在生产销售环节应纳的增值税；"抵"税，是指兼营内销和外销业务的生产企业，由于生产自产货物对外出口而耗用的原材料、零部件、燃料、动力等所含的应当退还的进项税额，首先抵顶其内销货物的应纳税额；"退"税，是指生产企业出口的自产货物在当月应抵顶的进项税额大于其内销货物的应缴税额（即出现负数）时，对未抵完的部分再予以退税。

（1）当期应纳税额的计算

当期应纳税额=当期内销货物的销项税额 -（当期进项税额-当期免抵退税不得免征和抵扣税额）-上期留抵税额

其中，当期免抵退税额不得免征和抵扣税额=出口货物离岸价×外汇人民币牌价×（出口货物征税率-出口退税率）-免抵退税不得免征和抵扣税额抵减额

免抵退税不得免征和抵扣税额抵减额=免税购进原材料价格×（出口货物征税率-出口退税率）

免税购进原材料价格=货物到岸价+进口关税+进口消费税

出口货物离岸价（FOB）以出口发票计算的离岸价为准。出口发票不能如实反映实际离岸价的，企业必须按照实际离岸价向主管国税机关申报，同时主管税务机关有权依照《中华人民共和国税收征收管理法》、《中华人民共和国增值税暂行条例》等有关规定予以核定。

免税购进原材料包括从国内购进免税原材料和进料加工免税进口料件，如果当期没有免税购进原材料价格，前述公式中的免、抵、退税不得免征和抵扣税额的抵减额，以及后面公式中的免抵退税额抵减额，就不用计算。

（2）当期免、抵、退税额的计算

当期免、抵、退税额=出口货物离岸价×外汇人民币牌价×出口货物退税率-免抵退税额抵减额

其中，免、抵、退税额抵减额=免税购进原材料价格×出口货物退税率

（3）当期应退税额和免抵税额的计算

①如当期期末留抵税额≤当期免、抵、退税额，则：

当期应退税额=当期期末留抵税额

当期免、抵税额=当期免、抵、退税额-当期应退税额

②如当期期末留抵税额>当期免、抵、退税额，则：

当期应退税额=当期免、抵、退税额

当期免、抵税额=0

当期期末留抵税额根据当期增值税纳税申报表中"期末留抵税额"确定。

【例 8-28】A 自营出口的生产企业为增值税一般纳税人，出口货物的征税税率为 17%，退税税率为 13%。2011 年 4 月的有关经营业务为：购进原材料一批，取得的增值税专用发票注明的价款 200 万元，外购货物准予抵扣的进项税额 34 万元，已通过认证。上月末留抵税款 3 万元，本月内销售货物不含税销售额 100 万元，收款 117 万元存入银行，本月出口货物的离岸价为 31.25 万美元，当日即期汇率为 6.4，本期无免税购进原材料。试计算该企业当期的免、抵、退税额。

（1）当期免、抵、退税不得免征和抵扣税额=出口货物离岸价×外汇人民币牌价×（出口货物征税率-出口退税率）-免抵退税不得免征和抵扣税额抵减额

=312 500×6.4×(17%-13%)-0=80 000（元）

（2）当期应纳税额=当期内销货物的销项税额-（当期进项税额-当期免抵退税不得免征和抵扣税额）-上期留抵税额

=1 000 000×17%-(340 000-80 000)-30 000

=170 000-260 000-30 000=-120 000（元）

（3）当期免、抵、退税额=出口货物离岸价×外汇人民币牌价×出口货物退税率-免抵退税额抵减额

=312 500×6.4 ×13%-0=260 000（元）

（4）按规定，因当期期末留抵税额 120 000 元≤当期免抵退税额时 260 000 元，所以，当期应退税额=当期期末留抵税额=120 000 元，即该企业当期应退税额为 120 000 元。

（5）当期免、抵税额=当期免、抵、退税额-当期应退税额

=260 000-120 000=140 000（元）

【例 8-29】A 自营出口的生产企业为增值税一般纳税人，出口货物的征税税率为 17%，退税税率为 13%。2011 年 5 月的有关经营业务为：购进原材料一批，取得的增值税专用发票注明的价款 400 万元，外购货物准予抵扣的进项税额 68 万元，已通过认证。上月末留抵税款 3 万元，本月内销售货物不含税销售额 100 万元，收款 117 万元存入银行，本月出口货物的离岸价为 31.25 万美元，当日即期汇率为 6.4，本期无免税购进原材料。试计算该企业当期的免、抵、退税额。

（1）当期免、抵、退税不得免征和抵扣税额=出口货物离岸价×外汇人民币牌价×（出口货物征税率-出口退税率）-免抵退税不得免征和抵扣税额抵减额

=312 500×6.4×(17%-13%)-0=80 000（元）

（2）当期应纳税额=当期内销货物的销项税额-（当期进项税额-当期免抵退税不得免征和抵扣税额）-上期留抵税额

=1 000 000×17%-(680 000-80 000)-30 000

=170 000-600 000-30 000=-460 000（元）

（3）当期免、抵、退税额=出口货物离岸价×外汇人民币牌价×出口货物退税率-免抵退税额抵减额

=312 500×6.4 ×13%-0=260 000（元）

（4）按规定，因当期期末留抵税额 460 000 元>当期免抵退税额时 260 000 元，所以，

当期应退税额=当期免抵退税额=260 000（元）

即该企业当期应退税额为 260 000 元。

（5）当期免、抵税额=当期免、抵、退税额-当期应退税额

=260 000-260 000=0（元）

（6）本期结转下期继续留抵税额=当期期末留抵税额-当期应退税额

=460 000-260 000=200 000（元）

【例 8-30】A 自营出口的生产企业为增值税一般纳税人，出口货物的征税税率为 17%，退税税率为 13%。2011 年 4 月的有关经营业务为：购进原材料一批，取得的增值税专用发票注明的价款 200 万元，外购货物准予抵扣的进项税额 34 万元，已通过认证。当月进料加工免税进口料件的组成计税价格 100 万元。上月末留抵税款 3 万元，本月内销售货物不含税销售额 100 万元，收款 117 万元存入银行，本月出口货物的离岸价为 31.25 万美元，当日即期汇率为 6.4。试计算该企业当期的免、抵、退税额。

（1）当期免、抵、退税不得免征和抵扣税额抵减额=免税进口料件的组成计税价格×（出口货物征税税率-出口货物退税税率）

1 000 000×(17%-13%)=40 000（元）

（2）当期免、抵、退税不得免征和抵扣税额=出口货物离岸价×外汇人民币牌价×（出口货物征税税率-出口退税率）-免抵退税不得免征和抵扣税额抵减额

=312 500×6.4×(17%-13%)-40 000=40 000（元）

（3）当期应纳税额=当期内销货物的销项税额-（当期进项税额-当期免抵退税不得免征和抵扣税额）-上期留抵税额

=1 000 000×17%-(340 000-40 000)-30 000

=170 000-300 000-30 000=-160 000（元）

（4）免、抵、退税额抵减额=免税购进原材料×材料出口货物退税税率

=1 000 000× 13%=130 0000（元）

（5）当期免、抵、退税额=出口货物离岸价×外汇人民币牌价×出口货物退税率-免抵退税额抵减额

=312 500×6.4×13%-130 0000=130 0000（元）

（6）按规定，因当期期末留抵税额 160 000 元 > 当期免抵退税额时 130 000 元，所以，

当期应退税额=当期免抵退税额=130 000 元

即该企业当期应退税额为 130 000 元。

（7）当期免、抵税额=当期免抵退税额-当期应退税额

=130 000-130 000=0（元）

（8）本期结转下期继续留抵税额=当期期末留抵税额-当期应退税额

$$=160\,000-130\,000=30\,000（元）$$

2. 一般纳税人生产企业进料加工复出口货物退（免）增值税的计算

进料加工复出口货物的退税就退税环节来看，退税办法与一般贸易出口货物退税办法基本一致，但由于进料加工复出口货物在料件的进口环节存在着不同的减免税，因此，为了使复出口货物的退税额与国内实际征收的税额保持一致，在计算复出口货物的退税时，必须对减免税的进口料件的进项扣税。现行的税收政策按照不同的企业类型，对进料加工业务规定不同的处理方法。总的原则体现了对进口料件部分采取"不征不退"的政策，因此进料加工复出口实际是对国内增值部分办理免抵退税，只不过使用间接法；用复出口销售收入计算出来的免抵退税总额减去其中进口料件价值计算出来的免抵退税抵减额。

生产企业以"进料加工"贸易方式进口料件加工货物复出口的，对其进口料件应先根据海关核发的《进料加工登记手册》填具《进料加工贸易申请表》，报主管其出口退税的税务机关同意盖章后，按照财税[2002]7 号文件规定，计算当期不得免征和抵扣税额抵减额、当期免抵退税额抵减额，并调整计算当期不得免征和抵扣税额、当期免抵退税额。具体计算公式如下：

（1）免抵退税不得免征和抵扣税额的调整计算

当期不得免征和抵扣税额=当期出口货物离岸价×外汇人民币牌价×（出口货物征税率-出口货物退税率）-当期不得免征和抵扣税额抵减额

当期不得免征和抵扣税额抵减额=进料加工免税进口料件组成计税价格×（出口货物征税率-出口货物退税率）

进料加工免税进口料件组成计税价格=当期审核通过的进料加工复出口销售收入×计划分配率（或实际分配率）

这里的"当期出口货物离岸价"是指企业当期账面出口销售收入，进料加工免税进口料件组成计税价格实际就是当期审核通过的进料加工复出口货物中进口料件的成本。

（2）免抵退税额的调整计算

当期免抵退税额=当期出口货物离岸价×外汇人民币牌价×出口货物退税率-当期免抵退税额抵减额

当期免抵退税额抵减额=进料加工免税进口料件组成计税价格×出口货物退税率

这里"当期出口货物离岸价"是指企业当期申报退税并审核通过的出口销售收人，进料加工免税进口料件组成计税价格实际就是当期审核通过的进料加工复出口货物中进口料件的成本。

（3）免税进口料件组成计税价格的计算

进料加工免税进口料件组成计税价格=货物到岸价海+关实征关税和消费税免税进口料件组成计税价格就是进口料件的成本。在目前免抵退税管理中，免税进口料件组成计税价格使用间接法来确定，即：

进料加工免税进口料件组成计税价格=当期审核通过的进料加工复出口销售收入×计划分配率（或实际分配率）

某产品计划分配率=本产品计划进口料件总值/本产品计划复出口货物总值

某产品实际分配率=（本产品实际进口总值-本产品剩余边角余料金额-本产品结转至其他产品料件金额-本产品其他减少进口料件金额）/（本产品直接出口总值+本产品结转至其他产品成品金额+本产品剩余残次成品金额+本产品其他减少出口成品金额）

不难看出，所谓的分配率是指进口料件在复出口货物中所占的价值比重，在产品尚未核销时使用计划分配率计算免抵退税抵减额和不予抵扣税额抵减额，并以此出具《生产企业进料加工免税证明》。在产品核销时，按照以上公式计算出实际分配率，再使用实际分配率计算出本产品真实的免抵退税抵减额和不予抵扣税额抵减额，再与已经按本产品计划分配率计算的免抵退税抵减额和不予抵扣税额抵减额进行比较，调整计算出本产品真实的免抵退税总额，并出具《生产企业进料加工免税核销证明》。

对从事进料加工贸易方式的生产企业未按规定向主管退税税务机关申请办理《进料加工贸易申请表》的进料加工业务，主管征税税务机关按以下公式计算不得免征和抵扣税额：

当期不得免征和抵扣税额=当期出口货物离岸价×外汇人民币牌价×（出口货物征税率-出口货物退税率）-进料加工免税进口料件组成计税价格×（0-出口货物退税率）

3. 小规模纳税人生产企业出口自产货物退（免）增值税的计算

增值税小规模纳税人出口自产货物实行免征增值税办法，相关进项税额不予退还或抵扣。

（二）生产企业出口退（免）消费税的计算

生产企业出口退（免）消费税的计算见本章前述消费税的计算，分别按不同情况处理。

1. 生产企业直接出口应税消费品时退（免）消费税的计算

生产企业直接出口应税消费品，可以在出口时，直接予以免税，可不计算应交消费税。

2. 生产企业委托外贸企业代理出口应税消费品时退（免）消费税的计算

生产企业采用委托外贸企业代理出口方式的，应由生产企业先交消费税，待外贸企业办理报关出口后再向税务机关申请退税，所退税款应由外贸企业退还给生产企业。

8.4.2 生产企业出口退（免）税的核算

（一）一般纳税人生产企业出口退（免）增值税的核算

1. 生产企业出口自产货物在"免抵退"税收管理办法下退（免）增值税的核算

（1）一般贸易方式

第一，有进出口经营权的生产性企业实行"免、抵、退"办法时，对于按规定计算的当期出口物资不予免征、抵扣和退税的税额，计入出口物资成本。借记"自营出口销售成本"账户，贷记"应交税费——应交增值税（进项税额转出）"账户。相关会计分录如下：

借：自营出口销售成本 ×××
　　贷：应交税费——应交增值税（进项税额转出） ×××

第二，对于按规定计算的当期应予抵扣税额，借记"应交税费——应交增值税（出口抵减内销产品应纳税额）"账户，贷记"应交税费——应交增值税（出口退税）"账户。相关会计分录如下：

借：应交税费——应交增值税（出口抵减内销产品应纳税额） ×××
　　贷：应交税费——应交增值税（出口退税） ×××

第三，对于按规定应予退回的税款，申报退税时借记"其他应收款——应收出口退税"账户，贷记"应交税费——应交增值税（出口退税）"账户。相关会计分录如下：

借：其他应收款——应收出口退税 ×××
　　贷：应交税费——应交增值税（出口退税） ×××

第四，实际收到退回的税款，根据税收收入退还书，借记"银行存款"账户，贷记"其他应收款——应收出口退税"账户。相关会计分录如下：

借：银行存款 ×××
　　贷：其他应收款——应收出口退税 ×××

【例 8-31】承例 8-28，沿用其数据资料，当期不予免征、抵扣和退税的税额为 80 000 元，当期应予抵扣税额为 140 000 元，当期应予退回的税款为 120 000 元。

①对于当期不予免征、抵扣和退税的税额，计入出口物资成本，因此，企业的出口货物成本就增加了 80 000 元，记入"自营出口销售成本"账户的借

方；另一方面，企业的应交增值税（进项税额转出）账户也就增加了 80 000 元，记入"应交税费——应交增值税（进项税额转出）"账户的贷方。具体会计分录如下：

  借：自营出口销售成本   80 000
    贷：应交税费——应交增值税（进项税额转出） 80 000

  ②对于当期应予抵扣税额，一方面，企业因抵减内销产品应纳税额而使应交增值税（出口抵减内销产品应纳税额）账户减少了 140 000 元，记入"应交税费——应交增值税（出口抵减内销产品应纳税额）"账户的借方；另一方面，企业的应交增值税（出口退税）账户也就增加了 140 000 元，记入"应交税费——应交增值税（出口退税）"账户的贷方。具体会计分录如下：

  借：应交税费——应交增值税（出口抵减内销产品应纳税额） 140 000
    贷：应交税费——应交增值税（出口退税）   140 000

  ③对于当期应予退回的税款，一方面，企业因应予退回的税款而使应收出口退税增加了 120 000 元，记入"其他应收款——应收出口退税"账户的借方；另一方面，企业的应交增值税（出口退税）账户也就增加了 120 000 元，记入"应交税费——应交增值税（出口退税）"账户的贷方。具体会计分录如下：

  借：其他应收款——应收出口退税   120 000
    贷：应交税费——应交增值税（出口退税） 120 000

  ④实际收到退回的税款，一方面，企业因收到退税款而使银行存款增加了 120 000 元，记入"银行存款"账户的借方；另一方面，滨海公司的应收出口退税就减少 120 000 元，记入"其他应收款——应收出口退税"账户的贷方。具体会计分录如下：

  借：银行存款   120 000
    贷：其他应收款——应收出口退税 120 000

  【例 8-32】承例 8-29，沿用其数据资料，当期不予免征、抵扣和退税的税额为 80 000 元，当期应予抵扣税额为 0 元，当期应予退回的税款为 260 000 元。

  ①对于当期不予免征、抵扣和退税的税额，计入出口物资成本，因此，企业的企业的出口货物成本就增加了 80 000 元，记入"自营出口销售成本"账户的借方；另一方面，企业的应交增值税（进项税额转出）账户也就增加了 80 000 元，记入"应交税费——应交增值税（进项税额转出）"账户的贷方。具体会计分录如下：

  借：自营出口销售成本   80 000
    贷：应交税费——应交增值税（进项税额转出） 80 000

  ②对于当期应予退回的税款，一方面，企业因应予退回的税款而使应收出

口退税增加了 260 000 元，记入"其他应收款——应收出口退税"账户的借方；另一方面，企业的应交增值税（出口退税）账户也就增加了 260 000 元，记入"应交税费——应交增值税（出口退税）"账户的贷方。具体会计分录如下：

> 借：其他应收款——应收出口退税   260 000
> 贷：应交税费——应交增值税（出口退税）   260 000

③实际收到退回的税款，一方面，企业因收到退税款而使银行存款增加了 260 000 元，记入"银行存款"账户的借方；另一方面，滨海公司的应收出口退税就减少 260 000 元，记入"其他应收款——应收出口退税"账户的贷方。具体会计分录如下：

> 借：银行存款   260 000
> 贷：其他应收款——应收出口退税   260 000

【例 8-33】承例 8-30，沿用其数据资料，当期不予免征、抵扣和退税的税额为 40 000 元，当期应予抵扣税额为 0 元，当期应予退回的税款为 130 000 元。

①对于当期不予免征、抵扣和退税的税额，计入出口物资成本，因此，企业的企业的出口货物成本就增加了 40 000 元，记入"自营出口销售成本"账户的借方；另一方面，企业的应交增值税（进项税额转出）账户也就增加了 40 000 元，记入"应交税费——应交增值税（进项税额转出）"账户的贷方。具体会计分录如下：

> 借：自营出口销售成本   40 000
> 贷：应交税费——应交增值税（进项税额转出）   40 000

②对于当期应予退回的税款，一方面，企业因应予退回的税款而使应收出口退税增加了 130 000 元，记入"其他应收款——应收出口退税"账户的借方；另一方面，企业的应交增值税（出口退税）账户也就增加了 130 000 元，记入"应交税费——应交增值税（出口退税）"账户的贷方。具体会计分录如下：

> 借：其他应收款——应收出口退税   130 000
> 贷：应交税费——应交增值税（出口退税）   130 000

③实际收到退回的税款，一方面，企业因收到退税款而使银行存款增加了 130 000 元，记入"银行存款"账户的借方；另一方面，滨海公司的应收出口退税就减少 130 000 元，记入"其他应收款——应收出口退税"账户的贷方。具体会计分录如下：

> 借：银行存款   130 000
> 贷：其他应收款——应收出口退税   130 000

（2）"进料加工"贸易方式

"进料加工"分"一般进料加工"和"保税进料加工"。对于"一般进料加工"，进口料件需要按规定交纳进口环节的增值税；对于"保税进料加工"，进口料件实行保税，免征进口环节的增值税。

"一般进料加工"贸易方式出口货物与一般贸易方式出口货物的"免、抵、退"税计算大致相同，只是"保税进料加工"在计算当期不予抵扣或退税的税额和应退税额上限时，对免税进口的保税料件视同已征税款计算模拟抵扣税款。

即：当期不予抵扣或退税的税额=当期出口货物离岸价格×外汇人民币牌价×（征税率-退税率）-当期海关核销免税进口料件组成计税价格×（征税率-退税率），"当期海关核销免税进口料件组成计税价格 ×（征税率-退税率）"也就是前述计算公式中的免抵退税不得免征和抵扣税额抵减额；

应退税额上限=出口货物的离岸价格×外汇人民币牌价×退税率-海关核销免税进口料件组成计税价格×退税率（注：免税进口料件的退税率以复出口货物的退税率为准。），"海关核销免税进口料件组成计税价格×退税率"也就是前述计算公式中的免抵退税额抵减额。

其余抵、退税的计算，具体步骤和公式与前述一般贸易方式出口货物的"免、抵、退"税计算步骤与公式相同。

其核算也与前述一般贸易方式出口货物的"免、抵、退"税的核算相同，不再赘述。

【例 8-34】A 生产皮鞋的外商投资企业，出口货物的征税税率为 17%，退税税率为 13%，上期留底税额为 3 万元。2011 年 3 月份生产出口皮鞋，离岸价为 125 万美元，当日即期汇率为 6.4，内销皮鞋收入 200 万元，进项税额 100 万元，其中，出口货物采取进料加工形式，进口牛、羊皮等免税料件，按照进口报关单载明的到岸价格与当日即期汇率折合人民币 200 万元。试计算该企业当期的免、抵、退税额。

a. 出口退税的计算

（a）当期免、抵、退税不得免征和抵扣税额抵减额=免税进口料件的组成计税价格×（出口货物征税税率-出口货物退税税率）

2 000 000×(17%-13%)=80 000（元）

（b）当期免、抵、退税不得免征和抵扣税额=出口货物离岸价×外汇人民币牌价 ×（出口货物征税率-出口退税率）- 免抵退税不得免征和抵扣税额抵减额

=1 250 000×6.4×(17%-13%)-80 000=240 000（元）

（c）当期应纳税额=当期内销货物的销项税额-（当期进项税额-当期免抵退税不得免征和抵扣税额）-上期留抵税额

=2 000 000×17%-(1000 000-240 000)-30 000

=340 000-760 000-30 000=-450 000（元）

（d）免、抵、退税额抵减额=免税购进原材料×材料出口货物退税税率

$$=2\,000\,000×13\%=260\,0000（元）$$

（e）当期免、抵、退税额=出口货物离岸价×外汇人民币牌价×出口货物退税率-免抵退税额抵减额

$$=1\,250\,000×6.4×13\%-260\,0000=780\,0000（元）$$

（f）按规定，因当期期末留抵税额450\,000元＜当期免抵退税额时780\,0000元，所以，

当期应退税额=当期期末留抵税额=450\,000元

即该企业当期应退税额为450\,000元。

（g）当期免、抵税额=当期免抵退税额-当期应退税额

$$=780\,000-450\,000=330\,000（元）$$

②出口退税的核算

（a）对于当期不予免征、抵扣和退税的税额，计入出口物资成本，因此，企业的企业的出口货物成本就增加了240\,000元，记入"自营出口销售成本"账户的借方；另一方面，企业的应交增值税（进项税额转出）账户也就增加了240\,000元，记入"应交税费——应交增值税（进项税额转出）"账户的贷方。具体会计分录如下：

借：自营出口销售成本　　　　　　　　　　240\,000

　　贷：应交税费——应交增值税（进项税额转出）　240\,000

（b）对于当期应予抵扣税额，一方面，企业因抵减内销产品应纳税额而使应交增值税（出口抵减内销产品应纳税额）账户减少了330\,000元，记入"应交税费——应交增值税（出口抵减内销产品应纳税额）"账户的借方；另一方面，企业的应交增值税（出口退税）账户也就增加了330\,000元，记入"应交税费——应交增值税（出口退税）"账户的贷方。具体会计分录如下：

借：应交税费——应交增值税（出口抵减内销产品应纳税额）　330\,000

　　贷：应交税费——应交增值税（出口退税）　　　　　　　　330\,000

（c）对于当期应予退回的税款，一方面，企业因应予退回的税款而使应收出口退税增加了450\,000元，记入"其他应收款——应收出口退税"账户的借方；另一方面，企业的应交增值税（出口退税）账户也就增加了450\,000元，记入"应交税费——应交增值税（出口退税）"账户的贷方。具体会计分录如下：

借：其他应收款——应收出口退税　　　　　450\,000

　　贷：应交税费——应交增值税（出口退税）　450\,000

（d）实际收到退回的税款，一方面，企业因收到退税款而使银行存款增加了450\,000元，记入"银行存款"账户的借方；另一方面，滨海公司的应收出

470

口退税就减少 450 000 元，记入"其他应收款——应收出口退税"账户的贷方。具体会计分录如下：

　　借：银行存款　　　　　　　　　　450 000
　　　　贷：其他应收款——应收出口退税　　450 000

　　2. 生产企业出口自产货物在"先征后退"税收管理办法下退（免）增值税的核算

　　（1）一般贸易方式

　　生产企业进货及生产成本核算略。

　　①对出口销售的产品，由于当月依据出口离岸价按征税率计算的增值税与按退税率计算的增值税金之差，转入出口成本，因此，可综合作会计分录如下：

　　借：应收外汇账款等
　　　　（本期出口货物应收的款项）　　　　　　　　×××
　　　　其他应收款——应收出口退税
　　　　（按照规定计算出来的出口退税金额）×××
　　　　自营出口销售成本
　　　　（按照规定计算的不予退回的税金）　　　　　×××
　　　　贷：自营出口销售收入（本期出口货物实现的营业收入）　　　×××
　　　　　　应交税金——应交增值税（销项税额）　　　　　　　　×××

　　②对内销的产品，相关会计分录如下：

　　借：应收账款等　　　　　　　　×××
　　　　贷：主营业务收入　　　　　　×××
　　　　　　应交税金——应交增值税（销项税额）　×××

　　③对当月应纳的增值税，月末作会计分录如下：

　　借：应交税金——应交增值税（转出未交增值税）　×××
　　　　贷：应交税金——未交增值税　　　　　　×××

　　④下月初按纳税期限交纳增值税时，作会计分录如下：

　　借：应交税金——未交增值税　×××
　　　　贷：银行存款　　　　　　×××

　　⑤收到出口退税时，作会计分录如下：

　　借：银行存款　　　　　　　×××
　　　　贷：其他应收款——应收出口退税　×××

　　（2）进料加工方式

　　进料加工业务的会计分录：

　　①在已备案的免税料件进口时，作会计分录如下：

借：在途物资——进料加工料件　　×××

　　贷：应付外汇账款等　　　　　×××

②材料验收入库后，作会计分录如下：

借：原材料——进料加工料件　　　×××

　　贷：在途物资——进料加工料件　×××

账款往来及生产成本核算略。

③生产企业填写"生产企业进为加工贸易申请表"时，对免税进口料件虚拟的按通税率计算的可抵扣进项税金，以及以后在退税额中进行的税金抵扣，这一过程都在有关表格中进行了反映，所以，这一过程及发生的增值税税金可不作核算。成品出口后，由点到面成品的出口退税率与征税率不同而产生的增值税差额应转入到出口成本中，综合作会计分录如下：

借：应收外汇账款等

　　（本期出口货物应收的款项）　　　　　　　×××

　　其他应收款——应收出口退税

　　（按照规定计算出来的出口退税金额）　　　×××

　　自营出口销售成本

　　（按照规定计算的不予退回的税金）　　　　×××

　　贷：自营出口销售收入（本期出口货物实现的营业收入）　　　×××

　　　应交税金——应交增值税（销项税额）　　　　　　×××

④月末按"先征后退"公式计算的应缴的增值税，作会计分录如下：

借：应交税金——应交增值税（转出未交增值税）　×××

　　贷：应交税金——未交增值税　　　　　　　　×××

账款往来及结转成本略。

⑤下月初按增值税纳税期限交纳增值税时，作会计分录如下：

借：应交税金——未交增值税　　×××

　　贷：银行存款　　　　　　×××

⑥以后收到退税款时，作会计分录如下：

借：银行存款　　　　　　×××

　　贷：其他应收款——应收出口退税　　×××

（二）一般纳税人生产企业出口退（免）消费税的核算

生产企业出口退（免）消费税的核算见本章前述消费税中关于出口应税消费税的核算，分别按不同情况处理。

【本章小结】

　　本章主要讲述了关税、消费税、增值税、出口货物退免税的计算与会计处理，同时也对关税、消费税、增值税、出口货物退免税的基本知识与相关政策作了介绍。

第9章 加工贸易的核算

【学习目标】

通过本章学习，掌握进料加工、来料加工的核算要点；熟悉进料加工、来料加工的区别；了解进料加工、来料加工的基本知识及政策规定。

9.1 加工贸易和保税

9.1.1 加工贸易

（一）加工贸易的含义

加工贸易是指经营企业进口全部或者部分原辅材料、零部件、元器件、包装物料（以下简称料件），经加工或者装配后，将制成品复出口的经营活动，包括进料加工和来料加工。

（二）加工贸易货物的特点

1. 利用进口料件加工的成品必须复运出境，不在国内最后使用、消费。

2. 出口成品与进口料件直接相关，是对进口料件本身进行加工得到的产品。

3. 暂免纳税，进口时暂时不办理缴纳关税的手续，等到货物最后确定流向后，海关再决定征税或免税。

（三）加工贸易的类型

加工贸易的常见类型包括进料加工和来料加工。

1. 来料加工

来料加工是指进口料件由境外企业提供，经营企业不需要付汇进口，按照境外企业的要求进行加工或者装配，只收取加工费，制成品由境外企业销售的经营活动。

2. 进料加工

进料加工是指进口料件由经营企业付汇进口，制成品由经营企业外销出口的经营活动。

中国政府鼓励一切加工贸易，特别是在税收方面进行优惠。对加工贸易免征关税，至于进口增值税和消费税则或是免（对来料加工）或是退和缓（对进料加工），只要以这些材料加工成的产品最终能出口即可。

因此，海关必须采取某种措施来监管这些材料和所产产品，以保证税收不致流失。这种措施就是保税，具体形式可有如下四个层次：

（1）保税仓库；

（2）保税工厂；

（3）保税集团；

（4）保税区。

9.1.2　保税

保税的意义是在征税或免税条件未确定前，对纳税人，即加工人，给予保留（延迟确定）缴纳关税的特权，同时海关要对货物进行监管。从而货物就不能自由买卖、或用作抵押、或在破产时被出售后抵债。如果材料转卖给其他国内工厂，或是进多出少，以及产生边角余料，则这些工厂就有纳税义务。

（一）保税仓库

保税仓库是经海关批准的，用以存储保税货物的专设仓库，不问是来料或进料以及复出口的产品或转口的货物。存储于保税仓库中的保税货物可暂时不交关税，最长的存储期通常是一年，但是在特殊情况下经过海关批准可以延长。

（二）保税工厂

保税工厂是在海关监管下，用保税进口料件以加工生产复出口货物的专门工厂或车间。进口原材料、备件和组件，在保税工厂中用以生产出口货物是免征进口关税的（严格说应是全额保税）。出口货物的生产必须在一个讲明的限期内完成。如果不能如期完成加工或是生产的货物不能出口，从而卖给了国内市场，那就要恢复征税。

保税工厂应该保持独立的账册为材料和产品记账。工厂对每一批来料或进料都应向海关申领一本专用的"加工手册"作为这些账册的原始凭证（目前已电子化）。海关人员将不定期地审查这些记录并作实地盘点。从1996年起海关总署又推出了海关派员驻厂监管的形式，称为"驻员保税工厂"。驻员保税工厂一般是从事进料加工复出口的特大型企业、从事特种行业（如飞机、船舶）加工的大型企业和经批准从事国家鼓励投资项目的大型出口型外商投资企业。

（三）保税集团

1993 年 1 月，海关总署公布了《进料加工保税集团管理办法》，以支持大、中型企业发展国家鼓励出口产品的深加工业务。

进料加工保税集团是指经海关批准，由一个有进出口经营权的企业牵头，由同行业若干个加工企业联合对进口料件进行多层次、多工序连续加工，直至最终产品出口的企业联合体。集团的组织形式可以是紧密型或半紧密型，也可以是松散型的，但其成员企业应在同一城市内。对料件和半成品在不同企业、不同工序结转加工时，均实行滚动保税监管，例如制作长毛绒玩具，从进口腈纶原料、纺纱、染色、织布、制作长毛绒面料，到裁剪、缝制、生产长毛绒玩具出口，海关应严格按照所进口的原材料，各道加工工序，核定每一工序单耗定额和加工成品，按照结转层次，分段核销。

设立保税集团必须具备保税工厂和保税仓库的管理条件，因此其进出口通关手续比保税工厂和保税仓库更便利，具有一次报关双重功能（指加工和储存均可以）、全额保税（指对备料加工也可全额保税）的优点，即一次报关后，在集团内部的深层次加工结转，不再须层层报关。

（四）保税区

保税区是一国海关设置的或经海关批准注册、受海关监督和管理的可以较长时间存储商品的区域。是经国务院批准设立的、海关实施特殊监管的经济区域，是我国目前开放度和自由度最大的经济区域。

根据现行有关政策，海关对保税区实行封闭管理，境外货物进入保税区，实行保税管理；境内其他地区货物进入保税区，视同出境；保税区的功能定位为"保税仓储、出口加工、转口贸易"三大功能。保税区具有进出口加工、国际贸易、保税仓储商品展示等功能，享有"免证、免税、保税"政策，实行"境内关外"运作方式，是中国对外开放程度最高、运作机制最便捷、政策最优惠的经济区域之一。

保税区能便利转口贸易，增加有关费用的收入。运入保税区的货物可以进行储存、改装、分类、混合、展览，以及加工制造，但必须处于海关监管范围内。外国商品存入保税区，不必缴纳进口关税，尚可自由出口，只需交纳存储费和少量费用，但如果要进入关境则需交纳关税。各国的保税区都有不同的时间规定，逾期货物未办理有关手续，海关有权对其拍卖，拍卖后扣除有关费用后，余款退回货主。

从 1990 年 5 月国务院批准建立第一个保税区到目前，中国已建有多个保税区，主管部门是海关总署。

9.2 来料加工业务的核算

9.2.1 来料加工业务的基本概述

（一）来料加工与进料加工的区别

1. 来料加工的原辅料由外商提供，供料人就是成品的承受人，所有权及盈亏均属外商，国内企业不需要付汇进口，只按外商规定的标准进行加工，收取加工费用，不承担盈亏。进料加工是由外贸企业自营的业务，用自身的外汇进口原料，采取自营加工或以委托、作价加工形式加工成成品后再出口，对原辅料及成品享有所有权，自负盈亏。

2. 来料加工的双方一般是委托加工关系，原料供应方往往是成品承受人。进料加工的双方是商品买卖关系，进料和加工复出口是两笔独立的交易。

3. 来料加工的料件由外商提供，国内企业不需要付汇进口，针对外商提供的料件，符合规定的，免征进口、出口关税和进口增值税，对在国内加工增值部分也实行免税，由于进料实行免税，出口也不退税。进料加工中的进口料件由经营企业付汇进口，对加工增值及采用的国内料件实行"出口退税"或实行"免、抵、退"。

4. 对会计核算而言，进料加工和来料加工的不同之处在于对存货的核算。来料加工由于对存货没有所有权，一般只在账外登记备查（也可作价核算，但不付款）；进料加工则需要对存货进行正式核算。

（二）来料加工的税务特点

来料加工项下，进口料、件、设备以及加工返销出口商品，海关准予免领进出口货物许可证，并对下列进口货物免征进口、出口的关税和进口环节增值税验放。

1. 外商提供全部或部分用于加工返销出口的原材料、辅料、零部件、元器件、配套件和包装物料。

2. 进口属于加工装配项目所必需的机器设备、品质检验仪器、安全和防治污染设备、装卸设备。

3. 为加强加工企业现代化生产管理，由外商提供直接用于生产出口产品所必需的微型计算机、闭路电视监测系统、传真机、复印机等管理设备。

4. 进口合理数量的用于安装、加固设备的材料。

5. 进口直接用于企业加工生产出口成品而在生产过程中消耗掉的燃料油，

加工成品出口时海关免征出口关税。

（三）办理来料加工合同登记备案手续的要求

有关经营单位应在对外签订的来料加工合同自批准之日起，一个月内持下列有关单证向主管海关办理合同备案登记手续：

1. 加工单位或外贸（工贸）公司的营业执照；

2. 税务机关签发的税务登记证；

3. 审批部门的批准文件或合同备案证明书。如需对外经济贸易部（现商业部）批准立项的项目，还应提供对外经济贸易部批准立项的文件；

4. 对外签订的正式合同的副本；

5. 海关认为必要的其他单证，如保函等。

海关批准后，向经营单位核发《对外加工装配进出口货物登记手册》，并凭此验放有关进出口货物。

（四）来料加工货物办理进出口报关手续

在来料加工项下，料、件进口和加工成品出口时，有关经营单位或其代理人应持凭《登记手册》，并填写《来料加工进出口货物专用报关单》一式四份，交验货物的运单、发票、装箱单等，如实向海关申报。经海关核查后，予以免税放行。

出口企业以"来料加工"贸易方式，免增值税进口原材料、零部件的具体手续如下：

1. 先由外贸出口企业填具《来料加工贸易免税证明》（见表9-1），汇同海关核签的《来料加工进口货物报关单》和《来料加工登记手册》，向主管出口退税的税务机关办理免税证明。

2. 将已签章同意的《来料加工贸易免税证明》的第一联交加工购料企业。持此证明向主管征税的税务机关，可申报办理免征加工或委托加工货物的增值税、消费税。

3. 货物出口后，出口企业凭《来料加工出口货物报关单》和海关已核销的《来料加工登记手册》，以及收汇凭证，向主管出口退税的税务机关办理核销手续。逾期未办理核销的，主管出口退税的税务机关，将会同海关和主管征税的税务机关及时予以补税和处罚。

表 9-1　来料加工贸易免税证明

编号：_____

_____税务局：

_____公司销售给_____下表所列料、件属于来料加工复出口贸易。
对用上述料、件加工销售的货物请免征增值税、消费税。

来料名称	单位	数量	单价	金额	发票号码	加工出口货物名称	单位	数量	备注

主管出口退税税务机关　　　　　　外贸企业财务负责人　　　　　　填表人

说明：①此证明由外贸企业填写一式四联；②第一联由外贸企业交购料企业；③第二联交主管出口退税的税务机关；④第三联外贸企业留存；⑤第四联交主管征税的税务机关。

9.2.2　来料加工业务的核算

（一）外贸企业来料加工业务的各种变形

1. 加工贸易的会计核算方式

目前，在实际工作中，加工贸易的会计核算方式主要有两种：来料来件不计价核算、来料来件计价核算。

来料（件）与成品不计价核算是指有关外商提供的原材料、零部件及必要的设备等在账内均不作价反映，而在账外登记备查，我方只收取加工费，即单作价方式（只对加工费作价）。

来料（件）与成品计价核算是指进口原辅料和出口成品各作各价，进口原辅料时，我方暂不付款，待加工为成品出口时我方收取成品出口值与外方来料进口值之间的差价，又称双作价方式（来料和加工费各自作价）。

单作价与双作价的异同见表 9-2。

表 9-2　单作价和双作价的异同

性质	单作价	双作价
财务及会计上	来料不结算，作表外处理	转化为形式上的"购销"，要双向结算来料金额及加工品的货款，从而账上记为购料和销售
原理及税务上	对来料无所有权，进口免税	来料的所有权并未转移、税务上仍按出口免税处理

2. 来料加工业务的经营方式

外贸企业对来料加工业务，根据盈亏责任不同而有自营和代理两种经营形式：

代理形式是指由外贸企业组织安排，对外与加工厂共同签约，但由加工厂直接承担生产、交货与盈亏责任，通过外贸企业办理出口结汇，外贸企业收取外汇代理手续费。

自营形式是指由外贸企业单独对外签约，然后对内组织生产，外贸企业承担盈亏责任（包括交货违约赔偿责任等），工厂只收取工缴费。

在外贸企业自营形式下，对国内工厂还可有委托加工和作价加工两种做法。

3. 来料加工业务的类型

以上（1）与（2）结合起来就使来料加工的会计处理产生出 5 个类型，现归纳类型如表 9-3 所示。

表 9-3　来料加工业务的类型

	对外单作价	对外双作价	
代理形式	A	C	
自营形式	B	对内单作价	D
		对内双作价	E

A 型有两个特点：一是材料对外单作价，全按"表外"处理；二是代理，外贸企业不承担盈亏，只赚取外汇手续费，原则上按代理方式在出口阶段入账。

B 型的特点：材料对外不作价，与 A 相同，但外贸企业是自营业务，出口核算有所不同，另外，来料加工免征增值税。

C 型的特点：因为是双作价即原材料与成品各作各价，故是购销业务。但外贸企业按代理出口，不承担盈亏，通过往来账户进行会计核算。

D 型的特点，对内单作价，成为委托加工类型。

E 型的特点：外贸企业是自营业务，对内双作价，即为购销关系，成为作价加工类型。

（二）外贸企业来料加工业务的核算

根据税法和关税税则的规定，国家对来料加工给予优惠政策，免征进口税，加工环节的增值税实行不征不退，因此来料加工业务应与一般进出口业务区别核算，其合同、发票及有关单证均应加盖"来料加工"戳记，以示区别。

为了反映来料加工业务的销售收入、成本及盈亏，设置"其他业务收入——来料加工"和"其他业务成本——来料加工"两账户进行核算。

因加工贸易而收入的工缴费记入"其他业务收入"账户贷方，发生的一切以外汇支付的国外运费、保险费、银行手续费记入"其他业务收入"借方；在来料和成品计价的核算方式下，发生的成本与国内费用记入"其他业务成本"借方。

外商提供来料，无价的在表外科目"外商来料"核算数量，有价的在"原材——来料加工"和"应付账款"账户核算。

拨出来料给工厂时，无价的在表外科目"拨出来料"核算数量，有价的在"应收账款"账户核算。

1. A 型来料加工业务的核算（代理、对外单作价）

（1）收到外商不计价的原辅材料时，应凭业务或储运部门开具的加盖"来料加工"戳记的入库单，连同外商交来的进口单证，通过备查账簿在表外单式记录，借记"外商来料——×材料"账户。相关记录如下：

借：外商来料——×材料（只记数量）

（2）将外商提供原辅材料拨给加工厂时，应凭业务及储运部门开具的加盖"来料加工"戳记的出库单，以及加工厂开具的收据做如下表外科目记录：

借：拨出来料——×材料（只记数量）

　　贷：外商来料——×材料（只记数量）

（3）加工厂交来成品时，应按合同规定的耗用原材料定额据以验收入库，凭业务或储运部门开具的加盖"来料加工"戳记的入库单，通过表外科目做如下记录：

借：代管物资——加工成品（只记数量）

　　贷：拨出来料——×材料（注销拨出来料）

（4）加工厂交来已加工完的成品对外办理出口托运时，同样应凭业务及储运部门开具的加盖"来料加工"戳记的出库单，做如下表外科目记录：

贷：代管物资——加工成品（只记数量）

（5）收到业务或储运部门交来的成品已出运的有关出口单证向银行交单时正式入账，但因非主体，代理收付，故一面记应收，一面记应付，同时要按合同规定的代理手续费确认收入。借记"应收外汇账款——来料加工工缴费"账户，贷记"应付账款——×加工厂"和"其他业务收入——代理手续费。相关会计分录如下：

借：应收外汇账款——来料加工工缴费　　×××

　　贷：应付账款——×加工厂　　　　　　×××

　　　　其他业务收入——代理手续费　×××

（6）代加工厂支付国外运保费时，凭有关单据借记"应付账款——×加工厂"账户，贷记"银行存款厂"账户。相关会计分录如下：

借：应付账款——×加工厂　　×××

　　贷：银行存款　　　　　　×××

（7）代加工厂支付各项国内费用，凭有关单据借记"应付账款——×加工厂"账户，贷记"银行存款厂"账户。相关会计分录如下：

借：应付账款——×加工厂　　×××

　　贷：银行存款　　　　×××

（8）外贸公司收到加工工缴费外汇，所产生的汇兑差额如果由加工厂承担，则将差额借记或贷记"应付账款——×加工厂"账户，如果由外贸企业承担，则借记或贷记"财务费用——汇兑差额"账户，凭银行水单借记"银行存款"账户，贷记"应收外汇账款——来料加工工缴费"账户。相关会计分录如下：

借：银行存款　　　　　　　　　　　　　×××

　　应付账款——×加工厂（或财务费用——汇兑差额）　×××

　　贷：应收外汇账款——来料加工工缴费　　　×××

或：

借：银行存款　　　　　　　　　　　×××

　　贷：应收外汇账款——来料加工工缴费　　　　×××

　　　　应付账款——×加工厂（或财务费用——汇兑差额）　×××

（9）与加工厂结算时，借记"应付账款——×加工"账户，贷记"银行存款"账户。相关会计分录如下：

借：应付账款——×加工　　×××

　　贷：银行存款　　　　×××

（10）计算外贸公司代理手续费收入中应交纳的营业税、城建税、教育费附加，借记"营业税金及附加"或"其他业务成本"账户，贷记"应交税费——应交营业税等"账户。相关会计分录如下：

借：营业税金及附加或其他业务成本　×××

　　贷：应交税费——应交营业税　　　×××

　　　　　　　　——应交城建税　　　×××

　　　　　　　　——应交教育费附加　×××

【例9-1】滨海公司与美国圣诺公司签订来料加工业务合同，由圣诺公司提供加工服装面料 30 000 米，交由国内甲服装加工厂生产休闲服装 20 000 件，工缴费每件 USD5，由加工厂承担合同责任，外贸公司按工缴费的 3%收取外汇手续费，外商提供不计价原辅材料时。

（1）滨海公司收到圣诺公司提供的不计价原辅材料时，凭业务或储运部门开具的加盖"来料加工"戳记的入库单，连同外商交来的进口单证，通过表外科目做如下记录：

借：外商来料——服装面料　　　　30 000 米

（2）将圣诺公司提供的原铺材料拨给甲加工厂时，凭业务及储运部门开具的加盖"来料加工"戳记的出库单，以及加工厂开具的收据做如下表外科目记录：

借：拨出来料——服装面料 　　　　　　30 000 米

贷：外商来料——服装面料 　　　　　　30 000 米

（3）甲加工厂交来已加工完的 20 000 件服装时，凭业务或储运部门开具的加盖"来料加工"戳记的入库单，通过表外科目做如下记录：

借：代管物资——服装 　　20 000 件

贷：拨出来料——服装面料 　　30 000 米

（4）滨海公司将 20 000 件服装对外办理出口托运时，凭业务及储运部门开具的加盖"来料加工"戳记的出库单，做如下表外科目记录：

贷：代管物资——服装 　　20 000 件

（5）滨海公司收到业务或储运部门交来的成品已出运的有关出口单证向银行交单，当日美元汇率为 6.5。

分析：在这项经济业务中，一方面，滨海公司应向圣诺公司收取 100 000 美元的工缴费，当日美元汇率为 6.5，折算人民币为 650 000 元，记入"应收外汇账款——来料加工工缴费"账户的借方；另一方面，滨海公司应确认代理手续费收入，收入增加 3 000 美元，当日美元汇率为 6.5，折算人民币为 19 500 元，记入"其他业务收入——代理手续费"账户的贷方，同时，将余额记入到应付甲加工厂的账户中，记入"应付账款——甲加工厂"账户的贷方。具体会计分录如下：

借：应收外汇账款——来料加工工缴费（USD100 000×6.5）　　650 000

贷：应付账款——甲加工厂 　　　　　　　　　　　　　　630 500

其他业务收入——代理手续费 　　　　　　　　　　19 500

（6）代甲加工厂共支付国外运保费 USD7 000，当日美元汇率为 6.5。

分析：在这项经济业务中，一方面，滨海公司因代甲加工厂支付国外运保费而使银行美元存款减少 7 000 美元，当日美元汇率为 6.5，折算人民币为 45 500 元，记入"银行存款——美元户"账户的贷方；另一方面，滨海公司对甲加工厂的应付账款也就减少了 45 500 元，记入"应付账款——甲加工厂"账户的借方。根据有关凭证编制会计分录，具体会计分录如下：

借：应付账款——甲加工厂 　　　　　　45 500

贷：银行存款——美元户（USD7 000×6.5）　　45 500

（7）代甲加工厂支付各项国内费用，共计人民币 5 000 元。

分析：在这项经济业务中，一方面，滨海公司因代甲加工厂支付各项国内费用而使银行存款减少 5 000 元，记入"银行存款"账户的贷方；另一方面，滨海公司对甲加工厂的应付账款也就减少了 5 000 元，记入"应付账款——甲加工厂"账户的借方。根据有关凭证编制会计分录，具体会计分录如下：

借：应付账款——甲加工厂   5 000

　　贷：银行存款   5 000

（8）滨海公司收到银行工缴费结汇通知，当日美元汇率为 6.5。

分析：在这项经济业务中，一方面，滨海公司因收到加工缴费而使银行美元存款增加 100 000 美元，当日美元汇率为 6.5，折算人民币为 650 000 元，记入"银行存款——美元户"账户的借方；另一方面，滨海公司对圣诺公司的应收外汇账款也就减少了 100 000 美元，折算人民币为 650 000 元，记入"应收外汇账款——来料加工工缴费"账户的贷方。具体会计分录如下：

借：银行存款——美元户（US\$ 100 000×6.5）   650 000

　　贷：应收外汇账款——来料加工工缴费（US\$100 000×6.5）   650 000

（9）滨海公司与甲加工厂结算。

分析：在这项经济业务中，一方面，滨海公司本应付甲加工厂 630 500 元，但已经代甲加工厂支付了 50 500 元（国外费用 45 500+国内费用 5 000），还应向甲加工厂支付 580 000 元（630 500-50 500），因而滨海公司的银行存款减少 580 000 元，记入"银行存款"账户的贷方；另一方面，滨海公司对甲加工厂的应付账款也就减少了 580 000 元，记入"应付账款——甲加工厂"账户的借方。根据有关凭证编制会计分录，具体会计分录如下：

借：应付账款——甲加工厂   580 000

　　贷：银行存款   580 000

（10）计算滨海公司代理手续费收入中应交纳的营业税、城建税、教育费附加。

分析：在这项经济业务中，滨海公司应交营业税、城建税、教育费附加分别为 9 750 元、682.5 元、292.5 元，分别记入"应交税费——应交营业税"、"应交税费——城建税"、"应交税费——教育费附加"账户的贷方；另一方面，滨海公司应负担的税金及附加就增加了 10 725 元（9 750+682.5+292.5），记入"营业税金及附加"账户的借方。具体会计分录如下：

借：营业税金及附加   10 725

　　贷：应交税费——应交营业税   9 750

　　　　　　——应交城建税   682.5

　　　　　　——应交教育费附加   292.5

2.B 型来料加工业务的核算（自营、对外单作价）

（1）、（2）的会计处理与 A 型来料加工业务的核算（代理、对外单作价）

相同。

（3）加工完毕交货时，除根据"来料加工"入库单在表外按数量，借记"代管物资——加工成品"账户，贷记"拨出来料——×材料"账户外，还应根据应支付加工厂的加工费结算凭证正式入账，借记"库存商品——加工成品（工缴费部分）"账户，贷记"应付账款——×加工厂"账户。作会计分录如下：

借：库存商品——加工成品（工缴费部分）　×××
　　贷：应付账款——×加工厂　　　　　　×××

（4）出口发运时，除凭出库单在表外按数量，贷记"代管物资——加工成品"账户外，还应在正式账簿，借记"待运和发出商品"账户，贷记"库存商品——加工成品"账户。作会计分录如下：

借：待运和发出商品　　　　×××
　　贷：库存商品——加工成品　　×××

（5）交单时，按与外商协议的外汇手续费确认收入，同时结转相应的成本支出。

①确认收入时，借记"应收外汇账款一×外商"账户，贷记"其他业务收入——加工补偿"账户。作会计分录如下：

借：应收外汇账款一×外商　　×××
　　贷：其他业务收入——加工补偿　×××

②结转成本时，借记"其他业务成本——加工补偿"账户，贷记"待运和发出商品"账户。作会计分录如下：

借：其他业务成本——加工补偿　×××
　　贷：待运和发出商品　　　　×××

【例9-2】将例9-1改为自营，交甲加工厂代加工，约定加工费为每件30元。

（1）、（2）的会计处理与例9-1相同。

（3）甲加工厂交来已加工完的20 000件服装时，凭业务或储运部门开具的加盖"来料加工"戳记的入库单，通过表外科目做如下记录：

借：代管物资——服装　　20 000件
　　贷：拨出来料——服装面料　30 000米

同时，根据应支付加工厂的加工费结算凭证正式入账，借记"库存商品——加工成品（工缴费部分）"账户，贷记"应付账款——×加工厂"账户。作会计分录如下：

借：库存商品——加工成品（工缴费部分）　600 000
　　贷：应付账款——×加工厂　　　　　　600 000

（4）滨海公司将20 000件服装对外办理出口托运时，凭业务及储运部门开具的加盖"来料加工"戳记的出库单，做如下表外科目记录：

贷：代管物资——服装　　　20 000 件

同时，还应在正式账簿，借记"待运和发出商品"账户，贷记"库存商品——加工成品"账户。作会计分录如下：

借：待运和发出商品　　　600 000

　　贷：库存商品——加工成品　　　600 000

（5）交单时，按与外商协议的每件 USD5 外汇手续费确认收入，同时结转相应的成本支出。假定当日的即期汇率为 6.5。

①确认收入时，一方面，滨海公司的收入增加了 100 000 美元，当日美元汇率为 6.5，折算人民币为 650 000 元，贷记"其他业务收入——加工补偿"账户；另一方面，滨海公司对圣诺公司的应收外汇账款也增加了 100 000 美元，折算人民币为 650 000 元，借记"应收外汇账款—圣诺公司"账户。作会计分录如下：

借：应收外汇账款—圣诺公司（US$100 000×6.5）　　　650 000

　　贷：其他业务收入——加工补偿（US$100 000×6.5）　　　650 000

②结转成本时，销售成本增加了 600 000 元，借记"其他业务成本——加工补偿"账户；同时，待运和发出商品已结转，减少了 600 000 元，贷记"待运和发出商品"账户。作会计分录如下：

借：其他业务成本——加工补偿　　　600 000

　　贷：待运和发出商品　　　600 000

3. C 型来料加工业务的核算（代理、对外双作价）

因为是双作价，要正式入账，已转化成购销业务；又因为是代理，虽然入账，但仍然要通过应收、应付账户核算。

（1）收到来料时，应凭业务及储运部门开具的加盖"来料加工"戳记的入库单借记"原材料——作价来料"账户，贷记"应付外汇账款——×外商"账户。作会计分录如下：

借：原材料——作价来料　　　×××

　　贷：应付外汇账款——×外商（料作价部分）　　　×××

来料虽作价，但不需付汇，只在今后加工完毕出口时冲账。

（2）将外商提供的作价原辅材料拨给加工厂加工时，应凭业务及储运部门开具的加盖"来料加工"戳记的出库单，以及加工厂开具的收据借记"应收账款——×加工厂"账户，贷记"原材料——作价来料"账户。作会计分录如下：

借：应收账款——×加工厂（料作价部分）　　　×××

　　贷：原材料——作价来料　　　×××

（3）对外商提供的作价原辅材料，在加工厂交来成品时，应按合同规定的耗用原材料定额据以验收入库。按规定的加工工缴费，根据业务及储运部门开具的加盖"来料加工"戳记的入库单，借记"应收账款——×加工厂"账户，贷记"原材料——作价来料"账户。作会计分录如下：

借：库存商品——加工成品　　　　　×××

　贷：应收账款——×加工厂（料作价部分）　×××

　　　应付账款——×加工厂（工缴费部分）　×××

（4）外贸公司对国内加工厂交来的成品对外办理出口托运时，应凭业务及储运部门开具的加盖"来料加工"戳记的出库单，借记"待运和发出商品——加工成品"账户，贷记"库存商品——加工成品"账户。作会计分录如下：

借：待运和发出商品——加工成品　　　×××

　贷：库存商品——加工成品　　　　　　×××

（5）收到业务或储运部门交来的成品已出运的有关出口单证向银行交单时，应根据出口发票，确认加工成品出口销售收入，同时结转加工成品出口销售成本。

①确认加工成品出口销售收入时，借记"应收账款——×外商（工缴费部分）"和"应付外汇账款——×外商（料作价部分）"账户，贷记"其他业务收入——出口加工成品"账户。作会计分录如下：

借：应收账款——×外商（工缴费部分）　　×××

　　应付外汇账款——×外商（料作价部分）　×××

　贷：其他业务收入——出口加工成品销售收入　×××

②结转加工成品出口销售成本时，借记"其他业务成本——出口加工成品销售成本"账户，贷记"待运和发出商品——加工成品"账户。作会计分录如下：

借：其他业务成本——出口加工成品销售成本　×××

　贷：待运和发出商品——加工成品　　　　　　×××

（6）代国内加工厂支付国外运保费时，冲减出口加工成品销售收入，应凭有关单据借记"其他业务收入——出口加工成品销售收入"账户，贷记"银行存款"账户。作会计分录如下：

借：其他业务收入——出口加工成品销售收入　×××

　贷：银行存款　　　　　　　　　　　　　　×××

同时，调整出口加工成品销售成本，借记"应付账款——×加工厂"账户，贷记"其他业务成本——出口加工成品销售成本"账户。作会计分录如下：

借：应付账款——×加工厂　　　　　×××

贷：其他业务成本——出口加工成品销售成本　×××

（7）外贸公司收到加工工缴费外汇，所产生的汇兑差额如果由加工厂承担，则将差额借记或贷记"应付账款——×加工厂"账户，如果由外贸企业承担，则借记或贷记"财务费用——汇兑差额"账户，凭银行水单借记"银行存款"账户，贷记"应收外汇账款——×外商"账户。作会计分录如下：

借：银行存款　　　　　　　　　　　　　　　　　×××

　应付账款——×加工厂（或财务费用——汇兑差额）　×××

　贷：应收外汇账款——×外商　　　　　　　　　　　　×××

或：

借：银行存款　　　　　　　　　　　　　　　　　　　×××

　贷：应收外汇账款——×外商　　　　　　　　　　　　×××

　　应付账款——×加工厂（或财务费用——汇兑差额）　×××

（8）外贸公司收到加工工缴费后，确认代理外汇手续费收入，借记"应付账款——×加工厂"账户，贷记"其他业务收入——代理手续费"账户。作会计分录如下：

借：应付账款——×加工厂　　　　　×××

　贷：其他业务收入——代理手续费　　　×××

（9）与加工厂结算时，借记"应付账款——×加工"账户，贷记"银行存款"账户。相关会计分录如下：

借：应付账款——×加工　　×××

　贷：银行存款　　　　　×××

（10）计算外贸公司代理手续费收入中应交纳的营业税、城建税、教育费附加，借记"营业税金及附加"或"其他业务成本"账户，贷记"应交税费——应交营业税等"账户。相关会计分录如下：

借：营业税金及附加或其他业务成本　×××

　贷：应交税费——应交营业税　　　×××

　　　　　——应交城建税　　　　×××

　　　　　——应交教育费附加　　×××

C 型来料加工业务的核算先视同自营做账，最后按代理做账的原因，在于一开始在双作价下把实物资产进了账，这就不得不一直做到实物资产销出，才能告一段落。

【例 9-3】将例 9-1 改为对外双作价，假设来料规定价格为每米 USD10，共计 USD300 000。

（1）滨海公司收到圣诺公司提供的作价服装面料入库，当日美元即期汇率为 6.5。

分析：在这项经济业务中，一方面，滨海公司因收到圣诺公司提供的作价服装面料入库而使原材料增加 300 000 美元，当日美元汇率为 6.5，折算人民币为 1 950 000 元，记入"原材料——作价来料"账户的借方；另一方面，滨海公司对圣诺公司的应付外汇账款也就增加了 300 000 美元，折算为人民币为 1 950 000 元，记入"应付外汇账款——圣诺公司"账户的贷方。根据业务或储运部门开具的加盖"来料加工"戳记的入库单，连同外商交来的进口单证编制会计分录，具体会计分录如下：

借：原材料——作价来料　　　　　　　　　　　　　1 950 000

　　贷：应付外汇账款——圣诺公司（USD300 000×6.5）　　1 950 000

（2）将圣诺公司提供的作价服装面料拨给甲加工厂。

分析：在这项经济业务中，一方面，滨海公司因将圣诺公司提供的作价服装面料拨给甲加工厂而使原材料减少 1 950 000 元，记入"原材料——作价来料"账户的贷方；另一方面，滨海公司对甲加工厂的应收账款也就增加了 1 950 000 元，记入"应收账款——甲加工厂"账户的借方。根据业务及储运部门开具的加盖"来料加工"戳记的出库单，以及加工厂开具的收据编制会计分录，具体会计分录如下：

借：应收账款——甲加工厂　　1 950 000

　　贷：原材料——作价来料　　1 950 000

（3）甲加工厂加工完毕后交来成品，验收入库，加工工缴费每件 USD5，当日美元即期汇率为 6.5。

分析：在这项经济业务中，一方面，滨海公司因收到成品并验收入库而使库存商品增加 2 600 000 元（服装面料 1 950 000 元+工缴费 100 000 美元×当日美元汇率为 6.5），记入"库存商品——作价加工品"账户的借方；另一方面，滨海公司对甲加工厂的应收账款（料价部分）也就减少了 1 950 000 元，记入"应收账款——甲加工厂"账户的贷方，且对甲加工厂的应付账款（工缴费部分）增加了 100 000 美元，折算为人民币为 650 000 元，记入"应付账款——甲加工厂"账户的贷方。根据业务或储运部门开具的加盖"来料加工"戳记的入库单编制会计分录，具体会计分录如下：

借：库存商品——作价加工品　　　　　　　2 600 000

　　贷：应收账款——甲加工厂　　　　　　　　1 950 000

　　　　应付账款——甲加工厂（US$100.000×6.5）　　650 000

（4）滨海公司对来料加工成品办理出口托运。

分析：在这项经济业务中，一方面，滨海公司因对来料加工成品办理出口托运而使加工成品减少 2 600 000 元，记入"库存商品——作价加工品"账户的贷方；另一方面，滨海公司对来料加工成品办理出口托运时记入待运和发出商品，因此待运和发出商品也就增加了 2 600 000 元，记入"待运和发出商品——作价加工品"账户的借方。根据业务及储运部门开具的加盖"来料加工"戳记的出库单编制会计分录，具体会计分录如下：

借：待运和发出商品——作价加工品　　2 600 000
　　贷：库存商品——作价加工品　　　　　　2 600 000

（5）滨海公司向银行交单。

滨海公司收到业务或储运部门交来的成品已出运的有关出口单证向银行交单时，应根据出口发票，确认加工成品出口销售收入，同时结转加工成品出口销售成本。

①滨海公司确认加工成品出口销售收入时，收入增加了 2 600 000 元，记入"其他业务收入——出口加工品销售收入"账户的贷方；在此时冲减对圣诺公司的应付外汇账款（料价部分），因此对圣诺公司的应付外汇账款也就减少了 1 950 000 元，记入"应付外汇账款——圣诺公司"账户的借方，同时，对圣诺公司的应收外汇账款（工缴费部分）增加了 650 000 元，记入"应收外汇账款——圣诺公司"账户的借方。根据出口发票编制会计分录，具体会计分录如下：

借：应收外汇账款——圣诺公司　　　　　　650 000
　　应付外汇账款——圣诺公司　　　　　　1 950 000
　　贷：其他业务收入——出口加工成品销售收入　　2 600 000

②结转加工成品出口销售成本时，待运和发出商品因已结转而减少了 2 600 000 元，记入"待运和发出商品——作价加工品"账户的贷方；销售成本增加了 2 600 000 元，记入"其他业务成本——出口加工成品销售成本"账户的借方。具体会计分录如下：

借：其他业务成本——出口加工成品销售成本　　2 600 000
　　贷：待运和发出商品——作价加工品　　　　　2 600 000

（6）滨海公司代国内甲加工厂支付国外运保费 USD7 000，当日美元即期汇率为 6.5。

①滨海公司代国内加工厂支付国外运保费时，冲减出口加工成品销售收入，使销售收入减少 USD7 000，当日美元即期汇率为 6.5，折算人民币为 45 500 元，记入"其他业务收入——出口加工成品销售收入"账户的借方；同时，银行存款美元户减少了 USD7 000，当日美元即期汇率为 6.5，折算人民币为 45 500 元，记入"银行存款——美元户"账户的贷方。具体会计分录如下：

借：其他业务收入——出口加工成品销售收入　　45 500

贷：银行存款——美元户（USD7 000×6.5）　　45 500

②同时，调整出口加工成品销售成本，销售成本减少45 500元，记入"其他业务成本——出口加工成品销售成本"账户的贷方；同时，滨海公司因替甲加工厂代付国外运保费而对甲加工厂的应付账款也就减少了45 500元，记入"应付账款——甲加工厂"账户的借方。具体会计分录如下：

借：应付账款——甲加工厂　　　　　　　　45 500

　　贷：其他业务成本——出口加工成品销售成本　45 500

（7）代甲加工厂支付各项国内费用，共计人民币5 000元。

分析：在这项经济业务中，一方面，滨海公司因代甲加工厂支付各项国内费用而使银行存款减少5 000元，记入"银行存款"账户的贷方；另一方面，滨海公司对甲加工厂的应付账款也就减少了5 000元，记入"应付账款——甲加工厂"账户的借方。根据有关凭证编制分录，具体会计分录如下：

借：应付账款——甲加工厂　5 000

　　贷：银行存款　　　　　　　5 000

（8）滨海公司收到银行工缴费结汇通知，当日美元汇率为6.5。

分析：在这项经济业务中，一方面，滨海公司因收到加工缴费而使银行美元存款增加100 000美元，当日美元汇率为6.5，折算人民币为650 000元，记入"银行存款——美元户"账户的借方；另一方面，滨海公司对圣诺公司的应收外汇账款也就减少了100 000美元，折算为人民币为650 000元，记入"应收外汇账款——圣诺公司"账户的贷方。具体会计分录如下：

借：银行存款——美元户（US$ 100 000×6.5）　　650 000

　　贷：应收外汇账款——圣诺公司（US$100 000×6.5）　650 000

（9）滨海公司收到加工工缴费后，确认代理外汇手续费收入，当日美元汇率为6.5。

分析：在这项经济业务中，一方面，滨海公司因收到加工缴费确认代理外汇手续费收入而使收入增加了USD3 000美元，当日美元汇率为6.5，折算人民币为19 500元，记入"其他业务收入——代理手续费"账户的贷方；另一方面，滨海公司对甲加工厂的应付账款也就减少了19 500元，记入"应付账款——甲加工厂"账户的借方。具体会计分录如下：

借：应付账款——×加工厂　　　　　　　　19 500

　　贷：其他业务收入——代理手续费　　　19 500

（10）滨海公司与甲加工厂结算。

分析：在这项经济业务中，一方面，滨海公司本应付甲加工厂650 000元，但已经代甲加工厂支付了50 500元（国外费用45 500+国内费用5 000），并收取代理手续费 19 500，因此还应向甲加工厂支付 580 000 元（650 000-50 500-19 500），因而滨海公司的银行存款减少 580 000 元，记入"银行存款"账户的贷方；另一方面，滨海公司对甲加工厂的应付账款也就减少了 580 000 元，记入"应付账款——甲加工厂"账户的借方。根据有关凭证编制会计分录，具体会计分录如下：

借：应付账款——甲加工厂　　580 000

　　贷：银行存款　　　　　　　　580 000

（11）计算滨海公司代理手续费收入中应交纳的营业税、城建税、教育费附加。

分析：在这项经济业务中，滨海公司应交营业税、城建税、教育费附加分别为 9 750 元、682.5 元、292.5 元，分别记入"应交税费——应交营业税"、"应交税费——城建税"、"应交税费——教育费附加"账户的贷方；另一方面，滨海公司应负担的税金及附加就增加了 10 725 元（9 750+682.5+292.5），记入"营业税金及附加"账户的借方。具体会计分录如下：

借：营业税金及附加　　　　　10 725

　　贷：应交税费——应交营业税　　　9 750

　　　　　　——应交城建税　　　　　682.5

　　　　　　——应交教育费附加　　　292.5

4. D 型来料加工业务的核算（自营、对内单作价、对外双作价）

（1）收料同 C。会计分录如下：

借：原材料——作价来料　　　　　　　×××

　　贷：应付外汇账款——×外商（料作价部分）　　×××

（2）将外商提供的作价原辅材料拨给国内加工厂加工时，应凭业务及储运部门开具的加盖"来料加工"戳记的出库单，以及加工厂开具的收据借记"委托加工物资"账户，贷记"原材料——作价来料"账户。作会计分录如下：

借：委托加工物资　　　　　　×××

　　贷：原材料——作价来料　　　×××

（3）对外商提供的作价原辅材料，在加工厂交来成品时验收入库，并按合同规定支付加工费，根据业务及储运部门开具的加盖"来料加工"戳记的入库单，借记"库存商品——加工成品"账户，贷记"委托加工物资（料作价部分）"和"银行存款（国内加工费部分）"账户。作会计分录如下：

借：库存商品——加工成品　　　　×××

　　贷：委托加工物资（料作价部分）　　×××

　　　　银行存款（国内加工费部分）　　×××

492

（4）外贸公司对国内加工厂交来的成品对外办理出口托运时，应凭业务及储运部门开具的加盖"来料加工"戳记的出库单，借记"待运和发出商品——加工成品"账户，贷记"库存商品——加工成品"账户。作会计分录如下：

借：待运和发出商品——加工成品　　　×××
　　贷：库存商品——加工成品　　　　　　　×××

（5）收到业务或储运部门交来的成品已出运的有关出口单证向银行交单时，应根据出口发票，确认加工成品出口销售收入，同时结转加工成品出口销售成本。

①确认加工成品出口销售收入时，借记"应收账款——×外商（工缴费部分）"和"应付外汇账款——×外商（料作价部分）"账户，贷记"其他业务收入——出口加工成品"账户。作会计分录如下：

借：应收账款——×外商（工缴费部分）　　×××
　　　应付外汇账款——×外商（料作价部分）×××
　　　　贷：其他业务收入——出口加工成品销售收入　×××

②结转加工成品出口销售成本时，借记"其他业务成本——出口加工成品销售成本"账户，贷记"待运和发出商品——加工成品"账户。作会计分录如下：

借：其他业务成本——出口加工成品销售成本
　　（料价+国内加工费）×××
　　　贷：待运和发出商品——加工成品　　　　　　×××

（6）外贸公司接到银行通知收到加工工缴费外汇，所产生的汇兑差额借记或贷记"财务费用——汇兑差额"账户，凭银行水单借记"银行存款"账户，贷记"应收外汇账款——×外商"账户。作会计分录如下：

借：银行存款　　　　　　×××
　　　财务费用——汇兑差额　　×××
　　贷：应收外汇账款——×外商　　　×××

或：

借：银行存款　　　　　　×××
　　贷：应收外汇账款——×外商　×××
　　　财务费用——汇兑差额）　×××

【例9-4】滨海公司与美国圣诺公司签订来料加工业务合同，由圣诺公司提供加工服装面料30 000米，加工成服装20 000件，工缴费每件USD5，由滨海公司承担合同责任，面料作价每米USD10。

对内与甲加工厂生产签订委托加工协议，加工费每件30元。

（1）滨海公司收到圣诺公司提供的作价服装面料入库，当日美元即期汇率为 6.5。

分析：在这项经济业务中，一方面，滨海公司因收到圣诺公司提供的作价服装面料入库而使原材料增加 300 000 美元，当日美元汇率为 6.5，折算人民币为 1 950 000 元，记入"原材料——作价来料"账户的借方；另一方面，滨海公司对圣诺公司的应付外汇账款也就增加了 300 000 美元，折算为人民币为 1 950 000 元，记入"应付外汇账款——圣诺公司"账户的贷方。根据业务或储运部门开具的加盖"来料加工"戳记的入库单，连同外商交来的进口单证编制会计分录，具体会计分录如下：

借：原材料——作价来料   1 950 000
 贷：应付外汇账款——圣诺公司（USD300 000×6.5） 1 950 000

（2）将圣诺公司提供的作价服装面料拨交给甲加工厂。

分析：在这项经济业务中，一方面，滨海公司因将圣诺公司提供的作价服装面料拨给甲加工厂而使原材料减少 1 950 000 元，记入"原材料——作价来料"账户的贷方；另一方面，委托加工物资增加了 1 950 000 元，记入"委托加工物资"账户的借方。根据业务及储运部门开具的加盖"来料加工"戳记的出库单，以及加工厂开具的收据编制分录，具体会计分录如下：

借：委托加工物资（料价部分） 1 950 000
 贷：原材料——作价来料   1 950 000

（3）滨海公司收到甲加工厂加工完毕的服装并验收入库，按合同规定支付加工费每件 30 元，共计 600 000 元，以银行存款支付。

分析：在这项经济业务中，一方面，滨海公司因收到成品并验收入库而使库存商品增加 2 550 000 元（服装面料 1 950 000 元+600 000 元），记入"库存商品——作价加工品"账户的借方；另一方面，委托加工物资（料价部分）已经以成品形式收回，因此也就减少了 1 950 000 元，记入"委托加工物资（料价部分）"账户的贷方，且滨海公司的银行存款因支付加工费而减少了 600 000 元，记入"银行存款"账户的贷方。根据业务或储运部门开具的加盖"来料加工"戳记的入库单编制分录，具体会计分录如下：

借：库存商品——作价加工品 2 550 000
 贷：委托加工物资（料价部分） 1 950 000
   银行存款   600 000

（4）滨海公司将来料加工成品 20 000 件服装办理出口托运。

分析：在这项经济业务中，一方面，滨海公司因对来料加工成品办理出口托运而使加工成品减少 2 550 000 元，记入"库存商品——作价加工品"账户的贷方；另一方面，滨海公司对来料加工成品办理出口托运时记入待运和发出商品，因此待运和发出商品也就增加了 2 550 000 元，记入"待运和发出商品——作价加工品"账户的借方。根据业务及储运部门开具的加盖"来料加工"戳记的出库单编制分录，具体会计分录如下：

借：待运和发出商品——作价加工品　　2 550 000
　　贷：库存商品——作价加工品　　　　　　2 550 000

（5）滨海公司向银行交单，按合同规定收取外汇工缴费每件 5 美元，共计100 000 美元。当日美元即期汇率为 6.5。

滨海公司收到业务或储运部门交来的成品已出运的有关出口单证向银行交单时，应根据出口发票，确认加工成品出口销售收入，同时结转加工成品出口销售成本。

①滨海公司确认加工成品出口销售收入时，收入增加了 2 600 000 元（服装面料 USD300 000×6.5+ USD100 000×6.5），记入"其他业务收入——出口加工品销售收入"账户的贷方；在此时冲减对圣诺公司的应付外汇账款（料价部分），因此对圣诺公司的应付外汇账款也就减少了 1 950 000 元，记入"应付外汇账款——圣诺公司"账户的借方，同时，对圣诺公司的应收外汇账款（工缴费部分）增加了 650 000 元，记入"应收外汇账款——圣诺公司"账户的借方。根据出口发票编制会计分录，具体会计分录如下：

借：应收外汇账款——圣诺公司　　　　　　　　650 000
　　应付外汇账款——圣诺公司　　　　　　　1 950 000
　　贷：其他业务收入——出口加工成品销售收入　　2 600 000

②结转加工成品出口销售成本时，待运和发出商品因已结转而减少 2 550 000元，记入"待运和发出商品——作价加工品"账户的贷方；销售成本增加了 2 550 000元，记入"其他业务成本——出口加工成品销售成本"账户的借方。具体会计分录如下：

借：其他业务成本——出口加工成品销售成本　　2 550 000
　　贷：待运和发出商品——作价加工品　　　　　2 550 000

（6）滨海公司接银行通知，工缴费收入已收妥入账，汇率未变。

分析：在这项经济业务中，一方面，滨海公司因收到工缴费而使银行美元存款增加 100 000 美元，当日美元汇率为 6.5，折算人民币为 650 000 元，记入"银行存款——美元户"账户的借方；另一方面，滨海公司对圣诺公司的应收外汇账款也就减少了 100 000 美元，折算人民币为 650 000 元，记入"应收外汇账款——圣诺公司"账户的贷方。具体会计分录如下：

借：银行存款——美元户（USD 100 000×6.5）　　650 000
　　贷：应收外汇账款——圣诺公司（USD100 000×6.5）　　650 000

5. E 型来料加工业务的核算（自营、对内双作价、对外双作价）

（1）与 D 型来料加工业务的核算的会计处理相同。

（2）将来料按合同作价售给加工厂进行加工，确认销售收入，同时结转销售成本。

①确认材料销售收入时，借记"应收账款——×加工厂（对内料价部分）"账户，贷记"其他业务收入——作价加工（对内料价部分）"账户。作会计分录如下：

    借：应收账款——×加工厂（对内料价部分）   ×××

       贷：其他业务收入——作价加工（对内料价部分）   ×××

②结转材料销售成本时，借记"其他业务成本——作价加工（对外料价部分）"账户，贷记"原材料——作价来料（对外料价部分）"账户。作会计分录如下：

    借：其他业务成本——作价加工（对外料价部分）   ×××

       贷：原材料——作价来料（对外料价部分）   ×××

（3）按合同规定价格收回加工厂加工完毕的成品，并验收入库，根据业务及储运部门开具的加盖"来料加工"戳记的入库单，借记"库存商品——加工成品（对内成品价部分）"账户，贷记"应付账款——×加工厂"账户。作会计分录如下：

    借：库存商品——加工成品（对内成品价部分）   ×××

       贷：应付账款——×加工厂   ×××

（4）外贸公司将成品对外办理出口托运时，应凭业务及储运部门开具的加盖"来料加工"戳记的出库单，借记"待运和发出商品——加工成品"账户，贷记"库存商品——加工成品"账户。作会计分录如下：

    借：待运和发出商品——加工成品   ×××

       贷：库存商品——加工成品（对内成品价部分）   ×××

（5）收到业务或储运部门交来的成品已出运的有关出口单证向银行交单时，应根据出口发票，确认加工成品出口销售收入，同时结转加工成品出口销售成本。

①确认加工成品出口销售收入时，借记"应收账款——×外商（工缴费部分）"和"应付外汇账款——×外商（对外料作价部分）"账户，贷记"其他业务收入——出口加工成品"账户。作会计分录如下：

    借：应收账款——×外商（工缴费部分）   ×××

       应付外汇账款——×外商（对外料价部分）   ×××

       贷：其他业务收入——出口加工成品销售收入   ×××

②结转加工成品出口销售成本时，借记"其他业务成本——出口加工成品销售成本"账户，贷记"待运和发出商品——加工成品"账户。作会计分录如下：

借：其他业务成本——出口加工成品销售成本（对内成品价部分）×××

　　贷：待运和发出商品——加工成品　　　　　　　　　　　　×××

（6）将原材料作价差额调整来料加工出口业务的成本，借记"其他业务收入——作价加工（对内料价部分）"账户，贷记"其他业务成本——作价加工（对外料价部分）"和"其他业务成本——出口加工成品销售成本（抵减对内成品价部分）"账户。作会计分录如下：

借：其他业务收入——作价加工（对内料价部分）　　　　×××

　　贷：其他业务成本——作价加工（对外料价部分）　　　　×××

　　　　其他业务成本——出口加工成品销售成本

　　　　（抵减对内成品价部分）×××

【例 9-5】承例 9-4，假定滨海公司将材料售给甲加工厂时作价 2 500 000 元，加工 20 000 件服装，加工完毕以每件 270 元的价格收回。

（1）收料同例 9-4。

（2）滨海公司将来料按合同作价售给甲加工厂进行加工，确认销售收入，同时结转销售成本。

①滨海公司确认材料销售收入时，收入增加了 2 500 000 元，记入"其他业务收入——作价加工（对内料价部分）"账户的贷方；同时，对甲加工厂的应收账款（对内料价部分）也就增加了 2 500 000 元，记入"应收账款——甲加工厂"账户的借方。根据出口发票编制会计分录，具体会计分录如下：

借：应收账款——甲加工厂　　　　　　　　　　　　2 500 000

　　贷：其他业务收入——作价加工（对内料价部分）　　2 500 000

②结转加工材料销售成本时，加工材料因已结转而减少 1 950 000 元，记入"原材料——作价来料（对外料价部分）"账户的贷方；销售成本增加了 1 950 000 元，记入"其他业务成本——作价加工（对外料价部分）"账户的借方。具体会计分录如下：

借：其他业务成本——作价加工（对外料价部分）　　1 950 000

　　贷：原材料——作价来料（对外料价部分）　　　　　　1 950 000

（3）滨海公司按合同规定价格从甲加工厂收回成品服装并验收入库。

分析：在这项经济业务中，一方面，滨海公司因收到成品并验收入库而使库存商品增加 2 700 000 元，记入"库存商品——加工成品（对内成品价部分）"账户的借方；另一方面，滨海公司对甲加工厂的应付账款增加了 2 700 000 元，记入"应付账款——甲加工厂（对内成品价部分）"账户的贷方。根据业务或储运部门开具的加盖"来料加工"戳记的入库单编制分录，具体会计分录如下：

借：库存商品——加工成品（对内成品价部分）　2 700 000

　　贷：应付账款——甲加工厂（对内成品价部分）　　　2 700 000

（4）滨海公司将来料加工成品 20 000 件服装办理出口托运。

分析：在这项经济业务中，一方面，滨海公司因对来料加工成品办理出口托运而使加工成品减少 2 700 000 元，记入"库存商品——加工成品（对内成品价部分）"账户的贷方；另一方面，滨海公司对来料加工成品办理出口托运时记入待运和发出商品，因此待运和发出商品也就增加了 2 700 000 元，记入"待运和发出商品——加工成品（对内成品价部分）"账户的借方。根据业务及储运部门开具的加盖"来料加工"戳记的出库单编制分录，具体会计分录如下：

借：待运和发出商品——加工成品（对内成品价部分）　2 700 000

　　贷：库存商品——加工成品（对内成品价部分）　　　　2 700 000

（5）滨海公司向银行交单，按合同规定收取外汇工缴费每件 5 美元，共计 100 000 美元，当日美元即期汇率为 6.5。

滨海公司收到业务或储运部门交来的成品已出运的有关出口单证向银行交单时，应根据出口发票，确认加工成品出口销售收入，同时结转加工成品出口销售成本。

①滨海公司确认加工成品出口销售收入时，收入增加了 2 600 000 元（服装面料 USD300 000×6.5＋工缴费 USD100 000×6.5），记入"其他业务收入——出口加工品销售收入"账户的贷方；在此时冲减对圣诺公司的应付外汇账款（料价部分），因此对圣诺公司的应付外汇账款也就减少了 1 950 000 元，记入"应付外汇账款——圣诺公司"账户的借方，同时，对圣诺公司的应收外汇账款（工缴费部分）增加了 650 000 元，记入"应收外汇账款——圣诺公司"账户的借方。根据出口发票编制会计分录，具体会计分录如下：

借：应收外汇账款——圣诺公司（USD100 000×6.5）　650 000

　　应付外汇账款——圣诺公司（USD300 000×6.5）　1 950 000

　　贷：其他业务收入——出口加工成品销售收入　　　　2 600 000

②结转加工成品出口销售成本时，待运和发出商品因已结转而减少 2 700 000 元，记入"待运和发出商品——作价加工品"账户的贷方；销售成本增加了 2 700 000 元，记入"其他业务成本——出口加工成品销售成本"账户的借方。具体会计分录如下：

借：其他业务成本——出口加工成品销售成本　　　2 700 000

　　贷：待运和发出商品——加工成品（对内成品价部分）　2 700 000

（6）将原材料作价差额调整来料加工出口业务的成本。

分析：在这项经济业务中，将（2）中差额并入（5）中，借记"其他业务收入——作价加工（对内料价部分）"账户，贷记"其他业务成本——作价加工（对外料价部分）"和"其他业务成本——出口加工成品销售成本（抵减对内成品价部分）"账户。作会计分录如下：

借：其他业务收入——作价加工（对内料价部分）　　2 500 000

贷：其他业务成本——作价加工（对外料价部分）　　1 950 000

其他业务成本——出口加工成品销售成本

（抵减对内成品价部分）550 000

（三）生产企业自营来料加工业务的核算

在相关法规和来料加工免税政策指引下，近年来许多生产企业取得了进出口经营权。生产企业来料加工贸易的核算与前述第 6 章生产企业自营出口经营过程的核算基本一致，只是加工贸易的原辅材料为进口，且核算时来料加工项下从原材料进口入库、生产领用材料、产成品入库、产成品销售均需要与非来料加工方式下相同内容分别进行明细核算，不可混淆。现举例说明生产企业自营加工贸易的核算。

1. 自营来料加工业务不计价的核算

【例 9-6】滨海公司与美国圣诺公司签订来料加工业务合同，由圣诺公司提供加工服装面料 30 000 米，加工成服装 20 000 件，工缴费每件 USD5，由滨海公司生产加工。

（1）收到外商来料，表外记录：

借：外商来料　　　　　30 000 米

（2）投料生产，表外记录：

借：拨出来料　　　　　30 000 米

贷：外商来料　　　　　30 000 米

（3）加工过程中发生人工费 100 000 元，制造费 150 000 元，辅料 250 000元，作会计分录如下：

借：生产成本——来料加工（人工）　　　100 000

——来料加工（制造费）　　150 000

——来料加工（辅料）　　　250 000

贷：银行存款　　　　　　　　　　　　400 000

应付职工薪酬　　　　　　　　　　100 000

（4）完工，结转制造成本时，作会计分录如下：

借：库存商品——来料加工商品　　　500 000

贷：生产成本——来料加工（人工）　　100 000

    ——来料加工（制造费）   150 000
    ——来料加工（辅料）   250 000

（5）产品发运出口，并向银行交单，当日美元即期汇率为 6.5。

①确认加工收入，作会计分录如下：

借：应收外汇账款——圣诺公司（USD100 000×6.5） 650 000
 贷：其他业务收入——来料加工出口销售收入   650 000

②结转销售成本，作会计分录如下：

借：其他业务成本——来料加工出口销售成本 500 000
 贷：库存商品——来料加工商品   500 000

同时表外记录：

贷：拨出来料

2. 自营加工业务计价的核算

  所谓计价核算，即来料和产品各计各价，而不进行价款结算，一则避免购、销涉税问题；二则材料虽然计价，所有权仍属外商，企业可避免购买后产品卖不出去的风险，但这种方式要事先报税务局备案。

  材料、产品计价也可按外币计算，不需折算为人民币，只是把外商付给企业的加工装配费外汇按一定汇率折合人民币，作为加工装配业务收入入账。

9.3 进料加工业务的核算

9.3.1 进料加工业务基本概述

（一）进料加工业务的税收规定

  1. 专为加工出口成品而进口的料、件，海关按实际加工复出口的数量，免征关税和缓交增值税，在复出口退税时抵扣。

  2. 对签有对口合同及以保税工厂监管方式进口用于加工出口产品，而在生产过程中完全消耗掉的合理消耗材料，如触媒剂、催化剂、洗涤剂等化学物品等，进口时予以全额保税。

  3. 对用于加工成品必不可少的，但在加工过程中并没有完全消耗掉的仍有使用价值的物品和生产过程中产生的副次品和边角料，海关根据其使用价值，分别估价征税或酌情减免税。

  4. 由于改进生产工艺和改善经营管理而节余的料、件或增产的成品转为内销时，海关审核情况属实，其价值在进口料、件总值规定比例以内，并且总值在规定人民币金额以内的可予免税。

（二）进料加工的海关备案与监督

开展进料加工业务的企业应在规定的时间内向海关办理合同备案手续、免税登记手续、核销手续等，接受海关监督。

1. 进料加工合同登记备案手续

（1）向海关交验下列单证，申请领取进料加工登记手册：

①主管部门签发的进料加工批准书；

②对外签订的正式合同副本或订货卡片，如属对口合同的，还应同时交验出口合同；

③加工企业生产能力证明；

④海关认为必要的其他凭证。

（2）海关审核后，确定对进口料、件的不同监管方式。例如，实施全额保税或按比例征免税等，并核发登记手册。

（3）经营单位凭登记手册办理有关进料加工的进出口和最终核销等手续。

（三）对进料加工料、件的监督

1. 建立保税工厂和备料保税仓库

海关对加工出口产品的工厂、车间，或经营单位拥有专门储存进口料、件和加工成品的仓库，具有健全的专用账册，专人管理，并具备海关监管条件的，可批准其建立保税工厂或备料保税仓库。其料、件进口时先予保税，加工后对实际出口部分所耗进口料、件予以免税，不出口部分予以征税。

2. 对口合同

海关对签有料、件进口和加工成品出口对口合同的进料加工，经主管海关批准可对其进口料、件予以保税，加工后对实际出口部分所耗进口料、件予以免税。

3. 定额征税

对不具备上述（1）、（2）项条件的进料加工项下进口的料、件，海关可根据进料加工进口料、件免税比例表的规定，分别按 85% 或 95% 予以出口免税，按 15% 或 5% 照常征税。

4. 全额征税、出口退税

对有违反海关规定行为的经营单位和加工生产企业，海关认为必要时，对其进口料、件在进口时先予征税，待其加工复出口时按其实际所耗的进口料、件数量予以退税。

（四）办理铺料免税登记的手续

对国外客户免费提供或者有偿提供有关进料加工复出口商品所需进口数量

的零星辅料、包装物，以及数量合理的小型易耗性生产工具，海关予以免税。为简化手续，不再核发登记手册。

（五）进料加工的期限

进料加工项下进口的料、件应自进口之日起限 1 年内加工为成品返销出口。如有特殊情况需要延长期限的，应向主管海关申请延期。

（六）进料加工货物内销时，应经审批、许可

进料加工项下进口的料、件和加工成品，均不得在境内销售。如因故必须转为内销的，应经主管部门批准，并经海关许可。上述转内销货物，无论以人民币或外汇结算，经营单位和加工生产企业应及时向海关缴纳原进口料、件的关税和增值税。属于国家限制进口的或属于实行进口许可证管理的商品，应按国家有关规定向海关交验进口审批件或进口许可证后方可准内销。

（七）办理核销手续

合同执行完毕后 1 个月内，经营单位应持登记手册、进出口专用报关单、核销申请表等有关单证，向海关办理核销手续。

9.3.2 进料加工业务的核算

进料加工业务主要由进口料件、加工、成品复出口三个环节组成。会计核算如下：

（一）进口料件的核算

进口环节的账务处理与一般进口相同，详见进口业务核算一章，以下简要介绍核算流程：

1. 进口时，凭全套进口单据，借记"在途物资——进料加工"账户，贷记"应付外汇账款"账户。相关会计分录如下：

借：在途物资——进料加工   ×××
　　贷：应付外汇账款   ×××

2. 实际支付贷款，凭银行单据，借记"应付外汇账款"账户，贷记"银行存款——外币户"账户。相关会计分录如下：

借：应付外汇账款   ×××
　　贷：银行存款——外币户   ×××

3. 海关按规定比例征收进口关税和增值税（全额保税无此环节），借记"应交税费——应交进口关税"和"应交税费——应交增值税（进项税额）"账户，贷记"银行存款"账户。相关会计分录如下：

借：应交税金——应交进口关税   ×××
　　应交税费——应交增值税（进项税额）   ×××

贷：银行存款　　　　　　　　　　　　×××

同时将进口关税归集到采购成本，借记"在途物资——进料加工"账户，贷记"应交税金——应交进口关税"账户。相关会计分录如下：

借：在途物资——进料加工　　　　×××

贷：应交税金——应交进口关税　　×××

4. 进口材料入库，凭入库单，借记"原材料——进料加工"账户，贷记"在途物资——进料加工"账户。相关会计分录如下：

借：原材料——进料加工　　　　　×××

贷：在途物资——进料加工　　　　×××

（二）进口料件加工的核算

进料加工贸易的加工环节主要有委托加工、作价加工和自属非独立工厂加工三种加工方式。

委托加工是指材料不作价，经营企业将进口的料件无偿调拨给加工企业进行加工，加工收回后只付加工费，货物复出口后，凭加工费的增值税专用发票、报关单等规定的资料办理退税。

作价加工是指来料来件和加工成品各作各价进行结算，经营企业将进口料件作价给加工企业进行生产加工，货物收回时，按照一定价格付款，复出口后凭收回货物时的增值税专用发票、报关单等规定的资料申报退税。

自属非独立工厂加工是指加工费等支出在经营企业自身账系中的"其他业务成本"账户进行核算，自属非独立工厂只保持原始记录，无会计记录。

其账务处理如下：

1. 委托加工方式

委托加工方式下，材料不转移所有权，使用"委托加工物资"账户反映商品形态的转移。

（1）将进口料件无偿拨给加工厂进行加工，凭出库单借记"委托加工物资"账户，贷记"原材料——进料加工"账户。相关会计分录如下：

借：委托加工物资　　　　×××

贷：原材料——进料加工　　×××

（2）加工完毕，支付加工费，凭加工费发票借记"委托加工物资"和"应交税金——应交增值税（进项税额）"账户，贷记"银行存款"账户。相关会计分录如下：

借：委托加工物资　　　　　　　　　　×××

应交税金——应交增值税（进项税额）　×××

贷：银行存款　　　　　　　　　　　　×××

（3）加工完成，收回成品，凭入库单借记"库存商品——进料加工商品"账户，贷记"委托加工物资"账户。相关会计分录如下：

借：库存商品——进料加工商品　　×××

　　贷：委托加工物资　　　　　　　×××

2. 作价加工方式

作价加工形成购销关系，使用"其他业务收入"、"其他业务成本"账户核算。

（1）作价给加工企业，作销售处理，凭出库单及增值税专用发票借记"应收账款——×加工厂（或银行存款）"账户，贷记"其他业务收入——进料作价销售"和"应交税费——应交增值税（进项税额）"账户。相关会计分录如下：

借：应收账款——×加工厂（或银行存款）　×××

　　贷：其他业务收入——进料作价销售　　　×××

　　　　应交税费——应交增值税（销项税额）　×××

同时结转进料成本，借记"其他业务成本——进料作价销售"账户，贷记"原材料——进料加工"账户。相关会计分录如下：

借：其他业务成本——进料作价销售　×××

　　贷：原材料——进料加工　　　　　×××

（2）加工完成，收回成品，凭入库单及增值税专用发票借记"库存商品——进料加工商品"和"应交税费——应交增值税（进项税额）"账户，贷记"银行存款"账户。相关会计分录如下：

借：库存商品——进料加工商品　　　　　×××

　　应交税费——应交增值税（进项税额）　×××

　　贷：应付账款——×加工厂（或银行存款）　×××

3. 自属非独立工厂加工

自属非独立工厂加工使用"其他业务成本"账户。

（1）原材料送自属非独立工厂加工，根据出库单、加工费凭证借记"其他业务成本"账户，贷记"原材料——进料加工"和"应付职工薪酬、银行存款"等账户。相关会计分录如下：

借：其他业务成本　　　　　　　×××

　　贷：原材料——进料加工　　　×××

　　　　应付职工薪酬、银行存款等　×××

（2）完工交货，根据入库单借记"库存商品——进料加工商品"账户，贷记"其他业务成本"账户。相关会计分录如下：

借：库存商品——进料加工商品　×××

贷：其他业务成本　　　　　×××

　　（三）成品复出口销售的核算

　　出口环节账务处理与一般出口基本相同，详见出口业务核算一章，以下简要介绍核算流程：

　　1. 出口交单

　　出口交单时，借记"应收外汇账款——×外商"账户，贷记"主营业务收入——进料加工出口销售收入"账户。相关会计分录如下：

　　　　借：应收外汇账款——×外商　　　　　　　　　　×××

　　　　　　贷：主营业务收入——进料加工出口销售收入　　×××

　　同时结转成本，借记"主营业务成本——进料加工出口销售成本"账户，贷记"库存商品——进料加工商品"账户。相关会计分录如下：

　　　　借：主营业务成本——进料加工出口销售成本　　×××

　　　　　　贷：库存商品——进料加工商品　　　　　　×××

　　2. 出口退税

　　（1）对于应退税额，借记"其他应收款——应收出口退税"账户，贷记"应交税费——应交增值税（出口退税）"账户。相关会计分录如下：

　　　　借：其他应收款——应收出口退税　　　　　×××

　　　　　　贷：应交税费——应交增值税（出口退税）　　×××

　　（2）对于应计入出口销售成本的增值税额，借记"主营业务成本——进料加工出口销售成本"账户，贷记"应交税费——应交增值税（进项税额转出）"账户。相关会计分录如下：

　　　　借：主营业务成本——进料加工出口销售成本　　×××

　　　　　　贷：应交税费——应交增值税（进项税额转出）　　×××

　　3. 外贸企业进料加工复出口货物应退（免）增值税的计算

　　（1）进口料件采取委托加工方式复出口

　　外贸企业采取委托加工方式收回后复出口货物的退税，按购进国内原辅材料增值税专用发票上注明的进项金额，依原辅材料适用的退税率计算原辅材料的应退税额；支付的加工费，凭受托方开具的增值税专用发票上注明的加工费金额，依复出口货物的退税率计算加工费的应退税额；对进口料件实征的进口环节增值税，凭海关完税凭证，计算调整进口料件的应退税额。征退税率之差计入销售成本。

　　应退税额=国内购进原辅材料增值税专用发票注明的进项金额×原辅材料退税率+增值税专用发票注明的加工费金额×复出口货物退税率+海关已对进口料件实征的增值税税款

应计入出口销售成本的增值税额=原辅材料退税率+增值税专用发票注明的加工费金额 ×（增值税征税率-退税率）

（2）进口料件采取作价加工方式复出口

在进料加工贸易方式下，外贸企业将减（免）税进口料件用于加工或转售给其他加工企业加工生产出口货物时，应按销售给加工企业开具的增值税专用发票上的金额，填具《进料加工贸易申请表》，报经主管其出口退税的税务机关同意并签章。将已签章同意的《进料加工贸易申请表》报送主管征税的税务机关，在计算征税时，对销售进口料件应交的增值税不计征入库，而由主管退税的税务机关在出口企业办理出口退税时在当期应退税额中抵扣。

具体地讲，在进口时，保税缓征；转售加工时，凭《进料加工贸易申请表》开出增值税专用发票，并不稽征入库（缓征）；加工完毕交货时，加工计征增值税；出口后，在退税中抵扣上述缓征额。

应退税额=出口货物应退税额（购回已加工成品的金额×复出口货物退税率）-销售进口料件的应抵扣税额

销售进口料件应抵扣税额=销售进口料件金额×复出口货物退税率-海关已对进口料件实征的增值税税款

应计入出口销售成本的增值税额=（购回已加工成品的金额-销售进口料件金额）×（增值税征税率-退税率）

生产企业进料加工贸易的核算与前述第 6 章生产企业自营出口经营过程的核算基本一致，只是加工贸易的原辅材料为进口，且核算时进料加工项下从原材料进口入库、生产领用材料、产成品入库、产成品销售均需要与非进料加工方式下相同内容分别进行明细核算，不可混淆，并要求接受海关严格的监督。其退免税核算在第 8 章已经详述，不再赘述。

进口料件的核算举例：

【例9-7】滨海公司以进料加工复出口贸易方式进口面料一批，到岸价31 250美元，支付货款时汇率为 6.4，海关按规定执行减免 85%、交纳 15%征税制度，关税税率为 20%，增值税税率为 17%。

（1）根据全套进口单据支付货款（当日即期汇率为 6.4）。

分析：这项经济业务的发生，一方面滨海公司因支付面料货款而使银行存款美元户减少了 31 250 美元，当日即期汇率为 6.40，折算成人民币应该是 200 000元，应记入"银行存款——美元户"账户的贷方；另一方面，进口面料的采购成本增加了 200 000 元，记入"在途物资——进料加工"账户的借方。具体会计分录为：

借：在途物资——进料加工　　　　　　　　　　200 000

贷：银行存款——美元户（USD31 250×6.40）　　　200 000

（2）缴纳进口关税和增值税，海关填发税款缴纳证之日的即期汇率为6.4。

应交关税= USD31 250×6.40×20%×l5%=6 000（元）

应交增值税=(USD31 250×6.40+6 000)×17%×15%=5 253（元）

①将进口关税计入采购成本

分析：这项经济业务的发生，一方面，滨海公司的进口面料的采购成本增加了6 000元，记入"在途物资——进料加工"账户的借方；另一方面，应交关税增加了6 000元，记入"应交税费——应交进口关税"账户的贷方。具体会计分录为：

借：在途物资——进料加工　　　　　6 000
　　贷：应交税费——应交进口关税　　　　6 000

②缴纳税金

分析：这项经济业务的发生，一方面，滨海公司因支付进口税金而使银行存款人民币户减少了11 253（进口关税6 000+增值税5 253）元，应记入"银行存款"账户的贷方；另一方面，应交进口关税减少了6 000元，应记入"应交税费——应交进口关税"账户的借方，应交增值税减少了5 253元，应记入"应交税费——应交增值税"账户的借方。具体会计分录为：

借：应交税金——应交进口关税　　　　　6 000
　　应交税费——应交增值税（进项税额）　5 253
　　贷：银行存款　　　　　　　　　　　　　11 253

（3）进口面料入库。

分析：这项经济业务的发生，一方面，滨海公司因进口面料入库而使原材料增加了206 000元，记入"原材料——进料加工"账户的借方；另一方面，因结转面料进口采购成本而使在途物资账户减少了206 000元，记入"在途物资——进料加工"账户的贷方。具体会计分录为：

借：原材料——进料加工　　　　　206 000
　　贷：在途物资——进料加工　　　　206 000

【例9-8】（委托加工方式）沿用例9-7的数据资料。滨海公司将进口面料无偿调拨委托给乙工厂加工为服装，所签订的委托加工合同中注明加工费为20 000元，适用增值税率为17%。乙工厂完工后交货，滨海公司支付加工费，将服装收回后入库。

（1）将进口面料无偿调拨给乙工厂进行加工。

分析：这项经济业务的发生，一方面，滨海公司因将进口面料调拨给乙工厂进行加工而使委托加工物资增加了206 000元，记入"委托加工物资"账户的借方；另一方面，滨海公司因将进口面料调拨给乙工厂进行加工而使原材料减少了 206 000 元，记入"原材料——进料加工"账户的贷方。具体会计分录为：

借：委托加工物资　　　　206 000
　　贷：原材料——进料加工　　206 000

（2）加工完毕后，滨海公司支付加工费。

分析：这项经济业务的发生，一方面，滨海公司因要支付加工费而使委托加工物资增加了 20 000 元，记入"委托加工物资"账户的借方，同时，应交增值税（进项税额）增加了 3 400 元，记入"应交税费——应交增值税（进项税额）"账户的借方；另一方面，滨海公司因支付加工费和税款而使银行存款减少了 23 400 元，记入"银行存款"账户的贷方。具体会计分录为：

借：委托加工物资　　　　　　　　　　　　20 000
　　应交税费——应交增值税（进项税额）　3 400
　　贷：银行存款　　　　　　　　　　　　　　23 400

（3）收回完工的服装全部入库。

分析：这项经济业务的发生，一方面，滨海公司的库存商品增加了 226 000 元，记入"库存商品——进料加工商品"账户的借方；另一方面，因委托加工物资账户归集进料加工商品成本已结转的而使委托加工物资 226 000 元，记入"委托加工物资"账户的贷方。具体会计分录为：

借：库存商品——进料加工商品　226 000
　　贷：委托加工物资　　　　　　　226 000

【例 9-9】（作价加工方式）沿用例 9-7 的数据资料。滨海公司按实际进料成本将面料作价给乙工厂，开出的增值税专用发票注明价款 206 000 元，增值税款 35 020 元。乙工厂加工完成后将服装作价回销给滨海公司，开出的增值税发票注明价款为 226 000 元，增值税款为 38420 元。

（1）作价给乙工厂，作销售处理。

①确认收入。

分析：这项经济业务的发生，一方面，滨海公司因将面料作价销售给乙工厂而使销售收入增加了 206 000 元，记入"其他业务收入——进料作价销售"账户的贷方，同时，应交增值税（销项税额）增加了 35 020 元，记入"应交税费——应交增值税（销项税额）"账户的贷方；另一方面，滨海公司因将面料作价销售给乙工厂而使应收账款增加了 241 020 元，记入"应收账款——乙工厂"账户的借方。具体会计分录为：

借：应收账款——乙工厂　　　　　　　　241 020
　　贷：其他业务收入——进料作价销售　　206 000

　　　　应交税费——应交增值税（销项税额）　　　　35 020

②结转成本。

分析：这项经济业务的发生，一方面，滨海公司因将面料已作价销售而使面料减少了 206 000 元，应记入"原材料——进料加工"账户的贷方；另一方面，销售成本增加了 206 000 元，应记入"其他业务成本——进料作价销售"账户的借方。具体会计分录为：

　　　借：其他业务成本——进料作价销售　　　206 000
　　　　贷：原材料——进料加工　　　　　　　　　　206 000

（2）加工完成，按照双方作价收回成品。

分析：这项经济业务的发生，一方面，滨海公司因收回成品而使库存商品增加了 226 000 元，应记入"库存商品——进料加工商品"账户的借方，同时，应交增值税（进项税额）增加了 38 420 元，记入"应交税费——应交增值税（进项税额）"账户的借方；另一方面，滨海公司应付账款增加了 264 420 元，记入"应付账款——乙工厂"账户的贷方。具体会计分录为：

　　　借：库存商品——进料加工商品　　　　　226 000
　　　　应交税费——应交增值税（进项税额）　38 420
　　　　贷：应付账款——乙工厂　　　　　　　　　　264 420

【例 9-10】（自属非独立工厂加工方式）承例 9-7，沿用例 9-7 的数据资料。滨海公司将面料交由自属非独立工厂加工，要支付的职工工资为 20 000 元。

（1）原材料送自属工厂，要支付的职工工资为 20 000 元。

分析：这项经济业务的发生，一方面，滨海公司因加工成品而使原材料减少了 206 000 元，应记入"原材料——进料加工"账户的贷方，同时，应付职工工资增加了 20 000 元，记入"应付职工薪酬"账户的贷方；另一方面，滨海公司加工成品的成本增加了 226 000 元，记入"其他业务成本——进料自属工厂"账户的借方。具体会计分录为：

　　　借：其他业务成本——进料自属工厂　226 000
　　　　贷：原材料——进料加工　　　　　　　206 000
　　　　　应付职工薪酬　　　　　　　　　　20 000

（2）自属工厂加工完毕交货入库。

分析：这项经济业务的发生，一方面，滨海公司因成品入库而使库存商品增加了 226 000 元，应记入"库存商品——进料加工商品"账户的借方；另一方面，因成本归集完毕结转而使成本减少了 226 000 元，记入"其他业务成本——进料自属工厂"账户的贷方。具体会计分录为：

　　　借：库存商品——进料加工商品　　　　226 000

贷：其他业务成本——进料自属工厂　　226 000
成品复出口销售的核算
　　【例 9-11】（委托加工方式）沿用例 9-7、9-8 的数据资料。滨海公司将服装收回后全部报关复出口给 A 外商，出口离岸价折合人民币 300 000 元。
　　（1）出口交单时。
　　①确认收入。
　　分析：这项经济业务的发生，一方面，滨海公司因确认收入而使销售收入增加了 300 000 元，记入"主营业务收入——进料加工出口销售收入"账户的贷方；另一方面，滨海公司因出口而使应收账款增加了 300 000 元，记入"应收外汇账款——A 外商"账户的借方。具体会计分录为：
　　借：应收外汇账款——A 外商　　　　　　　300 000
　　　贷：主营业务收入——进料加工出口销售收入　　300 000
　　②结转成本。
　　分析：这项经济业务的发生，一方面，滨海公司因将加工商品销售而使加工商品减少了 226 000 元，应记入"库存商品——进料加工商品"账户的贷方；另一方面，销售成本增加了库存商品——进料加工商品元，应记入"主营业务成本——进料加工出口销售成本"账户的借方。具体会计分录为：
　　借：主营业务成本——进料加工出口销售成本　　226 000
　　　贷：库存商品——进料加工商品　　　　　　　226 000
　　（2）出口退税，假定该批服装适用退税率为 13%。
　　应退税额=国内购进原辅材料增值税专用发票注明的进项金额×原辅材料退税率+增值税专用发票注明的加工费金额×复出口货物退税率+海关已对进口料件实征的增值税税款
　　=0+20 000×13%+5 253=7 853（元）
　　应计入出口销售成本的增值税额=原辅材料退税率+增值税专用发票注明的加工费金额×（增值税征税率-退税率）
　　=20 000×(17%-13%)=800（元）
　　①对于当期应予退回的税款，一方面，企业因应予退回的税款而使应收出口退税增加了 7 853 元，记入"其他应收款——应收出口退税"账户的借方；另一方面，企业的应交增值税（出口退税）账户也就增加了 7 853 元，记入"应交税费——应交增值税（出口退税）"账户的贷方。具体会计分录如下：
　　借：其他应收款——应收出口退税　　　　　7 853
　　　贷：应交税费一应交增值税（出口退税）　　7 853
　　②对于应计入出口销售成本的增值税额，企业的出口货物成本因此增加了

800 元，记入"主营业务成本——进料加工出口销售成本"账户的借方；另一方面，企业的应交增值税（进项税额转出）账户也就增加了 800 元，记入"应交税费——应交增值税（进项税额转出）"账户的贷方。具体会计分录如下：

借：主营业务成本——进料加工出口销售成本　　800

贷：应交税费——应交增值税（进项税额转出）　　800

【例 9-12】（作价加工方式）沿用例 9-7、9-9 的数据资料。滨海公司将服装收回后全部报关复出口给 A 外商，出口离岸价折合人民币 300 000 元。

（1）出口交单时。

①确认收入

分析：这项经济业务的发生，一方面，滨海公司因确认收入而使销售收入增加了 300 000 元，记入"主营业务收入——进料加工出口销售收入"账户的贷方；另一方面，滨海公司因出口而使应收账款增加了 300 000 元，记入"应收外汇账款——A 外商"账户的借方。具体会计分录为：

借：应收外汇账款——A 外商　　　　　　　　300 000

贷：主营业务收入——进料加工出口销售收入　　300 000

②结转成本。

分析：这项经济业务的发生，一方面，滨海公司因将加工商品销售而使加工商品减少了 226 000 元，应记入"库存商品——进料加工商品"账户的贷方；另一方面，销售成本增加了，应记入"主营业务成本——进料加工出口销售成本"账户的借方。具体会计分录为：

借：主营业务成本——进料加工出口销售成本　226 000

贷：库存商品——进料加工商品　　　　　　　　226 000

（2）出口退税，假定该批服装适用退税率为 13%。

销售进口料件应抵扣税额=销售进口料件金额×复出口货物退税率-海关已对进口料件实征的增值税税款

=206 000×13%-5 253=21 527（元）

应退税额=购回已加工成品的金额×复出口货物退税率-销售进口料件的应抵扣税额

=226 000×13%-21 527=7 853（元）

应计入出口销售成本的增值税额=（购回已加工成品的金额-销售进口料件金额）×（增值税征税率-退税率）

=(226 000-206 000)×(17%-13%)=800（元）

①对于当期应予退回的税款，一方面，企业因应予退回的税款而使应收出口退税增加了 7 853 元，记入"其他应收款——应收出口退税"账户的借方；

另一方面，企业的应交增值税（出口退税）账户也就增加了 7 853 元，记入"应交税费——应交增值税（出口退税）"账户的贷方。具体会计分录如下：

借：其他应收款——应收出口退税　　　　　7 853

　　贷：应交税费一应交增值税（出口退税）　　7 853

②对于应计入出口销售成本的增值税额，企业的出口货物成本因此增加了 800 元，记入"主营业务成本——进料加工出口销售成本"账户的借方；另一方面，企业的应交增值税（进项税额转出）账户也就增加了 800 元，记入"应交税费——应交增值税（进项税额转出）"账户的贷方。具体会计分录如下：

借：主营业务成本——进料加工出口销售成本　　　800

　　贷：应交税费——应交增值税（进项税额转出）　　800

9.4　加工贸易银行保证金台账制度

9.4.1　银行保证金台账制度概述

加工贸易多是小额，笔数众多，对海关的保税监管工作带来了极大的压力。为了制止利用加工贸易渠道走私，自 1996 年 7 月 1 日起，国家对加工贸易（包括来料加工、进料加工、外商投资企业从事的加工贸易）进口料件实行银行保证金台账制度。

（一）银行保证金台账制度的内容

所谓银行保证金台账制一开始只是要加工单位凭海关核准的手续向当地中国银行（后加工行）申请设立"加工贸易进口料件保证金台账"。加工成品在期内出口后，由海关通知银行核销台账，并不征收保证金。只在企业产品超过规定期限未复出口，即逾期未核销时，要追缴或从银行结算户中强制划款入库。故此阶段中是以银行作为监督的主体，平时基本只是账面监督（所以实践中称为"空转"），实效不大。

经完善后的加工贸易银行保证金台账制度的核心内容有三：

1. 加强纳税控制——从违规时的事后强制划款，改为事先存款，事后退款。在实践中称为从"空转"改为"实转"。即在申请设立保证金台账时，所有加工企业须将备案合同中进口料件的税款保证金存入中国银行指定的账户，合同在规定的期限内核销后，再退还保证金，并按活期存款利率计付利息。对在合同规定期限内未能出口或经批准转内销的，海关则及时通知中国银行将保证金及其利息转为税款和缓税利息。

2. 鼓励守法户，实行加工贸易的企业分类管理——为了鼓励企业守法自律，方便大多数企业的正常进出口经营活动，打击少数企业的违法走私行为，《意见》规定对加工贸易企业实施分类管理。分类管理办法根据企业资信情况，对加工贸易企业实行A、B、C、D四个类别的管理。A类、C类和D类管理企业名单由海关听取有关部门意见后确定。企业分类名单实行动态管理，适时调整。B类企业不具体列名单。

A类企业是指经海关总署批准，实行海关派员驻厂监管或与主管海关实行计算机联网管理并依法开展加工贸易、无走私违规行为的保税工厂，或从事飞机、船舶等特殊行业加工贸易的企业。对A类企业开展的加工贸易进口料件，由海关保税监管，不实行银行保证金台账制度。保税区内企业开展加工贸易不实行银行保证金台账制度，按《保税区海关监管办法》（署监[1997]594号）执行。

B类企业是指依法开展加工贸易、无走私违规行为的企业，继续实行现行的银行保证金台账"空转"制度。

C类企业是指依据外经贸部、海关总署有关规定，经海关认定有违规行为的企业。对C类企业，实行银行保证金台账"实转"。海关对其加工贸易进口料件收取应征进口关税和进口环节增值税税款等值的保证金。

D类企业是指经海关认定有走私行为或有三次以上违规行为的企业。对D类企业，除由海关依法处理外．外经贸主管部门停止其加工贸易经营权。对外商投资企业，外经贸主管部门通知海关暂停其进出口业务一年。对承接委托加工业务的生产企业的分类原则和管理办法参照本条有关规定执行。

3. 在完善台账制的同时还实行了加工贸易的商品分类管理，并把它结合进了实转、空转的管理之内。为根据国家产业政策要求，逐步优化加工贸易产品结构，引导加工贸易向高技术、高附加值方向发展，解决加工贸易发展与国家产业政策脱节和盲目审批的问题，国家规定由产业主管部门即国家经贸委牵头，会同外经贸部和海关总署研究制定加工贸易商品分类目录，实行禁止类、限制类和允许类三个类别的商品分类管理

（二）银行保证金台账制度的基本操作程序

1. 商务主管部门按规定审批经营加工贸易单位对外签订的加工合同，核查加工贸易单位的有效注册证件，审查其经营状况和生产能力，防止"三无"单位利用加工贸易进行走私违法活动。

2. 所在地主管海关根据经营加工贸易单位提交的加工贸易合同及商务主管部门对加工贸易合同的批准文件审核，按合同备案料件金额签发《开设银行保证金台账联系单》，见表9-4。

3. 中国银行根据海关开具的联系单及经营加工贸易单位的申请，审核并予以设立保证金台账，并签发《银行保证金台账登记通知单》。

4. 所在地主管海关根据经营加工贸易单位提交的《银行保证金台账登记通知单》及有关单证，为企业办理加工贸易合同的登记备案手续，向企业核发加工贸易手册。

5. 经营加工贸易单位进口料件时免缴进口税款。在规定的加工期限内，凡加工成品全部出口的，经海关核销后，通知银行核销保证金台账。

6. 经营加工贸易单位进口料件后，对因故需转内销的产品，应报商务主管部门批准，按规定的比例缴纳进口税款。

表 9-4 银行保证金台账开设联系单

联系单编号：　　　　　　　　主管海关：

中国银行		分（支）行
兹有	合同号	
开展加工贸易，需在你行开设保证金台账，请审核办理。		
台账核销期限		海关 （盖章）
台账金额		
台账保证金 （人民币）		
备　　注		年　月　日

9.4.2 支付和收回银行保证金的账务处理

支付和收回银行保证金的会计分录如下：

1. "空转"支付手续费时：

借：财务费用　　　　　　　×××

　　贷：库存现金（或银行存款）　　×××

2. "实转"支付保证金及台账变更需续存保证金时：

借：其他货币资金——保证金台账　×××

　　贷：银行存款　　　　　　　×××

3. 收回保证金及利息时：

借：银行存款　　　　　　　×××

　　贷：其他货币资金——保证金台账　×××

　　　　财务费用——利息　　　　　×××

4. 如加工产品因故不能复出口而转内销补税时：

（1）经批准内销的保税料件的税款，按一般征税缴款书且不附带《税款缴纳扣划通知书》的，由企业直接向银行缴纳，不能从台账保证金账户内划转。

借：应交税金——应交关税　　　　　　×××
　　应交税费——应交增值税（已交税金）×××
　贷：银行存款　　　　　　　　　　　×××

（2）办理台账保证金转税手续的，中国银行根据企业送交由海关签发的注有"台账保证金转税专用"和台账编号字样的《海关专用缴款书》，从相应账户把对应该笔台账的保证金划转"中央金库"：

借：应交税金——应交关税　　　　　　　×××
　　应交税费——应交增值税（已交税金）　×××
　贷：其他货币资金——保证金台账　　　　×××

一般情况下，相应的缓税利息不能从台账保证金账户内划转，由企业直接向银行缴纳：

借：财务费用——利息　×××
　贷：银行存款　　　×××

（3）超过台账本金部分的税款由企业另行纳税：

借：应交税金——应交关税　　　　　　×××
　　应交税费——应交增值税（已交税金）×××
　贷：银行存款　　　　　　　　　　　×××

【本章小结】

本章主要讲述了进料加工、来料加工的会计实务操作。

进料加工业务主要由进口料件、加工、成品复出口三个环节的核算构成，在加工环节，又分为委托加工、作价加工和自属非独立工厂加工三种加工方式。

来料加工分为下表的五种类型核算。

来料加工业务的类型

	对外单作价	对外双作价	
代理形式	A	C	
自营形式	B	对内单作价	D
		对内双作价	E

第10章　涉外企业的会计报表

【学习目标】

通过本章学习，掌握出口主要商品成本及盈亏表、进口主要商品成本分析表的编制，境外经营财务报表折算的原则；熟悉涉外企业财务报体系；了解资产负债表、利润表、现金流量表、财务指标月报表的编制。

10.1　会计报表概述

10.1.1　会计报表的含义

企业、行政、事业等单位的经济活动和财务收支，经过日常的会计核算，已在账簿中序时、连续、系统地作了归集和记录。但这些核算资料是分散地反映在各个账户之中，不能集中地、总括地、一目了然地反映企业、行政、事业等单位的经济活动和财务收支全貌，为了满足经营管理的需要，须将日常核算资料按照科学的方法和一定的指标定期进行系统的整理，以特定的表式全面综合地反映企业整个经济活动和财务收支状况。

会计报表是通过整理、汇总日常会计核算资料而定期编制的，用来集中、总括地反映企业单位在某一特定日期的财务状况以及某一特定时期的经营成果和现金流量的书面报告。

按照《企业会计准则第30号——财务报表列报》中的规定，企业编制的会计报表至少应当包括：资产负债表、利润表、现金流量表、所有者权益（股东权益）变动表、附注。

10.1.2　会计报表的作用

会计报表所提供的指标，比其他会计资料提供的信息更为综合、系统和全面地反映企业和行政、事业等单位的经济活动的情况和结果。因此会计报表对

516

企业和行政、事业单位本身及其主管部门，对企业的债权人和投资者，以及财税、银行、审计等部门来说，都是一种十分重要的经济资料。会计报表的作用，具体表现在以下几个方面：

1. 会计报表所提供的资料，可以帮助企业领导和管理人员分析检查企业的经济活动是否符合制度规定；考核企业资金、成本、利润等计划指标的完成程度；分析评价经营管理中的成绩和缺点，采取措施，改善经营管理，提高经济效益；运用会计报表的资料和其他资料进行分析，为编制下期计划提供依据。同时，通过会计报表，把会计经营情况和结果向职工交底，以便进行监督，进一步发挥职工群众主人翁作用，从各方面提出改进建议，促进企业增产节约措施的落实。

2. 单位主管部门，利用会计报表，考核所属单位的业绩以及各项经济政策贯彻执行情况，并通过各单位同类指标的对比分析，可及时总结成绩，推广先进经验；对所发现的问题分析原因，采取措施，克服薄弱环节；同时，通过报表逐级汇总所提供的资料，可以在一定范围内反映国民经济计划的执行情况，为国家宏观管理提供依据。

3. 财政、税务、银行和审计部门利用会计报表所提供的资料，可以了解企业资金的筹集运用是否合理、检查企业税收、利润计划的完成与解缴情况以及有无违反税法和财经纪律的现象，更好地发挥财政、税收的监督职能；银行部门可以考查企业流动资金的利用情况，分析企业银行借款的物资保证程度，研究企业流动资金的正常需要量，了解银行借款的归还以及信贷纪律的执行情况，充分发挥银行经济监督和经济杠杆作用；审计部门可以利用会计报表了解企业财务状况和经营情况及财经政策、法令和纪律执行情况，从而为进行财务审计和经济效益审计提供必要的资料。

4. 企业的投资、债权人和其他利益群体需利用会计报表所提供的企业财务状况和偿债能力，作为投资、贷款和交易的决策依据。行政、事业等单位的会计报表，可以总括反映预算资金收支情况和预算执行的结果，以便总结经验教训，改进工作，提高单位的管理水平，并为编制下期预算提供必要的资料。

10.1.3　会计报表的分类

会计报表可以根据需要，按照不同的标准进行分类。

1. 按照会计报表的编报时间，可以分为月报、季报、半年报和年报。

2. 按照会计报表反映财务活动方式的不同，可以分为静态财务报表和动态财务报表。静态报表是指反映企业一定时点资产、负债和所有者权益情况的会计报表，一般根据各个账户的"期末余额"填列，比如资产负债表等；动态报表是指反映企业一定时期内资金耗费和资金收回情况的报表，一般根据有关账户的"发生额"填列，比如利润表和现金流量表等。

3. 按照会计报表的服务对象，可以分为外部报表和内部报表。外部报表是指企业定期向外部报表使用者（如政府部门、投资者、债权人）报送的会计报表，这类报表是按会计准则和制度编制的，有统一的格式和指标体系；内部报表则是为了适应企业内部经营管理的需要，自行设计、编制的报表，没有统一规定的格式和指标体系。

4. 按照会计报表编制的范围不同，可以分为个别财务报表和合并财务报表。个别财务报表是指独立核算的企业用来反映其本身经营活动和财务状况的会计报表；合并会计报表则是指由母公司编制的，包括所有控股子公司会计报表的有关数字，反映整个企业集团经营成果和财务状况的会计报表。

10.1.4 会计报表的编制要求

为了充分发挥会计报表的作用，会计报表的种类、格式、内容和编制方法，都应由财政部统一制定，企业应严格地按照统一规定填制和上报，才能保证会计报表口径一致，便于各有关部门利用会计报表，了解、考核和管理企业的经济活动。

为确保会计报表质量，编制会计报表必须符合以下要求：

1. 数字真实

根据客观性原则，企业会计报表所填列的数字必须真实可靠，能准确地反映企业的财务状况和经营成果。不得以估计数字填列会计报表，更不得弄虚作假、篡改伪造数字。为了确保会计报表的数字真实准确，应做到如下几点：

（1）报告期内所有的经济业务必须全部登记入账，应根据核对无误的账簿记录编制会计报表，不得用估计数字编制会计报表，不得弄虚作假，不得篡改数字。

（2）在编制会计报表之前，应认真核对账簿记录，做到账证相符、账账相符。发现有不符之处，应先查明原因，加以更正，再据以编制会计报表。

（3）企业应定期进行财产清查，对各项财产物资、货币资金和往来款项进行盘点、核实，在账实相符的基础上编制会计报表。

（4）在编制会计报表时，要核对会计报表之间的数字，有勾稽关系的数字应要认真核对；本期会计报表与上期会计报表之间的数字应相对衔接一致、本年度会计报表与上年度会计报表之间相关指标数字应衔接一致。

2. 内容完整

会计报表中各项指标和数据是相互联系、相互补充的，必须按规定填列齐全、完整。不论主表、附表或补充资料，都不能漏填、漏报。各会计报表之间，项目之间凡有对应关系的项目的数据，应该相互一致，做到表表相符。

3. 计算正确

会计报表上的各项指标，都必须按《企业会计准则》和《企业会计制度》中规定的口径填列，不得任意删减或增加，凡需经计算填列的指标，应按以上两个制度所规定的公式计算填列。

4. 编报及时

企业应按规定的时间编报会计报表，及时逐级汇总，以便报表的使用者及时、有效地利用会计报表资料。为此，企业应科学地组织好会计的日常核算工作，选择适合本企业具体情况的会计核算组织程序认真做好记账、算账、对账和按期结账工作。

10.2　对外报表

10.2.1　资产负债表

资产负债表是总括反映企业在某一特定日期（月末、季末或年末）全部资产、负债和所有者权益情况的会计报表。

它是根据资产、负债及所有者权益之间的相互关系，按照一定的分类标准和一定的顺序，把企业一定日期的资产、负债及所有者权益项目予以适当排列，并对日常工作中形成的大量数据进行综合、总括整理后编制而成的，是月报表、主要报表之一。

（一）资产负债表的作用

企业的资产负债表是以"资产=负债十所有者权益"这一会计基本等式为基础进行编制的，是反映本企业静态财务状况的主要报表。资产负债表既可以全面反映企业在某一特定日期所拥有或控制的经济资源，也能反映企业所承担的义务及所有者对企业净资产的要求权，具有重要的作用。概括地说，主要表现在以下几个方面：

1. 资产负债表可提供的信息有：

（1）流动资产实有情况的信息，包括货币资金、应收及预付款项、交易性金融资产和存货等流动资产实有情况的信息。

（2）非流动资产实有情况的信息，包括可供出售金融资产、持有至到期金融资产、长期股权投资、固定资产、无形资产等非流动资产实有情况的信息。

（3）流动负债的信息，包括短期借款、交易性金融负债、应付及预收款项等流动负债的信息。

（4）非流动负债的信息，包括长期借款、应付债券、长期应付款等信息。

（5）所有者权益的信息，包括实收资本、盈余公积和未分配利润的信息。

2. 资产负债表总括地提供了企业的经营者、投资者和债权人等各方面所需要的信息，其具体作用如下：

（1）通过资产负债表可以了解企业所掌握的经济资源及其分布的情况，经营者可据此分析企业资产分布是否合理，以改进经营管理，提高管理水平。

（2）通过资产负债表可以了解企业资金的来源渠道和构成，投资者和债权人可据此分析企业所面临的财务风险，以监督企业合理使用资金。

（3）通过资产负债表可以了解企业的财务实力、短期偿债能力和支付能力，投资者和债权人可据此做出投资和贷款的正确决策。

（4）通过对前后期资产负债表的对比分析，可了解企业资金结构的变化情况，经营者、投资者和债权人可据此掌握企业财务状况的变化趋势。

（二）资产负债表的格式

资产负债表由表首、表身和补充资料三部分组成。表首部分列示报表的名称、编制单位、编制日期和货币计量单位等内容；表身部分以若干个报表项目反映编表日企业资产、负债及所有者权益的具体组成内容及其总额；补充资料部分列示表身中未予提供的，或未予充分揭示的一些重要会计信息，如会计政策的变更等。

资产负债表的格式有账户式和报告式两种。我国企业资产负债表按企业会计准则规定采用账户式，即资产负债表分为左右两方，左方列示资产各项目，右方列示负债及所有者权益各项目，根据会计等式的基本原理，左方的资产总额等于右方的负债和所有者权益总额。同时，资产负债表还提供年初数和期末数的比较资料。

资产负债表左、右两方各项目的前后顺序是按其流动性排列的，其基本结构见表 10-1，具体格式见表 10-2。

表 10-1　资产负债表

编制单位：　　　　　　　　　年　月　日　　　　　　　　单位：元

资产	金额	负债和所有者权益	金额
流动资产 非流动资产		流动负债 非流动负债	
		所有者权益	
资产总计		负债和所有者权益总计	

表 10-2 资产负债表

编制单位：　　　　　　　　年　月　日　　　　　　　单位：元

资产	期末余额	年初余额	负债和所有者权益（或股东权益）	期末余额	年初余额
流动资产：			流动负债：		
货币资金			短期借款		
交易性金融资产			交易性金融负债		
应收票据			应付票据		
应收账款			应付账款		
预付款项			预收款项		
应收利息			应付职工薪酬		
应收股利			应交税费		
其他应收款			应付利息		
存货			应付股利		
一年内到期的非流动资产			其他应付款		
其他流动资产			一年内到期的非流动负债		
流动资产合计			其他流动负债		
非流动资产：			流动负债合计		
可供出售金融资产			非流动负债：		
持有至到期投资			长期借款		
长期应收款			应付债券		
长期股权投资			长期应付款		
投资性房地产			专项应付款		
固定资产			预计负债		
在建工程			递延所得税负债		
工程物资			其他非流动负债		
固定资产清理			非流动负债合计		
无形资产			实收资本（或股本）		
长期待摊费用			盈余公积		
递延所得税资产			未分配利润		
其他非流动资产			所有者权益（或股东权益）合计		
非流动资产合计					
资产总计			负债和所有者权益（或股东权益）总计		

（三）资产负债表的编制方法

企业应以日常会计核算记录的数据为基础进行归类、整理和汇总，加工成报表项目，形成资产负债表。

1."年初余额"的填列方法

"年初余额"栏内各项目数字，应根据上年末资产负债表"期末余额"栏内所列数字填列。如果本年度资产负债表规定的各个项目的名称和内容同上年度不相一致，应对上年年末资产负债表各项目的名称和数字按本年度的规定进行调整，按调整后的数字填入本表"年初余额"栏内。

2."期末余额"的填列方法

"期末余额"是指某一资产负债表日的数字，即月末、季末、半年末或年末的数字。资产负债表各项目"期末余额"的数据来源，可以通过以下几种方式取得：

（1）直接根据总账账户的余额填列。资产负债表的绝大多数项目，都应当直接根据总账账户的余额填列。例如，交易性金融资产、长期待摊费用、短期借款、应付票据、应交税费，实收资本、盈余公积等项目。

（2）根据几个总账账户的余额计算填列。例如，"货币资金"项目，应当根据"库存现金"、"银行存款"、"其他货币资金"等账户的余额计算填列。

（3）根据有关明细账户的余额计算填列。例如，"预付款项"项，目，应当根据"预付账款"、"应付账款"等账户的所属明细账户借方余额合计数填列；"应付款项"项目，应当根据"预付账款"、"应付账款"等账户的所属明细账户贷方余额合计数填列。

（4）根据总账账户和明细账户的余额分析计算填列。例如，"长期应收款"项目，应当根据"长期应收款"总账账户余额，减去"未实现融资收益"总账账户余额，再减去所属相关明细账户中1年内到期的部分填列；"长期应付款"项目，应当根据"长期应付款"总账账户余额，减去"未确认融资费用"总账账户余额，再减去所属相关明细账户中1年内到期的部分填列。

5）根据总账账户与其备抵账户抵销后的净额填列。例如，"存货"项目，应当根据"原材料"、"库存商品"等账户的余额，减去"存货跌价准备"账户余额后的金额填列；"固定资产"项目，应当根据"固定资产"账户余额，减去"累计折旧"、"固定资产减值准备"等账户余额后的金额填列。

3. 资产负债表列示说明

（1）"货币资金"项目，反映企业期末持有的现金、银行存款和其他货币资金等总额。

（2）"应收票据"、"应收账款"、"预付款项"、"其他应收款"、"存货"、

"可供出售金融资产"、"持有至到期投资"、"长期应收款"、"长期股权投资"、"投资性房地产"、"固定资产"、"在建工程"、"工程物资"、"无形资产"、"商誉"等项目，反映企业期末持有的相应资产的账面余额扣减累计折旧（折耗）、累计摊销、累计减值准备后的账面价值。

（3）"存货"项目还反映建造承包商的"工程施工"期末余额大于"工程结算"期末余额的差额。

企业待摊费用有期末余额的，应在"预付款项"项目中反映。

"一年内到期的非流动资产"项目，反映长期应收款、持有至到期投资、长期待摊费用等资产中将于 1 年内到期或摊销完毕的部分。

"其他非流动资产"项目，反映企业期末持有的"衍生工具"、"套期工具"、"被套期项目"等。'

（4）"短期借款"、"交易性金融负债"、"应付票据"、"应付账款"、"预收款项"、"应付职工薪酬"、"应交税费"、"应付利息"、"应付股利"、"其他应付款""其他流动负债"、"长期借款"、"应付债券"、"长期应付款"、"专项应付款"、"递延所得税负债"、"预计负债"等项目，通常反映企业期末尚未偿还的各项负债的账面余额。

（5）"应付账款"项目还反映建造承包商的"工程施工"期末余额小于"工程结算"期末余额的差额。

企业预提费用有期末余额的，应在"预收款项"项目中反映。

"一年内到期的非流动负债"项目，反映长期应付款、长期借款、应付债券、预计负债等负债中将于 1 年内到期的部分。"其他流动负债"项目，反映企业期末持有的"衍生工具"、"套期工具"、"被套期项目"以及"递延收益"中将于 1 年内到期的部分等。

（6）"实收资本（或股本）"、"资本公积"、"库存股"、"盈余公积"、"未分配利润"等项目，通常应反映企业期末持有的接受投资者投入企业的实收资本、企业收购的尚未转让或注销的本公司股份金额、从净利润中提取的盈余公积余额等。

以人民币以外的货币作为记账本位币的企业，可以增设"外币报表折算差额"项目，列在"未分配利润"项目之后。

（四）资产负债表各项目的具体填列方法

（1）"货币资金"项目，反映企业库存现金、银行结算户存款、外埠存款等其他货币资金的合计数。本项目根据"库存现金"、"银行存款"、"其他货币资金"账户的借方期末余额合计数填列。

（2）"交易性金融资产"项目，反映企业为交易目的所持有的债券投资、股票投资、基金投资等交易性金融资产的公允价值。本项目根据"交易性金融资产"账户的借方期末余额进行填列。

（3）"应收票据"项目，反映企业收到的未到期收款也未向银行贴现的商业票据。本项目根据"应收票据"账户的期末余额，减去"坏账准备"账户中有关应收票据提取的坏账准备的期末余额后的金额填列。

（4）"应收账款"项目，反映企业因销售商品和提供劳务等应向购买单位收取的各种款项。本项目根据"应收账款"和"预收账款"账户所属各明细账户的借方期末余额合计数，减去"坏账准备"账户中有关应收账款计提的坏账准备期末余额后的净额填列。

（5）"预付账款"项目，反映企业按照合同预付给供应单位的款项。本项目根据"预付账款"和"应付账款"账户所属各明细账户的借方期末余额合计数，减去"坏账准备"账户中有关预付款项计提的坏账准备期末余额的金额填列。

（6）"应收利息"项目，反映企业因债权投资而应收取的利息。企业购入到期还本付息债券应收的利息，不包括在本项目内。本项目根据"应收利息"账户的期末余额，减去"坏账准备"账户中有关应收利息计提的坏账准备期末余额后的金额填列。

（7）"应收股利"项目，反映企业因股权投资而应收取的现金股利，企业应收其他单位的利润。本项目根据"应收股利"账户的期末余额，减去"坏账准备"账户中有关应收股利计提的坏账准备期末余额后的金额填列。

（8）"其他应收款"项目，反映企业除应收票据、应收账款、预付账款等经营活动以外的其他各种应收和暂付的款项。本项目根据"其他应收款"账户的期末余额，减去"坏账准备"账户中有关其他应收款计提的坏账准备期末余额后的金额填列。

（9）"存货"项目，反映企业期末在库、在途和在加工中的各项存货的可变现净值。本项目应根据"在途物资"、"原材料"、"低值易耗品"、"自制半成品"、"库存商品"、"包装物"、"分期收款发出商品"、"委托加工物资"、"委托代销商品"、"受托代销商品"、"生产成本"等账户的借方期末余额合计，减去"代销商品款"、"存货跌价准备"账户期末余额后的金额填列。

（10）"其他流动资产"项目，反映企业除以上流动资产项目外的其他流动资产。本项目应根据有关账户的期末余额填列。如其他流动资产价值较大的，需在会计报表附注中披露其内容和金额。

（11）"可供出售的金融资产"项目，反映企业持有的可供出售金融资产的公允价值。本项目根据"可供出售金融资产"账户借方期末金额，减去"可供出售金融资产减值准备"账户后的金额填列。

（12）"持有至到期投资"项目，反映企业持有的以摊余成本计量的持有到期投资，本项目根据"持有至到期投资"账户借方期末余额，减去"持有至到期投资减值准备"账户期末余额后的金额填列。如有将在资产负债表日起一年内到期的持有至到期投资，应从中扣除，将其填列到"一年内到期的非流动资产"项目。

（13）"长期应收款"项目，反映企业长期应收款净额。本项目根据"长期应收款"期末余额，减去一年内到期的部分、"未确认融资收益"账户期末余额、"坏账准备"账户中按长期应收款计提的坏账损失后的借方期末金额填列。

（14）"长期股权投资"项目，反映企业不准备在一年内（含一年）变现的各种股权性质的投资的可收回金额。本项目应根据"长期股权投资"账户的借方期末余额，减去"长期投资减值准备"账户中有关股权投资减值准备期末余额后的金额填列。

（15）"投资性房地产"项目，反映企业采用成本模式和公允价值模式计量的投资性房地产的成本。本项目根据"投资性房地产"期末余额，减去"累计折旧"（成本模式）或"投资性房地产减值准备"（公允价值模式）的期末金额后进行填列。

（16）"固定资产"项目，反映企业各种固定资产的净值。本项目根据"固定资产"账户的借方期末余额，减去"累计折旧"和"固定资产减值准备"账户的期末余额后的金额填列。

（17）"在建工程"项目，反映企业期末各项未完工程的实际支出。本项目根据"在建工程"账户的借方期末余额，减去"在建工程减值准备"账户期末余额后的金额填列。

（18）"工程物资"项目，反映企业各项工程尚未使用的工程物资的实际成本。本项目根据"工程物资"账户的借方期末余额填列。

（19）"固定资产清理"项目，反映企业因出售、毁损、报废等原因转入清理但尚未清理完毕的固定资产的账面价值；以及固定资产清理过程中所发生的清理费用和变价收入等各项金额的差额。本项目根据"固定资产清理"账户的借方期末余额填列，如"固定资产清理"账户为贷方期末余额，以"-"号填列。

（20）"无形资产"项目，反映企业各项无形资产的期末可收回金额。本项目根据"无形资产"账户的借方期末余额，减去"无形资产减值准备"账户期末余额后的金额填列。

（21）"长期待摊费用"项目，反映企业尚未摊销的摊销期限在一年以上（不含一年）的各种费用。本项目根据"长期待摊费用"账户的借方期末余额，减去一年内（含一年）摊销的数额后的金额填列。

（22）"递延所得税资产"项目，反映企业期末尚未转销的递延所得税的借方余额。本项目应根据递延所得税"账户的借方期末余额填列。

（23）"短期借款"项目，反映企业向银行及其金融机构借入尚未归还的一年期以内（含一年）的借款。本项目根据"短期借款"账户的贷方期末余额填列。

（24）"交易性金融负债"项目，反映企业承担的交易性金融负债的公允价值。本项目根据"交易性金融负债"账户的贷方期末余额填列。

（25）"应付票据"项目，反映企业为了抵付货款等而开出、承兑的尚未到期付款的商业汇票。本项目根据"应付票据"账户的贷方期末余额填列。

（26）"应付账款"项目，反映企业购买原材料、商品和接受劳务供应等而应付给供应单位的款项。本项目根据"应付账款"和"预付账款"账户所属各有关明细账户的贷方期未余额的合计数填列。

（27）"预收账款"项目，反映企业按合同规定预收购买单位的款项。本项目根据"预收账款"和"应收账款"账户所属各有关明细科目的贷方期末余额的合数填列。

（28）"应付职工薪酬"项目，反映企业应付给职工的各种薪酬。本项目根据"应付职工薪酬"账户的贷方期末余额填列。

（29）"应交税费"项目，反映企业期末未交、多交或未抵扣的各种税金。本项目应根指"应交税费"账户的贷方期末余额填列。如"应交税费"账户为借方期末余额，以"－"号填列。

（30）"应付利息"项目，反映企业应付未付的各种利息。本项目根据"应付利息"账户贷方期未余额填列。

（31）"应付股利"项目，反映企业尚未支付的现金股利或利润。本项目根据"应付股利"账户的贷方期末余额填列。

（32）"其他应付款"项目，反映企业除应付票据、应付账款、应付职工薪酬、应付股利、应付利息、应交税费以外的其他款项。本项目根据"其他应付款"和"其他应收款"所属明细账户的贷方期末余额填列。

（33）"其他流动负债"项目，反映企业除以上流动负债以外的其他流动负债。本项目根据有关账户的贷方期末余额填列。

（34）"长期借款"项目，反映企业向银行和其他金融机构借入尚未归还的一年期以上（不含一年）的借款本息。本项目根据"长期借款"账户的贷方期末余额，减去将在资产负债表日起一年内到期部分后的金额填列。将在资产负债表日起一年内到期的长期借款，填入"一年内到期的非流动负债"项目中。

（35）"应付债券"项目，反映企业尚未偿还的长期债券摊余价值。本项目根据"应付债券"账户贷方期末余额，减去将在资产负债表日起一年内到期部分后的金额填列。将在资产负债表日起一年内到期的应付债券，填入"一年内到期的非流动负债"项目中。

（36）"长期应付款"项目，反映企业除长期借款和应付债券以外的其他各种长期应付款。本项目根据"长期应付款"账户的贷方期末余额，减去将在资产负债表日起一年内到期部分的长期应付款后填列。将在资产负债表日起一年内到期的长期应付款，填入"一年内到期的非流动负债"项目中。

（37）"专项应付款"项目，反映企业各种专项应付款的期末余额。本项目根据"专项应付款"账户的贷方期末余额填列。

（38）"预计负债"项目，反映企业计提的各种预计负债。本项目根据"预计负债"账户的贷方期末余额填列。

（39）"递延所得税负债"项目，反映企业根据应纳税暂时性差异确认的递延所得税负债。本项目根据"递延所得税负债"账户的贷方期末余额填列。

（40）"其他非流动负债"项目，反映企业除以上长期负债项目以外的其他长期负债。本项目根据有关账户的期末余额填列。

（41）"实收资本（或股本）"项目，反映企业各投资者实际投入的资本（或股本）总额。本项目根据"实牧资本"（或股本）账户的贷方期末余额填列。

（42）"资本公积"项目，反映企业资本公积的期末余额，本项目根据"资本公积"账户的贷方期末余额填列。

（43）"盈余公积"项目，反映企业盈余公积的期末余额。本项目根据"盈余公积"账户期末余额填列。

（44）"未分配利润"项目，反映企业尚未分配的利润。本项目根据"本年利润"账户贷方期末余额，减去"利润分配"账户借方期末余额后的金额填列。未弥补的亏损，在本项目内以"-"号填列。

10.2.2 利润表

利润表是反映企业一定期间（年度、季度或月份）经营成果的会计报表，它总括反映了企业在一定期间内利润（或亏损）实际形成情况，是月报表、主要报表之一。

（一）利润表的作用

1. 利润表可以提供的信息有：

（1）企业在一定时期内取得的全部收入，包括营业收入、投资收益和营业外收入。

（2）企业在一定时期内发生的全部费用和支出，包括营业成本、销售费用、管理费用、财务费用和营业外支出。

（3）全部收入与支出相抵后计算出企业一定时期内实现的利润（或亏损）总额。

2. 通过利润表，使用者可以了解企业利润（或亏损）的形成情况，据以分析、考核企业利润计划的执行结果，分析企业利润增减变动的原因；通过利润表和其他报表有关资料，可以分析、评价企业的获利能力，预测企业在未来期间的盈利趋势和企业内部融资的能力。

（二）利润表的格式

利润表由表首、表身和补充资料三部分组成。表首部分列示报表的名称、编制单位、货币计量单位和该表反映的年度、月份等内容；表身部分以若干个相互联系的报表项目反映编表期间企业收入、费用和利润的组成内容及其总额；补充资料部分列示说明表内有关项目的必要补充项目。

根据《企业会计准则第 30 号——财务报表列报》的规定，企业的利润表主表采用多步式格式。按照这一要求，企业净利润的计算分为三步进行：

第一步：计算出营业利润。

营业利润=营业收入-营业成本-营业税金及附加-销售费用-管理费用-财务费用-资产减值损失+公允价值变动收益+投资收益

第二步：计算出利润总额。

利润总额=营业利润+营业外收入-营业外支出

第三步：计算出净利润。

净利润=利润总额-所得税费用

利润表的格式见表 10-3。

表 10-3 利润表

会企 02 表

编制单位：　　　　　　　　　　年　　月　　日　　　　　　　　　单位：元

项　　目	本期金额	上期金额
一、营业收入		
减：营业成本		
营业税金及附加		
销售费用		
管理费用		
财务费用		
资产减值损失		
加：公允价值变动收益（损失以"-"号填列）		
投资收益（损失以"-"号填列）		
其中：对联营企业和合资企业的投资收益		

项　　目	本期金额	上期金额
二、营业利润（亏损以"-"号填列）		
加：营业外收入		
减：营业外支出		
其中：非流动资产处置损失		
三、利润总领（亏损总额以"-"号填列）		
减：所得税费用		
四、净利润（净亏损以"-"号填列）		
五、每股收益		
（一）基本每股收益		
（二）稀释每股收益		

为了清楚地反映各项指标的报告期数及从年初截至报告期的累计数，在利润表中分别设置"本月数"和"本年累计数"两栏。

（三）利润表的编制方法

利润表中的各个项目，都是根据有关收入和费用账户记录的本期实际发生数和累计发生数分别填列的。

"营业收入"项目，反映企业经营主要业务和其他业务所确认的收入总额等。本项目应根据"主营业务收入"账户和"其他业务收入"的发生额分析填列。

"营业成本"项目，反映企业经营主要业务和其他业务所发生的总成本。本项目应根据"主营业务成本"账户和"其他业务成本"的发生额分析填列。

"营业税金及附加"项目，反映企业应负担的营业税、城市维护建设税和教育费附加等。本项目应根据"营业税金及附加"账户的发生额分析填列。

"销售费用"项目，反映企业在销售商品过程中发生的包装费、广告费等各项费用和为销售本企业商品而专设的销售机构的职工薪酬、业务费等。本项目应根据"销售费用"账户的发生额分析填列。

"管理费用"项目，反映企业为组织和管理生产经营活动而发生的各项费用。本项目应根据"管理费用"账户的发生额分析填列。

"财务费用"项目，反映企业在筹集资金过程中所发生的财务贯用。本项目应根据"财务费用"账户的发生额分析填列。

"资产减值损失"项目，反映企业各项资产发生的减值损失。本项目应根据"资产减值损失"账户的发生额分析填列。

"公允价值变动收益"项目，反映企业应当计入当期损益的资产或负债公允价值变动收益。本项目应根据"公允价值变动收益"账户的发生额分析填列，如为净损失则用"-"号填列。

"投资收益"项目，反映企业实现的营业利润，如为亏损则用"-"号填列。

"营业利润"项目，反映企业以各种方式对外投资所获得的收益。本项目应根据"投资收益"账户的发生额分析填列，如为投资损失则用"-"号填列。

"营业外收入"项目，反映企业所取得的与其生产经营无直接关系的各种收入。本项目应根据"营业外收入"账户的发生额分析填列。

"营业外支出"项目，反映企业所支付的与其生产经营无直接关系的各种支出。本项目应根据"营业外支出"账户的发生额分析填列。

"利润总额"项目，反映企业在报告期内实现的利润总数，如为亏损额则用"-"号填列。

"所得税费用"项目，反映企业在报告期内，按规定从本期损益中减去的所得税费用。本项目根据"所得税费用"账户的发生额分析填列。

"净利润"项目，反映企业报告期内实现的净利润，是根据利润总数减所得税而得，如为净亏损，以"-"号填列。

以上各项目的"本月数"栏根据各有关会计账户的本月发生额直接填列；"本年累计数"栏反映各项目自年初起到本报告期止的累计发生额，应根据上月"利润表"的累计数加上本月"利润表"的本月数之和填列。

年度"利润表"的"本月数"栏改为"上年实际数"栏，应根据上年末"利润表"的数字填列。如果上年末"利润表"与本年"利润表"的项目名称和内容不相一致，应对上年的报表项目名称和数字按本年度的规定进行调整，然后填"上年实际数"栏。

10.2.3 现金流量表

现金流量表是反映企业在一定会计期间现金和现金等价物流入和流出的报表。

其中，现金是指企业库存现金以及可以随时用于支付的存款，不能随时用于支付的存款不属于现金。现金等价物，是指企业持有的期限短、流动性强、易于转换为已知金额现金、价值变动风险很小的投资。期限短，一般是指从购买日起三个月内到期。现金等价物通常包括三个月内到期的债券投资等。权益性投资变现的金额通常不确定，因而不属于现金等价物。企业应当根据具体情况，确定现金等价物的范围，一经确定不得随意变更。

1. 现金流量表的作用

现金流量表是以现金为基础编制的反映企业财务状况变动的报表，反映企业某一段时期内现金流入和流出的数量。现金流量表除了反映企业经营活动之外，还将企业从事的投资活动和筹资活动产生的现金流量涵盖在内，能够表明企业经营状况是否良好、资金是否紧缺，以及企业偿债能力和支付能力的大小等信息，为投资者、债权人、公司管理者提供非常有用的信息。

2. 现金流量表的结构

现金流量表是以收付实现制为会计记账基础，依据是：现金净流量=现金流入-现金流出。其报表结构可分为正表（见表10-4）和补充资料（见表10-5）两个部分。

3. 现金流量表的内容

根据企业业务活动的性质和现金流量来源，企业一定期间产生的现金流量包括三类：经营活动现金流量、投资活动现金流量和筹资活动现金流量。在现金流量表中，这三类业务活动产生的现金流量均包括现金流入和流出两部分。

（1）经营活动现金流量

经营活动，是指企业投资活动和筹资活动以外的所有交易和事项。工商企业的经营活动主要包括销售商品、提供劳务、缴纳税费、购买商品、接受劳务、支付职工薪酬等。在现金流量表中，经营活动现金流量至少要单独列示销售商品、提供劳务收到的现金，收到的税费返还，收到的其他与经营活动有关的现金，购买商品、接受劳务支付的现金，支付给职工以及为职工支付的现金，支付的各项税费，支付其他与经营活动有关的现金七个项目。值得注意的是，"支付给职工以及为职工支付的现金"项目不包括支付给"离退休人员工资及各种费用"和"在建工程人员工资"。

在我国，目前企业会计准则要求采用直接法列示经管活动现金流量。直接法，是指通过现金收入和现金支出的主要类别列示经营活动现金流量。一般以利润表中的营业收入为起点，调节与经营活动有关项目的增减变动，计算经营活动产生的现金流量。

（2）投资活动现金流量

投资活动，是指企业长期资产的购建和不包括在现金等价物范围的投资及其处置活动。投资活动在这里既包括实物资产投资，也包括金融资产投资。投资活动产生的现金流量至少应当单独列示反映的项目包括：收回投资收到的现金，取得投资收益收到的现金，处置固定资产、无形资产和其他长期资产收回的现金净额，处理子公司及其他营业单位收到的现金净额，收到其他与投资活动有关的现金，购建固定资产、无形资产和其他长期资产支付的现金，投资支付的现金，取得子公司及其他营业单位支付的现金净额，支付其他与投资活动有关的现金。需要注意的是，由于不同行业特点不同，对投资活动的认定也存在差异。如证券公司持有交易性金融资产，所产生的现金流量属于经营活动现金流量，而对工商企业而言，则属于投资活动现金流量。

表 10-4 现金流量表

会企 03 表

编制单位：　　　　　　　　　年　月　日　　　　　　　　　　　　单位：元

项　目	本期金额	上期金额
一、经营活动产生的现金流量		
销售商品、提供劳务收到的现金		
收到的税费返还		
收到其他与经营活动有关的现金		
经营活动现金流入小计		
购买商品、接受劳务支付的现金		
支付给职工以及为职工支付的现金		
支付的各项税费		
支付其他与经营活动有关的现金		
经营活动现金流出小计		
经营活动产生的现金流量净额		
二、投资活动产生的现金流量		
收回投资收到的现金		
取得投资收益收到的现金		
处置固定资产、无形资产和其他长期资产收回的现金净额		
处置子公司及其他营业单位收到的现金净额		
收到其他与投资活动有关的现金		
投资活动现金流入小计		
购建固定资产、无形资产和其他长期资产支付的现金		
投资支付的现金		
取得子公司及其他营业单位支付的现金净额		
支付其他与投资活动有关的现金		
投资活动现金流出小计		
投资活动产生现金流量净额		
三、筹资活动产生的现金流量		
吸收投资收到的现金		
取得借款收到的现金		
收到其他与筹资活动有关的现金		
筹资活动现金流入小计		
偿还债务支付的现金		
分配股利、利润或偿付利息支付的现金		
支付其他与筹资活动有关的现金		
筹资活动现金流出小计		
筹资活动产生的现金流量净额		
四、汇率变动对现金及现金等价物的影响		
五、现金及现金等价物净增加额		
加：期初现金及现金等价物余额		
六、期末现金及现金等价物余额		

532

表 10-5 现金流量表补充资料

补充资料	本期金额	上期金额
1. 将净利润调节为经营活动现金流量		
净利润		
加：资产减值准备		
固定资产折旧、油气资产折耗、生产性生物资产折旧		
无形资产摊销		
长期待摊费用摊销		
处置固定资产、无形资产和其他长期资产的损失（收益以"－"号填列）		
固定资产报废损失（收益以"－"号填列）		
公允价值变动损失（收益以"－"号填列）		
费（收益以"－"号填列）		
投资损失（收益以"－"号填列）		
递延所得税资产减少（增加以"－"号填列）		
递延所得税负债增加（减少以"－"号填列）		
存货的减少（增加以"－"号填列）		
经营性应收项目的减少（增加以"－"号填列）		
经营性应付项目的增加（减少以"－"号填列）		
其他		
经管活动产生的现金流量净额		
2. 不涉及现金收支的重大投资和筹资活动		
债务转为资本		
一年内到期的可转换公司债券		
融资租人固定资产		
3. 现金及现金等价物净变动情况		
现金的期末余额		
减，现金的期初余额		
加：现金等价物的期末余额		
减，现金等价物的期初余额		
现金及现金等价物净增加额		

（3）筹资活动现金流量

筹资活动，是指导致企业资本及债务规模和构成发生变化的活动。通常情况下，应付账款、应付票据等商业应付款属于经营活动，不属于筹资活动。现金流量表中，筹资活动产生的现金流量至少要单独列示反映的项目有：吸收投资收到的现金，取得借款收到的现金，收到其他与筹资活动有关的现金，偿还债务支付的现金，分配股利、利润或偿付利息支付的现金，支付其他与筹资活动有关的现金。

（4）汇率变动对现金及现金等价物的影响

汇率变动对现金的影响，指企业外币现金流量及境外子公司的现金流量折算成记账本位币时，所采用的是现金流量发生日的汇率或按照系统合理的方法确定的、与现金流量发生日即期汇率近似的汇率。而现金流量表"现金及现金等价物净增加额"项目中外币现金净增加额是按资产负债表日的即期汇率折算的，两者之差就是汇率变动对现金的影响。

10.3　对内报表

涉外企业除需编制对外报表外，还需要编制一些内部报表作为外部报表的补充。常见的内部报表有：出口主要商品成本及盈亏表、进口主要商品成本分析表、财务指标月报表。

10.3.1　出口主要商品成本及盈亏表

1. 出口主要商品成本及盈亏表的概念

出口主要商品成本及盈亏表是反映外贸企业年度内自营出口商品销售收入、销售成本、盈亏总额、出口关税、消费税退税和出口每美元经营成本等情况的会计报表。它反映了涉外企业自营出口商品盈亏和换汇成本的动态数据，是一张反映涉外企业行业特点的动态报表。

2. 出口主要商品成本及盈亏表的作用

通过编制出口主要商品成本及盈亏表表，外贸企业可以及时分析、总结本企业经营的重点出口商品的销售价格、成本总额及其构成。某一商品的出口每美元成本与人民币汇率相比较，可以判断企业主要出口商品的盈亏情况。如果出口每美元成本高于同期人民币汇率，表明该商品的出口是亏损的；反之，则是盈利的。

3. 出口主要商品成本及盈亏表的格式

出口主要商品成本及盈亏表是以单项出口商品盈亏为核心的多栏式报表。以出口主要商品为基础列示，分别反映不同商品的销售收入和销售成本情况，它的核心是出口每美元成本指标，在这一指标中，为了便于比较，对出口经营成本和总成本栏分别设置了"本期"和"上年同期"两个栏目。出口主要商品成本及盈亏表格式如表 10-6 所示。

表中有关指标，计算方式如下：

出口每美元成本=出口商品总成本/出口商品销售收入（折美元金额）

出口总成本=出口商品经营成本+出口间接费用

出口经营成本=商品进价（含增值税不予退税部分）+出口直接费用+出口关税－消费税退税额

4. 出口主要商品成本及盈亏表的编制

"出口主要商品成本及盈亏表"的编报期间比较灵活。可以是一年编报一次也可以是一个季度或者一个月编报一次，外贸企业可根据自身经营规模的大小和出口商品构成状况自主选择。

编制"出口主要商品成本及盈亏表"的资料主要来源于涉外企业自营出口销售收入、自营出口销售成本的明细账，以及销售税金及附加、出口销售费用、管理费用、财务费用等以出口商品直接认定或者分摊的税费资料。

报表编制方法如下：

表 10-6　出口主要商品成本及盈亏表

编报单位：　　　　　　　　　　年　　月　　　金额单位：人民币万元（两位小数）
　　　　　　　　　　　　　　　　　　　　　　　　　　　　万美元（两位小数）
　　　　　　　　　　　　　　　　　　　　　　　　　　　　人民币元（两位小数）

商品名称	计量单位	销售数量	销售收入			出口总成本									出口每美元成本（元）			
			折美元金额		人民币金额	总值	出口经营成本								出口间接费用	盈亏总额	本年		上年同期	
			单价	金额			商品进价			出口直接费用	消费税退税	出口关税	合计				经营成本	总成本	经营成本	总成本
							单价	金额	其中增值税未退金额											
1	2	3	4	5	6	7	8	9	10	11	12	13	14	15	16	17	18	19	20
1.																			
2.																			

财务负责人：　　　　　　　　复核人：　　　　　　　　制表人：

（1）本表核算的商品大类、主要商品和计量单位须按照海关规定的商品目录填列。

535

（2）"销售数量"按照出口商品的实际数量填列。

（3）"销售收入"项下"人民币金额"栏按照"自营出口销售收入"账户及相关明细科目发生额分析填列。

（4）"销售收入"项下"折美元金额"栏按照"销售收入"项下"人民币金额"栏除以期末中国人民银行公布的美元对人民币汇价"中间价"计算填列。

（5）"出口总成本"项由"出口经营成本"加"出口间接费用"构成。

（6）"出口经营成本"中的"合计"栏按"商品进价"加"出口直接费用"、"出口关税"减"消费税退税"填列。

（7）"出口直接费用"根据出口销售费用和出口商品应分摊的管理费用、财务费用等有关明细科目分析填列。

（8）"出口间接费用"由除"出口直接费用"外与出口有关的其他费用构成，需按照一定别例进行分摊。

（9）"盈亏总额"按"销售收入"减去"出口总成本"填列。如为亏损，在数字前加"—"号。

（10）"出口每美元经营成本"按"出口经营成本"中的"合计"栏的金额除以"销售收入"项下"折美元"填列。

（11）"出口每美元总成本"按"出口总成本"栏的金额除以"销售收入"项下"折美元"填列。

10.3.2　进口主要商品成本分析表

1. 进口主要商品成本分析表的概念

进口主要商品成本分析表是反映涉外企业本年度内自营进口商品销售收入、销售成本、盈亏总额以及进口每美元盈亏额等情况的报表。它是反映涉外企业经营进口商品盈亏情况的动态报表。

2. 进口主要商品成本分析表的作用

通过编制进口主要商品成本分析表，涉外企业可以及时分析、总结本企业经营的重点进口商品的销售价格、成本总额及其构成。通过计算进口主要商品的每美元盈亏额，有助于分析企业盈亏结构、市场价格走势，为企业的经管决策提供依据。

3. 进口主要商品成本分析表的格式

进口主要商品成本分析表是以单项进口商品盈亏分析为核心的多栏式报表。它以主要进口商品为基础进行列示，分别反映不同商品的销售收入和销售成本情况。它的核心是进口每美元盈亏额指标，在这一指标中，为了便于比较，分别设置了"本年"和"上年同期"两个栏目。进口主要商品成本分析表格式如表 10-7 所示。

表 10-7　进口主要商品成本分析表

编报单位：　　　　　　　　　　年　　月　　　金额单位：人民币万元（两位小数）

万美元（两位小数）

人民币元（两位小数）

商品名称	计量单位	销售数量	销售收入		销售总成本								盈亏额			
						商品进价					进口费用	销售税金及附加	本年		上年同期	
			单价	金额	总值	国外进价				进口关税及消费税			盈亏总额	单位盈亏	盈亏总额	单位盈亏
						合计	美元单价	美元金额	人民币金额							
1	2	3	4	5	6	7	8	9	10	11	12	13	14	15	16	17
1.																
2.																

财务负责人：　　　　　　　　　　复核人：　　　　　　　　　　制表人：

4. 进口主要商品成本分析表的编制

"进口主要商品成本分析表"的编报期间比较灵活。可以是一年编报一次也可以是一个季度或者一个月编报一次，外贸企业可根据自身经营规模的大小和进口商品构成状况自主选择。

编制"进口主要商品成本分析表"的资料主要来源于涉外企业自营进口销售收入、自营进口销售成本的明细账，以及销售税金及附加、进口销售费用、管理费用、财务费用等以进口商品直接认定或者分摊的税费资料。

报表编制方法如下：

（1）本表核算的商品大类、主要商品和计量单位须按照海关规定的商品目录填列。

（2）"销售收入"按照有关进口销售收入账户及明细科目发生额分析填列。

（3）"销售总成本"中"国外进价"项下"人民币金额"栏按有关进口的销售成本账户的发生额分析填列；

"国外进价"项下"美元金额"栏按期末中国人民银行公布的美元对人民币汇价或者国家规定的外汇折算汇率折算后列示。所折算的美元金额除以销售数量可计算出美元单价。

（4）"进口费用"按直接销售费用、管理费用、财务费用和进口商品应分摊的销售费用、管理费用、财务费用等分析填列。

（5）"销售税金及附加"按销售税金及附加科目有关内容分析填列。

（6）"销售总成本"项下的"总值"由"商品进价"和"进口费用"、"销售税金及附加"计算得出。

（7）"盈亏额"由"销售收入"减去"销售总成本"计算得出。如为亏损，在数字前列"-"号。

10.3.3 财务指标月报表

1. 财务指标月报表的概念

财务指标月报表是反映涉外企业进出口规模、财务状况等主要财务指标的报表。

2. 财务指标月报表的作用

通过对财务指标月报表的分析有助于政府有关部门了解涉外企业的运行情况，从而完善有关政策措施。

3. 财务指标月报表的格式

财务指标月报表的内容基本上可以划分为四个部分：第一部分（1~15 行）反映企业的经营成果及所得税的实缴税额情况，可以认为是企业利润表的缩影；第二部分（16~36 行）为自营进出口业绩的情况，用于考核和分析涉外企业的财务状况和经营成果；第三部分（27~35 行）为企业资产及负债总额情况；第四部分（36~40 行）是补充资料，反映独立核算企业的一些基本情况。

财务指标报表纵向设"本月数"、"本年累计"、"上年同期"三栏，分别反映各项目的当年完成实绩和与上年同期比较情况。金额单位一般为人民币万元，自营出口额为万美元，出口每美元成本为元，元以下保留两位小数。涉外企业财务指标月报表的格式如表 10-8 所示。

表 10-8　财务指标月报表

编制单位　　　　　　　　　年　月　　　　　　　　单位：万元

项　　　目	行次	本月数	本年累计	上年同期
主营业务收入净额	1			
其中：出口销售收入净额	2			
主营业务成本	3			
销售费用	4			
营业税金及附加	5			
其他业务收入	6			

项　　目	行次	本月数	本年累计	上年同期
管理费用	7			
财务费用	8			
汇兑损益	9			
投资收益	10			
其他收支	11			
利润总额	12			
所得税	13			
净利润	14			
实际已上缴所得税	15			
自营出口额（万美元）	16			
自营出口总成本	17			
出口每美元成本	18			
出口收汇净额（万美元）	19			
应收出口退税	20			
已收出口退税	21			
自营进口销售收入净额	22			
自营进口总成本	23			
自营进口国外进价（万美元）	24			
自营进口销售盈亏	25			
进口每美元盈亏额	26			
其中：流动资产	28			
存货	29			
其中：库存出口商品	30			
应收账款总额	31			
其中：应收外汇账款	32			
企业负债总额	33			
其中：流动负债	34			
其中：短期借款	35			
独立核算企业户数（个）	36			
其中：亏损企业户数（个）	37			
亏损企业亏损额	38			
企业亏损面（%）	39			
企业下岗职工人数合计（人）	40			

4. 财务指标月报表的编制

我国现行制度规定要求企业在每月 10 日前编报上月的财务指标月报表。报表编制方法如下：

（1）"主营业务收入净额"按照进口销售、出口销售及其他销售科目的贷方余额减去销售折扣与折让后的差额填列。

（2）"出口销售收入净额"按照各项出口销售收入的净额填列。

（3）"主营业务成本"按照商品销售收入的进价成本填列。

（4）"营业税金及附加"、"其他业务收入"、"销售费用"、"管理费用"、"财务费用"、"汇兑差额"、"投资收益"等项目的数据，根据有关损益类科目发生额分析填列。

（5）"其他收支"按照"补贴收入"、"营业外收入"、"营业外支出"、"以前年度损益调整"有关损益类账户的发生额分析填列。如为损失，在金额前以"–"号反映。

（6）"利润总额"反映期末税前利润。如为亏损，在金额前列"–"号。

（7）"所得税"反映本期应交的所得税。

（8）"净利润额"反映本期税后利润。如为亏损，在金额前列"–"号。

（9）"实际已上缴所得税"指企业本期累计上缴所得税额。按"应交税费——应交所得税"账户的借方累计发生额填列。

（10）"自营出口额"按照自营出口销售净收入期末折成的美元数填列。

（11）"自营出口总成本"由自营出口销售的商品进价、增值税未退税部分以及认定和摊入的费用和税金相加计算得出。

（12）"出口每美元成本"是指企业出口商品每一美元所耗费的成本。其计算公式为：出口每美元成本=自营出口总成本/自营出口额（万美元）

（13）"出口收汇净额"按照企业本期累计出口结汇扣除与出口有关用汇后的净额填列。扣除用汇主要有：出口运费、保险费、佣金；支付银行外汇手续费；出口理赔款；偿还外汇贷款本息；归还以进养出复出口用汇本金；其他出口用汇。

（14）"应收出口退税"指企业本期累计出口货物向国家税务机关申报的出口退税累计数（含期初余额）。

（15）"已收出口退税"反映企业本期累计收到的出口退税款。其计算公式如下：

尚未收回的出口退税款=应收出口退税累计数-已收出口退税累计数

（16）"自营进口销售收入净额"按照自营进口商品的销售收入科目贷方发生额减去给予国内用户的折让与折扣后的差额填列。

（17）"自营进口总成本"、"自营进口国外进价"、"自营进口销售盈亏"以及"自营进口每美元盈亏"的相关数据可以从"进口主要商品成本分析表"获得。

（18）企业资产总额"指投资者和债权人提供的资金构成的资产总额，按照期末资产负债表的"资产总计"数填列。其中"流动资产"、"存货"、"应收账款总额"可从期末资产负债表中取得。"库存出口商品"、"应收外汇账款"金额可参阅总分类账。

（19）"企业负债总额"指企业债权人提供的资金总量，它包括流动负债和长期负债两方面，按照期末资产负债表的"负债合计"数填列。其中"流动负债"、"短期借款"可从期末资产负债表中取得。

（20）"独立核算企业户数"反映属于本企业汇总报表范围内的经营进出口企业户数（含本企业）。

（21）"亏损企业户数（个）"反映独立核算企业户数中的经营进出口亏损企业户数。

（22）"亏损企业亏损额"反映经营进出口亏损企业期末利润表上反映的亏损额。

（23）"企业亏损面（%）"反映独立核算经营进出口亏损企业户数与独立核算企业户数的比率。其计算公式为：

企业亏损面=独立核算亏损企业户数/独立核算企业户数×100%

（24）"企业下岗职工人数合计（人）"反映企业职工虽在编制之内但已下岗的人数。

10.4 外币财务报表折算

10.4.1 外币财务报表折算的相关概念

1. 外币财务报表

外币财务报表是指企业在境外有子公司、合营企业、联营企业和分支机构的情况，其用非本位币编制的财务报告。

2. 外币财务报表折算

企业的子公司、合营企业、联营企业和分支机构如果采用与企业相同的记账本位币，即使是设在境外，其财务报表也不存在折算问题。但是，如果企业境外经营的记账本位币不同于企业的记账本位币，在将企业的境外经营通过合并报表、权益法核算等纳入到企业的财务报表中时，需要将企业境外经营的财务报表折算为以企业记账本位币反映的财务报表，这一过程就是外币财务报表折算。

3. 境外经营

境外经营是指企业在境外的子公司、合营企业、联营企业、分支机构。在境内的子公司、合营企业、联营企业、分支机构，采用不同于企业记账本位币的，也视同境外经营。子公司、合营企业、联营企业、分支机构是否属于境外经营，不是以位置是否在境外为判定标准，而是要看其选定的记账本位币是否与企业相同。

10.4.2　境外经营记账本位币的选择

1. 记账本位币选择的一般因素

（1）该货币主要影响商品和劳务销售价格，通常以该货币进行商品和劳务销售价格的计价和结算。如国内甲公司为从事贸易的企业，90%以上的销售收入以人民币计价和结算。人民币是主要影响甲公司商品和劳务销售价格的货币。

（2）该货币主要影响商品和劳务所需人工、材料和其他费用，通常以该货币进行上述费用的计价和结算。如国内乙公司为工业企业，所需机器设备、厂房、人工以及原材料等在国内采购，以人民币计价和结算。人民币是是主要影响商品和劳务所需人工、材料和其他费用的货币。

实务中，企业选定记账本位币，通常应综合考虑上述两项因素，而不是仅考虑其中一项，因为企业的经营活动往往是收支并存的。

（3）融资活动获得的资金以及保存从经营活动中收取款项时所使用的货币。

在有些情况下，企业根据收支情况难以确定记账本位币，需要在收支基础上结合融资活动获得的资金或保存从经营活动中收取款项时所使用的货币，进行综合分析后做出判断。

2. 企业选定境外经营的记账本位币，除考虑一般因素外，还应考虑的因素

（1）境外经营对其所从事的活动是否拥有很强的自主性。如果境外经营所从事的活动是视同企业经营活动的延伸，构成企业经营活动的组成部分，该境外经营应当选择与企业记账本位币相同的货币作为记账本位币，如果境外经营所从事的活动拥有极大的自主性，境外经营不能选择与企业记账本位币相同的货币作为记账本位币。

（2）境外经营活动中与企业的交易是否在境外经营活动中占有较大比重。如果境外经营与企业的交易在境外经营活动中所占的比例较高，境外经营应当

选择与企业记账本位币相同的货币作为记账本位币，反之，应选择其他货币。

（3）境外经营活动产生的现金流量是否直接影响企业的现金流量、是否可以随时汇回。如果境外经营活动产生的现金流量直接影响企业的现金流量，并可随时汇回，境外经营应当选择与企业记账本位币相同的货币作为记账本位币，反之，应选择其他货币。

（4）境外经营活动产生的现金流量是否足以偿还其现有债务和可预期的债务。在企业不提供资金的情况下，如果境外经营活动产生的现金流量难以偿还其现有债务和正常情况下可预期的债务，境外经营应当选择与企业记账本位币相同的货币作为记账本位币，反之，应选择其他货币。

10.4.3　境外经营财务报表折算的原则

在对涉外企业境外经营财务报表进行折算前，应当调整境外经营的会计期间和会计政策，使之与企业会计期间和会计政策相一致，根据调整后会计政策及会计期间编制相应货币（记账本位币以外的货币）的财务报表，然后再进行折算。折算过程中要遵循以下规定：

1. 资产负债表中的资产及负债项目，采用资产负债表日的即期汇率折算，所有者权益项目除"未分配利润"项目外，其他项目采用发生时的即期汇率折算。

2. 利润表中的收入和费用项目，采用交易发生日的即期汇率或即期汇率的近似汇率折算。

按照上述规定折算产生的外币财务报表折算差额，在资产负债表中所有者权益项目下单独作为"外币报表折算差额"项目列示。需要注意的是，企业编制合并财务报表涉及境外经营的，如有实质上构成对境外经营净投资的外币货币性项目，因汇率变动而产生的汇兑差额，也应列入所有者权益"外币报表折算差额"项目；处置境外经营时，计入处置当期损益。

【例】滨海公司的记账本位币为人民币，该公司在美国有一子公司 A 公司。A 公司确定的记账本位币应为美元。根据合同约定，滨海公司拥有 A 公司 70%的股权，并能够对 A 公司的财务和经营政策施加重大影响。2011 年 12 月 31 日，滨海公司确认其在 A 公司的投资应分享或分担的 A 公司实现的净损益的份额时，需要先将 A 公司的美元财务报表折算为人民币表述。A 公司有关资料如下：

2011 年 12 月 31 日的汇率为 1 美元=6.4 元人民币，2011 年的平均汇率为 1 美元=6.5 元人民币，实收资本、资本公积发生日的即期汇率为 1 美元=7 元人民币，2010 年 12 月 31 日的累计盈余公积为 140 万美元，折算为人民币 950 万元，累计未分配利润为 100 万美元，折算为人民币 680 万元，两公司均在年末提取盈余公积。

根据上述资料，将 A 公司以美元为记账本位币的资产负债表（见表 10-9）、利润表（见表 10-10）、所有者权益变动表（见表 10-11）折算为人民币报表。

外币报表折算差额为以记账本位币反映的净资产减去以记账本位币反映的实收资本、累计盈余公积及累计未分配利润后的余额。

当期计提的盈余公积采用当期平均汇率折算，期初盈余公积为以前年度计提的盈余公积按相应年度平均汇率折算后金额的累计，期初未分配利润记账本位币金额为以前年度未分配利润记账本位币金额的累计。

表 10-9　资产负债表

编制单位：A 公司　　　　　　　　（2011 年 12 月 31 日）　　　　　　　　单位：万元

资产	期末数	折算汇率	折算为金额（万人民币）	负债和股东权益	期末数（万美元）	折算汇率	折算为金额（万人民币）
流动资产：				流动负债			
银行存款	1 000	6.4	6 400	应付账款	360	6.4	2 304
应收账款	1 800	6.4	11 520	应付职工薪酬	800	6.4	5 120
存货	1 500	6.4	9 600				
流动资产合计	4 300		27 520	流动负债合计	1 160		7 424
非流动资产：				非流动负债：			
长期应收款	1 000	6.4	6 400	长期负债	1 200	6.4	7 680
固定资产	5 000	6.4	32 000	非流动负债合计	1 200		7 680
减：累计折旧	2 000	6.4	12 800	负债合计	2 360		15 104
无形资产	1 000	6.4	6 400	股东权益：			
非流动资产合计	5 000		32 000	实收资本	6 000	7	42 000
				盈余公积	300		1 990
				未分配利润	640		4 190
				外币报表折算差额			-3 764
				股东权益合计	6 940		44 416
资产总计	9 300		59 520	负债和股东权益总计	9 300		59 520

表 10-10 利润表

编制单位：A 公司　　　　　　　　　　　2011 年　　　　　　　　　　　单位：万元

项　目	期末数（美元）	折算汇率	折算为人民币金额（人民币）
一、营业收入	3 000	6.5	19 500
减：营业成本	1 800	6.5	11 700
管理费用	200	6.5	1 300
财务费用	100	6.5	650
二、营业利润	900	—	5 850
加：营业外收入	100	6.5	650
三、利润总额	1 000		6 500
减：所得税	300	6.5	1 950
四、净利润	700		4 550
五、每股收益	—		—

表 10-11 所有者权益变动表

编制单位：A 公司　　　　　　　　　　　2011 年　　　　　　　　　　　单位：万元

	实收资本			盈余公积			未分配利润		外币报表折算差额	所有者权益合计
	美元	折算汇率	人民币	美元	折算汇率	人民币	美元	人民币		人民币
一、本年年初余额	6 000	7	42 000	140		950	100	680		43 630
二、本年增减变动金额										
（一）净利润							700	4 550		4 550
（二）直接计入所有者权益的利得和损失										
其中：外币报表折算差额									-3 764	-3 764
（二）利润分配										
1. 提取盈余公积				160	6.5	1 040	-160	-1 040		
三、本年年末余额	6 000	7	42 000	300		1 990	640	4 190	-3 764	44 416

附录：涉外会计基础英语①

1. Phrases and Special Terms（专业词汇术语）

accelerated depreciation	加速折旧	amortization	摊销
acceptance	承兑	American Institute of Certified	美国注册公共
account	账户，账目，账项	Public Accountants	会计师协会
accountancy	会计工作，会计实务	anti-dumping duty	反倾销税
accountant	会计师，会计员	applicant	开证申请人
acoounting	会计，会计学	assembling trade	来料装配贸易
accounting data	会计数据	asset	资产
accounting department	会计部门	asset accounts	资产账户
accounting entity	会计单位，会计个体	assumption	假定，会计假定
accounting equation	会计等式	audit	审计，空账
accounting firm	会计师事务所	auditing	审计，审计学
accounting formula	会计公式	auditor	审计师
accounting information	会计资料，会计信息	balance of trade	国际贸易差额
accounting method	会计方法	balance per bank	银行对账单余额
accounting period	会计期间	balance sheet	资产负债表
accounting practice	会计实务	bank charges	银行手续费
accounting procedure	会计程序	bank reconciliation statement	银行往来调节表
accounting profession	会计职业	bank statement	银行对账单
accounting system	会计系统，会计制度	barter trade	易货贸易
accounting risk	会计风险	beneficiary	受益人
account payable	应付账款	bilateral trade	双边贸易
account receivable	应收账教	bill of excbange	汇票
accrual basis	权责发生制	bill of lading	提单
accrual wages	应付未付工资	board of directors	董事会
accrual interest expense	应计利息费用	bond	债券
accrual interest income	应计利息收益	bookkeeper	薄记员
accrual tax	应付未付税金	bookkeeping	薄记，薄记学
accumulated depreciation	累计折旧	bookkeeping procedure	薄记程序
additional tax	附加税	books of account	账簿
administrative expenses	管理费用	business negotiatlon	交易磋商
adjusted balance	调整后余额	buying rate	买入汇率
adjusting entry	调整分录	buyer's credit	买方信贷
advance payment	预付款	budget	预算
advertising expense	广告费用	budgeting	预算编制
agent	代理	building	建筑物
agency agreement	代理协议	business cycle	商业周期
airway bill	航空运单	business paper	业务单据
allocating costs	成本分摊	business transaction	经济业务
allowance	折让，备抵，津贴	capital	资本
allowance for doubtful account	备抵坏账	capital account	资本账户
allowance method	备抵法		

① 涉外会计理论与实务. 北京：中国商务出版社，2009.

capital expenditure	资本支出	closing procedure	结账程序
capital gain	资本收益	collection	托收
cargo receipt	承运货物收据	compound entry	复合分录
carriage paid to, CPT	运费付至	contingent liability	或有负债
cash	现金	contra account	抵消账户
cash balance	现金余额	controller	会计长，主计长
cash basis	收付实现制	consular invoice	领事发票
cash disbursement	现金支出	compensation trade	补偿贸易
cash dividend	现金股利	commission	佣金
cash flow	现金流转，现金流量	consignee	收货人
cashier	出纳员	consignment	寄售
cash receipt	现金收入	cost and freight, CFR	成本加运费
cash register	现金出纳机,现金记录机	cost insurance and freight, CIF	成本加保险费加运费
cash on delivery, COD	交货付现	counter purchase	互购
cash with order	订货付现	compensation trade	补偿贸易
certificate of origin	原产地证明	declining-balance method	余额递减法
counter trade	对销贸易	debit	借方（常缩为 DR），借记
countervailing duty	反补贴税	debit balance	借方余额
cooperative enterprises	合作经营企业	depreciable asset	应计折旧资产
competitive bidding	竞争性招标	depreciation	折旧
contractor	承包商	depreciation expense	折旧费用
corporation accounting	股份有限公司会计	devaluation	法定贬值
cost accounting	成本会计	direct quotation	直接标价
cost analysis	成本分析	direct cost	直接成本
cost of goods sold	销售成本，销货成本	direct costing	直接成本计法
credit	贷方（常缩为 CR.），贷记，信贷	direct labor cost	直接人工成本
credit balance	贷方余额	direct material cost	直接材料成本
credit card	信用卡	distribution	经销
creditor	债权人	dishonour	拒付
credit sale	赊销	discount	折扣，贴现
customs	海关	dividend	股利，股息
customs tariff	海关税则	double-entry	复式记账
customs invoice	海关发票	double-entry bookkeeping	复式薄记
current asset	流动资产	double taxation	双重课税
current liability	流动负债	document against payment, D/P	付款交单
certified public accountant (CPA)	注册公共会计师	documents against acceptance, D/A	承兑交单
cheque, check	支票	down payment	预付
clearance of goods	报关	draft	汇票
chart of accounts	会计科目表	drawee	受票人
Chartered accountant	注册会计师,特许会计师	drawer	出票人
closing entries	结账分录	duty drawback	退税

547

dumping	商品倾销
due date	到期日，支付日期
earnings retained=retained earnings	留存收益
E-commerce	电子商务
entrepot trade	转口贸易
endorsement	背书
export credit	出口信贷
export bill negotiated	出口押汇
exclusive right	专营权
exchange rate	汇率
ex-works	工厂交货
exchange control	外汇管制
exchange risk	外汇风险
exclusive distribution	独家经销
export license	出口许可证
ending inventory	期末存货
expense account	费用账户
factoring	保理
factory cost	工厂成本，制造成本
favorable balance of trade	贸易顺差
financial forecast	财务预测
financial information	财务资料，财务信息
financial planning	财务计划
financial position	财务状况
financial records	财务记录
financial statement	财务报表
finished goods	制成品
first-in,first-out (FIFO)	先进先出法
fiscal reports	财务报告，财务报表
fiscal year	会计年度
firm offer	实盘
fixed rate	固定汇率
fixed asset	固定资产
flexible budget	弹性预算
floating rate	浮动汇率
forfeiting	福费庭
foreign trade	对外贸易
foreign exchange	外汇
foreign currency	外币
foreign-trade dependence	对外贸易依存度
forward	远期
freight	运费
free on board, FOB	装运港船上交货
free alongside ship, FAS	船边交货
free carrier, FCA	货交承运人
future	期货
general and administrative expense	一般管理费
general ledger	总分类账
generally accepted principles of accounting	公认会计原则
generally accepted standards of auditing	公认审计准则
general trade	总贸易
generalized system of preferences, GSP	普遍优惠制
general terms and conditions	一般交易条件
general agent	总代理
going concern	继续经营
goodwill	商誉
governmental and institutional accounting	政府和事业单位会计
greenfield investment	绿地投资
gross income	总收入
gross profit	毛利
hard currency	硬通货
hedging	套期保值
import licence	进口许可证
import surtaxes	进口附加税
income statement	利润表，收益表
independent accountant	独立会计师
independent audit	独立审计
independent auditor	独立审计师
indirect cost	间接成本
indirect quotation	间接标价
individual proprietorship	独资企业
installment sales	分期付款销售
intangible asset	无形资产
interest expense	利息费用
internal audit	内部审计
internal auditor	内部审计师
internal control	内部控制
international trade	国际贸易
international economic cooperation	国际经济合作
international direct investment	国际直接投资

international contracting for construction	国际工程承包	net worth	净值，资本净值
international service cooperation	国际劳务合作	nonoperating expense	营业外费用
inspection certificate of weight	重量检验证书	nonoperating income	营业外收益
insurance policy	保险单	nonprofit organization	非营利组织
insurance certificate	保险凭证	nontax advantage	非税利益
inspection certificate of quality	品质检验证书	note	票据，期票
International Chamber of Commerce, ICC	国际商会	notes receivable	应收票据
inventory	存货	notes payable	应付票据
inventory pricing	存货标价	offshore financial markets	离岸金融市场
inventory costing	存货计价	operating cycle	营业周期
invisible trade	无形贸易	operating performance	经营成果
invoice	发票	open policy	预约保单
invitation of tender	招标	operating risk	经营风险
issue	出票	open bidding	公开招标
job-order cost accounting	分批法成本会计	open account, O/A	赊销
joint venture	合资经营企业	option	期权
joural	日记账	original B/L	正本提单
leads or lags	提前或推迟收付	original entry	原始分录
ledger	分类账	outstanding obligations	未清债责，未清债务
letter of credit, L/C	信用证	overhead	制造间接费用
letter of guarantee, L/G	保证函	overseas-invested enterprises	海外投资企业
liability	负债	owe	欠（债）
long-term liabilities	长期负债	owner	业主，企业主
loss	损失，亏损	owners' equity	业主产权
mail transfer, M/T	信汇	ownership	所有权
manufacturer's invoice	厂商发票	paid-in capital	缴入资本，实缴资本
managerial accounting	管理会计	packing list	装箱单
manufacturer	厂商，制造商	packing loan	打包贷款
manufacturing	制造	par value	面值
marketing	销售	Partnership	合伙企业
marketable securities	有价证券，上市证券	payee	收款人
mate's receipt	大副收据	Payroll	工薪，工薪表
merchandise inventory	商品库存	perpetual inventory	永续盘存
money order	汇款单	petty cash	零用现金
mortgage	抵押	physical examination	实物检查
most-favored nation treatment, MFNT	最惠国待遇	plant assets	固定资产
multilateral trade	多边贸易	posting	过账
negotiation	议付	preferred stock	优先股
negotiable instrument	流通票据	presentation	提示
net income	净收益，净利	price including commrssion	含佣价
net price	净价		

processing trade	加工贸易	income	留存收益表
promissory note	本票	stock	股票，股本
proprietorship	独资企业	stock dividend	股票股利
protective trade	保护贸易	stockholder	股东
process cost accounting	分步法成本会计	stockholder's equity	股东权益
profit	利润	store requisition slip	领料单
profit and loss statement	损益表	straight-line method	直线 (折旧)法
promoter	发包人	subsidiary ledger	明细分类账
property tax	财产税	supplier 's credit	卖方信贷
proprietorship	业主权益	submission of tender	投标
raw material	原料	swap	掉期
real estate	不动产	tangible property	有形财产
receivables	应收账款	tangible trade	有形贸易
receiving department	验收部门	tariff	关税
receiving report	验收单	taxable income	应税收益，应税所得
re-export trade	复出口	tax accounting	税务会计
remittance	汇付	tax exemption	应税收益减免
renting trade	租赁贸易	tax law	税法
revaluation	法定升值	tax liability	应纳税金，纳税义务
RMB rate	人民币汇率	taxpayer	纳税人
results of operation	经营成果	tax-return forms	纳税申报表
retained earnings	留存盈余	telegraphic transfer, T/T	电汇
retained income	留存收益，留存盈余	temporary accounts	临时性账户
salary	薪金	terms of trade	贸易条件
sales invoice	销售发票	time of validity	有效期
sales salaries expense	销售人员薪金	trade term	价格术语
selling expense	销售费用	transit trade	过境贸易
selling rate	卖出汇率	triangle trade	三角贸易
sight draft	即期汇票	trust receipt, T/R	信托收据
single-entry bookkeeping	单式簿记	Three-Amount-Column account	三栏式
shipping marks	唛头	trial balance	试算表
special trade	专门贸易	unfavorable balance of trade	贸易逆差
spot	即期	unit price	单价
spot exchange trade	现汇贸易	value of foreign trade	对外贸易额
sole agent	独家代理	value of international trade	国际贸易额
standard cost	标准成本	variable costing	变动成本计算法
statement of changes in financial position	财务状况变动表	voucher register	凭单登记搏
statement of financial position	财务状况表，	weighted average method	加权平均法
statement of operations	资产负债表	work in process	在产品
statement of retained	营业报表，损益表	work sheet	工作底表
		XYZ Company	

2. Income Statement（利润表）

For the Year Ended Dec. 31, 2011

一、Operating Revenues（营业收入）

    Less：Operating Cost（营业成本）

            Selling Expenses（销售费用）

            Administrative Expenses（管理费用）

            Financial Expenses（财务费用）

            Loss on reduction of Assets（资产减值损失）

    Add：Profit or Loss on the Changes in Fair Value（公允价值变动损益）

            Investment Income or Loss（投资损益）

二、Operating Profit or Loss（营业利润或亏损）

    Add：Nonoperating Income 营业外收入

    Less：Nonoperating Expenses 营业外支出

三、Gross Profit or loss（利润总额或亏损）

    Less：Income Taxes Expenses（所得税费用）

四、Net Income or loss（净利润或净亏损）

五、Earnings per share (EPS)on common stock（普通般每股收益）

XYz Company

3. Statement of Cksh Flows（现金流量表）

For the Year Ended Dec. 31, 2011

一、经营活动产生的现金流量：CASH FLOWS FROM OPERATING ACTIVITIES

    销售商品、提供劳务收到的现金

        Cash received from sale of goods or rendering of services

    收到的税费返还　　Refund of tax and levies

    收到的其他与经营活动有关的现金

        Other cash received relating to operating activities

    经营活动现金流入小计　　Sub-total of cash inilows

    购买商品、接受劳务支付的现金　　Cash paid for goods and services

    支付给职工以及为职工支付的现金

        Cash paid to and on behalf of employees

    支付的各项税费　　Payments of all types of taxes

    支付的其他与经营活动有关的现金

        Other cash paid relating to operating activities

    经营活动现金流出小计 Sub-total of cash outflows

经营活动产生的现金流量净额 Net cash flows from operating activities

二、投资活动产生的现金流量: CASH FLOWS FROM INVESTING ACTIVITIES

收回投资所收到的现金　　Cash received from disposal of investments

取得投资收益所收到的现金　　Cash received from returns on investments

处置固定资产、无形资产和其他长期资产所收回的现金净额

Net Cash received from disposal of fixed assets, intangible assets & other long-term assets

收到的其他与投资活动有关的现金

Other cash received relating to investing activities

投资活动现金流入小计　　Sub-total of cash inflows

购建固定资产、无形资产和其他长期资产所支付的现金

Cash paid to acquire fixed assets. Intangible assets & other long-term assets

投资所支付的现金　　Cash paid to acquire investments

支付的其他与投资活动有关的现金

Other cash payments relating to investing activities

投资活动现金流出小计　　Sub-total of cash outflows

投资活动产生的现金流量净额　　Net cash flows from investing activities

三、筹资活动产生的现金流量: CASH FLOWS FROM FINANCING ACTIVITIES

吸收投资所收到的现金　　Cash received from capital contribution

借款所收到的现金　　Cash received from borrowings

收到的其他与筹资活动有关的现金

Other cash received relating to financing activities

筹资活动现金流入小计　　Sub-total of cash inflows

偿还债务所支付的现金　　Cash repayments of amounts borrowed

分配股利、利润和偿付利息所支付的现金

Cash payments for interest expenses and distribution of dividends or profit

支付的其他与筹资活动有关的现金

Other cash payments relating to financing activities

筹资活动现金流出小计　　Sub-total of cash outflows

筹资活动产生的现金流量净额　　Net cash flows from financing activities

四、汇率变动对现金的影响

EFFECT OF FOREIGN EXCHANGE RATE CHANGES ON CASH

五、现金及现金等价物净增加额

NET INCREASE (DECREASE) IN CASH AND CASH EQUIVALENTS

加：期初现金及现金等价物余额

    Add：Cash and Cash equivalents at beginning of year

六、期末现金及现金等价物余额

CASH AND CASH EQUIVALENTS AT THE END OF YEAR

补充材料 Supplemental Information

1. 将净利润调节为经营活动现金流量：

Reconciliation of net profit (loss) to cash flows from oprating activities

净利润   Net profit

加：计提的资产损失准备   Add：Provision for asset impairment

固定资产折旧   Depreciation of fixed assets

无形资产摊销   Amortisation of intangible assets

长期待摊费用摊销   Amorttsation of long-term prepaid expenses

待摊费用减少（减：增加）   Decrease in prepaid expenses (deduct: increase)

处置固定资产、无形资产和其他长期资产的损失（减：收益）

    Losses On Disposal of Fixed Assets Intangible Assets And Other Long-term Assets (deduct: gains)

固定资产报废损失   Losses on disposal of fixed assets

公允价值变动损失   Loss on the Changes in Fair Value

财务费用   Financial expenses

投资损失（减：收益）   Losses arising from investments (deduct：gains)

递延税款贷项（减：借项）   Deferred tax credit (deduct：debit)

存货的减少（减：增加）   Decrease in inventories (deduct：increase)

经营性应收项目的减少（减：增加）

    Decrease in operating receivables (deduct：increase)

经营性应付项目的增加（减：减少）

    Increase in operating payables (deduct：decrease)

其他   Others

经营活动产生的现金流量净额   Net cash flows from operating activities

2. 不涉及现金收支的投资和筹资活动：

Investing and financing activities that do not involve cash receipts and payment

债务转为资本   Conversion of debt into capital

一年内到期的可转换公司债券

    Reclassification of Convertible Bonds Expiring Within One Year As

Current Liability

融资租入固定资产　　Fixed assets acquired under finance leases

3. 现金及现金等价物变动情况：

Net increase (decrease)in cash and cash equivalents

现金的期末余额　　　Cash at end of year

减：现金的期初余额　　Less：Cash at beginning of year

加：现金等价物的期末余额　　Plus：Cash equivalents at end of year

减：现金等价物的期初余额　　Less：Cash equivalents at beginning of year

现金及现金等价物净增加额

　　　Net increase (decrease)in cash and cash equivalents

XYz Company

4. Balance Sheet（资产负债表）

Dec. 31, 2011

资　产 Assets	负债和所有者权益（或股东权益） Liabilities and Shareholders' Equity
流动资产：Current Assets	流动负债：Current Liabilities
货币资金 Cash	短期借款 Short-terrm Loans
交易性金融资产 Marketable Securities	应付票据 Notes Payable
应收票据 Notes Receivable	应付账款 Accounts Payable
应收账款 Accounts Receivable	预收账款 Advances from Customers
预付账款 Accounts Prepaid	应付职工薪酬 Accrued Salaries Payable
应收利息 Interest Receivable	应交税费 Taxes payable
应收股利 Dividend Receivable	应付利息 Interest Payable
其他应收款 Other Receivables	应付股利 Dividend Payable
存货 Inventories	其他应付款 Other creditors
一年内到期的非流动资产 Non-current Assets falling due in a year	一年内到期的非流动负债 Non-current Liabilities due within one year
其他流动资产 Other current assets	其他流动负债 Other Current Liabilities
流动资产合计 Total Current Assets	流动负债合计 Total Current Liabilities
非流动资产：Non-current Assets	非流动负债：Non-current Liabilities
长期投资 Long-terrm investment	长期借款 Long-term Loans
固定资产 Fixed Assets	应付债券 Bonds Payable
在建工程 Construction in Progress	长期应付款 Long-term Accounts Payahle
工程物资 Project material	专项应付款 Special Accounts Payable
固定资产清理 Disposal of fixed assets	预计负债 Estimted Liabilities
无形资产 Intangible Assets	递延所得税负债 Deferred Liabilities
商誉 Goodwill	其他非流动负债 Other Non-current Liabilities
长期待摊费用 Long-term Deferred and prepaid expenses	非流动负债合计 Total Non-current Liabilities
	负债合计 Total Liabilities
递延所得税资产 Deferred assets	所有者权益（或股东权益）：Shareholders' Equity

资 产 Assets	负债和所有者权益（或股东权益） Liabilities and Shareholders' Equity
其他非流动资产 Other Non-current assets 非流动资产合计 Total Non-current Assets	实收资本（或股本）Subscribed Capital 资本公积 Capital surplus 盈余公积 Surplus Reserve 未分配利润 Retained Earnings 所有者权益(或股东权益）合计 Total Shareholders' Equity
资产合计 Total Assets	负债和所有者权益（或股东权益）合计 Total Liabilities and Shareholders' Equity

参考文献

[1]涉外会计理论与实务. 北京：中国商务出版社，2009

[2]李晓红. 涉外会计实务. 北京：清华大学出版社，2010

[3]孙佐军. 企业涉外会计（第 2 版）. 大连：东北财经大学出版社，2008

[4]纪洪天. 新编外贸会计（第 5 版）. 上海：立信会计出版社，2011

[5]常小勇. 会计学基础. 北京：人民邮电出版社，2008

[6]徐文丽. 涉外企业会计. 上海：立信会计出版社，2011

[7]焦建平，徐静. 外贸企业会计实务. 北京：中国市场出版社，2009

[8]孙佐军. 企业涉外会计（第 3 版）. 大连：东北财经大学出版社，2012

[9]纪洪天. 外贸会计基本教程（第 2 版）. 上海：立信会计出版社，2009

[10]崔彤，张世荣. 基础会计学. 天津：南开大学出版社，2010

[11]庞红. 国际结算（第 3 版）. 北京：中国人民大学出版社，2009

[12]余世明. 国际商务单证实务（第 6 版）. 广州：暨南大学出版社，2010